Python
Cookbook ③판

Python 3를 정복하기 위한 보약 같은 레시피

3rd Edition

Python Cookbook

데이비드 비즐리 · 브라이언 K. 존스 지음 | 정승원 옮김

O'REILLY®

INFINITY
BOOKS

목차

CHAPTER **5** **파일과 입출력**   141

CHAPTER 9 메타프로그래밍

서문

2008년부터 파이썬은 파이썬3로 서서히 진화하고 있다. 파이썬 3를 채용하기까지 많은 시간이 걸릴 것이라고 누구나 예상했다. 사실 이 글을 쓰고 있는 현재(2013년), 많은 파이썬 프로그래머들은 여전히 파이썬 2를 사용한다. 파이썬 3가 하위 호환성을 가지지 않는다는 점이 가장 큰 걸림돌로 작용하고 있다. 확실히 말해서, 기존 코드를 가지고 작업하는 사람이라면 누구나 하위 호환성이 문제가 된다. 하지만 미래를 바라본다면 파이썬 3가 제공하는 기능이 더 훌륭하다는 점에는 변함이 없다.

파이썬 3가 멀지 않은 미래에 있으므로, 파이썬 쿡북 이번 판에도 중요한 변화가 생겼다. 첫째, 미래를 내다보는 책이 되기로 했다. 모든 레시피는 파이썬 3.3에서 작성하고 테스트했으며, 기존의 파이썬 버전을 고려하지 않았다. 사실 많은 레시피가 파이썬 3.3과 그 이상에서만 동작할 것이다. 물론 하위 버전과 호환하지 않는다는 위험성은 잘 알고 있지만, 이 책의 최종 목적은 레시피에 최신 도구와 기술을 사용하는 것이다. 우리는 파이썬 3로 새로운 코드를 만들거나 기존 코드를 현대적으로 바꾸고 싶은 사람들에게 좋은 가이드가 되기를 희망한다.

말할 필요도 없지만, 이 책의 레시피를 이런 방식으로 쓸 때는 편집상의 어려움도 있었다. ActiveState의 파이썬 레시피나 스택 오버플로우와 같은 온라인 사이트에서 파이썬 레시피 자료를 검색해 보면 수천 가지의 유용한 자료가 나오지만, 대부분은 기존 버전에 기반한 자료들이다. 파이썬 2를 최대한 배제하려고 노력했지만, 이런 자료는 오래된 버전 차이(파이썬 2.3 vs 파이썬 2.4)의 기능 차이를 극복하기 위해 지저분한 코드를 사용하는 경우가 많았다. 게다가 파이썬 3.3에서는 내장 함수로 간단히 제공하는 기능을 구현하기 위해 오래된 기술을 사용하기도 했다. 파이썬 3에만 집중해서 레시피를 찾아내기가 조금 어려울 것이다.

이 책의 주제는 기존 코드와 기술에서 영감을 받아서 작성한 것이며, 우리는 파이썬 3에 특화된 레시피만 찾아내려 하지 않았다. 이런 아이디어를 발판으로 삼고, 책을 쓸 때는 가장 최신의 파이썬 프로그래밍 기술을 사용하려고 노력했다. 따라서 최신 스타일로 코드를 작성하려는 사람이라면 참고해도 좋을 것이다.

어떤 레시피를 넣을지 고를 때, 파이썬으로 작업하려는 사람들을 만족시키기 위해 모든 내용을 책에 담기는 불가능함을 알아차렸다. 따라서 파이썬 핵심 기능에 초점을 맞추고 있는 주제와 애플리케이션을 개발할 때 일반적으로 많이 사용하는 기술에 우선 순위를 부여했다. 그리고 많은 레시피에서 파이썬 3의 새로운 기능과 기존 파이썬 버전을 오랫동안 사용했던 프로그래머도 모를 만한 기능을 보여주려고 의도하였다. 그리고 아주 특별한 상황을 해결하기 위한 기술보다는 일반적으로 사용 가능한 프로그래밍 기술(프로그래밍 패턴 등)을 더 많이 실었다. 특정 서드파티(third-party) 패키지를 사용한 것도 있지만, 레시피 대부분은 파이썬 언어 자체와 표준 라이브러리만으로 해결했다.

대상 독자

이 책은 파이썬 프로그래밍에 경험이 있지만, 이 언어에 대한 깊은 이해와 현대 프로그래밍 기술을 공부하고 싶은 프로그래머를 대상으로 한다. 대부분의 자료는 라이브러리, 프레임워크, 애플리케이션에서 사용하는 고급 기술에 초점을 맞추고 있다. 이 책의 레시피는 독자가 그 주제를 이해하기 위한 기본 지식(예: 전산학에 대한 기본적인 이해, 자료 구조, 시간복잡도, 시스템 프로그래밍, 병렬성, C 프로그래밍 등)이 있다고 가정한다. 시작점이 되도록 핵심 정보를 제공하기 위해 뼈대 역할만 하는 레시피도 있는데, 이런 곳에서는 독자가 스스로 공부하고 나머지를 채워야 한다. 그리고 독자가 검색 엔진을 사용하는 방법을 알고, 파이썬의 공식 문서에도 익숙하다고 가정한다.

고급 레시피를 공부하고 나면 파이썬이 실제로 어떻게 동작하는지에 대해 통찰력을 얻을 수 있다. 여기서 배운 내용을 앞으로 작성할 코드에 응용한다면 많은 도움이 될 것이다.

이 책을 읽지 말아야 할 독자

이 책은 파이썬을 처음으로 공부하려고 하는 입문자를 염두하고 집필하지 않았다. 사실 이 책은 파이썬의 기본적인 내용을 튜토리얼이나 입문서를 통해 이미 배웠다고 가정한다. 또한 이 책은 빠르게 참조하기 위한 매뉴얼로 디자인하지 않았다(특정 모듈의 함수 사용법을 찾는 등). 그보다는 특정 프로그래밍 주제에 초점을 맞추고 해결책을 제시하며 더 고급 기술을 익힐 수 있는 발판 역할을 한다.

이 책에서 사용한 규칙

이 책에서 다음과 같은 규칙을 사용했다.

이탤릭 폰트(*Italic*)
> 새로운 용어, URL, 이메일 주소, 파일 이름, 파일 확장자를 가리킨다.

일정한 넓이 폰트(Constant width)
> 프로그램 리스팅과 변수나 함수 이름, 데이터베이스, 데이터 타입, 환경 변수, 작업명령어, 키워드 등을 가리킨다.

 이 아이콘은 팁, 제안, 일반적인 노트를 의미한다.

 이 아이콘은 경고나 주의가 필요함을 의미한다.

온라인 코드 예제

이 책에 나온 거의 모든 예제는 *http://github.com/dabeaz/python-cookbook*에서 받을 수 있다. 저자는 버그 수정, 성능 향상, 주석을 환영한다.

예제 코드 사용

이 책은 사용자의 작업을 도와 주기 위한 목적으로 집필했다. 다시 말해서 이 책에 포함된 코드는 독자가 작성 중인 프로그램이나 문서에 넣을 수 있다. 이 코드의 많은 부분을 재생산하려는 것이 아니라면 우리에게 일일이 허락을 구할 필요가 없다. 예를 들어, 이 책에 사용한 예제 코드 몇 가지를 가지고 프로그램을 작성할 때 우리에게 허락을 받지 않아도 된다. 이 책을 인용해서 질문에 답하거나 예제 코드를 첨부할 때도 허락이 필요하지 않다. 이 책에 나온 코드를 대부분 가져다가 개발 중인 프로젝트의 문서에 넣는다고 해도 허락을 받지 않아도 된다.

물론 소유권을 표시해 준다면 감사한 일이지만, 꼭 그렇게 하지 않아도 괜찮다. 소유권을 표시할 때는 제목, 저자, 출판사, ISBN을 넣는다. 예를 들어 *Python Cookbook*, 3rd edition, by David Beazley and Brian K. Jones (O'Reilly)라고 쓰면 된다. 저작권은 2013 David Beazley and Brian Jones, 978-1-449-34037-7과 같다.

예제 코드를 사용할 때 여기서 허락한 범위를 벗어나는 것 같다면 *permissions@oreilly.com*으로 문의해 주길 바란다.

사파리 북스 온라인

사파리 북스 온라인(*Safari Books Online*)은 기술, 경영 분야 최고의 저자들이 제작한 비디오와 책을 디지털로 제공하는 서비스이며, 기술자, 소프트웨어 개발자, 웹 디자이너, 경영인들은 사파리 북스 온라인에서 연구, 문제 해결, 학습, 교육에 필요한 자료를 얻는다.

사파리 북스 온라인은 정부기관과 기업, 개인을 위한 할인 혜택과 결합 상품을 제공한다. 구독자들은 O'Reilly Media, Prentice Hall Professional, Addison-Wesley Pro-fessional, Microsoft Press, Sams, Que, Peachpit Press, Focal Press, Cisco Press, John Wiley & Sons, Syngress, Morgan Kaufmann, IBM Redbooks, Packt, Adobe Press, FT Press, Apress, Manning, New Riders, McGraw-Hill, Jones & Bartlett, Course Technology와 같은 출판사의 수많은 책과, 비디오, 출판 전 원고를 하나의 데이터베이스에서 검색하고 접근할 수 있다. 사파리 북스 온라인에 대한 더 많은 정보는 웹 사이트 *http://www.safaribooksonline.com/*을 참고한다.

출판사 연락처

이 책과 관련하여 출판사에 의견이나 질문이 있다면 아래 주소로 연락해 주길 바란다.

O'Reilly Media, Inc.
1005 Gravenstein Highway North
Sebastopol, CA 95472
800-998-9938 (미국이나 캐나다)
707-829-0515 (국제 전화 혹은 지역)
707-829-0104 (팩스)

오탈자, 예제 등 이 책에 관련된 정보를 제공하는 웹 페이지는 다음과 같다.
http://oreil.ly/python_cookbook_3e

의견이 있거나 기술적인 질문이 있다면 다음의 이메일 주소를 사용한다.
bookquestions@oreilly.com

책이나 컨퍼런스, 새소식 등 출판사 관련 정보는 다음의 웹 사이트를 참고한다.
http://www.oreilly.com

출판사 페이스북 페이지: *http://facebook.com/oreilly*

출판사 트위터: *http://twitter.com/oreillymedia*

출판사 유튜브: *http://www.youtube.com/oreillymedia*

감사의 말

도움이 되는 조언을 해 준 기술 리뷰어 제이크 반더프라스(Jake Vanderplas), 로버트 컨(Robert Kern), 안드레아 크로티(Andrea Crotti)와 항상 우리를 지지해 주는 파이썬 커뮤니티에 감사의 말을 전한다. 그리고 이전 판을 편집했던 알렉스 마텔리(Alex Martelli), 애나 라벤스크로프(Anna Ravenscroft), 데이비드 애쳐(David Ascher)에게도 감사한다. 이번 판을 새롭게 썼지만 이전 판이 초기 프레임워크를 제공했고 주제와 레시피를 고르는 데 도움이 됐다. 마지막으로 이전 판을 읽고 제안과 의견을 남겨 준 독자들에게도 감사의 말을 전한다.

감사의 말 – 데이비드 비즐리

이 책을 쓰는 일이 쉽지는 않았다. 프로젝트를 진행하는 동안 묵묵히 지지해 준 사랑하는 아내 파울라(Paula)와 두 아들에게 감사한다. 이 책의 많은 내용은 지난 6년간 파이썬 관련 수업을 하며 내가 개발했던 것에서 가져왔다. 따라서 내 수업을 듣고 결과적으로 이 책을 쓸 수 있도록 해 준 학생들에게 감사의 말을 전하고 싶다. 그리고 내가 집에 머물며 이 프로젝트를 진행하는 동안 세계 각지에서 달려와 수업을 진행해 준 네드 배체들러(Ned Batchelder), 트래비스 올리펀트(Travis Oliphant), 피터 왕(Peter Wang), 브라이언 반 드 벤(Brian Van de Ven), 휴고 쉬(Hugo Shi), 레이몬드 헤팅거(Raymond Hettinger), 미셸 푸어드(Michael Foord), 대니앨 클레인(Daniel Klein)에게도 감사한다. O'Reilly의 메간 브랜체트(Meghan Blanchette)와 레이첼 로우메리오티스(Rachel Roumeliotis)도 이 책이 나오기까지 많은 도움을 준 것에 감사한다. 마지막으로 나의 말도 안 되는 제안을 지지해 준 파이썬 커뮤니티에게 감사의 말을 전한다.

데이비드 M. 비즐리(David M. Beazley)

http://www.dabeaz.com

https://twitter.com/dabeaz

감사의 말 – 브라이언 존스

나와 함께 이 프로젝트를 진행한 공저자 데이비드 비즐리와 O'Reilly의 메간 브랜체트(Meghan Blanchette)와 레이첼 로우메리오티스(Rachel Roumeliotis)에게 감사의 말을 전한다. 그리고 프로젝트를 진행하는 동안 나의 계획을 지지하고 힘을 준 멋진 아내 나타샤(Natasha)에게도 감사한다. 무엇보다도 파이썬 커뮤니티에게 감사하다는 말을 하고 싶다. 지금까지 많은 오픈소스 프로젝트, 언어, 동아리 활동을 해 보았지만, 파이썬 커뮤니티와 함께 하는 것만큼 즐겁고 보람 있었던 적이 없었다.

브라이언 K 존스(Brian K. Jones)

http://www.protocolostomy.com

https://twitter.com/bkjones

## CHAPTER 1

자료 구조와 알고리즘

파이썬은 리스트, 세트, 딕셔너리와 같이 유용한 자료 구조를 내장하고 있다. 무엇보다도 이러한 구조체의 장점은 사용이 편리하다는 점이다. 하지만 검색, 정렬, 순서, 여과 등에 대한 질문이 종종 생긴다. 따라서 우리는 이번 장을 통해 일반적인 자료 구조와 알고리즘 그리고 데이터에 대한 내용을 다룰 것이다. 또한 collections 모듈에 제공되는 다양한 자료 구조 사용법도 배운다.

1.1 시퀀스를 개별 변수로 나누기

문제

N개의 요소를 가진 튜플이나 시퀀스가 있다. 이를 변수 N개로 나누어야 한다.

해결

모든 시퀀스(혹은 이터레이팅 가능한 것)는 간단한 할당문을 사용해서 개별 변수로 나눌 수 있다. 단 한 가지 주의해야 할 점은 변수의 개수가 시퀀스에 일치해야 한다는 것뿐이다. 예를 들면 다음과 같다.

```
>>> p = (4, 5)
>>> x, y = p
>>> x
4
>>> y
5
>>>

>>> data = [ 'ACME', 50, 91.1, (2012, 12, 21) ]
>>> name, shares, price, date = data
>>> name
```

```
'ACME'
>>> date
(2012, 12, 21)

>>> name, shares, price, (year, mon, day) = data
>>> name
'ACME'
>>> year
2012
>>> mon
12
>>> day
21
>>>
```

요소 개수가 일치하지 않으면 다음과 같은 에러가 발생한다.

```
>>> p = (4, 5)
>>> x, y, z = p
Traceback (most recent call last):
    File "<stdin>", line 1, in <module>
ValueError: need more than 2 values to unpack
>>>
```

토론

언패킹(unpacking)은 사실 튜플이나 리스트뿐만 아니라 순환 가능한 모든 객체에 적용할
수 있다. 여기에는 문자열, 파일, 이터레이터(iterator), 제너레이터(generator)가 포함된다.

```
>>> s = 'Hello'
>>> a, b, c, d, e = s
>>> a
'H'
>>> b
'e'
>>> e
'o'
>>>
```

언패킹할 때, 특정 값을 무시하는 방법도 있다. 파이썬에 관련 구문이 있지는 않지만, 단순
히 버릴 변수명을 지정할 수 있다. 다음 코드를 참고하자.

```
>>> data = [ 'ACME', 50, 91.1, (2012, 12, 21) ]
>>> _, shares, price, _ = data
>>> shares
50
>>> price
91.1
>>>
```

하지만, 여기서 선택한 변수명이 다른 곳에 이미 사용되고 있지는 않은지 확인해야 한다.

1.2 임의 순환체의 요소 나누기

문제

순환체를 언패킹하려는데 요소가 N개 이상 포함되어 "값이 너무 많습니다"라는 예외가 발생한다.

해결

이 문제 해결을 위해 파이썬 "별 표현식"을 사용한다. 예를 들어, 학기 성적을 산출할 때 첫 번째와 마지막 과제 점수를 무시하고 나머지의 평균을 사용한다고 가정해 보자. 과제가 네 번 있었다면 단순히 네 개를 모두 언패킹하면 되겠지만 과제가 24개였다면 어떨까? 이때 별 표현식을 사용하면 편리하다.

```
def drop_first_last(grades):
    first, *middle, last = grades
    return avg(middle)
```

또 다른 예로, 이름, 이메일, 주소, 전화번호 등이 들어 있는 사용자 정보가 있다고 가정해 보자. 이를 다음과 같이 언패킹한다.

```
>>> record = ('Dave', 'dave@example.com', '773-555-1212', '847-555-1212')
>>> name, email, *phone_numbers = user_record
>>> name
'Dave'
>>> email
'dave@example.com'
>>> phone_numbers
['773-555-1212', '847-555-1212']
>>>
```

위 코드에서 번호가 하나 이상이든 아예 없든 상관 없이 phone_numbers에 항상 번호가 들어간다. 따라서 phone_numbers를 사용하는 코드에서 이 값이 리스트에서 빠져 있거나 타입을 검사하는 등의 작업을 하지 않아도 된다.

별표가 붙어 있는 변수가 리스트의 처음에 올 수도 있다. 예를 들어, 회사의 마지막 여덟 분기 판매 지표를 담은 값이 시퀀스에 들어 있다고 하자. 만약 가장 최근 지표가 나머지 7번의 값과 어떻게 달라졌는지 보고 싶다면 다음과 같은 문법을 사용한다.

```
*trailing_qtrs, current_qtr = sales_record
trailing_avg = sum(trailing_qtrs) / len(trailing_qtrs)
return avg_comparison(trailing_avg, current_qtr)
```

파이썬 인터프리터에서 사용한다면 다음과 같다.

```
>>> *trailing, current = [10, 8, 7, 1, 9, 5, 10, 3]
>>> trailing
[10, 8, 7, 1, 9, 5, 10]
>>> current
3
```

토론

앞에서 알아본 언패킹 방식은 길이를 알 수 없는 순환체에 안성맞춤이다. 때때로 순환체에 들어 있는 패턴이나 구조(예를 들어 1 뒤에 나오는 요소는 무조건 전화번호)를 가지고 있는데, 이럴 때도 별표 구문을 사용하면 개발자의 수고를 많이 덜어준다.

별표 구문은 길이가 일정하지 않은 튜플에 사용하면 상당히 편리하다. 예를 들어 다음과 같이 태깅이 되어 있는 튜플이 있다면,

```
records = [
    ('foo', 1, 2),
    ('bar', 'hello'),
    ('foo', 3, 4),
]

def do_foo(x, y):
    print('foo', x, y)

def do_bar(s):
    print('bar', s)

for tag, *args in records:
    if tag == 'foo':
        do_foo(*args)
    elif tag == 'bar':
        do_bar(*args)
```

별표는 문자열 프로세싱에 사용해도 편리하다. 예를 들어 다음과 같은 문법이 가능하다.

```
>>> line = 'nobody:*:-2:-2:Unprivileged User:/var/empty:/usr/bin/false'
>>> uname, *fields, homedir, sh = line.split(':')
>>> uname
'nobody'
>>> homedir
'/var/empty'
>>> sh
'/usr/bin/false'
>>>
```

언패킹 이후에 특정 값을 버리고 싶다면 어떻게 해야 할까? 언패킹에 별표(*)만 따로 쓸 수는 없지만, 앞에서 사용했던 버리기용 변수명을 그대로 사용할 수 있다. 예를 들어 _이나 ign(ignored)이다.

```
>>> record = ('ACME', 50, 123.45, (12, 18, 2012))
>>> name, *_, (*_, year) = record
>>> name
'ACME'
>>> year
2012
>>>
```

많은 함수형 언어에 있어서 별표를 사용한 언패킹과 리스트 프로세싱 사이에 여러 유사점이 존재한다. 예를 들어, 리스트가 있을 때 다음과 같이 손쉽게 머리와 꼬리 부분으로 분리할 수 있다.

```
>>> items = [1, 10, 7, 4, 5, 9]
>>> head, *tail = items
>>> head
1
>>> tail
[10, 7, 4, 5, 9]
>>>
```

다음처럼 재귀 알고리즘을 사용하는 함수를 작성할 수도 있다.

```
>>> def sum(items):
...     head, *tail = items
...     return head + sum(tail) if tail else head
...
>>> sum(items)
36
>>>
```

하지만, 파이썬의 재귀적 제약이 존재하므로 마지막에 예로 든 함수는 학문적 호기심 이외에 실질적으로 사용하기에는 무리가 따른다.

1.3 마지막 N개 아이템 유지

문제

순환이나 프로세싱 중 마지막으로 발견한 N개의 아이템을 유지하고 싶다.

해결

이와 같은 용도로 collections.deque가 가장 알맞다. 예를 들어, 다음에 나오는 코드는 여러 줄에 대해서 간단한 텍스트 매칭을 수행하고 처음으로 발견한 N 라인을 찾는다.

```
from collections import deque

def search(lines, pattern, history=5):
```

```
    previous_lines = deque(maxlen=history)
    for line in lines:
        if pattern in line:
            yield line, previous_lines
        previous_lines.append(line)

# 파일 사용 예
if __name__ == '__main__':
    with open('somefile.txt') as f:
        for line, prevlines in search(f, 'python', 5):
            for pline in prevlines:
                print(pline, end='')
            print(line, end='')
            print('-'*20)
```

토론

아이템을 찾는 코드를 작성할 때, 주로 yield를 포함한 제너레이터 함수를 만들곤 한다. 이렇게 하면 검색 과정과 결과를 사용하는 코드를 분리할 수 있다. 제너레이터가 무엇인지 생소하다면 레시피 4.3을 참고한다.

deque(maxlen=N)으로 고정 크기 큐를 생성한다. 큐가 꽉찬 상태에서 새로운 아이템을 넣으면 가장 마지막 아이템이 자동으로 삭제된다.

```
>>> q = deque(maxlen=3)
>>> q.append(1)
>>> q.append(2)
>>> q.append(3)
>>> q
deque([1, 2, 3], maxlen=3)
>>> q.append(4)
>>> q
deque([2, 3, 4], maxlen=3)
>>> q.append(5)
>>> q
deque([3, 4, 5], maxlen=3)
```

물론 리스트를 사용해서 이런 과정을 수동으로 처리할 수도 있지만, 큐를 사용하는 것이 더 빠르고 보기도 좋다.

조금 더 일반적으로 큐 구조체가 필요할 때 deque를 사용할 수 있다. 최대 크기를 지정하지 않으면 제약 없이 양쪽에 아이템을 넣거나 빼는 작업을 할 수 있다.

```
>>> q = deque()
>>> q.append(1)
>>> q.append(2)
>>> q.append(3)
>>> q
```

```
deque([1, 2, 3])
>>> q.appendleft(4)
>>> q
deque([4, 1, 2, 3])
>>> q.pop()
3
>>> q
deque([4, 1, 2])
>>> q.popleft()
4
```

큐의 양 끝에 아이템을 넣거나 빼는 작업에는 시간복잡도 O(1)이 소요된다. 이는 O(N)이 소요되는 리스트의 작업에 비해 훨씬 빠르다.

1.4 N 아이템의 최대 혹은 최소값 찾기

문제

컬렉션 내부에서 가장 크거나 작은 N개의 아이템을 찾아야 한다.

해결

heapq 모듈에는 이 용도에 적합한 nlargest()와 nsmallest() 두 함수가 있다.

```
import heapq

nums = [1, 8, 2, 23, 7, -4, 18, 23, 42, 37, 2]
print(heapq.nlargest(3, nums)) # Prints [42, 37, 23]
print(heapq.nsmallest(3, nums)) # Prints [-4, 1, 2]
```

두 함수 모두 좀 더 복잡한 구조에 사용하기 쉽도록 키 파라미터를 받는다.

```
portfolio = [
    {'name': 'IBM', 'shares': 100, 'price': 91.1},
    {'name': 'AAPL', 'shares': 50, 'price': 543.22},
    {'name': 'FB', 'shares': 200, 'price': 21.09},
    {'name': 'HPQ', 'shares': 35, 'price': 31.75},
    {'name': 'YHOO', 'shares': 45, 'price': 16.35},
    {'name': 'ACME', 'shares': 75, 'price': 115.65}
]

cheap = heapq.nsmallest(3, portfolio, key=lambda s: s['price'])
expensive = heapq.nlargest(3, portfolio, key=lambda s: s['price'])
```

토론

가장 작거나 큰 N개의 아이템을 찾고 있고 N이 컬렉션 전체 크기보다 작다면 앞에 나온 함수가 더 나은 성능을 제공한다. 내부 구조를 조금 더 살펴보자면, 우선 데이터를 힙으로 정렬시켜 놓는 리스트로 변환한다. 다음을 참고한다.

```
>>> nums = [1, 8, 2, 23, 7, -4, 18, 23, 42, 37, 2]
>>> import heapq
>>> heap = list(nums)
>>> heapq.heapify(heap)
>>> heap
[-4, 2, 1, 23, 7, 2, 18, 23, 42, 37, 8]
>>>
```

힙의 가장 중요한 기능은 바로 heap[0]이 가장 작은 아이템이 된다는 사실이다. 또한 가장 첫 아이템을 팝하고 그 다음 아이템으로 치환하는 heapq.heappop() 메소드를 사용하면 뒤이어 나오는 아이템도 쉽게 찾을 수 있다. 이때 N을 힙의 크기라 하면 O(log N)의 시간복잡도가 소요된다. 예를 들어 가장 작은 아이템을 순서대로 세 개 찾으려면 다음과 같은 코드를 사용한다.

```
>>> heapq.heappop(heap)
-4
>>> heapq.heappop(heap)
1
>>> heapq.heappop(heap)
2
```

nlargest()와 nsmallest() 함수는 찾고자 하는 아이템의 개수가 상대적으로 작을 때 가장 알맞다. 만약 최소값이나 최대값을 구하려 한다면(N이 1), min()과 max()를 사용하는 것이 더 빠르다. 그리고 N의 크기가 컬렉션 크기와 비슷해지면 우선 컬렉션을 정렬해 놓고 그 조각을 사용하는 것이 더 빠르다(sorted(items)[:N]이나 sorted(items)[-N:]을 사용한다). nlargest()와 nsmallest()의 실제 구현이 바로 이러한 방식을 채용해서 성능 향상을 추구한다는 점을 기억하자.

이 레시피를 사용하는 것이 필수는 아니지만, 힙의 구현 방식은 흥미롭고 공부할 만한 가치가 있다. 이에 대한 자세한 내용은 알고리즘과 자료 구조를 다루는 모든 책에서 찾아볼 수 있다. heapq 모듈의 문서에서도 기저 구현 방식에 대한 논의를 다룬다.

1.5 우선 순위 큐 구현

문제

주어진 우선 순위에 따라 아이템을 정렬하는 큐를 구현하고 항상 우선 순위가 가장 높은 아이템을 먼저 팝하도록 만들어야 한다.

해결

다음에 나온 코드에서 heapq 모듈을 사용해 간단한 우선 순위 큐를 구현한다.

```
import heapq

class PriorityQueue:
    def __init__(self):
        self._queue = []
        self._index = 0

    def push(self, item, priority):
        heapq.heappush(self._queue, (-priority, self._index, item))
        self._index += 1

    def pop(self):
        return heapq.heappop(self._queue)[-1]
```

그리고 이를 사용하는 예제는 다음과 같다.

```
>>> class Item:
...     def __init__(self, name):
...         self.name = name
...     def __repr__(self):
...         return 'Item({!r})'.format(self.name)
...
>>> q = PriorityQueue()
>>> q.push(Item('foo'), 1)
>>> q.push(Item('bar'), 5)
>>> q.push(Item('spam'), 4)
>>> q.push(Item('grok'), 1)
>>> q.pop()
Item('bar')
>>> q.pop()
Item('spam')
>>> q.pop()
Item('foo')
>>> q.pop()
Item('grok')
>>>
```

첫 번째 pop()이 어떻게 가장 높은 우선 순위 아이템을 반환하는지 관찰해 보자. 그리고 두 아이템의 우선 순위가 같은 경우(foo와 grok)에는 큐에 삽입된 순서와 동일하게 반환되는 점도 눈여겨 보아야 한다.

토론

이번 레시피에서 가장 중요한 부분은 heapq 모듈의 사용법이다. heapq.heappush()와 heapq.heappop()은 list_queue의 첫 번째 아이템이 가장 작은 우선 순위를 가진 것처럼 아이템을 삽입하거나 제거한다(레시피 1.4에서 살펴보았다). heappop() 메소드는 항상 가장 작은 아이템을 반환해서 큐의 팝이 올바른 아이템에 적용될 수 있도록 한다. 그리고 힙의 크기가 N일 때 푸시와 팝의 시간복잡도가 O(logN)이므로 N이 아주 커진다 해도 상당히 효율적이다.

이번 레시피에서는 큐가 튜플 형태로 구성되었다(-priority, index, item). priority 값은 큐 내부 아이템을 가장 높은 우선 순위에서 낮은 우선 순위로 정렬하기 위해 무효화된다. 이는 가장 낮은 값에서 높은 값으로 정렬되는 일반적인 힙과 반대다.

index 변수는 우선 순위가 동일한 아이템의 순서를 정할 때 사용한다. 일정하게 증가하는 인덱스 값을 유지하기 때문에 힙에 아이템이 삽입된 순서대로 정렬할 수 있다. 하지만 인덱스는 우선 순위 값이 동일할 때도 중요한 역할을 한다.

이를 살펴보기 위해서 순서를 매길 수 없는 다음 Item 인스턴스를 살펴보자.

```
>>> a = Item('foo')
>>> b = Item('bar')
>>> a < b
Traceback (most recent call last):
    File "<stdin>", line 1, in <module>
TypeError: unorderable types: Item() < Item()
>>>
```

(priority, item) 튜플을 만들었다면 우선 순위 값이 달라야만 비교가 가능하다. 하지만 동일한 우선 순위를 가진 두 아이템의 비교는 앞에 나온 바와 같이 실패한다.

```
>>> a = (1, Item('foo'))
>>> b = (5, Item('bar'))
>>> a < b
True
>>> c = (1, Item('grok'))
>>> a < c
Traceback (most recent call last):
    File "<stdin>", line 1, in <module>
TypeError: unorderable types: Item() < Item()
>>>
```

여기 인덱스 값을 추가해서 튜플을 만들면(priority, index, item), 어떠한 튜플도 동일한 인덱스 값을 가질 수 없으므로 이 문제를 원천적으로 해결할 수 있다(그리고 파이썬은 일단 비교 결과가 나오고 나면 뒤에 남아 있는 튜플 값을 비교하려고 시도하지 않는다).

```
>>> a = (1, 0, Item('foo'))
>>> b = (5, 1, Item('bar'))
>>> c = (1, 2, Item('grok'))
>>> a < b
True
>>> a < c
```

```
True
>>>
```

스레드 간 통신에 이 큐를 사용하려면 올바른 락과 시그널을 사용해야 한다. 이에 대한 자세한 내용은 레시피 12.3에서 다룬다.

heapq 모듈에 대한 문서에는 힙에 대한 더 자세한 이론과 구현 예제가 나오니 참고하도록 한다.

1.6 딕셔너리의 키를 여러 값에 매핑하기

문제

딕셔너리의 키를 하나 이상의 값에 매핑하고 싶다(소위 "multidict"라 불린다).

해결

하나의 키에 하나의 값이 매핑되어 있는 것을 딕셔너리라 부른다. 키에 여러 값을 매핑하려면, 그 여러 값을 리스트나 세트와 같은 컨테이너에 따로 저장해 두어야 한다. 예를 들어 다음과 같은 딕셔너리를 만들 수 있다.

```
d = {
    'a' : [1, 2, 3],
    'b' : [4, 5]
}

e = {
    'a' : {1, 2, 3},
    'b' : {4, 5}
}
```

리스트나 세트 사용 여부는 사용 목적에 따라 달라진다. 아이템의 삽입 순서를 지켜야 한다면 리스트를 사용하는 것이 좋고, 순서가 상관 없고 중복을 없애려면 세트를 사용해야 한다.

이러한 딕셔너리를 쉽게 만들기 위해서 collections 모듈의 defaultdict를 사용한다. defaultdict의 기능 중에는 첫 번째 값을 자동으로 초기화하는 것이 있어서 사용자는 아이템 추가에만 집중할 수 있다.

```
from collections import defaultdict

d = defaultdict(list)
d['a'].append(1)
d['a'].append(2)
d['b'].append(4)
...

d = defaultdict(set)
```

```
d['a'].add(1)
d['a'].add(2)
d['b'].add(4)
...
```

다만 defaultdict를 사용할 때는 딕셔너리에 존재하지 않는 값이라도 한 번이라도 접근했던 키의 엔트리를 자동으로 생성한다는 점을 주의해야 한다. 이런 동작성이 마음에 들지 않는다면 일반 딕셔너리의 setdefault()를 사용한다.

```
d = {} # 일반 딕셔너리
d.setdefault('a', []).append(1)
d.setdefault('a', []).append(2)
d.setdefault('b', []).append(4)
...
```

하지만 많은 프로그래머들은 setdefault()가 자연스럽지 않다고 생각한다. 첫 번째 값에 대해서 항상 새로운 인스턴스를 생성한다는 점은 언급하지 않더라도 말이다(위 예제에서 빈 리스트[]를 만들었다).

토론

이론적으로 여러 값을 가지는 딕셔너리를 만드는 것이 복잡하지는 않다. 하지만 첫 번째 값에 대한 초기화를 스스로 하려면 꽤나 복잡한 과정을 거쳐야 한다. 예를 들어 다음과 같은 코드를 작성해야 한다.

```
d = {}
for key, value in pairs:
    if key not in d:
        d[key] = []
    d[key].append(value)
```

defaultdict를 사용하면 좀 더 깔끔한 코드가 된다.

```
d = defaultdict(list)
for key, value in pairs:
    d[key].append(value)
```

이 레시피는 레코드를 하나로 묶는 문제와 깊은 관련이 있다. 더 많은 예제를 보려면 레시피 1.15를 참고한다.

1.7 딕셔너리 순서 유지

문제

딕셔너리를 만들고, 순환이나 직렬화할 때 순서를 조절하고 싶다.

해결

딕셔너리 내부 아이템의 순서를 조절하려면 collections 모듈의 OrderedDict를 사용한다. 이 모듈을 사용하면 삽입 초기의 순서를 그대로 기억한다.

```
from collections import OrderedDict

d = OrderedDict()
d['foo'] = 1
d['bar'] = 2
d['spam'] = 3
d['grok'] = 4

# Outputs "foo 1", "bar 2", "spam 3", "grok 4"
for key in d:
    print(key, d[key])
```

OrderedDict는 나중에 직렬화하거나 다른 포맷으로 인코딩할 다른 매핑을 만들 때 특히 유용하다. 예를 들어, JSON 인코딩에 나타나는 특정 필드의 순서를 조절하기 위해서 OrderedDict에 다음과 같이 데이터를 생성한다.

```
>>> import json
>>> json.dumps(d)
'{"foo": 1, "bar": 2, "spam": 3, "grok": 4}'
>>>
```

토론

OrderedDict는 내부적으로 더블 링크드 리스트(doubly linked list)로 삽입 순서와 관련 있는 키를 기억한다. 새로운 아이템을 처음으로 삽입하면 리스트의 제일 끝에 위치시킨다. 기존 키에 재할당을 한다 해도 순서에는 변화가 생기지 않는다.

더블 링크드 리스트를 사용하기 때문에 OrderedDict의 크기는 일반적인 딕셔너리에 비해서 두 배로 크다. 따라서 OrderedDict로 크기가 매우 큰 데이터 구조체를 만든다면(예를 들어 10만 라인의 CSV 파일을 OrderedDict 인스턴스에 읽어 들인다), OrderedDict를 사용하는 데서 오는 추가적인 메모리 소비가 애플리케이션에 실질적으로 유용한지 유심히 살펴보아야 한다.

1.8 딕셔너리 계산

문제

딕셔너리 데이터에 여러 계산을 수행하고 싶다(최소값, 최대값, 정렬 등).

해결

딕셔너리에 주식 이름과 가격이 들어 있다고 가정해 보자.

```
prices = {
    'ACME': 45.23,
    'AAPL': 612.78,
    'IBM': 205.55,
    'HPQ': 37.20,
    'FB': 10.75
}
```

딕셔너리 내용에 대해 유용한 계산을 하려면 딕셔너리의 키와 값을 zip()으로 뒤집어 주는 것이 좋다. 예를 들어 최소 주가와 최대 주가를 찾는 코드를 살펴보자.

```
min_price = min(zip(prices.values(), prices.keys()))
# min_price는 (10.75, 'FB')이다.

max_price = max(zip(prices.values(), prices.keys()))
# max_price는 (612.78, 'AAPL')이다.
```

이와 유사하게 데이터의 순서를 매기려면 zip()과 sorted()를 함께 사용한다.

```
prices_sorted = sorted(zip(prices.values(), prices.keys()))
# prices_sorted는 [(10.75, 'FB'), (37.2, 'HPQ'),
#                 (45.23, 'ACME'), (205.55, 'IBM'),
#                 (612.78, 'AAPL')]이다.
```

계산을 할 때, zip()은 단 한 번만 소비할 수 있는 이터레이터(iterator)를 생성한다. 예를 들어 다음과 같은 코드에서는 에러가 발생한다.

```
prices_and_names = zip(prices.values(), prices.keys())
print(min(prices_and_names))    # OK
print(max(prices_and_names))    # ValueError: max() 인자가 비어 있다.
```

토론

딕셔너리에서 일반적인 데이터 축소를 시도하면, 오직 키에 대해서만 작업이 이루어진다.

```
min(prices)    # 'AAPL'을 리턴한다.
max(prices)    # 'IBM'을 리턴한다.
```

우리는 딕셔너리의 값에 대한 계산을 하고 싶기 때문에 원하는 결과와는 거리가 멀다. 이 문제 해결을 위해서 딕셔너리의 values() 메소드를 사용한다.

```
min(prices.values())    # 10.75를 리턴한다.
max(prices.values())    # 612.78을 리턴한다.
```

원하는 결과가 이것이 아닐지도 모르겠다. 예를 들어, 키에 일치하는 값 정보까지 알고 싶다면 어떻게 해야 할까(예를 들어, 어떤 주식의 값이 가장 낮을까?)?

최소, 최대값에 일치하는 키를 찾으려면 min()과 max()에 키 함수를 제공한다.

```
min(prices, key=lambda k: prices[k]) # 'FB'를 리턴한다.
max(prices, key=lambda k: prices[k]) # 'AAPL'을 리턴한다.
```

하지만 최소값을 얻기 위해서 한 번 더 살펴보는 작업이 필요하다.

```
min_value = prices[min(prices, key=lambda k: prices[k])]
```

zip()을 포함한 해결책은 딕셔너리의 시퀀스를 (value, key) 페어로 뒤집는 것으로 문제를 해결한다. 이런 튜플에 비교를 수행하면 값(value) 요소를 먼저 비교하고 뒤이어 키(key)를 비교한다. 이렇게 하면 명령어 하나만으로 정확히 우리가 원하는 데이터 축소화 정렬을 수행한다.

여러 엔트리가 동일한 값을 가지고 있을 때 비교 결과를 결정하기 위해서 키를 사용한다는 점을 주목하자. 예를 들어, min()과 max()를 계산할 때 중복된 값이 있으면 가장 작거나 큰 키를 가지고 있는 엔트리를 반환한다.

```
>>> prices = { 'AAA' : 45.23, 'ZZZ': 45.23 }
>>> min(zip(prices.values(), prices.keys()))
(45.23, 'AAA')
>>> max(zip(prices.values(), prices.keys()))
(45.23, 'ZZZ')
>>>
```

1.9 두 딕셔너리의 유사점 찾기

문제

두 딕셔너리가 있고 여기서 유사점을 찾고 싶다(동일한 키, 동일한 값 등).

해결

다음 두 딕셔너리를 보자.

```
a = {
    'x' : 1,
    'y' : 2,
    'z' : 3
}
```

```
b = {
    'w' : 10,
    'x' : 11,
    'y' : 2
}
```

두 딕셔너리의 유사점을 찾으려면 keys()와 items() 메소드에 집합 연산을 수행한다.

```
# 동일한 키 찾기
a.keys() & b.keys()   # { 'x', 'y' }

# a에만 있고 b에는 없는 키 찾기
a.keys() - b.keys()   # { 'z' }

# (키, 값)이 동일한 것 찾기
a.items() & b.items() # { ('y', 2) }
```

이런 연산을 사용해서 딕셔너리의 내용을 수정하거나 걸러 낼 수도 있다. 예를 들어 선택한 키를 삭제한 새로운 딕셔너리를 만들고 싶을 때는 다음과 같은 딕셔너리 생성 코드를 사용한다.

```
# 특정 키를 제거한 새로운 딕셔너리 만들기
c = {key:a[key] for key in a.keys() - {'z', 'w'}}
# c는 {'x': 1, 'y': 2}이다.
```

토론

딕셔너리는 키와 값의 매핑으로 이루어진다. 딕셔너리의 keys() 메소드는 키를 노출하는 키-뷰(key-view) 객체를 반환한다. 키 뷰에는 잘 알려지지 않았지만 합집합, 교집합, 여집합과 같은 집합 연산 기능이 있다. 따라서 딕셔너리 키에 집합 연산을 수행하려면 집합으로 변환할 필요 없이 키-뷰 객체를 바로 사용하면 된다.

딕셔너리의 items() 메소드는 (key, value) 페어로 구성된 아이템-뷰(item-view) 객체를 반환한다. 이 객체는 집합 연산과 유사한 것을 지원하므로 두 딕셔너리에 동일한 키-값 페어를 찾을 때 사용할 수 있다.

유사하긴 하지만 values() 메소드는 앞에 나온 집합 연산을 지원하지 않는다. 이는 키와는 다르게 값-뷰는 유일하다는 보장이 없기 때문이다. 이 사실만으로도 특정 집합 연산을 사용할 수 없다. 하지만 반드시 이런 비교를 수행해야 한다면 먼저 값을 집합으로 변환하면 된다.

1.10 순서를 깨지 않고 시퀀스의 중복 없애기

문제

시퀀스에서 중복된 값을 없애고 싶지만, 아이템의 순서는 유지하고 싶다.

해결

시퀀스의 값이 해시(hash) 가능하다면 이 문제는 세트와 제너레이터(generator)를 사용해서 쉽게 해결할 수 있다.

```python
def dedupe(items):
    seen = set()
    for item in items:
        if item not in seen:
            yield item
            seen.add(item)
```

이 함수를 사용하는 방법은 다음과 같다.

```python
>>> a = [1, 5, 2, 1, 9, 1, 5, 10]
>>> list(dedupe(a))
[1, 5, 2, 9, 10]
>>>
```

앞에서도 말했지만 시퀀스의 아이템이 해시 가능한 경우에만 사용할 수 있다. 해시 불가능한 타입(예를 들어 dict)의 중복을 없애려면 레시피에 약간의 수정이 필요하다.

```python
def dedupe(items, key=None):
    seen = set()
    for item in items:
        val = item if key is None else key(item)
        if val not in seen:
            yield item
            seen.add(val)
```

key 인자의 목적은 중복 검사를 위해 함수가 시퀀스 아이템을 해시 가능한 타입으로 변환한다고 명시하는 데 있다.

```python
>>> a = [ {'x':1, 'y':2}, {'x':1, 'y':3}, {'x':1, 'y':2}, {'x':2, 'y':4}]
>>> list(dedupe(a, key=lambda d: (d['x'],d['y'])))
[{'x': 1, 'y': 2}, {'x': 1, 'y': 3}, {'x': 2, 'y': 4}]
>>> list(dedupe(a, key=lambda d: d['x']))
[{'x': 1, 'y': 2}, {'x': 2, 'y': 4}]
>>>
```

뒤에 나온 해결책은 필드가 하나이거나 커다란 자료 구조에 기반한 값의 중복을 없앨 때도 잘 동작한다.

토론

중복을 없애려면 대개 세트를 만드는 것이 가장 쉽다.

```
>>> a
[1, 5, 2, 1, 9, 1, 5, 10]
>>> set(a)
{1, 2, 10, 5, 9}
>>>
```

하지만 위 방식을 사용하면 기존 데이터의 순서가 훼손된다. 하지만 앞에 설명한 방법을 사용하면 이 문제를 피할 수 있다.

제너레이터 함수를 사용했기 때문에 단순히 리스트 프로세싱 말고도 아주 일반적인 목적으로 함수를 사용할 수 있다. 예를 들어 파일을 읽어 들일 때 중복된 라인을 무시하려면 단순히 다음과 같은 코드를 사용한다.

```
with open(somefile,'r') as f:
    for line in dedupe(f):
        ...
```

key 함수의 스펙은 파이썬 내장 함수인 sorted(), min(), max() 등의 기능을 흉내 내고 있다. 자세한 내용은 레시피 1.8과 1.13을 참고한다.

1.11 슬라이스 이름 붙이기

문제

프로그램 코드에 슬라이스(slice)를 지시하는 하드코딩이 너무 많아 이해하기 어려운 상황이다. 이를 정리해야 한다.

해결

고정된 문자열로부터 특정 데이터를 추출하는 코드가 있다고 가정해 보자.

```
###### 012345678901234567890123456789012345678901234567890'
record = '....................100         .......513.25 ..........'
cost = int(record[20:32]) * float(record[40:48])
```

위와 같이 하지 않고 다음과 같이 이름을 붙이는 것은 어떨까?

```
SHARES = slice(20,32)
PRICE = slice(40,48)

cost = int(record[SHARES]) * float(record[PRICE])
```

두 번째 방법으로 하면 의미 없는 하드코딩에 이름을 붙여서 이후에 이해하기가 훨씬 수월하다.

토론

일반적으로 프로그램을 작성할 때 하드코딩이 늘어날수록 이해하기 어렵고 지저분해진다. 예를 들어, 1년 후에 이 코드를 다시 읽는다면 도대체 그땐 무슨 생각으로 프로그램을 작성했는지 의문이 들게 된다. 여기서 보여준 해결책을 따르면 코드가 무슨 일을 하고 있는지 좀 더 명백해진다.

일반적으로 내장 함수인 slice()는 슬라이스 받는 모든 곳에 사용할 수 있는 조각을 생성한다.

```
>>> items = [0, 1, 2, 3, 4, 5, 6]
>>> a = slice(2, 4)
>>> items[2:4]
[2, 3]
>>> items[a]
[2, 3]
>>> items[a] = [10,11]
>>> items
[0, 1, 10, 11, 4, 5, 6]
>>> del items[a]
>>> items
[0, 1, 4, 5, 6]
```

slice 인스턴스 s가 있다면 s.start와 s.stop, s.step 속성을 통해 좀 더 많은 정보를 얻을수 있다.

```
>>> a = slice(10, 50, 2)
>>> a.start
10
>>> a.stop
50
>>> a.step
2
>>>
```

추가적으로 indices(size) 메소드를 사용하면 특정 크기의 시퀀스에 슬라이스를 매핑할 수 있다. 이렇게 하면 튜플(start, stop, step)을 반환하는데, 모든 값은 경계를 넘어서지 않도록 제약이 걸려 있다(인덱스에 접근할 때 IndexError 예외가 발생하지 않도록 하기 위함).

```
>>> s = 'HelloWorld'
>>> a.indices(len(s))
(5, 10, 2)
>>> for i in range(*a.indices(len(s))):
...     print(s[i])
...
W
r
```

```
d
>>>
```

1.12 시퀀스에 가장 많은 아이템 찾기

문제

시퀀스에 가장 많이 나타난 아이템을 찾고 싶다.

해결

이러한 문제를 해결하기 위해 존재하는 클래스가 바로 collections.Counter이다. 심지어 지금과 같은 상황에 꼭 알맞는 most_common() 메소드도 제공한다.

예를 들기 위해 단어가 들어 있는 리스트에서 가장 자주 나타나는 단어를 찾아 보자.

```
words = [
    'look', 'into', 'my', 'eyes', 'look', 'into', 'my', 'eyes',
    'the', 'eyes', 'the', 'eyes', 'the', 'eyes', 'not', 'around', 'the',
    'eyes', "don't", 'look', 'around', 'the', 'eyes', 'look', 'into',
    'my', 'eyes', "you're", 'under'
]

from collections import Counter
word_counts = Counter(words)
top_three = word_counts.most_common(3)
print(top_three)
# [('eyes', 8), ('the', 5), ('look', 4)]가 출력된다.
```

토론

Counter 객체에는 해시 가능한 모든 아이템을 입력할 수 있다. 내부적으로 Counter는 아이템이 나타난 횟수를 가리키는 딕셔너리이다.

```
>>> word_counts['not']
1
>>> word_counts['eyes']
8
>>>
```

카운트를 수동으로 증가시키고 싶다면 단순하게 더하기를 사용한다.

```
>>> morewords = ['why','are','you','not','looking','in','my','eyes']
>>> for word in morewords:
...     word_counts[word] += 1
...
>>> word_counts['eyes']
```

```
9
>>>
```

혹은 update() 메소드를 사용할 수도 있다.

```
>>> word_counts.update(morewords)
>>>
```

Counter 인스턴스에 잘 알려지지 않은 기능으로 여러 가지 수식을 사용할 수 있다는 점이 있다.

```
>>> a = Counter(words)
>>> b = Counter(morewords)
>>> a
Counter({'eyes': 8, 'the': 5, 'look': 4, 'into': 3, 'my': 3, 'around': 2,
        "you're": 1, "don't": 1, 'under': 1, 'not': 1})
>>> b
Counter({'eyes': 1, 'looking': 1, 'are': 1, 'in': 1, 'not': 1, 'you': 1,
        'my': 1, 'why': 1})

>>> # 카운트 합치기
>>> c = a + b
>>> c
Counter({'eyes': 9, 'the': 5, 'look': 4, 'my': 4, 'into': 3, 'not': 2,
        'around': 2, "you're": 1, "don't": 1, 'in': 1, 'why': 1,
        'looking': 1, 'are': 1, 'under': 1, 'you': 1})

>>> # 카운트 빼기
>>> d = a - b
>>> d
Counter({'eyes': 7, 'the': 5, 'look': 4, 'into': 3, 'my': 2, 'around': 2,
        "you're": 1, "don't": 1, 'under': 1})
>>>
```

말할 필요도 없지만 데이터의 개수를 파악해야 하는 문제에 있어 Counter 객체는 매우 유용하다. 딕셔너리를 직접 사용해서 아이템의 개수를 세는 방식보다는 Counter를 사용하는 것을 더 권장한다.

1.13 일반 키로 딕셔너리 리스트 정렬

문제

딕셔너리 리스트가 있고, 하나 혹은 그 이상의 딕셔너리 값으로 이를 정렬하고 싶다.

해결

이와 같은 구조는 operator 모듈의 itemgetter 함수를 사용하면 쉽게 정렬할 수 있다. 어느 웹 사이트 회원 리스트를 데이터베이스로부터 불러와 다음과 같은 자료 구조를 만들었다고 가정해 보자.

```
rows = [
    {'fname': 'Brian', 'lname': 'Jones', 'uid': 1003},
    {'fname': 'David', 'lname': 'Beazley', 'uid': 1002},
    {'fname': 'John', 'lname': 'Cleese', 'uid': 1001},
    {'fname': 'Big', 'lname': 'Jones', 'uid': 1004}
]
```

모든 딕셔너리에 포함된 필드를 기준으로 데이터를 정렬해 출력하는 것은 어렵지 않다.

```
from operator import itemgetter

rows_by_fname = sorted(rows, key=itemgetter('fname'))
rows_by_uid = sorted(rows, key=itemgetter('uid'))

print(rows_by_fname)
print(rows_by_uid)
```

이를 실행하면 다음과 같은 내용이 출력된다.

```
[{'fname': 'Big', 'uid': 1004, 'lname': 'Jones'},
 {'fname': 'Brian', 'uid': 1003, 'lname': 'Jones'},
 {'fname': 'David', 'uid': 1002, 'lname': 'Beazley'},
 {'fname': 'John', 'uid': 1001, 'lname': 'Cleese'}]

[{'fname': 'John', 'uid': 1001, 'lname': 'Cleese'},
 {'fname': 'David', 'uid': 1002, 'lname': 'Beazley'},
 {'fname': 'Brian', 'uid': 1003, 'lname': 'Jones'},
 {'fname': 'Big', 'uid': 1004, 'lname': 'Jones'}]
```

itemgetter() 함수에는 키를 여러 개 전달할 수도 있다. 예를 들어

```
rows_by_lfname = sorted(rows, key=itemgetter('lname','fname'))
print(rows_by_lfname)
```

위 코드를 실행하면 다음과 같은 내용이 출력된다.

```
[{'fname': 'David', 'uid': 1002, 'lname': 'Beazley'},
 {'fname': 'John', 'uid': 1001, 'lname': 'Cleese'},
 {'fname': 'Big', 'uid': 1004, 'lname': 'Jones'},
 {'fname': 'Brian', 'uid': 1003, 'lname': 'Jones'}]
```

토론

이번 예제에서 키워드 인자 key를 받는 내장 함수 sorted()에 rows를 전달했다. 이 인자는 rows로부터 단일 아이템을 받는 호출 가능 객체를 입력으로 받고 정렬의 기본이 되는 값을

반환한다. `itemgetter()` 함수는 그런 호출 가능 객체를 생성한다.

`operator.itemgetter()` 함수는 rows 레코드에서 원하는 값을 추출하는 데 사용하는 인덱스를 인자로 받는다. 딕셔너리 키 이름이나 숫자 리스트 요소가 될 수도 있고, 객체의 `__getitem__()` 메소드에 넣을 수 있는 모든 값이 가능하다. `itemgetter()`에 여러 인덱스를 전달하면, 생성한 호출 가능 객체가 모든 요소를 가지고 있는 튜플을 반환하고, `sorted()`가 튜플의 정렬 순서에 따라 결과의 순서를 잡는다. 이 방식은 여러 필드를 동시에 정렬할 때 유용하다(예제에 나온 것과 같이 이름과 성).

`itemgetter()`의 기능을 때때로 `lambda` 표현식으로 대체할 수 있다.

```
rows_by_fname = sorted(rows, key=lambda r: r['fname'])
rows_by_lfname = sorted(rows, key=lambda r: (r['lname'],r['fname']))
```

이 코드도 잘 동작하지만 `itemgetter()`를 사용한 코드의 실행 속도가 조금 더 빠르다. 프로그램 성능이 신경 쓰인다면 처음 나온 방식을 사용한다.

마지막으로, 이 레시피에 나온 내용은 `min()`과 `max()`와 같은 함수에도 사용할 수 있음을 꼭 기억하자.

```
>>> min(rows, key=itemgetter('uid'))
{'fname': 'John', 'lname': 'Cleese', 'uid': 1001}
>>> max(rows, key=itemgetter('uid'))
{'fname': 'Big', 'lname': 'Jones', 'uid': 1004}
>>>
```

1.14 기본 비교 기능 없이 객체 정렬

문제

동일한 클래스 객체를 정렬해야 하는데, 이 클래스는 기본적인 비교 연산을 제공하지 않는다.

해결

내장 함수 `sorted()`는 key 인자에 호출 가능 객체를 받아 sorted가 객체 비교에 사용할 수 있는 값을 반환한다. 예를 들어, 애플리케이션에 User 인스턴스를 시퀀스로 갖고 있고 이를 user_id 요소를 기반으로 정렬하고 싶다. 이럴 때는 User 인스턴스를 입력으로 받고 user_id를 반환하는 코드를 작성할 수 있다.

```
>>> class User:
...     def __init__(self, user_id):
...         self.user_id = user_id
...     def __repr__(self):
```

```
...            return 'User({})'.format(self.user_id)
...
>>> users = [User(23), User(3), User(99)]
>>> users
[User(23), User(3), User(99)]
>>> sorted(users, key=lambda u: u.user_id)
[User(3), User(23), User(99)]
>>>
```

lambda를 사용하는 대신, operator.attrgetter()를 사용해도 된다.

```
>>> from operator import attrgetter
>>> sorted(users, key=attrgetter('user_id'))
[User(3), User(23), User(99)]
>>>
```

토론

lambda를 사용할지 attrgetter()를 사용할지 여부는 개인의 선호도에 따라 갈릴 수도 있다. 하지만 attrgetter()의 속도가 빠른 경우가 종종 있고 동시에 여러 필드를 추출하는 기능이 추가되어 있다. 이는 딕셔너리의 operator.itemgetter()를 사용하는 것과 유사한 점이 있다(레시피 1.13 참고). 예를 들어, User 인스턴스에 first_name과 last_name 속성이 있다면 다음과 같이 정렬할 수 있다.

```
by_name = sorted(users, key=attrgetter('last_name', 'first_name'))
```

또한 이번 레시피에서 사용한 기술을 min()과 max() 같은 함수에 사용할 수 있다는 점도 중요하다.

```
>>> min(users, key=attrgetter('user_id')
User(3)
>>> max(users, key=attrgetter('user_id')
User(99)
>>>
```

1.15 필드에 따라 레코드 묶기

문제

일련의 딕셔너리나 인스턴스가 있고 특정 필드 값에 기반한 그룹의 데이터를 순환하고 싶다.

해결

itertools.groupby() 함수는 이와 같은 데이터를 묶는 데 유용하다. 다음과 같은 딕셔너리 리스트가 있다고 가정해 보자.

```
rows = [
    {'address': '5412 N CLARK', 'date': '07/01/2012'},
    {'address': '5148 N CLARK', 'date': '07/04/2012'},
    {'address': '5800 E 58TH', 'date': '07/02/2012'},
    {'address': '2122 N CLARK', 'date': '07/03/2012'},
    {'address': '5645 N RAVENSWOOD', 'date': '07/02/2012'},
    {'address': '1060 W ADDISON', 'date': '07/02/2012'},
    {'address': '4801 N BROADWAY', 'date': '07/01/2012'},
    {'address': '1039 W GRANVILLE', 'date': '07/04/2012'},
]
```

이제 날짜로 구분 지을 데이터 조각을 순환해야 한다. 우선 원하는 필드에 따라 정렬해야 하고(이번 경우엔 date 필드), 그 후에 itertools.groupby()를 사용한다.

```
from operator import itemgetter
from itertools import groupby

# 우선 원하는 필드로 정렬한다.
rows.sort(key=itemgetter('date'))

# 그룹 내부에서 순환한다.
for date, items in groupby(rows, key=itemgetter('date')):
    print(date)
    for i in items:
        print('    ', i)
```

다음과 같은 결과가 출력된다.

```
07/01/2012
    {'date': '07/01/2012', 'address': '5412 N CLARK'}
    {'date': '07/01/2012', 'address': '4801 N BROADWAY'}
07/02/2012
    {'date': '07/02/2012', 'address': '5800 E 58TH'}
    {'date': '07/02/2012', 'address': '5645 N RAVENSWOOD'}
    {'date': '07/02/2012', 'address': '1060 W ADDISON'}
07/03/2012
    {'date': '07/03/2012', 'address': '2122 N CLARK'}
07/04/2012
    {'date': '07/04/2012', 'address': '5148 N CLARK'}
    {'date': '07/04/2012', 'address': '1039 W GRANVILLE'}
```

토론

groupby() 함수는 시퀀스를 검색하고 동일한 값(혹은 키 함수에서 반환한 값)에 대한 일련의 "실행"을 찾는다. 개별 순환에 대해서 값, 그리고 같은 값을 가진 그룹의 모든 아이템을 만드는 이터레이터(iterator)를 함께 반환한다.

그에 앞서 원하는 필드에 따라 데이터를 정렬해야 하는 과정이 중요하다. groupby() 함수는 연속된 아이템에만 동작하기 때문에 정렬 과정을 생략하면 원하는 대로 함수를 실행할 수 없다.

단순히 날짜에 따라 데이터를 묶어서 커다란 자료 구조에 넣어 놓고 원할 때마다 접근하려
는 것이라면, 레시피 1.6에 나온 대로 defaultdict()를 사용해서 multidict를 구성하는 게
나을 수도 있다.

```
from collections import defaultdict
rows_by_date = defaultdict(list)
for row in rows:
    rows_by_date[row['date']].append(row)
```

이렇게 하면 원하는 날짜의 데이터에 다음과 같이 쉽게 접근할 수 있다.

```
>>> for r in rows_by_date['07/01/2012']:
...     print(r)
...
{'date': '07/01/2012', 'address': '5412 N CLARK'}
{'date': '07/01/2012', 'address': '4801 N BROADWAY'}
>>>
```

뒤에 나온 예제를 사용하려면 정렬 과정을 생략해도 된다. 그러므로 메모리 사용량에 크게
구애 받지 않는다면 이 방식을 사용하는 것이 정렬한 후에 groupby()를 사용하는 첫 번째
방법보다 더 빠를 것이다.

1.16 시퀀스 필터링

문제

시퀀스 내부에 데이터가 있고 특정 조건에 따라 값을 추출하거나 줄이고 싶다.

해결

가장 간단한 해결책은 리스트 컴프리헨션(list comprehension)이다.

```
>>> mylist = [1, 4, -5, 10, -7, 2, 3, -1]
>>> [n for n in mylist if n > 0]
[1, 4, 10, 2, 3]
>>> [n for n in mylist if n < 0]
[-5, -7, -1]
>>>
```

이 방식에는 한 가지 단점이 있는데, 입력된 내용이 크면 매우 큰 결과가 생성될 수도 있다
는 점이다. 이 부분이 걱정이라면 생성자 표현식을 사용해서 값을 걸러 낼 수 있다.

```
>>> pos = (n for n in mylist if n > 0)
>>> pos
<generator object <genexpr> at 0x1006a0eb0>
```

```
>>> for x in pos:
...     print(x)
...
1
4
10
2
3
>>>
```

리스트 컴프리헨션이나 생성자 표현식에 필터 조건을 만드는 것이 쉽지 않을 때도 있다. 예를 들어, 필터링 도중에 예외 처리를 해야 한다거나 다른 복잡한 내용이 들어 가야 한다면 어떻게 해야 할까. 이때는 필터링 코드를 함수 안에 넣고 filter()를 사용하면 된다.

```
values = ['1', '2', '-3', '-', '4', 'N/A', '5']

def is_int(val):
    try:
        x = int(val)
        return True
    except ValueError:
        return False

ivals = list(filter(is_int, values))
print(ivals)
# ['1', '2', '-3', '4', '5']가 출력된다.
```

filter()는 이터레이터(iterator)를 생성한다. 따라서 결과의 리스트를 만들고 싶다면 위에 나온 대로 list()도 함께 사용해야 한다.

토론

리스트 컴프리헨션과 생성자 표현식은 간단한 데이터를 걸러 내기 위한 가장 쉽고 직관적인 방법이다. 또한 동시에 데이터 변형 기능도 가지고 있다.

```
>>> mylist = [1, 4, -5, 10, -7, 2, 3, -1]
>>> import math
>>> [math.sqrt(n) for n in mylist if n > 0]
[1.0, 2.0, 3.1622776601683795, 1.4142135623730951, 1.7320508075688772]
>>>
```

필터링에는 조건을 만족하지 않는 값을 걸러 내는 것 외에도 새로운 값으로 치환하는 방식도 있다. 예를 들어, 리스트에서 양수만 찾아내는 필터링뿐 아니라 잘못된 값을 특정 범위에 들어가도록 수정할 수 있다. 필터링 조건을 조건 표현식으로 바꿔 주면 간단히 해결 가능하다.

```
>>> clip_neg = [n if n > 0 else 0 for n in mylist]
>>> clip_neg
[1, 4, 0, 10, 0, 2, 3, 0]
```

```
>>> clip_pos = [n if n < 0 else 0 for n in mylist]
>>> clip_pos
[0, 0, -5, 0, -7, 0, 0, -1]
>>>
```

또 다른 주목할 만한 필터링 도구로 순환 가능한 것과 Boolean 셀렉터 시퀀스를 입력으로 받는 `itertools.compress()`가 있다. 그렇게 입력하면 셀렉터에서 조건이 참인 요소만 골라서 반환한다. 이것은 어떤 시퀀스의 필터링 결과를 다른 시퀀스에 반영하려 할 때 유용하다. 다음과 같이 두 개의 열이 있는 데이터를 가정해 보자.

```
addresses = [
    '5412 N CLARK',
    '5148 N CLARK',
    '5800 E 58TH',
    '2122 N CLARK'
    '5645 N RAVENSWOOD',
    '1060 W ADDISON',
    '4801 N BROADWAY',
    '1039 W GRANVILLE',
]

counts = [ 0, 3, 10, 4, 1, 7, 6, 1]
```

이제 카운트 값이 5 이상인 주소만 남기려 한다면 다음과 같이 하면 된다.

```
>>> from itertools import compress
>>> more5 = [n > 5 for n in counts]
>>> more5
[False, False, True, False, False, True, True, False]
>>> list(compress(addresses, more5))
['5800 E 58TH', '4801 N BROADWAY', '1039 W GRANVILLE']
>>>
```

우선 주어진 조건에 만족하는지 여부를 담은 Boolean 시퀀스를 만들어 두는 것이 포인트다. 그리고 `compress()` 함수로 True에 일치하는 값만 골라낸다.

`filter()`와 마찬가지로, `compress()`는 일반적으로 이터레이터를 반환한다. 따라서 실행 결과를 리스트에 담고 싶다면 `list()`를 사용해야 한다.

1.17 딕셔너리의 부분 추출

문제

딕셔너리의 특정 부분으로부터 다른 딕셔너리를 만들고 싶다.

해결

딕셔너리 컴프리헨션(dictionary comprehension)을 사용하면 간단하게 해결된다.

```
prices = {
    'ACME': 45.23,
    'AAPL': 612.78,
    'IBM': 205.55,
    'HPQ': 37.20,
    'FB': 10.75
}

# 가격이 200 이상인 것에 대한 딕셔너리
p1 = { key:value for key, value in prices.items() if value > 200 }

# 기술 관련 주식으로 딕셔너리 구성
tech_names = { 'AAPL', 'IBM', 'HPQ', 'MSFT' }
p2 = { key:value for key,value in prices.items() if key in tech_names }
```

토론

딕셔너리 컴프리헨션으로 할 수 있는 대부분의 일은 튜플 시퀀스를 만들고 dict() 함수에 전달하는 것으로도 할 수 있다. 예를 들어, 다음 코드를 참고한다.

```
p1 = dict((key, value) for key, value in prices.items() if value > 200)
```

하지만, 딕셔너리 컴프리헨션을 사용하는 것이 더 깔끔하고 실행 속도 측면에서 보아도 조금 더 유리하다(이번 예제의 prices 딕셔너리의 경우 실행 속도에서 두 배 차이가 난다).

동일한 문제를 해결하는 데는 언제나 많은 방법이 존재한다. 예를 들어 두 번째 예제는 다음과 같이 작성할 수도 있다.

```
# 기술 관련 주식으로 딕셔너리 구성
tech_names = { 'AAPL', 'IBM', 'HPQ', 'MSFT' }
p2 = { key:prices[key] for key in prices.keys() & tech_names }
```

하지만, 이 방식은 처음 방식에 비해 거의 1.6배나 실행 속도가 느리다. 성능 문제가 중요하다면 언제나 더 많은 시간을 기울여 코드를 작성해야 한다. 실행 시간과 프로파일링에 대한 정보가 더 필요하다면 레시피 14.13을 참고한다.

1.18 시퀀스 요소에 이름 매핑

문제

리스트나 튜플의 위치로 요소에 접근하는 코드가 있다. 하지만 때론 이런 코드의 가독성이 떨어진다. 또한 위치에 의존하는 코드의 구조도 이름으로 접근 가능하도록 수정하고 싶다.

해결

collections.namedtuple()을 사용하면 일반적인 튜플 객체를 사용하는 것에 비해 그리 크지 않은 오버헤드로 이 기능을 구현한다. collections.namedtuple()은 실제로 표준 파이썬 tuple 타입의 서브클래스를 반환하는 팩토리 메소드이다. 타입 이름과, 포함해야 할 필드를 전달하면 인스턴스화 가능한 클래스를 반환한다. 여기에 필드의 값을 전달하는 식으로 사용 가능하다.

```
>>> from collections import namedtuple
>>> Subscriber = namedtuple('Subscriber', ['addr', 'joined'])
>>> sub = Subscriber('jonesy@example.com', '2012-10-19')
>>> sub
Subscriber(addr='jonesy@example.com', joined='2012-10-19')
>>> sub.addr
'jonesy@example.com'
>>> sub.joined
'2012-10-19'
>>>
```

namedtuple의 인스턴스는 일반적인 클래스 인스턴스와 비슷해 보이지만 튜플과 교환이 가능하고, 인덱싱이나 언패킹과 같은 튜플의 일반적인 기능을 모두 지원한다.

```
>>> len(sub)
2
>>> addr, joined = sub
>>> addr
'jonesy@example.com'
>>> joined
'2012-10-19'
>>>
```

네임드 튜플(named tuple)은 주로 요소의 위치를 기반으로 구현되어 있는 코드를 분리한다. 따라서 데이터베이스로부터 거대한 튜플 리스트를 받고 요소의 위치로 접근하는 코드가 있을 때, 예를 들어 테이블에 새로운 열이 추가되었다거나 할 때 문제가 생길 수 있다. 하지만 반환된 튜플을 네임드 튜플로 변환했다면 이런 문제를 예방할 수 있다.

일반적인 튜플을 사용하는 코드가 있다.

```
def compute_cost(records):
    total = 0.0
    for rec in records:
        total += rec[1] * rec[2]
    return total
```

앞에 나온, 위치에 기반한 요소 접근은 코드의 가독성을 떨어뜨리고 자료의 구조형에 크게 의존하게 된다. 그렇다면 namedtuple을 사용한 코드를 살펴보자.

```
from collections import namedtuple
```

```
Stock = namedtuple('Stock', ['name', 'shares', 'price'])
def compute_cost(records):
    total = 0.0
    for rec in records:
        s = Stock(*rec)
        total += s.shares * s.price
    return total
```

예제의 records 시퀀스에 이미 인스턴스가 포함되어 있기 때문에 Stock 네임드 튜플로 명시적인 변환을 하지 않아도 된다.

토론

namedtuple은 저장 공간을 더 필요로 하는 딕셔너리 대신 사용할 수 있다. 딕셔너리를 포함한 방대한 자료 구조를 구상하고 있다면 namedtuple을 사용하는 것이 더 효율적이다. 하지만 딕셔너리와는 다르게 네임드 튜플은 수정할 수 없다는 점을 기억해야 한다.

```
>>> s = Stock('ACME', 100, 123.45)
>>> s
Stock(name='ACME', shares=100, price=123.45)
>>> s.shares = 75
Traceback (most recent call last):
  File "<stdin>", line 1, in <module>
AttributeError: can't set attribute
>>>
```

속성을 수정해야 한다면 namedtuple 인스턴스의 _replace() 메소드를 사용해야 한다. 이메소드는 지정한 값을 치환하여 완전히 새로운 네임드 튜플을 만든다.

```
>>> s = s._replace(shares=75)
>>> s
Stock(name='ACME', shares=75, price=123.45)
>>>
```

_replace() 메소드를 사용하면 옵션이나 빈 필드를 가진 네임드 튜플을 간단히 만들 수 있다. 일단 기본 값을 가진 프로토타입 튜플을 만들고, _replace()로 치환된 값을 가진 새로운 인스턴스를 만든다.

```
from collections import namedtuple

Stock = namedtuple('Stock', ['name', 'shares', 'price', 'date', 'time'])

# 프로토타입 인스턴스 생성
stock_prototype = Stock('', 0, 0.0, None, None)

# 딕셔너리를 Stock으로 변환하는 함수
def dict_to_stock(s):
    return stock_prototype._replace(**s)
```

이 코드를 사용하는 예는 다음과 같다.

```
>>> a = {'name': 'ACME', 'shares': 100, 'price': 123.45}
>>> dict_to_stock(a)
Stock(name='ACME', shares=100, price=123.45, date=None, time=None)
>>> b = {'name': 'ACME', 'shares': 100, 'price': 123.45, 'date': '12/17/2012'}
>>> dict_to_stock(b)
Stock(name='ACME', shares=100, price=123.45, date='12/17/2012', time=None)
>>>
```

마지막으로 기억해야 할 점이 있다. 여러 인스턴스 요소를 빈번히 수정해야 하는 자료 구조를 만드는 것이 목적이라면 namedtuple을 사용하지 않는 것이 좋다. 네임드 튜플 대신 __slots__을 사용하여 클래스를 정의하는 것을 고려해 보자(레시피 8.4 참고).

1.19 데이터를 변환하면서 줄이기

문제

감소 함수(예를 들어 sum(), min(), max())를 실행해야 하는데, 먼저 데이터를 변환하거나 필터링해야 한다.

해결

데이터를 줄이면서 변형하는 가장 우아한 방식은 생성자 표현식을 사용하는 것이다. 예를 들어 정사각형 넓이의 합을 계산하려면 다음과 같이 한다.

```
nums = [1, 2, 3, 4, 5]
s = sum(x * x for x in nums)
```

대안으로 다음과 같은 코드도 가능하다.

```
# 디렉터리에 또 다른 .py 파일이 있는지 살펴본다.
import os
files = os.listdir('dirname')
if any(name.endswith('.py') for name in files):
    print('There be python!')
else:
    print('Sorry, no python.')

# 튜플을 CSV로 출력한다.
s = ('ACME', 50, 123.45)
print(','.join(str(x) for x in s))

# 자료 구조의 필드를 줄인다.
portfolio = [
    {'name':'GOOG', 'shares': 50},
```

```
        {'name':'YHOO', 'shares': 75},
        {'name':'AOL', 'shares': 20},
        {'name':'SCOX', 'shares': 65}
    ]
    min_shares = min(s['shares'] for s in portfolio)
```

토론

앞에서 살펴본 코드는 함수에 인자로 전달된 생성자 표현식의 문법적인 측면을 보여준다 (예: 즉, 반복적인 괄호를 할 필요가 없다). 예를 들어 다음 두 코드는 동일하다.

```
    s = sum((x * x for x in nums))      # 생성자 표현식을 인자로 전달
    s = sum(x * x for x in nums)        # 더 우아한 방식
```

생성자 인자를 사용하면 임시 리스트를 만드는 것보다 더 효율적이고 코드가 간결한 경우 가 많다. 예를 들어 생성자 표현식을 사용하지 않는다면 다음과 같은 코드를 작성해야 한다.

```
    nums = [1, 2, 3, 4, 5]
    s = sum([x * x for x in nums])
```

물론 이 코드도 동작하지만 추가적인 리스트를 생성해야 한다는 번거로움이 있다. 이렇게 작은 리스트는 크게 문제가 되지 않지만 nums의 크기가 방대해지면 한 번 쓰고 버릴 임시 리스트의 크기도 커진다는 큰 문제가 생긴다. 생성자를 사용하면 데이터를 순환 가능하게 변형하므로 메모리 측면에서 훨씬 유리하다.

min()과 max() 같은 함수는 key라는 여러 상황에 유용한 인자를 받기 때문에 생성자 방식 을 사용해야 하는 이유를 한 가지 더 만들어 준다. 예를 들어 portfolio 예제에 다음과 같 은 코드를 사용하는 것을 고려할 만하다.

```
    # 원본: 20을 반환
    min_shares = min(s['shares'] for s in portfolio)

    # 대안: {'name': 'AOL', 'shares': 20}을 반환
    min_shares = min(portfolio, key=lambda s: s['shares'])
```

1.20 여러 매핑을 단일 매핑으로 합치기

문제

딕셔너리나 매핑이 여러 개 있고, 자료 검색이나 데이터 확인을 위해서 하나의 매핑으로 합 치고 싶다.

해결

다음과 같이 두 딕셔너리가 있다고 가정해 보자.

```
a = {'x': 1, 'z': 3 }
b = {'y': 2, 'z': 4 }
```

이제 두 딕셔너리에 모두 검색을 해야 할 상황이라고 가정해 보자(예: 우선 a에서 데이터를
검색하고, 그 후 b에 그 데이터가 있는지 검색). 간단하게 collections 모듈의 ChainMap
클래스를 사용하면 된다.

```
from collections import ChainMap
c = ChainMap(a,b)
print(c['x'])       # a의 1을 출력
print(c['y'])       # b의 2를 출력
print(c['z'])       # a의 3을 출력
```

토론

ChainMap은 매핑을 여러 개 받아서 하나처럼 보이게 만든다. 하지만 그렇게 보이는 것일
뿐 하나로 합치는 것은 아니다. 단지 매핑에 대한 리스트를 유지하면서 리스트를 스캔하도
록 일반적인 딕셔너리 동작을 재정의한다. 대부분의 명령이 동작한다.

```
>>> len(c)
3
>>> list(c.keys())
['x', 'y', 'z']
>>> list(c.values())
[1, 2, 3]
>>>
```

중복 키가 있으면 첫 번째 매핑의 값을 사용한다. 따라서 예제의 c['z']는 언제나 딕셔너
리 a의 값을 참조하며 b의 값은 참조하지 않는다.

매핑의 값을 변경하는 동작은 언제나 리스트의 첫 번째 매핑에 영향을 준다.

```
>>> c['z'] = 10
>>> c['w'] = 40
>>> del c['x']
>>> a
{'w': 40, 'z': 10}
>>> del c['y']
Traceback (most recent call last):
...
KeyError: "Key not found in the first mapping: 'y'"
>>>
```

ChainMap은 프로그래밍 언어의 변수와 같이 범위가 있는 값(즉, 전역변수, 지역변수)에 사
용하면 유용하다. 사실 이 동작을 쉽게 만들어 주는 메소드가 있다.

```
>>> values = ChainMap()
>>> values['x'] = 1
>>> # 새로운 매핑 추가
>>> values = values.new_child()
>>> values['x'] = 2
>>> # 새로운 매핑 추가
>>> values = values.new_child()
>>> values['x'] = 3
>>> values
ChainMap({'x': 3}, {'x': 2}, {'x': 1})
>>> values['x']
3
>>> # 마지막 매핑 삭제
>>> values = values.parents
>>> values['x']
2
>>> # 마지막 매핑 삭제
>>> values = values.parents
>>> values['x']
1
>>> values
ChainMap({'x': 1})
>>>
```

ChainMap의 대안으로 update()를 사용해 딕셔너리를 하나로 합칠 수도 있다.

```
>>> a = {'x': 1, 'z': 3 }
>>> b = {'y': 2, 'z': 4 }
>>> merged = dict(b)
>>> merged.update(a)
>>> merged['x']
1
>>> merged['y']
2
>>> merged['z']
3
>>>
```

이렇게 해도 잘 동작하지만, 완전히 별개의 딕셔너리 객체를 새로 만들어야 한다(혹은 기존 딕셔너리의 내용을 변경해야 한다). 또한 원본 딕셔너리의 내용이 변경된다 해도 합쳐 놓은 딕셔너리에 반영되지 않는다.

```
>>> a['x'] = 13
>>> merged['x']
1
```

ChainMap은 원본 딕셔너리를 참조하기 때문에 이와 같은 문제가 발생하지 않는다.

```
>>> a = {'x': 1, 'z': 3 }
>>> b = {'y': 2, 'z': 4 }
>>> merged = ChainMap(a, b)
>>> merged['x']
1
>>> a['x'] = 42
>>> merged['x']    # 합친 딕셔너리에 변경 알림
42
>>>
```

## CHAPTER 2

문자열과 텍스트

거의 모든 쓸 만한 프로그램에는 어떻게든 데이터 파싱이나 결과물 출력과 같은 텍스트 프로세싱이 들어 있다. 이번 장은 문자열 나누기, 검색, 빼기, 렉싱, 파싱과 같이 텍스트 처리와 관련 있는 일반적인 문제에 초점을 맞춘다. 대부분의 문제는 파이썬에 내장되어 있는 문자열 메소드로 해결할 수 있다. 하지만 조금 복잡한 문제에는 정규 표현식을 사용하거나 문자열 파서를 작성해야 할지도 모른다. 이런 문제를 모두 다룰 예정이다. 그리고 조금 복잡한 유니코드 다루기도 설명한다.

2.1 여러 구분자로 문자열 나누기

문제

문자열을 필드로 나누고 싶지만 구분자(그리고 그 주변의 공백)가 문자열에 일관적이지 않다.

해결

문자열 객체의 split() 메소드는 아주 간단한 상황에 사용하도록 설계되었고 여러 개의 구분자나 구분자 주변의 공백까지 고려하지는 않는다. 좀 더 유연해져야 할 필요가 있다면 re.split() 메소드를 사용한다.

```
>>> line = 'asdf fjdk; afed, fjek,asdf,      foo'
>>> import re
>>> re.split(r'[;,\s]\s*', line)
['asdf', 'fjdk', 'afed', 'fjek', 'asdf', 'foo']
```

토론

re.split() 함수는 분리 구문마다 여러 패턴을 명시할 수 있다는 점이 유리하다. 예를 들어 앞의 코드에서 본 대로 쉼표(,), 세미콜론(;), 공백문자와 뒤이어 나오는 하나 이상의 공백문자 모두를 분리 구문으로 사용했다. 이 패턴이 나올 때마다 매칭된 부분 모두가 구분자가 된다. 결과는 str.split()과 마찬가지로 필드 리스트가 된다.

re.split()을 사용할 때는 괄호 안에 묶인 정규 표현식 패턴이 캡처 그룹(capture group)이 된다는 점에 주의해야 한다. 캡처 그룹을 사용하면, 매칭된 텍스트에도 결과가 포함된다.

```
>>> fields = re.split(r'(;|,|\s)\s*', line)
>>> fields
['asdf', ' ', 'fjdk', ';', 'afed', ',', 'fjek', ',', 'asdf', ',', 'foo']
>>>
```

구분 문자만 추출해야 할 필요도 있다. 예를 들어 출력문을 재구성하기 위해서 필요한 경우가 있다.

```
>>> values = fields[::2]
>>> delimiters = fields[1::2] + ['']
>>> values
['asdf', 'fjdk', 'afed', 'fjek', 'asdf', 'foo']
>>> delimiters
[' ', ';', ',', ',', ',', '']

>>> # 동일한 구분자로 라인을 구성한다.
>>> ''.join(v+d for v,d in zip(values, delimiters))
'asdf fjdk;afed,fjek,asdf,foo'
>>>
```

분리 구문을 결과에 포함시키고 싶지 않지만 정규 표현식에 괄호를 사용해야 할 필요가 있다면 논캡처 그룹(noncapture group)을 사용해야 한다. (?:...)와 같이 사용하며 다음 코드를 참고한다.

```
>>> re.split(r'(?:,|;|\s)\s*', line)
['asdf', 'fjdk', 'afed', 'fjek', 'asdf', 'foo']
>>>
```

2.2 문자열 처음이나 마지막에 텍스트 매칭

문제

문자열의 처음이나 마지막에 파일 확장자, URL 스킴(scheme) 등 특정 텍스트 패턴이 포함되었는지 검사하고 싶다.

해결

문자열의 처음이나 마지막에 패턴이 포함되었는지 확인하는 간단한 방법으로 str.startswith()나 str.endswith() 메소드가 있다.

```
>>> filename = 'spam.txt'
>>> filename.endswith('.txt')
True
>>> filename.startswith('file:')
False
>>> url = 'http://www.python.org'
>>> url.startswith('http:')
True
>>>
```

여러 개의 선택지를 검사해야 한다면 검사하고 싶은 값을 튜플에 담아 startswith()이나
endswith()에 전달한다.

```
>>> import os
>>> filenames = os.listdir('.')
>>> filenames
[ 'Makefile', 'foo.c', 'bar.py', 'spam.c', 'spam.h' ]
>>> [name for name in filenames if name.endswith(('.c', '.h')) ]
['foo.c', 'spam.c', 'spam.h'
>>> any(name.endswith('.py') for name in filenames)
True
>>>
```

또 다른 예제도 보자.

```
from urllib.request import urlopen

def read_data(name):
    if name.startswith(('http:', 'https:', 'ftp:')):
        return urlopen(name).read()
    else:
        with open(name) as f:
            return f.read()
```

이상하게도 이것은 파이썬에서 튜플만을 입력으로 받는 것 중 하나이다. 따라서 입력 값을
리스트나 세트로 가지고 있다면 tuple()을 사용해서 먼저 변환해 주어야 한다.

```
>>> choices = ['http:', 'ftp:']
>>> url = 'http://www.python.org'
>>> url.startswith(choices)
Traceback (most recent call last):
  File "<stdin>", line 1, in <module>
TypeError: startswith first arg must be str or a tuple of str, not list
>>> url.startswith(tuple(choices))
True
>>>
```

토론

startswith()와 endswith() 메소드는 접두어와 접미어를 검사할 때 매우 편리하다. 슬라이스(slice)를 사용하면 비슷한 동작을 할 수 있지만 코드의 가독성이 많이 떨어진다.

```
>>> filename = 'spam.txt'
>>> filename[-4:] == '.txt'
True
>>> url = 'http://www.python.org'
>>> url[:5] == 'http:' or url[:6] == 'https:' or url[:4] == 'ftp:'
True
>>>
```

다음과 같이 정규 표현식을 사용해도 된다.

```
>>> import re
>>> url = 'http://www.python.org'
>>> re.match('http:|https:|ftp:', url)
<_sre.SRE_Match object at 0x101253098>
>>>
```

역시 잘 동작하지만 간단한 매칭을 하기 위해서 너무 복잡한 수식을 작성하는 경우가 많다. 이번 레시피에 나온 방식이 훨씬 더 간단하고 실행 속도도 빠르다.

마지막으로 startswith()와 endswith() 메소드는 일반적인 데이터 감소와 같은 다른 동작에 함께 사용하기에도 좋다. 예를 들어, 다음 코드는 디렉터리에서 특정 파일이 있는지 확인한다.

```
if any(name.endswith(('.c', '.h')) for name in listdir(dirname)):
    ...
```

2.3 쉘 와일드카드 패턴으로 문자열 매칭

문제

Unix 쉘에 사용하는 것과 동일한 와일드카드 패턴을 텍스트 매칭에 사용하고 싶다(예: *.py, Dat[0-9]*.csv 등).

해결

fnmatch 모듈에 두 함수 fnmatch()와 fnmatchcase()가 있다. 이 함수를 사용하면 앞에 나온 문제를 해결할 수 있다. 사용법은 간단하다.

```
>>> from fnmatch import fnmatch, fnmatchcase
>>> fnmatch('foo.txt', '*.txt')
True
>>> fnmatch('foo.txt', '?oo.txt')
True
```

```
>>> fnmatch('Dat45.csv', 'Dat[0-9]*')
True
>>> names = ['Dat1.csv', 'Dat2.csv', 'config.ini', 'foo.py']
>>> [name for name in names if fnmatch(name, 'Dat*.csv')]
['Dat1.csv', 'Dat2.csv']
>>>
```

일반적으로 fnmatch()는 시스템의 파일 시스템과 동일한 대소문자 구문 규칙을 따른다.

```
>>> # OS X (Mac)
>>> fnmatch('foo.txt', '*.TXT')
False

>>> # Windows
>>> fnmatch('foo.txt', '*.TXT')
True
>>>
```

이런 차이점이 마음에 들지 않는다면 fnmatchcase()를 사용하면 된다. 이 메소드는 지정한 소문자 혹은 대문자에 정확히 일치하는 것만 찾아낸다.

```
>>> fnmatchcase('foo.txt', '*.TXT')
False
>>>
```

이 함수의 기능 중 간과하고 넘어가는 부분이 있는데, 바로 파일 이름이 아닌 데이터 프로세싱에도 사용할 수 있다는 사실이다. 예를 들어 다음과 같은 주소 리스트가 있다고 가정해 보자.

```
addresses = [
    '5412 N CLARK ST',
    '1060 W ADDISON ST',
    '1039 W GRANVILLE AVE',
    '2122 N CLARK ST',
    '4802 N BROADWAY',
]
```

이제 다음과 같이 리스트 컴프리헨션을 사용할 수 있다.

```
>>> from fnmatch import fnmatchcase
>>> [addr for addr in addresses if fnmatchcase(addr, '* ST')]
['5412 N CLARK ST', '1060 W ADDISON ST', '2122 N CLARK ST']
>>> [addr for addr in addresses if fnmatchcase(addr, '54[0-9][0-9] *CLARK*')]
['5412 N CLARK ST']
>>>
```

토론

fnmatch가 수행하는 매칭은 간단한 문자열 메소드의 기능과 정규 표현식의 중간쯤 위치하고 있다. 데이터 프로세싱을 할 때 간단한 와일드카드를 사용할 생각이라면 이 함수를 사용하는 것이 괜찮은 선택이다.

파일 이름을 찾는 코드를 실제로 작성해야 한다면 이 함수 대신 glob 모듈을 사용하도록 한다. 레시피 5.13을 참고한다.

2.4 텍스트 패턴 매칭과 검색

문제

특정 패턴에 대한 텍스트 매칭이나 검색을 하고 싶다.

해결

매칭하려는 텍스트가 간단하다면 str.find(), str.endswith(), str.startswith()와 같은 기본적인 문자열 메소드만으로도 충분하다.

```
>>> text = 'yeah, but no, but yeah, but no, but yeah'

>>> # 정확한 매칭
>>> text == 'yeah'
False

>>> # 처음이나 끝에 매칭
>>> text.startswith('yeah')
True
>>> text.endswith('no')
False

>>> # 처음 나타난 곳 검색
>>> text.find('no')
10
>>>
```

더 복잡한 매칭을 하려면 정규 표현식과 re 모듈을 사용한다. 정규 표현식의 기본적인 동작 메커니즘을 이해하기 위해서 "11/27/2012" 형식의 날짜가 있다고 가정해 보자.

```
>>> text1 = '11/27/2012'
>>> text2 = 'Nov 27, 2012'
>>>
>>> import re
>>> # 간단한 매칭: \d+는 하나 이상의 숫자를 의미
>>> if re.match(r'\d+/\d+/\d+', text1):
...     print('yes')
... else:
...     print('no')
...
yes
>>> if re.match(r'\d+/\d+/\d+', text2):
...     print('yes')
... else:
```

```
...        print('no')
...
no
>>>
```

동일한 패턴으로 매칭을 많이 수행할 예정이라면 정규 표현식을 미리 컴파일해서 패턴 객체로 만들어 놓는 것이 좋다.

```
>>> datepat = re.compile(r'\d+/\d+/\d+')
>>> if datepat.match(text1):
...        print('yes')
... else:
...        print('no')
...
yes
>>> if datepat.match(text2):
...        print('yes')
... else:
...        print('no')
...
no
>>>
```

match()는 항상 문자열 처음에서 찾기를 시도한다. 텍스트 전체에 걸쳐 패턴을 찾으려면 findall() 메소드를 사용한다.

```
>>> text =  'Today is 11/27/2012. PyCon starts 3/13/2013.'
>>> datepat.findall(text)
['11/27/2012', '3/13/2013']
>>>
```

정규 표현식을 정의할 때 괄호를 사용해 캡처 그룹을 만드는 것이 일반적이다.

```
>>> datepat = re.compile(r'(\d+)/(\d+)/(\d+)')
>>>
```

캡처 그룹을 사용하면 매칭된 텍스트에 작업할 때 각 그룹을 개별적으로 추출할 수 있어 편리하다.

```
>>> m = datepat.match('11/27/2012')
>>> m
<_sre.SRE_Match object at 0x1005d2750>

>>> # 각 그룹에서 내용 추출
>>> m.group(0)
'11/27/2012'
>>> m.group(1)
'11'
>>> m.group(2)
'27'
>>> m.group(3)
'2012'
>>> m.groups()
```

```
('11', '27', '2012')
>>> month, day, year = m.groups()
>>>

>>> # 전체 매칭 찾기(튜플로 나눈다.)
>>> text
'Today is 11/27/2012. PyCon starts 3/13/2013.'
>>> datepat.findall(text)
[('11', '27', '2012'), ('3', '13', '2013')]
>>> for month, day, year in datepat.findall(text):
...     print('{}-{}-{}'.format(year, month, day))
...
2012-11-27
2013-3-13
>>>
```

findall() 메소드는 텍스트를 검색하고 모든 매칭을 찾아 리스트로 반환한다. 한 번에 결과를 얻지 않고 텍스트를 순환하며 찾으려면 finditer()를 사용한다.

```
>>> for m in datepat.finditer(text):
...     print(m.groups())
...
('11', '27', '2012')
('3', '13', '2013')
>>>
```

토론

정규 표현식의 모든 내용을 이 책에서 다 다룰 수는 없다. 하지만 이번 레시피를 통해 문자열 검색과 매칭을 위해 re 모듈을 이용하는 기본적인 방법을 알아보았다. 핵심이 되는 기능은 re.compile()을 사용해 패턴을 컴파일하고 그것을 match(), findall(), finditer() 등에 사용한다는 점이다.

패턴을 명시할 때 r'(\d+)/(\d+)/(\d+)'와 같이 로우 문자열(raw string)을 그대로 쓰는 것이 일반적이다. 이 형식은 백슬래시 문자를 해석하지 않고 남겨 두기 때문에 정규 표현식과 같은 곳에 유용하다. 로우 문자열을 사용하지 않으면 '(\\d+)/(\\d+)/(\\d+)'와 같이 백슬래시를 두 번 사용해야 하는 불편함이 따른다.

match() 메소드는 문자열의 처음만 확인한다는 점에 주의하자. 예상치 못한 것에 매칭할 확률도 있다.

```
>>> m = datepat.match('11/27/2012abcdef')
>>> m
<_sre.SRE_Match object at 0x1005d27e8>
>>> m.group()
'11/27/2012'
>>>
```

정확한 매칭을 위해서 패턴에 문자열 마지막을 나타내는 $ 부호를 사용하도록 한다.

```
>>> datepat = re.compile(r'(\d+)/(\d+)/(\d+)$')
>>> datepat.match('11/27/2012abcdef')
>>> datepat.match('11/27/2012')
<_sre.SRE_Match object at 0x1005d2750>
>>>
```

마지막으로, 간단한 텍스트 매칭/검색을 수행하려 한다면 컴파일 과정을 생략하고 re 모듈의 모듈 레벨 함수를 바로 사용해도 괜찮다.

```
>>> re.findall(r'(\d+)/(\d+)/(\d+)', text)
[('11', '27', '2012'), ('3', '13', '2013')]
>>>
```

하지만 예상되는 작업이 간단하지 않다면 패턴을 미리 컴파일해 두고 여러 번 재사용하는 것이 더 효율적이다. 모듈 레벨 함수는 최근에 컴파일한 패턴을 기억하기 때문에 성능에 있어 엄청나게 큰 차이를 보이지는 않지만, 그렇다 해도 패턴을 미리 컴파일하면 추가적인 작업 등을 조금이라도 줄일 수 있다.

2.5 텍스트 검색과 치환

문제

문자열에서 텍스트 패턴을 검색하고 치환하고 싶다.

해결

간단한 패턴이라면 str.replace() 메소드를 사용한다.

```
>>> text = 'yeah, but no, but yeah, but no, but yeah'

>>> text.replace('yeah', 'yep')
'yep, but no, but yep, but no, but yep'
>>>
```

조금 더 복잡한 패턴을 사용하려면 re 모듈의 sub() 함수/메소드를 사용한다. 예를 들어 "11/27/2012" 형식의 날짜를 "2012-11-27"로 바꿔야 할 상황을 가정해 보자.

```
>>> text = 'Today is 11/27/2012. PyCon starts 3/13/2013.'
>>> import re
>>> re.sub(r'(\d+)/(\d+)/(\d+)', r'\3-\1-\2', text)
'Today is 2012-11-27. PyCon starts 2013-3-13.'
>>>
```

sub()에 전달한 첫 번째 인자는 매칭을 위한 패턴이고 두 번째 인자는 치환을 위한 패턴이다. 숫자 앞에 백슬래시가 붙어 있는 \3과 같은 표현은 패턴의 캡처 그룹을 참조한다.

동일한 패턴을 사용한 치환을 계속해야 한다면 성능 향상을 위해 컴파일링을 고려해 보는 것이 좋다.

```
>>> import re
>>> datepat = re.compile(r'(\d+)/(\d+)/(\d+)')
>>> datepat.sub(r'\3-\1-\2', text)
'Today is 2012-11-27. PyCon starts 2013-3-13.'
>>>
```

더 복잡한 치환을 위해서 콜백 함수를 명시할 수도 있다.

```
>>> from calendar import month_abbr
>>> def change_date(m):
...     mon_name = month_abbr[int(m.group(1))]
...     return '{} {} {}'.format(m.group(2), mon_name, m.group(3))
...
>>> datepat.sub(change_date, text)
'Today is 27 Nov 2012. PyCon starts 13 Mar 2013.'
>>>
```

인자가 되는 치환 콜백은 match()나 find()에서 반환한 매치 객체를 사용한다. 매치에서 특정 부분을 추출하려면 .group() 메소드를 사용한다. 이 함수는 치환된 텍스트를 반환해야 한다.

만약 치환된 텍스트를 받기 전에 치환이 몇 번 발생했는지 알고 싶다면 re.subn()을 사용한다.

```
>>> newtext, n = datepat.subn(r'\3-\1-\2', text)
>>> newtext
'Today is 2012-11-27. PyCon starts 2013-3-13.'
>>> n
2
>>>
```

토론

앞서 살펴본 sub() 메소드에 정규 표현식 검색과 치환 이외에 어려운 것은 없다. 가장 이해하기 어려운 것이 정규 표현식 패턴을 만드는 것인데, 이는 독자들 스스로 연습해 보도록 하자.

2.6 대소문자를 구별하지 않는 검색과 치환

문제

텍스트를 검색하고 치환할 때 대소문자를 구별하지 않고 싶다.

해결

텍스트 관련 작업을 할 때 대소문자를 구별하지 않기 위해서는 re 모듈을 사용해야 하고
re.IGNORECASE 플래그를 지정해야 한다.

```
>>> text = 'UPPER PYTHON, lower python, Mixed Python'
>>> re.findall('python', text, flags=re.IGNORECASE)
['PYTHON', 'python', 'Python']
>>> re.sub('python', 'snake', text, flags=re.IGNORECASE)
'UPPER snake, lower snake, Mixed snake'
>>>
```

앞에 나온 예제를 보면 치환된 텍스트의 대소문자가 원본의 대소문자와 일치하지 않는다.
이 부분을 고치려면 다음과 같이 함수를 하나 만들어 제공한다.

```
def matchcase(word):
    def replace(m):
        text = m.group()
        if text.isupper():
            return word.upper()
        elif text.islower():
            return word.lower()
        elif text[0].isupper():
            return word.capitalize()
        else:
            return word
    return replace
```

이 함수를 예제에 이용한 예는 다음과 같다.

```
>>> re.sub('python', matchcase('snake'), text, flags=re.IGNORECASE)
'UPPER SNAKE, lower snake, Mixed Snake'
>>>
```

토론

대개의 경우 re.IGNORECASE를 사용하는 것만으로 대소문자를 무시한 텍스트 작업에 무리
가 없다. 하지만 유니코드(Unicode)가 포함된 작업을 하기에는 부족할 수도 있다. 레시피
2.10에 이에 대한 해결책이 나와 있다.

2.7 가장 짧은 매칭을 위한 정규 표현식

문제

정규 표현식을 사용한 텍스트 매칭을 하고 싶지만 텍스트에서 가장 긴 부분을 찾아낸다. 만
약 가장 짧은 부분을 찾아내고 싶다면 어떻게 해야 할까?

해결

이런 문제는 문장 구분자에 둘러싸여 있는 텍스트를 찾을 때 종종 발생한다(예를 들어 인용문 등).

```
>>> str_pat = re.compile(r'\"(.*)\"')
>>> text1 = 'Computer says "no."'
>>> str_pat.findall(text1)
['no.']
>>> text2 = 'Computer says "no." Phone says "yes."'
>>> str_pat.findall(text2)
['no." Phone says "yes.']
>>>
```

앞의 예제에서 r'\"(.*)\"' 패턴은 따옴표에 둘러싸인 텍스트를 찾도록 의도했다. 하지만 * 문자는 정규 표현식에서 기본적으로 탐욕스럽게(greedy) 소비되므로 가장 긴 텍스트를 찾게 된다. 따라서 text2에서 원치 않게 인용문 두 개에 동시에 매칭한다.

이 문제를 해결하려면 * 앞에 ?를 붙이면 된다.

```
>>> str_pat = re.compile(r'\"(.*?)\"')
>>> str_pat.findall(text2)
['no.', 'yes.']
>>>
```

이렇게 하면 탐욕적이지 않게(nongreedy) 매칭하게 되어 가장 짧은 것을 찾는다.

토론

이번 레시피는 점(.)을 사용한 정규 표현식을 작성할 때 가장 일반적으로 발생하는 문제를 보여준다. 패턴에서 점은 개행문(newline)을 제외한 모든 문자에 매칭한다. 하지만 점을 텍스트의 시작과 중간 사이에 넣으면, 매칭은 가장 긴 것을 찾아내려고 한다. 결국 문장의 시작과 끝이 매칭에서 무시되고 더 긴 매칭에 하나로 포함되어 버린다. 이때 *나 +에 ?를 붙이면 정규 표현식의 매칭 알고리즘에게 가장 짧은 것을 찾아내도록 명시할 수 있다.

2.8 여러 줄에 걸친 정규 표현식 사용

문제

여러 줄에 걸친 정규 표현식 매칭을 사용하고 싶다.

해결

이 문제는 점(.)을 사용한 텍스트 매칭을 할 때 이 문자가 개행문에 매칭하지 않는다는 사실을 잊었을 때 일반적으로 발생한다. 예를 들어 다음과 같이 텍스트에서 C 스타일 주석을 찾아 보자.

```
>>> comment = re.compile(r'/\*(.*?)\*/')
>>> text1 = '/* this is a comment */'
>>> text2 = '''/* this is a
...              multiline comment */
... '''
>>>
>>> comment.findall(text1)
[' this is a comment ']
>>> comment.findall(text2)
[]
>>>
```

text2에 C 스타일 주석이 포함되어 있지만 이를 찾아내지 못한다. 이 문제를 해결하려면 다음과 같이 개행문을 패턴에 넣어야 한다.

```
>>> comment = re.compile(r'/\*((?:.|\n)*?)\*/')
>>> comment.findall(text2)
[' this is a\n              multiline comment ']
>>>
```

이 패턴에서 (?:.|\n)은 논캡처 그룹(noncapture group)을 명시한다(이 그룹은 매칭의 목적은 명시하지만 개별적으로 캡처하거나 숫자를 붙이지는 않는다).

토론

re.compile() 함수에 re.DOTALL이라는 유용한 플래그를 사용할 수 있다. 이 플래그를 사용하면 정규 표현식의 점(.)이 개행문을 포함한 모든 문자에 매칭한다.

```
>>> comment = re.compile(r'/\*(.*?)\*/', re.DOTALL)
>>> comment.findall(text2)
[' this is a\n              multiline comment ']
```

re.DOTALL 플래그를 사용하면 간단한 패턴에는 잘 동작한다. 하지만 아주 복잡한 패턴을 사용하거나 여러 정규 표현식을 합쳐 토큰화를 한다거나 할 때 문제가 발생할 수 있다(레시피 2.18 참고). 다른 선택의 여지가 있다면 플래그 없이 잘 동작할 수 있도록 정규 표현식을 작성하는 것이 더 좋다.

2.9 유니코드 텍스트 노멀화

문제

유니코드 문자열 작업을 하고 있다. 이때 모든 문자열에 동일한 표현식을 갖도록 보장하고 싶다.

해결

유니코드에서 몇몇 문자는 하나 이상의 유효한 시퀀스 코드 포인트로 표현할 수 있다. 다음 코드를 보자.

```
>>> s1 = 'Spicy Jalape\u00f1o'
>>> s2 = 'Spicy Jalapen\u0303o'
>>> s1
'Spicy Jalapeño'
>>> s2
'Spicy Jalapeño'
>>> s1 == s2
False
>>> len(s1)
14
>>> len(s2)
15
>>>
```

"Spicy Jalapeño" 텍스트가 두 가지 형식으로 표현되었다. 첫 번째는 "ñ" 문자를 정확히 표현하고 있고(U+00F1), 두 번째는 라틴 문자 "n" 뒤에 "~"를 합쳐서 사용하고 있다 (U+0303).

여러 표현식을 갖는다는 것은 문자열을 비교하는 프로그램의 측면에서 문제가 된다. 이 문제를 해결하기 위해서는 unicodedata 모듈로 텍스트를 노멀화(normalization)해서 표준 표현식으로 바꿔야 한다.

```
>>> import unicodedata
>>> t1 = unicodedata.normalize('NFC', s1)
>>> t2 = unicodedata.normalize('NFC', s2)
>>> t1 == t2
True
>>> print(ascii(t1))
'Spicy Jalape\xf1o'

>>> t3 = unicodedata.normalize('NFD', s1)
>>> t4 = unicodedata.normalize('NFD', s2)
>>> t3 == t4
True
>>> print(ascii(t3))
```

```
'Spicy Jalapen\u0303o'
>>>
```

normalize()의 첫 번째 인자에는 문자열을 어떻게 노멀화할 것인지를 지정한다. NFC는 문자를 정확히 구성하도록 지정한다(가능하다면 단일 코드 포인트를 사용). NFD는 문자를 여러 개 합쳐서 사용하도록 지정한다.

파이썬은 특정 문자를 다룰 수 있도록 추가적인 호환성을 부여하는 NFKC와 NFKD 노멀화도 지원한다.

```
>>> s = '\ufb01'     # 단일 문자
>>> s
'fi'
>>> unicodedata.normalize('NFD', s)
'fi'

# 합쳐 놓은 문자가 어떻게 분리되는지 살펴보자.
>>> unicodedata.normalize('NFKD', s)
'fi'
>>> unicodedata.normalize('NFKC', s)
'fi'
>>>
```

토론

일관적이고 안전한 유니코드 텍스트 작업을 위해서 노멀화는 아주 중요하다. 특히 인코딩을 조절할 수 없는 상황에서 사용자에게 문자열 입력을 받는 경우에는 특히 조심해야 한다.

또한 텍스트 필터링 작업을 할 때도 노멀화는 중요하다. 예를 들어 텍스트에서 발음 구별 부호를 모두 제거하고 싶다면 다음과 같이 해야 한다.

```
>>> t1 = unicodedata.normalize('NFD', s1)
>>> ''.join(c for c in t1 if not unicodedata.combining(c))
'Spicy Jalapeno'
>>>
```

마지막 예제에 캐릭터 클래스에 문자를 비교하는 unicodedata 모듈의 중요한 측면이 하나더 나왔다. combining() 함수는 문자가 결합 문자인지 확인한다. 이 모듈에는 문자 카테고리를 찾고 숫자를 확인하는 등 많은 함수가 포함되어 있다.

유니코드의 내용은 너무 방대해서 이 책에서 다 다룰 수 없다. 노멀화(normalization)에 대해 더 자세한 정보가 필요하다면 Unicode's page on the subject를 참고한다. 네드 배첼더(Ned Batchelder)의 웹 사이트에도 파이썬 유니코드 처리에 대한 훌륭한 프리젠테이션이 있다.

2.10 정규 표현식에 유니코드 사용

문제

텍스트 프로세싱에 정규 표현식을 사용 중이다. 하지만 유니코드 문자 처리가 걱정된다.

해결

기본적인 유니코드 처리를 위한 대부분의 기능을 re 모듈이 제공한다. 예를 들어, \d는 유니코드 숫자에 이미 매칭한다.

```
>>> import re
>>> num = re.compile('\d+')
>>> # 아스키(ASCII) 숫자
>>> num.match('123')
<_sre.SRE_Match object at 0x1007d9ed0>

>>> # 아라비아 숫자
>>> num.match('\u0661\u0662\u0663')
<_sre.SRE_Match object at 0x101234030>
>>>
```

특정 유니코드 문자를 패턴에 포함하고 싶으면, 유니코드 문자에 이스케이프(escape) 시퀀스를 사용한다. 예를 들어 아라비아 코드 페이지의 모든 문자에 매칭하는 정규 표현식은 다음과 같다.

```
>>> arabic = re.compile('[\u0600-\u06ff\u0750-\u077f\u08a0-\u08ff]+')
>>>
```

검색을 수행할 때, 텍스트를 노멀화하는 것이 좋은 접근법이다(레시피 2.9 참고). 하지만 특별한 경우를 주의해야 한다. 예를 들어, 대소문자를 무시하는 매칭에 대소문자 변환을 합친 코드는 다음과 같다.

```
>>> pat = re.compile('stra\u00dfe', re.IGNORECASE)
>>> s = 'straße'
>>> pat.match(s)                # 일치
<_sre.SRE_Match object at 0x10069d370>
>>> pat.match(s.upper())        # 불일치
>>> s.upper()                   # 대문자 변환
'STRASSE'
>>>
```

토론

유니코드와 정규 표현식을 함께 사용하기란 사실 굉장히 어렵다. 정말로 이 둘을 함께 사용해야겠다면, 서드파티(thrid-party) regex 라이브러리를 설치하고 유니코드 대소문자 변환 등을 기본으로 제공하는 많은 기능을 이용하는 것이 좋다.

2.11 문자열에서 문자 잘라내기

문제

텍스트의 처음, 끝, 중간에서 원하지 않는 공백문 등을 잘라내고 싶다.

해결

strip() 메소드를 사용하면 문자열의 처음과 끝에서 문자를 잘라낼 수 있다. lstrip()과 rstrip()은 문자열의 왼쪽과 오른쪽의 문자를 잘라낸다. 기본적으로 이 메소드는 공백문을 잘라내지만 원하는 문자를 지정할 수도 있다.

```
>>> # 공백문 잘라내기
>>> s = '   hello world \n'
>>> s.strip()
'hello world'
>>> s.lstrip()
'hello world \n'
>>> s.rstrip()
'   hello world'
>>>

>>> # 문자 잘라내기
>>> t = '-----hello====='
>>> t.lstrip('-')
'hello====='
>>> t.strip('-=')
'hello'
>>>
```

토론

데이터를 보기 좋게 만들기 위한 용도로 여러 strip() 메소드를 일반적으로 사용한다. 예를 들어, 문자열에서 공백문을 없애거나 인용 부호를 삭제하거나 하는 식이다.

하지만 텍스트의 중간에서 잘라내기를 할 수는 없다.

```
>>> s = ' hello        world    \n'
>>> s = s.strip()
>>> s
'hello       world'
>>>
```

앞에 나온 코드를 보면 문자열 중간의 공백문이 사라지지 않았다. 이 부분을 처리하려면 replace() 메소드나 정규 표현식의 치환과 같은 다른 기술을 사용해야 한다.

```
>>> s.replace(' ', '')
'helloworld'
>>> import re
>>> re.sub('\s+', ' ', s)
'hello world'
>>>
```

때로는 파일을 순환하며 데이터를 읽어 들이는 것과 같이 다른 작업과 문자열을 잘라내는 작업을 동시에 하고 싶을 수 있다. 이럴 때는 생성자 표현식을 사용하는 것이 좋다.

```
with open(filename) as f:
    lines = (line.strip() for line in f)
    for line in lines:
        ...
```

여기서 lines = (line.strip() for line in f)는 데이터 변환을 담당한다. 이것은 데이터를 실질적인 임시 리스트로 만들지 않으므로 효율적이다. 단지 잘라내기 작업이 적용된 라인을 순환하는 이터레이터를 생성할 뿐이다.

조금 더 고급 기술로는 translate() 메소드가 있다. 자세한 내용은 다음 레시피에서 다룬다.

2.12 텍스트 정리

문제

당신의 웹 페이지에 어떤 사람이 장난스럽게 "pýthöñ"이라는 텍스트를 입력했다. 이를 정리하고 싶다.

해결

텍스트를 정리하는 작업은 대개 텍스트 파싱과 데이터 처리와 관련이 있다. 단순히 생각하면 기본적인 문자열 함수(str.upper()와 str.lower())를 사용해서 텍스트를 표준 케이스로 변환하면 된다. str.replace()나 re.sub()을 사용한 치환은 특정 문자 시퀀스를 아예 없애거나 바꾸는 데만 집중할 수 있다. 또한 레시피 2.9에 나온 대로 unicodedata.

`normalize()`를 사용해서 텍스트를 노멀화할 수도 있다.

하지만, 조금 더 고급스러운 방법이 있다. 예를 들어 특정 범위의 문자나 발음 구별 구호를 없애려고 할 때는 `str.translate()` 메소드를 사용해야 한다. 다음과 같이 엉망인 문자열이 있다고 가정해 보자.

```
>>> s = 'pýtĥöñ\fis\tawesome\r\n'
>>> s
'pýtĥöñ\x0cis\tawesome\r\n'
>>>
```

우선 문자열에서 공백문을 잘라내 보자. 이를 위해서 작은 변환 테이블을 만들어 놓고 `translate()`를 사용한다.

```
>>> remap = {
...     ord('\t') : ' ',
...     ord('\f') : ' ',
...     ord('\r') : None       # 삭제됨
... }
>>> a = s.translate(remap)
>>> a
'pýtĥöñ is awesome\n'
>>>
```

앞에 나온 대로 \t와 \f와 같은 공백문은 띄어쓰기 하나로 치환한다. 복귀 코드(carriage return) \r은 아예 삭제한다.

이 발상을 발전시켜 더 큰 변환 테이블을 만들 수 있다. 예를 들어 결합 문자(combining character)를 모두 없애 보자.

```
>>> import unicodedata
>>> import sys
>>> cmb_chrs = dict.fromkeys(c for c in range(sys.maxunicode)
...                         if unicodedata.combining(chr(c)))
...
>>> b = unicodedata.normalize('NFD', a)
>>> b
'pýtĥöñ is awesome\n'
>>> b.translate(cmb_chrs)
'python is awesome\n'
>>>
```

마지막 예제에서 `dict.fromkeys()`를 사용해 딕셔너리가 모든 유니코드 결합 문자를 None으로 매핑하고 있다.

그러면 원본 입력문은 `unicodedata.normalize()`를 사용해 우선 노멀화한다. 그 후 변환 함수를 사용해 필요 없는 문자를 모두 삭제한다. 이와 같은 기술은 컨트롤(control) 문자와 같이 다른 문자를 없앨 때 응용이 가능하다.

또 다른 예로 유니코드 숫자 문자를 이와 관련 있는 아스키 숫자에 매핑하도록 변환 테이블을 작성한다.

```
>>> digitmap = { c: ord('0') + unicodedata.digit(chr(c))
...              for c in range(sys.maxunicode)
...              if unicodedata.category(chr(c)) == 'Nd' }
...
>>> len(digitmap)
460
>>> # 아라비아 숫자
>>> x = '\u0661\u0662\u0663'
>>> x.translate(digitmap)
'123'
>>>
```

또 다른 텍스트 정리 기술로 I/O 인코딩, 디코딩 함수가 있다. 이 방식은 텍스트를 우선 정리해 놓고 encode()나 decode()를 실행해서 잘라내거나 변경한다.

```
>>> a
'pýthöñ is awesome\n'
>>> b = unicodedata.normalize('NFD', a)
>>> b.encode('ascii', 'ignore').decode('ascii')
'python is awesome\n'
>>>
```

앞의 노멀화 과정은 원본 텍스트를 개별적인 결합 문자로 나눈다. 그리고 뒤이은 아스키 인코딩/디코딩으로 그 문자들을 한번에 폐기한다. 물론 이 방식은 아스키 표현식만을 얻으려고 할 때만 사용할 수 있다.

토론

텍스트 정리를 하다 보면 실행 성능 문제에 직면하기도 한다. 당연하게도 간단한 작업일수록 실행 속도도 빠르다. 간단한 치환을 하려면 str.replace() 메소드를 사용하는 것이 가장 빠르다(여러 번 호출한다 해도 여전히 이 함수가 더 빠르다). 예를 들어 공백문을 없애려고 한다면 다음과 같은 코드를 작성할 수 있다.

```
def clean_spaces(s):
    s = s.replace('\r', '')
    s = s.replace('\t', ' ')
    s = s.replace('\f', ' ')
    return s
```

직접 실험해 보면 translate()나 정규 표현식을 사용하는 것보다 이 방식이 더 빠르다는 것을 확인할 수 있다.

반면 translate() 메소드는 복잡한 문자 리매핑(remapping)이나 삭제에 사용하면 아주 빠르다.

성능 문제는 프로그램에 맞추어 심도 있게 고민해야 한다. 이 책에서 모든 상황에 어떤 방식이 가장 빠르다는 일반적인 제안을 하기란 불가능하다. 독자 스스로 가장 빠른 방식이 무엇일지 직접 실험해 보도록 한다.

이 레시피에서는 텍스트에 관련된 내용만 다루었지만, 이 기술은 바이트와 간단한 치환, 변환, 정규 표현식에도 다 적용할 수 있다.

2.13 텍스트 정렬

문제

텍스트를 특정 형식에 맞추어 정렬하고 싶다.

해결

기본적인 정렬 메소드로 ljust(), rjust(), center() 등이 있다.

```
>>> text = 'Hello World'
>>> text.ljust(20)
'Hello World         '
>>> text.rjust(20)
'         Hello World'
>>> text.center(20)
'    Hello World     '
>>>
```

앞에 나온 모든 메소드에는 채워 넣기 문자를 사용할 수 있다.

```
>>> text.rjust(20,'=')
'=========Hello World'
>>> text.center(20,'*')
'****Hello World*****'
>>>
```

정렬에 format() 함수를 사용할 수도 있다. 인자로 <, >, ∧를 적절하게 사용해 주면 된다.

```
>>> format(text, '>20')
'         Hello World'
>>> format(text, '<20')
'Hello World         '
>>> format(text, '^20')
'    Hello World     '
>>>
```

공백 대신 특정 문자를 채워 넣고 싶다면 정렬 문자 앞에 그 문자를 지정한다.

```
>>> format(text, '=>20s')
'=========Hello World'
```

```
>>> format(text, '*^20s')
'****Hello World*****'
>>>
```

앞의 포맷 코드는 format() 메소드에 사용해 여러 값을 서식화할 수도 있다.

```
>>> '{:>10s} {:>10s}'.format('Hello', 'World')
'     Hello      World'
>>>
```

format()을 사용하면 문자열뿐만 아니라 숫자 값 등 모든 값에 동작한다.

```
>>> x = 1.2345
>>> format(x, '>10')
'    1.2345'
>>> format(x, '^10.2f')
'   1.23   '
>>>
```

토론

오래된 코드를 보면 % 연산자를 사용해 텍스트를 서식화하기도 했다.

```
>>> '%-20s ' % text
'Hello World          '
>>> '%20s ' % text
'         Hello World'
>>>
```

하지만 요즘 작성하는 코드에서는 format() 함수나 메소드를 더 선호한다. format()은 %
연산자보다 더 강력하다. 또한 format()은 단순히 ljust(), rjust(), center() 메소드에
비해 더 일반적인 목적에 사용할 수 있고 모든 객체에 동작한다.

format() 함수가 제공하는 모든 기능이 궁금하다면 온라인 파이썬 문서를 참고한다.

2.14 문자열 합치기

문제

작은 문자열 여러 개를 합쳐 하나의 긴 문자열을 만들고 싶다.

해결

합치고자 하는 문자열이 시퀀스나 순환 객체 안에 있다면 join() 메소드를 사용하는 것이
가장 빠르다.

```
>>> parts = ['Is', 'Chicago', 'Not', 'Chicago?']
>>> ' '.join(parts)
'Is Chicago Not Chicago?'
>>> ','.join(parts)
'Is,Chicago,Not,Chicago?'
>>> ''.join(parts)
'IsChicagoNotChicago?'
>>>
```

코드가 이상해 보일지도 모르겠는데, 문자열을 합치는 메소드로 join()을 사용했다. 합치려고 하는 객체의 숫자는 얼마나 될지 모르는 채 데이터 시퀀스(리스트, 튜플, 딕셔너리, 파일, 세트, 생성자 등)에 들어 있고, 개별적으로 join()을 매번 호출하는 것이 불필요하다. 따라서 구분 문자열을 지정하고 거기에 join() 메소드를 한 번만 사용하면 문자열을 모두 합친다.

합치려고 하는 문자열의 수가 아주 적다면 +를 사용하는 것만으로도 충분하다.

```
>>> a = 'Is Chicago'
>>> b = 'Not Chicago?'
>>> a + ' ' + b
'Is Chicago Not Chicago?'
>>>
```

+ 연산자는 조금 더 복잡한 문자열 서식 연산에 사용해도 잘 동작한다.

```
>>> print('{} {}'.format(a,b))
Is Chicago Not Chicago?
>>> print(a + ' ' + b)
Is Chicago Not Chicago?
>>>
```

소스 코드에서 문자열을 합치려고 할 때는 단순히 옆에 붙여 놓기만 해도 된다.

```
>>> a = 'Hello' 'World'
>>> a
'HelloWorld'
>>>
```

토론

레시피 하나를 다 할애할 만큼 문자열 합치기가 그리 고급 주제가 아니라고 생각할지도 모르겠다. 하지만 이는 프로그래머들의 선택으로 인해 프로그램 성능에 큰 영향을 주기도 하는 중요한 분야이다.

우선적으로 명심해야 할 부분은, + 연산자로 많은 문자열을 합치려고 하면 메모리 복사와 가비지 컬렉션(garbage collection)으로 인해 매우 비효율적이라는 점이다. 다시 말해 다음과 같은 문자열 합치기 코드를 작성하지 말아야 한다.

```
s = ''
for p in parts:
    s += p
```

이렇게 하면 join() 메소드보다 실행 속도가 약간 느린데, 이는 += 연산자가 새로운 문자열 객체를 만들어 내기 때문이다. 이보다는 문자열을 한데 모아놓고 한번에 합치는 편이 더 효율적이다.

이와 관련 있는(그리고 꽤 보기 좋은) 기술로 데이터를 문자열로 변환한 다음, 레시피 1.19에서 살펴본 대로 생성자 표현식으로 합치는 방법이 있다.

```
>>> data = ['ACME', 50, 91.1]
>>> ','.join(str(d) for d in data)
'ACME,50,91.1'
>>>
```

불필요한 문자열 합치기를 하고 있지 않은지도 주의하자. 프로그래머들은 실제로 필요하지 않은 상황인데도 문자열을 합치고 있는 경우가 많다. 다음 예를 살펴보자.

```
print(a + ':' + b + ':' + c)      # 좋지 않다.
print(':'.join([a, b, c]))        # 여전히 개선할 점이 있다.

print(a, b, c, sep=':')           # 좋은 방식이다.
```

입출력 동작과 문자열 합치기를 함께하는 방식은 애플리케이션에서 직접 연구를 해 봐야 할 부분이다. 다음 두 코드를 보자.

```
# 버전 1 (문자열 합치기)
f.write(chunk1 + chunk2)

# 버전 2 (개별 입출력 수행)
f.write(chunk1)
f.write(chunk2)
```

두 문자열이 작다면 첫 번째 코드를 사용하는 것이 성능 측면에서 더 유리하다. 입출력 시스템 호출을 하는 데도 비용이 들기 때문이다. 하지만 문자열의 길이가 길다면 두 번째 방식이 더 효율적일 수 있다. 임시 문자열을 만들고 메모리에 복사하는 과정이 생략되기 때문이다. 앞에서도 몇 번 언급했지만, 성능 문제는 독자 스스로 무엇이 더 효율적일지 연구해야만 한다.

마지막으로 수많은 짧은 문자열을 하나로 합쳐 문자열을 만드는 코드를 작성한다면, yield를 사용한 생성자 함수를 고려해 보도록 하자.

```
def sample():
    yield 'Is'
    yield 'Chicago'
    yield 'Not'
    yield 'Chicago?'
```

이 방식에서 흥미로운 점은 조각을 어떻게 조립할지 어떠한 가정도 하지 않는다는 점이다. 예를 들어 join()을 사용해서 간단히 합칠 수 있다.

```python
text = ''.join(sample())
```

혹은 문자열을 입출력(I/O)으로 리다이렉트(redirect)할 수 있다.

```python
for part in sample():
    f.write(part)
```

입출력을 조합한 하이브리드 방식 구현도 가능하다.

```python
def combine(source, maxsize):
    parts = []
    size = 0
    for part in source:
        parts.append(part)
        size += len(part)
        if size > maxsize:
            yield ''.join(parts)
            parts = []
            size = 0
    yield ''.join(parts)

for part in combine(sample(), 32768):
    f.write(part)
```

중요한 점은 생성자 함수가 미래의 구현 방식을 알지 못한다는 사실이고, 생성자 함수는 그저 문자열을 제공할 뿐이다.

2.15 문자열에 변수 사용

문제

문자열에 변수를 사용하고 이 변수에 맞는 값을 채우고 싶다.

해결

파이썬 문자열에 변수 값을 치환하는 간단한 방법은 존재하지 않는다. 하지만 format() 메소드를 사용하면 비슷하게 흉내 낼 수 있다.

```python
>>> s = '{name} has {n} messages.'
>>> s.format(name='Guido', n=37)
'Guido has 37 messages.'
>>>
```

혹은 치환할 값이 변수에 들어 있다면 format_map()과 vars()를 함께 사용하면 된다.

```
>>> name = 'Guido'
>>> n = 37
>>> s.format_map(vars())
'Guido has 37 messages.'
>>>
```

vars()에는 인스턴스를 사용할 수도 있다.

```
>>> class Info:
...     def __init__(self, name, n):
...         self.name = name
...         self.n = n
...
>>> a = Info('Guido',37)
>>> s.format_map(vars(a))
'Guido has 37 messages.'
>>>
```

format()과 format_map()을 사용할 때 빠진 값이 있으면 제대로 동작하지 않는다는 단점이 있다.

```
>>> s.format(name='Guido')
Traceback (most recent call last):
  File "<stdin>", line 1, in <module>
KeyError: 'n'
>>>
```

이 문제는 __missing__() 메소드가 있는 딕셔너리 클래스를 정의해서 피할 수 있다.

```
class safesub(dict):
    def __missing__(self, key):
        return '{' + key + '}'
```

이제 format_map()의 입력부를 이 클래스로 감싸서 사용한다.

```
>>> del n       # n이 정의되지 않도록 한다.
>>> s.format_map(safesub(vars()))
'Guido has {n} messages.'
>>>
```

코드에서 변수 치환을 빈번히 사용할 것 같다면 치환하는 작업을 유틸리티 함수에 모아 놓고 소위 "프레임 핵(frame hack)"으로 사용할 수 있다.

```
import sys

def sub(text):
    return text.format_map(safesub(sys._getframe(1).f_locals))
```

이제 이 함수를 다음과 같이 사용한다.

```
>>> name = 'Guido'
>>> n = 37
>>> print(sub('Hello {name}'))
Hello Guido
>>> print(sub('You have {n} messages.'))
You have 37 messages.
>>> print(sub('Your favorite color is {color}'))
Your favorite color is {color}
>>>
```

토론

파이썬 자체에서 변수 보간법이 존재하지 않아서 다양한 대안이 생겼다. 이 레시피에서 소개한 해결책 말고 다음과 같이 문자열을 서식화하기도 한다.

```
>>> name = 'Guido'
>>> n = 37
>>> '%(name) has %(n) messages.' % vars()
'Guido has 37 messages.'
>>>
```

혹은 템플릿을 사용하기도 한다.

```
>>> import string
>>> s = string.Template('$name has $n messages.')
>>> s.substitute(vars())
'Guido has 37 messages.'
>>>
```

하지만 format()과 format_map() 메소드를 사용하는 것이 더 현대적이므로 이 방식을 사용하는 것이 좋다. format()을 사용하면 문자열 서식화와 관련 있는 모든 기능(정렬, 공백, 숫자 서식 등)을 사용할 수 있다. 이는 Template 문자열 객체에서는 지원하지 않는다.

이번 레시피에서 흥미로운 고급 기능이 하나 소개되었다. 매핑, 딕셔너리의 거의 알려지지 않은 __missing__() 메소드를 통해 없는 값을 처리할 수 있다. safesub 클래스에서 이 메소드를 정의하여, 없는 값을 기본으로 처리하도록 했다. 이렇게 하면 KeyError 예외가 발생하지 않고 값이 없음을 알리는 문자열을 반환한다(디버깅할 때 유용하다).

sub() 함수는 sys._getframe(1)로 호출자의 스택 프레임을 반환한다. 여기서 지역변수를 얻기 위해 f_locals 요소에 접근했다. 대개의 코드에서 스택 프레임에 접근하는 것을 권장하지 않는다. 하지만 앞의 예제와 같이 문자열 치환 기능과 같은 유틸리티 함수에서는 유용할 수도 있다. 덧붙이자면 f_locals는 호출 함수의 지역변수 복사본을 담아 둔 딕셔너리이다. f_locals의 내용을 수정할 수는 있지만, 그렇다고 어떤 효과가 있는 것은 아니다. 그러므로 다른 스택 프레임에 접근하는 것이 매우 위험해 보일 수도 있지만, 실수로 호출자의 지역변수를 덮어쓰거나 하는 일은 발생하지 않는다.

2.16 텍스트 열의 개수 고정

문제

긴 문자열의 서식을 바꿔 열의 개수를 조절하고 싶다.

해결

textwrap 모듈을 사용해서 텍스트를 재서식화(reformat)한다. 다음과 같이 긴 문자열이 있다고 가정해 보자.

```
s = "Look into my eyes, look into my eyes, the eyes, the eyes, \
the eyes, not around the eyes, don't look around the eyes, \
look into my eyes, you're under."
```

textwrap 모듈을 사용해 재서식화한 예를 몇 가지 살펴보자.

```
>>> import textwrap
>>> print(textwrap.fill(s, 70))
Look into my eyes, look into my eyes, the eyes, the eyes, the eyes,
not around the eyes, don't look around the eyes, look into my eyes,
you're under.

>>> print(textwrap.fill(s, 40))
Look into my eyes, look into my eyes,
the eyes, the eyes, the eyes, not around
the eyes, don't look around the eyes,
look into my eyes, you're under.

>>> print(textwrap.fill(s, 40, initial_indent='        '))
    Look into my eyes, look into my
eyes, the eyes, the eyes, the eyes, not
around the eyes, don't look around the
eyes, look into my eyes, you're under.

>>> print(textwrap.fill(s, 40, subsequent_indent='        '))
Look into my eyes, look into my eyes,
    the eyes, the eyes, the eyes, not
    around the eyes, don't look around
    the eyes, look into my eyes, you're
    under.
```

토론

텍스트를 출력하기 전에 textwrap 모듈을 사용하면 깔끔하게 서식을 맞출 수 있다. 특히 터미널에 사용할 텍스트에 적합하다. 터미널의 크기를 얻으려면 os.get_terminal_size()를 사용한다.

```
>>> import os
>>> os.get_terminal_size().columns
80
>>>
```

fill() 메소드를 사용하면 탭을 처리하는 방법, 문장의 끝과 같은 추가적인 관리를 할 수 있다. 더 자세한 정보는 textwrap.TextWrapper 클래스 문서를 참조한다.

2.17 HTML과 XML 엔티티 처리

문제

&entity;나 &#code;와 같은 HTML, XML 엔티티를 이에 일치하는 문자로 치환하고 싶다. 혹은 텍스트를 생성할 때 특정 문자(<, >, & 등)를 피하고 싶다.

해결

텍스트를 생성할 때 <나 >와 같은 특수 문자를 치환하는 하는 것은 html.escape() 함수를 사용하면 상대적으로 간단히 처리할 수 있다.

```
>>> s = 'Elements are written as "<tag>text</tag>".'
>>> import html
>>> print(s)
Elements are written as "<tag>text</tag>".
>>> print(html.escape(s))
Elements are written as &quot;&lt;tag&gt;text&lt;/tag&gt;&quot;.

>>> # 따옴표는 남겨 두도록 지정
>>> print(html.escape(s, quote=False))
Elements are written as "&lt;tag&gt;text&lt;/tag&gt;".
>>>
```

텍스트를 아스키(ASCII)로 만들고 캐릭터 코드를 아스키가 아닌 문자에 끼워 넣고 싶으면 errors='xmlcharrefreplace' 인자를 입출력 관련 함수에 사용한다.

```
>>> s = 'Spicy Jalapeño'
>>> s.encode('ascii', errors='xmlcharrefreplace')
b'Spicy Jalape&#241;o'
>>>
```

텍스트의 엔티티를 치환하면 또 다른 처리를 해야 한다. 실제로 HTML, XML을 처리할 예정이면 우선 올바른 HTML, XML 파서를 사용하도록 한다. 일반적으로 이런 도구는 파싱하는 동안 자동으로 값을 치환해 준다.

하지만 어째서인지 자동으로 처리되지 않았고 수동으로 치환을 해야 한다면 HTML, XML 파서에 내장되어 있는 여러 유틸리티 함수나 메소드를 사용한다.

```
>>> s = 'Spicy &quot;Jalape&#241;o&quot.'
>>> from html.parser import HTMLParser
>>> p = HTMLParser()
>>> p.unescape(s)
'Spicy "Jalapeño".'
>>>

>>> t = 'The prompt is &gt;&gt;&gt;'
>>> from xml.sax.saxutils import unescape
>>> unescape(t)
'The prompt is >>>'
>>>
```

토론

HTML, XML을 생성할 때 특수 문자를 제대로 이스케이핑(escaping)하는 과정을 간과하기 쉽다. print()로 결과물을 생성하거나 기본적인 문자열 서식 기능을 사용할 때 특히 더 그렇다. 가장 쉬운 해결책은 html.escape()와 같은 유틸리티 함수를 사용하는 것이다.

또 다른 방식으로 텍스트를 처리하고 싶다면 xml.sax.saxutils.unescape()와 같은 여러 유틸리티 함수가 도움이 된다. 하지만 올바른 파서 사용법을 익히는 것이 훨씬 중요하다. 예를 들어, html.parser나 xml.etree.ElementTree와 같은 파싱 모듈로 HTML, XML을 처리하면 엔티티 치환과 같은 기본적인 내용을 알아서 다 처리해 준다.

2.18 텍스트 토큰화

문제

문자열을 파싱해서 토큰화하고 싶다.

해결

다음과 같은 문자열이 있다.

```
text = 'foo = 23 + 42 * 10'
```

문자열을 토큰화하려면 패턴 매칭 이상의 작업이 필요하다. 패턴을 확인할 방법을 가지고 있어야 한다. 예를 들어, 문자열을 다음과 같은 페어 시퀀스로 바꾸고 싶다.

```
tokens = [('NAME', 'foo'), ('EQ','='), ('NUM', '23'), ('PLUS','+'),
          ('NUM', '42'), ('TIMES', '*'), ('NUM', 10')]
```

이런 나누기 작업을 하기 위해서는 공백을 포함해서 가능한 모든 토큰을 정의해야 한다. 다음 코드에서는 이름 있는 캡처 그룹을 사용하는 정규 표현식을 사용한다.

```
import re
NAME = r'(?P<NAME>[a-zA-Z_][a-zA-Z_0-9]*)'
NUM  = r'(?P<NUM>\d+)'
PLUS = r'(?P<PLUS>\+)'
TIMES = r'(?P<TIMES>\*)'
EQ   = r'(?P<EQ>=)'
WS   = r'(?P<WS>\s+)'

master_pat = re.compile('|'.join([NAME, NUM, PLUS, TIMES, EQ, WS]))
```

re 패턴에서, 패턴에 이름을 붙이기 위해 ?P<TOKENNAME>을 사용하고 있다. 이 이름은 나중에 사용한다.

다음으로 토큰화를 위해서 패턴 객체의 잘 알려지지 않은 scanner() 메소드를 사용한다. 이 메소드는 스캐너 객체를 생성하고 전달 받은 텍스트에 match()를 반복적으로 하나씩 호출한다. 스캐너 객체가 동작하는 모습을 다음 예제를 통해 살펴본다.

```
>>> scanner = master_pat.scanner('foo = 42')
>>> scanner.match()
<_sre.SRE_Match object at 0x100677738>
>>> _.lastgroup, _.group()
('NAME', 'foo')
>>> scanner.match()
<_sre.SRE_Match object at 0x100677738>
>>> _.lastgroup, _.group()
('WS', ' ')
>>> scanner.match()
<_sre.SRE_Match object at 0x100677738>
>>> _.lastgroup, _.group()
('EQ', '=')
>>> scanner.match()
<_sre.SRE_Match object at 0x100677738>
>>> _.lastgroup, _.group()
('WS', ' ')
>>> scanner.match()
<_sre.SRE_Match object at 0x100677738>
>>> _.lastgroup, _.group()
('NUM', '42')
>>> scanner.match()
>>>
```

이제 이 기술을 코드에 사용해 보자. 다음과 같이 간결한 생성자를 만들 수 있다.

```
from collections import namedtuple

Token = namedtuple('Token', ['type','value'])

def generate_tokens(pat, text):
    scanner = pat.scanner(text)
    for m in iter(scanner.match, None):
        yield Token(m.lastgroup, m.group())

# 사용 예
for tok in generate_tokens(master_pat, 'foo = 42'):
    print(tok)

# 출력 결과물
# Token(type='NAME', value='foo')
# Token(type='WS', value=' ')
# Token(type='EQ', value='=')
# Token(type='WS', value=' ')
# Token(type='NUM', value='42')
```

토큰 스트림을 걸러 내고 싶으면 생성자 함수를 더 많이 정의하거나 생성자 표현식을 사용한다. 예를 들어 모든 공백문을 다음과 같이 걸러 낼 수 있다.

```
tokens = (tok for tok in generate_tokens(master_pat, text)
          if tok.type != 'WS')
for tok in tokens:
    print(tok)
```

토론

보통 더 복잡한 텍스트 파싱이나 처리를 하기 전에 토큰화를 한다. 앞에서 나온 스캔 기술을 사용하려면 다음 몇 가지 중요한 사항을 기억하자. 우선 입력부에 나타나는 모든 텍스트 시퀀스를 re 패턴으로 확인해야 한다. 매칭하지 않는 텍스트가 하나라도 있으면 스캐닝이 거기서 멈춘다. 예제에서 공백(WS) 토큰을 명시할 필요가 있었던 이유도 이와 같다.

마스터 정규 표현식의 토큰 순서도 중요하다. 매칭할 때 re는 명시한 순서대로 패턴을 매칭한다. 따라서 한 패턴이 다른 패턴의 부분이 되는 경우가 있다면 항상 더 긴 패턴을 먼저 넣어야 한다.

```
LT = r'(?P<LT><)'
LE = r'(?P<LE><=)'
EQ = r'(?P<EQ>=)'

master_pat = re.compile('|'.join([LE, LT, EQ]))     # 올바름
# master_pat = re.compile('|'.join([LT, LE, EQ]))   # 틀림
```

두 번째 패턴의 경우 <= 텍스트를 LT와 EQ라고 매칭할 텐데, 실제로는 LE라고 매칭해야 한다.

그리고 마지막으로 패턴이 부분 문자열을 형성하는 경우도 조심해야 한다. 다음과 같이 두 패턴이 있다고 가정한다.

```
PRINT = r'(P<PRINT>print)'
NAME  = r'(P<NAME>[a-zA-Z_][a-zA-Z_0-9]*)'

master_pat = re.compile('|'.join([PRINT, NAME]))

for tok in generate_tokens(master_pat, 'printer'):
    print(tok)

# 출력 :
# Token(type='PRINT', value='print')
# Token(type='NAME', value='er')
```

토큰화에 대해 더 자세히 알고 싶다면 PyParsing이나 PLY 등의 패키지를 알아보자. PLY 관련 예제가 다음 레시피에 나온다.

2.19 간단한 재귀 파서 작성

문제

주어진 문법 규칙에 따라 텍스트를 파싱하고 동작을 수행하거나 입력된 텍스트를 추상 신택스 트리로 나타내야 한다. 문법은 간단하지만 프레임워크를 사용하지 않고 파서를 직접 작성하고 싶다.

해결

이 문제는 특정 문법에 따라 텍스트를 파싱하는 데 집중한다. 우선 문법의 정규 스펙을 BNF나 EBNF로 하는 데서 시작한다. 예를 들어 간단한 산술 표현식을 다음과 같이 나타낼 수 있다.

```
expr ::= expr + term
     |   expr - term
     |   term

term ::= term * factor
     |   term / factor
     |   factor

factor ::= ( expr )
       |   NUM
```

혹은 EBNF 형식으로 나타낸다.

```
expr ::= term { (+|-) term }*

term ::= factor { (*|/) factor }*

factor ::= ( expr )
         |   NUM
```

EBNF에서 { ... }*로 감싸는 부분은 선택할 수 있는 부분이다. * 부호는 하나도 없거나 여러 번 반복됨을 의미한다(정규 표현식과 동일한 의미).

BNF가 익숙하지 않다면, 왼쪽에 있는 심볼이 오른쪽에 있는 심볼로 치환(혹은 그 반대)될 수 있는 규약 정도로 생각하자. 일반적으로 입력 받은 텍스트를 BNF를 사용해 여러 가지 치환과 확장을 해서 문법에 매칭하는 과정이 파싱에서 일어난다. 예를 들어 3 + 4 * 5라는 문자열을 파싱한다고 생각해 보자. 이 표현식은 우선 레시피 2.18에 나온 기술대로 토큰화 해야 한다. 그 결과는 아마 다음과 같을 것이다.

```
NUM + NUM * NUM
```

이제 치환을 통해 입력 토큰을 문법에 매칭하는 것으로 진행된다.

```
expr
expr ::= term { (+|-) term }*
expr ::= factor { (*|/) factor }* { (+|-) term }*
expr ::= NUM { (*|/) factor }* { (+|-) term }*
expr ::= NUM { (+|-) term }*
expr ::= NUM + term { (+|-) term }*
expr ::= NUM + factor { (*|/) factor }* { (+|-) term }*
expr ::= NUM + NUM { (*|/) factor}* { (+|-) term }*
expr ::= NUM + NUM * factor { (*|/) factor }* { (+|-) term }*
expr ::= NUM + NUM * NUM { (*|/) factor }* { (+|-) term }*
expr ::= NUM + NUM * NUM { (+|-) term }*
expr ::= NUM + NUM * NUM
```

뒤이어 오는 모든 치환 과정은 시간이 조금 걸리지만, 모두 입력을 살펴보고 문법 규칙에 매칭하는 방식이다. 첫 번째 입력 토큰은 NUM이다. 그러므로 첫 번째 치환은 이 부분 매칭에 집중한다. 매칭이 일어나고 나면 초점은 다음 토큰인 +로 넘어가고 계속해서 이런 식으로 진행이 된다. 특정 부분의 오른쪽(예를 들어 { (*/) factor }*)은 다음 토큰에 매칭할 수 없다고 판단되면 사라지기도 한다. 파싱에 성공하면 입력 토큰 스트림에 매칭하기 위해 오른쪽 부분이 모두 확장된다.

앞에 나온 지식을 모두 모아서, 재귀 표현식 해석기를 만드는 간단한 방식을 살펴보자.

```
import re
import collections
```

```python
# 토큰 스펙화
NUM     = r'(?P<NUM>\d+)'
PLUS    = r'(?P<PLUS>\+)'
MINUS   = r'(?P<MINUS>-)'
TIMES   = r'(?P<TIMES>\*)'
DIVIDE  = r'(?P<DIVIDE>/)'
LPAREN  = r'(?P<LPAREN>\()'
RPAREN  = r'(?P<RPAREN>\))'
WS      = r'(?P<WS>\s+)'

master_pat = re.compile('|'.join([NUM, PLUS, MINUS, TIMES,
                                  DIVIDE, LPAREN, RPAREN, WS]))

# 토큰화
Token = collections.namedtuple('Token', ['type','value'])

def generate_tokens(text):
    scanner = master_pat.scanner(text)
    for m in iter(scanner.match, None):
        tok = Token(m.lastgroup, m.group())
        if tok.type != 'WS':
            yield tok

# 파서
class ExpressionEvaluator:
    '''
    재귀 파서 구현, 모든 메소드는 하나의 문법 규칙을 구현한다.
    현재 룩어헤드 토큰을 받고 테스트하는 용도로 ._accept()를 사용한다.
    입력 받은 내역에 완벽히 매칭하고 다음 토큰을 무시할 때는
    ._expect()를 사용한다(혹시 매칭하지 않는 경우에는 SyntaxError를
    발생한다).
    '''

    def parse(self,text):
        self.tokens = generate_tokens(text)
        self.tok = None              # 마지막 심볼 소비
        self.nexttok = None          # 다음 심볼 토큰화
        self._advance()              # 처음 룩어헤드 토큰 불러오기
        return self.expr()

    def _advance(self):
        'Advance one token ahead'
        self.tok, self.nexttok = self.nexttok, next(self.tokens, None)

    def _accept(self,toktype):
        'Test and consume the next token if it matches toktype'
        if self.nexttok and self.nexttok.type == toktype:
            self._advance()
            return True
        else:
            return False
```

```python
    def _expect(self,toktype):
        'Consume next token if it matches toktype or raise SyntaxError'
        if not self._accept(toktype):
            raise SyntaxError('Expected ' + toktype)

    # 문법 규칙

    def expr(self):
        "expression ::= term { ('+'|'-') term }*"

        exprval = self.term()
        while self._accept('PLUS') or self._accept('MINUS'):
            op = self.tok.type
            right = self.term()
            if op == 'PLUS':
                exprval += right
            elif op == 'MINUS':
                exprval -= right
        return exprval

    def term(self):
        "term ::= factor { ('*'|'/') factor }*"

        termval = self.factor()
        while self._accept('TIMES') or self._accept('DIVIDE'):
            op = self.tok.type
            right = self.factor()
            if op == 'TIMES':
                termval *= right
            elif op == 'DIVIDE':
                termval /= right
        return termval

    def factor(self):
        "factor ::= NUM | ( expr )"

        if self._accept('NUM'):
            return int(self.tok.value)
        elif self._accept('LPAREN'):
            exprval = self.expr()
            self._expect('RPAREN')
            return exprval
        else:
            raise SyntaxError('Expected NUMBER or LPAREN')
```

ExpressionEvaluator 클래스를 사용하는 방법은 다음과 같다.

```python
>>> e = ExpressionEvaluator()
>>> e.parse('2')
2
>>> e.parse('2 + 3')
5
```

```
>>> e.parse('2 + 3 * 4')
14
>>> e.parse('2 + (3 + 4) * 5')
37
>>> e.parse('2 + (3 + * 4)')
Traceback (most recent call last):
  File "<stdin>", line 1, in <module>
  File "exprparse.py", line 40, in parse
    return self.expr()
  File "exprparse.py", line 67, in expr
   right = self.term()
  File "exprparse.py", line 77, in term
   termval = self.factor()
  File "exprparse.py", line 93, in factor
   exprval = self.expr()
  File "exprparse.py", line 67, in expr
   right = self.term()
  File "exprparse.py", line 77, in term
   termval = self.factor()
  File "exprparse.py", line 97, in factor
    raise SyntaxError("Expected NUMBER or LPAREN")
SyntaxError: Expected NUMBER or LPAREN
>>>
```

순수 해석 이상의 일을 하고 싶다면 ExpressionEvaluator 클래스를 수정해야 한다. 예를 들어, 간단한 파싱 트리를 만드는 구현식을 살펴보자.

```
class ExpressionTreeBuilder(ExpressionEvaluator):
    def expr(self):
        "expression ::= term { ('+'|'-') term }"

        exprval = self.term()
        while self._accept('PLUS') or self._accept('MINUS'):
            op = self.tok.type
            right = self.term()
            if op == 'PLUS':
                exprval = ('+', exprval, right)
            elif op == 'MINUS':
                exprval = ('-', exprval, right)
        return exprval

    def term(self):
        "term ::= factor { ('*'|'/') factor }"

        termval = self.factor()
        while self._accept('TIMES') or self._accept('DIVIDE'):
            op = self.tok.type
            right = self.factor()
            if op == 'TIMES':
                termval = ('*', termval, right)
            elif op == 'DIVIDE':
```

```
                termval = ('/', termval, right)
        return termval

    def factor(self):
        'factor ::= NUM | ( expr )'

        if self._accept('NUM'):
            return int(self.tok.value)
        elif self._accept('LPAREN'):
            exprval = self.expr()
            self._expect('RPAREN')
            return exprval
        else:
            raise SyntaxError('Expected NUMBER or LPAREN')
```

사용법은 다음과 같다.

```
>>> e = ExpressionTreeBuilder()
>>> e.parse('2 + 3')
('+', 2, 3)
>>> e.parse('2 + 3 * 4')
('+', 2, ('*', 3, 4))
>>> e.parse('2 + (3 + 4) * 5')
('+', 2, ('*', ('+', 3, 4), 5))
>>> e.parse('2 + 3 + 4')
('+', ('+', 2, 3), 4)
>>>
```

토론

파싱은 컴파일러 과목에서 3주 이상을 할애해서 배우는 쉽지 않은 주제이다. 파싱 알고리즘이나 문법과 같은 기본적인 지식을 좀 더 알고 싶다면 우선 컴파일러 책을 한 권 읽어야 한다. 물론 그 내용을 이 책에서 모두 다루지는 않는다.

그렇지만 재귀 파서를 만드는 방법은 꽤 간단하다. 우선 모든 문법을 만들고 이를 함수나 메소드로 전환한다. 예를 들어 문법이 다음과 같다면

```
expr ::= term { ('+'|'-') term }*

term ::= factor { ('*'|'/') factor }*

factor ::= '(' expr ')'
         |   NUM
```

이를 다음의 메소드로 변형한다.

```
class ExpressionEvaluator:
    ...
    def expr(self):
        ...
```

```
    def term(self):
        ...

    def factor(self):
        ...
```

각 메소드가 하는 일은 간단하다. 문법 규칙을 왼쪽에서 오른쪽으로 살펴보면서 절차에 따라 토큰을 소비하면 된다. 어느 정도, 메소드의 목적은 규칙을 소비하거나 막혔을 경우 구문(syntax) 에러를 발생하는 것이다. 이렇게 하려면 다음 구현 기술이 충족되어야 한다.

- 만약 규칙의 다음 심볼이 다른 규칙의 이름이라면(예를 들어 term이나 factor), 동일한 이름의 메소드를 호출한다. 다른 문법 규칙으로 내려간다고 해서 이것을 알고리즘의 "내려오는(descent)" 부분이라 한다. 때로는 이미 실행 중인 메소드에 대한 호출을 포함하는 규칙이 있다(예를 들어 factor ::= '(' expr ')' 규칙에서 expr의 호출). 바로 이 부분이 알고리즘의 "재귀(recursive)"이다.

- 만약 규칙의 다음 심볼이 특정 심볼(예를 들어 ()가 되어야 한다면, 다음 토큰을 보고 정확한 매칭을 확인한다. 일치하지 않으면 구문 에러이다. 이번 레시피의 _expect() 메소드가 이 단계를 수행한다.

- 만약 규칙의 다음 심볼이 될 수 있는 후보가 적다면(예를 들어 +나 -), 다음 토큰을 보고 매칭이 이루어졌는지 확인한다. 이번 레시피의 _accept() 메소드가 이 단계를 수행한다. 이는 매칭이 이루어져야 다음 단계로 넘어가는 _expect() 메소드와 비슷한데, 일치하는 것이 없을 때 에러를 발생하지 않고 뒤로 간다는 점이 다르다(그래야 그 이후를 확인하는 작업이 가능하다).

- 문법에 반복되는 부분이 있으면(예를 들어 expr ::= term { ('+'|'-') term }*), 반복부는 while 문으로 구현된다. 반복문의 몸통에서 더 이상 일치하는 아이템이 없을 때까지 수집이나 진행이 이루어진다.

- 모든 문법 규칙을 소비하고 나면 각 메소드는 호출자에게 결과를 반환한다. 이같은 과정을 통해 파싱이 진행되는 동안 값이 전달된다. 예를 들어, 표현식 해석기에서 반환하는 값은 파싱한 표현식의 부분 결과를 나타낸다. 결국에는 가장 상위 문법 규칙 메소드에서 이를 모두 합친다.

여기서 살펴본 예제는 간단한 것이지만 재귀 파서를 좀 더 복잡한 파서에 이용할 수 있다. 예를 들어, 파이썬 코드 자체도 재귀 파서를 사용해 해석한다. 정말 마음이 내킨다면 파이썬 소스의 *Grammar/Grammar*를 살펴보도록 하자. 그렇다고는 해도, 파서를 스스로 구현하는 것은 매우 위험하고 많은 제약이 따른다.

재귀 파서의 한 가지 제약으로 좌측 재귀가 포함된 어떠한 문법 규칙에 대해서도 사용할 수 없다는 점이 있다. 예를 들어, 다음 규칙을 해석해야 한다고 생각해 보자.

```
items ::= items ',' item
        | item
```

해석을 위해서 items() 메소드를 다음과 같이 사용해야 한다.

```python
def items(self):
    itemsval = self.items()
    if itemsval and self._accept(','):
            itemsval.append(self.item())
    else:
            itemsval = [ self.item() ]
```

간단히 얘기해서, 이는 아예 동작하지 않는다. 위 코드를 실행하면 무한 재귀 에러가 발생한다.

또한 문법 규칙 자체에서 애매한 상황이 생기기도 한다. 예를 들어, 앞에 나온 규칙을 더 간단하게 표현할 수는 없을까? 다음과 같이 말이다.

```
expr ::= factor { ('+'|'-'|'*'|'/') factor }*

factor ::= '(' expression ')'
         |  NUM
```

엄밀히 말해서 앞의 규칙이 동작하기는 한다. 하지만 일반적인 산술 연산의 규칙을 따르지는 않는다. 예를 들어, "3 + 4 * 5"를 "23"이 아닌 "35"로 계산한다. "expr"과 "term"을 따로 사용해야만 올바른 계산을 한다.

정말 복잡한 문법이 있다면 PyParsing이나 PLY와 같은 파싱 도구를 사용하는 것이 더 좋다. PLY를 사용한 예는 다음과 같다.

```python
from ply.lex import lex
from ply.yacc import yacc

# 토큰 리스트
tokens = [ 'NUM', 'PLUS', 'MINUS', 'TIMES', 'DIVIDE', 'LPAREN', 'RPAREN' ]

# 무시 문자

t_ignore = ' \t\n'

# 토큰 스펙(정규 표현식으로)
t_PLUS   = r'\+'
t_MINUS  = r'-'
t_TIMES  = r'\*'
t_DIVIDE = r'/'
t_LPAREN = r'\('
```

```python
    t_RPAREN = r'\)'

# 토큰화 함수
def t_NUM(t):
    r'\d+'
    t.value = int(t.value)
    return t

# 에러 핸들러
def t_error(t):
    print('Bad character: {!r}'.format(t.value[0]))
    t.skip(1)

# 렉서(lexer) 만들기
lexer = lex()

# 문법 규칙과 핸들러 함수
def p_expr(p):
    '''
    expr : expr PLUS term
         | expr MINUS term
    '''
    if p[2] == '+':
        p[0] = p[1] + p[3]
    elif p[2] == '-':
        p[0] = p[1] - p[3]

def p_expr_term(p):
    '''
    expr : term
    '''
    p[0] = p[1]

def p_term(p):
    '''
    term : term TIMES factor
         | term DIVIDE factor
    '''
    if p[2] == '*':
        p[0] = p[1] * p[3]
    elif p[2] == '/':
        p[0] = p[1] / p[3]

def p_term_factor(p):
    '''
    term : factor
    '''
    p[0] = p[1]

def p_factor(p):
    '''
```

```
        factor : NUM
        '''
        p[0] = p[1]

    def p_factor_group(p):
        '''
        factor : LPAREN expr RPAREN
        '''
        p[0] = p[2]

    def p_error(p):
        print('Syntax error')

    parser = yacc()
```

앞의 코드를 보면 모든 것이 더 상위 레벨에서 이루어지고 있음을 알 수 있다. 우리가 할 일
은 토큰화 정규 표현식과 여러 문법 규칙을 매칭할 때 사용할 상위 레벨 핸들링 함수만 작
성하면 된다. 그 외에 실제로 파서를 실행하고 토큰을 받는 등의 모든 동작은 라이브러리가
알아서 수행한다.

파서 객체를 사용하는 예는 다음과 같다.

```
>>> parser.parse('2')
2
>>> parser.parse('2+3')
5
>>> parser.parse('2+(3+4)*5')
37
>>>
```

조금 더 재미있는 프로그래밍 프로젝트를 원한다면, 직접 파서와 컴파일러를 작성해 보자.
이에 관련된 세세한 기반 지식은 컴파일러 교과서나 온라인 문서를 참고한다. 또한 파이썬
모듈인 ast를 보는 것도 좋다.

2.20 바이트 문자열에 텍스트 연산 수행

문제

바이트 문자열(byte string)에 일반적인 텍스트 연산(잘라내기, 검색, 치환 등)을 수행하고
싶다.

해결

바이트 문자열도 텍스트 문자열과 마찬가지로 대부분의 연산을 내장하고 있다.

```
>>> data = b'Hello World'
>>> data[0:5]
b'Hello'
>>> data.startswith(b'Hello')
True
>>> data.split()
[b'Hello', b'World']
>>> data.replace(b'Hello', b'Hello Cruel')
b'Hello Cruel World'
>>>
```

이런 동작은 바이트 배열에도 사용할 수 있다.

```
>>> data = bytearray(b'Hello World')
>>> data[0:5]
bytearray(b'Hello')
>>> data.startswith(b'Hello')
True
>>> data.split()
[bytearray(b'Hello'), bytearray(b'World')]
>>> data.replace(b'Hello', b'Hello Cruel')
bytearray(b'Hello Cruel World')
>>>
```

바이트 문자열 패턴 매칭에 정규 표현식을 적용할 수 있다. 하지만 패턴 자체도 바이트로
나타내야 한다.

```
>>>
>>> data = b'FOO:BAR,SPAM'
>>> import re
>>> re.split('[:,]',data)
Traceback (most recent call last):
  File "<stdin>", line 1, in <module>
  File "/usr/local/lib/python3.3/re.py", line 191, in split
    return _compile(pattern, flags).split(string, maxsplit)
TypeError: can't use a string pattern on a bytes-like object

>>> re.split(b'[:,]',data)          # 주의: 패턴도 바이트로 나타냄
[b'FOO', b'BAR', b'SPAM']
>>>
```

토론

대개의 경우 텍스트 문자열에 있는 연산 기능은 바이트 문자열에도 내장되어 있다. 하지만
주의해야 할 차이점이 몇 가지 있다. 첫째로 바이트 문자열에 인덱스를 사용하면 개별 문자
가 아니라 정수를 가리킨다.

```
>>> a = 'Hello World'        # 텍스트 문자열
>>> a[0]
'H'
>>> a[1]
'e'
>>> b = b'Hello World'        # 바이트 문자열
```

```
>>> b[0]
72
>>> b[1]
101
>>>
```

이 차이로 인해 캐릭터 기반의 데이터를 바이트 기준으로 접근하는 프로그램에 영향을 주기도 한다.

둘째로, 바이트 문자열은 보기 좋은 표현식을 지원하지 않으며, 텍스트 문자열로 변환하지 않으면 깔끔하게 출력할 수도 없다.

```
>>> s = b'Hello World'
>>> print(s)
b'Hello World'                 # b'...' 형식으로 출력된다.
>>> print(s.decode('ascii'))
Hello World
>>>
```

또한 바이트 문자열은 서식화(formatting)를 지원하지 않는다.

```
>>> b'%10s %10d %10.2f' % (b'ACME', 100, 490.1)
Traceback (most recent call last):
  File "<stdin>", line 1, in <module>
TypeError: unsupported operand type(s) for %: 'bytes' and 'tuple'

>>> b'{} {} {}'.format(b'ACME', 100, 490.1)
Traceback (most recent call last):
  File "<stdin>", line 1, in <module>
AttributeError: 'bytes' object has no attribute 'format'
>>>
```

바이트 문자열에 서식화를 적용하고 싶으면 일반 텍스트 문자열과 인코딩을 사용해야만 한다.

```
>>> '{:10s} {:10d} {:10.2f}'.format('ACME', 100, 490.1).encode('ascii')
b'ACME            100     490.10'
>>>
```

마지막으로, 바이트 문자열을 사용하면 특정 연산의 문법에 영향을 주기도 한다. 특히 파일 시스템에 영향이 많다. 예를 들어, 파일 이름을 텍스트 문자열이 아니라 바이트 문자열로 제공하면, 대개 파일 이름 인코딩/디코딩을 사용할 수 없다.

```
>>> # UTF-8 파일 이름 작성
>>> with open('jalape\xf1o.txt', 'w') as f:
...     f.write('spicy')
...

>>> # 디렉터리 리스트 구하기
>>> import os
>>> os.listdir('.')              # 텍스트 문자열 (이름이 디코딩된다.)
['jalapeño.txt']
```

```
>>> os.listdir(b'.')                    # 바이트 문자열 (이름이 바이트로 남는다.)
[b'jalapen\xcc\x83o.txt']
>>>
```

디렉터리 이름에 바이트 문자열을 사용하면 결과 파일 이름이 디코딩되지 않은 바이트로 반환된다. 디렉터리 리스트의 파일 이름은 로우(raw) UTF-8 인코딩을 포함한다. 파일 이름과 관련된 이슈를 알아보려면 레시피 5.15를 참고한다.

그리고 성능 문제를 고려해 텍스트 문자열보다 바이트 문자열을 선호하는 프로그래머들이 있다. 텍스트보다 바이트로 데이터를 다루는 것이 빠른 것은 사실이지만(유니코드로부터 발생하는 오버헤드 때문), 이렇게 하면 코드가 매우 지저분하고 이해하기 어려워진다. 바이트 문자열을 파이썬의 다른 부분과 사용했을 때 문제가 발생할 소지가 많고, 올바른 동작을 위해서 인코딩/디코딩을 일일이 수작업해야 하는 불편함도 있다. 솔직히 말해서, 프로그램에 텍스트 작업이 필요하다면 텍스트 문자열을 사용하도록 하자. 바이트 문자열은 올바른 선택이 아니다.

## CHAPTER 3

숫자, 날짜, 시간

파이썬에서 정수와 부동 소수점을 써서 수학적으로 계산하기는 어렵지 않다. 하지만 분수, 배열, 날짜, 시간 계산은 조금 복잡하다. 이번 장에서는 이런 복잡한 계산에 대해 알아본다.

3.1 반올림

문제

부동 소수점 값을 10진수로 반올림하고 싶다.

해결

간단한 반올림은 내장 함수인 round(value, ndigits) 함수를 사용한다.

```
>>> round(1.23, 1)
1.2
>>> round(1.27, 1)
1.3
>>> round(-1.27, 1)
-1.3
>>> round(1.25361,3)
1.254
>>>
```

값이 정확히 두 선택지의 가운데 있으면 더 가까운 짝수가 된다. 예를 들어 1.5와 2.5는 모두 2가 된다.

round()에 전달하는 자릿수는 음수가 될 수 있다. 이 경우에는 10의 자리, 100의 자리 등의 순으로 자릿수가 결정된다.

```
>>> a = 1627731
>>> round(a, -1)
1627730
```

```
>>> round(a, -2)
1627700
>>> round(a, -3)
1628000
>>>
```

토론

반올림과 서식화를 헷갈리지 않도록 주의하자. 특정 자릿수까지 숫자를 표현하는 것이 목적이라면 round()를 사용하는 것이 아니라 서식화를 위한 자릿수를 명시하기만 하면 된다.

```
>>> x = 1.23456
>>> format(x, '0.2f')
'1.23'
>>> format(x, '0.3f')
'1.235'
>>> 'value is {:0.3f}'.format(x)
'value is 1.235'
>>>
```

또한 정확도 문제를 "수정하려고" 부동 소수점을 반올림하는 방법도 지양해야 한다. 예를 들어 다음과 같은 코드를 사용하고 싶을지 모른다.

```
>>> a = 2.1
>>> b = 4.2
>>> c = a + b
>>> c
6.300000000000001
>>> c = round(c, 2)          # 결과를 "수정한다"(???)
>>> c
6.3
>>>
```

부동 소수점 계산을 하는 대부분의 애플리케이션에서 이와 같은 코드는 불필요하다(혹은 권장하지 않는다). 계산에서 작은 오류가 발생했지만 이 정도 오류는 용인할 만한 것이다. 하지만 이런 오류를 절대적으로 피해야 한다면(금융 애플리케이션 등) decimal 모듈을 사용하는 것이 좋다. 이 내용은 다음 레시피에서 다룬다.

3.2 정확한 10진수 계산

문제

정확한 10진수 계산을 해야 하고, 부동 소수점을 사용할 때 발생하는 작은 오류를 피하고 싶다.

해결

부동 소수점 값에는 10진수를 아주 정확히 표현하지 못한다는 문제가 있다. 심지어 아주 작은 계산을 하더라도 오류가 발생하기도 한다.

```
>>> a = 4.2
>>> b = 2.1
>>> a + b
6.300000000000001
>>> (a + b) == 6.3
False
>>>
```

이런 오류는 CPU와 IEEE 754로 부동 소수점 숫자 계산을 할 때 필연적으로 발생한다. 파이썬의 부동 소수점 값이 바로 이 표현식을 사용하기 때문에 float를 사용해서는 이 오류를 피할 수 있는 방법이 없다.

하지만 더 정확한 계산을 하고 싶다면(그리고 성능 측면을 희생할 용의가 있다면), decimal 모듈을 사용해야 한다.

```
>>> from decimal import Decimal
>>> a = Decimal('4.2')
>>> b = Decimal('2.1')
>>> a + b
Decimal('6.3')
>>> print(a + b)
6.3
>>> (a + b) == Decimal('6.3')
True
>>>
```

숫자를 문자열로 표현하는 이 모듈이 이상하게 보일지도 모르겠다. 하지만 Decimal 객체는 우리가 기대하는 모든 동작(숫자 계산 포함)을 정확히 수행한다. 문자열 서식화 함수에 사용하거나 출력하면 마치 일반적인 숫자인 것처럼 보인다.

decimal의 중요한 기능으로 반올림의 자릿수와 같은 계산적 측면을 조절할 수 있다는 점이 있다.

```
>>> from decimal import localcontext
>>> a = Decimal('1.3')
>>> b = Decimal('1.7')
>>> print(a / b)
0.7647058823529411764705882353
>>> with localcontext() as ctx:
...     ctx.prec = 3
...     print(a / b)
...
```

```
0.765
>>> with localcontext() as ctx:
...     ctx.prec = 50
...     print(a / b)
...
0.76470588235294117647058823529411764705882352941176
>>>
```

토론

decimal 모듈은 IBM의 "General Decimal Arithmetic Specification"을 구현한다. 물론 이 책에서 다 다룰 수 없는 방대한 양의 옵션이 존재한다.

파이썬 입문자라면 float의 정확도 문제를 피하기 위해 decimal 모듈을 사용하고 싶어 할 것이다. 하지만 그보다는 개발 중인 애플리케이션의 영역을 먼저 생각해 보는 것이 중요하다. 과학이나 공학, 컴퓨터 그래픽 등 자연 과학 영역을 다룰 때는 부동 소수점 값을 사용하는 것이 더 일반적이다. 우선, float가 제공하는 17자리 정확도로 표현하지 못하는 것이 거의 없다. 따라서 부동 소수점에서 발생하는 아주 작은 오류는 무시해도 될 만한 수준이다. 두 번째로, decimal 모듈에 비해 float의 실행 속도가 확연히 빠르다. 애플리케이션에서 많은 계산을 수행한다면 이는 꽤 중요한 측면이다.

그렇다고 해서 오류를 완전히 무시할 수는 없다. 수학자들은 다양한 알고리즘을 연구하며 많은 시간을 투자했고, 어떤 것은 다른 것보다 오류 처리를 잘 한다. 또한 아주 크고 작은 숫자를 더할 때 발생하는 오류도 조심해야 한다.

```
>>> nums = [1.23e+18, 1, -1.23e+18]
>>> sum(nums)      # 1이 사라진다.
0.0
>>>
```

앞에 나온 예제는 math.fsum()을 사용하면 더 정확한 계산을 할 수 있다.

```
>>> import math
>>> math.fsum(nums)
1.0
>>>
```

하지만 또 다른 알고리즘에서 어떤 오류가 발생할지 알 수 없는 문제이므로 미리미리 공부해야 한다.

decimal 모듈을 사용하는 가장 큰 이유는 앞에 설명한 여러 문제를 피하기 위해서이다. 금융 등 숫자 계산을 철저히 하는 프로그램에서 오류가 발생하면 치명적이다. 따라서 이런 애플리케이션에서는 반드시 decimal 모듈을 사용해야 한다. 또한 데이터베이스를 다루는 파이썬 인터페이스도 Decimal 객체를 빈번하게 사용하고, 다시 한 번 강조하지만 금융 데이터를 다룰 때 많이 사용한다.

3.3 출력을 위한 숫자 서식화

문제

출력을 위해 자릿수, 정렬, 천 단위 구분 등 숫자를 서식화하고 싶다.

해결

출력을 위해 숫자를 서식화하려면 내장 함수인 format()을 사용한다.

```
>>> x = 1234.56789

>>> # 소수점 둘째 자리 정확도
>>> format(x, '0.2f')
'1234.57'

>>> # 소수점 한 자리 정확도로 문자 10개 기준 오른쪽에서 정렬
>>> format(x, '>10.1f')
'    1234.6'

>>> # 왼쪽에서 정렬
>>> format(x, '<10.1f')
'1234.6    '

>>> # 가운데 정렬
>>> format(x, '^10.1f')
'  1234.6  '

>>> # 천 단위 구분자 넣기
>>> format(x, ',')
'1,234.56789'
>>> format(x, '0,.1f')
'1,234.6'
>>>
```

지수 표현법을 사용하려면 f를 e나 E로 바꾸면 된다.

```
>>> format(x, 'e')
'1.234568e+03'
>>> format(x, '0.2E')
'1.23E+03'
>>>
```

너비와 자릿수를 나타내는 일반적인 형식은 '[<>^]?너비[,]?(.자릿수)?'이다. 이때 너비와 자릿수는 정수형으로 표시하고 ?는 선택 사항임을 의미한다. .format() 메소드에도 동일한 서식을 사용한다.

```
>>> 'The value is {:0,.2f}'.format(x)
'The value is 1,234.57'
>>>
```

토론

출력을 위한 숫자 서식화는 대개 간단하다. 앞에 소개한 기술은 부동 소수점 값과 decimal 모듈의 숫자에 모두 잘 동작한다.

자릿수를 제한하면 round() 함수와 동일한 규칙으로 반올림된다.

```
>>> x
1234.56789
>>> format(x, '0.1f')
'1234.6'
>>> format(-x, '0.1f')
'-1234.6'
>>>
```

천 단위 구분자는 지역 표기법을 따르지 않는다. 이를 염두에 둔다면 locale 모듈의 함수를 사용해야 한다. 문자열의 translate() 메소드를 사용하면 구분자 문자를 변경할 수도 있다.

```
>>> swap_separators = { ord('.'):',', ord(','):'.' }
>>> format(x, ',').translate(swap_separators)
'1.234,56789'
>>>
```

많은 파이썬 코드에서 숫자를 % 연산자로 서식화한다.

```
>>> '%0.2f' % x
'1234.57'
>>> '%10.1f' % x
'    1234.6'
>>> '%-10.1f' % x
'1234.6    '
>>>
```

이 방식을 사용해도 괜찮지만 format()을 사용하는 것만큼 기능이 많지는 않다. 예를 들어 천 단위 구분자를 넣는 등의 기능은 % 연산자가 지원하지 않는다.

3.4 2진수, 8진수, 16진수 작업

문제

숫자를 2진수, 8진수, 16진수로 출력해야 한다.

해결

정수를 2진수, 8진수, 16진수 문자열로 변환하려면 bin(), oct(), hex()를 사용한다.

```
>>> x = 1234
>>> bin(x)
'0b10011010010'
>>> oct(x)
'0o2322'
>>> hex(x)
'0x4d2'
>>>
```

앞에 0b, 0o, 0x가 붙는 것이 싫으면 format() 함수를 사용해도 된다.

```
>>> format(x, 'b')
'10011010010'
>>> format(x, 'o')
'2322'
>>> format(x, 'x')
'4d2'
>>>
```

정수형은 부호가 있는 숫자이므로, 음수를 사용하면 결과물에도 부호가 붙는다.

```
>>> x = -1234
>>> format(x, 'b')
'-10011010010'
>>> format(x, 'x')
'-4d2'
>>>
```

부호가 없는 값을 사용하려면 최대값(maximum)을 더해서 비트 길이를 설정해야 한다. 예를 들어 32비트 값을 보여주려면 다음과 같이 한다.

```
>>> x = -1234
>>> format(2**32 + x, 'b')
'11111111111111111111101100101110'
>>> format(2**32 + x, 'x')
```

```
'fffffb2e'
>>>
```

다른 진법의 숫자를 정수형으로 변환하려면 int() 함수에 적절한 진수를 전달한다.

```
>>> int('4d2', 16)
1234
>>> int('10011010010', 2)
1234
>>>
```

토론

2진수, 8진수, 16진수 변환은 대개 간단히 해결할 수 있다. 숫자와 문자 표현식 사이의 변환을 위해 이러한 변환법이 존재한다는 점만 기억하면 된다. 기본적으로는 모두 단일 정수형이다.

마지막으로 8진법을 사용할 때 프로그래머가 주의해야 할 점이 한 가지 있다. 파이썬이 8진법을 나타내는 방식은 다른 언어와 약간 다르다. 예를 들어 다음과 같은 코드를 실행하면 구문 에러가 발생한다.

```
>>> import os
>>> os.chmod('script.py', 0755)
 File "<stdin>", line 1
    os.chmod('script.py', 0755)
                    ^
SyntaxError: invalid token
>>>
```

8진법 값 앞에는 0o를 붙여야 한다.

```
>>> os.chmod('script.py', 0o755)
>>>
```

3.5 바이트에서 큰 숫자를 패킹/언패킹

문제

바이트 문자열을 언패킹(unpacking)해서 정수 값으로 만들어야 한다. 혹은 매우 큰 정수 값을 바이트 문자열로 변환해야 한다.

해결

프로그램에서 128비트 정수 값을 담을 수 있는, 길이 16의 바이트 문자열(16-element byte string)을 다루어야 한다고 가정해 보자.

```
data = b'\x00\x124V\x00x\x90\xab\x00\xcd\xef\x01\x00#\x004'
```

바이트를 정수형으로 변환하려면 int.from_bytes()를 사용하고 바이트 순서를 명시한다.

```
>>> len(data)
16
>>> int.from_bytes(data, 'little')
69120565666575113957766354792709489108
>>> int.from_bytes(data, 'big')
94522842520747284487117727783387188
>>>
```

큰 정수 값을 바이트 문자열로 변환하려면 int.to_bytes() 메소드를 사용하고, 바이트 길이와 순서를 명시한다.

```
>>> x = 94522842520747284487117727783387188
>>> x.to_bytes(16, 'big')
b'\x00\x124V\x00x\x90\xab\x00\xcd\xef\x01\x00#\x004'
>>> x.to_bytes(16, 'little')
b'4\x00#\x00\x01\xef\xcd\x00\xab\x90x\x00V4\x12\x00'
>>>
```

토론

정수형 값과 바이트 문자열 간의 변환은 일반적인 작업이 아니다. 하지만 네트워크나 암호화가 필요한 특정 애플리케이션에서 사용하는 경우가 있다. 예를 들어 IPv6 네트워크 주소는 128비트 정수형으로 표시한다. 이 값을 데이터 레코드에서 추출하는 코드를 작성한다면 앞에 나온 기술을 사용해야 한다.

이번 레시피에 나온 방법 말고, 레시피 6.11에 나오는 struct 모듈을 사용할 수도 있다. 이 방식도 잘 동작하지만, struct로 언패킹할 수 있는 정수형의 크기가 제한적이다. 따라서 언팩을 여러 번 하고 결과 값을 합쳐야 한다.

```
>>> data
b'\x00\x124V\x00x\x90\xab\x00\xcd\xef\x01\x00#\x004'
>>> import struct
>>> hi, lo = struct.unpack('>QQ', data)
>>> (hi << 64) + lo
94522842520747284487117727783387188
>>>
```

바이트 순서(little 또는 big)는 정수형을 이루는 바이트가 가장 작은 것부터 표시되었는지 혹은 가장 큰 것부터 표시되었는지를 나타낸다. 16진수 값을 사용해서 이에 대한 예를 들었다.

```
>>> x = 0x01020304
>>> x.to_bytes(4, 'big')
b'\x01\x02\x03\x04'
>>> x.to_bytes(4, 'little')
```

```
b'\x04\x03\x02\x01'
>>>
```

정수형 값을 바이트 문자열로 변환하려는데 지정한 길이에 다 들어가지 않는 경우에는 에러가 발생한다. 이를 방지하기 위해서 int.bit_length() 메소드로 얼마나 많은 비트가 필요한지 미리 검사할 수 있다.

```
>>> x = 523 ** 23
>>> x
335381300113661875107536852714019056160355655333978849017944067
>>> x.to_bytes(16, 'little')
Traceback (most recent call last):
 File "<stdin>", line 1, in <module>
OverflowError: int too big to convert
>>> x.bit_length()
208
>>> nbytes, rem = divmod(x.bit_length(), 8)
>>> if rem:
...      nbytes += 1
...
>>>
>>> x.to_bytes(nbytes, 'little')
b'\x03X\xf1\x82iT\x96\xac\xc7c\x16\xf3\xb9\xcf...\xd0'
>>>
```

3.6 복소수 계산

문제

최신 웹 인증을 사용하는 코드를 작성하던 도중에 특이점을 발견하고 복소수 평면을 사용할 수밖에 없는 상황에 처했다. 혹은 복소수를 사용하여 계산을 해야 한다.

해결

복소수는 complex(real, imag) 함수를 사용하거나 j를 붙인 부동 소수점 값으로 표현할 수 있다.

```
>>> a = complex(2, 4)
>>> b = 3 - 5j
>>> a
(2+4j)
>>> b
(3-5j)
>>>
```

실수, 허수, 켤레 복소수를 구하는 방법은 어렵지 않다.

```
>>> a.real
2.0
```

```
>>> a.imag
4.0
>>> a.conjugate()
(2-4j)
>>>
```

또한 일반적인 수학 계산도 잘 동작한다.

```
>>> a + b
(5-1j)
>>> a * b
(26+2j)
>>> a / b
(-0.4117647058823529+0.6470588235294118j)
>>> abs(a)
4.47213595499958
>>>
```

사인, 코사인, 제곱 등을 계산하려면 cmath 모듈을 사용한다.

```
>>> import cmath
>>> cmath.sin(a)
(24.83130584894638-11.356612711218174j)
>>> cmath.cos(a)
(-11.36423470640106-24.814651485634187j)
>>> cmath.exp(a)
(-4.829809383269385-5.5920560936409816j)
>>>
```

토론

파이썬의 수학 관련 모듈은 대개 복소수를 인식한다. 예를 들어, numpy를 사용하면 어렵지 않게 복소수 배열을 만들고 계산할 수 있다.

```
>>> import numpy as np
>>> a = np.array([2+3j, 4+5j, 6-7j, 8+9j])
>>> a
array([ 2.+3.j,   4.+5.j,   6.-7.j,   8.+9.j])
>>> a + 2
array([ 4.+3.j,    6.+5.j,    8.-7.j,  10.+9.j])
>>> np.sin(a)
array([    9.15449915  -4.16890696j,   -56.16227422 -48.50245524j,
       -153.20827755-526.47684926j,  4008.42651446-589.49948373j])
>>>
```

하지만 파이썬의 표준 수학 함수는 기본적으로 복소수 값을 만들지 않는다. 따라서 코드에서 이런 값이 예상치 않게 발생하지는 않는다.

```
>>> import math
>>> math.sqrt(-1)
Traceback (most recent call last):
```

```
  File "<stdin>", line 1, in <module>
ValueError: math domain error
>>>
```

계산 결과로 복소수를 얻으려면 명시적으로 cmath를 사용하거나 라이브러리에서 복소수 사용을 선언해야 한다.

```
>>> import cmath
>>> cmath.sqrt(-1)
1j
>>>
```

3.7 무한대와 NaN 사용

문제

부동 소수점 값의 무한대, 음의 무한대, NaN(not a number)을 검사해야 한다.

해결

이와 같은 특별한 부동 소수점 값을 표현하는 파이썬 문법은 없지만 float()를 사용해서 만들 수는 있다.

```
>>> a = float('inf')
>>> b = float('-inf')
>>> c = float('nan')
>>> a
inf
>>> b
-inf
>>> c
nan
>>>
```

이 값을 확인하려면 math.isinf()와 math.isnan() 함수를 사용한다.

```
>>> math.isinf(a)
True
>>> math.isnan(c)
True
>>>
```

토론

앞에 나온 특별한 부동 소수점 값에 대한 더 많은 정보를 원한다면 IEEE 754 스펙을 확인해야 한다. 그 중 주의해야 할 것이 몇 가지 있는데, 특히 비교와 연산자 부분에 관련이 있다.

무한대 값은 일반적인 수학 계산법을 따른다.

```
>>> a = float('inf')
>>> a + 45
inf
>>> a * 10
inf
>>> 10 / a
0.0
>>>
```

하지만 특정 연산자의 계산은 정의되어 있지 않고 NaN을 발생시킨다.

```
>>> a = float('inf')
>>> a/a
nan
>>> b = float('-inf')
>>> a + b
nan
>>>
```

NaN 값은 모든 연산자에 대해 예외를 발생시키지 않는다.

```
>>> c = float('nan')
>>> c + 23
nan
>>> c / 2
nan
>>> c * 2
nan
>>> math.sqrt(c)
nan
>>>
```

NaN에서 주의해야 할 점은, 이 값은 절대로 비교 결과가 일치하지 않는다는 점이다.

```
>>> c = float('nan')
>>> d = float('nan')
>>> c == d
False
>>> c is d
False
>>>
```

따라서 NaN을 비교하는 방법은 `math.isnan()`을 사용하는 것뿐이다.

파이썬 프로그래머들은 때때로 NaN이나 무한대 값이 나왔을 때 예외를 발생시키고 싶어한다. 이럴 때는 fpectl 모듈을 사용하면 되지만 이 모듈은 표준 파이썬 빌드에 기본으로 활성화되어 있지 않으며 플랫폼에 따라 동작성이 다르다. 사실 이 모듈은 숙련된 프로그래머들만 사용하도록 의도된 것이다. 온라인 파이썬 문서를 통해 더 많은 정보를 얻도록 하자.

3.8 분수 계산

문제

타임머신에 탑승했는데 갑자기 분수 계산을 하는 초등학생이 되어 버렸다. 혹은 목공소에서 만든 측량기에 관련된 계산을 하는 코드를 작성해야 한다.

해결

분수 관련 계산을 위해 fractions 모듈을 사용한다.

```
>>> from fractions import Fraction
>>> a = Fraction(5, 4)
>>> b = Fraction(7, 16)
>>> print(a + b)
27/16
>>> print(a * b)
35/64

>>> # 분자 / 분모 구하기
>>> c = a * b
>>> c.numerator
35
>>> c.denominator
64

>>> # 소수로 변환
>>> float(c)
0.546875

>>> # 분자를 특정 값으로 제한
>>> print(c.limit_denominator(8))
4/7

>>> # 소수를 분수로 변환
>>> x = 3.75
>>> y = Fraction(*x.as_integer_ratio())
>>> y
Fraction(15, 4)
>>>
```

토론

사실 프로그래머들이 분수 계산을 많이 하지는 않는다. 하지만 분수를 사용하는 것이 더 좋은 상황도 있다. 예를 들어, 프로그램에서 치수 단위를 분수로 받아서 계산을 하는 것이 사용자가 소수로 직접 변환하고 계산하는 것보다 더 편리할 수도 있다.

3.9 큰 배열 계산

문제

배열이나 그리드(grid)와 같이 커다란 숫자 데이터세트(dataset)에 계산을 해야 한다.

해결

배열이 관련된 커다란 계산을 하려면 NumPy 라이브러리를 사용한다. NumPy를 사용하면 표준 파이썬 리스트를 사용하는 것보다 수학 계산에 있어 훨씬 효율적이다. 파이썬 리스트와 NumPy의 차이점을 보여주는 간단한 예를 준비했다.

```
>>> # 파이썬 리스트
>>> x = [1, 2, 3, 4]
>>> y = [5, 6, 7, 8]
>>> x * 2
[1, 2, 3, 4, 1, 2, 3, 4]
>>> x + 10
Traceback (most recent call last):
  File "<stdin>", line 1, in <module>
TypeError: can only concatenate list (not "int") to list
>>> x + y
[1, 2, 3, 4, 5, 6, 7, 8]

>>> # Numpy 배열
>>> import numpy as np
>>> ax = np.array([1, 2, 3, 4])
>>> ay = np.array([5, 6, 7, 8])
>>> ax * 2
array([2, 4, 6, 8])
>>> ax + 10
array([11, 12, 13, 14])
>>> ax + ay
array([ 6, 8, 10, 12])
>>> ax * ay
array([ 5, 12, 21, 32])
>>>
```

앞에 나온 대로 기본적인 수학 계산에 있어 많은 차이를 보인다. 특히 스칼러(scalar) 연산 (ax * 2 또는 ax + 10)이 요소 기반으로 적용된다. 또한 배열과 배열 간 계산을 하면 연산자가 모든 요소에 적용되고 새로운 배열을 생성한다.

수학 연산이 모든 요소에 동시 적용된다는 점으로 인해 매우 빠르고 쉬운 배열 계산을 할 수 있다. 예를 들어 다항식을 계산하고 싶으면 다음과 같이 한다.

```
>>> def f(x):
...     return 3*x**2 - 2*x + 7
...
>>> f(ax)
array([ 8, 15, 28, 47])
>>>
```

NumPy는 배열에 사용 가능한 "일반 함수(universal function)"를 제공한다. math 모듈이 제공하는 함수와 비슷하다.

```
>>> np.sqrt(ax)
array([ 1.        ,  1.41421356,  1.73205081,  2.        ])
>>> np.cos(ax)
array([ 0.54030231, -0.41614684, -0.9899925 , -0.65364362])
>>>
```

일반 함수는 배열 요소를 순환하며 요소마다 math 모듈 함수로 계산하는 것보다 수백 배 빠르다. 가능하면 일반 함수를 사용하도록 하자.

NumPy 배열은 C나 Fortran과 동일한 방식으로 할당한다. 다시 말해, 동일한 데이터 타입을 메모리에 연속으로 나열한다. 따라서 파이썬 리스트보다 훨씬 더 큰 배열을 만들 수 있다. 예를 들어 소수를 담는 10,000 × 10,000 2차원 그리드를 만들고 싶다면 간단히 다음과 같이 하면 된다.

```
>>> grid = np.zeros(shape=(10000,10000), dtype=float)
>>> grid
array([[ 0.,  0.,  0., ...,  0.,  0.,  0.],
       [ 0.,  0.,  0., ...,  0.,  0.,  0.],
       [ 0.,  0.,  0., ...,  0.,  0.,  0.],
       ...,
       [ 0.,  0.,  0., ...,  0.,  0.,  0.],
       [ 0.,  0.,  0., ...,  0.,  0.,  0.],
       [ 0.,  0.,  0., ...,  0.,  0.,  0.]])
>>>
```

마찬가지로 모든 연산은 모든 요소에 동시 적용된다.

```
>>> grid += 10
>>> grid
array([[ 10.,  10.,  10., ...,  10.,  10.,  10.],
       [ 10.,  10.,  10., ...,  10.,  10.,  10.],
       [ 10.,  10.,  10., ...,  10.,  10.,  10.],
       ...,
       [ 10.,  10.,  10., ...,  10.,  10.,  10.],
       [ 10.,  10.,  10., ...,  10.,  10.,  10.],
       [ 10.,  10.,  10., ...,  10.,  10.,  10.]])
>>> np.sin(grid)
array([[-0.54402111, -0.54402111, -0.54402111, ..., -0.54402111,
        -0.54402111, -0.54402111],
       [-0.54402111, -0.54402111, -0.54402111, ..., -0.54402111,
```

```
            -0.54402111, -0.54402111],
           [-0.54402111, -0.54402111, -0.54402111, ..., -0.54402111,
            -0.54402111, -0.54402111],
           ...,
           [-0.54402111, -0.54402111, -0.54402111, ..., -0.54402111,
            -0.54402111, -0.54402111],
           [-0.54402111, -0.54402111, -0.54402111, ..., -0.54402111,
            -0.54402111, -0.54402111],
           [-0.54402111, -0.54402111, -0.54402111, ..., -0.54402111,
            -0.54402111, -0.54402111]])
>>>
```

NumPy가 파이썬의 리스트, 그 중에서도 다차원 배열의 인덱싱 기능을 확장하고 있다는 점을 특히 주목해야 한다. 간단한 2차원 배열을 만들고 몇 가지 예를 들어 보겠다.

```
>>> a = np.array([[1, 2, 3, 4], [5, 6, 7, 8], [9, 10, 11, 12]])
>>> a
array([[ 1,  2,  3,  4],
       [ 5,  6,  7,  8],
       [ 9, 10, 11, 12]])

>>> # 첫 번째 행 선택
>>> a[1]
array([5, 6, 7, 8])

>>> # 첫 번째 열 선택
>>> a[:,1]
array([ 2,  6, 10])

>>> # 지역을 선택 후 변경
>>> a[1:3, 1:3]
array([[ 6,  7],
       [10, 11]])
>>> a[1:3, 1:3] += 10
>>> a
array([[ 1,  2,  3,  4],
       [ 5, 16, 17,  8],
       [ 9, 20, 21, 12]])

>>> # 행 벡터를 모든 행 연산에 적용
>>> a + [100, 101, 102, 103]
array([[101, 103, 105, 107],
       [105, 117, 119, 111],
       [109, 121, 123, 115]])
>>> a
array([[ 1,  2,  3,  4],
       [ 5, 16, 17,  8],
       [ 9, 20, 21, 12]])

>>> # 조건이 있는 할당
```

```
>>> np.where(a < 10, a, 10)
array([[ 1,  2,  3,  4],
       [ 5, 10, 10,  8],
       [ 9, 10, 10, 10]])
>>>
```

토론

NumPy는 파이썬의 수많은 과학, 공학 라이브러리의 기초가 된다. 또한 광범위하게 사용
되는 모듈 중 가장 복잡하고 방대한 것 중 하나이다. 그러므로 간단한 예제부터 시작해도
NumPy에서 배울 점이 있을 것이다.

그리고 앞의 예제에 나온 대로 import numpy as np라는 구문을 일반적으로 사용한다는
점도 주목할 만하다. 이렇게 하면 추후 프로그램에 반복적으로 타이핑할 때 수고를 조금 줄
일 수 있다.

더 많은 정보를 보려면 *http://www.numpy.org*를 방문해 보자.

3.10 행렬과 선형 대수 계산

문제

행렬 곱셈, 행렬식 찾기, 선형 방정식 풀기 등 행렬이나 선형 대수 계산을 해야 한다.

해결

NumPy 라이브러리에 이런 용도로 사용할 수 있는 matrix 객체가 있다. 행렬은 레시피 3.9
에 나왔던 배열 객체와 비슷한 면이 있지만, 계산할 때는 선형 대수 계산법을 따른다. 기본
적인 예제를 몇 개 보자.

```
>>> import numpy as np
>>> m = np.matrix([[1,-2,3],[0,4,5],[7,8,-9]])
>>> m
matrix([[ 1, -2,  3],
        [ 0,  4,  5],
        [ 7,  8, -9]])

>>> # 전치 행렬(transpose)
>>> m.T
matrix([[ 1,  0,  7],
        [-2,  4,  8],
        [ 3,  5, -9]])

>>> # 역행렬(inverse)
>>> m.I
```

```
matrix([[ 0.33043478, -0.02608696,  0.09565217],
        [-0.15217391,  0.13043478,  0.02173913],
        [ 0.12173913,  0.09565217, -0.0173913 ]])

>>> # 벡터를 만들고 곱하기
>>> v = np.matrix([[2],[3],[4]])
>>> v
matrix([[2],
        [3],
        [4]])
>>> m * v
matrix([[ 8],
        [32],
        [ 2]])
>>>
```

numpy.linalg 서브패키지에 더 많은 연산이 있다.

```
>>> import numpy.linalg

>>> # Determinant
>>> numpy.linalg.det(m)
-229.99999999999983

>>> # Eigenvalues
>>> numpy.linalg.eigvals(m)
array([-13.11474312,  2.75956154,  6.35518158])

>>> # mx = v에서 x 풀기
>>> x = numpy.linalg.solve(m, v)
>>> x
matrix([[ 0.96521739],
        [ 0.17391304],
        [ 0.46086957]])
>>> m * x
matrix([[ 2.],
        [ 3.],
        [ 4.]])
>>> v
matrix([[2],
        [3],
        [4]])
>>>
```

토론

선형 대수의 범위는 너무 방대해서 이 책에서 다 다룰 수 없다. 하지만 행렬과 벡터를 다루어야 한다면 NumPy부터 시작하도록 하자. 더 많은 정보를 얻으려면 *http://www.numpy.org*를 방문한다.

3.11 임의의 요소 뽑기

문제

시퀀스에서 임의의 아이템을 고르거나 난수를 생성하고 싶다.

해결

random 모듈에는 이 용도에 사용할 수 있는 많은 함수가 있다. 예를 들어 시퀀스에서 임의의 아이템을 선택하려면 random.choice()를 사용한다.

```
>>> import random
>>> values = [1, 2, 3, 4, 5, 6]
>>> random.choice(values)
2
>>> random.choice(values)
3
>>> random.choice(values)
1
>>> random.choice(values)
4
>>> random.choice(values)
6
>>>
```

임의의 아이템을 N개 뽑아서 사용하고 버릴 목적이라면 random.sample()을 사용한다.

```
>>> random.sample(values, 2)
[6, 2]
>>> random.sample(values, 2)
[4, 3]
>>> random.sample(values, 3)
[4, 3, 1]
>>> random.sample(values, 3)
[5, 4, 1]
>>>
```

단순히 시퀀스의 아이템을 무작위로 섞으려면 random.shuffle()을 사용한다.

```
>>> random.shuffle(values)
>>> values
[2, 4, 6, 5, 3, 1]
>>> random.shuffle(values)
>>> values
[3, 5, 2, 1, 6, 4]
>>>
```

임의의 정수를 생성하려면 random.randint()를 사용한다.

```
>>> random.randint(0,10)
```

```
2
>>> random.randint(0,10)
5
>>> random.randint(0,10)
0
>>> random.randint(0,10)
7
>>> random.randint(0,10)
10
>>> random.randint(0,10)
3
>>>
```

0과 1 사이의 균등 부동 소수점 값을 생성하려면 random.random()을 사용한다.

```
>>> random.random()
0.9406677561675867
>>> random.random()
0.133129581343897
>>> random.random()
0.4144991136919316
>>>
```

N비트로 표현된 정수를 만들기 위해서는 random.getrandbits()를 사용한다.

```
>>> random.getrandbits(200)
335837000776573622800628485064121869519521710558559406913275
>>>
```

토론

random 모듈은 Mersenne Twister 알고리즘을 사용해 난수를 발생시킨다. 이 알고리즘은 정해진 것이지만, random.seed() 함수로 시드 값을 바꿀 수 있다.

```
random.seed()            # 시스템 시간이나 os.urandom() 시드
random.seed(12345)       # 주어진 정수형 시드
random.seed(b'bytedata') # 바이트 데이터 시드
```

앞에 나온 기능 외에, random()에는 유니폼, 가우시안, 확률 분포 관련 함수도 포함되어 있다. 예를 들어 random.uniform()은 균등 분포 숫자를 계산하고, random.gauss()는 정규 분포 숫자를 계산한다. 지원하는 다른 분포에 또 무엇이 있는지는 문서를 참고한다.

random()의 함수는 암호화 관련 프로그램에서 사용하지 말아야 한다. 그런 기능이 필요하다면 ssl 모듈을 사용해야 한다. 예를 들어 ssl.RAND_bytes()는 보안상 안전한 임의의 바이트 시퀀스를 생성한다.

3.12 시간 단위 변환

문제

날짜를 초로, 시간을 분으로처럼 시간 단위 변환을 해야 한다.

해결

단위 변환이나 단위가 다른 값에 대한 계산을 하려면 datetime 모듈을 사용한다. 예를 들어 시간의 간격을 나타내기 위해서는 timedelta 인스턴스를 생성한다.

```
>>> from datetime import timedelta
>>> a = timedelta(days=2, hours=6)
>>> b = timedelta(hours=4.5)
>>> c = a + b
>>> c.days
2
>>> c.seconds
37800
>>> c.seconds / 3600
10.5
>>> c.total_seconds() / 3600
58.5
>>>
```

특정 날짜와 시간을 표현하려면 datetime 인스턴스를 만들고 표준 수학 연산을 한다.

```
>>> from datetime import datetime
>>> a = datetime(2012, 9, 23)
>>> print(a + timedelta(days=10))
2012-10-03 00:00:00
>>>
>>> b = datetime(2012, 12, 21)
>>> d = b - a
>>> d.days
89
>>> now = datetime.today()
>>> print(now)
2012-12-21 14:54:43.094063
>>> print(now + timedelta(minutes=10))
2012-12-21 15:04:43.094063
>>>
```

계산을 할 때는, datetime이 윤년을 인식한다는 점에 주목하자.

```
>>> a = datetime(2012, 3, 1)
>>> b = datetime(2012, 2, 28)
>>> a - b
datetime.timedelta(2)
```

```
>>> (a - b).days
2
>>> c = datetime(2013, 3, 1)
>>> d = datetime(2013, 2, 28)
>>> (c - d).days
1
>>>
```

토론

대부분의 날짜, 시간 계산 문제는 datetime 모듈로 해결할 수 있다. 시간대(time zone)나, 퍼지 시계 범위(fuzzy time range), 공휴일 계산 등의 더욱 복잡한 날짜 계산이 필요하다면 dateutil 모듈을 알아보자.

대부분의 비슷한 시간 계산은 dateutil.relativedelta() 함수로 수행할 수 있다. 하지만 한 가지 주목할 만한 기능으로 달을 처리하기 위해 차이(그리고 서로 다른 날짜 차이)를 채 워 주는 것이 있다.

```
>>> a = datetime(2012, 9, 23)
>>> a + timedelta(months=1)
Traceback (most recent call last):
  File "<stdin>", line 1, in <module>
TypeError: 'months' is an invalid keyword argument for this function
>>>

>>> from dateutil.relativedelta import relativedelta
>>> a + relativedelta(months=+1)
datetime.datetime(2012, 10, 23, 0, 0)
>>> a + relativedelta(months=+4)
datetime.datetime(2013, 1, 23, 0, 0)
>>>

>>> # 두 날짜 사이의 시간
>>> b = datetime(2012, 12, 21)
>>> d = b - a
>>> d
datetime.timedelta(89)
>>> d = relativedelta(b, a)
>>> d
relativedelta(months=+2, days=+28)
>>> d.months
2
>>> d.days
28
>>>
```

3.13 마지막 금요일 날짜 구하기

문제

한 주의 마지막에 나타난 날의 날짜를 구하는 일반적인 해결책을 만들고 싶다. 예를 들어 마지막 금요일이 며칠인지 궁금하다.

해결

파이썬의 datetime 모듈에 이런 계산을 도와 주는 클래스와 함수가 있다. 이 문제를 해결하기 위한 괜찮은 코드는 다음과 같다.

```python
from datetime import datetime, timedelta

weekdays = ['Monday', 'Tuesday', 'Wednesday', 'Thursday',
            'Friday', 'Saturday', 'Sunday']

def get_previous_byday(dayname, start_date=None):
    if start_date is None:
        start_date = datetime.today()
    day_num = start_date.weekday()
    day_num_target = weekdays.index(dayname)
    days_ago = (7 + day_num - day_num_target) % 7
    if days_ago == 0:
        days_ago = 7
    target_date = start_date - timedelta(days=days_ago)
    return target_date
```

인터프리터 세션에서 앞의 코드를 사용한 결과는 다음과 같다.

```python
>>> datetime.today() # 참고용
datetime.datetime(2012, 8, 28, 22, 4, 30, 263076)
>>> get_previous_byday('Monday')
datetime.datetime(2012, 8, 27, 22, 3, 57, 29045)
>>> get_previous_byday('Tuesday') # 저번 주, 오늘 아님
datetime.datetime(2012, 8, 21, 22, 4, 12, 629771)
>>> get_previous_byday('Friday')
datetime.datetime(2012, 8, 24, 22, 5, 9, 911393)
>>>
```

선택적으로 설정 가능한 start_date에는 또 다른 datetime 인스턴스를 제공한다.

```python
>>> get_previous_byday('Sunday', datetime(2012, 12, 21))
datetime.datetime(2012, 12, 16, 0, 0)
>>>
```

토론

이번 레시피는 시작 날짜와 목표 날짜를 관련 있는 숫자 위치에 매핑하는 데에서 시작한다 (월요일부터 0). 그리고 모듈러 연산을 사용해 목표 일자가 나타나고 며칠이 지났는지 알아낸다. 이제 시작 일자에서 적절한 timedelta 인스턴스를 빼서 원하는 날짜를 계산한다.

이와 같은 날짜 계산을 많이 수행한다면 python-dateutil 패키지를 설치하는 것이 좋다. 예를 들어, dateutil의 relativedelta()를 사용한 동일한 계산은 다음과 같다.

```
>>> from datetime import datetime
>>> from dateutil.relativedelta import relativedelta
>>> from dateutil.rrule import *
>>> d = datetime.now()
>>> print(d)
2012-12-23 16:31:52.718111

>>> # 다음 금요일
>>> print(d + relativedelta(weekday=FR))
2012-12-28 16:31:52.718111
>>>

>>> # 마지막 금요일
>>> print(d + relativedelta(weekday=FR(-1)))
2012-12-21 16:31:52.718111
>>>
```

3.14 현재 달의 날짜 범위 찾기

문제

현재 달의 날짜를 순환해야 하는 코드가 있고, 그 날짜 범위를 계산하는 효율적인 방법이 필요하다.

해결

날짜를 순환하기 위해 모든 날짜를 리스트로 만들 필요가 없다. 대신 범위의 시작 일자와 마지막 날짜만 계산하고 datetime.timedelta 객체를 사용해서 날짜를 증가시키면 된다.

datetime 객체를 받아서 그 달의 첫 번째 날짜와 다음 달의 시작 날짜를 반환하는 함수 코드는 다음과 같다.

```
from datetime import datetime, date, timedelta
import calendar
```

```
def get_month_range(start_date=None):
    if start_date is None:
        start_date = date.today().replace(day=1)
    _, days_in_month = calendar.monthrange(start_date.year, start_date.month)
    end_date = start_date + timedelta(days=days_in_month)
    return (start_date, end_date)
```

이제 날짜 범위를 순환하기는 꽤 단순하다.

```
>>> a_day = timedelta(days=1)
>>> first_day, last_day = get_month_range()
>>> while first_day < last_day:
...     print(first_day)
...     first_day += a_day
...
2012-08-01
2012-08-02
2012-08-03
2012-08-04
2012-08-05
2012-08-06
2012-08-07
2012-08-08
2012-08-09
#... 등등...
```

토론

이번 레시피는 우선 월의 첫 번째 날을 계산하는 데서 시작한다. 첫째 날을 간단히 구하기 위해서 date의 replace() 메소드에 days 속성을 1로 설정하면 된다. replace() 메소드는 시작한 것과 동일한 객체를 만든다는 점이 좋다. 따라서 date 인스턴스를 입력하면 그 결과도 date가 된다. 마찬가지로 datetime 인스턴스를 넣으면 datetime 인스턴스를 얻는다.

그 후에, calendar.monthrange() 함수로 주어진 월에 날짜가 몇 개 있는지 찾는다. 달력에 대한 기본적인 정보가 필요할 때 calendar 모듈은 언제나 유용하다. monthrange()는 월에 포함된 날짜 수와 주의 날짜를 포함한 튜플을 반환하는 유일한 함수이다.

월의 날짜 수를 구하고 나면 시작 날짜에 적절한 timedelta를 더해서 마지막 날을 구한다. 미묘한 부분이지만, 마지막 날짜는 범위에 포함되지 않는다는 것이 중요하다(엄밀히 말하면 마지막 날짜가 아니라 다음 달의 시작 날짜이다). 이 규칙은 마지막 점을 포함하지 않는 파이썬의 슬라이스와 범위 연산자와 동일하다.

날짜 범위를 순환하려면 표준 수학과 비교 연산자를 사용한다. 예를 들어 날짜를 증가시키기 위해서 timedelta 인스턴스를 사용할 수 있다. < 연산자로 날짜가 마지막 날짜보다 빠른지 비교한다.

이상적으로는 내장 함수 range()처럼 동작하는 함수를 만드는 것이 좋다. 다행스럽게도 발생자(generator)를 사용하면 아주 쉽게 구현할 수 있다.

```
def date_range(start, stop, step):
    while start < stop:
        yield start
        start += step
```

사용법은 다음과 같다.

```
>>> for d in date_range(datetime(2012, 9, 1), datetime(2012,10,1),
                        timedelta(hours=6)):
...     print(d)
...
2012-09-01 00:00:00
2012-09-01 06:00:00
2012-09-01 12:00:00
2012-09-01 18:00:00
2012-09-02 00:00:00
2012-09-02 06:00:00
...
>>>
```

다시 한 번 강조하지만 구현이 어렵지 않았던 가장 큰 이유는 날짜와 시간을 표준 수학과 비교 연산자로 처리할 수 있었기 때문이다.

3.15 문자열을 시간으로 변환

문제

문자열 형식의 시간 데이터를 datetime 객체로 변환하고 싶다.

해결

파이썬의 datetime 모듈을 사용하면 상대적으로 쉽게 이 문제를 해결할 수 있다.

```
>>> from datetime import datetime
>>> text = '2012-09-20'
>>> y = datetime.strptime(text, '%Y-%m-%d')
>>> z = datetime.now()
>>> diff = z - y
>>> diff
datetime.timedelta(3, 77824, 177393)
>>>
```

토론

datetime.strptime() 메소드는 네 자리 연도 표시를 위한 %Y, 두 자리 월 표시를 위한 %m

과 같은 서식을 지원한다. 또한 datetime 객체를 문자열로 표시하기 위해서 이 서식을 사용할 수 있다.

예를 들어 datetime 객체를 생성하는 코드가 있는데, 이를 사람이 이해하기 쉬운 형태로 변환하고자 한다면 다음 코드를 사용한다.

```
>>> z
datetime.datetime(2012, 9, 23, 21, 37, 4, 177393)
>>> nice_z = datetime.strftime(z, '%A %B %d, %Y')
>>> nice_z
'Sunday September 23, 2012'
>>>
```

strptime()은 순수 파이썬만을 사용해서 구현했고, 시스템 설정과 같은 세세한 부분을 모두 처리해야 하므로 예상보다 실행 속도가 느린 경우가 많다. 만약 코드에서 처리해야 하는 날짜가 아주 많은데 그 날짜 형식을 정확히 알고 있다면 해결책을 직접 구현하는 것이 속도 측면에서 훨씬 유리하다. 예를 들어 날짜 형식이 "YYYY-MM-DD"라는 것이 분명하다면 다음과 같은 함수를 작성한다.

```
from datetime import datetime
def parse_ymd(s):
    year_s, mon_s, day_s = s.split('-')
    return datetime(int(year_s), int(mon_s), int(day_s))
```

필자가 테스팅해 본 바로는 이 방식이 datetime.strptime()을 사용하는 것보다 대략 7배 가량 빨랐다. 날짜와 관련된 처리해야 할 데이터가 아주 많다면 고려해 볼 만한 문제이다.

3.16 시간대 관련 날짜 처리

문제

시카고(Chicago) 시간으로 2012년 12월 21일 오전 9시 30분에 화상 회의가 예정되어 있다. 그렇다면 인도의 방갈로르(Bangalore)에 있는 친구는 몇 시에 회의실에 와야 할까?

해결

시간대와 관련 있는 거의 모든 문제는 pytz 모듈로 해결한다. 이 패키지는 많은 언어와 운영 체제에서 기본적으로 사용하는 Olson 시간대 데이터베이스를 제공한다.

pytz는 주로 datetime 라이브러리에서 생성한 날짜를 현지화할 때 사용한다. 예를 들어 시카고 시간은 다음과 같이 표시한다.

```
>>> from datetime import datetime
>>> from pytz import timezone
>>> d = datetime(2012, 12, 21, 9, 30, 0)
>>> print(d)
2012-12-21 09:30:00
>>>

>>> # 시카고에 맞게 현지화
>>> central = timezone('US/Central')
>>> loc_d = central.localize(d)
>>> print(loc_d)
2012-12-21 09:30:00-06:00
>>>
```

날짜를 현지화하고 나면, 다른 시간대로 변환할 수 있다. 방갈로르의 동일 시간을 구하려면 다음과 같이 한다.

```
>>> # 방갈로르 시간으로 변환
>>> bang_d = loc_d.astimezone(timezone('Asia/Kolkata'))
>>> print(bang_d)
2012-12-21 21:00:00+05:30
>>>
```

변환한 날짜에 산술 연산을 하려면 서머타임제(daylight saving time) 등을 알고 있어야 한다. 예를 들어 2013년 미국에서 표준 서머타임은 3월 13일 오전 2시에 시작한다(여기서 한 시간 생략된다). 이를 고려하지 않고 계산하면 계산 결과가 잘못된다.

```
>>> d = datetime(2013, 3, 10, 1, 45)
>>> loc_d = central.localize(d)
>>> print(loc_d)
2013-03-10 01:45:00-06:00
>>> later = loc_d + timedelta(minutes=30)
>>> print(later)
2013-03-10 02:15:00-06:00          # 틀림! 틀림!
>>>
```

답이 틀렸는데 이는 한 시간이 생략된 서머타임을 고려하지 않았기 때문이다. 이를 수정하려면 normalize() 메소드를 사용한다.

```
>>> from datetime import timedelta
>>> later = central.normalize(loc_d + timedelta(minutes=30))
>>> print(later)
2013-03-10 03:15:00-05:00
>>>
```

토론

현지화된 날짜를 조금 더 쉽게 다루기 위한 한 가지 전략으로, 모든 날짜를 UTC 시간으로 변환해 놓고 사용하는 것이 있다.

```
>>> print(loc_d)
2013-03-10 01:45:00-06:00
>>> utc_d = loc_d.astimezone(pytz.utc)
>>> print(utc_d)
2013-03-10 07:45:00+00:00
>>>
```

UTC에서는 서머타임과 같은 자잘한 문제를 신경 쓰지 않아도 된다. 따라서 일반적인 산술 연산을 날짜에 사용해도 아무런 문제가 없다. 현지화 시간을 출력해야 한다면 모든 계산을 마친 후에 원하는 시간대로 변환한다.

```
>>> later_utc = utc_d + timedelta(minutes=30)
>>> print(later_utc.astimezone(central))
2013-03-10 03:15:00-05:00
>>>
```

시간대 관련 작업 중 생기는 문제 중 한 가지로, 어떤 이름을 사용할지 결정하는 것이 있다. 예를 들어 이번 레시피에서 인도의 시간대 이름이 "Asia/Kolkata"라는 것을 어떻게 알았을까? 이를 알아내기 위해서 pytz.country_timezones 딕셔너리를 사용한다. 이때 키값으로는 ISO 3166 국가 코드를 사용한다.

```
>>> pytz.country_timezones['IN']
['Asia/Kolkata']
>>>
```

 독자가 이 책을 읽고 있을 때 즈음이면 더 나은 시간대 지원을 위해 pytz 모듈의 지원이 중단될 가능성이 있다(PEP 431). 하지만 UTC 날짜 사용 조언 등 많은 이슈는 그대로 적용될 것이다.

## CHAPTER 4

이터레이터와 제너레이터

객체 순환(iteration)은 파이썬의 강력한 기능 중 하나이다. 순환을 단순히 시퀀스 내부 아이템에 접근하는 방법으로 생각할 수도 있다. 하지만 순환을 통해 할 수 있는 일은, 순환 객체 만들기, `itertools` 모듈의 순환 패턴 적용하기, 제너레이터(generator) 함수 만들기 등 여러 가지가 있다. 이번 장에서는 순환과 관련 있는 일반적인 문제를 알아본다.

4.1 수동으로 이터레이터 소비

문제

순환 가능한 아이템에 접근할 때 for 순환문을 사용하고 싶지 않다.

해결

수동으로 이터레이터(iterator)를 소비하려면 `next()` 함수를 사용하고 `StopIteration` 예외를 처리하기 위한 코드를 직접 작성한다. 예를 들어 파일에서 줄을 읽는 코드를 보자.

```python
with open('/etc/passwd') as f:
    try:
        while True:
            line = next(f)
            print(line, end='')
    except StopIteration:
        pass
```

일반적으로 `StopIteration`은 순환의 끝을 알리는 데 사용한다. 하지만 `next()`를 수동으로 사용한다면 None과 같은 종료 값을 반환하는 데 사용할 수도 있다.

```
with open('/etc/passwd') as f:
    while True:
        line = next(f, None)
        if line is None:
            break
        print(line, end='')
```

토론

대개의 경우, 순환에 for 문을 사용하지만 보다 더 정교한 조절이 필요한 때도 있다. 기저에서 어떤 동작이 일어나는지 정확히 알아둘 필요가 있다.

다음 상호 작용을 하는 예제를 통해 순환하는 동안 기본적으로 어떤 일이 일어나는지 알아보자.

```
>>> items = [1, 2, 3]
>>> # 이터레이터 얻기
>>> it = iter(items)      # items.__iter__() 실행
>>> # 이터레이터 실행
>>> next(it)              # it.__next__() 실행
1
>>> next(it)
2
>>> next(it)
3
>>> next(it)
Traceback (most recent call last):
  File "<stdin>", line 1, in <module>
StopIteration
>>>
```

다음 장에서는 순환 기술과, 기본 이터레이터 프로토콜이 소비되는 방법을 자세히 알아본다. 다음 레시피로 진행하기 전에 이번에 배운 내용을 잘 기억하도록 하자.

4.2 델리게이팅 순환

문제

리스트, 튜플 등 순환 가능한 객체를 담은 사용자 정의 컨테이너를 만들었다. 이 컨테이너에 사용 가능한 이터레이터(iterator)를 만들고 싶다.

해결

일반적으로 컨테이너 순환에 사용할 __iter__() 메소드만 정의해 주면 된다.

```
class Node:
    def __init__(self, value):
        self._value = value
        self._children = []

    def __repr__(self):
        return 'Node({!r})'.format(self._value)

    def add_child(self, node):
        self._children.append(node)

    def __iter__(self):
        return iter(self._children)

# 예제
if __name__ == '__main__':
    root = Node(0)
    child1 = Node(1)
    child2 = Node(2)
    root.add_child(child1)
    root.add_child(child2)
    for ch in root:
        print(ch)
    # Node(1), Node(2) 출력
```

이 코드에서 __iter__() 메소드는 순환 요청을 _children 속성으로 전달한다.

토론

파이썬의 이터레이터 프로토콜은 __iter__()가 실제 순환을 수행하기 위한 __next__() 메소드를 구현하는 특별 이터레이터 객체를 반환하기를 요구한다. 만약 다른 컨테이너에 들어 있는 내용물에 대한 순환이 해야 할 작업의 전부라면, 이터레이터의 동작 방식을 완전히 이해할 필요는 없다. 이때는 요청 받은 순환을 다음으로 전달하기만 하면 된다.

iter() 함수에 대한 사용은 코드를 깔끔하게 하는 지름길과 같다. iter(s)는 단순히 s.__iter__()를 호출해서 이터레이터를 반환하는데, 이는 len(s)가 s.__len__()을 호출하는 것과 같은 방식이다.

4.3 제너레이터로 새로운 순환 패턴 생성

문제

내장 함수(range(), reversed())와는 다른 동작을 하는 순환 패턴을 만들고 싶다.

해결

새로운 순환 패턴을 만들고 싶다면, 제너레이터(generator) 함수를 사용해서 정의해야 된다. 특정 범위의 부동 소수점 숫자를 만드는 제너레이터 코드는 다음과 같다.

```python
def frange(start, stop, increment):
    x = start
    while x < stop:
        yield x
        x += increment
```

이런 함수를 사용하려면, for 순환문이나 순환 객체를 소비하는 다른 함수(sum(), list() 등)를 사용한 순환을 해야 한다.

```python
>>> for n in frange(0, 4, 0.5):
...     print(n)
...
0
0.5
1.0
1.5
2.0
2.5
3.0
3.5
>>> list(frange(0, 1, 0.125))
[0, 0.125, 0.25, 0.375, 0.5, 0.625, 0.75, 0.875]
>>>
```

토론

내부의 yield 문의 존재로 인해 함수가 제너레이터가 되었다. 일반 함수와는 다르게 제너레이터는 순환에 응답하기 위해 실행된다. 이런 함수가 어떻게 동작하는지 다음 예를 통해 알아보자.

```python
>>> def countdown(n):
...     print('Starting to count from', n)
...     while n > 0:
...             yield n
...             n -= 1
...     print('Done!')
...

>>> # 제너레이터 생성. 아무런 출력물이 없음에 주목한다.
>>> c = countdown(3)
>>> c
<generator object countdown at 0x1006a0af0>

>>> # 값을 만들기 위한 첫 번째 실행
>>> next(c)
Starting to count from 3
3
```

```
>>> # 다음 값을 위한 실행
>>> next(c)
2

>>> # 다음 값을 위한 실행
>>> next(c)
1

>>> # 다음 값을 위한 실행 (순환 종료)
>>> next(c)
Done!
Traceback (most recent call last):
  File "<stdin>", line 1, in <module>
StopIteration
>>>
```

중요한 점은 제너레이터 함수가 순환에 의한 "다음" 연산에 응답하기 위해서만 실행된다는 점이다. 제너레이터 함수가 반환되면 순환을 종료한다. 하지만, 일반적으로 순환에 사용하는 for 문이 상세 내역을 책임지기 때문에 우리가 직접적으로 신경 쓰지 않아도 된다.

4.4 이터레이터 프로토콜 구현

문제

순환을 지원하는 객체를 만드는데, 이터레이터 프로토콜을 구현하는 쉬운 방법이 필요하다.

해결

객체에 대한 순환을 가장 쉽게 구현하는 방법은 제너레이터 함수를 사용하는 것이다. 레시피 4.2에서 트리 구조를 표현하기 위해 Node 클래스를 사용했다. 노드를 깊이-우선(depth-first) 패턴으로 순환하는 이터레이터를 구현하고 싶다면 다음 코드를 참고한다.

```python
class Node:
    def __init__(self, value):
        self._value = value
        self._children = []

    def __repr__(self):
        return 'Node({!r})'.format(self._value)

    def add_child(self, node):
        self._children.append(node)

    def __iter__(self):
        return iter(self._children)
```

```
        def depth_first(self):
            yield self
            for c in self:
                yield from c.depth_first()
# 예제
if __name__ == '__main__':
    root = Node(0)
    child1 = Node(1)
    child2 = Node(2)
    root.add_child(child1)
    root.add_child(child2)
    child1.add_child(Node(3))
    child1.add_child(Node(4))
    child2.add_child(Node(5))

    for ch in root.depth_first():
        print(ch)
    # Node(0), Node(1), Node(3), Node(4), Node(2), Node(5) 출력
```

이 코드에서 depth_first() 메소드는 직관적으로 읽고 이해할 수 있다. 처음에는 자기 자신을 만들고(yield) 그 다음에는 자식을 순환한다. 이때 그 자식은 depth_first() 메소드 (yield from을 사용)로 아이템을 만든다.

토론

파이썬의 이터레이터 프로토콜은 __iter__()가 __next__() 메소드를 구현하고 종료를 알리기 위해 StopIteration 예외를 사용하는 특별 이터레이터 객체를 반환하기를 요구한다. 하지만 이런 객체를 깔끔하게 구현하기가 쉽지 않다. 예를 들어, 다음 코드는 관련 이터레이터 클래스를 사용한 depth_first() 메소드의 대안 구현법을 보여준다.

```
class Node:
    def __init__(self, value):
        self._value = value
        self._children = []

    def __repr__(self):
        return 'Node({!r})'.format(self._value)

    def add_child(self, other_node):
        self._children.append(other_node)

    def __iter__(self):
        return iter(self._children)

    def depth_first(self):
        return DepthFirstIterator(self)

class DepthFirstIterator(object):
```

```
'''
Depth-first traversal
'''
def __init__(self, start_node):
    self._node = start_node
    self._children_iter = None
    self._child_iter = None

def __iter__(self):
    return self

def __next__(self):
    # 막 시작했다면 자신을 반환한다. 자식에 대해서 이터레이터를 생성한다.
    if self._children_iter is None:
        self._children_iter = iter(self._node)
        return self._node

    # 자식을 처리 중이라면 다음 아이템을 반환한다.
    elif self._child_iter:
        try:
            nextchild = next(self._child_iter)
            return nextchild
        except StopIteration:
            self._child_iter = None
            return next(self)

    # 다음 자식으로 진행하고 순환을 시작한다.
    else:
        self._child_iter = next(self._children_iter).depth_first()
        return next(self)
```

DepthFirstIterator 클래스는 제너레이터를 사용한 것과 동일하게 동작한다. 하지만 순환하는 동안 생기는 복잡한 상황을 처리하기 위해 코드가 꽤 지저분하다. 사실 아무도 이런 복잡한 코드를 작성하고 싶지 않을 것이다. 이터레이터를 제너레이터로 정의하고 그걸로 만족하도록 하자.

4.5 역방향 순환

문제

시퀀스 아이템을 역방향으로 순환하고 싶다.

해결

내장 함수 reversed()를 사용한다.

```
>>> a = [1, 2, 3, 4]
>>> for x in reversed(a):
...     print(x)
...
```

```
4
3
2
1
```

역방향 순환은 객체가 __reversed__() 특별 메소드를 구현하고 있거나 크기를 알 수 있는 경우에만 가능하다. 두 조건 중에서 아무것도 만족하지 못하면 객체를 먼저 리스트로 변환해야 한다.

```python
# 파일을 거꾸로 출력하기
f = open('somefile')
for line in reversed(list(f)):
    print(line, end='')
```

하지만 순환 가능 객체를 리스트로 변환할 때 많은 메모리가 필요하다는 점은 주의해야 한다.

토론

__reversed__() 메소드를 구현하면 사용자 정의 클래스에서 역방향 순환이 가능하다는 점을 많은 프로그래머들이 모르고 있다.

```python
class Countdown:
    def __init__(self, start):
        self.start = start

    # 순방향 순환
    def __iter__(self):
        n = self.start
        while n > 0:
            yield n
            n -= 1

    # 역방향 순환
    def __reversed__(self):
        n = 1
        while n <= self.start:
            yield n
            n += 1
```

역방향 이터레이터를 정의하면 코드를 훨씬 효율적으로 만들어 주고, 데이터를 리스트로 변환하고 순환하는 수고를 덜어준다.

4.6 추가 상태를 가진 제너레이터 함수 정의

문제

제너레이터 함수를 정의하고 싶지만, 사용자에게 노출할 추가적인 상태를 넣고 싶다.

해결

사용자에게 추가 상태를 노출하는 제너레이터를 원할 때, __iter__() 메소드에 제너레이터 함수 코드를 넣어서 쉽게 클래스로 구현할 수 있다는 점을 기억하자.

```python
from collections import deque

class linehistory:
    def __init__(self, lines, histlen=3):
        self.lines = lines
        self.history = deque(maxlen=histlen)

    def __iter__(self):
        for lineno, line in enumerate(self.lines,1):
            self.history.append((lineno, line))
            yield line

    def clear(self):
        self.history.clear()
```

이 클래스를 사용하려면 일반 제너레이터 함수처럼 대해야 한다. 하지만 인스턴스를 만들기 때문에 history 속성이나 clear() 메소드 같은 내부 속성에 접근할 수 있다.

```python
with open('somefile.txt') as f:
    lines = linehistory(f)
    for line in lines:
        if 'python' in line:
            for lineno, hline in lines.history:
                print('{}:{}'.format(lineno, hline), end='')
```

토론

제너레이터를 사용하면 모든 작업을 함수만으로 하려는 유혹에 빠지기 쉽다. 만약 제너레이터 함수가 프로그램의 다른 부분과 일반적이지 않게(속성 노출, 메소드 호출로 조절하기 등) 상호작용해야 할 경우 코드가 꽤 복잡해질 수 있다. 이럴 때는 앞에서 본 대로 클래스 정의만을 사용한다. 제너레이터를 __iter__() 메소드에 정의한다고 해도 알고리즘을 작성하는 방식에는 아무런 변화가 없다. 클래스의 일부라는 점으로 인해 사용자에게 속성과 메소드를 쉽게 제공할 수 있다.

for 문 대신 다른 기술을 사용해서 순환을 한다면 iter()를 호출할 때 추가적으로 작업을 해야 할 필요가 생기기도 한다.

```python
>>> f = open('somefile.txt')
>>> lines = linehistory(f)
>>> next(lines)
Traceback (most recent call last):
```

```
    File "<stdin>", line 1, in <module>
TypeError: 'linehistory' object is not an iterator

>>> # iter()를 먼저 호출하고, 순환을 시작한다.
>>> it = iter(lines)
>>> next(it)
'hello world\n'
>>> next(it)
'this is a test\n'
>>>
```

4.7 이터레이터의 일부 얻기

문제

이터레이터가 만드는 데이터의 일부를 얻고 싶지만, 일반적인 자르기 연산자가 동작하지
않는다.

해결

이터레이터와 제너레이터의 일부를 얻는 데는 itertools.islice() 함수가 가장 이상적
이다.

```
>>> def count(n):
...     while True:
...             yield n
...             n += 1
...
>>> c = count(0)
>>> c[10:20]
Traceback (most recent call last):
  File "<stdin>", line 1, in <module>
TypeError: 'generator' object is not subscriptable

>>> # 이제 islice()를 사용한다.
>>> import itertools
>>> for x in itertools.islice(c, 10, 20):
...     print(x)
...
10
11
12
13
14
15
16
17
18
19
>>>
```

토론

이터레이터와 제너레이터는 일반적으로 일부를 잘라낼 수 없다. 왜냐하면 데이터의 길이를 알 수 없기 때문이다(또한 인덱스를 구현하고 있지도 않다). islice()의 실행 결과는 원하는 아이템의 조각을 생성하는 이터레이터지만, 이는 시작 인덱스까지 모든 아이템을 소비하고 버리는 식으로 수행한다. 그리고 그 뒤의 아이템은 마지막 인덱스를 만날 때까지 islice 객체가 생성한다.

주어진 이터레이터 상에서 islice()가 데이터를 소비한다는 점이 중요하다. 이터레이터를 뒤로 감을 수는 없기 때문에 이 부분을 잘 고려해야 한다. 뒤로 돌아가는 동작이 중요하다면 데이터를 먼저 리스트로 변환하는 것이 좋다.

4.8 순환 객체 첫 번째 부분 건너뛰기

문제

순환 객체의 아이템을 순환하려고 하는데, 처음 몇 가지 아이템에는 관심이 없어 건너뛰고 싶다.

해결

itertools 모듈에 이 용도로 사용할 수 있는 몇 가지 함수가 있다. 첫 번째는 itertools. dropwhile() 함수이다. 이 함수를 사용하려면, 함수와 순환 객체를 넣으면 된다. 반환된 이터레이터는 넘겨준 함수가 True를 반환하는 동안은 시퀀스의 첫 번째 아이템을 무시한다. 그 후에는 전체 시퀀스를 생성한다.

이를 알아보기 위해서 주석으로 시작하는 파일을 읽는다고 가정해 보자.

```
>>> with open('/etc/passwd') as f:
...     for line in f:
...         print(line, end='')
...
##
# User Database
#
# Note that this file is consulted directly only when the system is running
# in single-user mode. At other times, this information is provided by
# Open Directory.
...
##
nobody:*:-2:-2:Unprivileged User:/var/empty:/usr/bin/false
root:*:0:0:System Administrator:/var/root:/bin/sh
...
>>>
```

처음 나오는 주석을 모두 무시하려면 다음과 같이 한다.

```
>>> from itertools import dropwhile
>>> with open('/etc/passwd') as f:
...     for line in dropwhile(lambda line: line.startswith('#'), f):
...         print(line, end='')
...
nobody:*:-2:-2:Unprivileged User:/var/empty:/usr/bin/false
root:*:0:0:System Administrator:/var/root:/bin/sh
...
>>>
```

이 예제는 테스트 함수에 따라 첫 번째 아이템을 생략하는 방법을 다루고 있다. 만약 어디까지 생략해야 할지 정확한 숫자를 알고 있다면 itertools.islice()를 사용하면 된다.

```
>>> from itertools import islice
>>> items = ['a', 'b', 'c', 1, 4, 10, 15]
>>> for x in islice(items, 3, None):
...     print(x)
...
1
4
10
15
>>>
```

이 예제에서 islice()에 전달한 마지막 None 인자는 처음 세 아이템 뒤에 오는 모든 것을 원함을 명시한다([:3]이 아니라 [3:]을 원함을 의미한다).

토론

dropwhile()과 islice() 함수는 다음과 같이 복잡한 코드를 작성하지 않도록 도와준다.

```
with open('/etc/passwd') as f:
    # 처음 주석을 건너뛴다.
    while True:
        line = next(f, '')
        if not line.startswith('#'):
            break

    # 남아 있는 라인을 처리한다.
    while line:
        # 의미 있는 라인으로 치환한다.
        print(line, end='')
        line = next(f, None)
```

순환 객체의 첫 부분을 건너뛰는 것은 간단히 전체를 걸러 내는 것과는 조금 다르다. 예를 들어 이번 레시피의 첫 부분을 다음과 같이 수정할 수 있다.

```
with open('/etc/passwd') as f:
```

```
lines = (line for line in f if not line.startswith('#'))
for line in lines:
    print(line, end='')
```

이렇게 하면 파일 전체에 걸쳐 주석으로 시작하는 모든 라인을 무시한다. 하지만 레시피에서 제시한 방법대로 하면 제공한 함수가 만족하는 동안의 아이템을 무시하고, 그 뒤에 나오는 아이템은 필터링 없이 모두 반환한다.

마지막으로 강조하고 싶은 내용은 이 레시피의 방식은 순환 가능한 모든 것에 적용 가능하다는 점이다. 여기에는 처음에 크기를 알 수 없는 제너레이터, 파일 등 모든 것이 포함된다.

4.9 가능한 모든 순열과 조합 순환

문제

아이템 컬렉션에 대해 가능한 모든 순열과 조합을 순환하고 싶다.

해결

itertools 모듈은 이와 관련 있는 세 함수를 제공한다. 첫째는 itertools.permutations()로, 아이템 컬렉션을 받아 가능한 모든 순열을 튜플 시퀀스로 생성한다.

```
>>> items = ['a', 'b', 'c']
>>> from itertools import permutations
>>> for p in permutations(items):
...     print(p)
...
('a', 'b', 'c')
('a', 'c', 'b')
('b', 'a', 'c')
('b', 'c', 'a')
('c', 'a', 'b')
('c', 'b', 'a')
>>>
```

만약 더 짧은 길이의 순열을 원한다면 선택적으로 길이 인자를 지정할 수 있다.

```
>>> for p in permutations(items, 2):
...     print(p)
...
('a', 'b')
('a', 'c')
```

```
('b', 'a')
('b', 'c')
('c', 'a')
('c', 'b')
>>>
```

`itertools.combinations()`는 입력 받은 아이템의 가능한 조합을 생성한다.

```
>>> from itertools import combinations
>>> for c in combinations(items, 3):
...     print(c)
...
('a', 'b', 'c')
>>> for c in combinations(items, 2):
...     print(c)
...
('a', 'b')
('a', 'c')
('b', 'c')
>>> for c in combinations(items, 1):
...     print(c)
...
('a',)
('b',)
('c',)
>>>
```

`combinations()`의 경우 실제 요소의 순서는 고려하지 않는다. 따라서 ('a', 'b')는 ('b', 'a')(이는 생성되지 않는다)와 동일하게 취급된다.

조합을 생성할 때, 선택한 아이템은 가능한 후보의 컬렉션에서 제거된다(예를 들어 'a'는 이미 선택되었기 때문에 고려에서 제외된다). `itertools.combinations_with_replacement()` 함수는 이를 보완해 같은 아이템을 두 번 이상 선택할 수 있게 한다.

```
>>> for c in combinations_with_replacement(items, 3):
...     print(c)
...
('a', 'a', 'a')
('a', 'a', 'b')
('a', 'a', 'c')
('a', 'b', 'b')
('a', 'b', 'c')
('a', 'c', 'c')
('b', 'b', 'b')
('b', 'b', 'c')
('b', 'c', 'c')
('c', 'c', 'c')
>>>
```

토론

이번 레시피에서 itertools 모듈의 편리한 도구 중 몇 가지만을 다루었다. 사실 순열이나 조합을 순환하는 코드를 직접 작성할 수도 있겠지만, 그렇게 하려면 꽤 많은 고민을 해야 한다. 순환과 관련해서 복잡한 문제에 직면한다면 우선 itertools부터 살펴보는 것이 좋다. 일반적인 문제라면 아마도 이 모듈에 해결책이 이미 제시되어 있을 것이다.

4.10 인덱스-값 페어 시퀀스 순환

문제

시퀀스를 순환하려고 한다. 이때 어떤 요소를 처리하고 있는지 번호를 알고 싶다.

해결

이 문제는 내장 함수 enumerate()를 사용하면 간단히 해결할 수 있다.

```
>>> my_list = ['a', 'b', 'c']
>>> for idx, val in enumerate(my_list):
...     print(idx, val)
...
0 a
1 b
2 c
```

출력 시 번호를 1번부터 시작하고 싶으면 start 인자를 전달한다.

```
>>> my_list = ['a', 'b', 'c']
>>> for idx, val in enumerate(my_list, 1):
...     print(idx, val)
...
1 a
2 b
3 c
```

이번 예제는 에러 메시지에 파일의 라인 번호를 저장하고 싶은 경우에 유용하다.

```
def parse_data(filename):
    with open(filename, 'rt') as f:
        for lineno, line in enumerate(f, 1):
            fields = line.split()
            try:
                count = int(fields[1])
                ...
            except ValueError as e:
                print('Line {}: Parse error: {}'.format(lineno, e))
```

enumerate()는 예를 들어 특정 값의 출현을 위한 오프셋(offset) 추적에 활용하기 좋다. 따라서 파일 내의 단어를 출현한 라인에 매핑하려면, enumerate()로 단어를 파일에서 발견한 라인 오프셋에 매핑한다.

```
word_summary = defaultdict(list)

with open('myfile.txt', 'r') as f:
    lines = f.readlines()

for idx, line in enumerate(lines):
    # 현재 라인에 단어 리스트를 생성
    words = [w.strip().lower() for w in line.split()]
    for word in words:
        word_summary[word].append(idx)
```

파일 처리 후 word_summary를 출력하면 이는 각 단어를 키로 갖는 딕셔너리 형태가 된다. 키에 대한 값은 그 단어가 나타난 라인의 리스트가 된다. 한 라인에 단어가 두 번 나오면 그 라인은 두 번 리스팅되어 텍스트에 대한 단순 지표를 알아볼 수 있도록 한다.

토론

카운터 변수를 스스로 다루는 것에 비해 enumerate()를 사용하는 것이 훨씬 보기 좋다. 예를 들어 다음과 같은 코드로 카운터 변수를 만들 수 있다.

```
lineno = 1
for line in f:
    # 라인 처리
    ...
    lineno += 1
```

하지만 enumerate()를 사용하는 것이 훨씬 더 세련된 방식이다.

```
for lineno, line in enumerate(f):
    # 라인 처리
    ...
```

enumerate()가 반환하는 값은 연속된 튜플을 반환하는 이터레이터인 enumerate 객체의 인스턴스이다. 이 튜플은 전달한 시퀀스에 next()를 호출해 반환된 카운터와 값으로 이루어져 있다.

사소한 문제이긴 하지만 주의해야 할 점이 하나 있다. 한 번 더 풀어 줘야 하는 튜플의 시퀀스에 enumerate()를 사용할 때는 실수를 범하기 쉽다.

```
data = [ (1, 2), (3, 4), (5, 6), (7, 8) ]

# 올바른 방법!
for n, (x, y) in enumerate(data):
    ...
```

```
# 에러!
for n, x, y in enumerate(data):
    ...
```

4.11 여러 시퀀스 동시에 순환

문제

여러 시퀀스에 들어 있는 아이템을 동시에 순환하고 싶다.

해결

여러 시퀀스를 동시에 순환하려면 zip() 함수를 사용한다.

```
>>> xpts = [1, 5, 4, 2, 10, 7]
>>> ypts = [101, 78, 37, 15, 62, 99]
>>> for x, y in zip(xpts, ypts):
...     print(x,y)
...
1 101
5 78
4 37
2 15
10 62
7 99
>>>
```

zip(a, b)는 tuple(x, y)를 생성하는 이터레이터를 생성한다(x는 a에서, y는 b에서 가져옴). 순환은 한쪽 시퀀스의 모든 입력이 소비되었을 때 정지한다. 따라서 순환의 길이는 입력된 시퀀스 중 짧은 것과 같다.

```
>>> a = [1, 2, 3]
>>> b = ['w', 'x', 'y', 'z']
>>> for i in zip(a,b):
...     print(i)
...
(1, 'w')
(2, 'x')
(3, 'y')
>>>
```

이렇게 동작하는 방식이 마음에 들지 않는다면 itertools.zip_longest()를 사용해야 한다.

```
>>> from itertools import zip_longest
>>> for i in zip_longest(a,b):
...     print(i)
...
```

```
(1, 'w')
(2, 'x')
(3, 'y')
(None, 'z')
>>> for i in zip_longest(a, b, fillvalue=0):
...     print(i)
...
(1, 'w')
(2, 'x')
(3, 'y')
(0, 'z')
>>>
```

토론

zip()은 데이터를 묶어야 할 때 주로 사용한다. 예를 들어 열 헤더와 값을 리스트로 가지고 있다고 가정해 보자.

```
headers = ['name', 'shares', 'price']
values = ['ACME', 100, 490.1]
```

zip()을 사용하면 두 값을 묶어 딕셔너리로 만들 수 있다.

```
s = dict(zip(headers,values))
```

혹은 출력을 하려고 한다면 다음과 같은 코드를 작성한다.

```
for name, val in zip(headers, values):
    print(name, '=', val)
```

일반적이지는 않지만 zip()에 시퀀스를 두 개 이상 입력할 수 있다. 이런 경우 결과적으로 튜플에는 입력한 시퀀스의 개수 만큼의 아이템이 포함된다.

```
>>> a = [1, 2, 3]
>>> b = [10, 11, 12]
>>> c = ['x','y','z']
>>> for i in zip(a, b, c):
...     print(i)
...
(1, 10, 'x')
(2, 11, 'y')
(3, 12, 'z')
>>>
```

마지막으로 zip()이 결과적으로 이터레이터를 생성한다는 점을 기억하도록 하자. 묶은 값이 저장된 리스트가 필요하다면 list() 함수를 사용한다.

```
>>> zip(a, b)
<zip object at 0x1007001b8>
>>> list(zip(a, b))
[(1, 10), (2, 11), (3, 12)]
>>>
```

4.12 서로 다른 컨테이너 아이템 순환

문제

여러 객체에 동일한 작업을 수행해야 하지만, 객체가 서로 다른 컨테이너에 들어 있다. 하지만 중첩된 반복문을 사용해 코드의 가독성을 해치고 싶지 않다.

해결

itertools.chain() 메소드로 이 문제를 간단히 해결할 수 있다. 이 메소드는 순환 가능한 객체를 리스트로 받고 마스킹을 통해 한번에 순환할 수 있는 이터레이터를 반환한다. 예를 들어 다음 코드를 살펴보자.

```
>>> from itertools import chain
>>> a = [1, 2, 3, 4]
>>> b = ['x', 'y', 'z']
>>> for x in chain(a, b):
...     print(x)
...
1
2
3
4
x
y
z
>>>
```

chain()은 일반적으로 모든 아이템에 동일한 작업을 수행하고 싶지만 이 아이템이 서로 다른 세트에 포함되어 있을 때 사용한다.

```
# 여러 아이템 세트
active_items = set()
inactive_items = set()

# 모든 아이템 한번에 순환
for item in chain(active_items, inactive_items):
    # 작업
    ...
```

앞에 나온 방식은 반복문을 두 번 사용하는 것보다 훨씬 보기 좋다.

```
for item in active_items:
    # 작업
    ...

for item in inactive_items:
    # 작업
    ...
```

토론

itertools.chain()은 하나 혹은 그 이상의 순환 객체를 인자로 받는다. 그리고 입력 받은 순환 객체 속 아이템을 차례대로 순환하는 이터레이터를 생성한다. 큰 차이는 아니지만, 우선적으로 시퀀스를 하나로 합친 다음 순환하는 것보다 chain()을 사용하는 것이 더 효율적이다.

```python
# 비효율적
for x in a + b:
    ...

# 더 나은 방식
for x in chain(a, b):
    ...
```

첫 번째 방식에서 a + b는 두 개를 합친 전혀 새로운 시퀀스를 만들고, a와 b가 동일한 타입이어야 한다는 요구 조건이 있다. 하지만 chain()은 이런 과정을 거치지 않는다. 따라서 입력한 시퀀스의 크기가 아주 크다면 chain()을 사용하는 것이 메모리 측면에서 유리하고, 타입이 다른 경우에도 쉽게 사용 가능하다.

4.13 데이터 처리 파이프라인 생성

문제

데이터 처리를 데이터 처리 파이프라인과 같은 방식으로 순차적으로 처리하고 싶다(Unix 파이프라인과 비슷하게). 예를 들어, 처리해야 할 방대한 데이터가 있지만 메모리에 한꺼번에 들어가지 않는 경우에 적용할 수 있다.

해결

제너레이터 함수를 사용하는 것이 처리 파이프라인을 구현하기에 좋다. 예를 들어 방대한 양의 로그 파일이 들어 있는 디렉터리에 작업을 해야 한다고 가정해 보자.

```
foo/
    access-log-012007.gz
    access-log-022007.gz
    access-log-032007.gz
    ...
    access-log-012008
bar/
    access-log-092007.bz2
    ...
    access-log-022008
```

그리고 각 파일에는 다음과 같은 데이터가 담겨 있다.

```
124.115.6.12 - - [10/Jul/2012:00:18:50 -0500] "GET /robots.txt ..." 200 71
210.212.209.67 - - [10/Jul/2012:00:18:51 -0500] "GET /ply/ ..." 200 11875
210.212.209.67 - - [10/Jul/2012:00:18:51 -0500] "GET /favicon.ico ..." 404 369
```

```
61.135.216.105 - - [10/Jul/2012:00:20:04 -0500] "GET /blog/atom.xml ..." 304 -
...
```

이 파일을 처리하기 위해 특정 작업 처리를 수행하는 작은 제너레이터 함수의 컬렉션을 정
의할 수 있다.

```python
import os
import fnmatch
import gzip
import bz2
import re

def gen_find(filepat, top):
    '''
    디렉터리 트리에서 와일드카드 패턴에 매칭하는 모든 파일 이름을 찾는다.
    '''
    for path, dirlist, filelist in os.walk(top):
        for name in fnmatch.filter(filelist, filepat):
            yield os.path.join(path,name)

def gen_opener(filenames):
    '''
    파일 이름 시퀀스를 하나씩 열어 파일 객체를 생성한다.
    다음 순환으로 넘어가는 순간 파일을 닫는다.
    '''
    for filename in filenames:
        if filename.endswith('.gz'):
            f = gzip.open(filename, 'rt')
        elif filename.endswith('.bz2'):
            f = bz2.open(filename, 'rt')
        else:
            f = open(filename, 'rt')
        yield f
        f.close()

def gen_concatenate(iterators):
    '''
    이터레이터 시퀀스를 합쳐 하나의 시퀀스로 만든다.
    '''
    for it in iterators:
        yield from it

def gen_grep(pattern, lines):
    '''
    라인 시퀀스에서 정규식 패턴을 살펴본다.
    '''
    pat = re.compile(pattern)
    for line in lines:
        if pat.search(line):
            yield line
```

이제 이 함수들을 모아서 어렵지 않게 처리 파이프라인을 만들 수 있다. 예를 들어 *python*
이란 단어를 포함하고 있는 모든 로그 라인을 찾으려면 다음과 같이 한다.

```
lognames = gen_find('access-log*', 'www')
files = gen_opener(lognames)
lines = gen_concatenate(files)
pylines = gen_grep('(?i)python', lines)
for line in pylines:
    print(line)
```

파이프라인을 확장하고 싶다면, 제너레이터 표현식으로 데이터를 넣을 수 있다. 예를 들어 다음 버전은 전송한 바이트 수를 찾고 그 총합을 구한다.

```
lognames = gen_find('access-log*', 'www')
files = gen_opener(lognames)
lines = gen_concatenate(files)
pylines = gen_grep('(?i)python', lines)
bytecolumn = (line.rsplit(None,1)[1] for line in pylines)
bytes = (int(x) for x in bytecolumn if x != '-')
print('Total', sum(bytes))
```

토론

파이프라인으로 데이터를 처리하는 방식은 파싱, 실시간 데이터 읽기, 주기적 폴링 등 다른 문제에도 사용할 수 있다.

코드를 이해할 때, yield 문이 데이터 생성자처럼 동작하고 for 문은 데이터 소비자처럼 동작한다는 점이 중요하다. 제너레이터가 쌓이면, 각 yield가 순환을 하며 데이터의 아이템 하나를 파이프라인의 다음 단계로 넘긴다. 마지막 예제에서 sum() 함수가 실질적으로 프로그램을 운용하며 제너레이터 파이프라인에서 한 번에 하나씩 아이템을 꺼낸다.

이 방식의 좋은 점 중 하나는 각 제너레이터 함수를 작게 모듈화할 수 있다는 것이다. 따라서 더 쉽게 작성하고 유지하기도 쉽다. 대개 이런 제너레이터의 목적이 아주 일반적이어서 다른 곳에서 재사용할 수 있다. 그리고 모든 조각을 한데 모아 놓은 결과, 코드도 쉽게 읽고 이해할 수 있다.

또한 파이프라인 방식을 따르면 메모리 효율성도 높다. 앞에 설명한 코드는 아주 방대한 디렉터리와 파일에도 잘 동작한다. 사실 순환 처리로 인해 소비되는 메모리는 아주 적다.

gen_concatenate() 함수와 관련해서 아주 미묘한 것이 하나 있다. 이 함수의 목적은 입력받은 시퀀스를 하나로 합치는 것이다. itertools.chain() 함수가 비슷한 기능이지만, 이 함수는 묶어 줄 모든 순환 객체를 인자로 전달해야 한다. 이번 레시피의 경우 그렇게 하면 gen_opener() 제너레이터가 완전히 소비하는 lines = itertools.chain(*files)와 같은 명령을 수반하게 된다. 그 제너레이터는 다음 번 순환 단계에서 곧바로 닫는 파일 시퀀스를 생성하기 때문에 chain()을 사용할 수 없다. 앞에서 알아본 해결책은 이런 문제를 피할 수 있다.

또한 gen_concatenate() 함수는 서브제너레이터에 대한 델리게이트로 yield from을 활용한다. yield from 문은 gen_concatenate()가 제너레이터 it이 생성한 모든 값을 분출하도록 만든다.

마지막으로 모든 데이터 처리 문제에 파이프라인 방식을 사용할 수 없다는 점을 기억하자. 때로는 모든 데이터를 한번에 처리하길 바랄 수도 있다. 하지만 그런 경우라고 해도 제너레이터 파이프라인을 사용해서 일의 진행을 작은 단계로 나눌 수 있다.

더 많은 예제를 원한다면 데이비드 비즐리(David Beazley)가 작성한 "시스템 프로그래머를 위한 제너레이터 트릭(Generator Tricks for Systems Programmers)" 튜토리얼을 참고하자.

4.14 중첩 시퀀스 풀기

문제

중첩된 시퀀스를 합쳐 하나의 리스트로 만들고 싶다.

해결

이 문제는 yield from 문이 있는 재귀 제너레이터를 만들어 쉽게 해결할 수 있다.

```
from collections import Iterable

def flatten(items, ignore_types=(str, bytes)):
    for x in items:
        if isinstance(x, Iterable) and not isinstance(x, ignore_types):
            yield from flatten(x)
        else:
            yield x

items = [1, 2, [3, 4, [5, 6], 7], 8]

# 1 2 3 4 5 6 7 8 생성
for x in flatten(items):
  print(x)
```

앞의 코드에서 isinstance(x, Iterable)은 아이템이 순환 가능한 것인지 확인한다. 순환이 가능하다면 yield from으로 모든 값을 하나의 서브루틴으로 분출한다. 결과적으로 중첩되지 않은 시퀀스 하나가 만들어진다.

추가적으로 전달 가능한 인자 ignore_types와 not isinstance(x, ignore_types)로 문자열과 바이트가 순환 가능한 것으로 해석되지 않도록 했다. 이렇게 해야만 리스트에 담겨 있는 문자열을 전달했을 때 문자를 하나하나 펼치지 않고 문자열 단위로 전개한다.

```
>>> items = ['Dave', 'Paula', ['Thomas', 'Lewis']]
>>> for x in flatten(items):
...     print(x)
...
Dave
Paula
Thomas
Lewis
>>>
```

토론

서브루틴으로써 다른 제너레이터를 호출할 때 yield from을 사용하면 편리하다. 이 구문을 사용하지 않으면 추가적인 for 문이 있는 코드를 작성해야 한다.

```
def flatten(items, ignore_types=(str, bytes)):
    for x in items:
        if isinstance(x, Iterable) and not isinstance(x, ignore_types):
            for i in flatten(x):
                yield i
        else:
            yield x
```

큰 차이는 아니지만 yield from 문이 더 깔끔하고 나은 코드를 만들어 준다.

위에서 지적한 대로 문자열과 바이트형은 하나하나 펼쳐 주지 않도록 처리했다. 이외에 또 펼치지 않을 타입이 있으면 ignore_types 인자에 추가한다.

마지막으로 제너레이터 기반의 병렬 처리에서 yield from이 중요한 역할을 한다는 점에 유의해야 하는데, 이 부분은 레시피 12.12에서 다룬다.

4.15 정렬된 여러 시퀀스를 병합 후 순환

문제

정렬된 시퀀스가 여럿 있고, 이들을 하나로 합친 후 정렬된 시퀀스를 순환하고 싶다.

해결

간단하다. `heapq.merge()` 함수를 사용하면 된다.

```
>>> import heapq
>>> a = [1, 4, 7, 10]
>>> b = [2, 5, 6, 11]
>>> for c in heapq.merge(a, b):
...     print(c)
...
1
2
4
5
6
7
10
11
```

토론

`heapq.merge`는 아이템에 순환적으로 접근하며 제공한 시퀀스를 한꺼번에 읽지 않는다. 따라서 아주 긴 시퀀스도 별다른 무리 없이 사용할 수 있다. 예를 들어 정렬된 두 파일을 병합하려면 다음과 같이 한다.

```
import heapq

with open('sorted_file_1', 'rt') as file1, \
     open('sorted_file_2') 'rt' as file2, \
     open('merged_file', 'wt') as outf:

    for line in heapq.merge(file1, file2):
        outf.write(line)
```

`heapq.merge()`에 넣는 시퀀스는 모두 정렬되어 있어야 한다. 이 함수에 전달한다고 우선적으로 정렬을 하지 않는다. 또한 입력된 데이터가 정렬되어 있는지 확인하지도 않는다. 단지 앞에서부터 읽어 가면서 가장 작은 것부터 데이터를 출력할 뿐이다. 선택한 시퀀스에서 아이템을 읽고 모든 입력을 소비할 때까지 반복적으로 처리한다.

4.16 무한 while 순환문을 이터레이터로 치환

문제

함수나 일반적이지 않은 조건 테스트로 인해 무한 while 순환문으로 데이터에 접근하는 코드를 만들었다.

해결

입출력과 관련 있는 프로그램에 일반적으로 다음과 같은 코드를 사용한다.

```python
CHUNKSIZE = 8192

def reader(s):
    while True:
        data = s.recv(CHUNKSIZE)
        if data == b'':
            break
        process_data(data)
```

앞의 코드는 iter()를 사용해 다음과 같이 수정할 수 있다.

```python
def reader(s):
    for chunk in iter(lambda: s.recv(CHUNKSIZE), b''):
        process_data(data)
```

정말 이 코드가 동작하는지 믿음이 가지 않는다면 파일과 관련 있는 예제를 실행해 보자.

```python
>>> import sys
>>> f = open('/etc/passwd')
>>> for chunk in iter(lambda: f.read(10), ''):
...     n = sys.stdout.write(chunk)
...
nobody:*:-2:-2:Unprivileged User:/var/empty:/usr/bin/false
root:*:0:0:System Administrator:/var/root:/bin/sh
daemon:*:1:1:System Services:/var/root:/usr/bin/false
_uucp:*:4:4:Unix to Unix Copy Protocol:/var/spool/uucp:/usr/sbin/uucico
...
>>>
```

토론

내장 함수 iter()의 기능은 거의 알려져 있지 않다. 이 함수에는 선택적으로 인자 없는 호출 가능 객체와 종료 값을 입력으로 받는다. 이렇게 사용하면 주어진 종료 값을 반환하기 전까지 무한히 반복해서 호출 가능 객체를 호출한다.

이런 방식을 사용하면 입출력과 관련 있는 반복 호출에 잘 동작한다. 예를 들어 소켓이나 파일에서 특정 크기의 데이터를 읽으려 한다면, 반복적으로 read()나 recv()를 호출하고 파일 끝(end-of-file)을 확인해야 한다. 이번 레시피를 따른다면 두 가지 동작을 하나의 iter() 호출로 합칠 수 있다. lambda를 사용하면 인자를 받지 않는 호출 객체를 만들 수 있고 원하는 크기의 인자를 recv()나 read()에 전달한다.

## CHAPTER 5

파일과 입출력

모든 프로그램은 입력과 출력을 필요로 한다. 이번 장은 여러 종류의 파일(텍스트, 바이너리, 파일 인코딩 등)을 다루는 일반적인 방법을 다룬다. 또한 파일 이름과 디렉터리를 수정하는 방법도 배운다.

5.1 텍스트 데이터 읽고 쓰기

문제

텍스트 데이터를 읽거나 써야 하는데 ASCII, UTF-8, UTF-16과 같이 서로 다른 인코딩을 사용해야 한다.

해결

텍스트 파일을 읽기 위해 open() 함수에 rt 모드를 사용한다.

```
# 파일 전체를 하나의 문자열로 읽음
with open('somefile.txt', 'rt') as f:
    data = f.read()

# 파일의 줄을 순환
with open('somefile.txt', 'rt') as f:
    for line in f:
        # 라인 처리
        ...
```

마찬가지로 텍스트 파일을 쓰려면 wt 모드를 사용한다. 이 모드를 사용하면 모든 내용을 지우고(혹시 있다면) 새로운 내용을 덮어쓴다.

```
# 텍스트 데이터 쓰기
with open('somefile.txt', 'wt') as f:
    f.write(text1)
    f.write(text2)
```

```
    ...
    # 리다이렉트한 print 문
    with open('somefile.txt', 'wt') as f:
        print(line1, file=f)
        print(line2, file=f)
        ...
```

파일의 끝에 내용을 추가하려면 at 모드로 open()을 사용한다.

기본적으로 파일을 읽고 쓸 때 sys.getdefaultencoding()으로 확인할 수 있는 시스템 기본 인코딩을 사용한다. 대부분의 컴퓨터는 이 기본 인코딩으로 utf-8을 사용한다. 읽고 쓸 텍스트가 다른 인코딩을 사용한다면 open()에 추가적인 encoding 인자를 전달한다.

```
    with open('somefile.txt', 'rt', encoding='latin-1') as f:
        ...
```

파이썬이 이해할 수 있는 텍스트 인코딩의 종류는 수백 가지에 이른다. 하지만, 일반적으로 사용하는 인코딩은 ascii, latin-1, utf-8, utf-16이다. 웹 애플리케이션을 만든다면 UTF-8이 안전한 형식이다. ascii는 U+0000에서 U+007F 범위의 7비트 문자에 일치한다. latin-1은 0-255바이트를 유니코드 U+0000에서 U+00FF로 매핑한다. latin-1 인코딩은 인코딩의 종류를 모르는 텍스트를 읽을 때 절대 에러가 발생하지 않는다는 점이 중요하다. 파일을 latin-1으로 읽으면 완벽하게 올바른 텍스트 디코딩을 만들어 내지 못할 수도 있다. 하지만 여전히 유용한 데이터를 추출할 것이다. 또한 데이터를 다시 돌려보낼 때 원본 입력을 보전한다.

토론

텍스트 파일을 읽고 쓰는 과정은 그다지 어렵지 않다. 하지만 몇 가지 주의해야 할 점이 있다. 우선 예제에서 사용한 with 문이 파일을 사용할 콘텍스트를 만든다. 컨트롤이 with 블록을 떠나면 파일이 자동으로 닫힌다. with 문을 꼭 사용하지 않아도 되지만, 그럴 때는 반드시 파일을 닫아야 한다.

```
    f = open('somefile.txt', 'rt')
    data = f.read()
    f.close()
```

그리고 Unix와 Windows에서 서로 다른 줄바꿈 문자에 주의해야 한다(\n과 \r\n). 기본적으로 파이썬은 "보편적 줄바꿈(universal newline)" 모드로 동작한다. 이 모드는 일반적인 모든 줄바꿈을 알아보고, 읽을 때 모든 줄바꿈 문자를 \n으로 변환한다. 그리고 출력 시에는 줄바꿈 문자 \n을 시스템 기본 문자로 변환한다. 이런 자동 변환을 원하지 않는다면 newline='' 인자를 open()에 넣어 준다.

```
# 줄바꿈 변환 없이 읽기
with open('somefile.txt', 'rt', newline='') as f:
    ...
```

차이점을 보기 위해 Unix 컴퓨터에서 Windows 형식으로 인코딩된 텍스트 파일을 읽어 보겠다(hello world!\r\n).

```
>>> # 줄바꿈 변환 사용(기본)
>>> f = open('hello.txt', 'rt')
>>> f.read()
'hello world!\n'

>>> # 줄바꿈 변환 미사용
>>> g = open('hello.txt', 'rt', newline='')
>>> g.read()
'hello world!\r\n'
>>>
```

마지막으로 텍스트 파일의 인코딩 에러를 주의해야 한다. 텍스트 파일을 읽거나 쓸 때, 인코딩이나 디코딩 에러가 발생할 수 있다.

```
>>> f = open('sample.txt', 'rt', encoding='ascii')
>>> f.read()
Traceback (most recent call last):
  File "<stdin>", line 1, in <module>
  File "/usr/local/lib/python3.3/encodings/ascii.py", line 26, in decode
    return codecs.ascii_decode(input, self.errors)[0]
UnicodeDecodeError: 'ascii' codec can't decode byte 0xc3 in position
12: ordinal not in range(128)
>>>
```

이 에러는 대개 잘못된 인코딩을 사용했을 때 발생한다. 이때는 읽으려는 파일의 스펙을 잘 읽어 보고 인코딩을 올바르게 사용했는지 확인한다(Latin-1을 사용해야 하는데 UTF-8을 사용하지는 않았는지 등). 그래도 인코딩 에러가 사라지지 않는다면 open()에 errors 인자를 전달해서 에러를 처리한다. 일반적인 에러 처리 방식의 예를 보자.

```
>>> # 알 수 없는 문자를 유니코드 U+fffd로 치환
>>> f = open('sample.txt', 'rt', encoding='ascii', errors='replace')
>>> f.read()
'Spicy Jalape?o!'
>>> # 알 수 없는 문자를 무시
>>> g = open('sample.txt', 'rt', encoding='ascii', errors='ignore')
>>> g.read()
'Spicy Jalapeo!'
>>>
```

프로그래밍을 하면서 errors와 encoding 인자로 세세한 조율을 너무 많이 하고 있다면, 필요 이상으로 어려운 작업을 하고 있을 확률이 크다. 텍스트를 다룰 때는 언제나 올바른 인코딩을 사용해야 한다는 것이 가장 중요하다. 어떤 인코딩을 사용해야 할지 모르겠다면 기본 설정(일반적으로 UTF-8)을 사용하도록 한다.

5.2 파일에 출력

문제

print() 함수의 결과를 파일에 출력하고 싶다.

해결

print()에 file 키워드 인자를 사용한다.

```
with open('somefile.txt', 'rt') as f:
    print('Hello World!', file=f)
```

토론

파일에 출력하기에서 이 이상의 내용은 없다. 하지만 파일을 텍스트 모드로 열었는지 꼭 확인해야 한다. 바이너리 모드로 파일을 열면 출력에 실패한다.

5.3 구별자나 종단 부호 바꾸기

문제

print()를 사용해 데이터를 출력할 때 구분자나 종단 부호(line ending)를 바꾸고 싶다.

해결

print()에 sep과 end 키워드 인자를 사용한다.

```
>>> print('ACME', 50, 91.5)
ACME 50 91.5
>>> print('ACME', 50, 91.5, sep=',')
ACME,50,91.5
>>> print('ACME', 50, 91.5, sep=',', end='!!\n')
ACME,50,91.5!!
>>>
```

출력의 개행 문자(newline)를 바꿀 때도 end 인자를 사용한다.

```
>>> for i in range(5):
...     print(i)
...
0
1
2
3
4
>>> for i in range(5):
...     print(i, end=' ')
...
0 1 2 3 4 >>>
```

토론

print()로 출력 시 아이템을 구분하는 문자를 스페이스 공백문 이외로 바꾸는 가장 쉬운 방법은 구별자를 지정하는 것이다. 어떤 프로그래머는 동일한 목적으로 str.join()을 사용하기도 한다.

```
>>> print(','.join('ACME','50','91.5'))
ACME,50,91.5
>>>
```

하지만 str.join()은 문자열에만 동작한다는 문제점이 있다. 문자열이 아닌 데이터에 사용하려면 귀찮은 작업을 먼저 적용해야 할지도 모른다. 다음과 같이 말이다.

```
>>> row = ('ACME', 50, 91.5)
>>> print(','.join(row))
Traceback (most recent call last):
  File "<stdin>", line 1, in <module>
TypeError: sequence item 1: expected str instance, int found
>>> print(','.join(str(x) for x in row))
ACME,50,91.5
>>>
```

하지만 구별자를 사용하면 훨씬 간단하다.

```
>>> print(*row, sep=',')
ACME,50,91.5
>>>
```

5.4 바이너리 데이터 읽고 쓰기

문제

이미지나 사운드 파일 등 바이너리 데이터를 읽고 써야 한다.

해결

open() 함수에 rb와 wb 모드를 사용해서 바이너리 데이터를 읽거나 쓴다.

```
# 파일 전체를 하나의 바이트 문자열로 읽기
with open('somefile.bin', 'rb') as f:
    data = f.read()

# 바이너리 데이터 파일에 쓰기
with open('somefile.bin', 'wb') as f:
    f.write(b'Hello World')
```

바이너리를 읽을 때, 반환된 모든 데이터가 텍스트 문자열 형식이 아니라 바이트 문자열 형식이 된다는 점을 기억하자. 마찬가지로 데이터를 쓸 때도 바이트로 표현할 수 있는 형식의 객체를 제공해야 한다(바이트 문자열, bytearray 객체 등).

토론

바이너리 데이터를 읽을 때, 바이너리 문자열과 텍스트 문자열 사이에 미묘한 문법 차이가 있다. 자세히 말하자면, 데이터에 인덱스나 순환으로 반환한 값은 바이트 문자열이 아닌 정수 바이트 값이 된다.

```
>>> # 텍스트 문자열
>>> t = 'Hello World'
>>> t[0]
'H'
>>> for c in t:
...     print(c)
...
H
e
l
l
o
...
>>> # 바이트 문자열
>>> b = b'Hello World'
>>> b[0]
72
>>> for c in b:
...     print(c)
...
72
101
108
108
111
...
>>>
```

바이너리 모드 파일로부터 텍스트를 읽거나 쓰려면 인코딩이나 디코딩 과정이 꼭 필요하다.

```python
with open('somefile.bin', 'rb') as f:
    data = f.read(16)
    text = data.decode('utf-8')

with open('somefile.bin', 'wb') as f:
    text = 'Hello World'
    f.write(text.encode('utf-8'))
```

바이너리 입출력 시 잘 알려지지 않은 기능으로 배열이나 C 구조체와 같은 객체를 bytes 객체로 변환하지 않고 바로 쓸 수 있다는 점이 있다.

```python
import array
nums = array.array('i', [1, 2, 3, 4])
with open('data.bin','wb') as f:
    f.write(nums)
```

이 기능은 소위 "버퍼 인터페이스(buffer interface)"로 구현되어 있는 객체에 모두 적용된다. 이런 객체는 기반 메모리 버퍼를 바로 작업에 노출시켜 작업이 가능하다. 바이너리 데이터를 쓰는 것도 이런 작업의 일종이다.

또한 파일의 readinto() 메소드를 사용하면 여러 객체의 바이너리 데이터를 직접 메모리에 읽어 들일 수 있다.

```python
>>> import array
>>> a = array.array('i', [0, 0, 0, 0, 0, 0, 0, 0])
>>> with open('data.bin', 'rb') as f:
...         f.readinto(a)
...
16
>>> a
array('i', [1, 2, 3, 4, 0, 0, 0, 0])
>>>
```

하지만, 이 기술을 사용할 때는 각별히 주의해야 한다. 구현법이 플랫폼에 따라 다르기도 하고 단어의 크기와 바이트 순서(빅 엔디안, 리틀 엔디안) 등에 의존하기 때문이다. 바이너리 데이터 때 수정 가능한 버퍼에 읽어 들이는 다른 예는 레시피 5.9를 참고한다.

5.5 존재하지 않는 파일에 쓰기

문제

파일이 파일 시스템에 존재하지 않을 때, 데이터를 파일에 쓰고 싶다.

해결

이 문제는 open()에 x 모드를 사용해서 해결할 수 있다. w 모드와 다르게 x 모드는 잘 알려져 있지 않다.

```
>>> with open('somefile', 'wt') as f:
...     f.write('Hello\n')
...
>>> with open('somefile', 'xt') as f:
...     f.write('Hello\n')
...
Traceback (most recent call last):
  File "<stdin>", line 1, in <module>
FileExistsError: [Errno 17] File exists: 'somefile'
>>>
```

파일이 바이너리 모드이면 xt 대신 xb를 사용한다.

토론

이 레시피는 파일을 쓸 때 발생할 수 있는 문제점(실수로 파일을 덮어쓰는 등)을 아주 우아하게 피해 가는 법을 알려준다. 혹은 파일을 쓰기 전에 파일이 있는지 확인하는 방법도 있다.

```
>>> import os
>>> if not os.path.exists('somefile'):
...     with open('somefile', 'wt') as f:
...         f.write('Hello\n')
... else:
...     print('File already exists!')
...
File already exists!
>>>
```

확실히 x 모드를 사용하는 것이 훨씬 깔끔하다. 그리고 x 모드는 파이썬 3의 확장 기능임을 기억해야 한다. 이전 버전의 파이썬이나 파이썬 구현에서 사용하는 C 라이브러리는 이 모드를 지원하지 않는다.

5.6 문자열에 입출력 작업하기

문제

파일 같은 객체에 동작하도록 작성한 코드에 텍스트나 바이너리 문자열을 제공하고 싶다.

해결

io.StringIO()와 io.BytesIO() 클래스로 문자열 데이터에 동작하는 파일 같은 객체를 생성한다.

```
>>> s = io.StringIO()
>>> s.write('Hello World\n')
12
>>> print('This is a test', file=s)
15
>>> # 기록한 모든 데이터 얻기
>>> s.getvalue()
'Hello World\nThis is a test\n'
>>>

>>> # 기존 문자열을 파일 인터페이스로 감싸기
>>> s = io.StringIO('Hello\nWorld\n')
>>> s.read(4)
'Hell'
>>> s.read()
'o\nWorld\n'
>>>
```

io.StringIO 클래스는 텍스트에만 사용해야 한다. 바이너리 데이터를 다룰 때는 io.BytesIO 클래스를 사용한다.

```
>>> s = io.BytesIO()
>>> s.write(b'binary data')
>>> s.getvalue()
b'binary data'
>>>
```

토론

일반 파일 기능을 흉내 내려 할 때 StringIO와 BytesIO 클래스가 가장 유용하다. 예를 들어 유닛 테스트를 할 때, StringIO로 테스트 데이터를 담고 있는 객체를 만들어 일반 파일에 동작하는 함수에 사용할 수 있다.

StringIO와 BytesIO 인스턴스가 올바른 정수 파일 디스크립터(file-descriptor)를 가지고 있지 않다는 점을 기억하자. 따라서 file, pipe, socket 등 실제 시스템 레벨 파일을 요구하는 코드에는 사용할 수 없다.

5.7 압축된 데이터 파일 읽고 쓰기

문제

gzip이나 bz2로 압축한 파일을 읽거나 써야 한다.

해결

gzip과 bz2 모듈을 사용하면 간단히 해결 가능하다. 이 모듈은 open()을 사용하는 구현법의 대안을 제공한다. 예를 들어 압축된 파일을 텍스트로 읽으려면 다음과 같이 한다.

```
# gzip 압축
import gzip
with gzip.open('somefile.gz', 'rt') as f:
    text = f.read()

# bz2 압축
import bz2
with bz2.open('somefile.bz2', 'rt') as f:
    text = f.read()
```

압축한 데이터를 쓰는 방법은 다음과 같다.

```
# gzip 압축
import gzip
with gzip.open('somefile.gz', 'wt') as f:
    f.write(text)

# bz2 압축
import bz2
with bz2.open('somefile.bz2', 'wt') as f:
    f.write(text)
```

앞에서 살펴본 대로, 모든 입출력은 텍스트를 사용하고 유니코드(Unicode) 인코딩/디코딩을 수행한다. 바이너리 데이터를 사용하고 싶다면 rb 또는 wb 모드를 사용하도록 하자.

토론

압축한 데이터를 읽거나 쓰기가 어렵지는 않다. 하지만, 올바른 파일 모드를 선택하는 것은 상당히 중요하다. 모드를 명시하지 않으면 기본적으로 바이너리 모드가 된다. 텍스트 파일을 받을 것이라고 가정한 프로그램에는 문제가 발생한다. gzip.open()과 bz2.open()은 encoding, errors, newline과 같이 내장 함수 open()과 동일한 인자를 받는다.

압축한 데이터를 쓸 때는 compresslevel 인자로 압축 정도를 지정할 수 있다.

```
with gzip.open('somefile.gz', 'wt', compresslevel=5) as f:
    f.write(text)
```

기본 레벨은 9로, 가장 높은 압축률을 가리킨다. 레벨을 내리면 속도는 더 빠르지만 압축률은 떨어진다.

마지막으로, 잘 알려지지 않은 기능인 gzip.open()과 bz2.open()을 기존에 열려 있는 바이너리 파일의 상위에 위치시키는 것을 보자.

```
import gzip

f = open('somefile.gz', 'rb')
with gzip.open(f, 'rt') as g:
    text = g.read()
```

이렇게 하면 gzip과 bz2 모듈이 파일 같은 객체(소켓, 파이프, 메모리 파일 등)와 같이 작업할 수 있다.

5.8 고정 크기 레코드 순환

문제

파일을 줄 단위로 순환하지 않고, 크기를 지정해서 그 단위별로 순환하고 싶다.

해결

iter() 함수와 functools.partial()을 사용한다.

```
from functools import partial

RECORD_SIZE = 32

with open('somefile.data', 'rb') as f:
    records = iter(partial(f.read, RECORD_SIZE), b'')
    for r in records:
        ...
```

이 예제의 records 객체는 파일의 마지막에 도달할 때까지 고정 크기 데이터를 생산하는 순환 객체이다. 하지만 파일의 크기가 지정한 크기의 정확한 배수가 아닌 경우 마지막 아이템의 크기가 예상보다 작을 수도 있다.

토론

iter() 함수에 잘 알려지지 않은 기능으로, 호출 가능 객체와 종료 값을 전달하면 이터레이터를 만드는 것이 있다. 그 이터레이터는 제공 받은 호출 가능 객체를 반복적으로 호출하며 종료 값을 반환할 때 순환을 멈춘다.

이 해결책에서 functools.partial로 파일에서 고정 크기 바이트를 읽어 호출 가능 객체를 생성했다. 파일을 읽었지만 마지막에 도달했다면 종료 값인 b''를 반환한다.

마지막으로 이 예제에서 파일을 바이너리 모드로 열었음에 주목하자. 고정 크기 레코드를 읽기 위해서 이것이 가장 일반적이다. 텍스트 파일의 경우에는 줄 단위로 읽는 경우가 더 많다.

5.9 바이너리 데이터를 수정 가능한 버퍼에 넣기

문제

바이너리 데이터를 읽어 수정 가능 버퍼(mutable buffer)에 넣을 때 어떠한 복사 과정도 거치고 싶지 않다. 그리고 그 데이터를 변형한 후 파일에 다시 써야 할지도 모른다.

해결

데이터를 읽어 수정 가능한 배열에 넣으려면 readinto() 메소드를 사용한다.

```
import os.path

def read_into_buffer(filename):
    buf = bytearray(os.path.getsize(filename))
    with open(filename, 'rb') as f:
        f.readinto(buf)
    return buf
```

사용법은 다음과 같다.

```
>>> # 샘플 파일 쓰기
>>> with open('sample.bin', 'wb') as f:
...     f.write(b'Hello World')
...
>>> buf = read_into_buffer('sample.bin')
>>> buf
bytearray(b'Hello World')
>>> buf[0:5] = b'Hallo'
>>> buf
bytearray(b'Hallo World')
>>> with open('newsample.bin', 'wb') as f:
...     f.write(buf)
...
11
>>>
```

토론

readinto() 메소드를 사용해서 미리 할당해 놓은 배열에 데이터를 채워 넣을 수 있다. 이때 array 모듈이나 numpy와 같은 라이브러리를 사용해서 생성한 배열을 사용할 수도 있다. 새로운 객체를 할당하고 반환하는 일반적인 read() 메소드와는 다르게 readinto() 메소드는 기존의 버퍼에 내용을 채워 넣는다. 따라서 불필요한 메모리 할당을 피할 수 있다. 예를 들어 레코드 크기가 고정적인 바이너리 파일을 읽는다면 다음과 같은 코드를 작성할 수 있다.

```
record_size = 32          # 레코드의 크기 (값을 조절)

buf = bytearray(record_size)
with open('somefile', 'rb') as f:
```

```
while True:
    n = f.readinto(buf)
    if n < record_size:
        break
    # buf 내용을 사용
    ...
```

흥미로운 기능인 메모리뷰(memoryview)도 사용해 보자. 기존 버퍼의 제로-카피(zero-copy) 조각을 만들 수 있고 기존의 내용은 수정하지 않는다.

```
>>> buf
bytearray(b'Hello World')
>>> m1 = memoryview(buf)
>>> m2 = m1[-5:]
>>> m2
<memory at 0x100681390>
>>> m2[:] = b'WORLD'
>>> buf
bytearray(b'Hello WORLD')
>>>
```

f.readinto()를 사용할 때 반환 코드를 반드시 확인해야 한다. 반환 코드는 실제로 읽은 바이트 수가 된다.

바이트 수가 제시한 버퍼의 크기보다 작다면 데이터에 이상이 있거나 무언가 잘려 나갔음을 의미한다(예: 정확히 어떤 바이트를 읽으려고 했는데 그보다 작은 경우).

마지막으로, "into" 형식의 다른 함수에도 관심을 갖도록 하자(recv_into(), pack_into() 등). 파이썬에는 readinto() 외에도 직접 입출력 혹은 배열, 버퍼를 채우거나 수정하는 데 사용할 수 있도록 데이터에 대한 접근을 지원하는 것이 많다.

바이너리 구조체를 해석하고 메모리뷰를 사용하는 더 자세한 예는 레시피 6.12를 참고한다.

5.10 바이너리 파일 메모리 매핑

문제

바이너리 파일을 수정 가능한 바이트 배열에 매핑하고, 내용에 접근하거나 수정하고 싶다.

해결

mmap 모듈을 사용해서 파일을 메모리 매핑한다. 파일을 열고 메모리 매핑하는 예를 참고하자.

```
import os
import mmap
```

```
def memory_map(filename, access=mmap.ACCESS_WRITE):
    size = os.path.getsize(filename)
    fd = os.open(filename, os.O_RDWR)
    return mmap.mmap(fd, size, access=access)
```

이 함수를 사용하려면, 데이터로 채워진 파일이 있어야 한다. 파일을 생성하고 원하는 크기로 확장하는 예는 다음과 같다.

```
>>> size = 1000000
>>> with open('data', 'wb') as f:
...     f.seek(size-1)
...     f.write(b'\x00')
...
>>>
```

이제 memory_map() 함수로 파일을 메모리 매핑해 보자.

```
>>> m = memory_map('data')
>>> len(m)
1000000
>>> m[0:10]
b'\x00\x00\x00\x00\x00\x00\x00\x00\x00\x00'
>>> m[0]
0
>>> # 슬라이스 재할당
>>> m[0:11] = b'Hello World'
>>> m.close()

>>> # 수정 검증
>>> with open('data', 'rb') as f:
...     print(f.read(11))
...
b'Hello World'
>>>
```

mmap()에 반환한 mmap 객체를 콘텍스트 매니저(context manager)로 사용할 수 있다. 그렇게 하면 파일 사용이 끝나면 자동으로 닫는다.

```
>>> with memory_map('data') as m:
...     print(len(m))
...     print(m[0:10])
...
1000000
b'Hello World'
>>> m.closed
True
>>>
```

기본적으로 memory_map() 함수는 파일을 읽기/쓰기 모드로 열고, 데이터에 수정을 하면 모두 원본 파일에 복사된다. 이렇게 하지 않고 읽기 전용으로 파일을 열고 싶으면 mmap.ACCESS_

READ를 access 인자에 전달한다.

```
m = memory_map(filename, mmap.ACCESS_READ)
```

데이터를 지역 레벨에서 수정하고, 원본에는 영향을 주고 싶지 않다면 mmap.ACCESS_COPY 를 사용한다.

```
m = memory_map(filename, mmap.ACCESS_COPY)
```

토론

mmap으로 파일을 메모리에 매핑하면 파일 내용에 매우 효율적으로 무작위로 접근할 수 있다. 예를 들어 파일을 열고 seek(), read(), write() 호출을 번갈아 가며 해야 할 일을 파일에 매핑해 놓고 자르기 연산으로 쉽게 해결할 수 있다.

일반적으로 mmap()에 노출된 메모리는 bytearray 객체처럼 보인다. 하지만, 메모리뷰를 사용해서 데이터를 다르게 해석할 수 있다.

```
>>> m = memory_map('data')
>>> # 부호 없는 정수형(unsigned integer)의 메모리뷰
>>> v = memoryview(m).cast('I')
>>> v[0] = 7
>>> m[0:4]
b'\x07\x00\x00\x00'
>>> m[0:4] = b'\x07\x01\x00\x00'
>>> v[0]
263
>>>
```

파일을 메모리 매핑해도 파일 전체가 메모리에 읽어 들여지지 않는다는 점을 기억하자. 이 말인즉슨, 메모리 버퍼나 배열에 복사하지 않는다는 의미이다. 운영 체제는 그 대신 파일 내용을 위한 가상 메모리 섹션을 준비해 놓는다. 서로 다른 지역에 접근하면 파일의 그 부분을 읽고 메모리에 매핑한다. 하지만 절대 접근하지 않는 파일의 다른 부분은 그대로 디스크에 남아 있다. 이런 과정은 모두 자동으로 이루어진다.

하나 이상의 파이썬 인터프리터가 동일한 파일을 매핑하면, mmap 객체로 인터프리터 간 데이터를 교환할 수 있다. 따라서 모든 인터프리터가 데이터를 동시에 읽고 쓸 수 있고, 한 쪽 인터프리터에서 데이터를 수정하면 다른 쪽에 자동으로 그 내용이 반영된다. 물론 동기화를 위해 신경 써야 할 부분이 없지는 않지만, 이런 접근법은 파이프나 소켓에서 메시지를 주고받는 대안으로 사용되기도 한다.

앞에서 살펴본 대로 이 레시피는 Unix와 Windows에서 모두 동작하도록 일반적인 목적으로 작성했다. 하지만 mmap()을 호출할 때 플랫폼마다 약간 다른 점이 있음에 주의하자. 추가적으로, 익명으로 매핑된 메모리 지역을 만드는 옵션이 있다. 이 내용이 궁금하다면 이 주제와 관련 있는 파이썬 문서를 참고하도록 한다.

5.11 경로 다루기

문제

기본 파일 이름, 디렉터리 이름, 절대 경로 등을 찾기 위해 경로를 다루어야 한다.

해결

경로를 다루기 위해서 os.path 모듈의 함수를 사용한다. 몇몇 기능을 예제를 통해 살펴보자.

```
>>> import os
>>> path = '/Users/beazley/Data/data.csv'

>>> # 경로의 마지막 부분 구하기
>>> os.path.basename(path)
'data.csv'

>>> # 디렉터리 이름 구하기
>>> os.path.dirname(path)
'/Users/beazley/Data'

>>> # 각 부분을 합치기
>>> os.path.join('tmp', 'data', os.path.basename(path))
'tmp/data/data.csv'

>>> # 사용자의 홈 디렉터리 펼치기
>>> path = '~/Data/data.csv'
>>> os.path.expanduser(path)
'/Users/beazley/Data/data.csv'

>>> # 파일 확장자 나누기
>>> os.path.splitext(path)
('~/Data/data', '.csv')
>>>
```

토론

파일 이름을 다루기 위해서 문자열에 관련된 코드를 직접 작성하지 말고 os.path 모듈을 사용해야 한다. 이는 이식성과도 어느 정도 관련이 있다. os.path 모듈은 Unix와 Windows의 차이점을 알고 *Data/data.csv*와 *Data\data.csv*의 차이점을 자동으로 처리한다. 그리고 자동차를 만들겠다고 바퀴부터 개발해야 할 이유가 없다. 이미 있는 기능이라면 가져다 사용하는 편이 현명하다.

이 레시피에서 다룬 내용 이상으로 os.path 모듈에 많은 기능이 있다. 파일 테스팅, 심볼릭 링크(symbolic link) 등과 관련 있는 더 많은 함수를 보려면 파이썬 문서를 참고하도록 한다.

5.12 파일 존재 여부 확인

문제

파일이나 디렉터리가 존재하는지 확인해야 한다.

해결

파일이나 디렉터리의 존재 여부를 확인하기 위해서 os.path 모듈을 사용한다.

```
>>> import os
>>> os.path.exists('/etc/passwd')
True
>>> os.path.exists('/tmp/spam')
False
>>>
```

추가적으로 파일의 종류가 무엇인지 확인할 수 있다. 다음 코드에서 파일이 없는 경우 False를 반환한다.

```
>>> # 일반 파일인지 확인
>>> os.path.isfile('/etc/passwd')
True

>>> # 디렉터리인지 확인
>>> os.path.isdir('/etc/passwd')
False

>>> # 심볼릭 링크인지 확인
>>> os.path.islink('/usr/local/bin/python3')
True

>>> # 연결된 파일 얻기
>>> os.path.realpath('/usr/local/bin/python3')
'/usr/local/bin/python3.3'
>>>
```

메타데이터(파일 크기, 수정 날짜) 등이 필요할 때도 os.path 모듈을 사용한다.

```
>>> os.path.getsize('/etc/passwd')
3669
>>> os.path.getmtime('/etc/passwd')
1272478234.0
>>> import time
>>> time.ctime(os.path.getmtime('/etc/passwd'))
```

```
'Wed Apr 28 13:10:34 2010'
>>>
```

토론

os.path를 사용하면 파일 테스팅은 그리 어렵지 않다. 유의해야 할 점은 아마도 파일 권한에 관련된 것뿐이다. 특히 메타데이터에 접근할 때는 권한에 주의해야 한다.

```
>>> os.path.getsize('/Users/guido/Desktop/foo.txt')
Traceback (most recent call last):
  File "<stdin>", line 1, in <module>
  File "/usr/local/lib/python3.3/genericpath.py", line 49, in getsize
    return os.stat(filename).st_size
PermissionError: [Errno 13] Permission denied: '/Users/guido/Desktop/foo.txt'
>>>
```

5.13 디렉터리 리스팅 구하기

문제

디렉터리나 파일 시스템 내부의 파일 리스트를 구하고 싶다.

해결

os.listdir() 함수로 디렉터리 내에서 파일 리스트를 얻는다.

```
import os
names = os.listdir('somedir')
```

이렇게 하면 디렉터리와 파일, 서브디렉터리, 심볼릭 링크 등 모든 것을 구할 수 있다. 만약 데이터를 걸러 내야 한다면 os.path 라이브러리의 파일에 리스트 컴프리헨션(list comprehension)을 사용한다.

```
import os.path
# 일반 파일 모두 구하기
names = [name for name in os.listdir('somedir')
        if os.path.isfile(os.path.join('somedir', name))]

# 디렉터리 모두 구하기
dirnames = [name for name in os.listdir('somedir')
          if os.path.isdir(os.path.join('somedir', name))]
```

문자열의 startswith()와 endswith() 메소드를 사용하면 디렉터리의 내용을 걸러 내기 유용하다.

```
pyfiles = [name for name in os.listdir('somedir')
          if name.endswith('.py')]
```

파일 이름 매칭을 하기 위해 glob이나 fnmatch 모듈을 사용한다.

```python
import glob
pyfiles = glob.glob('somedir/*.py')

from fnmatch import fnmatch
pyfiles = [name for name in os.listdir('somedir')
           if fnmatch(name, '*.py')]
```

토론

디렉터리 리스트를 구하기는 쉽지만, 앞에 나온 방법으로는 엔트리의 이름만 얻을 수 있다.
만약 파일 크기나 수정 날짜 등 메타데이터가 필요하다면 os.path 모듈의 추가적인 함수
를 사용하거나 os.stat() 함수를 사용한다.

```python
# 디렉터리 리스트 구하기

import os
import os.path
import glob

pyfiles = glob.glob('*.py')

# 파일 크기와 수정 날짜 구하기
name_sz_date = [(name, os.path.getsize(name), os.path.getmtime(name))
                for name in pyfiles]

for name, size, mtime in name_sz_date:
    print(name, size, mtime)

# 대안: 파일 메타데이터 구하기
file_metadata = [(name, os.stat(name)) for name in pyfiles]
for name, meta in file_metadata:
    print(name, meta.st_size, meta.st_mtime)
```

마지막으로, 파일 이름을 다룰 때 인코딩과 관련된 문제가 발생할 수 있다. 일반적으로
os.listdir()와 같은 함수가 반환하는 엔트리는 파일 시스템의 기본 인코딩으로 디코드
된다. 하지만, 특정 상황에서는 파일 이름을 디코딩하는 것이 불가능할 수도 있다. 이런 이
름과 관련된 사항은 레시피 5.14와 5.15에서 더 자세히 다룬다.

5.14 파일 이름 인코딩 우회

문제

시스템의 기본 인코딩으로 디코딩 혹은 인코딩되지 않은 파일 이름에 입출력 작업을 수행해야 한다.

해결

기본적으로 모든 파일 이름은 sys.getfilesystemencoding()이 반환하는 텍스트 인코딩 값으로 디코딩 혹은 인코딩되어 있다.

```
>>> sys.getfilesystemencoding()
'utf-8'
>>>
```

하지만 이 인코딩을 우회하길 바란다면 로우(raw) 바이트 문자열로 파일 이름을 명시해야 한다.

```
>>> # 유니코드로 파일 이름을 쓴다.
>>> with open('jalape\xf1o.txt', 'w') as f:
...     f.write('Spicy!')
...
6
>>> # 디렉터리 리스트 (디코딩됨)
>>> import os
>>> os.listdir('.')
['jalapeño.txt']

>>> # 디렉터리 리스트 (디코딩되지 않음)
>>> os.listdir(b'.')          # 바이트 문자열
[b'jalapen\xcc\x83o.txt']

>>> # 로우 파일 이름으로 파일 열기
>>> with open(b'jalapen\xcc\x83o.txt') as f:
...     print(f.read())
...
Spicy!
>>>
```

마지막 두 작업에 나온 것처럼, open()이나 os.listdir()와 같은 파일 관련 함수에 바이트 문자열을 넣었을 때 파일 이름 처리는 거의 변하지 않는다.

토론

일반적인 환경에서 파일 이름 인코딩, 디코딩에 대해 걱정할 필요는 없다. 대부분의 경우에는 무리 없이 잘 동작한다. 하지만 많은 운영 체제에서 사용자는 실수로 혹은 악의적으로

인코딩 규칙을 따르지 않는 파일 이름을 생성할 수 있다. 이런 파일 이름은 많은 파일을 다루는 파이썬 프로그램을 망가트릴 수 있다.

파일 이름과 디렉터리를 읽을 때 디코딩되지 않은 로우(raw) 바이트를 이름으로 사용하면 프로그래밍 과정은 조금 귀찮겠지만 이런 문제점을 피해 갈 수 있다.

디코딩되지 않은 파일 이름을 출력하는 방법을 레시피 5.15에서 알아본다.

5.15 망가진 파일 이름 출력

문제

프로그램에서 디렉터리 리스트를 받아 파일 이름을 출력하려고 할 때, UnicodeEncodeError 예외와 "surrogates not allowed" 메시지가 발생하면서 프로그램이 죽어 버린다.

해결

출처를 알 수 없는 파일 이름을 출력할 때, 다음 코드로 에러를 방지한다.

```
def bad_filename(filename):
    return repr(filename)[1:-1]

try:
    print(filename)
except UnicodeEncodeError:
    print(bad_filename(filename))
```

토론

이번 레시피는 자주 발생하지는 않지만 파일 시스템에 발생할 수 있는 아주 귀찮은 문제를 다루었다. 기본적으로 파이썬은 모든 파일 이름이 sys.getfilesystemencoding()이 반환하는 값으로 인코딩되어 있다고 가정한다. 하지만 특정 파일 시스템은 인코딩 규칙을 따르도록 강제하지 않아서 올바르지 않은 인코딩을 사용한 파일 이름이 생기기도 한다. 이런 일이 비일비재하게 발생하지는 않지만 세상에는 우리가 예측하지 못하는 동작을 하는 사용자가 어디에나 있으니 조심해야 한다(open()에 실수로 잘못된 파일 이름을 전달하는 경우에 이런 에러가 발생할 수 있다).

os.listdir()와 같은 명령을 실행할 때, 망가진 파일 이름을 사용하면 파이썬에 문제가 생긴다. 한편으로 잘못된 이름이라고 단순히 무시해 버릴 수 없다. 반면 이 이름을 올바른 텍스트 문자열로 변환할 수도 없다. 파이썬의 해결책은 디코딩할 수 없는 바이트 값 \xhh를 Unicode 문자 \udchh로 표현하는 소위 "대리 인코딩(surrogate encoding)"으로 매핑하는 것이다. UTF-8이 아닌 Latin-1으로 인코딩한 *bäd.txt*를 포함한 디렉터리 리스트가 어떻게 보이는지 예제를 보자.

```
>>> import os
>>> files = os.listdir('.')
>>> files
['spam.py', 'b\udce4d.txt', 'foo.txt']
>>>
```

파일 이름을 다루거나 open()과 같은 함수에 전달하는 코드가 있다면 모두 정상적으로 동
작한다. 이 파일 이름을 출력하려고 할 때만 문제가 발생한다(화면에 출력하거나 로그를 남
기는 등). 특히 선행 리스트를 출력하려고 하면 프로그램이 비정상적으로 종료한다.

```
>>> for name in files:
...     print(name)
...
spam.py
Traceback (most recent call last):
  File "<stdin>", line 2, in <module>
UnicodeEncodeError: 'utf-8' codec can't encode character '\udce4' in
position 1: surrogates not allowed
>>>
```

프로그램이 죽는 이유는 \udce4가 잘못된 Unicode이기 때문이다. 대리 짝(surrogate pair)
으로 알려진 문자 두 개의 조합이다. 하지만 첫 번째 반쪽이 없기 때문에 올바른 Unicode라
할 수 없다. 따라서 올바른 출력을 하려면 망가진 파일 이름을 발견했을 때 교정 작업을 해
야 한다. 예를 들어 레시피의 코드를 다음과 같이 수정한다.

```
>>> for name in files:
...     try:
...         print(name)
...     except UnicodeEncodeError:
...         print(bad_filename(name))
...
spam.py
b\udce4d.txt
foo.txt
>>>
```

bad_filename() 함수를 어떻게 처리할지는 모두 프로그래머에게 달려 있다. 혹은 그 값을
다음과 같이 재인코딩할 수 있다.

```
def bad_filename(filename):
    temp = filename.encode(sys.getfilesystemencoding(), errors='surrogateescape')
    return temp.decode('latin-1')
```

이 코드를 사용하면 다음과 같이 출력한다.

```
>>> for name in files:
...     try:
...         print(name)
...     except UnicodeEncodeError:
...         print(bad_filename(name))
```

```
...
spam.py
bäd.txt
foo.txt
>>>
```

이 레시피를 무시할 독자들이 많을 것이라 생각한다. 하지만, 파일 이름과 파일 시스템에 신뢰할 수 있게 동작하는 프로그램을 작성하려면 고려해야 할 문제이다. 그렇지 않으면 주 말에 사무실에 불려 나와 알 수 없는 버그를 고치고 있어야 할지도 모른다.

5.16 이미 열려 있는 파일의 인코딩을 수정하거나 추가하기

문제

이미 열려 있는 파일을 닫지 않고 Unicode 인코딩을 추가하거나 변경하고 싶다.

해결

바이너리 모드로 이미 열려 있는 파일 객체를 닫지 않고 Unicode 인코딩/디코딩을 추가하고 싶다면 그 객체를 io.TextIOWrapper() 객체로 감싼다.

```python
import urllib.request
import io

u = urllib.request.urlopen('http://www.python.org')
f = io.TextIOWrapper(u,encoding='utf-8')
text = f.read()
```

텍스트 모드로 열린 파일의 인코딩을 변경하려면 detach() 메소드로 텍스트 인코딩 레이어를 제거하고 다른 것으로 치환한다. sys.stdout의 인코딩을 바꾸는 방법을 보자.

```python
>>> import sys
>>> sys.stdout.encoding
'UTF-8'
>>> sys.stdout = io.TextIOWrapper(sys.stdout.detach(), encoding='latin-1')
>>> sys.stdout.encoding
'latin-1'
>>>
```

이 코드를 실행하면 터미널의 출력이 망가질 수도 있다. 단순히 예를 위한 목적으로만 보자.

토론

I/O 시스템은 여러 레이어로 만들어져 있다. 다음 간단한 코드를 통해 레이어를 볼 수 있다.

```
>>> f = open('sample.txt','w')
>>> f
<_io.TextIOWrapper name='sample.txt' mode='w' encoding='UTF-8'>
>>> f.buffer
<_io.BufferedWriter name='sample.txt'>
>>> f.buffer.raw
<_io.FileIO name='sample.txt' mode='wb'>
>>>
```

이 예제에서 io.TextIOWrapper는 Unicode를 인코딩/디코딩하는 텍스트 처리 레이어,
io.BufferedWriter는 바이너리 데이터를 처리하는 버퍼 I/O 레이어, io.FileIO는 운영
체제에서 하위 레벨 파일 디스크립터를 표현하는 로우 파일(raw file)이다. 텍스트 인코딩의
추가, 수정에는 최상단 레이어인 io.TextIOWrapper의 추가, 수정이 포함된다.

일반적으로 앞에 나타난 속성에 접근해 레이어를 직접 수정하는 것은 안전하지 않다. 예를
들어 이 기술을 사용해 인코딩을 변경했을 때 무슨 일이 벌어지는지 살펴보자.

```
>>> f
<_io.TextIOWrapper name='sample.txt' mode='w' encoding='UTF-8'>
>>> f = io.TextIOWrapper(f.buffer, encoding='latin-1')
>>> f
<_io.TextIOWrapper name='sample.txt' encoding='latin-1'>
>>> f.write('Hello')
Traceback (most recent call last):
  File "<stdin>", line 1, in <module>
ValueError: I/O operation on closed file.
>>>
```

f의 원본 값이 파괴되고 프로세스의 기저 파일을 닫았기 때문에 제대로 동작하지 않는다.

detach() 메소드는 파일의 최상단 레이어를 끊고 그 다음 레이어를 반환한다. 그 다음에
상단 레이어를 더 이상 사용할 수 없다.

```
>>> f = open('sample.txt', 'w')
>>> f
<_io.TextIOWrapper name='sample.txt' mode='w' encoding='UTF-8'>
>>> b = f.detach()
>>> b
<_io.BufferedWriter name='sample.txt'>
>>> f.write('hello')
Traceback (most recent call last):
  File "<stdin>", line 1, in <module>
ValueError: underlying buffer has been detached
>>>
```

하지만 연결을 끊은 후에는, 반환된 결과에 새로운 상단 레이어를 추가할 수 있다.

```
>>> f = io.TextIOWrapper(b, encoding='latin-1')
>>> f
```

```
<_io.TextIOWrapper name='sample.txt' encoding='latin-1'>
>>>
```

인코딩을 변경하는 방법을 보였지만, 이 기술을 라인 처리, 에러 규칙 등 파일 처리의 다른 측면에 활용할 수 있다.

```
>>> sys.stdout = io.TextIOWrapper(sys.stdout.detach(), encoding='ascii',
...                               errors='xmlcharrefreplace')
>>> print('Jalape\u00f1o')
Jalape&#241;o
>>>
```

출력부에서 ASCII가 아닌 ñ 문자가 ñ로 치환되었다.

5.17 텍스트 파일에 바이트 쓰기

문제

텍스트 모드로 연 파일에 로우 바이트를 쓰고 싶다.

해결

단순히 바이트 데이터를 buffer에 쓴다.

```
>>> import sys
>>> sys.stdout.write(b'Hello\n')
Traceback (most recent call last):
  File "<stdin>", line 1, in <module>
TypeError: must be str, not bytes
>>> sys.stdout.buffer.write(b'Hello\n')
Hello
5
>>>
```

이와 유사하게, 텍스트 파일의 buffer 속성에서 바이너리 데이터를 읽을 수도 있다.

토론

I/O 시스템은 레이어로부터 만들어진다. 텍스트 파일은 버퍼 바이너리 모드 파일 상단에 Unicode 인코딩/디코딩 레이어를 추가해서 생성된다. buffer 속성은 바로 이 파일 아래 부분을 가리킨다. 여기에 접근하면 텍스트 인코딩/디코딩 레이어를 우회할 수 있다.

이 예제에는 sys.stdout이 특별하게 보일 수 있다. 기본적으로 sys.stdout은 언제나 텍스트 모드로 열려 있다. 하지만 바이너리 데이터를 표준 출력에 출력하는 스크립트를 작성한다면 이 기술을 사용해 텍스트 인코딩을 우회할 수 있다.

5.18 기존 파일 디스크립터를 파일 객체로 감싸기

문제

운영 체제 상에 이미 열려 있는 I/O 채널에 일치하는 정수형 파일 디스크립터를 가지고 있고(file, pipe, socket 등), 이를 상위 레벨 파이썬 파일 객체로 감싸고 싶다.

해결

파일 디스크립터는 운영 체제가 할당한 정수형 핸들로 시스템 I/O 채널 등을 참조하기 위한 목적으로써 일반 파일과는 다르다. 파일 디스크립터가 있을 때 open() 함수를 사용해 파이썬 파일 객체로 감쌀 수 있다. 하지만 이때 파일 이름 대신 정수형 파일 디스크립터를 먼저 전달해야 한다.

```
# 하위 레벨 파일 디스크립터 열기
import os
fd = os.open('somefile.txt', os.O_WRONLY | os.O_CREAT)

# 올바른 파일로 바꾸기
f = open(fd, 'wt')
f.write('hello world\n')
f.close()
```

상위 레벨 파일 객체가 닫혔거나 파괴되었다면, 그 하단 파일 디스크립터 역시 닫힌다. 이런 동작을 원하지 않는다면 closefd=False 인자를 open()에 전달해야 한다.

```
# 파일 객체를 생성하지만, 사용이 끝났을 때 fd를 닫지 않는다.
f = open(fd, 'wt', closefd=False)
...
```

토론

Unix 시스템 상에서 이 기술을 사용하면 기존의 I/O 채널(pipe, socket 등)을 감싸 파일과 같은 인터페이스로 사용할 수 있는 쉬운 길이 열린다. 소켓과 관련 있는 다음 예를 보자.

```
from socket import socket, AF_INET, SOCK_STREAM

def echo_client(client_sock, addr):
    print('Got connection from', addr)

    # 읽기/쓰기를 위해 소켓에 대한 텍스트 모드 파일 래퍼(wrapper)를 만든다.
    client_in = open(client_sock.fileno(), 'rt', encoding='latin-1',
                     closefd=False)
    client_out = open(client_sock.fileno(), 'wt', encoding='latin-1',
                      closefd=False)
```

```
        # 파일 I/O를 사용해 클라이언트에 라인을 에코한다.
        for line in client_in:
            client_out.write(line)
            client_out.flush()
    client_sock.close()

def echo_server(address):
    sock = socket(AF_INET, SOCK_STREAM)
    sock.bind(address)
    sock.listen(1)
    while True:
        client, addr = sock.accept()
        echo_client(client, addr)
```

앞에 나온 예제는 내장 함수 open()의 기능을 보이기 위한 목적으로 작성한 것이고 Unix 기반 시스템에서만 동작한다. 소켓에 대한 파일 같은 인터페이스가 필요하고 크로스 플랫폼 코드가 필요하다면 소켓의 makefile() 메소드를 사용해야 한다. 하지만 이식성을 신경 쓰지 않는다면 makefile()을 사용하는 것보다 앞에 나온 예제가 성능 면에서 훨씬 뛰어나다.

이미 열려 있는 파일을 가리키는 가명(alias)을 만들어 처음과 조금 다른 방법으로 사용하는 데 이 기술을 사용할 수도 있다. 예를 들어 stdout(일반적으로 텍스트 모드로 열려 있다)에 바이너리 데이터를 넣기 위한 파일 객체를 만드는 방법을 보자.

```
import sys
# stdout에 대한 바이너리 모드 파일 만들기
bstdout = open(sys.stdout.fileno(), 'wb', closefd=False)
bstdout.write(b'Hello World\n')
bstdout.flush()
```

기존 파일 디스크립터를 파일로 감싸는 것도 가능하지만, 모든 파일 모드를 지원하지 않을 수 있고 이런 파일 디스크립터에 예상치 못한 부작용이 생길 수 있다(에러 처리, 파일 끝 찾기 등에서 특히 위험하다). 또한 동작성이 운영 체제에 따라 달라지기도 한다. 예를 들어 앞에 나온 모든 예제는 Unix가 아닌 시스템에서 아마도 동작하지 않을 것이다. 결과적으로 모든 구현물이 잘 동작하는지 꼼꼼히 테스트해 보는 수밖에 없다.

5.19 임시 파일과 디렉터리 만들기

문제

임시 파일이나 디렉터리를 만들어 프로그램에 사용해야 한다. 그 후에 파일이나 디렉터리는 아마도 파기할 생각이다.

해결

tempfile 모듈에 이런 목적의 함수가 많이 있다. 이름 없는 임시 파일을 만들기 위해서 tempfile.TemporaryFile을 사용한다.

```
from tempfile import TemporaryFile

with TemporaryFile('w+t') as f:
    # 파일에서 읽기/쓰기
    f.write('Hello World\n')
    f.write('Testing\n')

    # 처음으로 이동해 데이터를 읽는다.
    f.seek(0)
    data = f.read()

# 임시 파일은 파기된다.
```

혹은 원한다면 다음과 같이 파일을 사용할 수도 있다.

```
f = TemporaryFile('w+t')
# 임시 파일 사용
...
f.close()
# 파일 파기
```

TemporaryFile()에 전달하는 첫 번째 인자는 파일 모드이고, 텍스트 모드에는 대개 w+t를, 바이너리 모드에는 w+b를 사용한다. 이 모드는 읽기와 쓰기를 동시에 지원하기 때문에, 모드 변경을 위해 파일을 닫으면 실제로 파기하므로 유용하다. TemporaryFile()은 추가적으로 내장 함수 open()과 동일한 인자를 받는다.

```
with TemporaryFile('w+t', encoding='utf-8', errors='ignore') as f:
    ...
```

대개 Unix 시스템에서 TemporaryFile()로 생성한 파일에 이름이 없고 디렉터리 엔트리도 갖지 않는다. 이 제한을 없애고 싶으면 NamedTemporaryFile()을 사용하면 된다.

```
from tempfile import NamedTemporaryFile

with NamedTemporaryFile('w+t') as f:
    print('filename is:', f.name)
    ...

# 파일이 자동으로 파기된다.
```

f.name 속성에 임시 파일의 파일 이름이 담겨 있다. 다른 코드에 이 파일을 전달해야 할 필요가 생겼을 때 이 속성을 유용하게 사용할 수 있다. TemporaryFile()과 마찬가지로 생성된 파일의 사용이 끝났을 때 자동으로 삭제된다. 이런 동작을 원하지 않는다면 delete=False 키워드 인자를 사용한다.

```
with NamedTemporaryFile('w+t', delete=False) as f:
    print('filename is:', f.name)
    ...
```

임시 디렉터리를 만들기 위해서는 `tempfile.TemporaryDirectory()`를 사용한다.

```
from tempfile import TemporaryDirectory
with TemporaryDirectory() as dirname:
    print('dirname is:', dirname)
    # Use the directory
    ...
# 디렉터리와 모든 내용물이 파기된다.
```

토론

임시 파일과 디렉터리를 만들 때 `TemporaryFile()`, `NamedTemporaryFile()`, `TemporaryDirectory()` 함수가 가장 쉬운 방법이다. 이 함수는 생성과 추후 파기까지 모두 자동으로 처리해 준다. 더 하위 레벨로 내려가면 `mkstemp()`와 `mkdtemp()`로 임시 파일과 디렉터리를 만들 수 있다.

```
>>> import tempfile
>>> tempfile.mkstemp()
(3, '/var/folders/7W/7WZl5sfZEFOpljrEB1UMWE+++TI/-Tmp-/tmp7fefhv')
>>> tempfile.mkdtemp()
'/var/folders/7W/7WZl5sfZEFOpljrEB1UMWE+++TI/-Tmp-/tmp5wvcv6'
>>>
```

하지만 이 함수는 그 이상 관리를 책임지지 않는다. 예를 들어 `mkstemp()` 함수는 단순히 로우(raw) OS 파일 디스크립터를 반환할 뿐 이를 올바른 파일로 바꾸는 것은 프로그래머의 역할로 남겨 둔다. 이와 유사하게 파일을 제거하는 것도 독자에게 달려 있다.

일반적으로 임시 파일은 */var/tmp*와 같은 시스템의 기본 위치에 생성된다. 실제 위치를 찾으려면 `tempfile.gettempdir()` 함수를 사용한다.

```
>>> tempfile.gettempdir()
'/var/folders/7W/7WZl5sfZEFOpljrEB1UMWE+++TI/-Tmp-'
>>>
```

모든 임시 파일 관련 함수는 디렉터리와 이름 규칙을 오버라이드할 수 있도록 한다. `prefix`, `suffix`, `dir` 키워드 인자를 사용하면 된다.

```
>>> f = NamedTemporaryFile(prefix='mytemp', suffix='.txt', dir='/tmp')
>>> f.name
'/tmp/mytemp8ee899.txt'
>>>
```

마지막으로 `tempfile()`은 가장 안전한 방식으로 파일을 생성한다는 점을 기억하자. 예를 들어 파일에 접근할 수 있는 권한은 현재 사용자에게만 주고, 파일 생성에서 레이스 컨디션

(race condition)이 발생하지 않도록 한다. 플랫폼 간 다른 점이 있을 수 있으니 공식 문서를 참고하도록 한다.

5.20 시리얼 포트와 통신

문제

시리얼 포트를 통해 하드웨어 디바이스(로봇, 센서 등)와 통신하고 싶다.

해결

파이썬의 내장 기능으로 직접 해결할 수도 있지만, 그보다는 pySerial 패키지를 사용하는 것이 더 좋다. 패키지 사용을 시작하기는 아주 쉽다. 우선 다음과 같은 코드를 통해 시리얼 포트를 연다.

```
import serial
ser = serial.Serial('/dev/tty.usbmodem641',  # 디바이스 이름은 달라진다.
                    baudrate=9600,
                    bytesize=8,
                    parity='N',
                    stopbits=1)
```

디바이스 이름은 디바이스의 종류나 운영 체제에 따라 달라진다. 예를 들어 Windows에서 0, 1 등을 사용해서 "COM0", "COM1"과 같은 포트를 연다. 열고 나서 read(), readline(), write() 호출로 데이터를 읽고 쓴다.

```
ser.write(b'G1 X50 Y50\r\n')
resp = ser.readline()
```

대개의 경우 이 시점부터 시리얼 통신은 아주 간단하다.

토론

겉보기에는 시리얼 통신이 간단해 보이지만 때로 복잡해지는 경우가 있다. pySerial과 같은 패키지를 사용해야 하는 이유로 고급 기능(타임아웃, 컨트롤 플로우, 버퍼 플러싱, 핸드셰이킹 등)을 지원한다는 점이 있다. 예를 들어 RTS-CTS 핸드셰이킹(handshaking)을 활성화하기 위해 Serial()에 rtscts=True 인자를 전달하기만 하면 된다. 제공되는 문서도 완벽하기 때문에 여기서 시간을 허비할 이유가 없어 보인다.

시리얼 포트와 관련된 모든 입출력은 바이너리임을 기억하자. 따라서 코드를 작성할 때 텍스트가 아닌 바이트를 사용하도록 해야 한다(혹은 필요하다면 올바른 텍스트 인코딩/디코딩을 수행). 그리고 바이너리 코드 명령어나 패킷을 만들 때 struct 모듈을 사용하면 편리하다.

5.21 파이썬 객체를 직렬화하기

문제

파이썬 객체를 바이트 스트림에 직렬화(serialize)시켜 파일이나 데이터베이스에 저장하거나 네트워크를 통해 전송하고 싶다.

해결

데이터 직렬화를 위한 가장 일반적인 접근은 pickle 모듈을 사용하는 것이다. 객체를 파일에 덤프하려면 다음과 같이 한다.

```
import pickle

data = ...    # 파이썬 객체
f = open('somefile', 'wb')
pickle.dump(data, f)
```

객체를 문자열에 덤프하려면 pickle.dumps()를 사용한다.

```
s = pickle.dumps(data)
```

바이트 스트림으로부터 객체를 다시 만들기 위해서 pickle.load()나 pickle.loads() 함수를 사용한다.

```
# 파일에서 불러들이기
f = open('somefile', 'rb')
data = pickle.load(f)

# 문자열에서 불러들이기
data = pickle.loads(s)
```

토론

대부분의 프로그램에서 pickle을 효율적으로 사용하기 위해서는 dump()와 load() 함수만 잘 사용하면 된다. 이 함수는 대부분 파이썬 데이터 타입, 인스턴스, 사용자 정의 클래스와 잘 동작한다. 파이썬 객체를 데이터베이스에 저장하거나 불러오고, 네트워크를 통해 전송하는 라이브러리를 사용한다면 내부적으로 pickle을 사용하고 있을 확률이 크다.

pickle은 파이썬에 특화된 데이터 인코딩으로서 자기 스스로를 설명한다. 자기를 설명한다는 의미는, 직렬화된 데이터에 객체의 시작과 끝 그리고 타입에 관한 정보가 포함되어 있다는 말이다. 따라서 따로 레코드를 정의하지 않아도 잘 동작한다. 예를 들어 다중 객체와 작업하려면 다음과 같이 한다.

```
>>> import pickle
>>> f = open('somedata', 'wb')
>>> pickle.dump([1, 2, 3, 4], f)
>>> pickle.dump('hello', f)
>>> pickle.dump({'Apple', 'Pear', 'Banana'}, f)
>>> f.close()
>>> f = open('somedata', 'rb')
>>> pickle.load(f)
[1, 2, 3, 4]
>>> pickle.load(f)
'hello'
>>> pickle.load(f)
{'Apple', 'Pear', 'Banana'}
>>>
```

함수, 클래스, 인스턴스를 피클할 수 있지만 결과 데이터는 코드 객체와 관련 있는 이름 참조만 인코드한다.

```
>>> import math
>>> import pickle.
>>> pickle.dumps(math.cos)
b'\x80\x03cmath\ncos\nq\x00.
>>>
```

데이터를 언피클할 때, 필요한 모든 소스를 얻을 수 있다고 가정한다. 모듈, 클래스, 함수는 필요한 경우 모두 임포트된다. 서로 다른 기기의 인터프리터끼리 파이썬 데이터를 공유하는 애플리케이션의 경우, 모든 기기가 동일한 소스 코드에 접근해야 하기 때문에 추후 문제가 발생할 소지가 있다.

 pickle.load()는 믿을 수 없는 데이터에 절대 사용하면 안 된다. 로딩의 부작용으로 pickle이 자동으로 모듈을 불러오고 인스턴스를 만든다. 하지만 악의를 품은 사람이 이 동작을 잘못 사용하면 일종의 바이러스 코드를 만들어 파이썬이 자동으로 실행하도록 할 수 있다. 따라서 서로 인증을 거친 믿을 수 있는 시스템끼리 내부적으로만 pickle을 사용하는 것이 좋다.

피클할 수 없는 객체도 있다. 여기에는 파일이나 네트워크 연결, 스레드, 프로세스, 스택 프레임 등 외부 시스템 상태와 관련 있는 것들이 포함된다. 사용자 정의 클래스에 __getstate__()와 __setstate__() 메소드를 제공하면 이런 제약을 피해 갈 수 있다. 정의를 했다면 pickle.dump()는 __getstate__()를 호출해 피클할 수 있는 객체를 얻는다. 마찬가지로 __setstate__()는 언피클을 유발한다. 클래스 내부에 스레드를 정의하지만 피클/언피클할 수 있는 예제를 보자.

```python
# countdown.py
import time
import threading

class Countdown:
    def __init__(self, n):
        self.n = n
        self.thr = threading.Thread(target=self.run)
        self.thr.daemon = True
        self.thr.start()

    def run(self):
        while self.n > 0:
            print('T-minus', self.n)
            self.n -= 1
            time.sleep(5)

    def __getstate__(self):
        return self.n

    def __setstate__(self, n):
        self.__init__(n)
```

피클과 관련된 다음 시험을 해보자.

```
>>> import countdown
>>> c = countdown.Countdown(30)
>>> T-minus 30
T-minus 29
T-minus 28
...

>>> # 잠시 후에
>>> f = open('cstate.p', 'wb')
>>> import pickle
>>> pickle.dump(c, f)
>>> f.close()
```

이제 파이썬을 종료하고 재시작한 후에 다음을 실행한다.

```
>>> f = open('cstate.p', 'rb')
>>> pickle.load(f)
countdown.Countdown object at 0x10069e2d0>
T-minus 19
T-minus 18
...
```

스레드가 마법같이 다시 살아나서, 처음으로 피클했을 때 종료했던 곳부터 시작하는 것을 볼 수 있다.

pickle은 array 모듈이나 numpy와 같은 라이브러리가 만들어 낸 거대한 자료 구조에 사용하기에 효율적인 인코딩 방식이 아니다. 방대한 자료를 이동해야 한다면 벌크(bulk) 배열을 파일에 저장하거나 HDF5(서드파티 라이브러리가 지원)와 같은 좀 더 표준화된 인코딩을 사용하는 것이 좋다.

파이썬에 특화되었다는 점과 소스 코드에 첨부되는 점으로 인해서, 오랜 기간 저장을 위해 pickle 사용은 지양하는 것이 좋다. 예를 들어 소스 코드에 변화가 있으면 저장되어 있는 모든 데이터를 읽지 못하게 될 수도 있다. 솔직히 말해서, 데이터베이스에 자료를 저장하거나 할 때 XML, CSV, JSON과 같은 좀 더 표준적인 데이터 인코딩을 사용하는 것이 더 좋다. 이런 인코딩은 pickle보다 더 표준화되어 있고 지원하는 언어도 더 많으며 소스 코드가 변한다 해도 적응하기가 더 쉽다.

마지막으로 pickle에는 아주 많은 옵션이 있고 주의해야 할 점도 많다. 일반적인 경우에 이런 것을 걱정할 필요는 없지만 직렬화를 위해 pickle을 사용하는 큰 애플리케이션을 만든다면 공식 문서를 통해 이와 같은 내용을 잘 숙지하도록 하자.

CHAPTER 6

데이터 인코딩과 프로세싱

이번 장에서는 파이썬을 사용해 CSV, JSON, XML, 바이너리 레코드 등으로 표현된 데이터를 다루는 방법을 알아본다. 자료 구조를 다룬 장과는 다르게, 이번 장에서는 특정 알고리즘이 아닌 프로그램에 데이터를 넣고 빼는 방법에 집중한다.

6.1 CSV 데이터 읽고 쓰기

문제

CSV 파일로 인코딩된 데이터를 읽거나 쓰고 싶다.

해결

대부분의 CSV 데이터는 csv 라이브러리를 사용한다. 예를 들어, *stocks.csv* 파일에 담겨 있는 주식 시장 정보가 있다고 가정해 보자.

```
Symbol,Price,Date,Time,Change,Volume
"AA",39.48,"6/11/2007","9:36am",-0.18,181800
"AIG",71.38,"6/11/2007","9:36am",-0.15,195500
"AXP",62.58,"6/11/2007","9:36am",-0.46,935000
"BA",98.31,"6/11/2007","9:36am",+0.12,104800
"C",53.08,"6/11/2007","9:36am",-0.25,360900
"CAT",78.29,"6/11/2007","9:36am",-0.23,225400
```

다음 코드로 데이터를 읽어 튜플 시퀀스에 넣을 수 있다.

```python
import csv
with open('stocks.csv') as f:
    f_csv = csv.reader(f)
    headers = next(f_csv)
    for row in f_csv:
```

```
    # 행 처리
    ...
```

앞에 나온 코드에서 row는 튜플이 된다. 따라서 특정 필드에 접근하려면 row[0](Symbol), row[4](Change)와 같이 인덱스를 사용해야 한다.

인덱스 사용이 때때로 헷갈리기 때문에 네임드 튜플(named tuple)을 고려하는 것도 좋다.

```
from collections import namedtuple
with open('stock.csv') as f:
    f_csv = csv.reader(f)
    headings = next(f_csv)
    Row = namedtuple('Row', headings)
    for r in f_csv:
        row = Row(*r)
        # 행 처리
        ...
```

이렇게 하면 row.Symbol이나 row.Change와 같이 열 헤더를 사용할 수 있다. 다만 열 헤더가 유효한 파이썬 식별자여야 한다. 그렇지 않으면 초기 헤딩(initial heading)에 메시지를 보내서 식별자가 아닌 문자를 밑줄이나 유사한 것으로 변경해야 할지도 모른다.

또 다른 대안으로 데이터를 딕셔너리 시퀀스로 읽을 수도 있다.

```
import csv
with open('stocks.csv') as f:
    f_csv = csv.DictReader(f)
    for row in f_csv:
        # 행 처리
        ...
```

이 버전의 경우, 각 행의 요소에 접근하기 위해서 행 헤더를 사용한다. 예를 들어 row ['Symbol'] 또는 row['Change'] 등과 같이 한다.

CSV 데이터를 쓰려면, csv 모듈을 사용해서 쓰기 객체를 생성한다.

```
headers = ['Symbol','Price','Date','Time','Change','Volume']
rows = [('AA', 39.48, '6/11/2007', '9:36am', -0.18, 181800),
        ('AIG', 71.38, '6/11/2007', '9:36am', -0.15, 195500),
        ('AXP', 62.58, '6/11/2007', '9:36am', -0.46, 935000),
        ]

with open('stocks.csv','w') as f:
    f_csv = csv.writer(f)
    f_csv.writerow(headers)
    f_csv.writerows(rows)
```

데이터를 딕셔너리 시퀀스로 가지고 있다면 다음과 같이 한다.

```
headers = ['Symbol', 'Price', 'Date', 'Time', 'Change', 'Volume']
```

```
rows = [{'Symbol':'AA', 'Price':39.48, 'Date':'6/11/2007',
         'Time':'9:36am', 'Change':-0.18, 'Volume':181800},
        {'Symbol':'AIG', 'Price': 71.38, 'Date':'6/11/2007',
         'Time':'9:36am', 'Change':-0.15, 'Volume': 195500},
        {'Symbol':'AXP', 'Price': 62.58, 'Date':'6/11/2007',
         'Time':'9:36am', 'Change':-0.46, 'Volume': 935000},
        ]

with open('stocks.csv','w') as f:
    f_csv = csv.DictWriter(f, headers)
    f_csv.writeheader()
    f_csv.writerows(rows)
```

토론

CSV 데이터를 수동으로 다루는 프로그램을 작성하기보다는 csv 모듈을 사용하는 것이 훨씬 나은 선택이다. 예를 들어 다음과 같은 코드를 작성하고 싶을지 모른다.

```
with open('stocks.csv') as f:
    for line in f:
        row = line.split(',')
        # 행 처리
        ...
```

앞에 나온 코드를 사용하면 프로그래머가 일일이 처리해야 할 점이 많아진다는 문제점이 있다. 예를 들어 필드가 따옴표로 둘러싸인 경우 이 따옴표를 잘라내야 한다. 또한 인용 필드에 쉼표가 있으면 행 크기를 잘못 인식해서 코드가 망가진다.

기본적으로 csv 라이브러리는 마이크로소프트 엑셀(Microsoft Excel)에서 사용하는 CSV 인코딩 규칙을 이해하도록 프로그램되어 있다. 이 방식이 가장 일반적이고 이식성도 가장 좋다. 하지만 csv의 문서를 보면 인코딩을 다른 형식으로 바꾸는 방법(구분자를 다른 문자로 바꾸는 등)이 나와 있다. 예를 들어 탭으로 나누어진 데이터를 읽고 싶으면 다음과 같이 한다.

```
# 탭으로 구분한 값 읽기 예제
with open('stock.tsv') as f:
    f_tsv = csv.reader(f, delimiter='\t')
    for row in f_tsv:
        # 행 처리
        ...
```

CSV 데이터를 읽고 네임드 튜플로 변환한다면 열 헤더를 검증할 때 주의해야 한다. 예를 들어 CSV 파일에 다음과 같이 유효하지 않은 식별 문자가 들어 있을 수 있다.

```
Street Address,Num-Premises,Latitude,Longitude
5412 N CLARK,10,41.980262,-87.668452
```

실제로 앞에 나온 데이터로 namedtuple을 만들 때 ValueError 예외가 발생한다. 이 예외를 피하기 위해서 우선 헤더를 처리해야 한다. 예를 들어 다음과 같이 정규 표현식을 사용해서 유효하지 않은 문자를 치환한다.

```python
import re
with open('stock.csv') as f:
    f_csv = csv.reader(f)
    headers = [ re.sub('[^a-zA-Z_]', '_', h) for h in next(f_csv) ]
    Row = namedtuple('Row', headers)
    for r in f_csv:
        row = Row(*r)
        # 행 처리
        ...
```

또한 csv는 데이터를 해석하려 하거나 문자열이 아닌 형식으로 변환하려 하지 않는다는 점이 중요하다. 그런 변환이 중요하다면 프로그래머가 스스로 해야 한다. CSV 데이터에 대해서 추가적인 형식 변환을 하는 예제를 보자.

```python
col_types = [str, float, str, str, float, int]
with open('stocks.csv') as f:
    f_csv = csv.reader(f)
    headers = next(f_csv)
    for row in f_csv:
        # 행 아이템에 변환 적용
        row = tuple(convert(value) for convert, value in zip(col_types, row))
        ...
```

딕셔너리에서 선택한 필드만 변환하는 예제는 다음과 같다.

```python
print('Reading as dicts with type conversion')
field_types = [ ('Price', float),
                ('Change', float),
                ('Volume', int) ]

with open('stocks.csv') as f:
    for row in csv.DictReader(f):
        row.update((key, conversion(row[key]))
                for key, conversion in field_types)
        print(row)
```

이런 변환을 할 때는 주의를 기울여야 한다. 실제 프로그램을 작성할 때 CSV 파일에 값이 빠지거나 데이터가 망가져 있는 등 타입 변환에서 문제가 될 만한 이슈가 많다. 따라서 데이터에 에러가 없다고 보장하지 않는 이상은 항상 이 부분을 고려해야 한다(적절한 예외 처리 코드를 넣는 것이 좋다).

마지막으로, CSV 데이터를 읽어 데이터 분석이나 통계에 활용하려는 경우 Pandas 패키지 사용을 고려해 보자. Pandas의 pandas.read_csv() 함수를 사용하면 CSV 데이터를

DataFrame 객체에 불러올 수 있다. 그 후에 데이터를 걸러 내거나 통계 요약을 보는 등 상위 레벨 작업을 수행할 수 있다. 예제는 레시피 6.13에 잘 나와 있다.

6.2 JSON 데이터 읽고 쓰기

문제

JSON(JavaScript Object Notation)으로 인코딩된 데이터를 읽거나 쓰고 싶다.

해결

JSON으로 데이터를 인코딩, 디코딩하는 쉬운 방법은 json 모듈을 사용하는 것이다. 주요 함수는 json.dumps()와 json.loads()이고, pickle과 같은 직렬화 라이브러리에서 사용한 것과 인터페이스는 동일하다. 파이썬 데이터를 JSON으로 변환하는 코드를 보자.

```
import json

data = {
    'name' : 'ACME',
    'shares' : 100,
    'price' : 542.23
}

json_str = json.dumps(data)
```

다음은 JSON 인코딩된 문자열을 파이썬 자료 구조로 돌리는 방법이다.

```
data = json.loads(json_str)
```

문자열이 아닌 파일로 작업한다면 json.dump()와 json.load()를 사용해서 JSON 데이터를 인코딩/디코딩한다.

```
# JSON 데이터 쓰기
with open('data.json', 'w') as f:
    json.dump(data, f)

# 데이터 다시 읽기
with open('data.json', 'r') as f:
    data = json.load(f)
```

토론

JSON 인코딩은 None, bool, int, float, str과 같은 기본 타입과 함께 리스트, 튜플, 딕셔너리와 같은 컨테이너 타입을 지원한다. 딕셔너리의 경우 키는 문자열로 가정한다(문자열이 아닌 키는 인코딩 과정에서 문자열로 변환된다). JSON 스펙을 따르기 위해서 파이썬 리스트와 딕셔너리만 인코딩해야 한다. 그리고 웹 애플리케이션의 경우에는 상위 레벨 객체는 딕셔너리로 하는 것이 표준이다.

JSON 인코딩 포맷은 약간의 차이점을 제외하고는 파이썬 문법과 거의 동일하다. 예를 들어 True는 true로 False는 false로 None은 null로 매핑된다. 어떤 식으로 인코딩되는지 다음 코드를 참고한다.

```
>>> json.dumps(False)
'false'
>>> d = {'a': True,
...      'b': 'Hello',
...      'c': None}
>>> json.dumps(d)
'{"b": "Hello", "c": null, "a": true}'
>>>
```

JSON에서 디코딩한 데이터를 조사해야 한다면, 단순히 출력해서 구조를 알아내기는 쉽지 않다. 특히 데이터에 중첩이 심하게 된 구조체가 포함되어 있거나 필드가 많다면 더 어렵다. 이런 경우에는 pprint 모듈의 pprint() 함수를 사용해 보자. 이 함수는 키를 알파벳 순으로 나열하고 딕셔너리를 좀 더 보기 좋게 출력한다. 다음 코드를 통해 트위터의 검색 결과를 더 예쁘게 출력하는 방법을 보자.

```
>>> from urllib.request import urlopen
>>> import json
>>> u = urlopen('http://search.twitter.com/search.json?q=python&rpp=5')
>>> resp = json.loads(u.read().decode('utf-8'))
>>> from pprint import pprint
>>> pprint(resp)
{'completed_in': 0.074,
 'max_id': 264043230692245504,
 'max_id_str': '264043230692245504',
 'next_page': '?page=2&max_id=264043230692245504&q=python&rpp=5',
 'page': 1,
 'query': 'python',
 'refresh_url': '?since_id=264043230692245504&q=python',
 'results': [{'created_at': 'Thu, 01 Nov 2012 16:36:26 +0000',
              'from_user': ...
             },
             {'created_at': 'Thu, 01 Nov 2012 16:36:14 +0000',
              'from_user': ...
             },
             {'created_at': 'Thu, 01 Nov 2012 16:36:13 +0000',
              'from_user': ...
             },
             {'created_at': 'Thu, 01 Nov 2012 16:36:07 +0000',
              'from_user': ...
             }
             {'created_at': 'Thu, 01 Nov 2012 16:36:04 +0000',
              'from_user': ...
             }],
```

```
    'results_per_page': 5,
    'since_id': 0,
    'since_id_str': '0'}
>>>
```

일반적으로 JSON 디코딩은 제공 받은 데이터로부터 딕셔너리나 리스트를 생성한다. 다른 종류의 객체를 만들고 싶다면 json.loads()에 object_pairs_hook나 object_hook를 넣는다. 예를 들어 OrderedDict의 순서를 지키면서 JSON 데이터를 디코딩하려면 다음과 같이 한다.

```
>>> s = '{"name": "ACME", "shares": 50, "price": 490.1}'
>>> from collections import OrderedDict
>>> data = json.loads(s, object_pairs_hook=OrderedDict)
>>> data
OrderedDict([('name', 'ACME'), ('shares', 50), ('price', 490.1)])
>>>
```

다음은 JSON 딕셔너리를 파이썬 객체로 바꾸는 예시이다.

```
>>> class JSONObject:
...     def __init__(self, d):
...             self.__dict__ = d
...
>>>
>>> data = json.loads(s, object_hook=JSONObject)
>>> data.name
'ACME'
>>> data.shares
50
>>> data.price
490.1
>>>
```

마지막 예제에서, JSON 데이터를 디코딩하여 생성한 딕셔너리를 __init__()에 인자로 전달했다. 여기부터는 객체의 딕셔너리 인스턴스인 것처럼 자유롭게 사용해도 괜찮다.

JSON을 인코딩할 때 유용한 옵션이 몇 가지 있다. 출력을 더 보기 좋게 하려면 json. dumps()에 indent 인자를 사용한다. 그렇게 하면 pprint() 함수를 사용한 것처럼 보기 좋게 들여쓰기한다.

```
>>> print(json.dumps(data))
{"price": 542.23, "name": "ACME", "shares": 100}
>>> print(json.dumps(data, indent=4))
{
    "price": 542.23,
    "name": "ACME",
    "shares": 100
}
>>>
```

출력에서 키를 정렬하고 싶다면 sort_keys 인자를 사용한다.

```
>>> print(json.dumps(data, sort_keys=True))
{"name": "ACME", "price": 542.23, "shares": 100}
>>>
```

인스턴스는 일반적으로 JSON으로 직렬화하지 않는다.

```
>>> class Point:
...     def __init__(self, x, y):
...             self.x = x
...             self.y = y
...
>>> p = Point(2, 3)
>>> json.dumps(p)
Traceback (most recent call last):
  File "<stdin>", line 1, in <module>
  File "/usr/local/lib/python3.3/json/__init__.py", line 226, in dumps
    return _default_encoder.encode(obj)
  File "/usr/local/lib/python3.3/json/encoder.py", line 187, in encode
    chunks = self.iterencode(o, _one_shot=True)
  File "/usr/local/lib/python3.3/json/encoder.py", line 245, in iterencode
    return _iterencode(o, 0)
  File "/usr/local/lib/python3.3/json/encoder.py", line 169, in default
    raise TypeError(repr(o) + " is not JSON serializable")
TypeError: <__main__.Point object at 0x1006f2650> is not JSON serializable
>>>
```

인스턴스를 직렬화하고 싶다면 인스턴스를 입력으로 받아 직렬화 가능한 딕셔너리를 반환하는 함수를 제공해야 한다.

```
def serialize_instance(obj):
    d = { '__classname__' : type(obj).__name__ }
    d.update(vars(obj))
    return d
```

인스턴스를 돌려받고 싶다면 다음과 같은 코드를 작성한다.

```
# 알려지지 않은 클래스에 이름을 매핑하는 딕셔너리
classes = {
    'Point' : Point
}

def unserialize_object(d):
    clsname = d.pop('__classname__', None)
    if clsname:
        cls = classes[clsname]
        obj = cls.__new__(cls)    # __init__을 호출하지 않고 인스턴스 만들기
        for key, value in d.items():
            setattr(obj, key, value)
            return obj
    else:
        return d
```

앞에 나온 함수는 다음과 같이 사용한다.

```
>>> p = Point(2,3)
>>> s = json.dumps(p, default=serialize_instance)
>>> s
'{"__classname__": "Point", "y": 3, "x": 2}'
>>> a = json.loads(s, object_hook=unserialize_object)
>>> a
<__main__.Point object at 0x1017577d0>
>>> a.x
2
>>> a.y
3
>>>
```

json 모듈에는 숫자, NaN과 같은 특별 값 등 하위 레벨 조절을 위한 많은 옵션이 있다. 자세한 내용은 공식 문서를 참고하도록 하자.

6.3 단순한 XML 데이터 파싱

문제

단순한 XML 문서에서 데이터를 얻고 싶다.

해결

단순한 XML 문서에서 데이터를 얻기 위해 xml.etree.ElementTree 모듈을 사용하면 된다. Planet Python에서 RSS 피드를 받아 파싱을 해야 한다고 가정해 보자. 스크립트는 다음과 같다.

```
from urllib.request import urlopen
from xml.etree.ElementTree import parse

# RSS 피드를 다운로드하고 파싱한다.
u = urlopen('http://planet.python.org/rss20.xml')
doc = parse(u)

# 관심 있는 태그를 뽑아서 출력한다.
for item in doc.iterfind('channel/item'):
    title = item.findtext('title')
    date = item.findtext('pubDate')
    link = item.findtext('link')

    print(title)
    print(date)
    print(link)
    print()
```

앞의 스크립트를 실행하면 결과는 다음과 유사할 것이다.

```
Steve Holden: Python for Data Analysis
Mon, 19 Nov 2012 02:13:51 +0000
http://holdenweb.blogspot.com/2012/11/python-for-data-analysis.html

Vasudev Ram: The Python Data model (for v2 and v3)
Sun, 18 Nov 2012 22:06:47 +0000
http://jugad2.blogspot.com/2012/11/the-python-data-model.html

Python Diary: Been playing around with Object Databases
Sun, 18 Nov 2012 20:40:29 +0000
http://www.pythondiary.com/blog/Nov.18,2012/been-...-object-databases.html

Vasudev Ram: Wakari, Scientific Python in the cloud
Sun, 18 Nov 2012 20:19:41 +0000
http://jugad2.blogspot.com/2012/11/wakari-scientific-python-in-cloud.html

Jesse Jiryu Davis: Toro: synchronization primitives for Tornado coroutines
Sun, 18 Nov 2012 20:17:49 +0000
http://feedproxy.google.com/~r/EmptysquarePython/~3/_DOZT2Kd0hQ/
```

더 많은 작업을 원한다면 print() 문을 더 흥미로운 것으로 바꿔 보자.

토론

많은 애플리케이션에서 XML로 인코딩된 데이터를 다룬다. 인터넷 상에서 데이터를 주고받을 때 XML을 사용하는 곳이 많기도 하지만, 애플리케이션 데이터(워드 프로세싱, 음악 라이브러리 등)를 저장할 때도 일반적으로 사용하는 형식이다. 이 뒤로 나오는 토론은 독자가 XML 기본 내용에 이미 익숙하다고 가정한다.

많은 경우, XML이 데이터를 저장할 때 사용되면 문서 구조는 단순하고 이해하기 쉽다. 예를 들어 앞에 나온 예제의 RSS 피드는 아마도 다음과 비슷할 것이다.

```
<?xml version="1.0"?>
<rss version="2.0" xmlns:dc="http://purl.org/dc/elements/1.1/">
<channel>
  <title>Planet Python</title>
  <link>http://planet.python.org/</link>
  <language>en</language>
  <description>Planet Python - http://planet.python.org/</description>
  <item>
    <title>Steve Holden: Python for Data Analysis</title>
      <guid>http://holdenweb.blogspot.com/...-data-analysis.html</guid>
      <link>http://holdenweb.blogspot.com/...-data-analysis.html</link>
      <description>...</description>
      <pubDate>Mon, 19 Nov 2012 02:13:51 +0000</pubDate>
  </item>
  <item>
```

```
        <title>Vasudev Ram: The Python Data model (for v2 and v3)</title>
        <guid>http://jugad2.blogspot.com/...-data-model.html</guid>
        <link>http://jugad2.blogspot.com/...-data-model.html</link>
        <description>...</description>
        <pubDate>Sun, 18 Nov 2012 22:06:47 +0000</pubDate>
        </item>
      <item>
        <title>Python Diary: Been playing around with Object Databases</title>
        <guid>http://www.pythondiary.com/...-object-databases.html</guid>
        <link>http://www.pythondiary.com/...-object-databases.html</link>
        <description>...</description>
        <pubDate>Sun, 18 Nov 2012 20:40:29 +0000</pubDate>
      </item>
        ...
    </channel>
    </rss>
```

xml.etree.ElementTree.parse() 함수가 XML 문서를 파싱하고 문서 객체로 만든다. 여기서부터 특정 XML 요소를 찾기 위해 find(), iterfind(), findtext()와 같은 함수를 사용한다. 함수에 사용하는 인자는 channel/item 또는 title과 같이 특정 태그의 이름을 사용한다.

태그를 명시할 때, 전체 문서 구조체를 고려해야 한다. 모든 찾기 작업은 시작 요소에 상대적으로 발생한다. 마찬가지로 함수에 전달하는 태그 이름 역시 시작에 상대적이다. 예를 들어, doc.iterfind('channel/item') 호출은 "channel" 요소의 "item" 요소를 찾는다. doc은 문서의 상단을 나타낸다(상위 레벨 "rss" 요소). 그 이후 item.findtext() 호출은 "item" 요소를 찾은 곳에서 상대적으로 발생한다.

ElementTree 모듈이 나타내는 모든 요소는 파싱에 유용한 요소와 메소드를 약간 가지고 있다. tag 요소에는 태그의 이름, text 요소에는 담겨 있는 텍스트가 포함되어 있고, 필요한 경우 get() 메소드로 요소를 얻을 수 있다.

```
>>> doc
<xml.etree.ElementTree.ElementTree object at 0x101339510>
>>> e = doc.find('channel/title')
>>> e
<Element 'title' at 0x10135b310>
>>> e.tag
'title'
>>> e.text
'Planet Python'
>>> e.get('some_attribute')
>>>
```

XML 파싱에 xml.etree.ElementTree 말고 다른 것을 사용할 수도 있다. 좀 더 고급 애플리케이션을 개발 중이라면 lxml 사용을 고려해 보자. ElementTree와 동일한 인터페이스를 사용하기 때문에 이번 레시피에 사용한 예제를 동일하게 사용할 수 있다. 단순히 처음 임포트 구문만 from lxml.etree import parse로 바꾸면 된다. lxml은 XML 표준과 완벽히 동일한 혜택을 제공한다. 또한 매우 빠르고 검증, XSLT, XPath와 같은 모든 기능을 제공한다.

6.4 매우 큰 XML 파일 증분 파싱하기

문제

매우 큰 XML 파일에서 최소의 메모리만 사용하여 데이터를 추출하고 싶다.

해결

증분 데이터 처리에 직면할 때면 언제나 이터레이터와 제너레이터를 떠올려야 한다. 여기 아주 큰 XML 파일을 증분적으로 처리하며 메모리 사용은 최소로 하는 함수를 보자.

```
from xml.etree.ElementTree import iterparse

def parse_and_remove(filename, path):
    path_parts = path.split('/')
    doc = iterparse(filename, ('start', 'end'))
    # 뿌리 요소 건너뛰기
    next(doc)

    tag_stack = []
    elem_stack = []
    for event, elem in doc:
        if event == 'start':
            tag_stack.append(elem.tag)
            elem_stack.append(elem)
        elif event == 'end':
            if tag_stack == path_parts:
                yield elem
                elem_stack[-2].remove(elem)
            try:
                tag_stack.pop()
                elem_stack.pop()
            except IndexError:
                pass
```

함수를 테스트하기 위해서 예로 사용할 커다란 XML 파일이 필요하다. 이런 파일은 정부 사이트나 데이터 웹 사이트에서 찾을 수 있다. 예를 들어, 시카고의 패인 도로 데이터베이스 XML(Chicago's pothole database as XML)을 다운 받아도 좋다. 이 책을 집필 중인 현재 이 파일을 다운로드 받으면 행이 10만 개로 구성되는 다음과 같은 파일을 볼 수 있다.

```
<response>
  <row>
```

```
  <row ...>
    <creation_date>2012-11-18T00:00:00</creation_date>
    <status>Completed</status>
    <completion_date>2012-11-18T00:00:00</completion_date>
    <service_request_number>12-01906549</service_request_number>
    <type_of_service_request>Pot Hole in Street</type_of_service_request>
    <current_activity>Final Outcome</current_activity>
    <most_recent_action>CDOT Street Cut ... Outcome</most_recent_action>
    <street_address>4714 S TALMAN AVE</street_address>
    <zip>60632</zip>
    <x_coordinate>1159494.68618856</x_coordinate>
    <y_coordinate>1873313.83503384</y_coordinate>
    <ward>14</ward>
    <police_district>9</police_district>
    <community_area>58</community_area>
    <latitude>41.808090232127896</latitude>
    <longitude>-87.69053684711305</longitude>
    <location latitude="41.808090232127896"
                      longitude="-87.69053684711305" />
  </row>
  <row ...>
    <creation_date>2012-11-18T00:00:00</creation_date>
    <status>Completed</status>
    <completion_date>2012-11-18T00:00:00</completion_date>
    <service_request_number>12-01906695</service_request_number>
    <type_of_service_request>Pot Hole in Street</type_of_service_request>
    <current_activity>Final Outcome</current_activity>
    <most_recent_action>CDOT Street Cut ... Outcome</most_recent_action>
    <street_address>3510 W NORTH AVE</street_address>
    <zip>60647</zip>
    <x_coordinate>1152732.14127696</x_coordinate>
    <y_coordinate>1910409.38979075</y_coordinate>
    <ward>26</ward>
    <police_district>14</police_district>
    <community_area>23</community_area>
    <latitude>41.91002084292946</latitude>
    <longitude>-87.71435952353961</longitude>
    <location latitude="41.91002084292946"
                      longitude="-87.71435952353961" />
  </row>
  </row>
</response>
```

도로의 움푹 패인 곳의 숫자를 사용하여 ZIP 코드별로 순위를 매기는 스크립트를 작성한다
고 가정해 보자.

```
from xml.etree.ElementTree import parse
from collections import Counter

potholes_by_zip = Counter()
```

```
doc = parse('potholes.xml')
for pothole in doc.iterfind('row/row'):
    potholes_by_zip[pothole.findtext('zip')] += 1

for zipcode, num in potholes_by_zip.most_common():
    print(zipcode, num)
```

이 스크립트는 XML 파일 전체를 읽어 메모리에 넣는다는 문제점을 가지고 있다. 필자가 테스트했을 때 450 MB의 메모리가 필요했다. 이번 레시피의 코드를 사용하면 프로그램을 조금만 수정하면 된다.

```
from collections import Counter
potholes_by_zip = Counter()

data = parse_and_remove('potholes.xml', 'row/row')
for pothole in data:
    potholes_by_zip[pothole.findtext('zip')] += 1

for zipcode, num in potholes_by_zip.most_common():
    print(zipcode, num)
```

이번 코드가 필요로 하는 메모리는 단지 7 MB뿐이다!

토론

이번 레시피는 ElementTree 모듈의 두 가지 필수 기능에 의존하고 있다. 첫 번째는 iterparse() 메소드로, XML 문서를 증분 파싱할 수 있게 한다. 이 메소드를 사용하기 위해서는 파일 이름과 start, end, start-ns, end-ns 중 하나 이상을 포함한 이벤트 리스트를 넘겨 주어야 한다. iterparse()가 생성한 이터레이터는 (event, elem)으로 구성된 튜플을 만드는데, event는 리스팅된 이벤트 중 하나이고, elem은 결과로 나온 XML 요소이다.

```
>>> data = iterparse('potholes.xml',('start','end'))
>>> next(data)
('start', <Element 'response' at 0x100771d60>)
>>> next(data)
('start', <Element 'row' at 0x100771e68>)
>>> next(data)
('start', <Element 'row' at 0x100771fc8>)
>>> next(data)
('start', <Element 'creation_date' at 0x100771f18>)
>>> next(data)
('end', <Element 'creation_date' at 0x100771f18>)
>>> next(data)
('start', <Element 'status' at 0x1006a7f18>)
>>> next(data)
('end', <Element 'status' at 0x1006a7f18>)
>>>
```

start 이벤트는 요소가 처음 생성되었지만 다른 데이터(예를 들어 자식 요소)를 만들지 않았을 때 생성된다. end 이벤트는 요소를 마쳤을 때 생성된다. 이번 레시피에 나오지는 않지만 start-ns와 end-ns 이벤트는 XML 네임스페이스 선언을 처리하기 위해 사용한다.

이번 레시피에서, 요소와 태그 스택을 관리하기 위해 start와 end 이벤트를 사용했다. 스택은 현재 문서를 파싱할 때 계층 구조를 나타내고, parse_and_remove() 함수에 주어진 요청 경로에 요소가 매칭하는지 판단하는 데 사용한다. 매칭을 발견하면 yield로 호출자에게 다시 분출한다.

yield 뒤에 나오는 다음 구문은 이번 레시피가 메모리를 절약하게 하는 ElementTree의 가장 중요한 기능이다.

```
elem_stack[-2].remove(elem)
```

이 구문은 앞에서 나온 요소를 부모로부터 제거하는 역할을 한다. 어디에도 참조가 남아 있지 않다고 가정한다면, 요소가 제거되고 메모리를 다시 찾아온다.

순환 파싱의 종료 효과와 노드 제거가 문서를 거친 증분적 소거에 아주 효과적이다. 어떤 단계에서도 완전한 문서 트리가 만들어진 적은 없다. 하지만 여전히 XML 데이터를 있는 그대로 처리하는 코드를 작성할 수도 있다.

이번 레시피에서 가장 문제가 되는 점은 바로 실행 속도가 느리다는 것이다. 테스팅해 보았을 때 문서 전체를 메모리에 읽어 놓고 실행하는 방식이 대략 두 배 정도 빨랐다. 하지만 메모리 소비는 60배 정도 많았다. 따라서 메모리 소비가 더 우선시되는 상황이라면 증분식 코드가 훨씬 유리하다고 할 수 있다.

6.5 딕셔너리를 XML로 바꾸기

문제

파이썬 딕셔너리 데이터를 받아서 XML로 바꾸고 싶다.

해결

xml.etree.ElementTree 라이브러리는 파싱에 일반적으로 사용하지만, XML 문서를 생성할 때 사용하기도 한다. 예를 들어 다음 함수를 고려해 보자.

```
from xml.etree.ElementTree import Element

def dict_to_xml(tag, d):
    '''
    간단한 dict를 XML로 변환하기
    '''
```

```
        elem = Element(tag)
        for key, val in d.items():
            child = Element(key)
            child.text = str(val)
            elem.append(child)
        return elem
```

예제는 다음과 같다.

```
>>> s = { 'name': 'GOOG', 'shares': 100, 'price':490.1 }
>>> e = dict_to_xml('stock', s)
>>> e
<Element 'stock' at 0x1004b64c8>
>>>
```

이 변환의 결과로 Element 인스턴스가 나온다. I/O를 위해서 xml.etree.ElementTree의 tostring() 함수로 이를 바이트 문자열로 변환하기는 어렵지 않다.

```
>>> from xml.etree.ElementTree import tostring
>>> tostring(e)
b'<stock><price>490.1</price><shares>100</shares><name>GOOG</name></stock>'
>>>
```

요소에 속성을 넣고 싶으면 set() 메소드를 사용한다.

```
>>> e.set('_id','1234')
>>> tostring(e)
b'<stock _id="1234"><price>490.1</price><shares>100</shares><name>GOOG</name>
</stock>'
>>>
```

요소의 순서를 맞추어야 한다면 일반 딕셔너리를 사용하지 않고 OrderedDict를 사용한다. 레시피 1.7을 참고한다.

토론

XML을 생성할 때 단순히 문자열을 사용하고 싶을 수도 있다.

```
def dict_to_xml_str(tag, d):
    '''
    간단한 dict를 XML로 변환하기
    '''
    parts = ['<{}>'.format(tag)]
    for key, val in d.items():
        parts.append('<{0}>{1}</{0}>'.format(key,val))
    parts.append('</{}>'.format(tag))
    return ''.join(parts)
```

하지만 이 작업을 수동으로 하면 코드가 엄청나게 복잡해질 수 있다. 예를 들어 딕셔너리에 다음과 같이 특별 문자가 포함되어 있다면 어떨까?

```
>>> d = { 'name' : '<spam>' }

>>> # 문자열 생성
>>> dict_to_xml_str('item',d)
'<item><name><spam></name></item>'

>>> # 올바른 XML 생성
>>> e = dict_to_xml('item',d)
>>> tostring(e)
b'<item><name>&lt;spam&gt;</name></item>'
>>>
```

마지막 예제에서 <와 > 문자가 <와 >로 치환되었다.

이런 문자를 수동으로 이스케이핑하고 싶다면 xml.sax.saxutils의 escape()와
unescape() 함수를 사용한다.

```
>>> from xml.sax.saxutils import escape, unescape
>>> escape('<spam>')
'&lt;spam&gt;'
>>> unescape(_)
'<spam>'
>>>
```

올바른 출력을 만드는 것 외에도 문자열 대신 Element 인스턴스를 만드는 것이 좋은 이유
는 이들을 더 쉽게 합쳐 큰 문서를 만들 수 있기 때문이다. 결과 Element 인스턴스는 XML
파싱에 대한 염려 없이 여러 방법으로 처리할 수 있다. 사실 모든 데이터 처리를 상위 레벨
형식으로 할 수 있고, 마지막에는 문자열로 출력도 가능하다.

6.6 XML 파싱, 수정, 저장

문제

XML 문서를 읽고, 수정하고, 수정 내용을 XML에 반영하고 싶다.

해결

xml.etree.ElementTree 모듈로 이 문제를 간단히 해결할 수 있다. 우선 일반적인 방식으
로 문서 파싱부터 시작한다. 예를 들어 *pred.xml* 파일이 있다고 가정해 보자.

```
<?xml version="1.0"?>
<stop>
    <id>14791</id>
    <nm>Clark &amp; Balmoral</nm>
    <sri>
        <rt>22</rt>
        <d>North Bound</d>
        <dd>North Bound</dd>
```

```
            </sri>
            <cr>22</cr>
            <pre>
                <pt>5 MIN</pt>
                <fd>Howard</fd>
                <v>1378</v>
                <rn>22</rn>
            </pre>
            <pre>
                <pt>15 MIN</pt>
                <fd>Howard</fd>
                <v>1867</v>
                <rn>22</rn>
            </pre>
        </stop>
```

ElementTree로 이 문서를 읽고 수정하는 방법은 다음과 같다.

```
>>> from xml.etree.ElementTree import parse, Element
>>> doc = parse('pred.xml')
>>> root = doc.getroot()
>>> root
<Element 'stop' at 0x100770cb0>

>>> # 요소 몇 개 제거하기
>>> root.remove(root.find('sri'))
>>> root.remove(root.find('cr'))

>>> # <nm>...</nm> 뒤에 요소 몇 개 삽입하기
>>> root.getchildren().index(root.find('nm'))
1
>>> e = Element('spam')
>>> e.text = 'This is a test'
>>> root.insert(2, e)

>>> # 파일에 쓰기
>>> doc.write('newpred.xml', xml_declaration=True)
>>>
```

결과적으로 생성된 XML은 다음과 같다.

```
<?xml version='1.0' encoding='us-ascii'?>
<stop>
    <id>14791</id>
    <nm>Clark &amp; Balmoral</nm>
    <spam>This is a test</spam><pre>
        <pt>5 MIN</pt>
        <fd>Howard</fd>
        <v>1378</v>
        <rn>22</rn>
    </pre>
    <pre>
```

```
        <pt>15 MIN</pt>
        <fd>Howard</fd>
        <v>1867</v>
        <rn>22</rn>
    </pre>
</stop>
```

토론

XML 문서의 구조를 수정하는 것은 어렵지 않지만 모든 수정 사항은 부모 요소에도 영향을
미쳐 리스트인 것처럼 다루어진다는 점을 기억해야 한다. 예를 들어 어떤 요소를 제거하면
부모의 remove() 메소드를 사용해 바로 위에 있는 부모로부터 제거된다. 새로운 요소를 추
가하면 부모에 대해서도 insert()와 append() 메소드를 사용하게 된다. 그리고 모든 요소
는 element[i] 또는 element[i:j]와 같이 인덱스와 슬라이스 명령으로도 접근할 수 있다.

새로운 요소를 만들려면 이번 레시피의 해결책에 나온 것처럼 Element 클래스를 사용한다.
자세한 내용은 레시피 6.5에서 설명했다.

6.7 네임스페이스로 XML 문서 파싱

문제

XML 문서를 파싱할 때 XML 네임스페이스(namespace)를 사용하고 싶다.

해결

다음과 같이 네임스페이스를 사용하는 문서를 고려해 보자.

```
<?xml version="1.0" encoding="utf-8"?>
<top>
  <author>David Beazley</author>
  <content>
      <html xmlns="http://www.w3.org/1999/xhtml">
          <head>
              <title>Hello World</title>
          </head>
          <body>
              <h1>Hello World!</h1>
          </body>
      </html>
  </content>
</top>
```

이 문서를 파싱하고 일반적인 쿼리를 실행하면 모든 것이 너무 장황해서 그리 쉽게 동작하

지 않는다는 것을 알 수 있다.

```
>>> # 동작하는 쿼리
>>> doc.findtext('author')
'David Beazley'
>>> doc.find('content')
<Element 'content' at 0x100776ec0>

>>> # 네임스페이스 관련 쿼리(동작하지 않음)
>>> doc.find('content/html')

>>> # 조건에 맞는 경우에만 동작
>>> doc.find('content/{http://www.w3.org/1999/xhtml}html')
<Element '{http://www.w3.org/1999/xhtml}html' at 0x1007767e0>

>>> # 동작하지 않음
>>> doc.findtext('content/{http://www.w3.org/1999/xhtml}html/head/title')

>>> # 조건에 일치함
>>> doc.findtext('content/{http://www.w3.org/1999/xhtml}html/'
...   '{http://www.w3.org/1999/xhtml}head/{http://www.w3.org/1999/xhtml}title')
'Hello World'
>>>
```

유틸리티 클래스로 네임스페이스를 감싸 주면 문제를 더 단순화할 수 있다.

```
class XMLNamespaces:
    def __init__(self, **kwargs):
        self.namespaces = {}
        for name, uri in kwargs.items():
            self.register(name, uri)
    def register(self, name, uri):
        self.namespaces[name] = '{'+uri+'}'
    def __call__(self, path):
        return path.format_map(self.namespaces)
```

이 클래스를 사용하려면 다음과 같이 한다.

```
>>> ns = XMLNamespaces(html='http://www.w3.org/1999/xhtml')
>>> doc.find(ns('content/{html}html'))
<Element '{http://www.w3.org/1999/xhtml}html' at 0x1007767e0>
>>> doc.findtext(ns('content/{html}html/{html}head/{html}title'))
'Hello World'
>>>
```

토론

네임스페이스를 포함한 XML 문서를 파싱하기는 꽤나 복잡하다. XMLNamespaces 클래스는 짧게 줄인 네임스페이스 이름을 쓸 수 있도록 해서 코드를 정리해 줄 뿐이다.

안타깝게도 ElementTree 파서에 네임스페이스에 대한 더 많은 정보를 얻을 수 있는 방법은 없다. 하지만 iterparse() 함수를 사용한다면 네임스페이스 처리의 범위에 대해서 정보를 조금 더 얻을 수는 있다.

```
>>> from xml.etree.ElementTree import iterparse
>>> for evt, elem in iterparse('ns2.xml', ('end', 'start-ns', 'end-ns')):
...     print(evt, elem)
...
end <Element 'author' at 0x10110de10>
start-ns ('', 'http://www.w3.org/1999/xhtml')
end <Element '{http://www.w3.org/1999/xhtml}title' at 0x1011131b0>
end <Element '{http://www.w3.org/1999/xhtml}head' at 0x1011130a8>
end <Element '{http://www.w3.org/1999/xhtml}h1' at 0x101113310>
end <Element '{http://www.w3.org/1999/xhtml}body' at 0x101113260>
end <Element '{http://www.w3.org/1999/xhtml}html' at 0x10110df70>
end-ns None
end <Element 'content' at 0x10110de68>
end <Element 'top' at 0x10110dd60>
>>> elem      # 최상단 요소
<Element 'top' at 0x10110dd60>
>>>
```

마지막으로, 파싱하려는 텍스트가 네임스페이스나 여타 고급 XML 기능을 사용한다면 ElementTree보다는 lxml 라이브러리를 사용하는 것이 좋다. 예를 들어 lxml은 DTD에 대한 검증을 지원하고, XPath 등 더 많은 기능을 가지고 있다. 이번 레시피는 파싱에 도움을 주기 위한 아주 간단한 수정을 할 뿐이다.

6.8 관계형 데이터베이스 작업

문제

관계형 데이터베이스에 선택, 삽입, 행 삭제(select, insert, delete row) 등의 작업을 하고 싶다.

해결

파이썬에서 데이터 행을 나타내는 표준은 튜플 시퀀스이다.

```
stocks = [
    ('GOOG', 100, 490.1),
    ('AAPL', 50, 545.75),
    ('FB', 150, 7.45),
    ('HPQ', 75, 33.2),
]
```

주어진 형식을 통해, 파이썬의 표준 데이터베이스 API를 사용하면 관계형 데이터베이스 작업을 하는 것은 간단하다(자세한 내용은 PEP 249에 나온다). 입력이나 출력 데이터의 행은 튜플로 표현한다.

예시를 위해서 파이썬의 sqlite3 모듈을 사용한다. 다른 데이터베이스(MySql, Postgres, ODBC 등)를 사용한다면 이를 지원하는 서드파티 모듈을 설치해야 한다. 하지만 기반 프로그래밍 인터페이스는 동일하거나 대개 일치한다.

첫 번째 단계는 데이터베이스를 연결하는 것이다. 일반적으로 connect() 함수에 데이터베이스 이름, 호스트 이름, 사용자 이름, 암호 등 필요한 정보를 넣는다.

```
>>> import sqlite3
>>> db = sqlite3.connect('database.db')
>>>
```

데이터 관련 작업을 하기 위해서는 커서(cursor)를 만들어야 한다. 커서를 만든 후에 SQL 쿼리를 실행할 수 있다.

```
>>> c = db.cursor()
>>> c.execute('create table portfolio (symbol text, shares integer, price real)')
<sqlite3.Cursor object at 0x10067a730>
>>> db.commit()
>>>
```

데이터에 행의 시퀀스를 삽입하려면 다음 구문을 사용한다.

```
>>> c.executemany('insert into portfolio values (?,?,?)', stocks)
<sqlite3.Cursor object at 0x10067a730>
>>> db.commit()
>>>
```

쿼리를 수행하려면 다음 구문을 사용한다.

```
>>> for row in db.execute('select * from portfolio'):
...     print(row)
...
('GOOG', 100, 490.1)
('AAPL', 50, 545.75)
('FB', 150, 7.45)
('HPQ', 75, 33.2)
>>>
```

사용자가 입력한 파라미터를 받는 쿼리를 수행하려면 ?를 사용해 파라미터를 이스케이핑해야 한다.

```
>>> min_price = 100
>>> for row in db.execute('select * from portfolio where price >= ?',
                          (min_price,)):
...     print(row)
...
('GOOG', 100, 490.1)
('AAPL', 50, 545.75)
>>>
```

토론

하위 레벨에서 데이터베이스 작업하기는 지극히 단순하다. 단순히 SQL 구문을 만들고 관련 모듈을 넣어서 데이터베이스를 갱신하거나 자료를 받아 오면 된다. 하지만 경우에 따라 신경을 써야 하는 복잡한 상황이 없지는 않다.

그 중 한 가지 예는 데이터베이스 자료를 파이썬 타입에 매핑할 때 발생한다. 날짜와 같은 자료를 저장할 때 datetime 모듈의 datetime 인스턴스나 타임스탬프(timestamp)를 사용하는 것이 일반적이다. 그리고 금융 자료와 같이 숫자를 저장할 때는 decimal 모듈의 Decimal 인스턴스를 사용하는 경우가 많다. 하지만 이에 대한 정확한 매핑은 데이터베이스 백엔드에 따라 달라지기 때문에 관련 문서를 잘 읽어 봐야 한다.

또 한 가지는 SQL 구문 문자열의 서식화이다. 절대로 파이썬의 서식화 연산자(% 등)나 .format() 메소드로 문자열을 만들면 안 된다. 서식화 연산자에 전달된 값이 사용자의 입력에서 오는 것이라면 SQL 주입 공격(SQL-injection attack, *http://xkcd.com/327* 참고)을 당할 수 있다. 쿼리의 와일드카드 ?는 데이터베이스에게 (아마도) 안전한 백엔드(backend) 문자열 치환식을 사용하라고 지시한다.

안타깝게도 데이터베이스 백엔드 간에는 와일드카드에 대해 불일치 사항이 존재한다. 많은 모듈이 파라미터를 참조할 때 ?나 %s를 사용하지만 간혹 :0이나 :1을 사용하는 모듈이 있다. 또한 사용하고 있는 데이터베이스 문서를 잘 읽어야 한다. 데이터베이스의 paramstyle 속성에도 참조 스타일에 대한 정보가 담겨 있다.

데이터베이스 테이블에서 간단히 자료를 넣었다 뺐다 하는 정도라면 데이터베이스 API를 사용하는 것으로 충분하다. 하지만 더 복잡한 작업을 해야 한다면 객체-관계형 매퍼 (object-relational mapper) 등이 제공하는 상위 레벨 인터페이스를 사용하는 것이 더 이치에 맞는다. SQLAlchemy와 같은 라이브러리는 데이터베이스 테이블을 파이썬 클래스로 표현하게 해 주고 기반 SQL을 숨긴 상태로 데이터베이스 작업을 하도록 도와준다.

6.9 16진수 인코딩, 디코딩

문제

문자열로 된 16진수를 바이트 문자열로 디코딩하거나, 바이트 문자열을 16진법으로 인코딩해야 한다.

해결

문자열을 16진수로 인코딩하거나 디코딩하려면 binascii 모듈을 사용한다.

```
>>> # 최초 바이트 문자열
>>> s = b'hello'

>>> # 16진법으로 인코딩
>>> import binascii
>>> h = binascii.b2a_hex(s)
>>> h
b'68656c6c6f'

>>> # 바이트로 디코딩
>>> binascii.a2b_hex(h)
b'hello'
>>>
```

base64 모듈에도 유사한 기능이 있다.

```
>>> import base64
>>> h = base64.b16encode(s)
>>> h
b'68656C6C6F'
>>> base64.b16decode(h)
b'hello'
>>>
```

토론

앞에 나온 함수를 사용하면 16진법 전환은 그리 어렵지 않게 수행할 수 있다. 두 기술의 차이점은 바로 대소문자 구분에 있다. base64.b16decode()와 base64.b16encode() 함수는 대문자에만 동작하지만 binascii는 대소문자를 가리지 않는다.

또한 인코딩 함수가 만들 출력물은 언제나 바이트 문자열이라는 점이 중요하다. 반드시 유니코드를 사용해야 한다면 디코딩 과정을 하나 더 추가해야 한다.

```
>>> h = base64.b16encode(s)
>>> print(h)
b'68656C6C6F'
>>> print(h.decode('ascii'))
68656C6C6F
>>>
```

16진수를 디코딩할 때 b16decode()와 a2b_hex() 함수는 바이트 혹은 유니코드 문자열을 받는다. 하지만 이 문자열에는 반드시 ASCII로 인코딩한 16진수가 포함되어 있어야 한다.

6.10 Base64 인코딩, 디코딩

문제

Base64를 사용한 바이너리 데이터를 인코딩, 디코딩해야 한다.

해결

base64 모듈에 b64encode()와 b64decode() 함수를 사용하면 이 문제를 해결할 수 있다.

```
>>> # 바이트 데이터
>>> s = b'hello'
>>> import base64

>>> # Base64로 인코딩
>>> a = base64.b64encode(s)
>>> a
b'aGVsbG8='

>>> # Base64를 디코딩
>>> base64.b64decode(a)
b'hello'
>>>
```

토론

Base64 인코딩은 바이트 문자열과 바이트 배열과 같은 바이트 데이터에만 사용하도록 디자인되었다. 또한 인코딩의 결과물은 항상 바이트 문자열이 된다. Base64 인코딩 데이터와 유니코드 텍스트를 함께 사용하려면 추가적인 디코딩 작업을 거쳐야 한다.

```
>>> a = base64.b64encode(s).decode('ascii')
>>> a
'aGVsbG8='
>>>
```

Base64를 디코딩할 때 바이트 문자열과 유니코드 텍스트를 사용할 수 있다. 하지만 유니코드 문자열에는 ASCII 문자만 포함해야 한다.

6.11 바이너리 배열 구조체 읽고 쓰기

문제

바이너리 배열 구조를 파이썬 튜플로 읽거나 쓰고 싶다.

해결

바이너리 데이터를 다루기 위해서 struct 모듈을 사용한다. struct를 사용해서 튜플을 인코딩하는 식으로 파이썬 튜플을 바이너리 파일에 써 보자.

```python
from struct import Struct

def write_records(records, format, f):
    '''
    일련의 튜플을 구조체의 바이너리 파일에 기록
    '''
    record_struct = Struct(format)
    for r in records:
        f.write(record_struct.pack(*r))

# 예제
if __name__ == '__main__':
    records = [ (1, 2.3, 4.5),
                (6, 7.8, 9.0),
                (12, 13.4, 56.7) ]

    with open('data.b', 'wb') as f:
        write_records(records, '<idd', f)
```

이 파일을 튜플 리스트로 읽어 들이는 방법은 여러 가지가 있다. 첫 번째로 파일을 조각 조각 읽어 들일 생각이라면 다음 코드를 사용한다.

```python
from struct import Struct

def read_records(format, f):
    record_struct = Struct(format)
    chunks = iter(lambda: f.read(record_struct.size), b'')
    return (record_struct.unpack(chunk) for chunk in chunks)

# 예제
if __name__ == '__main__':
    with open('data.b','rb') as f:
        for rec in read_records('<idd', f):
            # rec 처리
            ...
```

파일을 바이트 문자열에 한번에 읽어 들이고 추후 여러 조각으로 변환하려면 다음과 같이 한다.

```python
from struct import Struct

def unpack_records(format, data):
    record_struct = Struct(format)
    return (record_struct.unpack_from(data, offset)
            for offset in range(0, len(data), record_struct.size))
```

```
# 예제
if __name__ == '__main__':
    with open('data.b', 'rb') as f:
        data = f.read()

    for rec in unpack_records('<idd', data):
        # rec 처리
        ...
```

두 가지 모두 결과적으로는 파일이 생성되었을 때 저장된 것을 생산하는 순환체가 나온다.

토론

바이너리 데이터를 인코딩, 디코딩하는 프로그램은 대개 struct 모듈을 사용한다. 새로운 구조체를 선언하려면 Struct의 인스턴스를 만든다.

```
# 리틀 엔디안 32비트 정수, 소수점 두 자리 정확도 부동 소수점
record_struct = Struct('<idd')
```

구조체는 항상 i, d, f와 같은 코드를 사용해서 정의한다(파이썬 문서 참조). 이 코드는 32 비트 정수, 64비트 부동 소수, 32비트 부동 소수 등을 가리키는 코드이다. <는 바이트 순서를 명시한다. 이 예제에서는 "리틀 엔디안(little endian)"을 의미한다. 이 문자를 >로 바꾸면 빅 엔디안(big endian)이 되고 !로 바꾸면 네트워크 바이트 순서가 된다.

생성된 Struct 인스턴스에는 그 타입을 다루기 위한 여러 속성과 메소드가 있다. size 속성은 구조체의 크기를 바이트로 나타내고 있어 I/O 연산에 유용하게 사용할 수 있다. pack()과 unpack() 메소드는 데이터를 패킹, 언패킹할 때 사용한다.

```
>>> from struct import Struct
>>> record_struct = Struct('<idd')
>>> record_struct.size
20
>>> record_struct.pack(1, 2.0, 3.0)
b'\x01\x00\x00\x00\x00\x00\x00\x00\x00\x00\x00@\x00\x00\x00\x00\x00\x00\x08@'
>>> record_struct.unpack(_)
(1, 2.0, 3.0)
>>>
```

때로 pack()과 unpack() 연산이 모듈 레벨 함수를 호출할 때가 있다.

```
>>> import struct
>>> struct.pack('<idd', 1, 2.0, 3.0)
b'\x01\x00\x00\x00\x00\x00\x00\x00\x00\x00\x00@\x00\x00\x00\x00\x00\x00\x08@'
>>> struct.unpack('<idd', _)
(1, 2.0, 3.0)
>>>
```

앞의 예제는 동작은 하지만, Struct 인스턴스를 만드는 것보다 보기 좋지는 않다. 특히 코드에서 동일한 구조가 여러 번 나오는 경우에 그렇다. Struct 인스턴스를 만들면 서식화 코드를 단 한 번만 명시하고 모든 유용한 기능을 한데 모아 놓는다. 따라서 코드를 더 보기 좋게 유지할 수 있다(한 곳에서 처리하기 때문).

바이너리 구조체를 읽는 코드에는 흥미롭고 우아한 프로그래밍 구문이 포함된다. read_records() 함수에서, 크기가 고정된 조각을 반환하기 위해 iter()를 사용했다. 레시피 5.8을 참고한다. 이 이터레이터는 사용자가 제공한 호출 객체(예: lambda: f.read(record_struct.size))를 명시한 값(예: b)을 반환해서 순환이 종료될 때까지 호출한다.

```
>>> f = open('data.b', 'rb')
>>> chunks = iter(lambda: f.read(20), b'')
>>> chunks
<callable_iterator object at 0x10069e6d0>
>>> for chk in chunks:
...     print(chk)
...
b'\x01\x00\x00\x00ffffff\x02@\x00\x00\x00\x00\x00\x00\x12@'
b'\x06\x00\x00\x00333333\x1f@\x00\x00\x00\x00\x00\x00"@'
b'\x0c\x00\x00\x00\xcd\xcc\xcc\xcc\xcc\xcc*@\x9a\x99\x99\x99\x99YL@'
>>>
```

순환체를 만드는 한 가지 이유는 제너레이터 컴프리헨션(generator comprehension)을 통해 레코드를 생성할 수 있도록 하기 때문이다. 이 방식을 사용하지 않았다면 코드가 다음과 같았을 것이다.

```
def read_records(format, f):
    record_struct = Struct(format)
    while True:
        chk = f.read(record_struct.size)
        if chk == b'':
            break
        yield record_struct.unpack(chk)
    return records
```

unpack_records() 함수에서 unpack_from() 메소드를 사용하는 또 다른 방식을 사용했다. unpack_from()은 방대한 바이너리 배열에서 바이너리 데이터를 추출할 때 유리한데, 임시 객체나 메모리 복사를 하지 않기 때문이다. 바이트 문자열(혹은 아무 배열)과 바이트 오프셋을 넣으면, 그 위치로부터 필드를 직접 언팩한다.

unpack_from() 대신 unpack()을 사용했다면, 수많은 조각을 만들고 오프셋 계산을 하도록 코드를 수정해야만 한다.

```
def unpack_records(format, data):
    record_struct = Struct(format)
    return (record_struct.unpack(data[offset:offset + record_struct.size])
            for offset in range(0, len(data), record_struct.size))
```

이렇게 하면 코드를 읽기도 어렵고, 오프셋 계산, 데이터 복사, 객체 조각 생성 등 더 많은 작업을 해야만 한다. 커다란 바이트 문자열에서 구조체를 많이 언패킹해야 한다면 unpack_from()을 사용하는 것이 더 좋은 선택이다.

레코드를 언패킹할 때 collections 모듈의 namedtuple 객체 사용을 고려할 만하다. 이렇게 하면 반환된 튜플에 속성 이름을 설정할 수 있다.

```
from collections import namedtuple

Record = namedtuple('Record', ['kind','x','y'])

with open('data.p', 'rb') as f:
    records = (Record(*r) for r in read_records('<idd', f))

for r in records:
    print(r.kind, r.x, r.y)
```

방대한 바이너리 데이터를 다루는 프로그램을 작성할 때는 numpy와 같은 라이브러리를 사용하는 것이 좋다. 예를 들어, 바이너리 데이터를 읽어 튜플 리스트에 넣지 않고 구조적 배열에 넣을 수 있다.

```
>>> import numpy as np
>>> f = open('data.b', 'rb')
>>> records = np.fromfile(f, dtype='<i,<d,<d')
>>> records
array([(1, 2.3, 4.5), (6, 7.8, 9.0), (12, 13.4, 56.7)],
      dtype=[('f0', '<i4'), ('f1', '<f8'), ('f2', '<f8')])
>>> records[0]
(1, 2.3, 4.5)
>>> records[1]
(6, 7.8, 9.0)
>>>
```

마지막으로, 파일 형식(이미지, 셰이프 파일, HDF5 등)을 아는 상태에서 바이너리 데이터를 읽을 때 목적에 부합하는 파이썬 모듈이 있는지 먼저 확인해 보도록 한다. 도구가 이미 있는데 처음부터 다시 구현해야 할 이유가 없다.

6.12 중첩, 가변 바이너리 구조체 읽기

문제

중첩되었거나 크기가 변하는 레코드 컬렉션으로 이루어진 바이너리 인코딩 데이터를 읽어야 한다. 이런 데이터에는 이미지, 비디오, 셰이프 파일(shapefile) 등이 포함된다.

해결

거의 모든 바이너리 데이터 구조를 인코딩, 디코딩할 때 struct 모듈을 사용할 수 있다. 예를 들기 위해서 폴리곤(polygon)의 꼭지점을 나타내는 파이썬 데이터가 있다고 가정해 보자.

```
polys = [
          [ (1.0, 2.5), (3.5, 4.0), (2.5, 1.5) ],
          [ (7.0, 1.2), (5.1, 3.0), (0.5, 7.5), (0.8, 9.0) ],
          [ (3.4, 6.3), (1.2, 0.5), (4.6, 9.2) ],
        ]
```

이제 다음 헤더로 시작하는 바이너리 파일에 데이터를 인코딩해 넣어야 한다.

바이트	타입	설명
0	int	파일 코드 (0x1234, 리틀 엔디안)
4	double	최소 x (리틀 엔디안)
12	double	최소 y (리틀 엔디안)
20	double	최대 x (리틀 엔디안)
28	double	최대 y (리틀 엔디안)
36	int	폴리곤 수 (리틀 엔디안)

헤더 뒤에 다음과 같이 인코딩된 폴리곤 레코드가 온다.

바이트	타입	설명
0	int	길이를 포함한 레코드 길이 (N 바이트)
4-N	Points	double로 표현한 (X,Y) 페어

이 파일을 쓰기 위해 다음 파이썬 코드를 사용한다.

```python
import struct
import itertools

def write_polys(filename, polys):
    # 충돌 박스 계산
    flattened = list(itertools.chain(*polys))
    min_x = min(x for x, y in flattened)
    max_x = max(x for x, y in flattened)
    min_y = min(y for x, y in flattened)
    max_y = max(y for x, y in flattened)

    with open(filename, 'wb') as f:
        f.write(struct.pack('<iddddi',
                            0x1234,
                            min_x, min_y,
                            max_x, max_y,
                            len(polys)))
        for poly in polys:
            size = len(poly) * struct.calcsize('<dd')
```

```
            f.write(struct.pack('<i', size+4))
            for pt in poly:
                f.write(struct.pack('<dd', *pt))

    # 폴리곤 데이터를 가지고 호출
    write_polys('polys.bin', polys)
```

결과 데이터를 읽어 들이기 위해, 쓰기에서 수행했던 작업을 반대로 하는 코드를 작성한다.
이 코드는 struct.unpack() 함수를 사용하며 쓰기 코드와 매우 유사하다.

```
    import struct

    def read_polys(filename):
        with open(filename, 'rb') as f:
            # 헤더 읽기
            header = f.read(40)
            file_code, min_x, min_y, max_x, max_y, num_polys = \
                struct.unpack('<iddddi', header)

            polys = []
            for n in range(num_polys):
                pbytes, = struct.unpack('<i', f.read(4))
                poly = []
                for m in range(pbytes // 16):
                    pt = struct.unpack('<dd', f.read(16))
                    poly.append(pt)
                polys.append(poly)
        return polys
```

이 코드가 동작은 하지만, 읽기, 구조체 언패킹 등에 섞여 있어 조금 복잡하다. 이런 코드를
실제 데이터 파일을 읽어 들이는 데 사용하면 훨씬 더 복잡해진다. 따라서 프로그래머가 좀
더 중요한 문제에 집중할 수 있도록 작업 단계를 단순화하는 방식의 대안으로만 생각해야
한다.

이번 레시피의 남은 내용은 바이너리 데이터를 해석하기 위한 고급 해결책을 만들어 본다.
목표는 프로그래머에게 파일 포맷의 상위 레벨 스펙을 제공하고, 읽기와 모든 데이터 언패
킹을 자동으로 수행하는 것이다. 한 가지 경고하자면, 여기 나오는 코드는 객체 지향 프로
그래밍과 메타 프로그래밍 기술 등 아마도 이 책에 나오는 모든 예제 중 가장 어려운 내용
이 될 것이다. 이해가 되지 않는다면 관련 있는 다른 레시피를 참고하고 토론 부분을 주의
깊게 읽도록 한다.

우선 첫째로 바이너리 데이터를 읽을 때, 파일에는 일반적으로 헤더와 여타의 자료 구조가
포함된다. struct 모듈이 이런 데이터를 언패킹해서 튜플로 만들 수 있지만, 이런 정보를
표현하는 다른 방식은 클래스의 사용을 거친다. 이것을 가능하게 하는 코드를 보자.

```
    import struct
```

```
class StructField:
    '''
    간단한 구조 필드를 나타내는 디스크립터
    '''
    def __init__(self, format, offset):
        self.format = format
        self.offset = offset
    def __get__(self, instance, cls):
        if instance is None:
            return self
        else:
            r = struct.unpack_from(self.format,
                                   instance._buffer, self.offset)
            return r[0] if len(r) == 1 else r

class Structure:
    def __init__(self, bytedata):
        self._buffer = memoryview(bytedata)
```

이 코드는 각 구조 필드를 나타내는 데 디스크립터(descriptor)를 사용한다. 각 디스크립터
는 struct와 호환되는 포맷 코드와 메모리 버퍼를 가리키는 바이트 오프셋을 가지고 있다.
__get__() 메소드에서, struct.unpack_from() 함수로 버퍼의 값을 언팩하는데, 이때 추
가적인 조각을 만들거나 복사를 발생하지 않는다.

Structure 클래스는 바이트 데이터를 받고 StructField 디스크립터가 사용한 메모리 버
퍼에 저장하는 베이스 클래스 역할을 한다. 이 클래스에서 memoryview()를 사용한 목적은
조금 더 뒤에서 배운다.

이 코드를 사용하면 구조체를 마치 파일 형식을 설명하는 테이블에서 찾은 정보를 나타내
는 상위 레벨 클래스처럼 정의할 수 있다.

```
class PolyHeader(Structure):
    file_code = StructField('<i', 0)
    min_x = StructField('<d', 4)
    min_y = StructField('<d', 12)
    max_x = StructField('<d', 20)
    max_y = StructField('<d', 28)
    num_polys = StructField('<i', 36)
```

이 클래스로 앞에 나왔던 폴리곤 데이터의 헤더를 읽는 예제를 보자.

```
>>> f = open('polys.bin', 'rb')
>>> phead = PolyHeader(f.read(40))
>>> phead.file_code == 0x1234
True
>>> phead.min_x
0.5
>>> phead.min_y
0.5
```

```
>>> phead.max_x
7.0
>>> phead.max_y
9.2
>>> phead.num_polys
3
>>>
```

이 방식은 흥미롭지만 귀찮은 사항이 꽤 많다. 우선 편리한 클래스 같은 인터페이스를 얻었지만, 코드가 더 장황하고 사용자로부터 자세한 하위 레벨 설정(예: StructField 사용의 반복, 오프셋의 스펙)을 명시하도록 요구한다. 그리고 결과 클래스에는 구조체의 전체 크기를 계산하는 방법과 같은 일반적인 메소드도 빠져 있다.

이렇게 장황한 클래스 정의를 발견하면 클래스 데코레이터나 메타클래스 사용을 고려할 만하다. 메타클래스 기능 중 한 가지로 하위 레벨 구현 사항을 채워 주는 것이 있는데, 이는 사용자의 부담을 많이 줄여 준다. 메타클래스를 사용해서 Structure 클래스를 다시 구현해 보았다.

```python
class StructureMeta(type):
    '''
    StructField 디스크립터를 자동으로 만드는 메타클래스
    '''
    def __init__(self, clsname, bases, clsdict):
        fields = getattr(self, '_fields_', [])
        byte_order = ''
        offset = 0
        for format, fieldname in fields:
            if format.startswith(('<','>','!','@')):
                byte_order = format[0]
                format = format[1:]
            format = byte_order + format
            setattr(self, fieldname, StructField(format, offset))
            offset += struct.calcsize(format)
        setattr(self, 'struct_size', offset)

class Structure(metaclass=StructureMeta):
    def __init__(self, bytedata):
        self._buffer = bytedata

    @classmethod
    def from_file(cls, f):
        return cls(f.read(cls.struct_size))
```

이제 새로운 Structure 클래스를 사용해서 구조체 정의를 다음과 같이 작성할 수 있다.

```python
class PolyHeader(Structure):
    _fields_ = [
        ('<i', 'file_code'),
        ('d', 'min_x'),
```

```
        ('d', 'min_y'),
        ('d', 'max_x'),
        ('d', 'max_y'),
        ('i', 'num_polys')
    ]
```

코드가 많이 단순해졌다. from_file() 클래스 메소드가 추가되었는데, 이 메소드는 파일
에서 데이터의 구조나 크기를 모르더라도 쉽게 읽을 수 있게 도와 준다.

```
>>> f = open('polys.bin', 'rb')
>>> phead = PolyHeader.from_file(f)
>>> phead.file_code == 0x1234
True
>>> phead.min_x
0.5
>>> phead.min_y
0.5
>>> phead.max_x
7.0
>>> phead.max_y
9.2
>>> phead.num_polys
3
>>>
```

메타클래스를 도입하고 나면 좀 더 스마트하게 만들 수 있다. 예를 들어 중첩된 바이너리
구조를 지원해야 한다고 생각해 보자. 이 기능을 지원하는 새로운 디스크립터와 함께 메타
클래스를 수정해 보겠다.

```
class NestedStruct:
    '''
    중첩 구조를 표현하는 디스크립터
    '''
    def __init__(self, name, struct_type, offset):
        self.name = name
        self.struct_type = struct_type
        self.offset = offset
    def __get__(self, instance, cls):
        if instance is None:
            return self
        else:
            data = instance._buffer[self.offset:
                        self.offset+self.struct_type.struct_size]
            result = self.struct_type(data)
            # 결과 구조를 인스턴스에 저장해서 이 단계를
            # 다시 계산하지 않도록 한다.
            setattr(instance, self.name, result)
            return result

class StructureMeta(type):
```

```
'''
StructField 디스크립터를 자동으로 만드는 메타클래스
'''
def __init__(self, clsname, bases, clsdict):
    fields = getattr(self, '_fields_', [])
    byte_order = ''
    offset = 0
    for format, fieldname in fields:
        if isinstance(format, StructureMeta):
            setattr(self, fieldname,
                    NestedStruct(fieldname, format, offset))
            offset += format.struct_size
        else:
            if format.startswith(('<','>','!','@')):
                byte_order = format[0]
                format = format[1:]
            format = byte_order + format
            setattr(self, fieldname, StructField(format, offset))
            offset += struct.calcsize(format)
    setattr(self, 'struct_size', offset)
```

이 코드에서 지역 메모리 위에 다른 구조체 정의를 덮어쓰기 위해 NestedStruct 디스크립터를 사용했다. 원본 메모리 버퍼에서 조각을 받아, 주어진 구조체 타입을 인스턴스화하는데 사용하는 식으로 이루어진다. 메모리 버퍼가 메모리뷰(memoryview)로 인스턴스화되었었기 때문에 이 조각내기 작업에 추가적인 메모리 복사를 일으키지는 않는다. 그 대신, 원본 메모리에 덮어씌워질 뿐이다. 게다가 반복적인 인스턴스화를 막기 위해 디스크립터는 내부 구조체 객체를 레시피 8.10에 나온 기술을 사용한 인스턴스에 저장한다.

이 새로운 구현법을 사용해서 다음과 같은 코드를 작성할 수 있다.

```
class Point(Structure):
    _fields_ = [
        ('<d', 'x'),
        ('d', 'y')
    ]

class PolyHeader(Structure):
    _fields_ = [
        ('<i', 'file_code'),
        (Point, 'min'),          # 중첩 구조
        (Point, 'max'),          # 중첩 구조
        ('i', 'num_polys')
    ]
```

놀랍게도 모두 예상대로 잘 동작한다.

```
>>> f = open('polys.bin', 'rb')
>>> phead = PolyHeader.from_file(f)
>>> phead.file_code == 0x1234
```

```
True
>>> phead.min        # 중첩 구조
<__main__.Point object at 0x1006a48d0>
>>> phead.min.x
0.5
>>> phead.min.y
0.5
>>> phead.max.x
7.0
>>> phead.max.y
9.2
>>> phead.num_polys
3
>>>
```

이제 크기가 고정된 레코드를 다루는 프레임워크는 개발했다. 하지만 크기가 변하는 것을 다
루려면 어떻게 해야 할까? 예를 들어 남아 있는 폴리곤 파일에는 크기가 변하는 섹션이 있다.

이를 처리하기 위한 한 가지 방법은 바이너리 데이터 조각을 표현하는 클래스와 함께 다른
방식으로 내용을 해석하는 유틸리티 함수를 작성하는 것이다. 이는 레시피 6.11에 나오는
코드와 밀접한 연관이 있다.

```python
class SizedRecord:
    def __init__(self, bytedata):
        self._buffer = memoryview(bytedata)

    @classmethod
    def from_file(cls, f, size_fmt, includes_size=True):
        sz_nbytes = struct.calcsize(size_fmt)
        sz_bytes = f.read(sz_nbytes)
        sz, = struct.unpack(size_fmt, sz_bytes)
        buf = f.read(sz - includes_size * sz_nbytes)
        return cls(buf)

    def iter_as(self, code):
        if isinstance(code, str):
            s = struct.Struct(code)
            for off in range(0, len(self._buffer), s.size):
                yield s.unpack_from(self._buffer, off)
        elif isinstance(code, StructureMeta):
            size = code.struct_size
            for off in range(0, len(self._buffer), size):
                data = self._buffer[off:off+size]
                yield code(data)
```

클래스 메소드 SizedRecord.from_file()은 파일에서 크기가 고정된 데이터를 읽어 들이
는 기능으로, 대부분 파일 포맷에서 일반적으로 사용한다. 입력으로 구조체 포맷 코드를 받
는데 여기에는 바이트로 된 크기 인코딩이 담겨 있다. 추가적 인자인 includes_size는 바

이트에 크기 헤더가 포함되어 있는지 아닌지를 가리킨다. 이제 이 클래스를 사용해 폴리곤 파일에서 각 폴리곤을 읽어 들이는 코드를 작성해 보자.

```
>>> f = open('polys.bin', 'rb')
>>> phead = PolyHeader.from_file(f)
>>> phead.num_polys
3
>>> polydata = [ SizedRecord.from_file(f, '<i')
...                 for n in range(phead.num_polys) ]
>>> polydata
[<__main__.SizedRecord object at 0x1006a4d50>,
 <__main__.SizedRecord object at 0x1006a4f50>,
 <__main__.SizedRecord object at 0x10070da90>]
>>>
```

앞에 나온 대로 SizedRecord 인스턴스의 내용은 아직 해석되지 않았다. 이를 해석하기 위해 구조체 포맷 코드나 Structure 클래스를 입력으로 받는 iter_as() 메소드를 사용한다. 이제 데이터를 해석하는 방법에 많은 유연성이 생겼다.

```
>>> for n, poly in enumerate(polydata):
...     print('Polygon', n)
...     for p in poly.iter_as('<dd'):
...             print(p)
...
Polygon 0
(1.0, 2.5)
(3.5, 4.0)
(2.5, 1.5)
Polygon 1
(7.0, 1.2)
(5.1, 3.0)
(0.5, 7.5)
(0.8, 9.0)
Polygon 2
(3.4, 6.3)
(1.2, 0.5)
(4.6, 9.2)
>>>

>>> for n, poly in enumerate(polydata):
...     print('Polygon', n)
...     for p in poly.iter_as(Point):
...             print(p.x, p.y)
...
Polygon 0
1.0 2.5
3.5 4.0
2.5 1.5
Polygon 1
```

```
7.0 1.2
5.1 3.0
0.5 7.5
0.8 9.0
Polygon 2
3.4 6.3
1.2 0.5
4.6 9.2
>>>
```

이제 모든 내용을 합쳐서 read_polys() 함수를 구현해 보자.

```python
class Point(Structure):
    _fields_ = [
        ('<d', 'x'),
        ('d', 'y')
        ]

class PolyHeader(Structure):
    _fields_ = [
        ('<i', 'file_code'),
        (Point, 'min'),
        (Point, 'max'),
        ('i', 'num_polys')
        ]

def read_polys(filename):
    polys = []
    with open(filename, 'rb') as f:
        phead = PolyHeader.from_file(f)
        for n in range(phead.num_polys):
            rec = SizedRecord.from_file(f, '<i')
            poly = [ (p.x, p.y)
                        for p in rec.iter_as(Point) ]
            polys.append(poly)
    return polys
```

토론

이번 레시피에서는 디스크립터, 게으른 평가, 메타클래스, 클래스 변수, 메모리뷰 등 여러 가지 고급 프로그래밍 기술을 사용한 실질적 애플리케이션을 다루었다. 하지만 매우 한정된 목적으로만 사용할 수 있다.

이번 구현의 주요 기능은 게으른 언패킹 방식에 강하게 기반하고 있다는 점이다. Structure의 인스턴스를 생성할 때 __init__()이 제공 받은 바이트 데이터의 메모리뷰를 생성하기만 하고 아무런 작업도 하지 않는다. 특히 언패킹이나 구조체와 관련 있는 작업은 이 시점에 아무것도 발생하지 않는다. 이 방식을 사용하는 한 가지 동기로, 바이너리 레코드의 특정 부분에만 관심이 있을 수 있다는 점이 있다. 파일 전체를 언패킹하지 않고 특정 부분에만 접근을 한다.

게으른 언패킹, 패킹을 구현하기 위해서 StructField 디스크립터 클래스를 사용했다. 사용자가 _fields_에 넣은 모든 속성은 관련 구조체 포맷 코드와 바이트 오프셋을 버퍼에 저장하는 StructField 디스크립터로 변환된다. StructureMeta 메타클래스는 여러 가지 구조 클래스를 정의했을 때 이런 디스크립터를 생성한다. 메타클래스를 사용하는 가장 중요한 이유는 사용자가 구조체 포맷을 명시할 때 하위 레벨의 세세한 내용을 신경 쓰지 않고 쉽게 할 수 있도록 도와주기 때문이다.

StructureMeta의 한 가지 사소한 속성으로, 바이트 순서를 이어지게 만든다는 점이 있다. 이 말은 바이트 순서를 명시하는 속성(리틀 엔디안을 나타내는 <, 빅 엔디안을 나타내는 >)을 사용하면 뒤따르는 모든 필드에 이것이 적용된다는 점이다. 따라서 타이핑하는 수고를 조금 줄일 수 있고, 정의하는 도중에 속성을 바꿀 수도 있다. 예를 들어 조금 복잡한 다음 코드를 보자.

```python
class ShapeFile(Structure):
    _fields_ = [ ('>i', 'file_code'),        # 빅 엔디안
                 ('20s', 'unused'),
                 ('i', 'file_length'),
                 ('<i', 'version'),          # 리틀 엔디안
                 ('i', 'shape_type'),
                 ('d', 'min_x'),
                 ('d', 'min_y'),
                 ('d', 'max_x'),
                 ('d', 'max_y'),
                 ('d', 'min_z'),
                 ('d', 'max_z'),
                 ('d', 'min_m'),
                 ('d', 'max_m') ]
```

앞에서 설명한 대로 memoryview()가 메모리 복사를 피하는 데 중요한 역할을 한다. 구조체가 중첩되기 시작하면 메모리뷰가 동일한 메모리 영역에 서로 다른 부분을 덧씌울 수 있다. 이런 측면은 사소한 것이지만 일반적인 바이트 배열을 사용하는 것과는 차이가 있다. 바이트 문자열이나 배열을 자른다면 일반적으로 데이터의 복사본을 받게 된다. 하지만 메모리뷰는 기존 메모리를 사용할 뿐이다. 따라서 이 방식이 더 효율적이다.

이번 해결책을 이해하는 데 도움이 되는 레시피가 여럿 있다. 레시피 8.13은 디스크립터로 타입 시스템(type system)을 만드는 내용을 다루고, 레시피 8.10은 게으른 계산과 관련이 있어서 NestedStruct 디스크립터를 구현할 때 도움이 된다. 레시피 9.19에는 클래스 멤버를 초기화하는 데 메타클래스를 사용하는 예제가 나온다. StructureMeta 클래스를 만들 때 참고한다. 그리고 파이썬의 ctypes 라이브러리 코드도 자료 구조 정의, 중첩 자료 구조 등 비슷한 기능을 다루고 있어 흥미로울 것이다.

6.13 데이터 요약과 통계 수행

문제

커다란 데이터세트(dataset)를 요약하거나 통계를 내고 싶다.

해결

통계, 시계열 등과 연관 있는 데이터 분석을 하려면 Pandas 라이브러리를 알아봐야 한다.

시카고의 쥐와 설치류 데이터베이스를 Pandas로 분석하는 예제를 통해 맛보기를 해보자. 글을 쓰고 있는 현재 이 자료를 열면 CSV 파일에 74,000개의 데이터가 들어 있다.

```
>>> import pandas

>>> # CSV 파일을 읽고, 마지막 라인은 건너뛴다.
>>> rats = pandas.read_csv('rats.csv', skip_footer=1)
>>> rats
<class 'pandas.core.frame.DataFrame'>
Int64Index: 74055 entries, 0 to 74054
Data columns:
Creation Date                      74055 non-null values
Status                             74055 non-null values
Completion Date                    72154 non-null values
Service Request Number             74055 non-null values
Type of Service Request            74055 non-null values
Number of Premises Baited          65804 non-null values
Number of Premises with Garbage    65600 non-null values
Number of Premises with Rats       65752 non-null values
Current Activity                   66041 non-null values
Most Recent Action                 66023 non-null values
Street Address                     74055 non-null values
ZIP Code                           73584 non-null values
X Coordinate                       74043 non-null values
Y Coordinate                       74043 non-null values
Ward                               74044 non-null values
Police District                    74044 non-null values
Community Area                     74044 non-null values
Latitude                           74043 non-null values
Longitude                          74043 non-null values
Location                           74043 non-null values
dtypes: float64(11), object(9)

>>> # 특정 필드에 대해 값의 범위를 조사한다.
>>> rats['Current Activity'].unique()
array([nan, Dispatch Crew, Request Sanitation Inspector], dtype=object)

>>> # 데이터 필터링
>>> crew_dispatched = rats[rats['Current Activity'] == 'Dispatch Crew']
```

```
>>> len(crew_dispatched)
65676
>>>

>>> # 시카고에서 쥐가 가장 많은 장소 10 군데의 ZIP 코드
>>> crew_dispatched['ZIP Code'].value_counts()[:10]
60647    3837
60618    3530
60614    3284
60629    3251
60636    2801
60657    2465
60641    2238
60609    2206
60651    2152
60632    2071
>>>

>>> # 완료 날짜로 그룹 짓기
>>> dates = crew_dispatched.groupby('Completion Date')
<pandas.core.groupby.DataFrameGroupBy object at 0x10d0a2a10>
>>> len(dates)
472
>>>

>>> # 각 날짜에 대한 카운트 얻기
>>> date_counts = dates.size()
>>> date_counts[0:10]
Completion Date
01/03/2011          4
01/03/2012        125
01/04/2011         54
01/04/2012         38
01/05/2011         78
01/05/2012        100
01/06/2011        100
01/06/2012         58
01/07/2011          1
01/09/2012         12
>>>

>>> # 카운트 정렬
>>> date_counts.sort()
>>> date_counts[-10:]
Completion Date
10/12/2012        313
10/21/2011        314
09/20/2011        316
10/26/2011        319
02/22/2011        325
```

```
10/26/2012          333
03/17/2011          336
10/13/2011          378
10/14/2011          391
10/07/2011          457
>>>
```

앞에 나온 자료를 보니 2011년 10월 7일에 쥐들이 가장 바빴다는 것을 알 수 있다.

토론

Pandas의 기능을 여기서 모두 다루기에는 불가능할 정도로 이는 방대한 라이브러리이다. 하지만 커다란 데이터세트를 분석하고, 데이터를 그룹으로 묶고, 통계를 내는 등의 작업을 하려 한다면 고려해 볼 만하다.

웨스 멕킨리(Wes McKinney, O'Reilly)의 *Python for Data Analysis*에서 더 많은 정보를 얻을 수 있으니 참고하도록 하자.

## CHAPTER 7

함수

def 구문으로 함수를 정의하는 것은 모든 프로그램의 기초가 된다. 이번 장에서는 좀 더 고급 기능과 잘 사용하지 않는 함수 정의, 사용 패턴에 대해 알아본다. 기본 인자, 인자 수에 구애 받지 않는 함수, 키워드 인자, 주석, 클로저(closure) 등이 주제에 포함된다. 또한 복잡한 컨트롤 플로우(control flow)와 콜백 함수를 사용한 데이터 전달 문제 등도 다룬다.

7.1 매개변수 개수에 구애 받지 않는 함수 작성

문제

입력 매개변수 개수에 제한이 없는 함수를 작성하고 싶다.

해결

위치 매개변수의 개수에 제한이 없는 함수를 작성하려면 * 인자를 사용한다.

```
def avg(first, *rest):
    return (first + sum(rest)) / (1 + len(rest))

# 샘플
avg(1, 2)           # 1.5
avg(1, 2, 3, 4)     # 2.5
```

이 예제에서 rest에 추가적 위치 매개변수가 튜플로 들어간다. 코드는 추후 작업에서 이를 하나의 시퀀스로 다룬다.

키워드 매개변수 수에 제한이 없는 함수를 작성하려면 **로 시작하는 인자를 사용한다.

```
import html

def make_element(name, value, **attrs):
    keyvals = [' %s="%s"' % item for item in attrs.items()]
    attr_str = ''.join(keyvals)
    element = '<{name}{attrs}>{value}</{name}>'.format(
                    name=name,
                    attrs=attr_str,
                    value=html.escape(value))
    return element

# 예제
# '<item size="large" quantity="6">Albatross</item>' 생성
make_element('item', 'Albatross', size='large', quantity=6)

# '<p>&lt;spam&gt;</p>' 생성
make_element('p', '<spam>')
```

attrs은 전달 받은 키워드 매개변수(있다면)를 저장하는 딕셔너리이다.

위치 매개변수와 키워드 매개변수를 동시에 받는 함수를 작성하려면, *와 **를 함께 사용하면 된다.

```
def anyargs(*args, **kwargs):
    print(args)       # 튜플
    print(kwargs)     # 딕셔너리
```

이 함수에서 모든 위치 매개변수는 튜플 args에, 모든 키워드 매개변수는 딕셔너리 kwargs에 들어간다.

토론

*는 함수 정의의 마지막 위치 매개변수 자리에만 올 수 있다. **는 마지막 매개변수 자리에만 올 수 있다. 그리고 * 뒤에도 매개변수가 또 나올 수 있다는 것이 함수 정의의 미묘한 점이다.

```
def a(x, *args, y):
    pass

def b(x, *args, y, **kwargs):
    pass
```

이런 매개변수는 키워드로만 넣을 수 있는(keyword-only) 인자로 부르고 레시피 7.2에서 자세히 다룬다.

7.2 키워드 매개변수만 받는 함수 작성

문제

키워드로 지정한 특정 매개변수만 받는 함수가 필요하다.

해결

이 기능은 키워드 매개변수를 * 뒤에 넣거나 이름 없이 *만 사용하면 간단히 구현할 수 있다.

```
def recv(maxsize, *, block):
    'Receives a message'
    pass

recv(1024, True)       # TypeError
recv(1024, block=True) # Ok
```

이 기술로 숫자가 다른 위치 매개변수를 받는 함수에 키워드 매개변수를 명시할 때 사용할 수도 있다.

```
def mininum(*values, clip=None):
    m = min(values)
    if clip is not None:
        m = clip if clip > m else m
    return m

minimum(1, 5, 2, -5, 10)         # -5 반환
minimum(1, 5, 2, -5, 10, clip=0) # 0 반환
```

토론

키워드로만 넣을 수 있는(keyword-only) 인자는 추가적 함수 인자를 명시할 때 코드의 가독성을 높이는 좋은 수단이 될 수 있다.

```
msg = recv(1024, False)
```

recv()가 어떻게 동작하는지 잘 모르는 사람이 있다면 False 인자가 무엇을 의미하는지도 모를 것이다. 따라서 호출하는 측에서 다음과 같은 식으로 표시해 준다면 이해하기 훨씬 쉽다.

```
msg = recv(1024, block=False)
```

키워드로만 넣을 수 있는 인자는 **kwargs와 관련된 것에 사용자가 도움을 요청하면 도움말 화면에 나타난다.

```
>>> help(recv)
Help on function recv in module __main__:
```

```
recv(maxsize, *, block)
    Receives a message
```

키워드로만 넣을 수 있는 인자는 더 고급 기능도 가지고 있다. 예를 들어, *args와 **kwargs 방식을 활용하는 함수에 인자를 넣을 때 활용할 수 있다. 예제는 레시피 9.11에 나온다.

7.3 함수 인자에 메타데이터 넣기

문제

함수를 작성했다. 이때 인자에 정보를 추가해서 다른 사람이 함수를 어떻게 사용해야 하는지 알 수 있도록 하고 싶다.

해결

함수 인자 주석(function argument annotation)으로 프로그래머에게 이 함수를 어떻게 사용해야 할지 정보를 줄 수 있다. 예를 들어 다음과 같이 주석이 붙은 함수를 살펴보자.

```
def add(x:int, y:int) -> int:
    return x + y
```

파이썬 인터프리터는 주석에 어떠한 의미도 부여하지 않는다. 타입을 확인하지도 않고, 파이썬의 실행 방식이 달라지지도 않는다. 단지 소스 코드를 읽는 사람이 이해하기 쉽도록 설명을 할 뿐이다. 서드파티 도구와 프레임워크에도 주석이 들어가고는 한다. 그리고 문서에도 나타난다.

```
>>> help(add)
Help on function add in module __main__:

add(x: int, y: int) -> int
>>>
```

어떠한 객체도 함수에 주석으로 붙일 수 있지만(예: 숫자, 문자열, 인스턴스), 대개 클래스나 문자열이 타당하다.

토론

함수 주석은 함수의 __annotations__ 속성에 저장된다.

```
>>> add.__annotations__
{'y': <class 'int'>, 'return': <class 'int'>, 'x': <class 'int'>}
```

주석을 활용할 수 있는 방법은 많지만, 기본적으로는 문서화에 도움을 주기 위해 사용한다. 파이썬이 타입 선언을 지원하지 않아서 소스 코드만 읽어서는 함수에 어떤 타입을 넣어야 할지 알기 어렵다. 이때 주석이 도움을 준다.

레시피 9.20에 주석을 활용한 고급 구현법 예제가 나온다(함수 오버로드 등).

7.4 함수에서 여러 값을 반환

문제

함수에서 값을 여러 개 반환하고 싶다.

해결

함수에서 값을 여러 개 반환하고 싶다면 간단히 튜플을 사용하면 된다.

```
>>> def myfun():
...     return 1, 2, 3
...
>>> a, b, c = myfun()
>>> a
1
>>> b
2
>>> c
3
```

토론

myfun()이 값을 여러 개 반환하는 것처럼 보이지만, 사실은 튜플 하나를 반환한 것이다. 조금 이상해 보이지만, 실제로 튜플을 생성하는 것은 쉼표지 괄호가 아니다.

```
>>> a = (1, 2)      # 괄호 사용
>>> a
(1, 2)
>>> b = 1, 2        # 괄호 미사용
>>> b
(1, 2)
>>>
```

튜플을 반환하는 함수를 호출할 때, 결과 값을 여러 개의 변수에 넣는 것이 일반적이다. 이는 레시피 1.1에 나왔던 튜플 언패킹이다. 반환 값을 변수 하나에 할당할 수도 있다.

```
>>> x = myfun()
>>> x
(1, 2, 3)
>>>
```

7.5 기본 인자를 사용하는 함수 정의

문제

함수나 메소드를 정의할 때 하나 혹은 그 이상 인자에 기본 값을 넣어 선택적으로 사용할 수 있도록 하고 싶다.

해결

표면적으로 선택적 인자를 사용하는 함수를 정의하기는 쉽다. 함수 정의부에 값을 할당하고 가장 뒤에 이를 위치시키기만 하면 된다.

```
def spam(a, b=42):
    print(a, b)

spam(1)          # Ok. a=1, b=42
spam(1, 2)       # Ok. a=1, b=2
```

기본 값이 리스트, 세트, 딕셔너리 등 수정 가능한 컨테이너여야 한다면 None을 사용해 다음과 같은 코드를 작성한다.

```
# 기본 값으로 리스트 사용
def spam(a, b=None):
    if b is None:
        b = []
    ...
```

기본 값을 제공하는 대신 함수가 받은 값이 특정 값인지 아닌지 확인하려면 다음 코드를 사용한다.

```
_no_value = object()

def spam(a, b=_no_value):
    if b is _no_value:
        print('No b value supplied')
    ...
```

함수는 다음과 같이 동작한다.

```
>>> spam(1)
No b value supplied
>>> spam(1, 2)     # b = 2
>>> spam(1, None)  # b = None
>>>
```

앞에 나온 예제에서 아무런 값을 전달하지 않았을 때와 None 값을 전달했을 때의 차이점에 주목하자.

토론

기본 인자를 가지는 함수를 정의하기는 간단하지만, 눈에 보이는 것 외에 신경 써야 할 부분이 조금 있다.

첫째로, 할당하는 기본 값은 함수를 정의할 때 한 번만 정해지고 그 이후에는 변하지 않는다.

```
>>> x = 42
>>> def spam(a, b=x):
...     print(a, b)
...
>>> spam(1)
1 42
>>> x = 23        # 효과 없음
>>> spam(1)
1 42
>>>
```

변수 x(기본 값으로 사용했다)의 값을 바꾸어도 그 이후에 기본 값이 변하지 않는다. 기본 값은 함수를 정의할 때 정해지기 때문이다.

두 번째로, 기본 값으로 사용하는 값은 None, True, False, 숫자, 문자열 같이 항상 변하지 않는 객체를 사용해야 한다. 특히 다음과 같은 코드는 절대 사용하지 않는다.

```
def spam(a, b=[]):        # NO!
    ...
```

이렇게 하면 기본 값이 함수를 벗어나서 수정되는 순간 많은 문제가 발생한다. 값이 변하면 기본 값이 변하게 되고 추후 함수 호출에 영향을 준다.

```
>>> def spam(a, b=[]):
...     print(b)
...     return b
...
>>> x = spam(1)
>>> x
[]
>>> x.append(99)
>>> x.append('Yow!')
>>> x
[99, 'Yow!']
>>> spam(1)         # 수정된 리스트가 반환된다!
[99, 'Yow!']
>>>
```

이런 부작용을 피하려면 앞의 예제에 나왔듯이 기본 값으로 None을 할당하고 함수 내부에서 이를 확인하는 것이 좋다.

None을 확인할 때 is 연산자를 사용하는 것이 매우 중요하다. 어떤 사람은 다음과 같은 코드를 작성하는 실수를 범하기도 한다.

```
def spam(a, b=None):
    if not b:          # 주의! 'b is None'을 사용해야 한다.
        b = []
    ...
```

여기서 문제는 None이 False로 평가되지만, 그 외에 다른 객체(예: 길이가 0인 문자열, 리스트, 튜플, 딕셔너리 등)도 False로 평가된다는 점이다. 따라서 특정 입력을 없다고 판단하게 된다.

```
>>> spam(1)            # 올바름
>>> x = []
>>> spam(1, x)         # 에러. x 값이 기본으로 덮어쓰여진다.
>>> spam(1, 0)         # 에러. 0이 무시된다.
>>> spam(1, '')        # 에러. ''이 무시된다.
>>>
```

이번 레시피의 마지막 부분은 어쩌면 사소한 것인데, 함수가 추가적 매개변수 위치에 있는지 없는지 판단하는 것이다. 여기서 쉽지 않은 점은 사용자가 인자를 넣었는지 확인할 때 기본 값으로 None, 0 또는 False를 사용할 수 없다는 것이다. 왜냐하면 사용자가 바로 이 값을 인자로 넣을 수도 있기 때문이다. 따라서 다른 방법으로 확인을 해야 한다.

이 문제를 해결하기 위해서는 앞의 예제(_no_value 변수)에 나온 것처럼 object의 유일한 인스턴스를 만들어야 한다. 그리고 함수에서 이 특별한 값과 들어온 인자를 비교해서 인자가 있는지 없는지 알 수 있다. 이때 사용자가 _no_value 인스턴스를 입력 값으로 전달할 확률이 지극히 적다. 따라서 값이 있는지 없는지 확인하는 데 이 인스턴스를 사용해도 안전하다.

object()를 사용하는 것이 일반적이지 않아 보인다. object는 파이썬에서 거의 모든 객체의 베이스 클래스 역할을 한다. object의 인스턴스를 만들 수 있지만, 여기에는 어떤 메소드나 인스턴스 데이터가 없어서 그대로 사용하지는 않는다(인스턴스 딕셔너리가 없어서 속성을 설정할 수도 없다). 이것을 가지고는 동일성을 확인하는 것 외에는 할 수 있는 것이 없어서 앞에 예제에 나온 것처럼 특별 값을 만들 때 유용하다.

7.6 이름 없는 함수와 인라인 함수 정의

문제

sort() 등에 사용할 짧은 콜백 함수를 만들어야 하는데, 한 줄짜리 함수를 만들면서 def 구문까지 사용하고 싶지는 않다. 그 대신 "인라인(in line)"이라 불리는 짧은 함수를 만들고 싶다.

해결

표현식 계산 외에 아무 일도 하지 않는 간단한 함수는 lambda로 치환할 수 있다.

```
>>> add = lambda x, y: x + y
>>> add(2,3)
5
>>> add('hello', 'world')
'helloworld'
>>>
```

앞에 나온 lambda는 다음의 예제 코드와 완전히 동일하다.

```
>>> def add(x, y):
...     return x + y
...
>>> add(2,3)
5
>>>
```

일반적으로 lambda는 정렬이나 데이터 줄이기 등 다른 작업에 사용할 때 많이 쓴다.

```
>>> names = ['David Beazley', 'Brian Jones',
...          'Raymond Hettinger', 'Ned Batchelder']
>>> sorted(names, key=lambda name: name.split()[-1].lower())
['Ned Batchelder', 'David Beazley', 'Raymond Hettinger', 'Brian Jones']
>>>
```

토론

lambda를 사용해서 간단한 함수를 정의할 수 있지만, 제약이 아주 많다. 우선 표현식을 하나만 사용해야 하고 그 결과가 반환 값이 된다. 따라서 명령문을 여러 개 쓴다거나 조건문, 순환문, 에러 처리 등을 넣을 수 없다.

파이썬 코드를 작성하면서 lambda를 사용하지 않아도 아무 상관이 없지만, 여러 가지 표현식을 계산하는 작은 함수를 많이 사용하거나 콜백 함수를 사용하는 프로그램에서 종종 lambda를 발견하게 된다.

7.7 이름 없는 함수에서 변수 고정

문제

lambda를 사용해서 이름 없는 함수를 정의했는데, 정의할 때 특정 변수의 값을 고정하고 싶다.

해결

다음 코드의 동작성을 고려해 보자.

```
>>> x = 10
>>> a = lambda y: x + y
>>> x = 20
>>> b = lambda y: x + y
>>>
```

이제 스스로 질문을 던져 보자. a(10)과 b(10)의 값은 무엇이 될까? 아마도 20, 30을 생각했을지 모르겠지만 옳지 않다.

```
>>> a(10)
30
>>> b(10)
30
>>>
```

여기서 문제는 lambda에서 사용한 x 값이 실행 시간에 달라지는 변수라는 점이다. 따라서 람다 표현식의 x의 값은 그 함수를 실행할 때의 값이 된다.

```
>>> x = 15
>>> a(10)
25
>>> x = 3
>>> a(10)
13
>>>
```

이름 없는 함수를 정의할 때 특정 값을 고정하고 싶으면 그 값을 기본 값으로 지정하면 된다.

```
>>> x = 10
>>> a = lambda y, x=x: x + y
>>> x = 20
>>> b = lambda y, x=x: x + y
>>> a(10)
20
>>> b(10)
30
>>>
```

토론

이번 레시피에 나온 문제는, 람다 함수를 조금 더 현명하게 사용하려다가 발생하는 경우가 많다. 예를 들어, 리스트 컴프리헨션(list comprehension)이나 반복문에서 람다 표현식을 생성하고 람다 함수가 순환 변수를 기억하려고 할 때 발생하기 쉽다.

```
>>> funcs = [lambda x: x+n for n in range(5)]
>>> for f in funcs:
...     print(f(0))
...
4
4
4
4
4
>>>
```

프로그래머는 n 값이 변할 것이라고 기대했지만 람다 함수는 가장 마지막 값을 사용했다.
이제 다음 코드와 비교해 보자.

```
>>> funcs = [lambda x, n=n: x+n for n in range(5)]
>>> for f in funcs:
...     print(f(0))
...
0
1
2
3
4
>>>
```

이제 n 값을 함수를 정의하는 시점의 값으로 고정해 놓고 사용한다.

7.8 인자를 N개 받는 함수를 더 적은 인자로 사용

문제

파이썬 코드에 콜백 함수나 핸들러로 사용할 호출체가 있다. 하지만 함수의 인자가 너무 많
고 호출했을 때 예외가 발생한다.

해결

함수의 인자 개수를 줄이려면 functools.partial()을 사용해야 한다. partial() 함수를
사용하면 함수의 인자에 고정 값을 할당할 수 있고, 따라서 호출할 때 넣어야 하는 인자 수
를 줄일 수 있다. 다음과 같은 함수가 있다고 가정해 보자.

```
def spam(a, b, c, d):
    print(a, b, c, d)
```

이제 partial()로 특정 값을 고정했다.

```
>>> from functools import partial
>>> s1 = partial(spam, 1)          # a = 1
>>> s1(2, 3, 4)
1 2 3 4
>>> s1(4, 5, 6)
1 4 5 6
>>> s2 = partial(spam, d=42)       # d = 42
>>> s2(1, 2, 3)
1 2 3 42
>>> s2(4, 5, 5)
4 5 5 42
>>> s3 = partial(spam, 1, 2, d=42) # a = 1, b = 2, d = 42
>>> s3(3)
1 2 3 42
>>> s3(4)
1 2 4 42
>>> s3(5)
1 2 5 42
>>>
```

partial()이 특정 인자의 값을 고정하고 새로운 호출체를 반환한다. 이 새로운 호출체는 할당하지 않은 인자를 받고, partial()에 주어진 인자와 합친 후 원본 함수에 전달한다.

토론

이번 레시피는 겉으로 보기에 호환되지 않을 것 같은 코드를 함께 동작하도록 하는 문제와 관련 있다. 예제를 몇 가지 보자.

우선 (x,y) 튜플로 나타낸 좌표 리스트가 있다. 다음 함수를 사용해서 두 점 사이의 거리를 구할 수 있다.

```
points = [ (1, 2), (3, 4), (5, 6), (7, 8) ]

import math
def distance(p1, p2):
    x1, y1 = p1
    x2, y2 = p2
    return math.hypot(x2 - x1, y2 - y1)
```

이제 어떤 점에서부터 이 점까지의 거리에 따라 정렬을 해야 한다면 어떻게 할까? 리스트의 sort() 메소드는 key 인자를 받아서 정렬에 사용하지만 인자가 하나인 함수에만 동작한다 (따라서 distance()는 적당하지 않다). 이때 partial()로 이 문제를 해결한다.

```
>>> pt = (4, 3)
>>> points.sort(key=partial(distance,pt))
>>> points
[(3, 4), (1, 2), (5, 6), (7, 8)]
>>>
```

이 발상을 확장해서, 다른 라이브러리에서 사용하는 콜백 함수의 매개변수 설명을 변경하는데 partial()을 사용할 수도 있다. 예를 들어 multiprocessing을 사용해서 비동기식으로 결과를 계산하고, 결과 값과 로깅 인자를 받는 콜백 함수에 그 결과를 전달하는 코드가 있다.

```
def output_result(result, log=None):
    if log is not None:
        log.debug('Got: %r', result)

# 샘플 함수
def add(x, y):
    return x + y

if __name__ == '__main__':
    import logging
    from multiprocessing import Pool
    from functools import partial

    logging.basicConfig(level=logging.DEBUG)
    log = logging.getLogger('test')

    p = Pool()
    p.apply_async(add, (3, 4), callback=partial(output_result, log=log))
    p.close()
    p.join()
```

apply_async()로 콜백 함수를 지원할 때, partial()을 사용해서 추가적인 로깅 인자를 넣었다. multiprocessing은 하나의 값으로 콜백 함수를 호출하게 되는 것이다.

유사한 예제로 네트워크 서버를 작성한다고 생각해 보자. socketserver 모듈을 사용하면 상대적으로 편하게 작업할 수 있다. 예를 들어 다음 코드는 간단한 에코 서버를 구현한다.

```
from socketserver import StreamRequestHandler, TCPServer

class EchoHandler(StreamRequestHandler):
    def handle(self):
        for line in self.rfile:
            self.wfile.write(b'GOT:' + line)

serv = TCPServer(('', 15000), EchoHandler)
serv.serve_forever()
```

하지만, EchoHandler 클래스에 __init__() 메소드가 추가적인 설정 인자를 받게 하고 싶다고 가정해 보자.

```
class EchoHandler(StreamRequestHandler):
    # ack는 키워드로만 넣을 수 있는 인자이다. *args, **kwargs는
    # 그 외 일반적인 파라미터이다.
    def __init__(self, *args, ack, **kwargs):
        self.ack = ack
        super().__init__(*args, **kwargs)
    def handle(self):
        for line in self.rfile:
            self.wfile.write(self.ack + line)
```

이렇게 수정하면 TCPServer 클래스에 넣을 수 있는 뚜렷한 방법이 사라진다. 이제 코드를 실행하면 다음과 같은 예외가 발생한다.

```
Exception happened during processing of request from ('127.0.0.1', 59834)
Traceback (most recent call last):
 ...
TypeError: __init__() missing 1 required keyword-only argument: 'ack'
```

얼핏 보기에 socketserver를 수정하거나 이상한 해결책을 사용하지 않는 한 이 코드를 고치기가 불가능할 것처럼 느껴진다. 하지만 partial()을 사용해서 ack 인자에 값을 넣어 주면 간단히 해결된다.

```
from functools import partial
serv = TCPServer(('', 15000), partial(EchoHandler, ack=b'RECEIVED:'))
serv.serve_forever()
```

이 예제에서 __init__() 메소드에 ack 인자를 명시하는 것이 우습게 보일 수 있지만, 키워드로만 넣을 수 있는 인자라서 그렇다. 자세한 내용은 레시피 7.2에서 다룬다.

partial()의 기능을 lambda 표현식으로 대신하기도 한다. 예를 들어 앞에 나온 예제를 다음과 같이 작성할 수 있다.

```
points.sort(key=lambda p: distance(pt, p))

p.apply_async(add, (3, 4), callback=lambda result: output_result(result,log))

serv = TCPServer(('', 15000),
                 lambda *args, **kwargs: EchoHandler(*args,
                                                     ack=b'RECEIVED:',
                                                     **kwargs))
```

이 코드도 동작하기는 하지만, 가독성이 떨어지고 나중에 소스 코드를 읽는 사람이 헷갈릴 확률이 더 크다. partial()을 사용하면 조금 더 작성자의 의도를 파악하기 쉽다(몇몇 매개변수에 값을 넣는다).

7.9 메소드가 하나인 클래스를 함수로 치환

문제

__init__() 외에 메소드가 하나뿐인 클래스가 있는데, 코드를 간결하게 만들기 위해 이를
하나의 함수로 바꾸고 싶다.

해결

많은 경우 메소드가 하나뿐인 클래스는 클로저(closure)를 사용해서 함수로 바꿀 수 있다.
템플릿 스킴을 사용해서 URL을 뽑아 내는, 다음 클래스를 예로 들어 보자.

```
from urllib.request import urlopen

class UrlTemplate:
    def __init__(self, template):
        self.template = template
    def open(self, **kwargs):
        return urlopen(self.template.format_map(kwargs))

# 사용법. 야후(yahoo)에서 주식 데이터를 받는다.
yahoo = UrlTemplate('http://finance.yahoo.com/d/quotes.csv?s={names}&f={fields}')
for line in yahoo.open(names='IBM,AAPL,FB', fields='sl1c1v'):
    print(line.decode('utf-8'))
```

클래스를 훨씬 간단한 함수로 치환할 수 있다.

```
def urltemplate(template):
    def opener(**kwargs):
        return urlopen(template.format_map(kwargs))
    return opener

# 사용법
yahoo = urltemplate('http://finance.yahoo.com/d/quotes.csv?s={names}&f={fields}')
for line in yahoo(names='IBM,AAPL,FB', fields='sl1c1v'):
    print(line.decode('utf-8'))
```

토론

대개의 경우 메소드가 하나뿐인 클래스가 필요할 때는 추가적인 상태를 메소드에 저장할
때뿐이다. 예를 들어 UrlTemplate 클래스의 목적은 open() 메소드에서 사용하기 위해
template 값을 저장해 놓으려는 것뿐이다.

내부 함수나 클로저를 사용하면 좀 더 보기 좋게 코드를 작성할 수 있다. 단순히 생각해
서 클로저는 함수라고 말할 수 있지만 함수 내부에서 사용하는 변수의 추가적인 환경이 있
다. 클로저의 주요 기능은 정의할 때의 환경을 기억한다는 것이다. 따라서 앞의 예제에서
opener() 함수가 template 인자의 값을 기억하고 추후 호출에 사용한다.

코드를 작성하다가 함수에 추가적인 상태를 첨부해야 하는 문제가 발생하면 클로저를 고려해 보자. 클로저는 클래스를 사용하는 것보다 훨씬 우아하게 문제를 해결하는 경우가 많다.

7.10 콜백 함수에 추가적 상태 넣기

문제

콜백 함수를 사용하는 코드를 작성 중이다(이벤트 핸들러, 완료 콜백 등). 이때 콜백 함수에 추가 상태를 넣고 내부 호출에 사용하고 싶다.

해결

이 레시피는 많은 라이브러리와 프레임워크(특히 비동기 처리에 관련 있는)에서 찾을 수 있는 콜백 함수의 활용을 알아본다. 예제를 위해 콜백 함수를 호출하는 다음 함수를 정의한다.

```python
def apply_async(func, args, *, callback):
    # 결과 계산
    result = func(*args)

    # 결과 값으로 콜백 함수 호출
    callback(result)
```

실제 애플리케이션이라면 이런 코드에서는 스레드, 프로세스, 타이머 등과 관련 있는 고급 동작을 구현하겠지만, 여기서는 그런 것이 중요하지 않으므로 건너뛰고, 콜백 호출 자체에만 집중한다. 이 코드를 사용하는 예제는 다음과 같다.

```python
>>> def print_result(result):
...     print('Got:', result)
...
>>> def add(x, y):
...     return x + y
...
>>> apply_async(add, (2, 3), callback=print_result)
Got: 5
>>> apply_async(add, ('hello', 'world'), callback=print_result)
Got: helloworld
>>>
```

앞에 나왔듯이 print_result() 함수는 결과 값만 하나의 인자로 받는다. 다른 어떠한 정보도 전달 받지 않는다. 이렇게 부족한 정보로 인해 콜백 함수가 다른 변수나 환경 등과 통신할 때 문제가 발생하기도 한다.

콜백 함수에 추가 정보를 넣는 한 가지 방법은 하나의 함수 대신 바운드–메소드(bound–method)를 사용하는 것이다. 예를 들어 이 클래스는 결과 값을 받을 때마다 늘어나는 내부 시퀀스 숫자를 가지고 있다.

```
class ResultHandler:
    def __init__(self):
        self.sequence = 0
    def handler(self, result):
        self.sequence += 1
        print('[{}] Got: {}'.format(self.sequence, result))
```

이 클래스를 사용하려면, 인스턴스를 만들고 바운드 메소드 handler를 콜백으로 사용해야 한다.

```
>>> r = ResultHandler()
>>> apply_async(add, (2, 3), callback=r.handler)
[1] Got: 5
>>> apply_async(add, ('hello', 'world'), callback=r.handler)
[2] Got: helloworld
>>>
```

클래스의 대안으로 클로저를 사용해서 상태를 저장해도 된다.

```
def make_handler():
    sequence = 0
    def handler(result):
        nonlocal sequence
        sequence += 1
        print('[{}] Got: {}'.format(sequence, result))
    return handler
```

이 방법의 예제는 다음과 같다.

```
>>> handler = make_handler()
>>> apply_async(add, (2, 3), callback=handler)
[1] Got: 5
>>> apply_async(add, ('hello', 'world'), callback=handler)
[2] Got: helloworld
>>>
```

이번 테마와는 다르지만, 코루틴(coroutine)을 사용할 수도 있다.

```
def make_handler():
    sequence = 0
    while True:
        result = yield
        sequence += 1
        print('[{}] Got: {}'.format(sequence, result))
```

코루틴의 경우에는 콜백으로 send() 메소드를 사용해야 한다.

```
>>> handler = make_handler()
>>> next(handler)          # Advance to the yield
```

```
>>> apply_async(add, (2, 3), callback=handler.send)
[1] Got: 5
>>> apply_async(add, ('hello', 'world'), callback=handler.send)
[2] Got: helloworld
>>>
```

마지막으로, 추가적인 인자와 파셜 함수(partial function) 애플리케이션으로 콜백에 상태를 넣을 수 있다.

```
>>> class SequenceNo:
...     def __init__(self):
...         self.sequence = 0
...
>>> def handler(result, seq):
...     seq.sequence += 1
...     print('[{}] Got: {}'.format(seq.sequence, result))
...
>>> seq = SequenceNo()
>>> from functools import partial
>>> apply_async(add, (2, 3), callback=partial(handler, seq=seq))
[1] Got: 5
>>> apply_async(add, ('hello', 'world'), callback=partial(handler, seq=seq))
[2] Got: helloworld
>>>
```

토론

콜백 함수를 사용하는 프로그램은 엉망으로 망가질 위험 요소를 안고 있다. 한 가지 문제점은 콜백 실행으로 이끄는 초기 요청 코드와 콜백 함수가 끊어진다는 점이다. 결과적으로 요청을 한 곳과 처리하는 곳이 서로를 찾지 못하게 된다. 콜백 함수가 여러 단계에 걸쳐 실행을 계속하도록 만들기 위해서는 어떻게 관련 상태를 저장하고 불러올지 정해야 한다.

상태를 고정시키고 저장하는 방식에는 크게 두 가지가 있다. 인스턴스에 상태를 저장하거나(아마도 바운드 메소드로 첨부되었을 것이다) 혹은 클로저에 저장한다(내부 함수). 두 가지 기술 중에서는 함수에 기반해서 만드는 클로저가 조금 더 가볍고 자연스럽다. 그리고 클로저는 자동으로 사용하는 변수를 고정시키기 때문에, 저장해야 하는 정확한 상태를 걱정하지 않아도 된다(코드에서 자동으로 결정한다).

클로저를 사용하면 수정 가능한 변수를 조심해서 사용해야 한다. 앞에 나온 예제에서 nonlocal 선언은 sequence 변수가 콜백 내부에서 수정됨을 가리킨다. 이 선언이 없으면 에러가 발생한다.

콜백 핸들러로 코루틴을 사용하는 것은 클로저 방식과 밀접한 관련이 있다. 코루틴은 단순히 하나의 함수로 이루어져 있기 때문에 더 깔끔하다고 볼 수도 있다. 게다가 nonlocal 선언 없이도 자유롭게 변수를 수정할 수 있다. 코루틴의 잠재적 단점은 파이썬의 기능으로 받아들여지지 않을 때가 있다는 것이다. 또한 코루틴을 사용하기 전에 next()를 호출해야 한다는 점도 있다. 이를 망각하기가 쉽다. 그렇기는 하지만, 인라인 콜백의 정의와 같이 코루틴을 사용하기 좋은 경우도 있다(다음 레시피에서 다룬다).

partial() 관련 마지막 기술은, 해야 하는 작업이 추가적인 값을 콜백에 전달하는 것뿐일 때 유용하다. partial()을 사용하지 않으면 동일한 작업을 lambda로 해결할 수 있다.

```
>>> apply_async(add, (2, 3), callback=lambda r: handler(r, seq))
[1] Got: 5
>>>
```

partial()로 매개변수를 바꾸는 더 많은 예제는 레시피 7.8에 나온다.

7.11 인라인 콜백 함수

문제

콜백 함수를 사용하는 코드를 작성하는데, 크기가 작은 함수를 너무 많이 만들어 낼까 걱정이 된다. 코드가 좀 더 정상적인 절차적 단계를 거치도록 하고 싶다.

해결

제너레이터(generator)와 코루틴(coroutine)을 사용하면 콜백 함수를 함수 내부에 넣을 수 있다. 예를 들어 어떤 작업을 하고 콜백을 호출하는 다음 코드를 보자(레시피 7.10).

```
def apply_async(func, args, *, callback):
    # 결과 계산
    result = func(*args)

    # 결과 값으로 콜백 함수 호출
    callback(result)
```

이제 Async 클래스와 inlined_async 데코레이터를 포함하고 있는 지원 코드를 보자.

```
from queue import Queue
from functools import wraps

class Async:
    def __init__(self, func, args):
        self.func = func
        self.args = args
```

```
def inlined_async(func):
    @wraps(func)
    def wrapper(*args):
        f = func(*args)
        result_queue = Queue()
        result_queue.put(None)
        while True:
            result = result_queue.get()
            try:
                a = f.send(result)
                apply_async(a.func, a.args, callback=result_queue.put)
            except StopIteration:
                break
    return wrapper
```

두 개의 코드 조각이 있으면 yield 구문으로 콜백 단계를 인라인(inline)할 수 있다.

```
def add(x, y):
    return x + y

@inlined_async
def test():
    r = yield Async(add, (2, 3))
    print(r)
    r = yield Async(add, ('hello', 'world'))
    print(r)
    for n in range(10):
        r = yield Async(add, (n, n))
        print(r)
    print('Goodbye')
```

test()를 호출하면 다음과 같은 결과가 나온다.

```
5
helloworld
0
2
4
6
8
10
12
14
16
18
Goodbye
```

특별 데코레이터와 yield를 제외하고는 아무런 콜백 함수가 나타나지 않았음을 확인할 수 있다.

토론

이번 레시피를 통해 콜백 함수, 제너레이터, 컨트롤 플로우를 얼마나 잘 이해하고 있는지 알 수 있다.

첫째로, 콜백과 관련 있는 코드에서 현재 연산이 모두 연기되고 특정 포인트에서 재시작한다는 점(예: 비동기식)이 포인트이다. 연산이 재시작하면 프로세싱을 위해 콜백이 실행된다. apply_async() 함수는 콜백 실행의 필수 부위를 보여주는데, 사실 실제 프로그램에서는 스레드, 프로세스, 이벤트 핸들러 등이 연관되면서 훨씬 복잡할 것이다.

프로그램 실행이 연기되고 재시작하는 발상은 자연스럽게 제너레이터 함수의 실행 모델과 매핑된다. 특히 yield 연산은 제너레이터 함수가 값을 분출하고 연기하도록 한다. 뒤이어 __next__()나 send() 메소드를 호출하면 다시 실행된다.

이 부분을 명심하고, 이번 레시피의 핵심은 inline_async() 데코레이터 함수에 있다. 키 포인트는 데코레이터가 yield 구문을 통해 제너레이터 함수를 하나씩 돈다는 것이다. 이를 위해 결과 큐를 만들고 최소로 None을 넣는다. 그리고 순환문을 돌며 결과를 큐에서 꺼내 제너레이터로 보낸다. 여기서 다음 생성으로 넘어가고 Async 인스턴스를 받는다. 순환문은 함수와 인자를 보고 비동기 계산인 apply_async()를 시작한다. 하지만 여기서 가장 주의해야 할 부분은 이 동작이 일반적인 콜백 함수를 사용해서 이루어진 것이 아니라, 콜백이 큐 put() 메소드에 설정되었다는 것이다.

이제, 정확히 어떤 일이 벌어졌는지는 어느 정도 열린 상태이다. 메인 루프는 즉시 최상단으로 돌아가고 큐의 get()을 실행한다. 데이터가 있으면 put() 콜백이 넣은 결과일 것이다. 아무것도 없다면 연산이 멈추었고, 결과 값이 도착하길 기다리고 있는 것이다. 실행 결과는 apply_async() 함수의 정확한 구현에 따라 달라진다.

정말 이 코드가 잘 동작할지 의문이 든다면, 멀티프로세싱 라이브러리와 비동기 연산을 사용해 여러 프로세스에서 실행해 보면 된다.

```python
if __name__ == '__main__':
    import multiprocessing
    pool = multiprocessing.Pool()
    apply_async = pool.apply_async

    # 테스트 함수 실행
    test()
```

결국 동작하는 것을 확인했는데, 컨트롤 플로우(control flow)가 어떻게 되는지 이해가 잘 되지 않는다면 조금 더 고민의 시간을 가져야 한다.

복잡한 컨트롤 플로우를 제너레이터 함수에 숨기는 것은 표준 라이브러리와 서드파티 패키지에서 쉽게 찾을 수 있다. 예를 들어 contextlib의 @contextmanager 데코레이터는 yield 구문을 통해 시작점과 종료점을 하나로 합치는 트릭을 수행한다. 유명한 패키지인 Twisted package에도 유사한 콜백이 포함되어 있다.

7.12 클로저 내부에서 정의한 변수에 접근

문제

클로저는 확장해서 내부 변수에 접근하고 수정하고 싶다.

해결

일반적으로 클로저 내부 변수는 외부와 완전히 단절되어 있다. 하지만 접근 함수를 만들고 클로저에 함수 속성으로 붙이면 내부 변수에 접근할 수 있다.

```python
def sample():
    n = 0
    # 클로저 함수
    def func():
        print('n=', n)

    # n에 대한 접근 메소드
    def get_n():
        return n

    def set_n(value):
        nonlocal n
        n = value

    # 함수 속성으로 클로저에 붙임
    func.get_n = get_n
    func.set_n = set_n
    return func
```

사용법은 다음과 같다.

```python
>>> f = sample()
>>> f()
n= 0
>>> f.set_n(10)
>>> f()
n= 10
>>> f.get_n()
10
>>>
```

토론

이번 레시피를 이루는 두 가지 주요 기능이 있다. 첫 번째는 nonlocal 선언으로 내부 변수를 수정하는 함수를 작성하는 것이고, 두 번째는 접근 메소드를 클로저 함수에 붙여 마치 인스턴스 메소드인 것처럼 동작하는 것이다(클래스와는 아무런 연관이 없다).

이번 레시피를 조금 확장해서 클로저를 마치 클래스의 인스턴스인 것처럼 동작하게 만들 수 있다. 내부 함수를 인스턴스 딕셔너리에 복사하고 반환하기만 하면 된다.

```python
import sys
class ClosureInstance:
    def __init__(self, locals=None):
        if locals is None:
            locals = sys._getframe(1).f_locals

        # 인스턴스 딕셔너리를 호출체로 갱신
        self.__dict__.update((key,value) for key, value in locals.items()
                                if callable(value) )
    # 특별 메소드 리다이렉트(redirect)
    def __len__(self):
        return self.__dict__['__len__']()

# 사용 예제
def Stack():
    items = []

    def push(item):
        items.append(item)

    def pop():
        return items.pop()

    def __len__():
        return len(items)

    return ClosureInstance()
```

실제 동작을 보여주는 세션을 보자.

```python
>>> s = Stack()
>>> s
<__main__.ClosureInstance object at 0x10069ed10>
>>> s.push(10)
>>> s.push(20)
>>> s.push('Hello')
>>> len(s)
3
>>> s.pop()
'Hello'
```

```
>>> s.pop()
20
>>> s.pop()
10
>>>
```

흥미롭게도 이 코드는 일반 클래스 정의보다 실행 속도가 더 빠르다. 예를 들어 다음과 같이 클래스와 속도를 비교해 볼 수 있다.

```
class Stack2:
    def __init__(self):
        self.items = []

    def push(self, item):
        self.items.append(item)

    def pop(self):
        return self.items.pop()

    def __len__(self):
        return len(self.items)
```

실행 결과는 다음과 유사하게 나온다.

```
>>> from timeit import timeit
>>> # 클로저
>>> s = Stack()
>>> timeit('s.push(1);s.pop()', 'from __main__ import s')
0.9874754269840196
>>> # 클래스
>>> s = Stack2()
>>> timeit('s.push(1);s.pop()', 'from __main__ import s')
1.0707052160287276
>>>
```

앞에 나온 대로 클로저의 실행 속도가 약 8% 빠르다. 인스턴스 변수에 접근하는 속도가 빠르기 때문에 이와 같은 결과가 나온다. 추가적인 self 변수를 사용하지 않아서 클로저의 실행 속도가 더 빠르다.

레이몬드 헤팅어(Raymond Hettinger)는 이보다 더 극단적인 발상을 창안했다. 하지만 정상적인 클래스를 두고 이런 요상한 코드를 실제 프로그래밍 과정에 사용할 사람이 얼마나 될까? 예를 들어 상속, 프로퍼티, 디스크립터, 클래스 메소드와 같은 주요 기능을 사용할 수도 없다. 또 몇몇 특별 메소드를 사용하기 위해서 비정상적인 코드를 작성할 필요도 생긴다 (ClosureInstance의 __len__() 구현 참고).

마지막으로, 코드를 읽는 다른 사람들이 이 괴상한 클래스가 무엇인지 혼란에 빠질 위험성도 있다(그리고 도대체 왜 이 코드가 빠른지도 궁금해 할 것이다). 그렇지만 클로저의 내부에 접근하기 위해서 어떤 작업을 해야 하는지 자체가 흥미로운 예제이다.

전체적으로 보면, 내부 상태 재설정, 버퍼 플러시, 캐시 삭제, 피드백 메커니즘 제공 등의 작업을 하고 싶을 때 클로저에 메소드를 추가하면 더 많은 기능을 제공할 수 있다.

## CHAPTER 8

클래스와 객체

이번 장은 클래스 정의와 관련된 프로그래밍 패턴에 대해 주로 알아본다. 레시피 주제는 일반적인 파이썬 기능을 객체가 지원하도록 하기, 특별 메소드 사용, 캡슐화(encapsulation) 기술, 상속, 메모리 관리, 유용한 디자인 패턴 등이 포함된다.

8.1 인스턴스의 문자열 표현식 변형

문제

인스턴스를 출력하거나 볼 때 생성되는 결과물을 좀 더 보기 좋게 바꾸고 싶다.

해결

인스턴스의 문자열 표현식을 바꾸려면 __str__()와 __repr__() 메소드를 정의한다.

```
class Pair:
    def __init__(self, x, y):
        self.x = x
        self.y = y
    def __repr__(self):
        return 'Pair({0.x!r}, {0.y!r})'.format(self)
    def __str__(self):
        return '({0.x!s}, {0.y!s})'.format(self)
```

__repr__() 메소드는 인스턴스의 코드 표현식을 반환하고, 일반적으로 인스턴스를 재생성할 때 입력하는 텍스트이다. 내장 repr() 함수는 인터프리터에서 값을 조사할 때와 마찬가지로 이 텍스트를 반환한다. __str__() 메소드는 인스턴스를 문자열로 변환하고, str() 와 print() 함수가 출력하는 결과가 된다.

```
>>> p = Pair(3, 4)
>>> p
Pair(3, 4)           # __repr__() 결과
>>> print(p)
(3, 4)               # __str__() 결과
>>>
```

이번 레시피의 코드는 서식화에서 문자열 표현식이 어떻게 다른지도 보여준다. 특히 서식화 코드 !r은 기본 값으로 __str__() 대신 __repr__()를 사용해야 함을 가리킨다. 앞에 나온 클래스로 실험해 볼 수 있다.

```
>>> p = Pair(3, 4)
>>> print('p is {0!r}'.format(p))
p is Pair(3, 4)
>>> print('p is {0}'.format(p))
p is (3, 4)
>>>
```

토론

__repr__()와 __str__()를 정의하면 디버깅과 인스턴스 출력을 간소화한다. 예를 들어, 단지 출력이나 인스턴스 로깅을 할 때도, 프로그래머는 인스턴스 내용에 대해 더 유용한 정보를 얻을 수 있다.

__repr__()는 eval(repr(x)) == x와 같은 텍스트를 만드는 것이 표준이다. 이것을 원하지 않거나 불가능하다면 일반적으로 <와 > 사이에 텍스트를 넣는다.

```
>>> f = open('file.dat')
>>> f
<_io.TextIOWrapper name='file.dat' mode='r' encoding='UTF-8'>
>>>
```

__str__()를 정의하지 않으면 대신 __repr__()의 결과물을 사용한다.

format()을 사용한 점이 조금 우스울지 모르겠지만, 서식 코드 {0.x}는 인자 0의 x 속성을 명시한다. 따라서 다음 함수에서 0은 실제로 인스턴스 self를 의미한다.

```
def __repr__(self):
    return 'Pair({0.x!r}, {0.y!r})'.format(self)
```

이 구현법에 대한 대안으로 % 연산자와 다음 코드를 사용해도 된다.

```
def __repr__(self):
    return 'Pair(%r, %r)' % (self.x, self.y)
```

8.2 문자열 서식화 조절

문제

format() 함수와 문자열 메소드로 사용자가 정의한 서식화를 지원하고 싶다.

해결

문자열 서식화를 조절하고 싶으면 클래스에 __format__() 메소드를 정의한다.

```
_formats = {
    'ymd' : '{d.year}-{d.month}-{d.day}',
    'mdy' : '{d.month}/{d.day}/{d.year}',
    'dmy' : '{d.day}/{d.month}/{d.year}'
    }

class Date:
    def __init__(self, year, month, day):
        self.year = year
        self.month = month
        self.day = day

    def __format__(self, code):
        if code == '':
            code = 'ymd'
        fmt = _formats[code]
        return fmt.format(d=self)
```

Date 클래스의 인스턴스는 이제 다음과 같은 서식화를 지원한다.

```
>>> d = Date(2012, 12, 21)
>>> format(d)
'2012-12-21'
>>> format(d, 'mdy')
'12/21/2012'
>>> 'The date is {:ymd}'.format(d)
'The date is 2012-12-21'
>>> 'The date is {:mdy}'.format(d)
'The date is 12/21/2012'
>>>
```

토론

__format__() 메소드는 파이썬의 문자열 서식화 함수에 후크(hook)를 제공한다. 서식화 코드의 해석은 모두 클래스 자체에 달려있다는 점이 중요하다. 따라서 코드에는 거의 모든 내용이 올 수 있다. 예를 들어 다음 datetime 모듈을 보자.

```
>>> from datetime import date
>>> d = date(2012, 12, 21)
>>> format(d)
'2012-12-21'
>>> format(d,'%A, %B %d, %Y')
'Friday, December 21, 2012'
>>> 'The end is {:%d %b %Y}. Goodbye'.format(d)
'The end is 21 Dec 2012. Goodbye'
>>>
```

내장 타입의 서식화에는 어느 정도 표준이 있다. 이에 대한 자세한 내용은 string 모듈의
문서를 참고한다.

8.3 객체의 콘텍스트 관리 프로토콜 지원

문제

객체가 콘텍스트 관리 프로토콜(with 구문)을 지원하게 만들고 싶다.

해결

객체와 with 구문을 함께 사용할 수 있게 만들려면, __enter__()와 __exit__() 메소드를
구현해야 한다. 예를 들어 네트워크 연결을 제공하는 다음 클래스를 보자.

```
from socket import socket, AF_INET, SOCK_STREAM

class LazyConnection:
    def __init__(self, address, family=AF_INET, type=SOCK_STREAM):
        self.address = address
        self.family = AF_INET
        self.type = SOCK_STREAM
        self.sock = None

    def __enter__(self):
        if self.sock is not None:
            raise RuntimeError('Already connected')
        self.sock = socket(self.family, self.type)
        self.sock.connect(self.address)
        return self.sock

    def __exit__(self, exc_ty, exc_val, tb):
        self.sock.close()
        self.sock = None
```

이 클래스의 주요 기능은 네트워크 연결을 표현하는 것이지만, 처음에는 아무런 작업을 하지는 않는다(예: 실제 연결 등). 그 대신 연결은 with 구문에서 이루어진다(요구에 의해).

```python
from functools import partial

conn = LazyConnection(('www.python.org', 80))
# 연결 종료
with conn as s:
    # conn.__enter__() 실행: 연결
    s.send(b'GET /index.html HTTP/1.0\r\n')
    s.send(b'Host: www.python.org\r\n')
    s.send(b'\r\n')
    resp = b''.join(iter(partial(s.recv, 8192), b''))
    # conn.__exit__() 실행: 연결 종료
```

토론

콘텍스트 매니저를 작성할 때 중요한 원리는 with 구문을 사용하여 정의된 블럭을 감싸는 코드를 작성한다는 것이다. 처음으로 with를 만나면 __enter__() 메소드가 호출된다. __enter__()의 반환 값(있다면)은 as로 나타낸 변수에 위치시킨다. 그 후에 with의 내부 명령어를 실행하고 마지막으로 __exit__() 메소드로 소거 작업을 한다.

이 흐름은 with 문 내부에서 어떤 일이 발생하는지와 상관 없이 일어나고, 예외가 발생한다 해도 변함이 없다. 사실 __exit__() 메소드의 세 가지 인자에 예외 타입, 값, 트레이스백(traceback)이 들어 있다. __exit__() 메소드는 예외 정보를 고르거나 아무 일도 하지 않고 None을 반환하며 무시하는 방식을 선택할 수 있다. 만약 __exit__()가 True를 반환하면 예외를 없애고 아무 일도 일어나지 않았던 것처럼 with 블록 다음의 프로그램을 계속해서 실행한다.

이번 레시피에서 with 문을 여러 번 써서 중첩된 연결을 LazyConnection 클래스가 허용하는지 여부가 미묘한 측면이다. 앞에 나온 대로 한 번에 하나의 소켓 연결만 허용되고 소켓을 사용 중에 중복된 with 문이 나타나면 예외가 발생한다. 구현법을 조금만 바꾸면 이 제한을 피해 갈 수 있다.

```python
from socket import socket, AF_INET, SOCK_STREAM

class LazyConnection:
    def __init__(self, address, family=AF_INET, type=SOCK_STREAM):
        self.address = address
        self.family = AF_INET
        self.type = SOCK_STREAM
        self.connections = []
```

```
def __enter__(self):
    sock = socket(self.family, self.type)
    sock.connect(self.address)
    self.connections.append(sock)
    return sock

def __exit__(self, exc_ty, exc_val, tb):
    self.connections.pop().close()

# 사용 예제
from functools import partial

conn = LazyConnection(('www.python.org', 80))
with conn as s1:
    ...
    with conn as s2:
        ...
        # s1과 s2는 독립적 소켓이다.
```

두 번째 버전에서 LazyConnection 클래스는 연결을 위한 팩토리(factory) 역할을 한다. 내부적으로 스택을 위해 리스트를 사용했다. __enter__()가 실행될 때마다, 새로운 연결을 만들고 스택에 추가한다. __exit__() 메소드는 단순히 스택에서 마지막 연결을 꺼내고 닫는다. 사소한 문제지만 이로 인해서 중첩 with 구문으로 연결을 여러 개 생성할 수 있다.

콘텍스트 매니저는 파일이나 네트워크 연결, 락 등의 자원을 관리할 때 프로그램에서 가장 일반적으로 사용한다. 이런 자원에서 가장 중요한 부분은 이들의 사용이 끝났을 때 확실히 닫거나 해제해야 한다는 점이다. 예를 들어 락을 취득했다면 사용을 마친 후 해제해야 한다. 이를 잊으면 데드락에 빠질 수 있다. __enter__(), __exit__()를 구현하고 with 문을 사용하면 __exit__() 메소드에서 뒤처리 코드의 실행을 보장하므로 이런 문제를 쉽게 피할 수 있다.

콘텍스트 매니저의 대안을 contextmanager 모듈에서 찾을 수 있다. 레시피 9.22를 참고한다. 스레드 환경에 안전한 버전이 필요하다면 레시피 12.6을 참고한다.

8.4 인스턴스를 많이 생성할 때 메모리 절약

문제

프로그램에서 많은(예: 수백만) 인스턴스를 생성하고 메모리를 많이 소비한다.

해결

간단한 자료 구조 역할을 하는 클래스의 경우 __slots__ 속성을 클래스 정의에 추가하면 메모리 사용을 상당히 많이 절약할 수 있다.

```python
class Date:
    __slots__ = ['year', 'month', 'day']
    def __init__(self, year, month, day):
        self.year = year
        self.month = month
        self.day = day
```

__slots__을 정의하면 파이썬은 인스턴스에서 훨씬 더 압축된 내부 표현식을 사용한다. 인스턴스마다 딕셔너리를 구성하지 않고 튜플이나 리스트 같은 부피가 작은 고정 배열로 인스턴스가 만들어진다. __slots__ 명시자에 리스팅된 속성 이름은 내부적으로 이 배열의 특정 인덱스에 매핑된다. 슬롯을 사용하는 데서 발생하는 부작용은 인스턴스에 새로운 속성을 추가할 수 없다는 점이다. __slots__ 명시자에 나열한 속성만 사용할 수 있다는 제약이 생긴다.

토론

슬롯을 사용해서 절약하는 메모리는 속성의 숫자와 타입에 따라 다르다. 하지만, 일반적으로 그 데이터를 튜플에 저장할 때의 메모리 사용과 비교할 만하다. Date 인스턴스 하나를 슬롯 없이 저장하면, 64비트 파이썬에서 428 바이트를 소비한다. 만약 슬롯을 정의하면 메모리 사용은 156 바이트로 떨어진다. 프로그램에서 많은 수의 날짜를 한 번에 다루어야 한다면 메모리를 상당히 많이 절약할 수 있다.

얼핏 생각하기에 슬롯을 사용하는 곳이 많을 것 같지만, 대개의 코드에서 슬롯 사용은 피하는 것이 좋다. 파이썬에 일반 딕셔너리 기반 구현에 의존하는 부분이 많다. 그리고 슬롯을 정의한 클래스는 다중 상속과 같은 특정 기능을 지원하지 않는다. 프로그램에서 자주 사용하는 자료 구조에만 슬롯 사용을 고려하는 것이 좋다(예: 특정 클래스에서 수백만 개의 인스턴스를 생성하는 경우).

__slots__을 인스턴스에 새로운 속성을 추가하지 못하도록 하는 캡슐화 도구로 오해하는 경우가 많다. 슬롯을 사용했을 때 이런 현상이 생기기는 하지만 원래 이런 용도로 디자인한 것은 아니다. __slots__은 항상 최적화 도구로만 사용해야 한다.

8.5 클래스 이름의 캡슐화

문제

클래스 인스턴스의 "프라이빗(private)" 데이터를 캡슐화하고 싶지만, 파이썬에는 접근 제어 기능이 부족하다.

해결

파이썬 프로그래머들은 언어의 기능에 의존하기보다는 데이터나 메소드의 이름에 특정 규칙을 사용하여서 의도를 나타낸다. 첫 번째 규칙은 밑줄(_)로 시작하는 모든 이름은 내부 구현에서만 사용하도록 가정하는 것이다.

```python
class A:
    def __init__(self):
        self._internal = 0          # 내부 속성
        self.public = 1             # 공용 속성

    def public_method(self):
        '''
        A public method
        '''
        ...

    def _internal_method(self):
        ...
```

파이썬은 내부 이름에 누군가 접근하는 것을 실제로 막지는 않는다. 하지만 이런 시도는 무례한 것으로 간주되고 결국 허술한 코드가 된다. 또한 이름 앞에 밑줄을 붙이는 것은 모듈 이름과 모듈 레벨 함수에도 사용한다. 예를 들어, 밑줄로 시작하는 모듈 이름을 발견한다면 (예: _socket), 이는 내부 구현이다. 또한 sys._getframe()과 같은 모듈 레벨 함수는 사용할 때 매우 조심해야 한다.

클래스 정의에 밑줄 두 개(__)로 시작하는 이름이 나오기도 한다.

```python
class B:
    def __init__(self):
        self.__private = 0
    def __private_method(self):
        ...
    def public_method(self):
        ...
        self.__private_method()
        ...
```

이름 앞에 밑줄을 두 개 붙이면 이름이 다른 것으로 변한다. 더 구체적으로, 앞에 나온 클래스의 프라이빗 속성은 _B__private과 _B__private_method로 이름이 변한다. 그렇다면 이러한 이름의 변화는 어떤 의미를 가질까? 답은 바로 속성에 있다. 이런 속성은 속성을 통해 오버라이드할 수 없다.

```
class C(B):
    def __init__(self):
        super().__init__()
        self.__private = 1        # B.__private를 오버라이드하지 않는다.
    # B.__private_method()를 오버라이드하지 않는다.
    def __private_method(self):
        ...
```

여기서 __private과 __private_method의 이름은 _C__private과 _C__private_method로 변하기 때문에 B 클래스의 이름과 겹치지 않는다.

토론

프라이빗 속성에 대한 규칙이 두 가지 존재해서(밑줄 한 개와 두 개), 이 중 어떤 스타일을 써야할지 의문이 들 수 있다. 대개의 경우 공용이 아닌 이름은 밑줄을 하나만 붙여야 한다. 하지만 코드가 서브클래싱을 사용할 것이고 서브클래스에서 숨겨야 할 내부 속성이 있다면 밑줄을 두 개 붙인다.

그리고 예약해 둔 단어 이름과 충돌하는 변수를 정의하고 싶을 때가 있다. 이런 경우 이름 뒤에 밑줄을 하나 붙인다.

```
lambda_ = 2.0        # lambda 키워드와의 충돌을 피하기 위해 밑줄을 붙인다.
```

밑줄을 변수 이름 앞에 붙이지 않는 이유는 내부적으로 사용하는 의도와의 혼동을 피하기 위해서이다. 변수 이름 뒤에 밑줄을 하나 붙여서 이 문제를 해결한다.

8.6 관리 속성 만들기

문제

인스턴스 속성을 얻거나 설정할 때 추가적인 처리(타입 체크, 검증 등)를 하고 싶다.

해결

속성에 대한 접근을 조절하고 싶으면 "프로퍼티(property)"로 정의하면 된다. 예를 들어 다음 코드는 속성에 간단한 타입 체크를 추가하는 프로퍼티를 정의한다.

```python
class Person:
    def __init__(self, first_name):
        self.first_name = first_name

    # 게터 함수
    @property
    def first_name(self):
        return self._first_name

    # 세터 함수
    @first_name.setter
    def first_name(self, value):
        if not isinstance(value, str):
            raise TypeError('Expected a string')
        self._first_name = value

    # 딜리터 함수(옵션)
    @first_name.deleter
    def first_name(self):
        raise AttributeError("Can't delete attribute")
```

앞의 코드에서 관련 메소드가 세 개 있는데, 모두 같은 이름을 가져야 한다. 첫 번째 메소드는 게터(getter) 함수로, first_name을 프로퍼티로 만든다. 다른 두 메소드는 추가적으로 세터(setter)와 딜리터(deleter) 함수를 first_name 프로퍼티에 추가한다. 여기서 @first_name.setter와 @first_name.deleter 데코레이터는 @property를 사용해서 first_name을 만들어 놓지 않으면 정의되지 않는 점이 중요하다.

프로퍼티의 중요 기능으로 일반적인 속성으로 보이지 않는다는 점이 있지만, 여기에 접근하면 자동으로 게터, 세터, 딜리터 메소드가 자동으로 실행된다.

```python
>>> a = Person('Guido')
>>> a.first_name        # 게터 호출
'Guido'
>>> a.first_name = 42   # 세터 호출
Traceback (most recent call last):
  File "<stdin>", line 1, in <module>
  File "prop.py", line 14, in first_name
    raise TypeError('Expected a string')
TypeError: Expected a string
>>> del a.first_name
Traceback (most recent call last):
  File "<stdin>", line 1, in <module>
AttributeError: can't delete attribute
>>>
```

프로퍼티를 구현할 때, 기반 데이터가 있다면 여전히 어딘가에 저장해야 한다. 따라서 게터, 세터 메소드에서 _first_name 속성을 직접 다루는 것을 볼 수 있는데, 여기에 실제 데이터가 들어간다. 그리고 왜 __init__()에서 self._first_name이 아닌 self.first_name을 설정하는 이유가 무엇인지 의문이 생길 수 있다. 이번 예제에서 프로퍼티의 모든 포인트는 속성에 타입 체킹을 적용하는 것에 집중하는 것이다. 따라서 초기화를 할 때도 이것을 확인하고 싶을 확률이 있다. self.first_name을 설정하면, 설정 연산이 세터 메소드를 사용한다(self._first_name에 접근하여 우회하는 것과는 대조적이다).

이미 존재하는 get과 set 메소드로 프로퍼티를 정의할 수도 있다.

```python
class Person:
    def __init__(self, first_name):
        self.set_first_name(first_name)

    # 게터 함수
    def get_first_name(self):
        return self._first_name

    # 세터 함수
    def set_first_name(self, value):
        if not isinstance(value, str):
            raise TypeError('Expected a string')
        self._first_name = value

    # 딜리터 함수(옵션)
    def del_first_name(self):
        raise AttributeError("Can't delete attribute")

    # 기존 게터/세터 메소드로 프로퍼티 만들기
    name = property(get_first_name, set_first_name, del_first_name)
```

토론

사실 프로퍼티 속성은 함께 묶여 있는 메소드 컬렉션이다. 프로퍼티가 있는 클래스를 조사해 보면 프로퍼티 자체의 fget, fset, fdel 속성에서 로우(raw) 메소드를 찾을 수 있다.

```
>>> Person.first_name.fget
<function Person.first_name at 0x1006a60e0>
>>> Person.first_name.fset
<function Person.first_name at 0x1006a6170>
>>> Person.first_name.fdel
<function Person.first_name at 0x1006a62e0>
>>>
```

일반적으로 fget이나 fset을 직접 호출하지는 않고, 프로퍼티에 접근할 때 자동으로 실행된다.

프로퍼티는 속성에 추가적인 처리가 필요할 때만 사용해야 한다. Java 등에 익숙한 프로그래머는 클래스 속성에 접근할 때 무조건 게터, 세터를 사용해야 한다고 생각하고 다음과 같은 코드를 작성한다.

```
class Person:
    def __init__(self, first_name):
        self.first_name = name
    @property
    def first_name(self):
        return self._first_name
    @first_name.setter
    def first_name(self, value):
        self._first_name = value
```

하지만 앞에 나온 코드는 좋지 않다. 우선 남들이 보기에 불필요하게 장황하고 이해하기 어렵다. 그리고 프로그램의 실행 속도도 떨어진다. 마지막으로, 디자인 측면에서도 아무런 이득이 없다. 특히, 추후에 속성에 추가적인 처리가 필요하다고 판단했을 때 기존 코드를 수정하지 않고 프로퍼티로 쉽게 변환할 수 있다. 왜냐하면 속성에 접근하는 코드의 구문을 수정하면 안 되기 때문이다.

프로퍼티는 계산한 속성을 정의할 때 사용하기도 한다. 이런 속성은 실제로 저장하지는 않지만 필요에 따라 계산을 한다.

```
import math
class Circle:
    def __init__(self, radius):
        self.radius = radius
    @property
    def area(self):
        return math.pi * self.radius ** 2
    @property
    def perimeter(self):
        return 2 * math.pi * self.radius
```

앞에 나온 프로퍼티를 사용하면 radius, area, perimeter가 마치 속성인 것처럼 접근할 수 있다. 속성과 메소드 호출을 복합적으로 사용하는 것과 대조적이다.

```
>>> c = Circle(4.0)
>>> c.radius
4.0
>>> c.area                  # ()가 쓰이지 않았다.
50.26548245743669
>>> c.perimeter             # ()가 쓰이지 않았다.
25.132741228718345
>>>
```

프로퍼티로 우아한 프로그래밍 인터페이스를 얻을 수 있지만, 게터와 세터 함수를 직접 사용하는 것도 가능하다.

```
>>> p = Person('Guido')
>>> p.get_first_name()
'Guido'
>>> p.set_first_name('Larry')
>>>
```

시스템 프로그램과 같은 거대 구조에 파이썬 코드를 통합할 때 이럴 필요성이 있다. 예를 들어, 파이썬 클래스를 원격 절차 호출이나 분산 객체에 기반한 방대한 분산 시스템에 넣기도 한다. 이런 경우 명시적으로 게터/세터 메소드를 일반적인 메소드처럼 직접 호출하는 것이 프로퍼티 사용보다 훨씬 이해하기 쉽다.

마지막으로, 프로퍼티 정의를 반복적으로 사용하는 파이썬 코드를 작성하지 않도록 주의하자.

```python
class Person:
    def __init__(self, first_name, last_name):
        self.first_name = first_name
        self.last_name = last_name

    @property
    def first_name(self):
        return self._first_name

    @first_name.setter
    def first_name(self, value):
        if not isinstance(value, str):
            raise TypeError('Expected a string')
        self._first_name = value

    # 이름이 다른 프로퍼티 코드의 반복 (좋지 않다!)
    @property
    def last_name(self):
        return self._last_name

    @last_name.setter
    def last_name(self, value):
        if not isinstance(value, str):
            raise TypeError('Expected a string')
        self._last_name = value
```

코드를 반복하면 보기 좋지 않고 에러가 발생하기도 쉽다. 동일한 동작성은 디스크립터나 클로저로도 얻을 수 있다. 레시피 8.9와 9.21을 참고한다.

8.7 부모 클래스의 메소드 호출

문제

오버라이드된 서브클래스 메소드가 아닌 부모 클래스에 있는 메소드를 호출하고 싶다.

해결

부모(혹은 슈퍼클래스)의 메소드를 호출하려면 super() 함수를 사용한다.

```python
class A:
    def spam(self):
        print('A.spam')

class B(A):
    def spam(self):
        print('B.spam')
        super().spam()                    # 부모의 spam() 호출
```

super()는 일반적으로 __init__() 메소드에서 부모를 제대로 초기화하기 위해 사용한다.

```python
class A:
    def __init__(self):
        self.x = 0

class B(A):
    def __init__(self):
        super().__init__()
        self.y = 1
```

그리고 파이썬의 특별 메소드를 오버라이드한 코드에서 super()를 사용하기도 한다.

```python
class Proxy:
    def __init__(self, obj):
        self._obj = obj

    # 내부 obj를 위해 델리게이트(delegate) 속성 찾기
    def __getattr__(self, name):
        return getattr(self._obj, name)

    # 델리게이트(delegate) 속성 할당
    def __setattr__(self, name, value):
        if name.startswith('_'):
            super().__setattr__(name, value)  # 원본 __setattr__ 호출
        else:
            setattr(self._obj, name, value)
```

이 코드에서, __setattr__() 구현에 이름 확인이 들어 있다. 만약 이름이 밑줄로 시작하면 super()를 사용해서 __setattr__()의 원래의 구현을 호출한다. 그렇지 않다면 내부 객체인 self._obj를 부른다. 조금 이상하게 보일지도 모르겠지만, 명시적으로 클래스를 표시하지 않아도 super()가 동작한다.

토론

super() 함수를 올바르게 사용하기는 무척 어렵다. 때때로 부모 클래스 메소드를 직접 호출하기 위해 다음과 같이 작성한 코드를 볼 수 있다.

```python
class Base:
    def __init__(self):
        print('Base.__init__')

class A(Base):
    def __init__(self):
        Base.__init__(self)
        print('A.__init__')
```

앞에 나오는 코드가 대부분의 경우 "동작하기"는 하지만, 다중 상속과 같은 상황에서 문제가 발생하기도 한다.

```python
class Base:
    def __init__(self):
        print('Base.__init__')

class A(Base):
    def __init__(self):
        Base.__init__(self)
        print('A.__init__')

class B(Base):
    def __init__(self):
        Base.__init__(self)
        print('B.__init__')

class C(A,B):
    def __init__(self):
        A.__init__(self)
        B.__init__(self)
        print('C.__init__')
```

이 코드를 실행하면 Base.__init__() 메소드가 두 번 호출된다.

```python
>>> c = C()
Base.__init__
A.__init__
Base.__init__
```

```
        B.__init__
        C.__init__
        >>>
```

Base.__init__()을 두 번 호출하는 것이 문제가 없을 수도 있지만, 항상 그렇지만은 않다. 하지만 super()를 사용하여 코드를 수정한다면 올바르게 동작한다.

```
        class Base:
            def __init__(self):
                print('Base.__init__')

        class A(Base):
            def __init__(self):
                super().__init__()
                print('A.__init__')

        class B(Base):
            def __init__(self):
                super().__init__()
                print('B.__init__')

        class C(A,B):
            def __init__(self):
                super().__init__()        # 여기서 super()를 한 번만 호출한다.
                print('C.__init__')
```

이번 버전을 사용하면 모든 __init__() 메소드가 한 번씩만 호출된다.

```
        >>> c = C()
        Base.__init__
        B.__init__
        A.__init__
        C.__init__
        >>>
```

왜 이런 차이점이 생기는지 이해하려면, 파이썬의 상속 구현을 먼저 이해해야 한다. 클래스를 정의할 때마다 파이썬은 메소드 처리 순서(method resolution order, MRO) 리스트를 계산한다. MRO 리스트는 모든 베이스 클래스를 단순히 순차적으로 나열한 리스트이다.

```
        >>> C.__mro__
        (<class '__main__.C'>, <class '__main__.A'>, <class '__main__.B'>,
        <class '__main__.Base'>, <class 'object'>)
        >>>
```

상속 구현을 위해 파이썬은 가장 왼쪽에 있는 클래스에서 시작해서 MRO 리스트의 오른쪽으로 이동하며 일치하는 속성을 찾는다.

MRO 리스트 자체를 실제로 결정할 때는 C3 선형화(C3 Linearization)라는 기술을 사용한다. 너무 계산이 복잡해지지 않도록 부모 클래스의 MRO를 다음 세 가지 제약 조건 하에서 합병 정렬(merge sort)한다.

- 자식 클래스를 부모보다 먼저 확인한다.
- 부모 클래스가 둘 이상이면 리스팅한 순서대로 확인한다.
- 유효한 후보가 두 가지 있으면, 첫 번째 부모 클래스부터 선택한다.

사실 정말로 알고 있어야 하는 것은 MRO 리스트의 클래스 순서가 정의하려는 거의 모든 클래스 구조에 "의미가 통해야" 한다는 점이다.

super() 함수를 사용할 때, 파이썬은 MRO의 다음 클래스에서 검색을 시작한다. 재정의한 모든 메소드가 모두 super()를 사용하고 한 번만 호출하지만, 시스템은 MRO 리스트 전체에 동작하고 모든 메소드는 한 번만 호출된다. 바로 이 때문에 두 번째 예제의 Base.__init__()이 두 번 호출되지 않은 것이다.

super()의 놀라운 측면 중 하나는 이 함수가 MRO의 바로 위에 있는 부모에 직접 접근하지 않을 때도 있고, 직접적인 부모 클래스가 없을 때도 super()를 사용할 수 있다는 점이다.

```
class A:
    def spam(self):
        print('A.spam')
        super().spam()
```

앞에 나온 클래스를 사용하면 다음과 같이 에러 메시지가 발생한다.

```
>>> a = A()
>>> a.spam()
A.spam
Traceback (most recent call last):
  File "<stdin>", line 1, in <module>
  File "<stdin>", line 4, in spam
AttributeError: 'super' object has no attribute 'spam'
>>>
```

이 클래스를 다중 상속에 사용하면 어떻게 되는지 확인해 보자.

```
>>> class B:
...     def spam(self):
...         print('B.spam')
...
>>> class C(A,B):
...     pass
...
>>> c = C()
>>> c.spam()
A.spam
B.spam
>>>
```

A 클래스의 super().spam()이 실제로 A와는 전혀 관련 없는 B 클래스의 spam()을 호출했다. C 클래스의 MRO를 보면 이를 이해할 수 있다.

```
>>> C.__mro__
(<class '__main__.C'>, <class '__main__.A'>, <class '__main__.B'>,
<class 'object'>)
>>>
```

이런 식으로 super()를 사용하는 것은 클래스를 복합적으로 사용할 때 일반적인 모습이다. 레시피 8.13과 8.18을 참고한다.

하지만, super()로 인해 원치 않는 메소드가 호출되는 현상이 발생할 수도 있어 필자의 경험상 다음 규칙을 따르는 것이 좋다. 첫째로, 상속 관계에서 이름이 같은 모든 메소드는 동일한 구조를 가지도록 한다(예: 같은 인자 수, 같은 인자 이름). 이렇게 하면 super()가 직접적으로 부모가 아닌 클래스 메소드를 호출할 때 발생하는 실수를 방지할 수 있다. 두 번째로, 가장 상위에 있는 클래스에서 메소드 구현을 제공해서 MRO에서 검색을 할 때 결국은 실제 메소드에서 멈추도록 하는 것이 좋다.

super()를 사용하는 것의 장단점은 파이썬 커뮤니티에서 종종 토론거리가 되곤 한다. 하지만 다른 모든 조건이 그대로라면, 현대적인 코드에서 사용해야 한다. 레이몬드 헤팅어(Raymond Hettinger)가 쓴 블로그 포스팅 "Python's super() Considered Super!"에 더 많은 예제와 super()가 왜 훌륭한지 자세한 설명이 나오니 참고하도록 한다.

8.8 서브클래스에서 프로퍼티 확장

문제

서브클래스에서, 부모 클래스에 정의한 프로퍼티의 기능을 확장하고 싶다.

해결

프로퍼티를 정의하는 다음 코드를 보자.

```
class Person:
    def __init__(self, name):
        self.name = name

    # 게터 함수
    @property
    def name(self):
        return self._name
```

```
    # 세터 함수
    @name.setter
    def name(self, value):
        if not isinstance(value, str):
            raise TypeError('Expected a string')
        self._name = value

    # 딜리터 함수
    @name.deleter
    def name(self):
        raise AttributeError("Can't delete attribute")
```

다음 코드는 Person을 상속 받아 name 프로퍼티에 새로운 기능을 넣어 클래스를 확장한다.

```
class SubPerson(Person):
    @property
    def name(self):
        print('Getting name')
        return super().name

    @name.setter
    def name(self, value):
        print('Setting name to', value)
        super(SubPerson, SubPerson).name.__set__(self, value)

    @name.deleter
    def name(self):
        print('Deleting name')
        super(SubPerson, SubPerson).name.__delete__(self)
```

다음은 새로운 클래스를 사용하는 예제이다.

```
>>> s = SubPerson('Guido')
Setting name to Guido
>>> s.name
Getting name
'Guido'
>>> s.name = 'Larry'
Setting name to Larry
>>> s.name = 42
Traceback (most recent call last):
  File "<stdin>", line 1, in <module>
  File "example.py", line 16, in name
      raise TypeError('Expected a string')
TypeError: Expected a string
>>>
```

프로퍼티의 메소드 하나를 확장하고 싶으면 다음과 같은 코드를 사용한다.

```
class SubPerson(Person):
    @Person.name.getter
    def name(self):
```

```
        print('Getting name')
        return super().name
```

혹은 세터(setter) 하나만 확장하려면 다음과 같이 한다.

```
class SubPerson(Person):
    @Person.name.setter
    def name(self, value):
        print('Setting name to', value)
        super(SubPerson, SubPerson).name.__set__(self, value)
```

토론

서브클래스의 프로퍼티를 확장하면 프로퍼티가 하나의 메소드가 아닌 게터, 세터, 딜리터 메소드의 컬렉션으로 정의되었다는 사실로 인해 자잘한 문제가 발생한다. 따라서 프로퍼티를 확장할 때 모든 메소드를 다시 정의할지, 메소드 하나만 다시 정의할지 결정해야 한다.

첫 번째 예제에서는 모든 메소드를 재정의했다. 모든 메소드에서 기존 구현을 호출하기 위해 super()를 사용했다. 세터 함수에서 사용한 super(SubPerson, SubPerson).name.__set__(self, value)는 실수가 아니다. 세터의 기존 구현으로 델리게이트(delegate)하기 위해서, 컨트롤은 기존에 구현한 name 프로퍼티의 __set__() 메소드로 전달해야 한다. 하지만, 이 메소드에 도달하기 위한 유일한 방법은 인스턴스 변수가 아닌 클래스 변수로 접근하는 것이다. 바로 이 내용이 super(SubPerson, SubPerson)에서 수행된 것이다.

메소드 중 하나만 재정의하려면 @property 자체만 사용하는 것으로는 충분하지 않다. 예를 들어 다음 코드는 동작하지 않는다.

```
class SubPerson(Person):
    @property                    # 동작하지 않음
    def name(self):
        print('Getting name')
        return super().name
```

이 코드를 사용하려고 하면 세터 함수가 모두 사라진 것을 확인하게 된다.

```
>>> s = SubPerson('Guido')
Traceback (most recent call last):
  File "<stdin>", line 1, in <module>
  File "example.py", line 5, in __init__
    self.name = name
AttributeError: can't set attribute
>>>
```

코드를 해결책에 나왔던 것처럼 수정해야 한다.

```
class SubPerson(Person):
    @Person.getter
    def name(self):
        print('Getting name')
        return super().name
```

이렇게 하면, 기존에 정의한 모든 프로퍼티 메소드가 복사되고 게터 함수가 치환된다. 이제 예상대로 잘 동작한다.

```
>>> s = SubPerson('Guido')
>>> s.name
Getting name
'Guido'
>>> s.name = 'Larry'
>>> s.name
Getting name
'Larry'
>>> s.name = 42
Traceback (most recent call last):
  File "<stdin>", line 1, in <module>
  File "example.py", line 16, in name
    raise TypeError('Expected a string')
TypeError: Expected a string
>>>
```

이 해결책으로는 하드코딩된 클래스 이름 Person을 좀 더 제네릭(generic)한 것으로 치환할 방법이 없다. 어떤 베이스 클래스가 프로퍼티를 정의했는지 모른다면 모든 프로퍼티 메소드를 재정의하고 super()로 기존 구현에 컨트롤을 전달하는 방식을 사용해야 한다.

그리고 레시피 8.9에 나온 것처럼 이번 레시피에 나온 첫 번째 기술을 디스크립터를 확장하는 데 사용할 수도 있다.

```
# 디스크립터
class String:
    def __init__(self, name):
        self.name = name

    def __get__(self, instance, cls):
        if instance is None:
            return self
        return instance.__dict__[self.name]

    def __set__(self, instance, value):
        if not isinstance(value, str):
            raise TypeError('Expected a string')
        instance.__dict__[self.name] = value

# 디스크립터를 가진 클래스
class Person:
    name = String('name')
    def __init__(self, name):
        self.name = name

# 디스크립터에 프로퍼티를 넣어 확장
class SubPerson(Person):
    @property
    def name(self):
```

```
        print('Getting name')
        return super().name

    @name.setter
    def name(self, value):
        print('Setting name to', value)
        super(SubPerson, SubPerson).name.__set__(self, value)

    @name.deleter
    def name(self):
        print('Deleting name')
        super(SubPerson, SubPerson).name.__delete__(self)
```

마지막으로, 독자가 이 글을 읽고 있을 때쯤이면 세터와 딜리터 메소드를 서브클래싱하는 과정이 단순화되었을 수도 있다. 앞에 나온 해결책은 여전히 잘 동작할 테지만, 파이썬의 이슈 페이지에 보고된 버그가 최신 파이썬 버전에서 수정되었을지도 모른다.

8.9 새로운 클래스나 인스턴스 속성 만들기

문제

타입 확인 등과 같이 추가적 기능을 가진 새로운 종류의 인스턴스 속성을 만들고 싶다.

해결

완전히 새로운 종류의 인스턴스 속성을 만들려면, 그 기능을 디스크립터 클래스 형태로 정의해야 한다.

```
# 타입을 확인하는 정수형 디스크립터 속성
class Integer:
    def __init__(self, name):
        self.name = name

    def __get__(self, instance, cls):
        if instance is None:
            return self
        else:
            return instance.__dict__[self.name]

    def __set__(self, instance, value):
        if not isinstance(value, int):
            raise TypeError('Expected an int')
        instance.__dict__[self.name] = value

    def __delete__(self, instance):
        del instance.__dict__[self.name]
```

디스크립터는 세 가지 중요한 속성 접근 명령(get, set, delete)을 특별 메소드 __get__(), __set__(), __delete__() 형식으로 구현한 클래스이다. 이 메소드는 인스턴스를 입력으로 받는다. 그리고 인스턴스의 기반 딕셔너리는 속성으로 만들어진다.

디스크립터를 사용하려면, 디스크립터의 인스턴스는 클래스 정의에 클래스 변수로 들어가야 한다.

```
class Point:
    x = Integer('x')
    y = Integer('y')
    def __init__(self, x, y):
        self.x = x
        self.y = y
```

이렇게 할 때, 디스크립터에 대한 모든 접근(예: x 또는 y)은 __get__(), __set__(), __delete__() 메소드를 사용한다.

```
>>> p = Point(2, 3)
>>> p.x                 # Point.x.__get__(p,Point) 호출
2
>>> p.y = 5        # Point.y.__set__(p, 5) 호출
>>> p.x = 2.3      # Point.x.__set__(p, 2.3) 호출
Traceback (most recent call last):
  File "<stdin>", line 1, in <module>
  File "descrip.py", line 12, in __set__
    raise TypeError('Expected an int')
TypeError: Expected an int
>>>
```

입력으로, 디스크립터의 모든 메소드는 가공 중인 인스턴스를 받는다. 요청 받은 작업을 수행하기 위해서, 인스턴스 딕셔너리(__dict__ 속성) 역시 적절히 처리된다. 디스크립터의 self.name 속성은 실제 데이터를 인스턴스 딕셔너리에 저장할 때 사용하는 딕셔너리 키를 가지고 있다.

토론

디스크립터는 파이썬 클래스 기능에 __slots__, @classmethod, @staticmethod, @property와 같이 멋진 도구를 제공한다.

디스크립터를 정의하면 get, set, delete와 같이 중요한 인스턴스 연산을 아주 하위 레벨에서 얻고 어떻게 동작할지도 입맛대로 바꿀 수 있다. 따라서 고급 라이브러리와 프레임워크를 작성하는 프로그래머에게 매우 중요한 도구가 된다.

디스크립터에 대해 한 가지 헷갈리는 부분은 인스턴스 기반이 아닌 클래스 레벨에서만 정의가 가능하는 것이다. 따라서 다음과 같은 코드는 동작하지 않는다.

```
# 동작하지 않음
class Point:
```

```
        def __init__(self, x, y):
            self.x = Integer('x')          # 안 된다. 반드시 클래스 변수여야 한다.
            self.y = Integer('y')
            self.x = x
            self.y = y
```

또한 __get__() 메소드를 구현하는 것도 보기보다 간단하지 않다.

```
    # 타입을 확인하는 정수형 디스크립터 속성
    class Integer:
        ...
        def __get__(self, instance, cls):
            if instance is None:
                return self
            else:
                return instance.__dict__[self.name]
        ...
```

__get__()이 조금 복잡해 보이는 이유는 인스턴스 변수와 클래스 변수를 구분해야 하기 때문이다. 만약 디스크립터를 클래스 변수로 접근하면 instance 인자가 None이 된다. 이 경우에는 단순히 디스크립터 자신을 반환하는 것이 일반적이다(물론 다른 처리를 해도 무방하다).

```
>>> p = Point(2,3)
>>> p.x          # Point.x.__get__(p, Point) 호출
2
>>> Point.x  # Point.x.__get__(None, Point) 호출
<__main__.Integer object at 0x100671890>
>>>
```

디스크립터는 데코레이터나 메타클래스가 들어 가는 거대한 프로그래밍 프레임워크의 한 가지 요소가 되곤 한다. 보통 디스크립터의 사용은 겉으로 드러나지 않아 사용자에게 보이지 않는다. 예를 들어 다음은 클래스 데코레이터를 사용하는 디스크립터 기반의 고급 코드이다.

```
    # 속성 타입을 확인하는 디스크립터
    class Typed:
        def __init__(self, name, expected_type):
            self.name = name
            self.expected_type = expected_type

        def __get__(self, instance, cls):
            if instance is None:
                return self
            else:
                return instance.__dict__[self.name]

        def __set__(self, instance, value):
            if not isinstance(value, self.expected_type):
                raise TypeError('Expected ' + str(self.expected_type))
            instance.__dict__[self.name] = value
```

```
        def __delete__(self, instance):
            del instance.__dict__[self.name]

    # 선택한 속성에 적용되는 클래스 데코레이터(decorator)
    def typeassert(**kwargs):
        def decorate(cls):
            for name, expected_type in kwargs.items():
                # 클래스에 Typed 디스크립터 설정
                setattr(cls, name, Typed(name, expected_type))
            return cls
        return decorate

    # 사용 예
    @typeassert(name=str, shares=int, price=float)
    class Stock:
        def __init__(self, name, shares, price):
            self.name = name
            self.shares = shares
            self.price = price
```

마지막으로, 특정 클래스의 한 속성에 대한 접근을 제어하기 위해서 디스크립터를 사용하지 말아야 한다는 점이 중요하다. 이런 경우에는 레시피 8.6에 나왔던 것처럼 프로퍼티를 사용해야한다. 디스크립터는 코드 재사용이 빈번히 발생하는 상황에 더 유용하다(예: 디스크립터가 제공하는 기능을 수백 군데에서 사용해야 한다거나 라이브러리 기능으로 제공해야 하는 경우).

8.10 게으른 계산을 하는 프로퍼티 사용

문제

읽기 전용 속성을 프로퍼티로 정의하고, 이 속성에 접근할 때만 계산하도록 하고 싶다. 하지만 한 번 접근하고 나면 이 값을 캐시해 놓고 다음 번에 접근할 때에는 다시 계산하지 않도록 하고 싶다.

해결

게으른 속성을 효율적으로 정의하기 위해서는 다음과 같이 디스크립터 클래스를 사용한다.

```
    class lazyproperty:
        def __init__(self, func):
            self.func = func

        def __get__(self, instance, cls):
            if instance is None:
                return self
            else:
```

```
        value = self.func(instance)
        setattr(instance, self.func.__name__, value)
        return value
```

이 코드를 활용하기 위해서는 다음과 같이 클래스 내부에서 사용한다.

```
import math

class Circle:
    def __init__(self, radius):
        self.radius = radius

    @lazyproperty
    def area(self):
        print('Computing area')
        return math.pi * self.radius ** 2

    @lazyproperty
    def perimeter(self):
        print('Computing perimeter')
        return 2 * math.pi * self.radius
```

다음은 앞에 나온 코드를 사용하는 예이다.

```
>>> c = Circle(4.0)
>>> c.radius
4.0
>>> c.area
Computing area
50.26548245743669
>>> c.area
50.26548245743669
>>> c.perimeter
Computing perimeter
25.132741228718345
>>> c.perimeter
25.132741228718345
>>>
```

"Computing area"와 "Computing perimeter" 메시지가 한 번씩만 나타나는 점에 주목하자.

토론

대개의 경우 게으르게 계산한 속성은 성능 향상을 위해 사용한다. 예를 들어 실제로 특정 값을 사용하기 전까지 계산하지 않도록 하는 것이다. 제시한 해결책은 단지 이것만 하지만, 아주 효율적인 방식으로 이를 실행하기 위해 디스크립터의 미묘한 기능을 활용하고 있다.

다른 레시피(예: 레시피 8.9)에 나온 것처럼, 클래스에 디스크립터가 들어가면 속성 접근 시 __get__(), __set__(), __delete__() 메소드를 호출한다. 하지만 디스크립터가 __get__() 메소드만 정의하면 평소보다 약한 바인딩을 갖게 된다. 특히 __get__() 메소드는 접근하는 속성이 인스턴스 딕셔너리에 없을 때만 실행된다.

lazyproperty 클래스는 프로퍼티 자체와 동일한 이름을 사용해서 인스턴스 __get__()
메소드에 계산한 값을 저장하는 식으로 이를 활용한다. 이렇게 하면 그 값은 인스턴스 딕셔
너리에 저장되고 추후 프로퍼티의 계산을 하지 않도록 한다. 예제를 조금 자세히 살펴서 동
작성을 확인해 보자.

```
>>> c = Circle(4.0)
>>> # 인스턴스 변수 구하기
>>> vars(c)
{'radius': 4.0}

>>> # 면적을 계산하고 추후 변수 확인
>>> c.area
Computing area
50.26548245743669
>>> vars(c)
{'area': 50.26548245743669, 'radius': 4.0}

>>> # 속성에 접근해도 더 이상 프로퍼티를 실행하지 않는다.
>>> c.area
50.26548245743669

>>> # 변수를 삭제하고 프로퍼티가 다시 실행됨을 확인한다.
>>> del c.area
>>> vars(c)
{'radius': 4.0}
>>> c.area
Computing area
50.26548245743669
>>>
```

이번 레시피에서 불리한 점 한 가지는 계산한 값을 생성한 후에 수정할 수 있다는 것이다.

```
>>> c.area
Computing area
50.26548245743669
>>> c.area = 25
>>> c.area
25
>>>
```

이 부분이 걱정이 된다면 조금 덜 효율적인 구현을 할 수 있다.

```
def lazyproperty(func):
    name = '_lazy_' + func.__name__
    @property
    def lazy(self):
        if hasattr(self, name):
            return getattr(self, name)
        else:
```

```
            value = func(self)
            setattr(self, name, value)
            return value
    return lazy
```

이 버전을 사용하면 값 설정이 불가능하게 된다.

```
>>> c = Circle(4.0)
>>> c.area
Computing area
50.26548245743669
>>> c.area
50.26548245743669
>>> c.area = 25
Traceback (most recent call last):
  File "<stdin>", line 1, in <module>
AttributeError: can't set attribute
>>>
```

하지만 값을 얻기 위해서 항상 프로퍼티의 게터(getter) 함수를 사용해야 한다는 불편함이 생긴다. 이 방식은 원래 해결책에 나왔던 것처럼 단순히 인스턴스 딕셔너리에서 값을 찾는 것보다 비효율적이다.

프로퍼티와 관리 속성에 대해 더 많은 정보를 얻고 싶다면 레시피 8.6을 참고한다. 디스크립터는 레시피 8.9에 나와 있다.

8.11 자료 구조 초기화 단순화하기

문제

자료 구조로 사용하는 클래스를 작성하고 있는데, 반복적으로 비슷한 __init__() 함수를 작성하기에 지쳐 간다.

해결

자료 구조의 초기화는 베이스 클래스의 __init__() 함수를 정의하는 식으로 단순화할 수 있다.

```
class Structure:
    # 예상되는 필드를 명시하는 클래스 변수
    _fields= []
    def __init__(self, *args):
        if len(args) != len(self._fields):
            raise TypeError('Expected {} arguments'.format(len(self._fields)))

        # 속성 설정
        for name, value in zip(self._fields, args):
            setattr(self, name, value)
```

```
# 예제 클래스 정의
if __name__ == '__main__':
    class Stock(Structure):
        _fields = ['name', 'shares', 'price']

    class Point(Structure):
        _fields = ['x','y']

    class Circle(Structure):
        _fields = ['radius']
        def area(self):
            return math.pi * self.radius ** 2
```

결과 클래스를 사용하면, 쉽게 만들 수 있다는 것을 확인할 수 있다.

```
>>> s = Stock('ACME', 50, 91.1)
>>> p = Point(2, 3)
>>> c = Circle(4.5)
>>> s2 = Stock('ACME', 50)
Traceback (most recent call last):
  File "<stdin>", line 1, in <module>
  File "structure.py", line 6, in __init__
    raise TypeError('Expected {} arguments'.format(len(self._fields)))
TypeError: Expected 3 arguments
```

키워드 매개변수를 지원하기로 결정했다면 사용할 수 있는 디자인 옵션이 몇 가지 있다. 그중 한 가지는 키워드 매개변수를 매핑해서 _fields에 명시된 속성 이름에만 일치하도록 만드는 것이다.

```
class Structure:
    _fields= []
    def __init__(self, *args, **kwargs):
        if len(args) > len(self._fields):
            raise TypeError('Expected {} arguments'.format(len(self._fields)))

        # 모든 위치 매개변수 설정
        for name, value in zip(self._fields, args):
            setattr(self, name, value)

        # 남아 있는 키워드 매개변수 설정
        for name in self._fields[len(args):]:
            setattr(self, name, kwargs.pop(name))

        # 남아 있는 기타 매개변수가 없는지 확인
        if kwargs:
            raise TypeError('Invalid argument(s): {}'.format(','.join(kwargs)))

# 사용 예
if __name__ == '__main__':
    class Stock(Structure):
        _fields = ['name', 'shares', 'price']

    s1 = Stock('ACME', 50, 91.1)
```

```
        s2 = Stock('ACME', 50, price=91.1)
        s3 = Stock('ACME', shares=50, price=91.1)
```

혹은 _fields에 명시되지 않은 구조에 추가적인 속성을 추가하는 수단으로 키워드 매개변수를 사용할 수 있다.

```
    class Structure:
        # 예상되는 필드를 명시하는 클래스 변수
        _fields= []
        def __init__(self, *args, **kwargs):
            if len(args) != len(self._fields):
                raise TypeError('Expected {} arguments'.format(len(self._fields)))

            # 속성 설정
            for name, value in zip(self._fields, args):
                setattr(self, name, value)

            # (있다면) 추가적인 매개변수 설정
            extra_args = kwargs.keys() - self._fields
            for name in extra_args:
                setattr(self, name, kwargs.pop(name))
            if kwargs:
                raise TypeError('Duplicate values for {}'.format(','.join(kwargs)))

    # 사용 예
    if __name__ == '__main__':
        class Stock(Structure):
            _fields = ['name', 'shares', 'price']

        s1 = Stock('ACME', 50, 91.1)
        s2 = Stock('ACME', 50, 91.1, date='8/2/2012')
```

토론

제너럴한 목적으로 __init__() 메소드를 정의하는 기술은 규모가 작은 자료 구조를 대량으로 만드는 프로그램에 아주 유용하다. 이 기술은 다음과 같이 일일이 __init__() 메소드를 작성하는 것에 비해 훨씬 코드의 양을 줄여 준다.

```
    class Stock:
        def __init__(self, name, shares, price):
            self.name = name
            self.shares = shares
            self.price = price

    class Point:
        def __init__(self, x, y):
            self.x = x
            self.y = y

    class Circle:
        def __init__(self, radius):
            self.radius = radius
```

```
    def area(self):
        return math.pi * self.radius ** 2
```

구현할 때 setattr() 함수로 값을 설정하는 메커니즘을 사용했다. 이렇게 하지 않고, 인스턴스 딕셔너리에 직접 접근해도 되지 않을까?

```
class Structure:
    # 예상되는 필드를 명시하는 클래스 변수
    _fields= []
    def __init__(self, *args):
        if len(args) != len(self._fields):
            raise TypeError('Expected {} arguments'.format(len(self._fields)))

        # 매개변수 설정 (대안)
        self.__dict__.update(zip(self._fields,args))
```

이렇게 해도 동작은 하지만, 서브클래스 구현에 대한 가정을 하는 것이 항상 안전하지는 않다. 서브클래스가 __slots__을 사용하기로 하거나 특정 속성을 프로퍼티(혹은 디스크립터)로 감싸기로 하면, 인스턴스 딕셔너리에 직접 접근할 때 문제가 발생한다. 앞에 나온 해결책은 최대한 제너럴한 목적으로 사용할 수 있도록 작성했고 서브클래스에 대해 아무런 가정도 하지 않는다.

이 기술의 단점 중 한 가지는 문서화와 IDE의 도움말 기능에 영향을 준다는 것이다. 사용자가 특정 클래스에 대해 도움말을 요청하면, 요청한 인자가 일반적인 방식으로 설명되지 않는다.

```
>>> help(Stock)
Help on class Stock in module __main__:

class Stock(Structure)
 ...
 | Methods inherited from Structure:
 |
 | __init__(self, *args, **kwargs)
 |
 ...
>>>
```

대부분 이런 문제점은 타입 시그니처(type signature)를 __init__() 함수에 첨부하는 식으로 해결 가능하다. 레시피 9.16을 참고하도록 하자.

또한 유틸리티 함수와 소위 "프레임 핵(frame hack)"을 사용하면 인스턴스 변수를 자동으로 초기화할 수도 있다.

```
def init_fromlocals(self):
    import sys
    locs = sys._getframe(1).f_locals
    for k, v in locs.items():
        if k != 'self':
            setattr(self, k, v)
```

```
class Stock:
    def __init__(self, name, shares, price):
        init_fromlocals(self)
```

앞에 나온 코드에서 init_fromlocals() 함수는 sys._getframe()으로 호출 중인 메소드의 지역변수를 살펴본다. 만약 __init__() 메소드의 첫 번째 단계로 사용하면, 지역변수는 전달 받은 인자와 동일하고, 동일한 이름으로 속성을 설정하는 데 사용할 수 있다. 이 방식은 올바른 IDE 호출 시그니처를 얻을 때 발생하는 문제를 피해 갈 수는 있지만, 이번 레시피에서 제시한 해결책보다 대략 50% 이상 느리고, 코드가 길며, 눈에 띄지 않는 곳에 복잡한 기술을 내포하게 된다. 코드에서 이런 추가적인 기능이 꼭 필요하지 않다면, 굳이 이렇게까지 할 필요는 없다.

8.12 인터페이스, 추상 베이스 클래스 정의

문제

인터페이스나 추상 베이스 클래스 역할을 하는 클래스를 정의하고 싶다. 그리고 이 클래스는 타입 확인을 하고 특정 메소드가 서브 클래스에 구현되었는지 보장한다.

해결

추상 베이스 클래스를 정의하려면 abc 모듈을 사용한다.

```
from abc import ABCMeta, abstractmethod

class IStream(metaclass=ABCMeta):
    @abstractmethod
    def read(self, maxbytes=-1):
        pass
    @abstractmethod
    def write(self, data):
        pass
```

추상 베이스 클래스의 주요 기능은 직접 인스턴스화할 수 없다는 점이다. 예를 들어 다음 코드를 시도하면 에러가 발생한다.

```
a = IStream()    # TypeError: 추상 메소드 read, write를 포함한
                 # 추상 클래스 IStream을 인스턴스화할 수 없음
```

추상 베이스 클래스는 요구한 메소드를 구현하는 다른 클래스의 베이스 클래스로 사용해야 한다.

```
class SocketStream(IStream):
    def read(self, maxbytes=-1):
        ...
    def write(self, data):
        ...
```

추상 베이스 클래스는 특정 프로그래밍 인터페이스를 강요하고 싶을 때 주로 사용한다. 예를 들어 IStream 베이스 클래스는 데이터를 읽거나 쓰는 인터페이스에 대한 상위 레벨 스펙으로 볼 수 있다. 이런 인터페이스를 명시적으로 확인하는 코드는 다음과 같이 작성한다.

```python
def serialize(obj, stream):
    if not isinstance(stream, IStream):
        raise TypeError('Expected an IStream')
    ...
```

이런 타입 확인 코드는 서브클래싱과 추상 베이스 클래스(ABC)에서만 동작할 것 같지만, ABC는 다른 클래스가 특정 인터페이스를 구현했는지 확인하도록 허용한다.

```python
import io


# 내장 I/O 클래스를 우리의 인터페이스를 지원하도록 등록
IStream.register(io.IOBase)

# 일반 파일을 열고 타입 확인
f = open('foo.txt')
isinstance(f, IStream)         # True 반환
```

@abstractmethod를 스태틱 메소드(static method), 클래스 메소드, 프로퍼티에도 적용할 수도 있다. 단지 함수 정의 직전에 @abstractmethod를 적용해야 한다는 점만 기억하자.

```python
from abc import ABCMeta, abstractmethod

class A(metaclass=ABCMeta):
    @property
    @abstractmethod
    def name(self):
        pass

    @name.setter
    @abstractmethod
    def name(self, value):
        pass

    @classmethod
    @abstractmethod
    def method1(cls):
        pass

    @staticmethod
    @abstractmethod
    def method2():
        pass
```

토론

파이썬 표준 라이브러리에서 추상 베이스 클래스(ABC)를 사용하는 경우가 많다. collec tions 모듈은 콘테이너 이터레이터(sequence, mapping, set 등)에 ABC를 정의하고 있고, numbers 라이브러리는 숫자 관련 객체(integer, float, rational 등)에 ABC를 정의하며, io 라이브러리는 I/O 처리에 ABC를 정의한다.

추상 베이스 클래스를 더 일반적인 타입 확인에 사용할 수 있다.

```
import collections

# x가 시퀀스인지 확인
if isinstance(x, collections.Sequence):
    ...

# x가 순환 가능한지 확인
if isinstance(x, collections.Iterable):
    ...

# x에 크기가 있는지 확인
if isinstance(x, collections.Sized):
    ...

# x가 매핑인지 확인
if isinstance(x, collections.Mapping):
    ...
```

이 책을 쓰고 있는 시점에 특정 라이브러리 모듈은 독자의 예상대로 ABC를 활용하고 있지 않다.

```
from decimal import Decimal
import numbers

x = Decimal('3.4')
isinstance(x, numbers.Real)              # False 반환
```

3.4는 엄밀히 따지면 실수이지만, 의도하지 않은 부동 소수점 숫자와 소수의 혼합 사용을 방지하기 위해 False를 반환한다. 따라서 ABC 기능을 사용한다면 의도대로 타입 확인을 할 수 있도록 조심스럽게 코드를 작성해야 한다.

ABC에 타입 확인 기능이 있지만, 프로그램에서 남용하지 않는 것이 좋다. 파이썬은 뛰어난 유연성을 자랑하는 역동적인 언어이다. 코드에서 매번 타입을 확인하려 들면 필요 이상으로 코드가 복잡해진다. 파이썬의 유연성을 받아들이도록 하자.

8.13 데이터 모델 혹은 타입 시스템 구현

문제

여러 종류의 자료 구조를 정의하고 싶다. 이때 특정 값에 제약을 걸어 원하는 속성이 할당되도록 하고 싶다.

해결

이번 문제의 경우, 기본적으로 특정 인스턴스 속성의 값을 설정할 때 확인을 하는 동작을 구현해야 한다. 이렇게 하려면 속성을 설정하는 부분을 속성 하나 단위로 커스터마이즈(customize)해야 하고, 디스크립터로 해결 가능하다.

다음 코드는 디스크립터로 시스템 타입과 값 확인 프레임워크를 구현하는 방법을 보여준다.

```python
# 베이스 클래스. 디스크립터로 값을 설정한다.
class Descriptor:
    def __init__(self, name=None, **opts):
        self.name = name
        for key, value in opts.items():
            setattr(self, key, value)

    def __set__(self, instance, value):
        instance.__dict__[self.name] = value

# 타입을 강제하기 위한 디스크립터
class Typed(Descriptor):
    expected_type = type(None)

    def __set__(self, instance, value):
        if not isinstance(value, self.expected_type):
            raise TypeError('expected ' + str(self.expected_type))
        super().__set__(instance, value)

# 값을 강제하기 위한 디스크립터
class Unsigned(Descriptor):
    def __set__(self, instance, value):
        if value < 0:
            raise ValueError('Expected >= 0')
        super().__set__(instance, value)

class MaxSized(Descriptor):
    def __init__(self, name=None, **opts):
        if 'size' not in opts:
            raise TypeError('missing size option')
        super().__init__(name, **opts)

    def __set__(self, instance, value):
        if len(value) >= self.size:
```

```
        raise ValueError('size must be < ' + str(self.size))
    super().__set__(instance, value)
```

앞에 나온 클래스는 데이터 모델이나 타입 시스템을 만들 때 기반으로 사용하는 빌딩 블록으로 봐야 한다. 이제 서로 다른 데이터를 구현하는 코드를 보자.

```
class Integer(Typed):
    expected_type = int

class UnsignedInteger(Integer, Unsigned):
    pass

class Float(Typed):
    expected_type = float

class UnsignedFloat(Float, Unsigned):
    pass

class String(Typed):
    expected_type = str

class SizedString(String, MaxSized):
    pass
```

타입 객체를 사용해서 다음과 같은 클래스를 정의할 수 있다.

```
class Stock:
    # 제약 명시
    name = SizedString('name',size=8)
    shares = UnsignedInteger('shares')
    price = UnsignedFloat('price')
    def __init__(self, name, shares, price):
        self.name = name
        self.shares = shares
        self.price = price
```

이제 값을 할당할 때 주어진 제약으로 검증이 이루어진다.

```
>>> s = Stock('ACME', 50, 91.1)
>>> s.name
'ACME'
>>> s.shares = 75
>>> s.shares = -10
Traceback (most recent call last):
  File "<stdin>", line 1, in <module>
  File "example.py", line 17, in __set__
    super().__set__(instance, value)
  File "example.py", line 23, in __set__
    raise ValueError('Expected >= 0')
ValueError: Expected >= 0
>>> s.price = 'a lot'
```

```
Traceback (most recent call last):
  File "<stdin>", line 1, in <module>
  File "example.py", line 16, in __set__
    raise TypeError('expected ' + str(self.expected_type))
TypeError: expected <class 'float'>
>>> s.name = 'ABRACADABRA'
Traceback (most recent call last):
  File "<stdin>", line 1, in <module>
  File "example.py", line 17, in __set__
    super().__set__(instance, value)
  File "example.py", line 35, in __set__
    raise ValueError('size must be < ' + str(self.size))
ValueError: size must be < 8
>>>
```

클래스의 제약 스펙을 단순화하는 몇 가지 기술이 있다. 우선 클래스 데코레이터(decorator)를 사용하는 방식을 보자.

```
# 제약을 위한 클래스 데코레이터
def check_attributes(**kwargs):
    def decorate(cls):
        for key, value in kwargs.items():
            if isinstance(value, Descriptor):
                value.name = key
                setattr(cls, key, value)
            else:
                setattr(cls, key, value(key))
        return cls
    return decorate


# 예제
@check_attributes(name=SizedString(size=8),
                  shares=UnsignedInteger,
                  price=UnsignedFloat)
class Stock:
    def __init__(self, name, shares, price):
        self.name = name
        self.shares = shares
        self.price = price
```

또 다른 방식으로 메타클래스가 있다.

```
# 확인을 위한 메타클래스
class checkedmeta(type):
    def __new__(cls, clsname, bases, methods):
        # 디스크립터에 속성 이름 붙이기
        for key, value in methods.items():
            if isinstance(value, Descriptor):
                value.name = key
        return type.__new__(cls, clsname, bases, methods)
```

```
# 예제
class Stock(metaclass=checkedmeta):
    name   = SizedString(size=8)
    shares = UnsignedInteger()
    price  = UnsignedFloat()
    def __init__(self, name, shares, price):
        self.name = name
        self.shares = shares
        self.price = price
```

토론

이번 레시피에서는 디스크립터, 믹스인(mixin) 클래스, super() 활용, 클래스 데코레이터, 메타클래스 등 고급 기술을 다루었다. 이런 주제의 기본적인 사항을 여기서 모두 다루기에는 무리가 있지만 다른 레시피에서 예제를 볼 수 있다(레시피 8.9, 8.18, 9.12, 9.19). 하지만 주목해야 할 점이 몇 가지 있다.

첫째, Descriptor 베이스 클래스에서, __set__() 메소드는 있는데 __get__()이 없다는 것을 발견할 것이다. 디스크립터가 인스턴스 딕셔너리에서 동일한 이름의 값을 추출하는 것 이외에 다른 동작을 하지 않는다면, __get__()을 정의할 필요가 없다. 사실 __get__()을 정의하면 오히려 실행 속도가 느려진다. 따라서 이 레시피는 __set__() 구현에만 초점을 맞추었다.

여러 디스크립터 클래스의 전체적인 디자인은 믹스인 클래스에 기반하고 있다. 예를 들어 Unsigned와 MaxSized 클래스는 Typed에서 상속 받은 다른 디스크립터 클래스와 함께 사용하도록 디자인했다. 특정 데이터 타입을 처리하려면 다중 상속을 해야만 한다.

또한 디스크립터의 모든 __init__() 메소드는 키워드 매개변수 **opts를 포함해서 동일한 시그니처를 가지도록 프로그램되어 있다는 점을 알 수 있다. MaxSized 클래스는 opts에서 요청한 속성을 찾지만, 이를 설정하는 Descriptor 베이스 클래스에 전달한다. 이런 클래스(특히 믹스인 관련)를 작성할 때 주의해야 할 점은, 클래스들이 어떻게 묶일지 혹은 어떤 super()가 호출될지 알 수 없다는 것이다. 따라서 어떠한 조합으로도 잘 동작하도록 구현해야 한다.

Integer, Float, String과 같은 타입 클래스 정의로부터 클래스 변수로 구현을 커스터마이즈하는 유용한 기술을 볼 수 있다. Typed 디스크립터는 서브클래스가 제공한 expected_type 속성을 찾기만 한다.

클래스 데코레이터나 메타클래스를 사용하면 사용자의 스펙을 단순화할 때 유용하다. 이런 예제에서 사용자가 속성의 이름을 한 번만 입력하면 된다는 점을 알 수 있다.

```
# 일반
class Point:
    x = Integer('x')
    y = Integer('y')

# 메타클래스
class Point(metaclass=checkedmeta):
    x = Integer()
    y = Integer()
```

클래스 데코레이터와 메타클래스 코드는 단순히 클래스 딕셔너리에서 디스크립터를 찾는다. 디스크립터를 찾으면 키 값에 기반한 이름을 채워 넣는다.

앞에 나온 모든 방식 중에 클래스 데코레이터 방식이 가장 유연하고 안전하다. 우선 메타클래스와 같은 고급 기술에 의존하지 않는다. 그리고 데코레이션은 원할 때면 클래스 정의에 쉽게 추가하거나 제거할 수 있다. 예를 들어, 데코레이터에서는 함께 확인하기를 생략할 수 있는 옵션이 쉽게 올 수 있다. 따라서 기호에 따라 이 동작을 켜거나 끌 수 있다(혹은 디버깅 코드나 릴리즈 코드에서의 사용).

마지막으로, 클래스 데코레이터 방식은 믹스인(mixin) 클래스, 다중 상속, 복잡한 super() 대신 사용할 수 있다. 이번 레시피를 클래스 데코레이터를 사용해서 다시 작성해 보았다.

```
# 베이스 클래스. 값을 설정할 때 디스크립터를 사용
class Descriptor:
    def __init__(self, name=None, **opts):
        self.name = name
        for key, value in opts.items():
            setattr(self, key, value)

    def __set__(self, instance, value):
        instance.__dict__[self.name] = value

# 타입 확인에 데코레이터 사용
def Typed(expected_type, cls=None):
    if cls is None:
        return lambda cls: Typed(expected_type, cls)

    super_set = cls.__set__
    def __set__(self, instance, value):
        if not isinstance(value, expected_type):
            raise TypeError('expected ' + str(expected_type))
        super_set(self, instance, value)
    cls.__set__ = __set__
    return cls

# 언사인드(unsigned) 값에 데코레이터 사용
def Unsigned(cls):
    super_set = cls.__set__
```

```
        def __set__(self, instance, value):
            if value < 0:
                raise ValueError('Expected >= 0')
            super_set(self, instance, value)
        cls.__set__ = __set__
        return cls

# 크기 있는 값에 데코레이터 사용
def MaxSized(cls):
    super_init = cls.__init__
    def __init__(self, name=None, **opts):
        if 'size' not in opts:
            raise TypeError('missing size option')
        super_init(self, name, **opts)
    cls.__init__ = __init__

    super_set = cls.__set__
    def __set__(self, instance, value):
        if len(value) >= self.size:
            raise ValueError('size must be < ' + str(self.size))
        super_set(self, instance, value)
    cls.__set__ = __set__
    return cls

# 특별 디스크립터
@Typed(int)
class Integer(Descriptor):
    pass

@Unsigned
class UnsignedInteger(Integer):
    pass

@Typed(float)
class Float(Descriptor):
    pass

@Unsigned
class UnsignedFloat(Float):
    pass

@Typed(str)
class String(Descriptor):
    pass

@MaxSized
class SizedString(String):
    pass
```

이번 코드에서 정의한 클래스는 이전 것과 완전히 동일하게 동작하고 오히려 실행 속도가 훨씬 빠르다. 예를 들어, 타입 속성에 값을 설정하는 간단한 실험을 통해 클래스 데코레이터 방식이 믹스인 방식보다 100% 빠르다는 것을 확인할 수 있다. 마지막까지 읽은 보람이 있지 않은가?

8.14 커스텀 컨테이너 구현

문제

리스트나 딕셔너리와 같은 내장 컨테이너와 비슷하게 동작하는 커스텀 클래스를 구현하고 싶다. 하지만 이때 정확히 어떤 메소드를 구현해야 할지 확신이 없다.

해결

collections 라이브러리에 이 목적으로 사용하기 적절한 추상 베이스 클래스가 많이 정의되어 있다. 클래스에서 순환을 지원해야 한다고 가정해 보자. 이렇게 하려면 단순히 collections.Iterable을 상속 받는 것으로 시작하면 된다.

```
import collections

class A(collections.Iterable):
    pass
```

collections.Iterable을 상속 받으면 필요한 모든 특별 메소드를 구현하도록 보장해 준다. 메소드 구현을 잊으면 인스턴스화 과정에서 에러가 발생한다.

```
>>> a = A()
Traceback (most recent call last):
  File "<stdin>", line 1, in <module>
TypeError: Can't instantiate abstract class A with abstract methods __iter__
>>>
```

이 에러를 고치려면 클래스가 필요로 하는 __iter__() 메소드를 구현한다(레시피 4.2, 4.7 참고).

collections에 정의되어 있는 클래스에 또 주목할 만한 것으로 Sequence, Mutable Sequence, Mapping, MutableMapping, Set, MutableSet가 있다. 이 클래스 중 다수는 기능이 증가하는 체계를 형성한다(예: 그 체계 중 한 가지는 Container, Iterable, Sized, Sequence, MutableSequence이다). 이 클래스에 어떤 메소드를 구현해야 할지 확인하려면 단순히 인스턴스화해 보면 된다.

```
>>> import collections
>>> collections.Sequence()
Traceback (most recent call last):
  File "<stdin>", line 1, in <module>
TypeError: Can't instantiate abstract class Sequence with abstract methods \
```

```
__getitem__, __len__
>>>
```

다음 코드는 필요한 메소드를 모두 구현해서 아이템을 정렬된 상태로 저장하는 시퀀스를 만든다.

```python
import collections
import bisect

class SortedItems(collections.Sequence):
    def __init__(self, initial=None):
        self._items = sorted(initial) if initial is None else []

    # 필요한 시퀀스 메소드
    def __getitem__(self, index):
        return self._items[index]

    def __len__(self):
        return len(self._items)

    # 올바른 장소에 아이템을 추가하기 위한 메소드
    def add(self, item):
        bisect.insort(self._items, item)
```

다음은 클래스를 사용하는 예제이다.

```python
>>> items = SortedItems([5, 1, 3])
>>> list(items)
[1, 3, 5]
>>> items[0]
1
>>> items[-1]
5
>>> items.add(2)
>>> list(items)
[1, 2, 3, 5]
>>> items.add(-10)
>>> list(items)
[-10, 1, 2, 3, 5]
>>> items[1:4]
[1, 2, 3]
>>> 3 in items
True
>>> len(items)
5
>>> for n in items:
...     print(n)
...
-10
1
2
3
```

```
5
>>>
```

SortedItems의 인스턴스는 보통의 시퀀스와 동일한 동작을 하고, 인덱싱, 순환, len(), in 연산자, 자르기 등 일반적인 연산을 모두 지원한다.

참고로, 이번 레시피에서 사용한 bisect 모듈은 아이템을 정렬한 상태로 리스트에 보관할 때 매우 편리하다. bisect.insert()는 아이템을 리스트에 넣고 리스트가 순서를 유지하도록 만든다.

토론

collections에 있는 추상 베이스 클래스를 상속 받으면 커스텀 컨테이너에 필요한 메소드를 모두 구현하도록 보장할 수 있다. 하지만 이 상속에는 타입 확인 기능도 있다.

예를 들어, 커스텀 컨테이너에 다음과 같은 타입 확인을 할 수 있다.

```
>>> items = SortedItems()
>>> import collections
>>> isinstance(items, collections.Iterable)
True
>>> isinstance(items, collections.Sequence)
True
>>> isinstance(items, collections.Container)
True
>>> isinstance(items, collections.Sized)
True
>>> isinstance(items, collections.Mapping)
False
>>>
```

collections에 있는 추상 베이스 클래스는 일반적인 컨테이너 메소드의 기본 구현을 제공하는 것도 많다. 예를 들어 다음과 같이 collections.MutableSequence에서 상속 받는 클래스가 있다고 가정해 보자.

```
class Items(collections.MutableSequence):
    def __init__(self, initial=None):
        self._items = list(initial) if initial is None else []

    # 필요한 시퀀스 메소드
    def __getitem__(self, index):
        print('Getting:', index)
        return self._items[index]

    def __setitem__(self, index, value):
        print('Setting:', index, value)
        self._items[index] = value

    def __delitem__(self, index):
```

```
        print('Deleting:', index)
        del self._items[index]

    def insert(self, index, value):
        print('Inserting:', index, value)
        self._items.insert(index, value)

    def __len__(self):
        print('Len')
        return len(self._items)
```

Items의 인스턴스를 만들면, 리스트 메소드 중 중요한 것을 거의 다 지원한다는 것을 확인할 수 있다(예: append(), remove(), count() 등). 이런 메소드는 필요한 것만 사용하는 식으로 구현되어 있다. 다음 사용 예제를 보자.

```
>>> a = Items([1, 2, 3])
>>> len(a)
Len
3
>>> a.append(4)
Len
Inserting: 3 4
>>> a.append(2)
Len
Inserting: 4 2
>>> a.count(2)
Getting: 0
Getting: 1
Getting: 2
Getting: 3
Getting: 4
Getting: 5
2
>>> a.remove(3)
Getting: 0
Getting: 1
Getting: 2
Deleting: 2
>>>
```

이번 레시피에서는 파이썬의 추상 클래스 기능을 맛보기만 했다. numbers 모듈은 숫자 데이터에 활용할 수 있는 추상 클래스의 컬렉션을 제공한다. 추상 베이스 클래스를 만드는 방법에 대해서 더 많은 정보를 얻으려면 레시피 8.12를 참고한다.

8.15 속성 접근 델리게이팅

문제

인스턴스가 속성에 대한 접근을 내부 인스턴스로 델리게이트(delegate)해서 상속의 대안으로 사용하거나 프록시 구현을 하고 싶다.

해결

단순히 설명하자면, 델리게이트는 특정 동작에 대한 구현 책임을 다른 객체에게 미루는(델리게이트) 프로그래밍 패턴이다. 가장 단순한 형태로는 대개 다음과 같은 모습을 한다.

```python
class A:
    def spam(self, x):
        pass

    def foo(self):
        pass

class B:
    def __init__(self):
        self._a = A()

    def spam(self, x):
        # 내부 self._a 인스턴스로 델리게이트
        return self._a.spam(x)

    def foo(self):
        # 내부 self._a 인스턴스로 델리게이트
        return self._a.foo()

    def bar(self):
        pass
```

델리게이트할 메소드가 몇 개 없으면, 주어진 코드를 그대로 작성해도 무방하다. 하지만 델리게이트해야 할 메소드가 많다면 또 다른 대안으로 다음과 같이 __getattr__() 메소드를 정의할 수 있다.

```python
class A:
    def spam(self, x):
        pass

    def foo(self):
        pass

class B:
    def __init__(self):
        self._a = A()
```

```
        def bar(self):
            pass

        # A 클래스에 정의한 모든 메소드를 노출한다.
        def __getattr__(self, name):
            return getattr(self._a, name)
```

__getattr__() 메소드는 속성을 찾아 보는 도구 모음 정도로 생각하면 된다. 이 메소드는
코드가 존재하지 않는 속성에 접근하려 할 때 호출된다. 앞에 나온 코드에서 정의하지 않은
B에 대한 접근을 A로 델리게이트한다.

```
    b = B()
    b.bar()     # B.bar() 호출 (B에 존재함.)
    b.spam(42) # B.__getattr__('spam') 호출하고 A.spam으로 델리게이트
```

델리게이트의 또 다른 예제로 프록시 구현이 있다.

```
    # 다른 객체를 감싸는 프록시 클래스, 하지만
    # public 속성을 노출한다.

    class Proxy:
        def __init__(self, obj):
            self._obj = obj

        # 속성 검색을 내부 객체로 델리게이트
        def __getattr__(self, name):
            print('getattr:', name)
            return getattr(self._obj, name)

        # 속성 할당 델리게이트
        def __setattr__(self, name, value):
            if name.startswith('_'):
                super().__setattr__(name, value)
            else:
                print('setattr:', name, value)
                setattr(self._obj, name, value)

        # 속성 삭제 델리게이트
        def __delattr__(self, name):
            if name.startswith('_'):
                super().__delattr__(name)
            else:
                print('delattr:', name)
                delattr(self._obj, name)
```

이 프록시 클래스를 사용하려면, 단순히 다른 인스턴스를 감싸면 된다.

```
    class Spam:
        def __init__(self, x):
            self.x = x
        def bar(self, y):
            print('Spam.bar:', self.x, y)
```

```
# 인스턴스 생성
s = Spam(2)

# 프록시를 만들고 감싸기
p = Proxy(s)

# 프록시에 접근
print(p.x)        # 2 출력
p.bar(3)          # "Spam.bar: 2 3" 출력
p.x = 37          # s.x를 37로 변경
```

속성 접근 메소드 구현을 커스터마이징하면, 프록시가 다른 동작을 하도록 만들 수 있다(로깅 접근, 읽기 전용만 허용 등).

토론

델리게이트는 상속의 대안으로 사용하기도 한다. 예를 들어, 다음과 같이 코드를 쓰지 않고,

```
class A:
    def spam(self, x):
        print('A.spam', x)

    def foo(self):
        print('A.foo')

class B(A):
    def spam(self, x):
        print('B.spam')
        super().spam(x)

    def bar(self):
        print('B.bar')
```

델리게이트를 활용해서 다음과 같이 작성할 수 있다.

```
class A:
    def spam(self, x):
        print('A.spam', x)

    def foo(self):
        print('A.foo')

class B:
    def __init__(self):
        self._a = A()

    def spam(self, x):
        print('B.spam', x)
        self._a.spam(x)
```

```
    def bar(self):
        print('B.bar')

    def __getattr__(self, name):
        return getattr(self._a, name)
```

델리게이트를 사용하는 방식은 직접 상속이 어울리지 않거나 객체 간 관계를 더 조절하고 싶을 때(특정 메소드만 노출시키거나 인터페이스를 구현하는 등) 유용하다.

프록시를 구현하기 위해 델리게이트를 사용할 때, 기억해야 할 사항이 몇 가지 있다. 첫째, __getattr__() 메소드는 속성을 찾을 수 없을 때 한 번만 호출되는 폴백(fallback) 메소드 이다. 따라서 프록시 인스턴스의 속성 자체에 접근하는 경우(예: _obj 속성), 이 메소드가 호출되지 않는다. 둘째, __setattr__()과 __delattr__() 메소드는 프록시 인스턴스 자체 와 내부 객체 _obj 속성의 개별 속성에 추가된 로직을 필요로 한다. 프록시에 대한 일반적 인 관례는, 밑줄로 시작하지 않는 속성만 델리게이트하는 것이다(프록시는 공용 속성만 노 출한다).

또한 __getattr__() 메소드는 밑줄 두 개로 시작하는 대부분의 특별 메소드에 적용되지 않는다는 점도 중요하다. 예를 들어, 다음 클래스를 보자.

```
class ListLike:
    def __init__(self):
        self._items = []
    def __getattr__(self, name):
        return getattr(self._items, name)
```

ListLike 객체를 만들려고 하면, append()와 insert() 같은 일반적인 리스트 메소드를 지원한다는 것을 알 수 있다. 하지만, len(), 아이템 검색 등의 연산은 지원하지 않는다.

```
>>> a = ListLike()
>>> a.append(2)
>>> a.insert(0, 1)
>>> a.sort()
>>> len(a)
Traceback (most recent call last):
  File "<stdin>", line 1, in <module>
TypeError: object of type 'ListLike' has no len()
>>> a[0]
Traceback (most recent call last):
  File "<stdin>", line 1, in <module>
TypeError: 'ListLike' object does not support indexing
>>>
```

서로 다른 연산을 지원하려면, 수동으로 관련된 특별 메소드를 델리게이트해야 한다.

```
class ListLike:
    def __init__(self):
        self._items = []
    def __getattr__(self, name):
        return getattr(self._items, name)

    # 특정 리스트 연산을 지원하기 위한 특별 메소드 추가
    def __len__(self):
        return len(self._items)
    def __getitem__(self, index):
        return self._items[index]
    def __setitem__(self, index, value):
        self._items[index] = value
    def __delitem__(self, index):
        del self._items[index]
```

원격 절차 호출을 위한 프록시 클래스 생성에 델리게이트를 사용하는 다른 예제를 보려면
레시피 11.8을 참고한다.

8.16 클래스에 생성자 여러 개 정의

문제

클래스를 작성 중인데, 사용자가 __init__()이 제공하는 방식 이외에 여러 가지 방식으로
인스턴스를 생성할 수 있도록 하고 싶다.

해결

생성자를 여러 개 정의하려면 클래스 메소드를 사용해야 한다.

```
import time

class Date:
    # 기본 생성자
    def __init__(self, year, month, day):
        self.year = year
        self.month = month
        self.day = day

    # 대안 생성자
    @classmethod
    def today(cls):
        t = time.localtime()
        return cls(t.tm_year, t.tm_mon, t.tm_mday)
```

두 번째 생성자를 사용하려면 Date.today()와 같이 함수인 것처럼 호출하면 된다.

```
a = Date(2012, 12, 21)   # 기본
b = Date.today()          # 대안
```

토론

클래스 메소드를 사용하는 주된 목적 중 하나가 바로 앞에 나온 것과 같은 생성자를 정의하는 것이다. 클래스를 첫 번째 인자(cls)로 받는 것이 클래스 메소드의 중요한 기능이다. 이 클래스는 메소드 내부에서 인스턴스를 생성하고 반환하기 위해 사용된다. 아주 미묘한 부분이지만, 바로 이 측면으로 인해 클래스 메소드가 상속과 같은 기능과도 잘 동작하게 된다.

```
class NewDate(Date):
    pass

c = Date.today()          # Date (cls=Date) 인스턴스 생성
d = NewDate.today()       # NewDate (cls=NewDate) 인스턴스 생성
```

생성자가 많은 클래스를 정의할 때, 주어진 값을 속성에 할당하는 이상 아무런 동작을 하지 않도록, 될 수 있으면 __init__()을 최대한 단순하게 만들어야 한다. 그리고 대안이 되는 생성자에서 필요한 경우 더 고급 연산을 수행하면 된다.

개별적인 클래스 메소드를 정의하지 않고, __init__() 메소드에서 여러 동작을 호출하도록 하고 싶을 수도 있다.

```
class Date:
    def __init__(self, *args):
        if len(args) == 0:
            t = time.localtime()
            args = (t.tm_year, t.tm_mon, t.tm_mday)
        self.year, self.month, self.day = args
```

이 기술이 제대로 동작하는 경우도 더러 있지만, 대개의 경우 이 코드는 이해하기도 어렵고 유지 보수도 쉽지 않다. 예를 들어 이 구현은 도움말을 제대로 보여주지 않는다. 그리고 Date 인스턴스를 만드는 코드도 명확하지 않게 된다. 다음 코드를 보며 비교해 보자.

```
a = Date(2012, 12, 21)   # 명확하다. 특정 날짜 지정
b = Date()               # ??? 무슨 의미인지?

# Class method version
c = Date.today()          # 명확하다. 오늘의 날짜
```

앞선 코드에서 살펴본 대로 Date.today()는 Date()에 적절한 연, 월, 일을 인자로 넘겨 인스턴스를 만들며 기본 Date.__init__() 메소드를 호출한다. 필요하다면, __init__() 메소드를 호출하지 않고도 인스턴스를 생성할 수 있다. 이 내용은 다음 레시피에서 다룬다.

8.17 init 호출 없이 인스턴스 생성

문제

인스턴스를 생성해야 하는데, __init__() 메소드 호출을 피하고 싶다.

해결

클래스의 __new__() 메소드를 호출해서 초기화하지 않은 인스턴스를 생성할 수 있다.

```
class Date:
    def __init__(self, year, month, day):
        self.year = year
        self.month = month
        self.day = day
```

__init__() 호출 없이 Date 인스턴스를 생성해 보자.

```
>>> d = Date.__new__(Date)
>>> d
<__main__.Date object at 0x1006716d0>
>>> d.year
Traceback (most recent call last):
  File "<stdin>", line 1, in <module>
AttributeError: 'Date' object has no attribute 'year'
>>>
```

앞에 나온 것처럼 생성된 인스턴스는 초기화되지 않았다. 따라서 적절한 인스턴스 변수를 설정하는 것은 사용자의 몫이다.

```
>>> data = {'year':2012, 'month':8, 'day':29}
>>> for key, value in data.items():
...     setattr(d, key, value)
...
>>> d.year
2012
>>> d.month
8
>>>
```

토론

__init__()을 생략하면 데이터 역직렬화(deserializing)나 대안 생성자로 정의한 클래스 메소드의 구현과 같이 비표준 방식으로 인스턴스를 생성할 때 문제가 발생하기도 한다. 예를 들어, Date 클래스에 today()를 다음과 같이 정의할 수 있다.

```
from time import localtime

class Date:
    def __init__(self, year, month, day):
        self.year = year
        self.month = month
        self.day = day

    @classmethod
    def today(cls):
        d = cls.__new__(cls)
        t = localtime()
        d.year = t.tm_year
        d.month = t.tm_mon
        d.day = t.tm_mday
        return d
```

이와 유사하게, JSON 데이터를 역직렬화하면 다음과 같은 딕셔너리가 생성된다.

```
data = { 'year': 2012, 'month': 8, 'day': 29 }
```

이것을 Date 인스턴스로 변환하려면 앞에서 나온 해결책의 기술을 사용하면 된다.

비표준 방식으로 인스턴스를 생성할 때, 구현에 대해서 너무 많은 가정을 하지 않는 것이 좋다. 일반적으로 확실히 정의되어 있다고 보장되어 있지 않다면 인스턴스 딕셔너리 __dict__에 직접 접근해서 수정하는 코드는 작성하지 말아야 한다. 그렇지 않으면, 클래스가 __slots__, 프로퍼티, 디스크립터 등 고급 기술을 사용하는 경우에 코드에 문제가 생긴다. setattr()로 값을 설정하면 코드가 최대한 일반적인 목적이 된다.

8.18 믹스인으로 클래스 확장

문제

유용한 메소드를 여러 개 가지고 있고, 이 메소드를 클래스 기능 확장에 사용하고 싶다. 하지만 메소드를 붙일 클래스는 서로 상속 관계로 묶여 있지 않다. 따라서 단순히 기본 베이스 클래스에 메소드를 추가할 수 없는 상황이다.

해결

앞에 나온 문제는 클래스를 커스터마이즈하려 할 때 종종 발생한다. 예를 들어, 라이브러리가 기본 클래스 세트와 사용자가 원하는 경우 추가적으로 적용 가능한 커스터마이즈를 제공한다.

이를 설명하기 위해서, 매핑 객체에 여러 가지 커스터마이즈(예: 로깅, 한 번만 설정, 타입 확인 등)를 추가하고 싶다고 가정해 보자. 다음은 클래스를 혼용하는 예제이다.

```python
class LoggedMappingMixin:
    '''
    get/set/delete에 로깅 추가
    '''
    __slots__ = ()

    def __getitem__(self, key):
        print('Getting ' + str(key))
        return super().__getitem__(key)

    def __setitem__(self, key, value):
        print('Setting {} = {!r}'.format(key, value))
        return super().__setitem__(key, value)

    def __delitem__(self, key):
        print('Deleting ' + str(key))
        return super().__delitem__(key)

class SetOnceMappingMixin:
    '''
    키가 한 번만 설정되도록 함
    '''
    __slots__ = ()
    def __setitem__(self, key, value):
        if key in self:
            raise KeyError(str(key) + ' already set')
        return super().__setitem__(key, value)

class StringKeysMappingMixin:
    '''
    키에 문자열만 허용
    '''
    __slots__ = ()
    def __setitem__(self, key, value):
        if not isinstance(key, str):
            raise TypeError('keys must be strings')
        return super().__setitem__(key, value)
```

이 클래스들은 그 자체로는 아무 쓸모가 없다. 사실 이 중 하나라도 인스턴스화하면 어떠한 유용한 동작도 하지 못한다(예외가 발생한다). 이 클래스들은 다른 매핑 클래스와 함께 다중 상속을 통해 혼용해야 한다.

```python
>>> class LoggedDict(LoggedMappingMixin, dict):
...     pass
...
>>> d = LoggedDict()
>>> d['x'] = 23
Setting x = 23
```

```
>>> d['x']
Getting x
23
>>> del d['x']
Deleting x

>>> from collections import defaultdict
>>> class SetOnceDefaultDict(SetOnceMappingMixin, defaultdict):
...     pass
...
>>> d = SetOnceDefaultDict(list)
>>> d['x'].append(2)
>>> d['y'].append(3)
>>> d['x'].append(10)
>>> d['x'] = 23
Traceback (most recent call last):
  File "<stdin>", line 1, in <module>
  File "mixin.py", line 24, in __setitem__
    raise KeyError(str(key) + ' already set')
KeyError: 'x already set'

>>> from collections import OrderedDict
>>> class StringOrderedDict(StringKeysMappingMixin,
...                         SetOnceMappingMixin,
...                         OrderedDict):
...     pass
...
>>> d = StringOrderedDict()
>>> d['x'] = 23
>>> d[42] = 10
Traceback (most recent call last):
  File "<stdin>", line 1, in <module>
  File "mixin.py", line 45, in __setitem__
    '''
TypeError: keys must be strings
>>> d['x'] = 42
Traceback (most recent call last):
  File "<stdin>", line 1, in <module>
  File "mixin.py", line 46, in __setitem__
    __slots__ = ()
  File "mixin.py", line 24, in __setitem__
    if key in self:
KeyError: 'x already set'
>>>
```

이 예제에서, 믹스인(mixin)은 기존 클래스(예: dict, defaultdict, OrderedDict)나 자기들끼리 합치는 것을 볼 수 있다. 이렇게 결합했을 때 클래스들은 원하는 기능을 제공하기 위해 함께 동작한다.

토론

믹스인(mixin) 클래스를 사용하는 표준 라이브러리가 많은데, 대개 앞에 나온 것처럼 클래스의 기능을 확장하는 용도로 사용한다. 또한 다중 상속도 주된 사용처 중 하나이다. 예를 들어, 네트워크 코드를 작성한다면, socketserver 모듈의 ThreadingMixIn을 사용해서 다른 네트워크 관련 클래스에 스레드 지원을 추가할 수 있다. 다음 코드는 멀티스레드 XMLRPC 서버 예제이다.

```
from xmlrpc.server import SimpleXMLRPCServer
from socketserver import ThreadingMixIn
class ThreadedXMLRPCServer(ThreadingMixIn, SimpleXMLRPCServer):
    pass
```

또한 커다란 라이브러리와 프레임워크에서도 믹스인을 일반적으로 사용한다. 다시 한 번 말하지만, 믹스인은 주로 기존 클래스에 추가적인 기능을 넣기 위해 사용한다.

믹스인 클래스 이론에 관련된 이론이 많이 있다. 하지만 이와 관련된 모든 내용을 알아보는 대신, 몇 가지 중요한 구현을 기억하도록 하자.

첫째, 믹스인 클래스는 절대로 직접 인스턴스화하면 안 된다. 예를 들어, 이번 레시피에 나온 모든 클래스는 단독으로 사용할 수 없다. 믹스인 클래스는 원하는 기능을 위해 다른 클래스와 함께 사용해야 한다. socketserver 라이브러리의 ThreadingMixIn은 그 자체로 사용하지 않고 올바른 서브 클래스와 함께 사용해야 한다.

둘째, 믹스인 클래스는 일반적으로 스스로의 상태를 소유하지 않는다. 따라서 __init__() 메소드와 인스턴스 변수가 없다. 이번 레시피에서는 __slots__ = ()이 믹스인 클래스에 인스턴스 데이터가 없음을 암시한다.

__init__() 메소드와 인스턴스 변수가 있는 믹스인 클래스를 정의할 생각이라면, 다른 클래스와 어떻게 혼용될 것인지 전혀 모른다는 위험성이 있다는 점을 알아야 한다. 따라서, 인스턴스 변수의 이름은 절대로 다른 클래스의 변수와 충돌이 생기지 않도록 만들어야 한다. 또한, __init__() 메소드는 혼용하는 다른 클래스의 __init__() 메소드를 제대로 호출하도록 프로그래밍해야 한다. 일반적으로 다른 클래스의 매개변수에 대해서 알 도리가 없기 때문에 이렇게 구현하기는 쉽지 않다. 하지만 적어도 *arg, **kwargs와 같이 제너럴한 방식으로 구현해야 한다. 믹스인 클래스의 __init__()이 자기 자신의 어떠한 매개변수라도 받는다면, 다른 변수와 충돌을 방지하기 위해서 반드시 키워드로 명시해야 한다. 믹스인 클래스에서 __init__()을 정의하고 키워드 매개변수를 받는 구현법 한 가지를 보자.

```
class RestrictKeysMixin:
    def __init__(self, *args, _restrict_key_type, **kwargs):
        self.__restrict_key_type = _restrict_key_type
        super().__init__(*args, **kwargs)

    def __setitem__(self, key, value):
        if not isinstance(key, self.__restrict_key_type):
            raise TypeError('Keys must be ' + str(self.__restrict_key_type))
        super().__setitem__(key, value)
```

이 클래스를 어떻게 사용해야 할지 다음의 예를 보자.

```
>>> class RDict(RestrictKeysMixin, dict):
...     pass
...
>>> d = RDict(_restrict_key_type=str)
>>> e = RDict([('name','Dave'), ('n',37)], _restrict_key_type=str)
>>> f = RDict(name='Dave', n=37, _restrict_key_type=str)
>>> f
{'n': 37, 'name': 'Dave'}
>>> f[42] = 10
Traceback (most recent call last):
  File "<stdin>", line 1, in <module>
  File "mixin.py", line 83, in __setitem__
    raise TypeError('Keys must be ' + str(self.__restrict_key_type))
TypeError: Keys must be <class 'str'>
>>>
```

이 예제에서 RDict()를 초기화할 때 dict()가 이해하는 매개변수를 받는 것을 볼 수 있다. 하지만 믹스인 클래스가 제공하는 추가적인 키워드 매개변수 restrict_key_type도 있다.

마지막으로, 믹스인 클래스를 작성할 때 super() 함수의 활용이 아주 중요하다. 앞에 나온 해결책에서 클래스는 __getitem__()과 __setitem__() 같은 특정 메소드를 재정의하고 있다. 하지만 이 메소드는 여전히 원본의 구현을 호출해야만 한다. super()를 사용하면 메소드 처리 순서(MRO)의 다음 클래스로 델리게이트(delegate) 된다. 하지만 초심자가 보기에 super()에 아무런 부모 클래스가 없어 에러가 아닌지 의아한 기분이 들지도 모르겠다. 하지만 클래스 정의는 다음과 같이 된다.

```
class LoggedDict(LoggedMappingMixin, dict):
    pass
```

LoggedMappingMixin에서 super()를 사용하기 때문에 다중 상속 리스트의 다음 클래스로 델리게이트된다. 따라서 LoggedMappingMixin의 super().__getitem__()과 같은 호출은 dict.__getitem__()으로 연결되는 셈이다. 이런 동작성이 없다면 믹스인 클래스를 아예 사용할 수 없다.

클래스 데코레이터를 사용해서 믹스인을 구현할 수도 있다. 다음 코드를 예로 보자.

```
def LoggedMapping(cls):
    cls_getitem = cls.__getitem__
    cls_setitem = cls.__setitem__
    cls_delitem = cls.__delitem__

    def __getitem__(self, key):
        print('Getting ' + str(key))
        return cls_getitem(self, key)

    def __setitem__(self, key, value):
        print('Setting {} = {!r}'.format(key, value))
        return cls_setitem(self, key, value)

    def __delitem__(self, key):
        print('Deleting ' + str(key))
        return cls_delitem(self, key)

    cls.__getitem__ = __getitem__
    cls.__setitem__ = __setitem__
    cls.__delitem__ = __delitem__
    return cls
```

이 함수는 클래스 정의에 데코레이터(decorator)로 적용된다.

```
@LoggedMapping
class LoggedDict(dict):
    pass
```

실행해 보면 정확히 동일한 동작을 하지만, 더 이상 다중 상속과는 관련이 없다. 그 대신 데코레이터가 클래스 정의에 조금 손을 대서 특정 메소드를 치환한다. 클래스 데코레이터에 대한 더 많은 정보는 레시피 9.12에 나온다.

믹스인 클래스와 클래스 데코레이터를 함께 사용하는 고급 정보는 레시피 8.13을 참고한다.

8.19 상태 객체 혹은 상태 기계 구현

문제

상태 기계나 여러 상태로 동작하는 객체를 구현하고 싶다. 하지만 코드에 수많은 조건문이 들어가는 상황은 원하지 않는다.

해결

특정 애플리케이션에서 내부 상태에 따라 다른 동작을 하는 객체가 필요한 경우가 있다. 예를 들어 연결 상태를 나타내는 간단한 클래스를 보자.

```
class Connection:
    def __init__(self):
```

```
        self.state = 'CLOSED'

    def read(self):
        if self.state != 'OPEN':
            raise RuntimeError('Not open')
        print('reading')

    def write(self, data):
        if self.state != 'OPEN':
            raise RuntimeError('Not open')
        print('writing')

    def open(self):
        if self.state == 'OPEN':
            raise RuntimeError('Already open')
        self.state = 'OPEN'

    def close(self):
        if self.state == 'CLOSED':
            raise RuntimeError('Already closed')
        self.state = 'CLOSED'
```

이 구현 방법에 어려운 점이 몇 가지 있다. 첫째로 상태를 확인하는 조건문이 너무 많아 복잡하다. 둘째로 read(), write()와 같은 일반적인 동작이 항상 상태를 확인하기 때문에 성능이 떨어진다.

조금 더 괜찮은 구현법은 상태 관련 동작은 별도의 클래스로 만들고 Connection 클래스를 상태 클래스로 델리게이트하는 것이다.

```
class Connection:
    def __init__(self):
        self.new_state(ClosedConnectionState)

    def new_state(self, newstate):
        self._state = newstate

    # 상태 클래스로 델리게이트
    def read(self):
        return self._state.read(self)

    def write(self, data):
        return self._state.write(self, data)

    def open(self):
        return self._state.open(self)

    def close(self):
        return self._state.close(self)

# 연결 상태 베이스 클래스
class ConnectionState:
```

```python
    @staticmethod
    def read(conn):
        raise NotImplementedError()

    @staticmethod
    def write(conn, data):
        raise NotImplementedError()

    @staticmethod
    def open(conn):
        raise NotImplementedError()

    @staticmethod
    def close(conn):
        raise NotImplementedError()

# 여러 상태 구현
class ClosedConnectionState(ConnectionState):
    @staticmethod
    def read(conn):
        raise RuntimeError('Not open')

    @staticmethod
    def write(conn, data):
        raise RuntimeError('Not open')

    @staticmethod
    def open(conn):
        conn.new_state(OpenConnectionState)

    @staticmethod
    def close(conn):
        raise RuntimeError('Already closed')

class OpenConnectionState(ConnectionState):
    @staticmethod
    def read(conn):
        print('reading')

    @staticmethod
    def write(conn, data):
        print('writing')

    @staticmethod
    def open(conn):
        raise RuntimeError('Already open')

    @staticmethod
    def close(conn):
        conn.new_state(ClosedConnectionState)
```

다음은 클래스를 사용하는 세션의 예제이다.

```
>>> c = Connection()
>>> c._state
<class '__main__.ClosedConnectionState'>
>>> c.read()
Traceback (most recent call last):
  File "<stdin>", line 1, in <module>
  File "example.py", line 10, in read
    return self._state.read(self)
  File "example.py", line 43, in read
    raise RuntimeError('Not open')
RuntimeError: Not open
>>> c.open()
>>> c._state
<class '__main__.OpenConnectionState'>
>>> c.read()
reading
>>> c.write('hello')
writing
>>> c.close()
>>> c._state
<class '__main__.ClosedConnectionState'>
>>>
```

토론

복잡한 조건문과 상태가 얽혀 있는 기능은 구현하기도, 설명하기도 어렵다. 앞에 나온 해결책은 개별 상태를 별도의 클래스로 나누는 방식을 사용했다.

조금 이상해 보일지도 모르지만, 모든 상태는 클래스가 스태틱 메소드로 구현했고, 첫 번째 인자로 Connection 인스턴스로 받는다. 이런 디자인은 상태 클래스 자체에 어떠한 인스턴스 데이터도 저장하지 않으려는 결정에 기반한 것이다. 그 대신 모든 인스턴스 데이터는 Connection 인스턴스에 저장해야 한다. 상태를 하나의 베이스 클래스에 묶어 놓는 것은 코드의 가독성을 높이고 올바른 메소드를 구현함을 보장하기 위한 목적을 가지고 있다. 베이스 클래스 메소드의 NotImplementedError 예외는 서브클래스가 확실히 필요한 메소드를 구현하도록 보장하기 위해 존재한다. 또 다른 구현법으로 레시피 8.12에 나온 추상 베이스 클래스를 고려해 볼 수 있다.

이 대안법은 인스턴스의 __class__ 속성을 직접 수정하는 기술을 사용한다.

```
class Connection:
    def __init__(self):
        self.new_state(ClosedConnection)

    def new_state(self, newstate):
        self.__class__ = newstate

    def read(self):
```

```
        raise NotImplementedError()

    def write(self, data):
        raise NotImplementedError()

    def open(self):
        raise NotImplementedError()

    def close(self):
        raise NotImplementedError()

class ClosedConnection(Connection):
    def read(self):
        raise RuntimeError('Not open')

    def write(self, data):
        raise RuntimeError('Not open')

    def open(self):
        self.new_state(OpenConnection)

    def close(self):
        raise RuntimeError('Already closed')

class OpenConnection(Connection):
    def read(self):
        print('reading')

    def write(self, data):
        print('writing')

    def open(self):
        raise RuntimeError('Already open')

    def close(self):
        self.new_state(ClosedConnection)
```

이 구현법의 주요 기능은 추가적인 간접 접근을 없애는 것이다. Connection과 Connection State 클래스를 따로 두지 않고, 두 클래스를 하나로 합쳤다. 상태가 변하는 인스턴스가 다음과 같이 자신의 타입을 변경한다.

```
>>> c = Connection()
>>> c
<__main__.ClosedConnection object at 0x1006718d0>
>>> c.read()
Traceback (most recent call last):
  File "<stdin>", line 1, in <module>
  File "state.py", line 15, in read
    raise RuntimeError('Not open')
RuntimeError: Not open
>>> c.open()
```

```
>>> c
<__main__.OpenConnection object at 0x1006718d0>
>>> c.read()
reading
>>> c.close()
>>> c
<__main__.ClosedConnection object at 0x1006718d0>
>>>
```

객체 지향 신봉자라면 인스턴스 __class__ 속성이 변한다는 점이 마음에 들지 않을 수도 있다. 하지만 기술적으로는 아무 문제가 없다. 또한 연결의 모든 메소드가 추가적인 델리게 이트 단계를 가지지 않아서 실행 속도도 조금 더 빠르다.

마지막으로, 두 구현법 모두 if-elif-else 블럭을 아주 많이 사용해야 하는 코드의 대안으로 사용 가능한 상태 기계를 구현할 때 유용하다.

```
# 원본
class State:
    def __init__(self):
        self.state = 'A'
    def action(self, x):
        if state == 'A':
            # A 동작
            ...
            state = 'B'
        elif state == 'B':
            # B 동작
            ...
            state = 'C'
        elif state == 'C':
            # C 동작
            ...
            state = 'A'

# 대안
class State:
    def __init__(self):
        self.new_state(State_A)

    def new_state(self, state):
        self.__class__ = state

    def action(self, x):
        raise NotImplementedError()

class State_A(State):
    def action(self, x):
        # A 동작
        ...
        self.new_state(State_B)
```

```
class State_B(State):
    def action(self, x):
        # B 동작
        ...
        self.new_state(State_C)

class State_C(State):
    def action(self, x):
        # C 동작
        ...
        self.new_state(State_A)
```

이번 레시피는 GoF의 디자인 패턴(*Design Patterns: Elements of Reusable Object-Oriented Software* by Erich Gamma, Richard Helm, Ralph Johnson, John Vlissides(Addison−Wesley, 1995))에 나오는 상태 디자인 패턴과 어느 정도 관련이 있다.

8.20 문자열로 이름이 주어진 객체의 메소드 호출

문제

문자열로 저장된 메소드 이름을 가지고 있고, 이 메소드를 실행하고 싶다.

해결

간단한 경우, getattr()를 사용하면 된다.

```
import math

class Point:
    def __init__(self, x, y):
        self.x = x
        self.y = y

    def __repr__(self):
        return 'Point({!r:},{!r:})'.format(self.x, self.y)

    def distance(self, x, y):
        return math.hypot(self.x - x, self.y - y)

p = Point(2, 3)
d = getattr(p, 'distance')(0, 0)  # p.distance(0, 0) 호출
```

혹은 operator.methodcaller()를 사용해도 된다.

```
import operator
operator.methodcaller('distance', 0, 0)(p)
```

메소드를 이름으로 찾고 동일한 매개변수를 반복적으로 넣는 경우 `operator.method caller()`를 사용하는 것이 좋다. 예를 들어 포인트 리스트를 정렬하고 싶다면 다음과 같이 한다.

```
points = [
    Point(1, 2),
    Point(3, 0),
    Point(10, -3),
    Point(-5, -7),
    Point(-1, 8),
    Point(3, 2)
]

# origin (0, 0)의 거리를 기준으로 정렬
points.sort(key=operator.methodcaller('distance', 0, 0))
```

토론

메소드 호출의 과정은 실제로 속성 탐색과 함수 호출이라는 두 가지 과정으로 분리된다. 따라서 메소드를 호출하려면, 다른 속성과 마찬가지로 우선 `getattr()`로 속성을 찾는다. 찾은 메소드를 호출하려면, 결과물을 함수로 여기면 된다.

`operator.methodcaller()`는 호출 가능 객체를 생성하지만, 또한 메소드에 주어질 매개변수를 고정시키는 역할도 한다. 우리는 올바른 `self` 인자를 제공하기만 하면 된다.

```
>>> p = Point(3, 4)
>>> d = operator.methodcaller('distance', 0, 0)
>>> d(p)
5.0
>>>
```

문자열에 저장된 이름으로 메소드를 호출하는 방식은 case 문을 이뮬레이트(emulate)하거나 비지터 패턴(visitor pattern)의 변형과 어느 정도 관련이 있다. 좀 더 고급 예제를 보려면 다음 레시피를 참고한다.

8.21 비지터 패턴 구현

문제

여러 종류의 객체로 구성된 복잡한 자료 구조를 순환하며 서로 다른 방식으로 처리하는 코드를 작성해야 한다. 예를 들어 트리 구조를 순환하며 만나는 노드의 종류에 따라 다른 동작을 수행해야 한다.

해결

이번 레시피에 나온 문제는 여러 종류의 객체로 구성된 방대한 자료 구조를 구성하는 프로그램에서 종종 발생한다. 이해를 돕기 위해 수학 표현식을 나타내는 프로그램을 작성해야 한다고 가정해 보자. 이렇게 하려면, 프로그램에서 여러 클래스를 사용해야 한다.

```python
class Node:
    pass

class UnaryOperator(Node):
    def __init__(self, operand):
        self.operand = operand

class BinaryOperator(Node):
    def __init__(self, left, right):
        self.left = left
        self.right = right

class Add(BinaryOperator):
    pass

class Sub(BinaryOperator):
    pass

class Mul(BinaryOperator):
    pass

class Div(BinaryOperator):
    pass

class Negate(UnaryOperator):
    pass

class Number(Node):
    def __init__(self, value):
        self.value = value
```

이 클래스들은 다음과 같이 중첩된 자료 구조를 구성할 수 있다.

```python
# 1 + 2 * (3 - 4) / 5를 나타낸다.
t1 = Sub(Number(3), Number(4))
t2 = Mul(Number(2), t1)
t3 = Div(t2, Number(5))
t4 = Add(Number(1), t3)
```

문제는 이런 구조를 만드는 것이 아니라, 추후에 처리하는 코드를 작성할 때 발생한다. 예를 들어 주어진 표현식으로 프로그램은 여러 가지 동작을 할 수 있다(예: 결과 계산, 설명 생성, 변환 수행 등).

일반적인 목적의 처리를 하려면, 소위 "비지터 패턴"이라 불리는 구현을 한다.

```
class NodeVisitor:
    def visit(self, node):
        methname = 'visit_' + type(node).__name__
        meth = getattr(self, methname, None)
        if meth is None:
            meth = self.generic_visit
        return meth(node)

    def generic_visit(self, node):
        raise RuntimeError('No {} method'.format('visit_' + type(node).__name__))
```

이 클래스를 사용하려면, 프로그래머가 이를 상속 받고, visit_Name() 형식의 여러 메소드를 구현한다. 이때 Name은 노드 타입으로 치환한다. 예를 들어 표현식을 계산하려면 다음과 같은 코드를 작성한다.

```
class Evaluator(NodeVisitor):
    def visit_Number(self, node):
        return node.value

    def visit_Add(self, node):
        return self.visit(node.left) + self.visit(node.right)

    def visit_Sub(self, node):
        return self.visit(node.left) - self.visit(node.right)

    def visit_Mul(self, node):
        return self.visit(node.left) * self.visit(node.right)

    def visit_Div(self, node):
        return self.visit(node.left) / self.visit(node.right)

    def visit_Negate(self, node):
        return -node.operand
```

앞서 생성한 표현식에 이 클래스를 사용하는 방법은 다음과 같다.

```
>>> e = Evaluator()
>>> e.visit(t4)
0.6
>>>
```

혹은 완전히 다른 예제로, 표현식을 해석해서 간단한 스택 기계에 동작하도록 하는 클래스를 작성해 보자.

```
class StackCode(NodeVisitor):
    def generate_code(self, node):
        self.instructions = []
        self.visit(node)
        return self.instructions

    def visit_Number(self, node):
        self.instructions.append(('PUSH', node.value))
```

```
    def binop(self, node, instruction):
        self.visit(node.left)
        self.visit(node.right)
        self.instructions.append((instruction,))

    def visit_Add(self, node):
        self.binop(node, 'ADD')

    def visit_Sub(self, node):
        self.binop(node, 'SUB')

    def visit_Mul(self, node):
        self.binop(node, 'MUL')

    def visit_Div(self, node):
        self.binop(node, 'DIV')

    def unaryop(self, node, instruction):
        self.visit(node.operand)
        self.instructions.append((instruction,))

    def visit_Negate(self, node):
        self.unaryop(node, 'NEG')
```

이 클래스를 사용하는 예제는 다음과 같다.

```
>>> s = StackCode()
>>> s.generate_code(t4)
[('PUSH', 1), ('PUSH', 2), ('PUSH', 3), ('PUSH', 4), ('SUB',),
 ('MUL',), ('PUSH', 5), ('DIV',), ('ADD',)]
>>>
```

토론

이번 레시피에 핵심이 되는 아이디어가 두 개 있다. 우선 복잡한 자료 구조를 취급하는 코드를 자료 구조 자체에서 분리시키는 디자인 전략이다. 이 레시피에서는 아무런 Node 클래스도 데이터를 다루는 어떠한 구현을 하지 않는다. 그 대신, 모든 데이터 취급은 NodeVisitor 클래스로 분리해서 수행한다. 이렇게 분리함으로 인해 코드를 매우 범용적으로 사용할 수 있게 된다.

두 번째 아이디어는 비지터 클래스 구현 자체에 있다. 비지터에서, 노드 타입과 같은 값에 기반한 메소드로 서로 다른 처리를 보내고 싶다. 초심자의 경우 다음과 같이 거대한 if 문을 사용하려 할지 모른다.

```
class NodeVisitor:
    def visit(self, node):
        nodetype = type(node).__name__
        if nodetype == 'Number':
```

```
            return self.visit_Number(node)
        elif nodetype == 'Add':
            return self.visit_Add(node)
        elif nodetype == 'Sub':
            return self.visit_Sub(node)
        ...
```

하지만, 이와 같은 구현을 하고 싶지 않다는 것은 너무나 자명하다. 코드가 너무나 장황하기도 하지만, 실행 속도도 느리고 처리하려는 노드를 추가하거나 변경하는 경우에 관리도 어렵다. 이렇게 하지 않고, 메소드 이름을 형성하고 getattr() 함수로 받아 오는 방식을 사용하는 것이 훨씬 좋다. 앞에 나온 generic_visit() 메소드는 일치하는 메소드를 찾지 못했을 때 호출되는 대비책이다. 이번 레시피의 경우에는 예외를 발생시켜 프로그래머에게 예상하지 못한 노드에 도달했음을 경고한다.

모든 비지터 클래스에서 visit() 메소드로 재귀적 호출을 하며 계산하는 것이 일반적이다.

```
class Evaluator(NodeVisitor):
    ...
    def visit_Add(self, node):
        return self.visit(node.left) + self.visit(node.right)
```

이 재귀로 인해 비지터 클래스가 자료 구조 전체를 순환할 수 있다. 비지터 클래스는, 이번 예제의 Number와 같이 종료 노드를 만날 때까지 visit()을 반복적으로 호출한다. 재귀와 실행의 정확한 순서는 전적으로 애플리케이션에 달려 있다.

메소드로 보내는 이 기술은 다른 언어의 switch, case 문 동작성을 흉내 내는 일반적인 방식이기도 하다. 예를 들어 HTTP 프레임워크를 작성한다면 다음과 같은 동작을 하는 클래스를 만들어야 한다.

```
class HTTPHandler:
    def handle(self, request):
        methname = 'do_' + request.request_method
        getattr(self, methname)(request)

    def do_GET(self, request):
        ...
    def do_POST(self, request):
        ...
    def do_HEAD(self, request):
        ...
```

비지터 패턴의 한 가지 단점은 재귀 호출에 너무 의존한다는 점이다. 아주 많이 중첩된 자료 구조에 이 방식을 적용하면 파이썬의 재귀 한계에 다다를 가능성이 있다(sys.getrecursionlimit() 참고). 이 문제를 피하려면 가지고 있는 자료 구조에 몇 가지 결정을 내려야 한다. 예를 들어 링크드 리스트 대신 파이썬 리스트를 사용하거나, 데이터를 합쳐서 깊이를 줄여야 한다.

혹은 제너레이터나 이터레이터를 사용해서 비재귀 알고리즘 방식을 사용할 수도 있다. 이 기술은 레시피 8.22에 나온다.

파싱과 컴파일링에 관련된 프로그램에서 비지터 패턴은 아주 일반적으로 사용한다. 한 가지 주목할 만한 구현으로 파이썬의 ast 모듈을 들 수 있다. 트리 구조의 순환을 허용하고, 자료 구조를 재작성하거나 순환하며 변형할 수도 있다(예: 노드 추가 혹은 제거). 더 자세한 설명은 ast 모듈을 참고한다. 파이썬 소스 코드에 ast 모듈을 사용하는 예제가 레시피 9.24에 나온다.

8.22 재귀 없이 비지터 패턴 구현

문제

비지터 패턴(visitor pattern)을 사용해서 많이 중첩된 트리 구조를 순환하는 코드를 작성하는 도중에 재귀 한계치를 넘어섰다. 따라서 발생하는 재귀 호출을 줄이고 싶지만 프로그래밍 스타일은 비지터 패턴을 유지하고 싶다.

해결

제너레이터(generator)를 현명하게 사용하면 트리 순환 혹은 검색 관련 알고리즘에서 재귀를 줄일 수 있다. 레시피 8.21에서 이미 비지터 클래스를 알아보았다. 여기서는 스택과 제너레이터를 사용한 완전히 다른 구현법을 제시한다.

```python
import types

class Node:
    pass

import types
class NodeVisitor:
    def visit(self, node):
        stack = [ node ]
        last_result = None
        while stack:
            try:
                last = stack[-1]
                if isinstance(last, types.GeneratorType):
                    stack.append(last.send(last_result))
                    last_result = None
                elif isinstance(last, Node):
                    stack.append(self._visit(stack.pop()))
                else:
                    last_result = stack.pop()
            except StopIteration:
                stack.pop()
        return last_result
```

```
    def _visit(self, node):
        methname = 'visit_' + type(node).__name__
        meth = getattr(self, methname, None)
        if meth is None:
            meth = self.generic_visit
        return meth(node)

    def generic_visit(self, node):
        raise RuntimeError('No {} method'.format('visit_' + type(node).__name__))
```

이 클래스를 사용하면 재귀를 사용했던 기존 코드와 여전히 잘 동작한다. 사실 앞의 레시피
에서 나온 비지터 구현을 대체해도 아무런 문제가 없다. 예를 들어 표현식 트리와 관련 있
는 다음 코드를 보자.

```
class UnaryOperator(Node):
    def __init__(self, operand):
        self.operand = operand

class BinaryOperator(Node):
    def __init__(self, left, right):
        self.left = left
        self.right = right

class Add(BinaryOperator):
    pass

class Sub(BinaryOperator):
    pass

class Mul(BinaryOperator):
    pass

class Div(BinaryOperator):
    pass

class Negate(UnaryOperator):
    pass

class Number(Node):
    def __init__(self, value):
        self.value = value

# 표현식 계산을 하는 샘플 비지터 클래스
class Evaluator(NodeVisitor):
    def visit_Number(self, node):
        return node.value

    def visit_Add(self, node):
        return self.visit(node.left) + self.visit(node.right)
```

```
    def visit_Sub(self, node):
        return self.visit(node.left) - self.visit(node.right)

    def visit_Mul(self, node):
        return self.visit(node.left) * self.visit(node.right)

    def visit_Div(self, node):
        return self.visit(node.left) / self.visit(node.right)

    def visit_Negate(self, node):
        return -self.visit(node.operand)

if __name__ == '__main__':
    # 1 + 2*(3-4) / 5
    t1 = Sub(Number(3), Number(4))
    t2 = Mul(Number(2), t1)
    t3 = Div(t2, Number(5))
    t4 = Add(Number(1), t3)

    # 계산
    e = Evaluator()
    print(e.visit(t4))          # 0.6 출력
```

앞의 코드는 간단한 표현식에는 동작한다. 하지만 Evaluator 구현은 재귀를 사용하고, 그 깊이가 깊어지면 크래시가 발생한다.

```
>>> a = Number(0)
>>> for n in range(1, 100000):
...     a = Add(a, Number(n))
...
>>> e = Evaluator()
>>> e.visit(a)
Traceback (most recent call last):
...
  File "visitor.py", line 29, in _visit
    return meth(node)
  File "visitor.py", line 67, in visit_Add
    return self.visit(node.left) + self.visit(node.right)
RuntimeError: maximum recursion depth exceeded
>>>
```

이제 Evaluator 클래스를 조금 수정해 보자.

```
class Evaluator(NodeVisitor):
    def visit_Number(self, node):
        return node.value

    def visit_Add(self, node):
        yield (yield node.left) + (yield node.right)
```

```
        def visit_Sub(self, node):
            yield (yield node.left) - (yield node.right)

        def visit_Mul(self, node):
            yield (yield node.left) * (yield node.right)

        def visit_Div(self, node):
            yield (yield node.left) / (yield node.right)

        def visit_Negate(self, node):
            yield -(yield node.operand)
```

다시 한 번 실행해 보면 잘 동작한다. 멋지다!

```
>>> a = Number(0)
>>> for n in range(1,100000):
...     a = Add(a, Number(n))
...
>>> e = Evaluator()
>>> e.visit(a)
4999950000
>>>
```

메소드에 커스텀 코드를 추가해도 여전히 잘 동작한다.

```
class Evaluator(NodeVisitor):
    ...
    def visit_Add(self, node):
        print('Add:', node)
        lhs = yield node.left
        print('left=', lhs)
        rhs = yield node.right
        print('right=', rhs)
        yield lhs + rhs
    ...
```

다음은 결과물 샘플이다.

```
>>> e = Evaluator()
>>> e.visit(t4)
Add: <__main__.Add object at 0x1006a8d90>
left= 1
right= -0.4
0.6
>>>
```

토론

이번 레시피는 제너레이터와 코루틴(coroutine)을 사용한 멋진 프로그래밍 기술을 제시했
다. 이 레시피를 정확히 이해하려면 몇 가지 사전 지식이 필요하다.

첫째, 트리 순환과 관련된 문제에서 재귀를 피하기 위한 일반적인 전략은 스택이나 큐를 사용하는 알고리즘을 작성하는 것이다. 예를 들어 깊이 우선 탐색(depth-first traversal)을 구현할 때 처음으로 만나는 노드를 스택에 넣고 처리가 끝난 이후 팝하는 방식을 사용할 수 있다. 해결책에 나온 visit() 메소드가 바로 이 아이디어에 기반하고 있다. 이 알고리즘은 초기 노드를 stack 리스트에 넣고 스택이 빌 때까지 실행을 계속한다. 실행하는 동안 트리 구조의 깊이가 깊어짐에 따라 스택의 크기가 증가한다.

둘째는 제너레이터에 있는 yield 문 동작과 관련이 있다. yield 문을 만나면 제너레이터는 값을 내어 놓고 연기한다. 이번 레시피는 바로 이것을 재귀 대신 사용한다. 예를 들어 다음과 같이 재귀 표현식을 쓰지 않고

```
value = self.visit(node.left)
```

다음과 같은 코드를 작성한다.

```
value = yield node.left
```

코드 내부적으로는 노드(node.left)를 visit() 메소드로 돌려보낸다. 그 후 visit() 메소드가 올바른 visit_Name() 메소드를 실행한다. 어떻게 보면 이는 재귀와 거의 반대되는 개념이다. 알고리즘 진행을 위해 visit()을 재귀적으로 호출하지 않고, 임시적으로 진행 중인 계산에서 빠져나오기 위해 yield 문을 사용했다. 따라서 yield가 다른 처리를 진행하기 전에 이 노드를 먼저 처리해야 한다고 알고리즘에게 알리는 역할을 한다.

레시피의 마지막 부분은 실행 결과 전파를 다룬다. 제너레이터 함수를 사용할 때 값을 전달하는 용도로 return을 사용할 수 없다(SyntaxError 예외가 발생한다). 따라서 yield 문이 이 부분까지 책임져야 한다. yield가 생성한 값이 Node 타입이 아니면, 이 값은 계산을 위해 다음 단계로 전달할 것이라고 가정한다. 이것이 코드에서 last_return 변수의 목적이 된다. 대개 여기에 visit 메소드의 마지막 값이 들어간다. 그리고 이 값을 이전 실행 메소드로 보내서 yield 문에서 반환한 값으로 보이게 한다. 예를 들어 다음 코드에서

```
value = yield node.left
```

value 변수는 node.left가 실행한 메소드가 반환한 값인 last_return을 받는다.

이 모든 측면을 다음 코드에서 찾을 수 있다.

```
try:
    last = stack[-1]
    if isinstance(last, types.GeneratorType):
        stack.append(last.send(last_result))
        last_result = None
    elif isinstance(last, Node):
        stack.append(self._visit(stack.pop()))
    else:
        last_result = stack.pop()
```

```
    except StopIteration:
        stack.pop()
```

이 코드는 단순히 스택의 상단을 찾고 다음이 무엇인지 결정한다. 제너레이터라면 마지막 결과 값(있다면)과 함께 send() 메소드를 호출하고 결과 값을 스택에 넣고 다음 과정에 사용한다. send()가 반환한 값은 yield 문에 주어진 값과 동일하다. 따라서 yield node. left와 같은 구문에서, send()가 반환한 Node 인스턴스 node.left가 스택의 상단에 위치한다.

스택의 상단이 Node 인스턴스이면, 이 노드에 알맞은 visit 메소드를 호출한 결과로 치환된다. 바로 여기서 재귀가 사라진다. 여러 visit 메소드가 직접 visit()을 재귀적으로 호출하지 않고, 여기서 바로 발생한다. 메소드가 yield를 사용하면 모두 문제 없이 동작한다.

마지막으로, 스택 상단에 그 이외의 것이 있으면 무엇인가의 반환 값이라고 가정한다. 이 값은 스택에서 팝하고 last_result에 넣는다. 스택의 다음 아이템이 제너레이터이면 yield의 반환 값으로 보낸다. visit()의 마지막 반환 값 역시 last_result로 설정한다는 점을 주목해야 한다. 이로 인해 이번 레시피 코드가 전통적인 재귀 구현식과도 잘 동작한다. 제너레이터를 사용하지 않았다면, 이 값은 단순히 코드에서 사용한 return 문에 주어진 값을 담는다.

이 레시피 코드에서 한 가지 주의해야 할 점은 Node와 Node가 아닌 값을 구별하는 부분이다. 이번 구현에서 모든 Node 인스턴스를 자동으로 순환했다. 따라서 Node는 전파할 반환 값으로 사용할 수 없다. 실제로 이것이 문제되지는 않지만, 문제가 된다면 알고리즘을 조금 수정해야 한다. 예를 들어 다음과 같이 다른 클래스를 혼용할 수 있다.

```
class Visit:
    def __init__(self, node):
        self.node = node

class NodeVisitor:
    def visit(self, node):
        stack = [ Visit(node) ]
        last_result = None
        while stack:
            try:
                last = stack[-1]
                if isinstance(last, types.GeneratorType):
                    stack.append(last.send(last_result))
                    last_result = None
                elif isinstance(last, Visit):
                    stack.append(self._visit(stack.pop().node))
                else:
                    last_result = stack.pop()
            except StopIteration:
```

```
            stack.pop()
        return last_result

    def _visit(self, node):
        methname = 'visit_' + type(node).__name__
        meth = getattr(self, methname, None)
        if meth is None:
            meth = self.generic_visit
        return meth(node)

    def generic_visit(self, node):
        raise RuntimeError('No {} method'.format('visit_' + type(node).__name__))
```

이번 버전에서 비지터 메소드는 다음과 같은 모습을 한다.

```
    class Evaluator(NodeVisitor):
        ...
    def visit_Add(self, node):
        yield (yield Visit(node.left)) + (yield Visit(node.right))

    def visit_Sub(self, node):
        yield (yield Visit(node.left)) - (yield Visit(node.right))
        ...
```

여기까지 읽고 나서 yield 문을 사용하지 않는 구현법을 알아보고 싶은 마음이 들지도 모른다. 하지만 그렇게 하려면 앞에서 설명한 여러 문제점을 다시 해결해야 한다. 예를 들어, 재귀를 없애려면 스택을 사용해야 한다. 또한 여러 비지터 관련 로직을 호출하고 순환하기 위한 동일한 방법을 고안해야 한다. 제너레이터가 없으면 이 코드는 스택 처리, 콜백 함수 등을 매우 복잡하게 사용하게 된다. 솔직히 말해서 yield를 사용했을 때 가장 큰 장점은 재귀가 발생하지 않는 코드를 작성하면서 마치 재귀로 구현한 것 같이 우아하게 보인다는 점이다.

8.23 순환 자료 구조에서 메모리 관리

문제

순환이 있는 자료 구조(트리, 그래프, 옵저버 패턴 등)를 생성하는 프로그램에서 메모리 관리 문제를 겪고 있다.

해결

순환 자료 구조의 단순한 예제로 부모는 자식을, 자식은 부모를 가리키는 트리 구조가 있다. 이런 코드를 작성할 때는 링크 중 하나를 weakref 라이브러리를 사용하는 약한 참조 (weak reference)로 만드는 것을 고려해야 한다.

```
import weakref

class Node:
    def __init__(self, value):
        self.value = value
        self._parent = None
        self.children = []

    def __repr__(self):
        return 'Node({!r:})'.format(self.value)

    # 부모를 약한 참조로 관리하는 프로퍼티
    @property
    def parent(self):
        return self._parent if self._parent is None else self._parent()

    @parent.setter
    def parent(self, node):
        self._parent = weakref.ref(node)

    def add_child(self, child):
        self.children.append(child)
        child.parent = self
```

이 구현은 부모를 조용히 제거할 수 있도록 한다.

```
>>> root = Node('parent')
>>> c1 = Node('child')
>>> root.add_child(c1)
>>> print(c1.parent)
Node('parent')
>>> del root
>>> print(c1.parent)
None
>>>
```

토론

파이썬에서 순환 자료 구조는 조심스럽게 사용해야 한다. 일반적인 가비지 컬렉션(garbage collection) 규칙을 적용하지 않기 때문이다. 다음 코드를 보자.

```
# 삭제 시기를 알려 주기 위한 클래스
class Data:
    def __del__(self):
        print('Data.__del__')

# 순환 구조가 있는 Node 클래스
class Node:
    def __init__(self):
        self.data = Data()
        self.parent = None
```

```
        self.children = []
    def add_child(self, child):
        self.children.append(child)
        child.parent = self
```

이 코드를 사용해서 가비지 컬렉션의 미묘한 부분을 살펴보자.

```
>>> a = Data()
>>> del a                  # 즉시 삭제
Data.__del__
>>> a = Node()
>>> del a                  # 즉시 삭제
Data.__del__
>>> a = Node()
>>> a.add_child(Node())
>>> del a                  # 삭제되지 않음(메시지 없음)
>>>
```

여기 나온 것처럼 순환과 관련 있는 마지막 경우를 제외하고는 객체가 즉시 삭제되었다. 파이썬의 가비지 컬렉션이 단순한 참조 카운팅(reference counting)에 기반하고 있기 때문이다. 객체의 참조 카운트가 0이 될 때, 그 즉시 삭제된다. 하지만 순환 자료 구조에서 이런 일은 발생하지 않는다. 따라서 이 예제의 마지막 부분은 부모와 자식이 서로를 가리키고 있고 참조 카운트가 0이 되지 않도록 막는다.

순환을 처리하기 위해 주기적으로 실행하는 별도의 가비지 컬렉터가 있다. 하지만 일반적으로 이것이 언제 실행될지는 알 도리가 없다. 결과적으로 순환 자료 구조에서 가비지 컬렉팅이 언제 발생할지 전혀 예측할 수 없다. 필요한 경우 가비지 컬렉션을 강제적으로 실행할 수는 있지만 딱히 좋은 방식이 아니다.

```
>>> import gc
>>> gc.collect()           # 강제 실행
Data.__del__
Data.__del__
>>>
```

더 큰 문제는 순환과 관련 있는 객체가 __del__() 메소드를 스스로 정의할 때 발생한다.

```
# 삭제 시기를 알려 주기 위한 클래스
class Data:
    def __del__(self):
        print('Data.__del__')

# 순환 구조가 있는 Node 클래스
class Node:
    def __init__(self):
        self.data = Data()
        self.parent = None
        self.children = []

    # 절대로 다음과 같이 하지 않는다!
```

```
# 이해를 돕기 위한 코드이다.
def __del__(self):
    del self.data
    del.parent
    del.children

def add_child(self, child):
    self.children.append(child)
    child.parent = self
```

이 경우 자료 구조에서 가비지 컬렉션을 영원히 발생하지 않고 프로그램에 메모리 누수가 생긴다! 실행해 보면 강제로 가비지 컬렉션을 명령한다 해도 Data.__del__ 메시지가 전혀 나타나지 않는다.

```
>>> a = Node()
>>> a.add_child(Node())
>>> del a                # 메시지 없음(가비지 컬렉션 발생하지 않음)
>>> import gc
>>> gc.collect()         # 메시지 없음(가비지 컬렉션 발생하지 않음)
>>>
```

약한 참조는 참조 사이클을 제거해서 이 문제를 해결한다. 근본적으로, 약한 참조는 참조 카운터를 증가시키지 않는 객체에 대한 포인터이다. 생성은 weakref 라이브러리를 사용한다.

```
>>> import weakref
>>> a = Node()
>>> a_ref = weakref.ref(a)
>>> a_ref
<weakref at 0x100581f70; to 'Node' at 0x1005c5410>
>>>
```

약한 참조를 역참조하려면, 함수처럼 호출하면 된다. 참조한 객체가 여전히 존재하면 이를 반환한다. 존재하지 않는다면 None을 반환한다. 원본의 참조 카운트가 증가하지 않기 때문에 정상적으로 삭제된다.

```
>>> print(a_ref())
<__main__.Node object at 0x1005c5410>
>>> del a
Data.__del__
>>> print(a_ref())
None
>>>
```

약한 참조를 사용하면 더 이상 참조 사이클이 발생하지 않고 노드를 사용하지 않을 때 바로 가비지 컬렉션이 실행된다. 또 다른 예제를 보려면 레시피 8.25를 참고한다.

8.24 비교 연산을 지원하는 클래스 만들기

문제

표준 비교 연산자(>=, !=, <= 등)를 사용해 클래스 인스턴스를 비교하고 싶다. 하지만 특별 메소드를 너무 많이 작성하고 싶지는 않다.

해결

파이썬 클래스는 비교 연산을 위한 특별 메소드를 통해 인스턴스 간에 비교 기능을 지원한다. 예를 들어 >= 연산을 지원하려면 __ge__() 메소드를 정의하면 된다. 메소드 하나를 정의하는 것은 아무런 문제가 없지만 모든 비교 연산을 구현하려면 그 과정이 조금 귀찮아진다.

이때 functools.total_ordering 데코레이터를 사용하면 과정을 단순화할 수 있다. 클래스에 데코레이터(decorator)를 붙이고 __eq__()와 비교 메소드(__lt__, __le__, __gt__, __ge__) 하나만 더 정의하면 된다. 그렇게 하면 데코레이터가 나머지 모든 메소드를 자동으로 추가해 준다.

이해를 돕기 위해 집을 하나 만들고 방을 추가한다. 그리고 집의 크기를 비교해 보자.

```
from functools import total_ordering
class Room:
    def __init__(self, name, length, width):
        self.name = name
        self.length = length
        self.width = width
        self.square_feet = self.length * self.width


@total_ordering
class House:
    def __init__(self, name, style):
        self.name = name
        self.style = style
        self.rooms = list()

    @property
    def living_space_footage(self):
        return sum(r.square_feet for r in self.rooms)

    def add_room(self, room):
        self.rooms.append(room)

    def __str__(self):
        return '{}: {} square foot {}'.format(self.name,
                                    self.living_space_footage,
                                    self.style)
```

```
    def __eq__(self, other):
        return self.living_space_footage == other.living_space_footage

    def __lt__(self, other):
        return self.living_space_footage < other.living_space_footage
```

이 코드에서 House 클래스를 @total_ordering으로 꾸몄다. 그리고 집의 전체 크기를 비교하는 __eq__()와 __lt__()를 정의했다. 이렇게 최소한의 정의만 하면 나머지 모든 비교 연산도 정상적으로 동작한다.

```
# 집을 몇 개 만들고 방을 추가한다.
h1 = House('h1', 'Cape')
h1.add_room(Room('Master Bedroom', 14, 21))
h1.add_room(Room('Living Room', 18, 20))
h1.add_room(Room('Kitchen', 12, 16))
h1.add_room(Room('Office', 12, 12))

h2 = House('h2', 'Ranch')
h2.add_room(Room('Master Bedroom', 14, 21))
h2.add_room(Room('Living Room', 18, 20))
h2.add_room(Room('Kitchen', 12, 16))

h3 = House('h3', 'Split')
h3.add_room(Room('Master Bedroom', 14, 21))
h3.add_room(Room('Living Room', 18, 20))
h3.add_room(Room('Office', 12, 16))
h3.add_room(Room('Kitchen', 15, 17))
houses = [h1, h2, h3]

print('Is h1 bigger than h2?', h1 > h2) # True 출력
print('Is h2 smaller than h3?', h2 < h3) # True 출력
print('Is h2 greater than or equal to h1?', h2 >= h1) # False 출력
print('Which one is biggest?', max(houses)) # 'h3: 1101-square-foot Split' 출력
print('Which is smallest?', min(houses)) # 'h2: 846-square-foot Ranch' 출력
```

토론

기본 비교 연산을 모두 지원하는 클래스를 작성해 본 적이 있다면 total_ordering의 동작성을 이해할 수 있을 것이다. 이 데코레이터는 비교-지원 메소드에서 다른 모든 메소드로의 매핑을 정의한다. 따라서 __lt__()를 클래스에 정의하면 다른 비교 연산이 이 메소드를 사용한다. 다음과 같이 클래스를 메소드로 채워 주는 것과 다를 바가 없는 것이다.

```
class House:
    def __eq__(self, other):
        ...
    def __lt__(self, other):
        ...

    # @total_ordering이 생성한 메소드
    __le__ = lambda self, other: self < other or self == other
```

```
__gt__ = lambda self, other: not (self < other or self == other)
__ge__ = lambda self, other: not (self < other)
__ne__ = lambda self, other: not self == other
```

물론 이런 메소드를 직접 작성하는 것이 어렵지는 않지만, @total_ordering이 귀찮은 작
업을 대신해 준다.

8.25 캐시 인스턴스 생성

문제

클래스 인스턴스를 생성할 때, 동일한 매개변수(있다면)로 생성한 기존 인스턴스의 캐시 참
조를 반환하고 싶다.

해결

이런 문제는 입력 받은 매개변수로 생성한 클래스 인스턴스가 단 하나만 있을 때 종종 발생
한다. 현실적인 예제로 주어진 시간에 로그 인스턴스를 하나만 다루는 logging 모듈과 같
은 라이브러리의 동작성을 들 수 있다.

```
>>> import logging
>>> a = logging.getLogger('foo')
>>> b = logging.getLogger('bar')
>>> a is b
False
>>> c = logging.getLogger('foo')
>>> a is c
True
>>>
```

이런 동작성을 구현하려면 클래스와 분리된 별도의 팩토리 함수(factory function)를 만들
어야 한다.

```
# 문제에 나온 클래스
class Spam:
    def __init__(self, name):
        self.name = name

# 캐시 지원
import weakref
_spam_cache = weakref.WeakValueDictionary()

def get_spam(name):
    if name not in _spam_cache:
        s = Spam(name)
        _spam_cache[name] = s
    else:
```

```
            s = _spam_cache[name]
        return s
```

이 구현을 사용하면 앞에 나온 것과 같이 동작한다.

```
>>> a = get_spam('foo')
>>> b = get_spam('bar')
>>> a is b
False
>>> c = get_spam('foo')
>>> a is c
True
>>>
```

토론

인스턴스 생성의 일반적인 규칙을 변형하기 위한 단순한 접근법으로 특별 팩토리 함수 작성이 있다. 여기서 발생하는 의문점은 좀 더 우아한 구현법이 있느냐 하는 점이다.

예를 들어 클래스의 __new__() 메소드를 재정의하는 해결책을 고려해 볼 수 있다.

```
# 주의: 이 코드는 제대로 동작하지 않는다.
import weakref

class Spam:
    _spam_cache = weakref.WeakValueDictionary()
    def __new__(cls, name):
        if name in cls._spam_cache:
            return cls._spam_cache[name]
        else:
            self = super().__new__(cls)
            cls._spam_cache[name] = self
            return self

    def __init__(self, name):
        print('Initializing Spam')
        self.name = name
```

얼핏 보면 잘 동작할 것 같지만, 인스턴스가 캐시되었는지 여부와 상관 없이 __init__() 메소드가 항상 호출된다는 문제점이 있다.

```
>>> s = Spam('Dave')
Initializing Spam
>>> t = Spam('Dave')
Initializing Spam
>>> s is t
True
>>>
```

앞에 나온 예가 아마도 원하는 모습을 아닐 것이다. 초기화를 새로 하지 않고 캐싱하는 코드를 만들기 위해서 조금 다르게 접근해 보자.

이번에 사용한 약한 참조는 레시피 8.23에 나온 것과 같이 가비지 컬렉션과 관련된 중요한 역할을 한다. 인스턴스 캐시를 유지할 때, 프로그램에서 실제로 사용하기 전까지는 캐시 내부에만 아이템을 저장해 놓고 싶을 때가 있다. WeakValueDictionary 인스턴스는 참조한 아이템이 존재하는 경우에만 이를 담고 있다. 인스턴스가 더 이상 존재하지 않는 경우에서는 딕셔너리 키가 사라진다. 다음 예를 보자.

```
>>> a = get_spam('foo')
>>> b = get_spam('bar')
>>> c = get_spam('foo')
>>> list(_spam_cache)
['foo', 'bar']
>>> del a
>>> del c
>>> list(_spam_cache)
['bar']
>>> del b
>>> list(_spam_cache)
[]
>>>
```

이번 레시피에 나온 뼈대 코드를 많은 프로그램에 그대로 가져다 쓸 수 있다. 하지만 고려해야 할 고급 구현 기술이 훨씬 더 많다.

우선 이 코드는 전역변수와 원본 클래스 정의에서 불리한 팩토리 함수에 너무 의존하고 있다. 이를 해결하기 위한 방법으로 캐싱 코드를 별도의 관리 클래스에 넣고 다음과 같이 붙이면 된다.

```
import weakref

class CachedSpamManager:
    def __init__(self):
        self._cache = weakref.WeakValueDictionary()
    def get_spam(self, name):
        if name not in self._cache:
            s = Spam(name)
            self._cache[name] = s
        else:
            s = self._cache[name]
        return s

    def clear(self):
        self._cache.clear()

class Spam:
    manager = CachedSpamManager()
```

```
        def __init__(self, name):
            self.name = name

    def get_spam(name):
        return Spam.manager.get_spam(name)
```

이 방식은 잠재적인 유연성이 매우 크다는 장점이 있다. 예를 들어 별도의 클래스로 서로 다른 관리 스킴을 구현하고 Spam 클래스에 붙여서 기본 캐싱 구현으로 치환할 수 있다. 이렇게 하기 위해서 다른 코드를 수정할 필요는 전혀 없다.

사용자에게 클래스 정의를 노출할 것인지 여부를 디자인 과정에서 고려해야 한다. 아무것도 하지 않으면 사용자는 캐싱 메커니즘을 피해 쉽게 인스턴스를 만들 수 있다.

```
>>> a = Spam('foo')
>>> b = Spam('foo')
>>> a is b
False
>>>
```

이를 꼭 막아야 한다면 몇 가지 작업을 해야 한다. 예를 들어 _Spam과 같이 클래스 이름 앞에 밑줄을 붙여서 사용자가 클래스에 직접 접근하면 안 된다고 힌트를 줄 수 있다.

혹은 절대로 Spam 인스턴스를 직접 만들면 안 된다고 강력한 힌트를 주고 싶다면 __init__()에서 예외를 발생시키도록 하고 생성자를 만들기 위해서 클래스 메소드를 사용한다.

```
class Spam:
    def __init__(self, *args, **kwargs):
        raise RuntimeError("Can't instantiate directly")

    # 대안 생성자
    @classmethod
    def _new(cls, name):
        self = cls.__new__(cls)
        self.name = name
```

이를 사용하려면 캐싱 코드가 Spam()을 호출하지 않고 Spam._new()로 인스턴스를 만들도록 한다.

```
    import weakref

class CachedSpamManager:
    def __init__(self):
        self._cache = weakref.WeakValueDictionary()
    def get_spam(self, name):
        if name not in self._cache:
            s = Spam._new(name)              # 수정한 생성
```

```
            self._cache[name] = s
        else:
            s = self._cache[name]
        return s
```

Spam 클래스를 사용자에게 노출시키는 정도를 조절하는 데 고려할 수 있는 부분이 더 있지만, 이 문제에 대해서 너무 고민할 필요는 없다. 이름 앞에 밑줄을 붙이거나 클래스 메소드 생성자를 정의하는 정도로도 프로그래머들은 충분한 힌트를 얻는다.

캐싱과 생성 패턴과 관련된 문제는 메타클래스를 사용하면 좀 더 우아한 방식으로(물론 더 어렵다) 해결할 수 있다. 자세한 정보는 레시피 9.13을 참고한다.

## CHAPTER 9

메타프로그래밍

소프트웨어 개발에는 "절대로 스스로 반복 작업을 하지 마라"라는 격언이 있다. 이 말은, 매우 반복적으로 되풀이되는 코드를 작성할 때는(혹은 소스 코드를 자르거나 붙여넣을 때) 대개 그보다 더 현명한 해결책이 존재한다는 말이다. 파이썬은 이런 문제를 "메타프로그래밍(metaprogramming)"이라는 카테고리로 분류한다. 간단히 말해서 메타프로그래밍이란, 코드를 다루는(수정, 생성, 기존 코드 감싸기 등) 함수나 클래스를 만드는 것을 가리킨다. 주요 기능에는 데코레이터, 클래스 데코레이터, 메타클래스가 포함된다. 하지만 그 외에도 시그니처 객체(signature object), exec()로 코드 실행, 클래스와 함수 내부 조사 등 유용한 주제가 많이 있다. 이번 장의 목표는 메타프로그래밍의 여러 기술을 배우고 파이썬 기능을 커스터마이즈해서 사용하는 예제를 제공하는 것이다.

9.1 함수 감싸기

문제

함수에 추가적인 처리(로깅, 타이밍 등)를 하는 래퍼 레이어(wrapper layer)를 넣고 싶다.

해결

함수에 추가적인 코드를 감싸려면 데코레이터 함수를 정의한다.

```
import time
from functools import wraps

def timethis(func):
    '''
    실행 시간을 보고하는 데코레이터
```

```
    '''
    @wraps(func)
    def wrapper(*args, **kwargs):
        start = time.time()
        result = func(*args, **kwargs)
        end = time.time()
        print(func.__name__, end-start)
        return result
    return wrapper
```

데코레이터를 사용하는 예는 다음과 같다.

```
>>> @timethis
... def countdown(n):
...     '''
...     Counts down
...     '''
...     while n > 0:
...             n -= 1
...
>>> countdown(100000)
countdown 0.008917808532714844
>>> countdown(10000000)
countdown 0.87188299392912
>>>
```

토론

데코레이터는 입력으로 함수를 받고 새로운 함수를 반환한다. 다음과 같은 코드를 작성하면

```
@timethis
def countdown(n):
    ...
```

다음과 같이 별도의 단계를 수행한 것과 동일하다.

```
def countdown(n):
    ...
countdown = timethis(countdown)
```

@staticmethod, @classmethod, @property와 같은 내장된 데코레이터도 동일하게 동작한다. 예를 들어 다음 두 코드는 동일하다.

```
class A:
    @classmethod
    def method(cls):
        pass

class B:
    # 동일한 클래스 메소드 정의
    def method(cls):
```

```
        pass
    method = classmethod(method)
```

데코레이터 내부 코드는 이번 레시피 wrapper() 함수에 나왔던 것처럼 대개 *args와
**kwargs로 매개변수를 받는 새로운 함수를 생성하는 것과 관련이 있다. 이 함수에서 원본
입력 함수를 호출하고 결과를 반환한다. 하지만, 추가적인 코드(타이밍 등)를 붙일 수 있다.
새롭게 생성한 함수 wrapper가 결과로 반환되고 원본 함수를 대신한다.

데코레이터는 일반적으로 호출 시그니처나 감싸고 있는 함수의 반환 값을 수정하지 않는다
는 점이 중요하다. 그리고 어떠한 입력 인자라도 받을 수 있도록 *args와 **kwargs를 사용
했다. 데코레이터의 반환 값은 대부분 func(*args, **kwargs)를 호출한 결과 값이 되고,
이때 func는 감싸지 않은 원본 함수이다.

데코레이터를 처음 배울 때 앞에 나온 것과 같이 간단한 예제로 시작하는 것이 좋다. 하지
만 실제 프로그램에 데코레이터를 사용하려면 고려해야 할 부분이 조금 더 있다. 예를 들어
앞에 나온 @wraps(func)는 간과하기 쉬운 부분이지만 함수의 메타데이터를 보전하는 것
과 중요한 관련이 있다. 이 부분은 다음 레시피에 자세히 설명한다. 이제부터 나오는 몇 가
지 레시피는 데코레이터를 실제 프로그램에 사용할 때 알아야 하는 중요한 내용을 다룬다.

9.2 데코레이터 작성 시 함수 메타데이터 보존

문제

데코레이터(decorator)를 작성했다. 하지만 이를 함수에 적용할 때 이름, 독 문자열(doc
string), 주석, 호출 시그니처와 같은 주요 메타데이터가 사라진다.

해결

데코레이터를 작성할 때는 언제나 functools 라이브러리의 @wraps 데코레이터를 래퍼 함
수에 적용해야 한다.

```
import time
from functools import wraps

def timethis(func):
    '''
    실행 시간을 보고하는 데코레이터
    '''
    @wraps(func)
    def wrapper(*args, **kwargs):·
```

```
            start = time.time()
            result = func(*args, **kwargs)
            end = time.time()
            print(func.__name__, end-start)
            return result
        return wrapper
```

다음은 데코레이터를 사용하는 예제이다. 함수 메타데이터를 확인해 보자.

```
>>> @timethis
... def countdown(n:int):
...     '''
...     Counts down
...     '''
...     while n > 0:
...             n -= 1
...
>>> countdown(100000)
countdown 0.008917808532714844
>>> countdown.__name__
'countdown'
>>> countdown.__doc__
'\n\tCounts down\n\t'
>>> countdown.__annotations__
{'n': <class 'int'>}
>>>
```

토론

데코레이터 메타데이터 복사하기는 데코레이터를 작성할 때 중요한 부분이다. @wraps를 잊으면 데코레이터 함수가 중요한 정보를 모두 상실하게 된다. 예를 들어, @wraps를 생략했을 때 마지막 예제의 메타데이터는 다음처럼 보인다.

```
>>> countdown.__name__
'wrapper'
>>> countdown.__doc__
>>> countdown.__annotations__
{}
>>>
```

감싼 함수를 __wrapped__ 속성으로 접근할 수 있는 점은 @wraps 데코레이터의 중요한 기능이다. 예를 들어 감싼 함수에 직접 접근하려면 다음과 같이 한다.

```
>>> countdown.__wrapped__(100000)
>>>
```

__wrapped__ 속성이 있어서 데코레이트한 함수가 기반 시그니처를 감싼 함수에게 노출할 수 있기도 하다.

```
>>> from inspect import signature
>>> print(signature(countdown))
(n:int)
>>>
```

데코레이터와 관련해서, 어떻게 데코레이터가 직접적으로 원본 함수의 호출 시그니처를 복사하는지(*args와 **kwargs를 사용하지 않고)에 대한 질문이 일반적으로 나온다. 보통은 코드 문자열의 제너레이터와 exec()와 관련된 복잡한 기술 없이는 이를 구현하기가 쉽지 않다. 솔직히 @wraps를 사용하고 기반 함수 시그니처는 __wrapped__ 속성으로 접근하는 방법이 대개의 경우 최선이다. 시그니처에 대한 자세한 설명은 레시피 9.16에 나온다.

9.3 데코레이터 풀기

문제

함수에 데코레이터를 적용했는데, 이를 "취소"하고 원본 함수에 접근하고 싶다.

해결

@wraps를 사용해서 데코레이터를 올바르게 구현했다고 가정하면(레시피 9.2 참고), 원본 함수에는 __wrapped__ 속성으로 접근할 수 있다.

```
>>> @somedecorator
>>> def add(x, y):
...     return x + y
...
>>> orig_add = add.__wrapped__
>>> orig_add(3, 4)
7
>>>
```

토론

데코레이터가 감싼 함수에 직접 접근하게 되면 디버깅, 코드 검사, 함수 관련 운영 등에 매우 유용하다. 하지만 이 레시피에 나오는 방법은 데코레이터 구현이 functools 모듈의 @wraps를 사용해 메타데이터를 올바르게 복사했거나 __wrapped__ 속성을 설정한 경우에만 동작한다.

함수에 여러 데코레이터를 적용했다면 __wrapped__에 접근할 때 무슨 일이 발생할지 예상할 수 없어 이와 같이 사용하지 말아야 한다. 파이썬 3.3에서는 모든 레이어를 피해 간다. 예를 들어 다음과 같은 코드가 있다.

```
from functools import wraps

def decorator1(func):
    @wraps(func)
    def wrapper(*args, **kwargs):
        print('Decorator 1')
        return func(*args, **kwargs)
    return wrapper

def decorator2(func):
    @wraps(func)
    def wrapper(*args, **kwargs):
        print('Decorator 2')
        return func(*args, **kwargs)
    return wrapper

@decorator1
@decorator2
def add(x, y):
    return x + y
```

데코레이트한 함수를 호출하고 __wrapped__로 함수 원본에 접근하면 다음과 같이 된다.

```
>>> add(2, 3)
Decorator 1
Decorator 2
5
>>> add.__wrapped__(2, 3)
5
>>>
```

하지만 이는 버그로 등록되어 있으며(*http://bugs.python.org/issue17482*) 추후 수정될 수도 있는 사항이다.

마지막으로 모든 데코레이터가 @wraps를 사용하지는 않으며, 따라서 앞에 나온 설명대로 동작하지 않을 수도 있다는 점을 기억해야 한다. 실제로 @staticmethod, @classmethod와 같이 내장된 데코레이터는 이런 규칙을 따르지 않는다(그 대신 함수 원본을 __func__ 속성에 가지고 있다). 상황에 맞게 사용하도록 하자.

9.4 매개변수를 받는 데코레이터 정의

문제

매개변수를 받는 데코레이터를 작성하고 싶다.

해결

예제를 통해 매개변수를 받는 과정을 살펴보자. 함수에 로깅을 추가하는 데코레이터를 작성했다고 가정해 보자. 하지만 사용자가 로깅 레벨과 같은 사항을 매개변수로 명시하도록 하고 싶다. 이때는 다음과 같이 데코레이터를 정의한다.

```python
from functools import wraps
import logging

def logged(level, name=None, message=None):
    '''
    함수에 로깅 추가. level은 로깅 레벨, name은
    로거 이름, massage는 로그 메시지. name과
    message가 명시되지 않으면 함수의 모듈 이름을
    기본 값으로 한다.
    '''
    def decorate(func):
        logname = name if name else func.__module__
        log = logging.getLogger(logname)
        logmsg = message if message else func.__name__

        @wraps(func)
        def wrapper(*args, **kwargs):
            log.log(level, logmsg)
            return func(*args, **kwargs)
        return wrapper
    return decorate

# 사용 예
@logged(logging.DEBUG)
def add(x, y):
    return x + y

@logged(logging.CRITICAL, 'example')
def spam():
    print('Spam!')
```

얼핏 보면 이 구현이 꽤 어려워 보이지만 간단한 아이디어로 작성한 것이다. 가장 외부에 있는 logged() 함수는 매개변수 인자를 받고 이를 가지고 내부 데코레이터 함수에서 사용하게 한다. 내부 함수 decorate()는 함수를 받고 이를 감싼다. 중요한 부분은 이 래퍼(wrapper)가 logged()에 전달된 매개변수를 사용할 수 있다는 점이다.

토론

매개변수를 받는 데코레이터를 작성하는 것은 내부 호출 과정이 포함되어 있어 쉽지 않다. 특히 다음과 같이 코드가 있다면,

```python
@decorator(x, y, z)
def func(a, b):
    pass
```

데코레이트 과정은 다음과 같이 진행된다.

```
def func(a, b):
    pass

func = decorator(x, y, z)(func)
```

decorator(x,y,z)의 결과 값은 반드시 호출 가능한 것이 되어야 하고, 결과적으로 함수를 입력으로 받고 감싼다. 매개변수를 받는 데코레이터의 다른 예제는 레시피 9.7에 나온다.

9.5 사용자가 조절 가능한 속성을 가진 데코레이터 정의

문제

함수를 감싸는 데코레이터 함수를 작성하는데, 사용자가 실행 시간에 동작성을 변경할 수 있도록 속성을 조절하도록 하고 싶다.

해결

마지막 레시피를 확장해서 nonlocal 변수 선언을 통해 내부 변수를 바꾸는 접근자 함수 (accessor function)를 만들어 보자. 그리고 접근자 함수는 래퍼 함수에 함수 속성으로 첨부된다.

```
from functools import wraps, partial
import logging

# obj의 속성으로 함수에 붙이는 유틸리티 데코레이터
def attach_wrapper(obj, func=None):
    if func is None:
        return partial(attach_wrapper, obj)
    setattr(obj, func.__name__, func)
    return func

def logged(level, name=None, message=None):
    '''
    함수에 로깅 추가. level은 로깅 레벨, name은
    로거 이름, massage는 로그 메시지. name과
    message가 명시되지 않으면 함수의 모듈 이름을
    기본 값으로 한다.
    '''
    def decorate(func):
        logname = name if name else func.__module__
        log = logging.getLogger(logname)
        logmsg = message if message else func.__name__
```

```
        @wraps(func)
        def wrapper(*args, **kwargs):
            log.log(level, logmsg)
            return func(*args, **kwargs)

        # 세터 함수 첨부
        @attach_wrapper(wrapper)
        def set_level(newlevel):
            nonlocal level
            level = newlevel

        @attach_wrapper(wrapper)
        def set_message(newmsg):
            nonlocal logmsg
            logmsg = newmsg

        return wrapper
    return decorate

# 사용 예
@logged(logging.DEBUG)
def add(x, y):
    return x + y

@logged(logging.CRITICAL, 'example')
def spam():
    print('Spam!')
```

정의 후 여러 속성을 바꾸는 세션의 예는 다음과 같다.

```
>>> import logging
>>> logging.basicConfig(level=logging.DEBUG)
>>> add(2, 3)
DEBUG:__main__:add
5

>>> # Change the log message
>>> add.set_message('Add called')
>>> add(2, 3)
DEBUG:__main__:Add called
5

>>> # Change the log level
>>> add.set_level(logging.WARNING)
>>> add(2, 3)
WARNING:__main__:Add called
5
>>>
```

토론

이번 레시피에서 중요한 부분은 래퍼에 속성으로 붙이는 접근자 함수[set_message()와 set_level() 등]에 있다. 모든 접근자는 내부 파라미터를 nonlocal 할당을 사용하여 조절하도록 한다.

이번에 배운 내용에서 놀라운 기능은 접근자 함수가 여러 레벨의 데코레이션에 전파된다는 점이다(모든 데코레이터가 @functools.wraps를 사용해야 한다). 예를 들어 레시피 9.2에 나온 @timethis와 같이 추가적인 데코레이터를 사용하면 다음과 같이 한다.

```
@timethis
@logged(logging.DEBUG)
def countdown(n):
    while n > 0:
        n -= 1
```

접근자 메소드는 여전히 잘 동작한다.

```
>>> countdown(10000000)
DEBUG:__main__:countdown
countdown 0.8198461532592773
>>> countdown.set_level(logging.WARNING)
>>> countdown.set_message("Counting down to zero")
>>> countdown(10000000)
WARNING:__main__:Counting down to zero
countdown 0.8225970268249512
>>>
```

데코레이터를 정 반대의 순서로 구성한다 해도 여전히 동일하게 잘 동작한다. 다음 코드를 보자.

```
@logged(logging.DEBUG)
@timethis
def countdown(n):
    while n > 0:
        n -= 1
```

여기에 나오지는 않았지만, 접근자 함수가 여러 설정 값을 반환하도록 하려면 다음과 같이 간단하게 코드를 추가하면 된다.

```
...
@attach_wrapper(wrapper)
def get_level():
    return level

# Alternative
wrapper.get_level = lambda: level
...
```

이번 레시피에서 아주 미묘한 측면은 접근자 함수를 처음에 쓸 것인가에 대한 부분이다. 예를 들어 함수 속성에 직접 접근하는 방식에 기반한 구현을 고려할 수도 있다.

```
    ...
    @wraps(func)
    def wrapper(*args, **kwargs):
        wrapper.log.log(wrapper.level, wrapper.logmsg)
        return func(*args, **kwargs)

    # 조절 가능한 속성 추가
    wrapper.level = level
    wrapper.logmsg = logmsg
    wrapper.log = log
    ...
```

이 방식도 동작하기는 하지만, 데코레이터가 최상단에 있어야만 한다. 이보다 더 위에 데코레이터를 적용하면(예제의 @timethis와 같이), 기반의 속성을 가려 버리고 더 이상 접근이 불가능하다. 하지만 접근자 함수를 사용하면 이 같은 문제를 피할 수 있다.

마지막으로 앞에 나온 해결책은 클래스로 정의한 데코레이터의 대안이 될 수도 있다. 자세한 내용은 레시피 9.9에 나온다.

9.6 옵션 매개변수를 받는 데코레이터 정의

문제

@decorator와 같이 매개변수가 없거나 @decorator(x,y,z)와 같이 옵션 매개변수가 있는 데코레이터 하나를 작성하고 싶다. 하지만 호출 방식이 서로 달라서 데코레이터 하나로 만들 수 있는 단순한 방법이 없어 보인다.

해결

레시피 9.5에 나온 로깅 코드를 수정해서 앞의 설명에 나온 데코레이터를 정의했다.

```
from functools import wraps, partial
import logging

def logged(func=None, *, level=logging.DEBUG, name=None, message=None):
    if func is None:
        return partial(logged, level=level, name=name, message=message)

    logname = name if name else func.__module__
    log = logging.getLogger(logname)
    logmsg = message if message else func.__name__
```

```
        @wraps(func)
        def wrapper(*args, **kwargs):
            log.log(level, logmsg)
            return func(*args, **kwargs)
        return wrapper

    # 사용 예
    @logged
    def add(x, y):
        return x + y

    @logged(level=logging.CRITICAL, name='example')
    def spam():
        print('Spam!')
```

예제에 나온 것처럼, 데코레이터는 간단한 형식(즉, @logged)이나 매개변수를 받는 형식 (즉, @logged(level=logging.CRITICAL, name='example'))으로 사용 가능하다.

토론

이번 레시피에 나온 문제는 프로그래밍 일관성과 매우 관련이 깊다. 데코레이터를 사용할 때 많은 프로그래머들은 매개변수를 전혀 사용하지 않거나, 예제에 나온 것처럼 매개변수 를 사용한다. 기술적으로 말하자면 모두 옵션이 되는 매개변수를 받는 데코레이터도 적용 할 수 있다.

```
    @logged()
    def add(x, y):
        return x+y
```

하지만, 이는 일반적이지 않은 형식이고, 사용하는 프로그래머가 추가적인 괄호를 잊을 때 에러가 발생한다. 이 레시피는 데코레이터가 괄호 없이도 잘 동작하도록 한다.

코드가 어떻게 동작하는지 이해하려면 데코레이터가 어떻게 함수에 적용되는지와 호출 순 서를 잘 알고 있어야 한다. 다음과 같은 간단한 데코레이터의 경우,

```
    # 사용 예
    @logged
    def add(x, y):
        return x + y
```

호출 순서는 다음과 같다.

```
    def add(x, y):
        return x + y
    add = logged(add)
```

이 경우, 감싸줄 함수를 logged에 첫 번째 매개변수로 넘긴다. 그리고 앞의 코드에서 logged()의 첫 번째 매개변수는 감싸줄 함수이다. 그 외에 모든 매개변수는 기본 값을 소유해야 한다.

데코레이터는 다음과 같이 매개변수를 받는다.

```
@logged(level=logging.CRITICAL, name='example')
def spam():
    print('Spam!')
```

그리고 다음과 같이 호출한다.

```
def spam():
    print('Spam!')
spam = logged(level=logging.CRITICAL, name='example')(spam)
```

logged()를 처음 호출할 때, 감쌀 함수는 전달하지 않는다. 따라서, 데코레이터에서는 옵션이 되어야 한다. 결과적으로 다른 매개변수는 키워드로 명시해야만 한다. 매개변수를 전달했을 때, 데코레이터는 함수를 받는 함수를 반환하고 감싸야 한다(레시피 9.5 참고). 이렇게 하기 위해서는, functools.partial을 포함해서 현명하게 구현해야 한다. 특히, 감싸야 할 함수를 제외하고는 모든 매개변수는 고정되어 있으며 이렇게 부분 적용된 자기 자신을 반환해야 한다. partial()을 사용하는 방법은 레시피 7.8에 잘 나온다.

9.7 데코레이터를 사용해서 함수에서 타입 확인 강제

문제

함수 매개변수의 타입을 강제적으로 확인하는 기능을 구현하고 싶다.

해결

해결 코드를 보기 전에, 이번 레시피의 목적이 입력 매개변수에 대한 타입 확인 강제에 있음을 기억하자. 이제 다음 예제 코드를 보자.

```
>>> @typeassert(int, int)
... def add(x, y):
...     return x + y
...
>>>
>>> add(2, 3)
5
>>> add(2, 'hello')
Traceback (most recent call last):
  File "<stdin>", line 1, in <module>
```

```
   File "contract.py", line 33, in wrapper
TypeError: Argument y must be <class 'int'>
>>>
```

이제 @typeassert 데코레이터 구현 코드를 보자.

```python
from inspect import signature
from functools import wraps

def typeassert(*ty_args, **ty_kwargs):
    def decorate(func):
        # 디버그 모드가 아니면 타입 확인을 비활성화한다.
        if not __debug__:
            return func

        # 매개변수 이름을 지원할 타입에 매핑한다.
        sig = signature(func)
        bound_types = sig.bind_partial(*ty_args, **ty_kwargs).arguments

        @wraps(func)
        def wrapper(*args, **kwargs):
            bound_values = sig.bind(*args, **kwargs)
            # 지원하는 매개변수만 사용하도록 강제한다.
            for name, value in bound_values.arguments.items():
                if name in bound_types:
                    if not isinstance(value, bound_types[name]):
                        raise TypeError(
                            'Argument {} must be {}'.format(name, bound_types[name])
                            )
            return func(*args, **kwargs)
        return wrapper
    return decorate
```

모든 매개변수에 대해서 타입을 명시하거나 혹은 부분만 지정할 수 있어 데코레이터가 어느 정도 유연하다는 점을 알 수 있다. 그리고 타입은 위치 혹은 키워드로 명시할 수 있다.

```
>>> @typeassert(int, z=int)
... def spam(x, y, z=42):
...     print(x, y, z)
...
>>> spam(1, 2, 3)
1 2 3
>>> spam(1, 'hello', 3)
1 hello 3
>>> spam(1, 'hello', 'world')
Traceback (most recent call last):
  File "<stdin>", line 1, in <module>
  File "contract.py", line 33, in wrapper
TypeError: Argument z must be <class 'int'>
>>>
```

토론

이번 레시피에는 고급 데코레이터의 중요하고 유용한 기술이 많이 소개되었다.

첫째, 데코레이터의 한 가지 측면으로 함수를 정의할 때 단 한 번만 적용된다는 점이 있다. 특정한 경우에 데코레이터가 추가한 기능을 비활성화하고 싶을 때가 있다. 이렇게 하기 위해서는 데코레이터 함수가 감싸지 않은 함수를 반환하도록 하면 된다. 앞에 나온 해결책에서는 전역변수 __debug__가 False로 설정된 경우 다음 코드가 수정되지 않은 함수를 반환한다(파이썬을 -O 혹은 -OO 옵션으로 최적화 모드로 실행한 경우).

```
    ...
    def decorate(func):
        # 최적화 모드에서는 타입 확인을 하지 않는다.
        if not __debug__:
            return func
    ...
```

다음으로, 이 데코레이터를 작성할 때 어려운 점은 감싼 함수의 매개변수 시그니처와 함께 동작해야 하는 부분이다. 이때는 inspect.signature() 함수를 사용해야 한다. 간단히 말해서, 이 함수는 호출 가능 객체에서 시그니처 정보를 추출한다.

```
>>> from inspect import signature
>>> def spam(x, y, z=42):
...     pass
...
>>> sig = signature(spam)
>>> print(sig)
(x, y, z=42)
>>> sig.parameters
mappingproxy(OrderedDict([('x', <Parameter at 0x10077a050 'x'>),
('y', <Parameter at 0x10077a158 'y'>), ('z', <Parameter at 0x10077a1b0 'z'>)]))
>>> sig.parameters['z'].name
'z'
>>> sig.parameters['z'].default
42
>>> sig.parameters['z'].kind
<_ParameterKind: 'POSITIONAL_OR_KEYWORD'>
>>>
```

데코레이터 첫 부분에서, 매개변수 이름에 제공 받은 타입의 부분 바인딩(partial binding)을 수행하기 위해 시그니처의 bind_partial() 메소드를 사용했다. 사용 예제는 다음과 같다.

```
>>> bound_types = sig.bind_partial(int,z=int)
>>> bound_types
<inspect.BoundArguments object at 0x10069bb50>
>>> bound_types.arguments
```

```
OrderedDict([('x', <class 'int'>), ('z', <class 'int'>)])
>>>
```

부분 바인딩에서, 빠진 인자 부분은 단순히 무시한다(예를 들어 y에 묶인 값은 없다). 하지만 바인딩에서 가장 중요한 부분은 정렬된 딕셔너리 bound_types.arguments를 생성하는 점이다. 이 딕셔너리는 매개변수 이름을 지원하는 값에 함수 시그니처와 동일한 순서로 매핑한다. 우리가 만든 데코레이터의 경우, 이 매핑에 강제할 타입을 담고 있다.

실제로 데코레이터가 만든 래퍼 함수에서 sig.bind() 메소드를 사용했다. bind()는 bind_partial()과 비슷하게 동작하지만 매개변수를 생략할 수 없다는 점이 다르다.

```
>>> bound_values = sig.bind(1, 2, 3)
>>> bound_values.arguments
OrderedDict([('x', 1), ('y', 2), ('z', 3)])
>>>
```

이 매핑을 사용하면 상대적으로 쉽게 요구 조건을 강제할 수 있다.

```
>>> for name, value in bound_values.arguments.items():
...     if name in bound_types.arguments:
...         if not isinstance(value, bound_types.arguments[name]):
...             raise TypeError()
...
>>>
```

여기서 한 가지 미묘한 점이 있다. 매개변수를 기본 값으로 비워 두면 어설트(assert)가 적용되지 않는다는 점이다. 예를 들어 items의 기본 값이 "틀린" 타입이지만 다음 코드는 동작한다.

```
>>> @typeassert(int, list)
... def bar(x, items=None):
...     if items is None:
...         items = []
...     items.append(x)
...     return items
>>> bar(2)
[2]
>>> bar(2,3)
Traceback (most recent call last):
  File "<stdin>", line 1, in <module>
  File "contract.py", line 33, in wrapper
TypeError: Argument items must be <class 'list'>
>>> bar(4, [1, 2, 3])
[1, 2, 3, 4]
>>>
```

마지막으로 데코레이터 매개변수와 함수 주석(function annotations) 중 어느 것을 사용할지에 대해 고민해 보자. 예를 들어 왜 다음과 같이 데코레이터가 주석을 보도록 만들지 않을까?

```
@typeassert
def spam(x:int, y, z:int = 42):
    print(x,y,z)
```

주석을 사용하지 않는 한 가지 이유로 함수의 모든 매개변수가 단 하나의 주석만 가질 수 있다는 점이 있다. 타입 확인에 주석을 사용하면, 그 이외의 용도로는 사용할 수 없게 된다. 마찬가지로 @typeassert 데코레이터는 다른 목적으로 주석을 사용하는 함수에 사용할 수 없다. 데코레이터 매개변수를 사용하면, 주석을 사용하는 함수를 포함해 훨씬 일반적인 목적으로 사용할 수 있다.

함수 시그니처 객체에 대한 자세한 정보는 PEP 362와 inspect 모듈의 온라인 문서에 잘 나온다. 레시피 9.16에도 예제가 좀 더 나온다.

9.8 데코레이터를 클래스의 일부로 정의

문제

데코레이터를 클래스 정의 내부에 정의하고 다른 함수나 메소드에 적용하고 싶다.

해결

데코레이터를 클래스 내부에 정의하기는 어렵지 않지만, 어떤 데코레이터를 적용할지 순서를 먼저 정렬해야 한다. 구체적으로 설명하자면, 인스턴스로 적용할지 클래스 메소드로 적용할지에 대한 부분이다. 이 둘의 차이점을 다음 코드에서 확인해 보자.

```
from functools import wraps

class A:
    # 인스턴스 메소드 데코레이터
    def decorator1(self, func):
        @wraps(func)
        def wrapper(*args, **kwargs):
            print('Decorator 1')
            return func(*args, **kwargs)
        return wrapper

    # 클래스 메소드 데코레이터
    @classmethod
    def decorator2(cls, func):
        @wraps(func)
        def wrapper(*args, **kwargs):
            print('Decorator 2')
```

```
        return func(*args, **kwargs)
    return wrapper
```

두 데코레이터를 적용하는 예제는 다음과 같다.

```
# 인스턴스 메소드로
a = A()

@a.decorator1
def spam():
    pass

# 클래스 메소드로
@A.decorator2
def grok():
    pass
```

자세히 보면 하나는 인스턴스 a로부터, 두 번째는 클래스 A로부터 적용했다.

토론

클래스 내부에 데코레이터를 정의하는 것이 이상해 보일 수도 있다. 하지만 이 방식은 표준 라이브러리에서도 사용하고 있다. 내장 데코레이터 @property는 실제로 getter(), setter(), deleter() 메소드를 가진 클래스이고 데코레이터처럼 동작한다.

```
class Person:
    # 프로퍼티 인스턴스 생성
    first_name = property()

    # 데코레이터 메소드 적용
    @first_name.getter
    def first_name(self):
        return self._first_name

    @first_name.setter
    def first_name(self, value):
        if not isinstance(value, str):
            raise TypeError('Expected a string')
        self._first_name = value
```

이렇게 정의한 주된 이유는 여러 데코레이터 메소드가 property 인스턴스 관련 상태를 수정하기 때문이다. 그렇기 때문에 만약 데코레이터가 기반 정보를 기록하거나 합쳐야 하는 경우, 이 방식이 올바르다.

클래스 내부에 데코레이터를 작성할 때, 코드 자체에 self 또는 cls 인자를 올바르게 사용하는 방식에 대한 혼란이 생긴다. 가장 외부에 있는 decorator1() 또는 decorator2()

와 같은 함수는 self나 cls 인자를 제공해야 하지만(왜냐하면 클래스의 일부이기 때문), 내부에서 생성한 래퍼 함수에서는 그렇게 할 필요가 없다. 양쪽 데코레이터에서 생성한 wrapper() 함수가 self 인자를 사용하지 않는 이유가 바로 이것이다. 래퍼 내부에서 인스턴스의 일부에 접근하려 할 때만 이런 인자를 사용한다. 그 이외의 경우에는 신경 쓰지 않아도 괜찮다.

클래스 내부에 데코레이터를 정의할 때 상속 부분에도 주의해야 한다. 예를 들어 클래스 A에 정의한 데코레이터를 서브클래스 B에도 적용하고 싶다면 다음과 같이 한다.

```
class B(A):
    @A.decorator2
    def bar(self):
        pass
```

실제로 이 경우에는 데코레이터를 클래스 메소드로 정의해야 하고 서브클래스에서 슈퍼클래스의 이름 A를 명시적으로 사용해야만 한다. 메소드를 정의하는 시점에 클래스 B는 아직 생성되지 않았으므로 @B.decorator2와 같은 이름은 사용할 수 없다.

9.9 클래스 데코레이터 정의

문제

함수를 데코레이터로 감싸고 싶지만, 그 결과는 호출 가능 인스턴스가 되도록 하고 싶다. 그리고 데코레이터를 클래스 정의 내부와 외부에서 모두 사용하고 싶다.

해결

데코레이터를 인스턴스로 정의하려면 __call__()과 __get__() 메소드를 반드시 구현해야 한다. 예를 들어 다음 코드는 함수에 간단한 프로파일 레이어를 넣는 클래스를 정의한다.

```
import types
from functools import wraps

class Profiled:
    def __init__(self, func):
        wraps(func)(self)
        self.ncalls = 0

    def __call__(self, *args, **kwargs):
        self.ncalls += 1
        return self.__wrapped__(*args, **kwargs)
```

```
    def __get__(self, instance, cls):
        if instance is None:
            return self
        else:
            return types.MethodType(self, instance)
```

이 클래스를 사용하려면, 클래스 내부, 외부에서 모두 보통의 데코레이터처럼 사용하면
된다.

```
@Profiled
def add(x, y):
    return x + y

class Spam:
    @Profiled
    def bar(self, x):
        print(self, x)
```

이 함수가 동작하는 예제는 다음과 같다.

```
>>> add(2, 3)
5
>>> add(4, 5)
9
>>> add.ncalls
2
>>> s = Spam()
>>> s.bar(1)
<__main__.Spam object at 0x10069e9d0> 1
>>> s.bar(2)
<__main__.Spam object at 0x10069e9d0> 2
>>> s.bar(3)
<__main__.Spam object at 0x10069e9d0> 3
>>> Spam.bar.ncalls
3
```

토론

데코레이터를 클래스로 정의하기는 간단하다. 하지만, 조금 더 설명이 필요한 부분이 있다.
특히 데코레이터를 인스턴스 메소드에 적용할 계획이라면 주의 깊게 읽도록 한다.

첫째, 일반적인 데코레이터와 같은 목적으로 주요 메타데이터 복사를 위해 functools
.wraps() 함수를 사용했다.

둘째, 해결책에 나온 __get__() 메소드를 간과하기 쉽다. 다른 코드는 모두 그대로 두고 __
get__()을 생략한 채로 데코레이터를 인스턴스 메소드에 적용하면 이상한 일이 발생한다.

```
>>> s = Spam()
>>> s.bar(3)
Traceback (most recent call last):
```

```
...
TypeError: spam() missing 1 required positional argument: 'x'
```

문제가 발생하는 이유는, 클래스에서 메소드를 구현한 함수를 찾을 때 디스크립터 프로토콜로 __get__() 메소드를 먼저 호출하기 때문이다(레시피 8.9 참고). 이 경우 __get__()의 목적은 메소드 객체를 생성하는 것이다(그리고 이것은 메소드에 self 인자를 넘긴다). 이해를 돕기 위한 예제를 보자.

```
>>> s = Spam()
>>> def grok(self, x):
...     pass
...
>>> grok.__get__(s, Spam)
<bound method Spam.grok of <__main__.Spam object at 0x100671e90>>
>>>
```

이 레시피에서 __get__() 메소드는 바운드 메소드 객체의 올바른 생성을 보장하기 위해 존재한다. type.MethodType()은 여기에 사용하기 위해 바운드 메소드를 수동으로 생성한다. 바운드 메소드는 인스턴스를 사용할 때만 생성된다. 메소드를 클래스에서 접근하면 __get__()의 instance 인자는 None으로 설정되고 Profiled 인스턴스 자체를 반환한다. 따라서 사용자가 ncalls 속성에 접근할 수 있는 것이다.

이런 복잡한 과정이 마음에 들지 않는다면 클로저와 nonlocal 변수를 사용하는 데코레이터를 고려해 보자(레시피 9.5 참고).

```
import types
from functools import wraps

def profiled(func):
    ncalls = 0
    @wraps(func)
    def wrapper(*args, **kwargs):
        nonlocal ncalls
        ncalls += 1
        return func(*args, **kwargs)
    wrapper.ncalls = lambda: ncalls
    return wrapper

# 예제
@profiled
def add(x, y):
    return x + y
```

이 예제는 ncalls에 대한 접근이 함수 속성으로 첨부된 함수를 통해 제공된다는 점을 제외하면 나머지 부분은 완전히 동일하게 동작한다.

```
>>> add(2, 3)
5
```

```
>>> add(4, 5)
9
>>> add.ncalls()
2
>>>
```

9.10 클래스와 스태틱 메소드에 데코레이터 적용

문제

클래스나 스태틱 메소드에 데코레이터를 적용하고 싶다.

해결

클래스와 스태틱 메소드에 데코레이터를 적용하기는 간단하지만, 데코레이터를 @class method 또는 @staticmethod 앞에 적용하도록 주의하자.

```
import time
from functools import wraps

# 간단한 데코레이터
def timethis(func):
    @wraps(func)
    def wrapper(*args, **kwargs):
        start = time.time()
        r = func(*args, **kwargs)
        end = time.time()
        print(end-start)
        return r
    return wrapper

# 서로 다른 메소드에 데코레이터를 적용하는 모습을 보여주기 위한 클래스
class Spam:
    @timethis
    def instance_method(self, n):
        print(self, n)
        while n > 0:
            n -= 1

    @classmethod
    @timethis
    def class_method(cls, n):
        print(cls, n)
        while n > 0:
            n -= 1

    @staticmethod
    @timethis
    def static_method(n):
        print(n)
```

```
        while n > 0:
            n -= 1
```

결과적으로 클래스와 스태틱 메소드는 잘 동작하지만 추가적인 타이밍이 생긴다.

```
>>> s = Spam()
>>> s.instance_method(1000000)
<__main__.Spam object at 0x1006a6050> 1000000
0.11817407608032227
>>> Spam.class_method(1000000)
<class '__main__.Spam'> 1000000
0.11334395408630371
>>> Spam.static_method(1000000)
1000000
0.11740279197692871
>>>
```

토론

데코레이터의 순서를 잘못 설정하면 에러가 발생한다. 예를 들어 다음과 같은 순서로 실행하면

```
class Spam:
    ...
    @timethis
    @staticmethod
    def static_method(n):
        print(n)
        while n > 0:
            n -= 1
```

스태틱 메소드에서 크래시가 발생한다.

```
>>> Spam.static_method(1000000)
Traceback (most recent call last):
  File "<stdin>", line 1, in <module>
  File "timethis.py", line 6, in wrapper
    start = time.time()
TypeError: 'staticmethod' object is not callable
>>>
```

여기서 문제는 @classmethod와 @staticmethod가 실제로 직접 호출 가능한 객체를 생성하지 않는다는 점이다. 그 대신, 레시피 8.9에서 설명한 특별한 디스크립터 객체를 만든다. 따라서 다른 데코레이터의 함수와 같은 순서로 사용하려고 하면 크래시가 발생한다. 반드시 데코레이터 리스트에 이 데코레이터가 처음으로 나오게 해야 한다.

이번 레시피에서 설명한 내용이 아주 중요하게 작용하는 한 가지 상황으로 레시피 8.12에서 설명했던 추상 베이스 클래스의 클래스와 스태틱 메소드 정의를 들 수 있다. 예를 들어 추상 클래스 메소드를 정의하고 싶다면 다음 코드를 사용한다.

```
from abc import ABCMeta, abstractmethod

class A(metaclass=ABCMeta):
    @classmethod
    @abstractmethod
    def method(cls):
        pass
```

앞에 나온 코드에서 @classmethod와 @abstractmethod의 순서가 중요하다. 만약 두 데코
레이터의 순서를 바꾸면 모든 것이 망가진다.

9.11 감싼 함수에 매개변수를 추가하는 데코레이터 작성

문제

감싼 함수의 호출 시그니처에 매개변수를 추가하는 데코레이터를 작성하고 싶다. 하지만
추가한 매개변수는 기존 함수의 호출 방식과 함께 사용할 수 없다.

해결

키워드로만 넣을 수 있는 인자(keyword-only argument)를 사용하면 호출 시그니처에 매
개변수를 추가할 수 있다.

```
from functools import wraps

def optional_debug(func):
    @wraps(func)
    def wrapper(*args, debug=False, **kwargs):
        if debug:
            print('Calling', func.__name__)
        return func(*args, **kwargs)
    return wrapper
```

데코레이터는 다음과 같이 동작한다.

```
>>> @optional_debug
... def spam(a,b,c):
...     print(a,b,c)
...
>>> spam(1,2,3)
1 2 3
>>> spam(1,2,3, debug=True)
Calling spam
1 2 3
>>>
```

토론

감싼 함수의 시그니처에 매개변수를 추가하는데 데코레이터를 사용하는 것이 그리 일반적이지는 않다. 하지만 코드가 반복되는 특정 패턴을 피하고자 할 때 이 기술이 유용할 수 있다. 예를 들어 다음과 같은 코드가 있다고 가정해 보자.

```
def a(x, debug=False):
    if debug:
        print('Calling a')
    ...

def b(x, y, z, debug=False):
    if debug:
        print('Calling b')
    ...

def c(x, y, debug=False):
    if debug:
        print('Calling c')
    ...
```

앞의 코드는 다음과 같이 고칠 수 있다.

```
@optional_debug
def a(x):
    ...

@optional_debug
def b(x, y, z):
    ...

@optional_debug
def c(x, y):
    ...
```

이 구현법은 *args와 **kwargs 파라미터도 받는 함수에 키워드로만 넣을 수 있는 인자를 쉽게 추가할 수 있다는 사실에 의존한다. 키워드로만 넣을 수 있는 인자를 사용하면 하나의 특별 케이스로 치부되고, 남아 있는 위치와 키워드 인자만 사용하는 추후 호출해서 제외된다.

여기서 한 가지 까다로운 점은 추가한 매개변수와 기존 함수 매개변수 이름이 겹치는 확률이 있다는 것이다. 예를 들어 이미 debug라는 매개변수를 가지고 있는 함수에 @optional_debug 데코레이터를 사용하면 문제가 발생한다. 이 부분이 마음에 걸린다면 추가적인 확인 코드를 넣을 수 있다.

```
from functools import wraps
import inspect

def optional_debug(func):
    if 'debug' in inspect.getargspec(func).args:
        raise TypeError('debug argument already defined')
```

```
    @wraps(func)
    def wrapper(*args, debug=False, **kwargs):
        if debug:
            print('Calling', func.__name__)
        return func(*args, **kwargs)
    return wrapper
```

이번 레시피에서 마지막으로 제공할 개선점은 바로 함수 시그니처를 올바르게 관리하기이다. 똑똑한 프로그래머라면 감싼 함수의 시그니처가 틀렸다는 점을 알아차릴 것이다.

```
>>> @optional_debug
... def add(x,y):
...     return x+y
...
>>> import inspect
>>> print(inspect.signature(add))
(x, y)
>>>
```

이 부분은 다음과 같이 수정할 수 있다.

```
from functools import wraps
import inspect

def optional_debug(func):
    if 'debug' in inspect.getargspec(func).args:
        raise TypeError('debug argument already defined')

    @wraps(func)
    def wrapper(*args, debug=False, **kwargs):
        if debug:
            print('Calling', func.__name__)
        return func(*args, **kwargs)

    sig = inspect.signature(func)
    parms = list(sig.parameters.values())
    parms.append(inspect.Parameter('debug',
                             inspect.Parameter.KEYWORD_ONLY,
                             default=False))
    wrapper.__signature__ = sig.replace(parameters=parms)
    return wrapper
```

이렇게 수정하면 래퍼의 시그니처가 debug 인자의 존재를 올바르게 반영한다.

```
>>> @optional_debug
... def add(x,y):
...     return x+y
...
>>> print(inspect.signature(add))
(x, y, *, debug=False)
>>> add(2,3)
```

```
5
>>>
```

레시피 9.16에 함수 시그니처에 대한 더 많은 정보가 나온다.

9.12 클래스 정의 패치에 데코레이터 사용

문제

상속이나 메타클래스를 사용하지 않고, 클래스 정의의 일부를 조사, 재작성해서 동작성을 변경하고 싶다.

해결

바로 이런 것이 데코레이터를 사용하기에 가장 완벽한 상황일 것이다. 예를 들어 다음 코드는 __getattribute__ 특별 메소드가 로깅을 수행하도록 하는 클래스 데코레이터이다.

```
def log_getattribute(cls):
    # 원본 구현 얻기
    orig_getattribute = cls.__getattribute__

    # 새로운 정의 생성
    def new_getattribute(self, name):
        print('getting:', name)
        return orig_getattribute(self, name)

    # 클래스에 붙이고 반환
    cls.__getattribute__ = new_getattribute
    return cls

# 사용 예제
@log_getattribute
class A:
    def __init__(self,x):
        self.x = x
    def spam(self):
        pass
```

이 클래스를 사용하면 다음과 같은 결과가 나온다.

```
>>> a = A(42)
>>> a.x
getting: x
42
>>> a.spam()
getting: spam
>>>
```

토론

클래스 데코레이터는 믹스인이나 메타클래스와 같이 고급 기술에 대한 대안으로 사용하는 경우가 종종 있다. 예를 들어 앞에 나온 코드는 상속을 사용해서 다음과 같이 구현할 수 있다.

```
class LoggedGetattribute:
    def __getattribute__(self, name):
        print('getting:', name)
        return super().__getattribute__(name)

# 예제:
class A(LoggedGetattribute):
    def __init__(self,x):
        self.x = x
    def spam(self):
        pass
```

앞의 코드는 동작하지만, 이해하기 위해서는 메소드 처리 순서(MRO), super(), 상속 등 레시피 8.7에 나오는 내용을 조금 알고 있어야 한다. 어떻게 생각하면 클래스 데코레이터 방식이 동작하는 방식에 있어서 훨씬 직접적이고, 상속 관계에 있어서도 새로운 문제가 발생하지 않는다. 그리고 super() 함수에 의존하지 않아서 실행 속도도 약간 빠르다.

하나의 클래스에 클래스 데코레이터를 여러 개 적용하면, 애플리케이션의 순서가 중요하다. 예를 들어 메소드를 완전히 새로운 구현으로 치환하는 데코레이터는 기존 메소드에 단순한 로직을 추가하는 데코레이터보다 먼저 적용해야 한다.

레시피 8.13에 클래스 데코레이터 사용법에 대한 예제가 나온다.

9.13 인스턴스 생성 조절에 메타클래스 사용

문제

싱글톤(singleton), 캐싱 등 기능 구현을 위해 인스턴스가 생성되는 방법을 변경하고 싶다.

해결

파이썬 프로그래머라면 클래스를 정의하고 마치 함수를 호출하듯이 인스턴스를 생성한다는 것을 알고 있다.

```
class Spam:
    def __init__(self, name):
        self.name = name

a = Spam('Guido')
b = Spam('Diana')
```

이 과정을 커스터마이즈하고 싶다면 메타클래스를 정의하고 __call__() 메소드를 재구현하면 된다. 이해를 돕기 위해서 다른 누구도 인스턴스를 생성하지 못하도록 하는 코드는 다음과 같다.

```python
class NoInstances(type):
    def __call__(self, *args, **kwargs):
        raise TypeError("Can't instantiate directly")

# 예제
class Spam(metaclass=NoInstances):
    @staticmethod
    def grok(x):
        print('Spam.grok')
```

이런 경우에 사용자는 스태틱 메소드를 호출할 수 있지만, 일반적인 방법으로 인스턴스를 생성할 수는 없다.

```python
>>> Spam.grok(42)
Spam.grok
>>> s = Spam()
Traceback (most recent call last):
  File "<stdin>", line 1, in <module>
  File "example1.py", line 7, in __call__
    raise TypeError("Can't instantiate directly")
TypeError: Can't instantiate directly
>>>
```

이제 싱글톤 패턴(오직 하나의 인스턴스 생성만 허용하는 클래스)을 구현하고 싶다고 가정해보자. 이것도 상대적으로 구현하기 쉽다.

```python
class Singleton(type):
    def __init__(self, *args, **kwargs):
        self.__instance = None
        super().__init__(*args, **kwargs)

    def __call__(self, *args, **kwargs):
        if self.__instance is None:
            self.__instance = super().__call__(*args, **kwargs)
            return self.__instance
        else:
            return self.__instance

# 예제
class Spam(metaclass=Singleton):
    def __init__(self):
        print('Creating Spam')
```

이렇게 하면 오직 하나의 인스턴스만 생성된다.

```python
>>> a = Spam()
Creating Spam
>>> b = Spam()
```

```
>>> a is b
True
>>> c = Spam()
>>> a is c
True
>>>
```

마지막으로, 레시피 8.25에서 설명한 캐시 인스턴스를 만들고 싶다고 가정해 보자. 다음은 이를 구현하는 메타클래스 예제이다.

```
import weakref

class Cached(type):
    def __init__(self, *args, **kwargs):
        super().__init__(*args, **kwargs)
        self.__cache = weakref.WeakValueDictionary()

    def __call__(self, *args):
        if args in self.__cache:
            return self.__cache[args]
        else:
            obj = super().__call__(*args)
            self.__cache[args] = obj
            return obj

# 예제
class Spam(metaclass=Cached):
    def __init__(self, name):
        print('Creating Spam({!r})'.format(name))
        self.name = name
```

이 클래스의 동작성은 다음과 같다.

```
>>> a = Spam('Guido')
Creating Spam('Guido')
>>> b = Spam('Diana')
Creating Spam('Diana')
>>> c = Spam('Guido')        # 캐시
>>> a is b
False
>>> a is c                   # 캐시된 값 반환
True
>>>
```

토론

메타클래스를 사용하면 여러 가지 인스턴스 생성 패턴을 구현할 때 훨씬 더 우아한 방식으로 접근할 수 있다. 예를 들어 메타클래스를 사용하지 않았다면 클래스를 추가적인 팩토리 함수 뒤에 숨겼어야 할 것이다. 예를 들어 싱글톤을 얻기 위해서는 다음과 유사한 트릭을

사용해야만 한다.

```python
class _Spam:
    def __init__(self):
        print('Creating Spam')

_spam_instance = None
def Spam():
    global _spam_instance
    if _spam_instance is not None:
        return _spam_instance
    else:
        _spam_instance = _Spam()
        return _spam_instance
```

메타클래스를 사용하는 방식이 훨씬 더 고급 기술이지만, 결과적으로 작성한 코드는 오히려 더 깔끔하고 이해하기 쉽다.

레시피 8.25에 캐시 인스턴스와 약한 참조 등에 대한 더 많은 정보가 나오니 참고하도록 한다.

9.14 클래스 속성 정의 순서 수집

문제

클래스 내부에 정의되는 속성과 메소드의 순서를 자동으로 기록해서 여러 목적에 사용하고 싶다(직렬화, 데이터베이스에 매핑하기 등).

해결

메타클래스를 사용하면 클래스 정의에 대한 정보를 쉽게 얻을 수 있다. 다음 코드는 Ordered Dict를 사용해서 디스크립터의 정의 순서를 얻는 메타클래스 예제이다.

```python
from collections import OrderedDict

# 여러 타입에 대한 디스크립터 집합
class Typed:
    _expected_type = type(None)
    def __init__(self, name=None):
        self._name = name

    def __set__(self, instance, value):
        if not isinstance(value, self._expected_type):
            raise TypeError('Expected ' + str(self._expected_type))
        instance.__dict__[self._name] = value

class Integer(Typed):
    _expected_type = int
```

```python
class Float(Typed):
    _expected_type = float

class String(Typed):
    _expected_type = str

# 클래스 몸체에 OrderedDict를 사용하는 메타클래스
class OrderedMeta(type):
    def __new__(cls, clsname, bases, clsdict):
        d = dict(clsdict)
        order = []
        for name, value in clsdict.items():
            if isinstance(value, Typed):
                value._name = name
                order.append(name)
        d['_order'] = order
        return type.__new__(cls, clsname, bases, d)

    @classmethod
    def __prepare__(cls, clsname, bases):
        return OrderedDict()
```

이 메타클래스에서, 클래스가 실행되는 동안 OrderedDict를 사용해서 디스크립터의 정의 순서를 수집한다. 수집한 순서 이름은 딕셔너리에서 추출하고 클래스 속성 _order에 저장한다. 이제 이 정보는 클래스 메소드에서 여러 목적으로 사용할 수 있다. 예를 들어 다음 코드는 이 순서를 사용해서 인스턴스 데이터를 CSV 데이터로 직렬화하는 메소드를 구현하는 클래스이다.

```python
class Structure(metaclass=OrderedMeta):
    def as_csv(self):
        return ','.join(str(getattr(self,name)) for name in self._order)

# 사용 예제
class Stock(Structure):
    name = String()
    shares = Integer()
    price = Float()
    def __init__(self, name, shares, price):
        self.name = name
        self.shares = shares
        self.price = price
```

앞에 나온 예제의 Stock 클래스를 사용하는 세션 예제는 다음과 같다.

```python
>>> s = Stock('GOOG',100,490.1)
>>> s.name
'GOOG'
>>> s.as_csv()
'GOOG,100,490.1'
>>> t = Stock('AAPL','a lot', 610.23)
Traceback (most recent call last):
```

```
    File "<stdin>", line 1, in <module>
    File "dupmethod.py", line 34, in __init__
TypeError: shares expects <class 'int'>
>>>
```

토론

이번 레시피에서 가장 중요한 부분은 __prepare__() 메소드로, 메타클래스 OrderedMeta 에 정의되어 있다. 이 메소드는 클래스를 정의할 때 클래스 이름과 베이스 클래스와 함께 즉시 실행된다. 그 후에는 클래스 몸체를 처리할 때 사용할 매핑 객체를 반환한다. 일반 딕 셔너리 대신 OrderedDict를 반환해서 정의 순서를 쉽게 수집할 수 있다.

사용자 스스로 딕셔너리 같은 객체를 만들려고 할 때도 이 기능을 더 확장할 수 있다. 예를 들어 중복 정의를 거부하는 구현을 고려해 보자.

```python
from collections import OrderedDict

class NoDupOrderedDict(OrderedDict):
    def __init__(self, clsname):
        self.clsname = clsname
        super().__init__()
    def __setitem__(self, name, value):
        if name in self:
            raise TypeError('{} already defined in {}'.format(name, self.clsname))
        super().__setitem__(name, value)

class OrderedMeta(type):
    def __new__(cls, clsname, bases, clsdict):
        d = dict(clsdict)
        d['_order'] = [name for name in clsdict if name[0] != '_']
        return type.__new__(cls, clsname, bases, d)

    @classmethod
    def __prepare__(cls, clsname, bases):
        return NoDupOrderedDict(clsname)
```

이 메타클래스를 사용하고 클래스에 중복된 이름을 넣으면 어떤 일이 발생하는지 살펴보자.

```
>>> class A(metaclass=OrderedMeta):
...     def spam(self):
...             pass
...     def spam(self):
...             pass
...
Traceback (most recent call last):
  File "<stdin>", line 1, in <module>
  File "<stdin>", line 4, in A
  File "dupmethod2.py", line 25, in __setitem__
    (name, self.clsname))
```

```
TypeError: spam already defined in A
>>>
```

마지막으로 주의할 점은 메타클래스 __new__() 메소드의 수정한 딕셔너리에 대한 처리이다. 클래스에서 다른 딕셔너리를 사용하도록 정의했지만, 우리는 여전히 마지막 클래스 객체를 만들 때 이 딕셔너리를 올바른 dict 인스턴스로 변환해야 한다. 이것이 바로 d = dict(clsdict) 구문의 목적이다.

클래스 정의 순서를 알 수 있다는 점은 사소한 것이지만 특정 애플리케이션에서는 아주 중요한 역할을 한다. 예를 들어 객체 관계 매퍼(mapper)에서, 예제에 나온 것처럼 클래스를 작성할 수 있다.

```
class Stock(Model):
    name = String()
    shares = Integer()
    price = Float()
```

내부적으로, 코드는 정의 순서를 수집해서 객체를 튜플이나 데이터베이스 테이블의 행에 매핑하려 할 수 있다(예제의 as_csv() 메소드 기능과 유사하게). 앞에 나온 방식은 아주 직관적이고 다른 구현법(대개 디스크립터 클래스 내부에 숨긴 카운터를 포함)에 비해서 단순하다.

9.15 옵션 매개변수를 받는 메타클래스 정의

문제

클래스 정의가 옵션 매개변수를 지원하도록 하는 메타클래스를 정의하고 싶다. 이 기능은 타입을 생성하는 동안에 처리 측면을 조절하거나 설정하는 데 사용 가능하다.

해결

클래스를 정의할 때 파이썬은 class 구문에 metaclass 키워드 매개변수로 메타클래스를 명시하도록 한다. 예를 들어 추상 베이스 클래스에 다음과 같이 사용한다.

```
from abc import ABCMeta, abstractmethod

class IStream(metaclass=ABCMeta):
    @abstractmethod
    def read(self, maxsize=None):
        pass

    @abstractmethod
    def write(self, data):
        pass
```

하지만, 커스텀 메타클래스는 추가적인 키워드 매개변수를 지원할 수 있다.

```
class Spam(metaclass=MyMeta, debug=True, synchronize=True):
    ...
```

메타클래스에서 이런 키워드 매개변수를 지원하려면, 다음과 같이 __prepare__(), __new__(), __init__() 메소드에 키워드로만 받는 인자를 사용해서 정의해야 한다.

```
class MyMeta(type):
    # 옵션
    @classmethod
    def __prepare__(cls, name, bases, *, debug=False, synchronize=False):
        # 커스텀 처리
        ...
        return super().__prepare__(name, bases)

    # 필수
    def __new__(cls, name, bases, ns, *, debug=False, synchronize=False):
        # 커스텀 처리
        ...
        return super().__new__(cls, name, bases, ns)

    # 필수
    def __init__(self, name, bases, ns, *, debug=False, synchronize=False):
        # 커스텀 처리
        ...
        super().__init__(name, bases, ns)
```

토론

메타클래스에 추가적인 키워드 매개변수를 넣으려면 클래스 생성의 모든 단계를 잘 이해해야 한다. 왜냐하면 추가적인 인자는 모든 관련 메소드에 전달되기 때문이다. __prepare__() 메소드가 처음으로 호출되고, 다른 클래스 정의를 처리하기 이전에 클래스 네임스페이스를 먼저 생성한다. 일반적으로 이 메소드는 단순히 딕셔너리나 다른 매핑 객체를 반환한다. __new__() 메소드는 결과 타입 객체를 인스턴스화할 때 사용한다. 이는 클래스 몸체를 완전히 실행하고 난 후 호출된다. __init__() 메소드는 마지막으로 추가적인 초기화 단계가 필요한 경우에 호출한다.

메타클래스를 작성할 때 __new__()나 __init__() 메소드 둘 중에 하나만 정의하는 것이 일반적이다. 하지만, 추가적인 키워드 매개변수를 받을 생각이라면 두 메소드를 모두 제공하고 호환하도록 해야 한다. 기본 __prepare__() 메소드는 모든 키워드 매개변수 세트를 받지만 이를 무시한다. 우리는 추가적인 매개변수가 클래스 네임스페이스 생성에 영향을 주는 경우에만 이를 직접 정의한다.

이번 레시피에서 키워드로만 받는 인자를 사용한 점은 클래스를 생성할 때 이 매개변수가 오로지 키워드로만 지원됨을 의미한다.

메타클래스 설정에 키워드 매개변수를 명시한 점은 유사한 용도로 클래스 변수를 사용한 것의 대안으로 볼 수 있다.

```
class Spam(metaclass=MyMeta):
    debug = True
    synchronize = True
    ...
```

이런 파라미터를 매개변수로 지원하면, 클래스 생성 시에만 사용하는 추가적인 이름으로 클래스 네임스페이스를 더럽히지 않아도 된다는 이점이 있다. 추가적으로 이는 클래스 몸체의 어떤 구문보다 먼저 처리되는 __prepare__() 메소드에서도 사용할 수 있다. 반대로 클래스 변수는 메타클래스의 __new__()와 __init__() 메소드에서만 접근할 수 있다.

9.16 *args, **kwargs에 매개변수 시그니처 강제

문제

제너럴한 목적의 *args와 **kwargs를 사용하는 함수나 메소드를 작성했지만, 전달 받은 매개변수가 특정 함수 호출 시그니처에 일치하는지 확인하고 싶다.

해결

함수 호출 시그니처를 관리하는 모든 문제에는 inspect 모듈에 있는 시그니처 기능을 사용해야 한다. 우리는 Signature와 Parameter 두 클래스를 살펴볼 예정이다. 우선 함수 시그니처를 생성하는 예제를 보자.

```
>>> from inspect import Signature, Parameter
>>> # func(x, y=42, *, z=None)에 시그니처 만들기
>>> parms = [ Parameter('x', Parameter.POSITIONAL_OR_KEYWORD),
...           Parameter('y', Parameter.POSITIONAL_OR_KEYWORD, default=42),
...           Parameter('z', Parameter.KEYWORD_ONLY, default=None) ]
>>> sig = Signature(parms)
>>> print(sig)
(x, y=42, *, z=None)
>>>
```

시그니처 객체를 만들고 나면, 다음 예제에 나온 대로 bind() 메소드로 손쉽게 이를 *args와 **kwargs에 묶을 수 있다.

```
>>> def func(*args, **kwargs):
...     bound_values = sig.bind(*args, **kwargs)
...     for name, value in bound_values.arguments.items():
...         print(name,value)
...
>>> # 여러 예제 시도
>>> func(1, 2, z=3)
x 1
y 2
z 3
>>> func(1)
x 1
>>> func(1, z=3)
x 1
z 3
>>> func(y=2, x=1)
x 1
y 2
>>> func(1, 2, 3, 4)
Traceback (most recent call last):
...
  File "/usr/local/lib/python3.3/inspect.py", line 1972, in _bind
    raise TypeError('too many positional arguments')
TypeError: too many positional arguments
>>> func(y=2)
Traceback (most recent call last):
...
  File "/usr/local/lib/python3.3/inspect.py", line 1961, in _bind
    raise TypeError(msg) from None
TypeError: 'x' parameter lacking default value
>>> func(1, y=2, x=3)
Traceback (most recent call last):
...
  File "/usr/local/lib/python3.3/inspect.py", line 1985, in _bind
    '{arg!r}'.format(arg=param.name))
TypeError: multiple values for argument 'x'
>>>
```

앞에 나온 것처럼, 시그니처를 전달 받은 매개변수에 묶어 주면, 필요한 인자, 기본 값, 중복 값 등 일반적인 함수 호출 규칙을 강제하게 된다.

함수 시그니처를 강제하는 더 자세한 예제를 보자. 다음 코드에서 베이스 클래스가 아주 제 너럴한 __init__()을 정의하고 있지만, 이를 상속한 서브클래스는 기대하고 있는 시그니 처가 들어올 것이라고 가정을 한다.

```
from inspect import Signature, Parameter

def make_sig(*names):
    parms = [Parameter(name, Parameter.POSITIONAL_OR_KEYWORD)
             for name in names]
    return Signature(parms)
```

```
class Structure:
    __signature__ = make_sig()
    def __init__(self, *args, **kwargs):
        bound_values = self.__signature__.bind(*args, **kwargs)
        for name, value in bound_values.arguments.items():
            setattr(self, name, value)

# 사용 예제
class Stock(Structure):
    __signature__ = make_sig('name', 'shares', 'price')

class Point(Structure):
    __signature__ = make_sig('x', 'y')
```

Stock 클래스는 다음과 같이 동작한다.

```
>>> import inspect
>>> print(inspect.signature(Stock))
(name, shares, price)
>>> s1 = Stock('ACME', 100, 490.1)
>>> s2 = Stock('ACME', 100)
Traceback (most recent call last):
...
TypeError: 'price' parameter lacking default value
>>> s3 = Stock('ACME', 100, 490.1, shares=50)
Traceback (most recent call last):
...
TypeError: multiple values for argument 'shares'
>>>
```

토론

*args와 **kwargs가 관련된 함수는 다용도 라이브러리를 만들거나 데코레이터, 프록시 등을 구현할 때 일반적으로 사용한다. 하지만 이런 함수는 스스로 매개변수를 확인하려 할 때 코드가 아주 지저분해진다는 단점이 있다. 예를 들어 레시피 8.11에서 시그니처 객체의 사용으로 이 부분을 단순화한다.

이번 레시피의 마지막 예제에서 커스텀 메타클래스로 시그니처 객체를 생성하는 것이 타당해 보일 것이다. 다음 코드는 그에 대한 대안 구현법을 제시한다.

```
from inspect import Signature, Parameter

def make_sig(*names):
    parms = [Parameter(name, Parameter.POSITIONAL_OR_KEYWORD)
             for name in names]
    return Signature(parms)

class StructureMeta(type):
    def __new__(cls, clsname, bases, clsdict):
```

```
        clsdict['__signature__'] = make_sig(*clsdict.get('_fields',[]))
        return super().__new__(cls, clsname, bases, clsdict)

class Structure(metaclass=StructureMeta):
    _fields = []
    def __init__(self, *args, **kwargs):
        bound_values = self.__signature__.bind(*args, **kwargs)
        for name, value in bound_values.arguments.items():
            setattr(self, name, value)

# 예제
class Stock(Structure):
    _fields = ['name', 'shares', 'price']

class Point(Structure):
    _fields = ['x', 'y']
```

커스텀 시그니처를 정의할 때, 시그니처를 특별 속성 __signature__에 저장하는 것이 유용하다. 이렇게 하면, 코드 조사를 위해 inspect 모듈을 사용하는 코드가 시그니처를 보고 호출 규칙으로 보고한다.

```
>>> import inspect
>>> print(inspect.signature(Stock))
(name, shares, price)
>>> print(inspect.signature(Point))
(x, y)
>>>
```

9.17 클래스 코딩 규칙 강제

문제

프로그램에서 방대한 클래스 계층을 사용하는데, 여기에 특정 코딩 규칙(혹은 진단 수행)을 강제해서 프로그래머가 코드를 유지하기 쉽도록 돕고 싶다.

해결

메타클래스로 클래스 정의를 모니터링할 수 있다. 기본적인 메타클래스는 일반적으로 type을 상속 받아 정의하고 __new__() 메소드와 __init__() 메소드를 재정의한다.

```
class MyMeta(type):
    def __new__(self, clsname, bases, clsdict):
        # clsname은 정의하려는 클래스 이름
        # bases는 베이스 클래스의 튜플
```

```
        # clsdict는 클래스 딕셔너리
        return super().__new__(cls, clsname, bases, clsdict)
```

혹은 __init__()이 정의되었다면 다음과 같이 한다.

```
class MyMeta(type):
    def __init__(self, clsname, bases, clsdict):
        super().__init__(clsname, bases, clsdict)
        # clsname은 정의하려는 클래스 이름
        # bases는 베이스 클래스의 튜플
        # clsdict는 클래스 딕셔너리
```

이 메타클래스를 사용하려면, 상속 관계의 상단에 있는 클래스에 포함시켜야 한다.

```
class Root(metaclass=MyMeta):
    pass

class A(Root):
    pass

class B(Root):
    pass
```

메타클래스의 주요 기능은 바로 클래스를 정의하는 시점에 그 내용을 조사할 수 있다는 것이다. 재정의한 __init__() 메소드 내부에서 클래스 딕셔너리, 베이스 클래스 등을 확인할수 있다. 또한 메타클래스를 명시하고 나면 그 하위에 있는 모든 클래스에도 적용된다. 따라서 규모가 큰 클래스 구조의 최상단에 한 번만 메타클래스를 적용하면 일일이 정의할 필요 없이 구조 전체에 적용할 수 있다.

재미 삼아서 클래스를 정의할 때 대소문자를 혼용할 수 없도록 하는 예제를 만들어 보자(아마도 자바 프로그래머들이 짜증이 날지도 모르겠다).

```
class NoMixedCaseMeta(type):
    def __new__(cls, clsname, bases, clsdict):
        for name in clsdict:
            if name.lower() != name:
                raise TypeError('Bad attribute name: ' + name)
        return super().__new__(cls, clsname, bases, clsdict)

class Root(metaclass=NoMixedCaseMeta):
    pass

class A(Root):
    def foo_bar(self):      # 허용
        pass

class B(Root):
    def fooBar(self):       # 에러
        pass
```

좀 더 고급 기술을 적용해서 재정의한 메소드의 정의부를 보고 슈퍼클래스의 메소드와 동일한 호출 시그니처를 가지고 있는지 확인해 보자.

```python
from inspect import signature
import logging

class MatchSignaturesMeta(type):
    def __init__(self, clsname, bases, clsdict):
        super().__init__(clsname, bases, clsdict)
        sup = super(self, self)
        for name, value in clsdict.items():
            if name.startswith('_') or not callable(value):
                continue
            # (있다면) 앞의 정의를 가져와서 시그니처를 비교한다.
            prev_dfn = getattr(sup,name,None)
            if prev_dfn:
                prev_sig = signature(prev_dfn)
                val_sig = signature(value)
                if prev_sig != val_sig:
                    logging.warning('Signature mismatch in %s. %s != %s',
                                    value.__qualname__, prev_sig, val_sig)

# 예제
class Root(metaclass=MatchSignaturesMeta):
    pass

class A(Root):
    def foo(self, x, y):
        pass

    def spam(self, x, *, z):
        pass

# 재정의한 메소드가 있는 클래스. 하지만 시그니처가 조금 다르다.
class B(A):
    def foo(self, a, b):
        pass

    def spam(self,x,z):
        pass
```

이 코드를 실행하면 다음과 같은 결과를 보게 된다.

```
WARNING:root:Signature mismatch in B.spam. (self, x, *, z) != (self, x, z)
WARNING:root:Signature mismatch in B.foo. (self, x, y) != (self, a, b)
```

이 경고는 프로그램 버그를 확인할 때 유용하게 사용할 수 있다. 예를 들어 키워드 매개변수에 의존해서 메소드에 전달하는 코드는 서브클래스에서 매개변수 이름을 바꾸었을 때 문제가 발생한다.

토론

거대한 객체 지향 프로그램에서는 클래스 정의부를 메타클래스로 조절하는 것이 종종 유용하다. 메타클래스는 클래스 정의를 확인하며 문제가 될 만한 부분을 프로그래머에게 경고해 준다(예: 메소드 시그니처가 다른 경우 등).

이런 에러를 IDE나 프로그램 분석 도구로 잡아내는 것이 더 좋지 않느냐는 주장을 펼지도 모른다. 물론 그런 도구는 유용하다. 하지만 다른 사람이 사용할 프레임워크나 라이브러리를 만든다면, 그들이 어떻게 사용할지에 대해서는 전혀 통제할 수 없다. 따라서 그런 애플리케이션에는 메타클래스에 추가적인 확인 로직을 넣는 것이 더 좋다.

메타클래스에서 __new__() 혹은 __init__() 중 무엇을 재정의할지는 최종 클래스를 어떻게 사용할지에 따라 달라진다. __new__()는 클래스 생성 이전에 호출되고 일반적으로 메타클래스가 클래스 정의를 변경하려 할 때 사용한다(클래스 딕셔너리의 내용을 바꾼다). __init__() 메소드는 클래스 생성 이후에 호출되고, 완전히 생성된 클래스 객체로 어떤 작업을 하려 할 때 유용하다. 마지막 예제에서 super() 함수로 앞쪽의 정의를 찾기 때문에 이것이 아주 중요하다. 이 과정은 클래스 인스턴스가 생성되고 메소드 처리 순서가 정해진 후에만 가능하다.

마지막 예제는 파이썬의 함수 시그니처 객체에 대해 보여준다. 메타클래스는 클래스에서 호출 가능한 정의를 받아서, 앞쪽의 정의가 있다면 그것을 찾고 inspect.signature()로 호출 시그니처를 비교한다.

마지막으로, super(self, self) 코드는 오타가 아니다. 메타클래스로 작업할 때 self가 실제로는 클래스 객체라는 점이 중요하다. 따라서 이 구문은 self의 부모를 이루는 클래스 상위 구조에서 정의를 찾는 데 쓰인다.

9.18 클래스를 프로그램적으로 정의

문제

새로운 클래스 객체를 생성하는 코드를 작성 중이다. 클래스 소스 코드를 문자열 형식으로 만들고 exec()와 같은 함수로 실행할까 생각 중인데, 조금 더 보기 좋은 해결책을 찾고 있다.

해결

새로운 클래스 객체를 인스턴스화할 때 types.new_class() 함수를 사용할 수 있다. 간단히 클래스 이름과 키워드 매개변수, 클래스 딕셔너리를 만들 콜백과 멤버만 넣어 주면 나머지는 자동으로 처리된다.

```
# stock.py
# 부분으로부터 클래스를 수동으로 만드는 예제

# 메소드
def __init__(self, name, shares, price):
    self.name = name
    self.shares = shares
    self.price = price

def cost(self):
    return self.shares * self.price

cls_dict = {
    '__init__' : __init__,
    'cost' : cost,
}

# 클래스 만들기
import types

Stock = types.new_class('Stock', (), {}, lambda ns: ns.update(cls_dict))
Stock.__module__ = __name__
```

앞의 코드가 만든 클래스는 예상대로 잘 동작한다.

```
>>> s = Stock('ACME', 50, 91.1)
>>> s
<stock.Stock object at 0x1006a9b10>
>>> s.cost()
4555.0
>>>
```

앞에 나온 예제에서 types.new_class()를 호출한 후에 Stock.__module__을 할당했다. 클래스를 정의할 때 __module__ 속성에 정의한 모듈의 이름을 담아 둔다. 이 이름은 __repr__()과 같은 메소드가 결과를 생성할 때 사용한다. 또한 pickle과 같은 여러 라이브러리에서도 사용한다. 따라서 만들고 있는 클래스가 "올바르게" 동작하길 원한다면 반드시 이 속성을 설정해야 한다.

만드는 클래스에 다른 메타클래스가 포함된다면 types.new_class()의 세 번째 인자에 명시해야 한다.

```
>>> import abc
>>> Stock = types.new_class('Stock', (), {'metaclass': abc.ABCMeta},
...                         lambda ns: ns.update(cls_dict))
...
>>> Stock.__module__ = __name__
>>> Stock
<class '__main__.Stock'>
>>> type(Stock)
<class 'abc.ABCMeta'>
>>>
```

세 번째 인자에 다른 키워드 매개변수를 넣을 수도 있다. 예를 들어 다음과 같은 클래스 정의는

```
class Spam(Base, debug=True, typecheck=False):
    ...
```

다음과 유사하게 new_class() 호출로 변환된다.

```
Spam = types.new_class('Spam', (Base,),
                       {'debug': True, 'typecheck': False},
                       lambda ns: ns.update(cls_dict))
```

new_class()의 네 번째 인자가 가장 의아하겠지만, 입력으로 클래스 네임스페이스에 사용할 매핑 객체를 받는 함수이다. 이는 대개 딕셔너리지만, 레시피 9.14에 설명한 것처럼 __prepare__() 메소드가 반환하는 모든 객체도 올 수 있다. 이 함수는 update() 메소드나 기타 매핑으로 네임스페이스에 새로운 엔트리를 추가해야 한다.

토론

새로운 클래스 객체를 만드는 기능은 특정 상황에 유용하게 사용할 수 있다. 한 가지 익숙한 예제로 collections.namedtuple() 함수가 있다.

```
>>> Stock = collections.namedtuple('Stock', ['name', 'shares', 'price'])
>>> Stock
<class '__main__.Stock'>
>>>
```

namedtuple()은 예제에 나온 방식 대신 exec()를 사용한다. 하지만 다음 코드는 클래스를 직접 생성하는 간단한 예제이다.

```
import operator
import types
import sys

def named_tuple(classname, fieldnames):
    # 필드 속성 접근자의 딕셔너리 생성
    cls_dict = { name: property(operator.itemgetter(n))
                for n, name in enumerate(fieldnames) }

    # __new__ 함수를 만들고 클래스 딕셔너리에 추가
    def __new__(cls, *args):
        if len(args) != len(fieldnames):
            raise TypeError('Expected {} arguments'.format(len(fieldnames)))
        return tuple.__new__(cls, args)

    cls_dict['__new__'] = __new__

    # 클래스 만들기
```

```
        cls = types.new_class(classname, (tuple,), {},
                              lambda ns: ns.update(cls_dict))

        # 호출자에 모듈 설정
        cls.__module__ = sys._getframe(1).f_globals['__name__']
        return cls
```

이 코드의 마지막 부분은 sys._getframe()으로 호출자의 모듈 이름을 얻는 것으로 소위 "프레임 핵(frame hack)"이라 불린다. 프레임 해킹에 대한 다른 예제는 레시피 2.15에 나온다.

앞에 나온 코드를 실행한 예제는 다음과 같다.

```
>>> Point = named_tuple('Point', ['x', 'y'])
>>> Point
<class '__main__.Point'>
>>> p = Point(4, 5)
>>> len(p)
2
>>> p.x
4
>>> p.y
5
>>> p.x = 2
Traceback (most recent call last):
  File "<stdin>", line 1, in <module>
AttributeError: can't set attribute
>>> print('%s %s' % p)
4 5
>>>
```

이번 레시피에서 사용한 기술의 한 가지 중요한 측면은 메타클래스에 대한 올바른 지원이다. 독자 중에는 메타클래스를 직접 인스턴스화해서 클래스를 생성하고 싶은 사람도 있을 것이다.

```
        Stock = type('Stock', (), cls_dict)
```

이런 방식에는 메타클래스 __prepare__() 메소드 호출과 같이 몇 가지 중요한 단계를 건너뛴다는 문제점이 있다. types.new_class()를 사용하면 필요한 모든 초기화 단계를 수정함을 보장한다. 예를 들어 types.new_class()에 네 번째 인자로 전달한 콜백 함수는 __prepare__() 메소드가 반환한 매핑 객체를 받는다.

준비 단계만 수행할 생각이면 types.prepare_class()를 사용한다.

```
    import types

    metaclass, kwargs, ns = types.prepare_class('Stock', (), {'metaclass': type})
```

이렇게 하면 올바른 메타클래스를 찾고 __prepare__() 메소드를 호출한다. 그러면 메타클래스, 남아 있는 키워드 매개변수, 준비한 네임스페이스가 반환된다.

더 자세한 정보는 PEP 3115와 파이썬 문서를 참고한다.

9.19 정의 시 클래스 멤버 초기화

문제

클래스 인스턴스를 생성할 때가 아닌, 정의할 때 클래스 일부를 초기화하고 싶다.

해결

클래스를 정의할 때 초기화하거나 일부 동작을 수행할 때 일반적으로 메타클래스를 사용한다. 메타클래스는 클래스를 정의하는 시점에 실행되므로, 추가적인 작업을 하고 싶을 때 사용하면 된다.

이 아이디어에 기반해 collections 모듈의 네임드 튜플(named tuple)과 비슷한 클래스를 만들어 보자.

```python
import operator

class StructTupleMeta(type):
    def __init__(cls, *args, **kwargs):
        super().__init__(*args, **kwargs)
        for n, name in enumerate(cls._fields):
            setattr(cls, name, property(operator.itemgetter(n)))

class StructTuple(tuple, metaclass=StructTupleMeta):
    _fields = []
    def __new__(cls, *args):
        if len(args) != len(cls._fields):
            raise ValueError('{} arguments required'.format(len(cls._fields)))
        return super().__new__(cls,args)
```

이 코드는 단순한 튜플 기반 자료 구조를 정의한다.

```python
class Stock(StructTuple):
    _fields = ['name', 'shares', 'price']

class Point(StructTuple):
    _fields = ['x', 'y']
```

실행 예제는 다음과 같다.

```python
>>> s = Stock('ACME', 50, 91.1)
>>> s
('ACME', 50, 91.1)
```

```
>>> s[0]
'ACME'
>>> s.name
'ACME'
>>> s.shares * s.price
4555.0
>>> s.shares = 23
Traceback (most recent call last):
  File "<stdin>", line 1, in <module>
AttributeError: can't set attribute
>>>
```

토론

이 레시피에서 StructTupleMeta 클래스에서 속성 이름의 리스트를 클래스 속성 _fields
에 받고 특정 튜플 슬롯에 접근하는 프로퍼티 메소드로 변환한다. operator.itemgetter()
함수는 접근자 함수를 만들고 property() 함수는 이것을 프로퍼티로 바꾼다.

여기서 어려운 부분은 서로 다른 초기화 단계가 발생하는 시점이다. StructTupleMeta의
__init__() 메소드는 정의할 때 모든 클래스에서 한 번만 호출된다. cls 인자는 방금 정의
한 클래스를 가리킨다. 그리고 코드에서 _fields 클래스 변수로 새롭게 정의한 클래스를
받고 새로운 부분을 추가할 때 사용하는 점이 중요하다.

StructTuple 클래스는 사용자가 상속 받아 사용할 수 있도록 베이스 클래스 역할을 한다.
__new__() 메소드가 새로운 인스턴스를 만드는 책임을 진다. __new__()를 일반적으로 사
용하지는 않지만 이는 튜플의 호출 시그니처를 변경해서 다음과 같은 평범해 보이는 호출
컨벤션을 사용하는 코드로 인스턴스를 생성하도록 하는 것과 어느 정도 관련이 있다.

```
s = Stock('ACME', 50, 91.1)          # OK
s = Stock(('ACME', 50, 91.1))        # Error
```

__init__()과는 다르게 __new__() 메소드는 인스턴스를 생성하기 전에 호출된다. 튜플은
수정할 수 없기 때문에 한 번 생성된 후에는 수정할 방법이 없다. __init__() 함수는 호출
되는 시점이 너무 늦어서 우리가 원하는 동작을 수행할 방도가 없다. 그래서 __new__()를
정의한 것이다.

이번 레시피의 길이가 길지 않았지만, 주의 깊게 공부한다면 파이썬 클래스가 어떻게 정의
되는지, 인스턴스는 어떻게 생성되는지, 메타클래스와 클래스의 여러 메소드가 호출되는
시점은 언제인지에 대해 식견을 쌓을 수 있다.

앞에 나온 예제의 대안 구현법이 PEP 422에 나온다. 하지만 책을 집필하고 있는 현재 이 내
용이 채용되거나 받아들여지지는 않았다. 하지만 3.3 이후 버전의 파이썬을 사용할 예정이
라면 한 번쯤 읽어볼 만한 내용이다.

9.20 함수 주석으로 다중 디스패치 구현

문제

함수 인자 주석에 대해 배웠고 이것을 타입에 따른 다중 디스패치(메소드 오버로딩)에 사용할 수 있을 거라고 생각 중이다. 하지만 이게 좋은 생각인지, 여기에 관련된 것이 정확히 무엇인지에 대한 확신이 없다.

해결

이번 레시피는 파이썬이 인자에 주석을 붙일 수 있도록 허용하고 있으니 아마도 다음과 같은 코드를 작성할 수 있을 거란 아이디어에 기반한다.

```python
class Spam:
    def bar(self, x:int, y:int):
        print('Bar 1:', x, y)
    def bar(self, s:str, n:int = 0):
        print('Bar 2:', s, n)

s = Spam()
s.bar(2, 3)         # Bar 1: 2 3 출력
s.bar('hello')      # Bar 2: hello 0 출력
```

메타클래스와 디스크립터를 사용해서 그 동작을 하는 해결책을 시작한다.

```python
# multiple.py

import inspect
import types

class MultiMethod:
    '''
    Represents a single multimethod.
    '''
    def __init__(self, name):
        self._methods = {}
        self.__name__ = name

    def register(self, meth):
        '''
        멀티 메소드로 새 메소드 등록
        '''
        sig = inspect.signature(meth)

        # 메소드 주석으로부터 타입 시그니처 만들기
        types = []
        for name, parm in sig.parameters.items():
            if name == 'self':
```

```
                continue
            if parm.annotation is inspect.Parameter.empty:
                raise TypeError(
                    'Argument {} must be annotated with a type'.format(name)
                )
            if not isinstance(parm.annotation, type):
                raise TypeError(
                    'Argument {} annotation must be a type'.format(name)
                )
            if parm.default is not inspect.Parameter.empty:
                self._methods[tuple(types)] = meth
            types.append(parm.annotation)

        self._methods[tuple(types)] = meth

    def __call__(self, *args):
        '''
        인자의 타입 시그니처에 따라 메소드 호출
        '''
        types = tuple(type(arg) for arg in args[1:])
        meth = self._methods.get(types, None)
        if meth:
            return meth(*args)
        else:
            raise TypeError('No matching method for types {}'.format(types))

    def __get__(self, instance, cls):
        '''
        클래스에 동작하는 호출을 할 필요가 있는 디스크립터 메소드
        '''
        if instance is not None:
            return types.MethodType(self, instance)
        else:
            return self

class MultiDict(dict):
    '''
    메타클래스에 멀티메소드를 만들기 위한 특별 딕셔너리
    '''
    def __setitem__(self, key, value):
        if key in self:
            # 만약 키가 이미 존재하면, 반드시 멀티메소드나 호출 가능한 것이어야 한다.
            current_value = self[key]
            if isinstance(current_value, MultiMethod):
                current_value.register(value)
            else:
                mvalue = MultiMethod(key)
                mvalue.register(current_value)
                mvalue.register(value)
                super().__setitem__(key, mvalue)
        else:
            super().__setitem__(key, value)
```

```
class MultipleMeta(type):
    '''
    메소드의 다중 디스패치를 허용하는 메타클래스
    '''
    def __new__(cls, clsname, bases, clsdict):
        return type.__new__(cls, clsname, bases, dict(clsdict))

    @classmethod
    def __prepare__(cls, clsname, bases):
        return MultiDict()
```

이 클래스를 사용하려면 다음과 같은 코드를 작성한다.

```
class Spam(metaclass=MultipleMeta):
    def bar(self, x:int, y:int):
        print('Bar 1:', x, y)
    def bar(self, s:str, n:int = 0):
        print('Bar 2:', s, n)

# 예제: 오버로딩된 __init__
import time
class Date(metaclass=MultipleMeta):
    def __init__(self, year: int, month:int, day:int):
        self.year = year
        self.month = month
        self.day = day

    def __init__(self):
        t = time.localtime()
        self.__init__(t.tm_year, t.tm_mon, t.tm_mday)
```

이를 사용하는 세션 예제는 다음과 같다.

```
>>> s = Spam()
>>> s.bar(2, 3)
Bar 1: 2 3
>>> s.bar('hello')
Bar 2: hello 0
>>> s.bar('hello', 5)
Bar 2: hello 5
>>> s.bar(2, 'hello')
Traceback (most recent call last):
  File "<stdin>", line 1, in <module>
  File "multiple.py", line 42, in __call__
    raise TypeError('No matching method for types {}'.format(types))
TypeError: No matching method for types (<class 'int'>, <class 'str'>)

>>> # 오버로딩된 __init__
>>> d = Date(2012, 12, 21)
>>> # 오늘 날짜 구하기
>>> e = Date()
>>> e.year
2012
```

```
>>> e.month
12
>>> e.day
3
>>>
```

토론

솔직히 실제로 사용하는 애플리케이션에 이번 예제를 활용하기에는 너무 복잡한 기술이 사용된다. 하지만 메타클래스, 디스크립터 등의 내부 동작을 좀 더 자세히 이해하도록 도와준다. 앞에 나온 코드를 바로 사용하지는 못한다고 해도, 예제를 잘 이해하면 앞으로 메타클래스나 디스크립터, 함수 주석 관련 프로그래밍을 할 때 도움이 될 것이다.

구현에 대한 아이디어는 상대적으로 간단하다. 메타클래스 MutipleMeta가 __prepare__() 메소드로 커스텀 클래스 딕셔너리를 MultiDict의 인스턴스로 제공한다. 보통 딕셔너리와는 다르게 MultiDict는 아이템을 설정할 때 엔트리가 있는지 확인한다. 이미 존재하는 경우에 중복된 엔트리는 MultiMethod의 인스턴스 내부에서 병합된다.

MultiMethod 인스턴스는 함수에 대한 타입 시그니처로부터 매핑을 만든다. 생성되는 동안 함수 주석을 사용해서 시그니처를 모으고 매핑을 만든다. 이 과정은 MultiMethod.register() 메소드에서 발생한다. 여기서 한 가지 중요한 부분은, 멀티메소드에서는 반드시 타입을 명시해야 하고 그렇지 않은 경우에 에러가 발생한다는 점이다.

MultiMethod 인스턴스가 호출 가능 객체를 흉내 내도록 하게 하려면 __call__() 메소드를 구현해야 한다. 이 메소드는 self를 제외한 모든 인자로부터 타입 튜플을 만들고, 내부 맵에서 메소드를 찾고, 올바른 메소드를 호출한다. __get__()은 클래스 정의 내부에서 MultiMethod 인스턴스가 올바른 동작을 하기를 요구한다. 이 구현에서는 올바른 바운드 메소드를 생성할 때 사용했다.

```
>>> b = s.bar
>>> b
<bound method Spam.bar of <__main__.Spam object at 0x1006a46d0>>
>>> b.__self__
<__main__.Spam object at 0x1006a46d0>
>>> b.__func__
<__main__.MultiMethod object at 0x1006a4d50>
>>> b(2, 3)
Bar 1: 2 3
>>> b('hello')
Bar 2: hello 0
>>>
```

확실히 하기 위해 이번 레시피에서 가동부가 아주 많았다는 점을 짚고 넘어간다. 하지만, 이번 예제에 얼마나 많은 제약이 있는지에 비하면 작은 불운에 불과하다. 한 가지 예로 앞의 예제는 키워드 매개변수와 사용할 수 없다.

```
>>> s.bar(x=2, y=3)
Traceback (most recent call last):
  File "<stdin>", line 1, in <module>
TypeError: __call__() got an unexpected keyword argument 'y'

>>> s.bar(s='hello')
Traceback (most recent call last):
  File "<stdin>", line 1, in <module>
TypeError: __call__() got an unexpected keyword argument 's'
>>>
```

이런 지원을 하도록 만들 수도 있겠지만, 메소드 매핑이 아닌 완전히 다른 기술을 사용해야 할 것이다. 여기서 문제는 키워드 매개변수가 특정 순서대로 도착하지 않는다는 점이다. 위치 매개변수와 함께 사용하면 무질서한 인자를 받고 __call__() 메소드에서 직접 정렬해야만 한다.

이 레시피는 상속에 있어서도 제약이 매우 크다. 예를 들어 다음과 같은 코드는 동작하지 않는다.

```
class A:
    pass

class B(A):
    pass

class C:
    pass

class Spam(metaclass=MultipleMeta):
    def foo(self, x:A):
        print('Foo 1:', x)

    def foo(self, x:C):
        print('Foo 2:', x)
```

동작하지 않는 이유는 x:A 주석이 서브클래스의 인스턴스(예를 들어 B의 인스턴스)와 매칭에 실패하기 때문이다.

```
>>> s = Spam()
>>> a = A()
>>> s.foo(a)
Foo 1: <__main__.A object at 0x1006a5310>
>>> c = C()
>>> s.foo(c)
Foo 2: <__main__.C object at 0x1007a1910>
>>> b = B()
>>> s.foo(b)
Traceback (most recent call last):
  File "<stdin>", line 1, in <module>
```

```
      File "multiple.py", line 44, in __call__
        raise TypeError('No matching method for types {}'.format(types))
   TypeError: No matching method for types (<class '__main__.B'>,)
   >>>
```

메타클래스와 주석을 사용하지 않고, 데코레이터로 비슷한 구현을 할 수 있다.

```python
import types

class multimethod:
    def __init__(self, func):
        self._methods = {}
        self.__name__ = func.__name__
        self._default = func

    def match(self, *types):
        def register(func):
            ndefaults = len(func.__defaults__) if func.__defaults__ else 0
            for n in range(ndefaults+1):
                self._methods[types[:len(types) - n]] = func
            return self
        return register

    def __call__(self, *args):
        types = tuple(type(arg) for arg in args[1:])
        meth = self._methods.get(types, None)
        if meth:
            return meth(*args)
        else:
            return self._default(*args)

    def __get__(self, instance, cls):
        if instance is not None:
            return types.MethodType(self, instance)
        else:
            return self
```

데코레이터 버전을 사용하려면 다음과 같은 코드를 작성한다.

```python
class Spam:
    @multimethod
    def bar(self, *args):
        # 매치가 없는 경우 호출되는 기본 메소드
        raise TypeError('No matching method for bar')

    @bar.match(int, int)
    def bar(self, x, y):
        print('Bar 1:', x, y)

    @bar.match(str, int)
    def bar(self, s, n = 0):
        print('Bar 2:', s, n)
```

데코레이터를 사용한다 해도 기존의 제약이 사라지지는 않는다(키워드 매개변수 미지원, 상속에서의 문제점).

모든 상황이 동일하다면, 메소드 오버로딩은 사용하지 않는 것이 가장 좋다. 패턴 매칭에 따라 메소드 호출을 하는 프로그램과 같이 종종 이 기술이 유용할 때도 있다. 예를 들어 레시피 8.21에 나왔던 비지터 패턴(visitor pattern)에서 메소드 오버로딩을 사용한다면 어울린다. 하지만 대개의 경우 더 간단한 접근법을 고민해 보는 것을 추천한다(단순히 다른 이름을 가진 메소드를 사용하는 등).

다중 디스패치를 구현하는 방법은 파이썬 커뮤니티에서 수년간 토론 주제였다. 이 토론에 관심이 있다면 귀도 반 로섬(Guido van Rossum)의 블로그 포스팅 "Five-Minute Multimethods in Python"을 참고하도록 한다.

9.21 프로퍼티 메소드 중복 피하기

문제

타입 확인과 같은 작업을 수행하는 프로퍼티를 반복적으로 정의하는 클래스를 작성 중이다. 이 코드를 단순화하고 중복을 피하고 싶다.

해결

속성을 프로퍼티 메소드로 감싸는 단순한 클래스를 보자.

```
class Person:
    def __init__(self, name ,age):
        self.name = name
        self.age = age

    @property
    def name(self):
        return self._name

    @name.setter
    def name(self, value):
        if not isinstance(value, str):
            raise TypeError('name must be a string')
        self._name = value

    @property
    def age(self):
        return self._age

    @age.setter
```

```
    def age(self, value):
        if not isinstance(value, int):
            raise TypeError('age must be an int')
        self._age = value
```

앞에 나오는 예제는 속성 값에 대한 타입 확인을 위해 긴 코드를 사용했다. 이런 코드는 언제나 개선의 여지가 있다. 한 가지 방법은 프로퍼티를 정의하고 반환하는 함수를 만드는 것이다.

```
def typed_property(name, expected_type):
    storage_name = '_' + name

    @property
    def prop(self):
        return getattr(self, storage_name)

    @prop.setter
    def prop(self, value):
        if not isinstance(value, expected_type):
            raise TypeError('{} must be a {}'.format(name, expected_type))
        setattr(self, storage_name, value)
    return prop

# 사용 예제
class Person:
    name = typed_property('name', str)
    age = typed_property('age', int)
    def __init__(self, name, age):
        self.name = name
        self.age = age
```

토론

이번 레시피를 통해 내부 함수나 클로저 기능의 중요성을 배운다(매크로처럼 동작하는 코드 작성). 예제의 typed_property() 함수가 조금 이상해 보일지도 모르겠지만, 이 함수는 프로퍼티 코드를 생성하고 결과 프로퍼티 객체를 반환한다. 따라서 클래스에서 사용하면 typed_property() 내부에 나타난 코드는 클래스 정의에 위치한 것과 동일한 효과를 가진다. 프로퍼티 게터와 세터(getter, setter) 메소드가 name, expected_type, storage_name과 같은 지역변수에 접근하는 데 문제는 없지만, 이 값은 클로저 뒤에 저장되어 있다.

이 레시피는 functools.partial() 함수를 사용해서 재미있는 트릭을 구현할 수 있다.

```
from functools import partial

String = partial(typed_property, expected_type=str)
Integer = partial(typed_property, expected_type=int)
```

```
# 예제:
class Person:
    name = String('name')
    age = Integer('age')
    def __init__(self, name, age):
        self.name = name
        self.age = age
```

이 코드는 레시피 8.13에 나온 시스템 디스크립터 코드와 유사한 모습을 하고 있다.

9.22 손쉬운 콘텍스트 매니저 정의

문제

with와 함께 사용할 콘텍스트 매니저(context manager)를 구현하고 싶다.

해결

가장 간단히 콘텍스트 매니저를 작성하려면 contextlib 모듈의 @contextmanager 데코레이터를 사용한다. 코드 블록의 실행을 곱하는 간단한 콘텍스트 매니저 예제를 보자.

```
import time
from contextlib import contextmanager

@contextmanager
def timethis(label):
    start = time.time()
    try:
        yield
    finally:
        end = time.time()
        print('{}: {}'.format(label, end - start))

# 사용 예제
with timethis('counting'):
    n = 10000000
    while n > 0:
        n -= 1
```

timethis() 함수에서 yield 이전에 나오는 모든 코드는 콘텍스트 매니저의 __enter__() 메소드처럼 실행된다. 마찬가지로 yield 이후의 모든 코드는 __exit__() 메소드처럼 실행된다. 그리고 예외가 있으면 yield 구문에서 발생한다.

리스트 객체를 처리하는 좀 더 고급 예제를 보자.

```
@contextmanager
def list_transaction(orig_list):
```

```
        working = list(orig_list)
        yield working
        orig_list[:] = working
```

예외가 발생하지 않은 경우에만 리스트를 수정한 사항이 반영된다는 점에 착안한 코드이다.

```
>>> items = [1, 2, 3]
>>> with list_transaction(items) as working:
...     working.append(4)
...     working.append(5)
...
>>> items
[1, 2, 3, 4, 5]
>>> with list_transaction(items) as working:
...     working.append(6)
...     working.append(7)
...     raise RuntimeError('oops')
...
Traceback (most recent call last):
  File "<stdin>", line 4, in <module>
RuntimeError: oops
>>> items
[1, 2, 3, 4, 5]
>>>
```

토론

일반적으로 콘텍스트 매니저를 작성하는 경우 __enter__()와 __exit__() 메소드를 가진
클래스를 정의한다.

```
import time

class timethis:
    def __init__(self, label):
        self.label = label
    def __enter__(self):
        self.start = time.time()
    def __exit__(self, exc_ty, exc_val, exc_tb):
        end = time.time()
        print('{}: {}'.format(self.label, end - self.start))
```

물론 이 방식이 어렵지는 않지만, @contextmanager로 단순히 함수를 만드는 것보다 훨씬
귀찮다.

@contextmanager는 콘텍스트 관리 함수를 가지고 있는 코드에만 사용해야 한다. with 구
문을 지원해야 하는 객체(파일, 네트워크 연결, 락 등)가 있다면 __enter__()와 __exit__
() 메소드를 별도로 구현한다.

9.23 지역변수 문제 없이 코드 실행

문제

호출자의 코드 조각을 실행하기 위한 용도로 exec()를 사용하고 있지만, 호출이 끝난 후 결과가 아무것도 보이지 않는다.

해결

이 문제를 좀 더 잘 이해하기 위해 간단한 실험을 해보자. 우선 전역 네임스페이스에서 코드 조각을 실행한다.

```
>>> a = 13
>>> exec('b = a + 1')
>>> print(b)
14
>>>
```

이제 동일한 실험을 함수 내부에서 한다.

```
>>> def test():
...     a = 13
...     exec('b = a + 1')
...     print(b)
...
>>> test()
Traceback (most recent call last):
  File "<stdin>", line 1, in <module>
  File "<stdin>", line 4, in test
NameError: global name 'b' is not defined
>>>
```

보이는 것처럼 마치 exec() 구문을 실행하지 않은 것처럼 NameError 예외가 발생했다. exec()의 결과를 추후 계산에 사용하고자 하는 경우 문제가 될 수 있다.

이 문제를 고치기 위해서는 exec()를 실행하기 전에 locals() 함수로 지역변수를 얻어 내야 한다. 이 함수를 실행한 직후에는 지역 딕셔너리에서 수정한 값을 얻을 수 있다.

```
>>> def test():
...     a = 13
...     loc = locals()
...     exec('b = a + 1')
...     b = loc['b']
...     print(b)
...
>>> test()
14
>>>
```

토론

exec()를 올바르게 사용하기는 어렵다. 사실 exec()를 사용해야 하는 대부분의 상황은 좀
더 나은 방향으로 개선할 수 있다(데코레이터, 클로저, 메타클래스 사용 등).

하지만 여전히 exec()를 사용해야 한다면, 이번 레시피를 정독하면 많은 도움이 될 것이
다. 기본적으로 exec()는 호출자의 지역과 전역 영역의 코드를 실행한다. 하지만 함수 내
부에서 exec()를 실행하면 지역 영역은 실제 지역변수의 복사본인 딕셔너리가 된다. 따라
서 exec()에서 어떤 수정을 하면 이 사항이 실제 지역변수에 반영되지 않는다. 다음 예제
를 보자.

```
>>> def test1():
...     x = 0
...     exec('x += 1')
...     print(x)
...
>>> test1()
0
>>>
```

지역변수를 얻기 위해 locals()를 호출하면 exec()에 전달된 지역변수의 복사본을 얻는
다. 실행 후 딕셔너리 내부 값을 살펴보면 수정된 값을 구할 수 있다. 예제를 보자.

```
>>> def test2():
...     x = 0
...     loc = locals()
...     print('before:', loc)
...     exec('x += 1')
...     print('after:', loc)
...     print('x =', x)
...
>>> test2()
before: {'x': 0}
after: {'loc': {...}, 'x': 1}
x = 0
>>>
```

마지막 단계의 결과를 조심스럽게 살펴보자. loc을 x로 수정한 값을 복사하지 않으면 변수
는 수정되지 않은 채로 남는다.

locals()를 사용하면 실행 순서에 항상 주의해야 한다. 이 함수를 실행할 때마다 locals()
는 현재 지역변수 값을 구해서 일치하는 딕셔너리 엔트리에 덮어쓴다. 다음 예제를 보자.

```
>>> def test3():
...     x = 0
...     loc = locals()
...     print(loc)
...     exec('x += 1')
```

```
...        print(loc)
...        locals()
...        print(loc)
...
>>> test3()
{'x': 0}
{'loc': {...}, 'x': 1}
{'loc': {...}, 'x': 0}
>>>
```

locals()의 마지막 호출이 x를 덮어쓰게 했다.

locals()를 사용하지 않고 스스로 딕셔너리를 만들어 exec()에 전달하는 대안도 있다.

```
>>> def test4():
...        a = 13
...        loc = { 'a' : a }
...        glb = { }
...        exec('b = a + 1', glb, loc)
...        b = loc['b']
...        print(b)
...
>>> test4()
14
>>>
```

exec()를 사용하는 대부분의 경우에 이 방식을 고려할 만하다. 단순히 실행한 코드가 접근할 이름으로 전역, 지역 딕셔너리를 올바르게 초기화하기만 하면 된다.

마지막으로 exec()를 사용하기 전에 다른 대안이 없는지 질문하는 습관을 들이자. exec()를 사용하는 대부분의 상황은 클로저나 데코레이터, 메타클래스 등의 메타프로그래밍 방식으로 치환할 수 있다.

9.24 파이썬 코드 파싱, 분석

문제

파이썬 소스 코드를 파싱하고 분석하는 프로그램을 만들고 싶다.

해결

많은 프로그래머들은 문자열 형식으로 파이썬 소스 코드를 평가, 실행할 수 있다는 점을 이미 알고 있다.

```
>>> x = 42
>>> eval('2 + 3*4 + x')
56
```

```
>>> exec('for i in range(10): print(i)')
0
1
2
3
4
5
6
7
8
9
>>>
```

하지만 ast 모듈로 파이썬 소스 코드를 추상 신택스 트리(abstract syntax tree)로 컴파일하고 분석할 수 있다.

```
>>> import ast
>>> ex = ast.parse('2 + 3*4 + x', mode='eval')
>>> ex
<_ast.Expression object at 0x1007473d0>
>>> ast.dump(ex)
"Expression(body=BinOp(left=BinOp(left=Num(n=2), op=Add(),
right=BinOp(left=Num(n=3), op=Mult(), right=Num(n=4))), op=Add(),
right=Name(id='x', ctx=Load())))"

>>> top = ast.parse('for i in range(10): print(i)', mode='exec')
>>> top
<_ast.Module object at 0x100747390>
>>> ast.dump(top)
"Module(body=[For(target=Name(id='i', ctx=Store()),
iter=Call(func=Name(id='range', ctx=Load()), args=[Num(n=10)],
keywords=[], starargs=None, kwargs=None),
body=[Expr(value=Call(func=Name(id='print', ctx=Load()),
args=[Name(id='i', ctx=Load())], keywords=[], starargs=None,
kwargs=None))], orelse=[])])"
>>>
```

소스 트리를 분석하려면 스스로 조금 더 연구를 해야 하지만, 소스 트리는 AST 노드로 구성되어 있다. 이 노드를 사용하기 위해서는 NodeName()이 원하는 노드에 매칭하는 visit_NodeName() 메소드를 구현하는 비지터 클래스를 정의해야 한다. 다음은 어떤 이름을 불러오고 저장하고 삭제되었는지 기록하는 클래스 예제이다.

```
import ast

class CodeAnalyzer(ast.NodeVisitor):
    def __init__(self):
        self.loaded = set()
        self.stored = set()
        self.deleted = set()
    def visit_Name(self, node):
```

```
            if isinstance(node.ctx, ast.Load):
                self.loaded.add(node.id)
            elif isinstance(node.ctx, ast.Store):
                self.stored.add(node.id)
            elif isinstance(node.ctx, ast.Del):
                self.deleted.add(node.id)

    # 사용 예제
    if __name__ == '__main__':
        # 파이썬 코드
        code = '''
for i in range(10):
    print(i)
del i
'''
        # AST로 파싱
        top = ast.parse(code, mode='exec')

        # 이름 사용을 분석하기 위해 AST 제공
        c = CodeAnalyzer()
        c.visit(top)
        print('Loaded:', c.loaded)
        print('Stored:', c.stored)
        print('Deleted:', c.deleted)
```

이 프로그램을 실행하면 다음과 같은 결과가 나온다.

```
    Loaded: {'i', 'range', 'print'}
    Stored: {'i'}
    Deleted: {'i'}
```

AST를 컴파일하고 compile() 함수로 실행도 가능하다.

```
    >>> exec(compile(top,'<stdin>', 'exec'))
    0
    1
    2
    3
    4
    5
    6
    7
    8
    9
    >>>
```

토론

소스 코드를 분석하고 정보를 얻을 수 있다는 점은, 코드 분석, 최적화 검증 도구 등에 활용할 수 있다. 예를 들어 exec()에 실행할 코드를 전달하기 전에, 먼저 AST 노드로 변환하고 검증하는 식으로 사용한다. 혹은 모듈의 소스 코드 전체를 보고 이에 대한 분석을 할 수도 있다.

어떤 동작을 할지 정확히 이해하고 있다면 AST를 재작성해서 새로운 코드를 만들어 낼 수도 있다. 다음 데코레이터 예제는 함수의 소스 코드를 다시 파싱하고 AST를 재작성하는 식으로 전역적으로 접근하는 이름을 지역변수로 바꾼다.

```python
# namelower.py
import ast
import inspect


# 전역적으로 접근하는 이름을 함수 내부의 지역변수로
# 바꿔 주는 노드 비지터
class NameLower(ast.NodeVisitor):
    def __init__(self, lowered_names):
        self.lowered_names = lowered_names

    def visit_FunctionDef(self, node):
        # 할당을 컴파일해서 상수의 레벨을 낮춘다.
        code = '__globals = globals()\n'
        code += '\n'.join("{0} = __globals['{0}']".format(name)
                        for name in self.lowered_names)

        code_ast = ast.parse(code, mode='exec')

        # 함수 내부에 새로운 구문을 추가
        node.body[:0] = code_ast.body

        # 함수 객체 저장
        self.func = node

# 전역 이름을 지역으로 바꾸는 데코레이터
def lower_names(*namelist):
    def lower(func):
        srclines = inspect.getsource(func).splitlines()
        # @lower_names 데코레이터 이전의 소스 생략
        for n, line in enumerate(srclines):
            if '@lower_names' in line:
                break

        src = '\n'.join(srclines[n+1:])
        # 들여쓴 코드를 처리하기 위한 트릭
        if src.startswith((' ','\t')):
            src = 'if 1:\n' + src
        top = ast.parse(src, mode='exec')

        # AST 변형
        cl = NameLower(namelist)
        cl.visit(top)

        # 수정한 AST 실행
```

```
        temp = {}
        exec(compile(top,'','exec'), temp, temp)

        # 수정한 코드 객체 추출
        func.__code__ = temp[func.__name__].__code__
        return func
    return lower
```

이 코드를 사용하려면 다음과 같은 코드를 작성한다.

```
INCR = 1

@lower_names('INCR')
def countdown(n):
    while n > 0:
        n -= INCR
```

데코레이터는 countdown() 함수 소스 코드를 다음과 같이 재작성한다.

```
def countdown(n):
    __globals = globals()
    INCR = __globals['INCR']
    while n > 0:
        n -= INCR
```

성능 측정을 해보면 함수의 실행 속도가 20% 정도 빨라진다.

그렇다면 이 데코레이터를 모든 함수에 적용할 생각인가? 아무래도 아닐 것이다. 하지만
AST를 사용한 소스 코드 수정 등 매우 고급 구현법에 대한 좋은 예제가 된다.

이번 레시피는 파이썬의 바이트 코드를 다루는 ActiveState의 레시피에서 영감을 얻었다.
AST를 다루는 것이 조금 더 단순하고 고급 기술이라고 할 수 있다. 바이트 코드에 대한 더
많은 정보는 다음 레시피에 나온다.

9.25 파이썬 바이트 코드 디스어셈블

문제

파이썬 코드를 인터프리터가 사용하는 하위 레벨(low level) 바이트 코드로 디스어셈블
(disassemble)해서 내부 동작성을 분석하고 싶다.

해결

파이썬 함수를 디스어셈블하는 데 dis 모듈을 사용한다.

```
>>> def countdown(n):
...     while n > 0:
```

```
...             print('T-minus', n)
...             n -= 1
...         print('Blastoff!')
...
>>> import dis
>>> dis.dis(countdown)
  2           0 SETUP_LOOP              39 (to 42)
        >>    3 LOAD_FAST                0 (n)
              6 LOAD_CONST               1 (0)
              9 COMPARE_OP               4 (>)
             12 POP_JUMP_IF_FALSE       41

  3          15 LOAD_GLOBAL              0 (print)
             18 LOAD_CONST               2 ('T-minus')
             21 LOAD_FAST                0 (n)
             24 CALL_FUNCTION            2 (2 positional, 0 keyword pair)
             27 POP_TOP

  4          28 LOAD_FAST                0 (n)
             31 LOAD_CONST               3 (1)
             34 INPLACE_SUBTRACT
             35 STORE_FAST               0 (n)
             38 JUMP_ABSOLUTE            3
        >>   41 POP_BLOCK

  5     >>   42 LOAD_GLOBAL              0 (print)
             45 LOAD_CONST               4 ('Blastoff!')
             48 CALL_FUNCTION            1 (1 positional, 0 keyword pair)
             51 POP_TOP
             52 LOAD_CONST               0 (None)
             55 RETURN_VALUE
>>>
```

토론

프로그램을 매우 낮은 하위 레벨까지 분석(프로그램 성능 측정 등)해야 할 필요가 있을 때 dis 모듈을 사용하면 아주 유용하다.

dis() 함수가 해석한 로우(raw) 바이트 코드는 다음과 같이 구할 수 있다.

```
>>> countdown.__code__.co_code
b"x'\x00|\x00\x00d\x01\x00k\x04\x00r)\x00t\x00\x00d\x02\x00|\x00\x00\x83
\x02\x00\x01|\x00\x00d\x03\x008}\x00\x00q\x03\x00Wt\x00\x00d\x04\x00\x83
\x01\x00\x01d\x00\x00S"
>>>
```

이 코드를 스스로 분석하려고 하면 opcode 모듈에 정의한 상수를 사용해야 한다.

```
>>> c = countdown.__code__.co_code
>>> import opcode
```

```
>>> opcode.opname[c[0]]
>>> opcode.opname[c[0]]
'SETUP_LOOP'
>>> opcode.opname[c[3]]
'LOAD_FAST'
>>>
```

하지만 아이러니하게도 dis 모듈은 이 바이트 코드를 프로그램적으로 쉽게 처리할 수 있는 함수를 제공하지 않는다. 하지만 다음 제너레이터 함수는 로우 바이트 코드 시퀀스를 받아서 opcode와 인자로 변환한다.

```
import opcode

def generate_opcodes(codebytes):
    extended_arg = 0
    i = 0
    n = len(codebytes)
    while i < n:
        op = codebytes[i]
        i += 1
        if op >= opcode.HAVE_ARGUMENT:
            oparg = codebytes[i] + codebytes[i+1]*256 + extended_arg
            extended_arg = 0
            i += 2
            if op == opcode.EXTENDED_ARG:
                extended_arg = oparg * 65536
                continue
        else:
            oparg = None
        yield (op, oparg)
```

이 함수를 사용하려면 다음과 같이 한다.

```
>>> for op, oparg in generate_opcodes(countdown.__code__.co_code):
...     print(op, opcode.opname[op], oparg)
...
120 SETUP_LOOP 39
124 LOAD_FAST 0
100 LOAD_CONST 1
107 COMPARE_OP 4
114 POP_JUMP_IF_FALSE 41
116 LOAD_GLOBAL 0
100 LOAD_CONST 2
124 LOAD_FAST 0
131 CALL_FUNCTION 2
1 POP_TOP None
124 LOAD_FAST 0
100 LOAD_CONST 3
56 INPLACE_SUBTRACT None
125 STORE_FAST 0
113 JUMP_ABSOLUTE 3
```

```
   87 POP_BLOCK None
  116 LOAD_GLOBAL 0
  100 LOAD_CONST 4
  131 CALL_FUNCTION 1
    1 POP_TOP None
  100 LOAD_CONST 0
   83 RETURN_VALUE None
>>>
```

잘 알려지지 않은 사실이지만, 로우 바이트 코드를 원하는 함수로 치환할 수 있다. 약간 복잡한 과정을 거쳐야 하지만, 관련된 사항이 다음 예제에 나온다.

```
>>> def add(x, y):
...     return x + y
...
>>> c = add.__code__
>>> c
<code object add at 0x1007beed0, file "<stdin>", line 1>
>>> c.co_code
b'|\x00\x00|\x01\x00\x17S'
>>>
>>> # 가짜 바이트 코드로 완전히 새로운 코드 객체를 만든다.
>>> import types
>>> newbytecode = b'xxxxxxx'
>>> nc = types.CodeType(c.co_argcount, c.co_kwonlyargcount,
...     c.co_nlocals, c.co_stacksize, c.co_flags, newbytecode, c.co_consts,
...     c.co_names, c.co_varnames, c.co_filename, c.co_name,
...     c.co_firstlineno, c.co_lnotab)
>>> nc
<code object add at 0x10069fe40, file "<stdin>", line 1>
>>> add.__code__ = nc
>>> add(2,3)
Segmentation fault
```

이와 같이 위험한 작업을 하다 보면 대개 인터프리터가 크래시된다. 하지만 고급 최적화나 메타프로그래밍 도구 작업을 하는 개발자라면 실제로 바이트 코드를 재작성하려는 경우도 있다. 마지막 예제가 이 방법을 잘 설명하고 있다. ActiveState의 코드에 또 다른 예제가 잘 나와 있다.

CHAPTER 10
모듈과 패키지

커다란 프로젝트나 파이썬 설치에 있어 모듈과 패키지는 핵심이 된다. 이번 장은 모듈과 패키지에 관련된 패키지 구성, 거대한 모듈을 여러 파일로 쪼개기, 네임스페이스 패키지 생성 등 일반적인 프로그래밍 기술에 초점을 맞춘다. 그리고 import 구문 자체를 커스터마이즈하는 레시피도 제공한다.

10.1 모듈의 계층적 패키지 만들기

문제

코드를, 모듈을 계층적으로 구성하는 패키지로 정리하고 싶다.

해결

패키지 구조를 만들기는 간단하다. 파일 시스템에서 원하는 대로 코드를 구성하고 모든 디렉터리에 __init__.py 파일을 정의한다.

```
graphics/
    __init__.py
    primitive/
        __init__.py
        line.py
        fill.py
        text.py
    formats/
        __init__.py
        png.py
        jpg.py
```

이렇게 하고 난 후에 다음과 같이 다양한 import 구문을 사용할 수 있다.

```
import graphics.primitive.line
from graphics.primitive import line
import graphics.formats.jpg as jpg
```

토론

계층적 모듈을 만드는 것은 파일 시스템에서 디렉터리를 구성하는 것만큼이나 쉽다. __init__.py 파일은 서로 다른 패키지 레벨에 대해 추가적인 초기화 코드를 실행하기 위해 존재한다. 예를 들어 import graphics라는 코드가 있으면 _graphics/__init__.py_ 파일이 임포트되고 graphics 네임스페이스를 형성한다. import graphics.formats.jpg와 같이 임포트하면 최종적으로 _graphics/formats/jpg.py_ 파일을 임포트하기 전에 _graphics/__init__.py_와 _graphics/formats/__init__.py_가 모두 임포트된다.

대개의 경우 _ _init__.py_ 파일을 빈 파일로 만들어도 상관 없지만, 특정 상황에는 코드를 넣어야 한다. 예를 들어 _ _init__.py_ 파일이 서브모듈을 자동으로 로딩하도록 만들 수 있다.

```
# graphics/formats/__init__.py

from . import jpg
from . import png
```

이 파일의 경우 사용자가 graphics.formats.jpg와 graphics.formats.png를 일일이 임포트하지 않고 import graphics.formats만 실행하면 나머지는 자동으로 처리된다.

또한 모듈을 나누기 위해 사용한 여러 파일의 정의를 하나의 네임스페이스로 통합할 때도 _ _init__.py_에 코드를 넣는다. 이 내용은 레시피 10.4에서 다룬다.

영리한 프로그래머라면 파이썬 3.3에서는 _ _init__.py_ 파일이 없어도 패키지 임포트가 잘 수행된다는 것을 알아차렸을 것이다. _ _init__.py_ 파일을 정의하지 않으면 "네임스페이스 패키지(namespace package)"로 알려진 것을 생성하게 된다. 이 내용은 레시피 10.5에 나온다. 주어진 모든 상황이 동일하다면 새로운 패키지를 만들 때 _ _init__.py_ 파일을 넣도록 하자.

10.2 일괄 임포트 제어

문제

사용자가 from module import * 구문으로 모든 것을 임포트하려 할 때 세세한 내용을 제어하고 싶다.

해결

모듈에 내보낼 이름을 담은 리스트를 __all__ 변수에 명시한다.

```
# somemodule.py

def spam():
    pass

def grok():
    pass

blah = 42

# 'spam'과 'grok'만 내보낸다.
__all__ = ['spam', 'grok']
```

토론

`from module import *`을 사용하는 것은 대부분의 경우에 권장하지 않지만, 모듈에 많은 내용이 정의되어 있는 경우 이렇게 임포트하는 사용자가 여전히 많다. 앞에 나온 처리를 하지 않으면 밑줄로 시작하지 않는 모든 이름을 내보낸다. 하지만 __all__을 정의해 놓는다면 우리가 원하는 것만 임포트하도록 제어가 가능하다.

__all__을 빈 리스트로 남겨 두면 아무것도 내보내지 않는다. 만약 정의하지 않은 이름을 __all__에 넣으면 `AttributeError` 예외가 발생한다.

10.3 상대 경로 패키지 서브모듈 임포트

문제

패키지로 구성된 코드가 있고, 패키지 이름을 하드코딩하지 않고 다른 패키지 서브모듈을 임포트하고 싶다.

해결

다른 패키지의 모듈을 임포트하려면 패키지 상대 임포트(package relative import)를 사용한다. 예를 들어 파일 시스템에 다음과 같이 구성된 mypackage가 있다고 가정해 보자.

```
mypackage/
    __init__.py
    A/
        __init__.py
```

```
            spam.py
            grok.py
    B/
            __init__.py
            bar.py
```

모듈 mypackage.A.spam이 동일한 디렉터리의 grok 모듈을 임포트하려면 다음과 같이 하면 된다.

```
# mypackage/A/spam.py

from . import grok
```

동일한 모듈이 다른 디렉터리에 있는 B.bar 모듈을 임포트하고 싶으면 다음과 같이 한다.

```
# mypackage/A/spam.py

from ..B import bar
```

두 방식 모두 *spam.py* 파일에 상대적인 경로로 접근하고 상위 레벨 패키지 이름을 사용하지 않았다.

토론

패키지 내부에서 동일한 패키지의 모듈을 임포트할 때 절대 경로를 모두 명시해도 되고, 앞의 예제에 나온 대로 상대 경로를 사용해도 된다.

```
# mypackage/A/spam.py

from mypackage.A import grok    # OK
from . import grok              # OK
import grok                          # Error (찾을 수 없음)
```

mypackage.A와 같이 절대 경로를 사용하면 소스 코드에 상위 레벨 패키지 이름을 하드코딩한다는 단점이 생긴다. 따라서 코드의 안정성이 떨어지고 구조를 바꾸기라도 한다면 훨씬 어려운 작업을 해야 한다. 예를 들어 패키지의 이름을 바꾸는 경우에 모든 파일을 일일이 열어서 소스 코드를 수정해야 한다. 이와 유사하게 하드코딩한 이름은 다른 사람이 코드를 옮길 때도 어려움을 야기한다. 예를 들어 누군가 두 패키지의 서로 다른 버전을 설치하며 이름으로만 구분하면 상대 경로는 그대로 잘 동작하지만 절대 경로는 모든 것이 문제가 된다.

.와 .. 구문이 우습게 보일지도 모르겠지만 디렉터리 이름을 명시할 때 .이 현재 디렉터리를 의미하고 ..B가 ../B 디렉터리를 의미한다는 점을 생각해 보면 된다. 이 구문은 임포트의 from 구문에만 동작한다.

```
from . import grok    # OK
import .grok           # ERROR
```

여기까지 읽어 보면 상대 임포트를 사용해서 파일 시스템을 여기 저기 열어 볼 수 있을 것 같이 느껴지겠지만, 패키지를 정의한 디렉터리를 벗어나는 것은 불가능하다. 점을 붙인 이름으로 패키지가 아닌 디렉터리에 접근해서 파일을 임포트하는 상황을 방지하기 위함이다.

마지막으로, 상대 경로로 임포트하기는 올바른 패키지 내부에 위치한 모듈에만 동작한다는 점을 기억하자. 정확히 말해서 상위 레벨 스크립트에 있는 간단한 모듈에는 사용할 수 없다. 그리고 패키지의 일부가 스크립트도 직접 실행되는 경우에도 사용할 수 없다.

```
% python3 mypackage/A/spam.py          # 상대적 임포트가 실패한다.
```

다시 말해서 이 스크립트를 실행할 때 -m 옵션을 사용하면 상대적 임포트가 잘 동작한다.

```
% python3 -m mypackage.A.spam          # 상대적 임포트가 동작한다.
```

상대적 패키지 임포트에 대한 더 자세한 내용은 PEP 328을 참고한다.

10.4 모듈을 여러 파일로 나누기

문제

여러 파일로 나누고 싶은 모듈이 있다. 하지만 기존 코드를 깨지 않고 별도의 파일을 하나의 모듈로 유지하고 싶다.

해결

프로그램 모듈을 패키지로 변환하면 여러 파일로 나눌 수 있다. 다음 간단한 모듈을 보자.

```
# mymodule.py

class A:
    def spam(self):
        print('A.spam')

class B(A):
    def bar(self):
        print('B.bar')
```

mymodule.py 파일을 두 개로 나누고 파일마다 클래스 정의를 넣고 싶다면 어떻게 해야 할까. 우선 *mymodule.py* 파일을 *mymodule* 디렉터리로 치환한다. 그리고 그 디렉터리에 다음과 같이 파일을 생성한다.

```
mymodule/
    __init__.py
    a.py
    b.py
```

a.py 파일에 다음 코드를 넣는다.

```
# a.py

class A:
    def spam(self):
        print('A.spam')
```

그리고 *b.py* 파일에는 다음 코드를 넣는다.

```
# b.py

from .a import A

class B(A):
    def bar(self):
        print('B.bar')
```

마지막으로 *__init__.py* 파일에서, 두 파일을 하나로 붙여준다.

```
# __init__.py

from .a import A
from .b import B
```

앞에 나온 단계를 수행하고 나면 하나의 모듈로 mymodule 패키지가 나타난다.

```
>>> import mymodule
>>> a = mymodule.A()
>>> a.spam()
A.spam
>>> b = mymodule.B()
>>> b.bar()
B.bar
>>>
```

토론

이번 레시피에서 가장 중요한 부분은 사용자가 수많은 작은 모듈을 가지고 작업하게 할지, 아니면 하나의 모듈만 사용하게 할지를 디자인 측면에서 결정하는 것이다. 예를 들어 방대한 코드 베이스에서 모든 것을 별도의 파일로 나누고 사용자가 다음과 같이 수많은 import 구문을 쓰게 만들 수 있다.

```
from mymodule.a import A
from mymodule.b import B
...
```

이렇게 해도 동작은 하지만 사용자의 부담이 커진다는 단점이 있다. 다음과 같이 import 구문을 하나만 사용해서 임포트하는 간편한 방법도 있다.

```
from mymodule import A, B
```

후자의 경우, mymodule을 하나의 커다란 소스 파일로 생각하는 것이 일반적이다. 하지만 이 레시피는 여러 파일을 합쳐서 하나의 네임스페이스로 만드는 방법을 다루었다. 이렇게 하기 위해서 패키지 디렉터리를 하나 만들고 *__init__.py* 파일로 합치는 것이 핵심이다.

모듈을 나누면 서로를 참조하는 경우에 주의를 기울여야 한다. 예를 들어 이번 레시피에서 B 클래스는 베이스 클래스 A에 접근해야 한다. 패키지 상대적 임포트 from .a import A로 이것을 얻는다.

이번 레시피에서는 상위 레벨 이름에 접근할 때 하드코딩을 피하기 위해 패키지 상대적 임포트를 사용했다. 이 방식은 추후 모듈 이름 변경이나 코드 이동에 이점이 있다(레시피 10.3 참고).

레시피 내용을 확장해 "게으른(lazy)" 임포트를 수행할 수 있다. *__init__.py* 파일은 필요한 모든 부품을 한 번에 임포트한다. 하지만 아주 큰 모듈의 경우 필요한 경우에만 부품을 불러오고 싶을 것이다. 이때는 *__init__.py* 파일을 조금 수정해야 한다.

```
# __init__.py

def A():
    from .a import A
    return A()

def B():
    from .b import B
    return B()
```

이번 버전에서 A와 B 클래스는 처음 접근했을 때 원하는 클래스를 불러오는 함수로 치환했다. 사용자에게는 별다른 차이점이 없다.

```
>>> import mymodule
>>> a = mymodule.A()
>>> a.spam()
A.spam
>>>
```

게으른 로딩은 상속과 타입 확인과 같은 코드에서 문제가 된다는 단점이 있다. 예를 들어 다음과 같이 코드를 조금 수정해야 한다.

```
if isinstance(x, mymodule.A):    # Error
    ...

if isinstance(x, mymodule.a.A):  # Ok
    ...
```

실제로 게으른 로딩을 하는 예제를 보려면 표준 라이브러리의 *multiprocessing/__init__.py* 파일을 참고한다.

10.5 공통된 네임스페이스에 코드 임포트 디렉터리 만들기

문제

여러 사람이 관리하고 배포해야 하는 커다란 코드가 있다. 모든 부분은 파일의 디렉터리로 구성되어 있다. 하지만 각 부분을 별도의 이름 있는 패키지로 설치하지 않고 모든 부분을 공통된 패키지 접두어로 합치고 싶다.

해결

우선, 이 문제를 해결하기 위해서 별도로 관리되는 서브패키지에 대한 네임스페이스로 동작하는 상위 레벨 파이썬 패키지를 정의해야 한다. 이런 문제는 커다란 애플리케이션 프레임워크에서 사용자가 직접 플러그인이나 애드온(add-on)을 배포하도록 하고 싶을 때 종종 발생한다.

별도의 디렉터리를 공통된 네임스페이스로 합치기 위해서는, 보통 파이썬 패키지와 같은 코드를 구성해야 하는데, 요소를 합치려고 하는 디렉터리에는 *__init__.py* 파일을 생략해야 한다. 이해를 돕기 위해 다음과 같이 두 개의 파이썬 코드 디렉터리가 있다고 가정해 보자.

```
foo-package/
    spam/
        blah.py

bar-package/
    spam/
        grok.py
```

이 디렉터리에서 spam이 공통 네임스페이스로 사용된다. 모든 디렉터리에 *__init__.py* 파일이 없음에 주목하자.

이제 foo-package와 bar-package를 파이썬 모듈 경로에 추가했을 때 어떤 일이 생기는지 살펴보자.

```
>>> import sys
>>> sys.path.extend(['foo-package', 'bar-package'])
>>> import spam.blah
>>> import spam.grok
>>>
```

보이는 것처럼, 마치 마법처럼 두 패키지 디렉터리가 하나로 합쳐지고 spam.blah나 spam.grok을 임포트할 수 있다.

토론

여기에 나온 기능은 "네임스페이스 패키지(namespace package)"라 불린다. 네임스페이스 패키지는 특별한 종류의 패키지로서, 서로 다른 코드 디렉터리를 하나의 네임스페이스로 합치는 역할을 한다. 방대한 프레임워크에서 이 기능이 유용한데, 프레임워크의 여러 부분을 별도의 디렉터리에 설치할 수 있기 때문이다. 또한 사람들이 서드파티(third-party) 애드온이나 플러그인을 만들고 배포하기도 쉽다.

네임스페이스 패키지를 만들 때 공통된 네임스페이스가 되는 상위 레벨 디렉터리에 __init__.py 파일을 만들지 않는 것이 중요하다. __init__.py 파일을 넣지 않으면 패키지 임포트에서 흥미로운 일이 생긴다. 에러가 발생하지 않고 인터프리터가 패키지 이름을 포함하는 모든 디렉터리의 리스트를 생성하기 시작한다. 그리고 특별한 네임스페이스 패키지 모듈이 생성되고 디렉터리의 읽기 전용 복사본이 __path__ 변수에 저장된다.

```
>>> import spam
>>> spam.__path__
_NamespacePath(['foo-package/spam', 'bar-package/spam'])
>>>
```

__path__에 있는 디렉터리는 패키지 부속을 찾을 때 사용한다(예: spam.grok이나 spam.blah를 임포트할 때).

네임스페이스 패키지의 중요한 기능은 누구라도 네임스페이스를 확장할 수 있다는 점이다. 예를 들어 다음과 같은 코드 디렉터리를 만들었다고 가정해 보자.

```
my-package/
    spam/
        custom.py
```

만약 이 코드를 sys.path에 다른 패키지와 함께 추가했다면, 다른 spam 패키지 디렉터리와 마찬가지로 하나로 병합된다.

```
>>> import spam.custom
>>> import spam.grok
>>> import spam.blah
>>>
```

디버깅 도구로써, 어떤 패키지가 네임스페이스 패키지로 동작하는지 알아보는 방법은 __file__ 속성을 확인하는 것이다. 이것을 찾을 수 없으면 이 패키지는 네임스페이스이다. 또한 표현 문자열에 "namespace"라는 단어도 나타난다.

```
>>> spam.__file__
Traceback (most recent call last):
  File "<stdin>", line 1, in <module>
AttributeError: 'module' object has no attribute '__file__'
```

```
>>> spam
<module 'spam' (namespace)>
>>>
```

네임스페이스 패키지에 대한 자세한 내용은 PEP 420에 나온다.

10.6 모듈 리로드

문제

소스 코드에 수정을 했기 때문에 이미 불러온 모듈을 다시 불러오고 싶다.

해결

이미 불러온 모듈을 다시 불러오려면 imp.reload()를 사용한다.

```
>>> import spam
>>> import imp
>>> imp.reload(spam)
<module 'spam' from './spam.py'>
>>>
```

토론

디버깅이나 개발 도중에 모듈 다시 불러오기를 유용하게 사용한다. 하지만 실제 애플리케이션에 사용하기에는 너무 위험하고 예상대로 동작하지 않는 경우가 많다.

내부적으로 reload()는 모듈의 기반 딕셔너리에 있는 내용을 모두 지우고 모듈의 소스 코드를 다시 실행한다. 모듈 객체의 독자성 자체에는 변함이 없다. 따라서 이렇게 하면 프로그램에서 임포트한 모듈 전체를 갱신한다.

하지만 reload()는 from module import name과 같은 구문으로 임포트한 정의는 갱신하지 않는다. 이해를 위해 다음 코드를 보자.

```
# spam.py

def bar():
    print('bar')

def grok():
    print('grok')
```

이제 인터랙티브 세션을 시작한다.

```
>>> import spam
>>> from spam import grok
>>> spam.bar()
```

```
bar
>>> grok()
grok
>>>
```

파이썬을 종료하지 않고, *spam.py* 파일을 다음과 같이 수정한다.

```
def grok():
    print('New grok')
```

이제 인터랙티브 세션으로 돌아가서 모듈을 다시 불러오고 실험을 해보자.

```
>>> import imp
>>> imp.reload(spam)
<module 'spam' from './spam.py'>
>>> spam.bar()
bar
>>> grok()                # 기존 출력
grok
>>> spam.grok()           # 새로운 출력
New grok
>>>
```

이 예제에서 두 종류의 grok() 함수가 로딩된 것을 볼 수 있다. 일반적으로 이런 동작성은 원하지도 않고 결국에는 골치 아픈 문제만 야기한다.

이런 이유로 모듈 다시 불러오기는 실제 애플리케이션에 사용하지 않는 것이 좋다. 그보다는 디버깅 용도나 인터랙티브 세션에서 인터프리터를 실험할 때 사용하도록 하자.

10.7 디렉터리나 Zip 파일을 실행 가능하게 만들기

문제

간단한 스크립트로는 해결할 수 없어 여러 파일로 나누어야 하는 프로그램을 작성하는 중이다. 이때 사용자가 쉽게 프로그램을 실행하는 방법을 제공하고 싶다.

해결

프로그램이 여러 파일로 나누어야 할 정도로 방대해졌다면 프로그램 디렉터리에 파일을 넣고 __main__.py 파일을 추가하면 된다. 예를 들어 다음과 같이 디렉터리를 만든다.

```
myapplication/
    spam.py
    bar.py
    grok.py
    __main__.py
```

___main___.py 파일이 있으면, 다음과 같이 간단히 파이썬 인터프리터를 실행할 수 있다.

```
bash % python3 myapplication
```

그러면 인터프리터가 ___main___.py 파일을 메인 프로그램으로 실행한다.

모든 코드를 zip 파일에 담아 두어도 동일하게 동작한다.

```
bash % ls
spam.py    bar.py   grok.py    __main__.py
bash % zip -r myapp.zip *.py
bash % python3 myapp.zip
... output from __main__.py ...
```

토론

디렉터리나 zip 파일을 만들고 ___main___.py 파일을 추가하면 커다란 파이썬 애플리케이션을 쉽게 배포할 수 있다. 이는 파이썬 라이브러리에 설치되어 표준 라이브러리 모듈로 사용하도록 한 패키지 코드와는 조금 다르다. 단지 누군가의 실행을 돕기 위해 만들어 낸 코드 번들이라고 생각하면 된다.

디렉터리와 zip 파일은 일반적인 파일과는 조금 다르므로, 좀 더 쉬운 실행을 위해 지원 셸 스크립트(shell script)를 추가할 수 있다. 예를 들어 *myapp.zip* 파일에 코드가 들어 있으면 상위 레벨 스크립트를 다음과 같이 만들 수 있다.

```
#!/usr/bin/env python3 /usr/local/bin/myapp.zip
```

10.8 패키지의 데이터 파일 읽기

문제

패키지에 포함되어 있는 데이터 파일을 읽어야 한다. 가능하면 호환성이 높은 방식으로 읽고 싶다.

해결

다음과 같이 구성되어 있는 패키지 파일이 있다고 가정해 보자.

```
mypackage/
    __init__.py
    somedata.dat
    spam.py
```

이제 *spam.py* 파일이 *somedata.dat* 파일의 데이터를 읽어야 한다. 이때 다음과 같은 코드를 작성한다.

```
# spam.py

import pkgutil
data = pkgutil.get_data(__package__, 'somedata.dat')
```

결과 변수 data는 바이트 문자열로, 파일의 내용이 담겨 있다.

토론

데이터 파일을 읽기 위해 open()과 같이 내장되어 있는 입출력 함수를 사용하고 싶을 것이다. 하지만 이 방식에는 몇 가지 문제점이 있다.

첫째, 패키지는 인터프리터에서 현재 작업 중인 디렉터리에 대한 제어 능력이 극히 부족하다. 따라서 모든 입출력 동작은 절대 경로 파일 이름을 사용해야 한다. 모든 모듈에 __file__ 변수가 제공되므로 불가능한 것은 아니지만, 코드가 굉장히 복잡해진다.

둘째, 패키지는 종종 *zip*이나 *.egg* 파일로 설치되어 있어 일반적인 파일 시스템 디렉터리의 파일과는 조금 다르다. 만약 open()으로 데이터 파일을 열려고 시도하면 제대로 동작하지 않는다.

pkgutil.get_data() 함수는 패키지가 어떻게 설치되었는지, 어디에 설치되었는지에 상관 없이 데이터 파일을 얻는 상위 레벨 도구로 사용하도록 디자인되었다. 파일의 내용을 바이트 문자열로 반환하는 동작을 간단히 "수행한다".

get_data()의 첫 번째 인자는 패키지 이름을 담은 문자열이다. 직접 이름을 제공하거나 __package__와 같은 특별 변수를 넣는다. 두 번째 인자는 패키지 파일의 상대적 경로 이름이다. 필요하다면 표준 Unix 파일 이름 규칙으로 다른 디렉터리에 접근할 수도 있다. 단, 이때 파일이 동일한 패키지에 위치하고 있어야 한다.

10.9 sys.path에 디렉터리 추가

문제

sys.path에 포함되어 있지 않아서 임포트할 수 없는 파이썬 코드가 있다. 새로운 디렉터리를 파이썬 경로에 추가하고 싶지만 하드코딩은 피하고 싶다.

해결

새로운 디렉터리를 sys.path에 추가하는 일반적인 방법이 두 가지 있다. 첫째, 이 이름을 PYTHONPATH 환경 변수에 추가한다.

```
bash % env PYTHONPATH=/some/dir:/other/dir python3
Python 3.3.0 (default, Oct 4 2012, 10:17:33)
[GCC 4.2.1 (Apple Inc. build 5666) (dot 3)] on darwin
```

```
Type "help", "copyright", "credits" or "license" for more information.
>>> import sys
>>> sys.path
['', '/some/dir', '/other/dir', ...]
>>>
```

커스텀 애플리케이션에서 이 환경 변수는 프로그램을 실행할 때나 셸 스크립터를 통해서 설정할 수 있다.

두 번째 방식은 다음과 같이 디렉터리를 리스팅하는 *.pth* 파일을 만드는 것이다.

```
# myapplication.pth
/some/dir
/other/dir
```

이 *.pth* 파일은 파이썬의 사이트-패키지(*site-packages*) 디렉터리에 넣어야 한다. 일반적으로 */usr/local/lib/python3.3/site-packages*나 *~/.local/lib/python3.3/site-packages*에 위치하고 있다. 인터프리터를 시작할 때, *.pth* 파일에 리스팅된 디렉터리가 *sys.path*에 추가된다(파일 시스템에 존재해야 한다). 만약 이 파일이 시스템에 영향을 주는 파이썬 인터프리터에 추가 되는 경우에는 관리자 권한을 요구할 수도 있다.

토론

파일 위치 관련 문제를 해결하기 위해 sys.path를 직접 수정하는 코드를 작성할 수도 있지 않을까?

```
import sys
sys.path.insert(0, '/some/dir')
sys.path.insert(0, '/other/dir')
```

이 방식이 동작하기는 하지만, 실제로 굉장히 위험한 접근법이므로 가능하다면 사용하지 않도록 한다. 우선 소스에 하드코딩된 디렉터리 이름을 추가한다는 문제가 있다. 코드를 새로운 위치로 옮기거나 할 때 관리가 어려워진다. 설정하는 곳을 다른 곳으로 빼서 소스 코드를 수정하지 않고 조절하는 방법을 제공하는 것이 더 좋다.

때로는 __file__과 같이 모듈 레벨 변수를 사용한 절대 경로를 올바르게 만들면 하드코딩 된 디렉터리 사용을 피할 수 있다.

```
import sys
from os.path import abspath, join, dirname
sys.path.insert(0, abspath(dirname('__file__'), 'src'))
```

이렇게 하면 삽입 과정을 실행하는 코드가 위치한 디렉터리 위치에 *src* 디렉터리를 추가한다.

site-packages 디렉터리는 일반적으로 서드파티 모듈과 패키지가 설치되는 곳이다. 코드를 이런 방식으로 설치했다면 바로 여기에 위치하게 된다. 환경 설정을 위한 *.pth* 파일이 *site-*

*packages*에 나타나야 하지만, 원한다면 시스템의 어떤 디렉터리도 참조하도록 할 수 있다. 따라서 *.pth* 파일에 포함되어 있기만 하다면 전혀 다른 디렉터리 집합을 고르도록 코드에 지시할 수 있다.

10.10 문자열로 주어진 모듈 이름 임포트

문제

임포트하고 싶은 모듈 이름을 문자열 형태로 가지고 있다. 이 문자열에 import를 실행하고 싶다.

해결

importlib.import_module() 함수로, 문자열로 주어진 모듈이나 패키지 이름을 임포트할 수 있다.

```
>>> import importlib
>>> math = importlib.import_module('math')
>>> math.sin(2)
0.9092974268256817
>>> mod = importlib.import_module('urllib.request')
>>> u = mod.urlopen('http://www.python.org')
>>>
```

import_module은 import와 동일한 과정을 수행하지만 결과 모듈 객체를 반환한다는 점이 다르다. 이것을 변수로 저장하고 추후 일반적인 모듈처럼 사용할 수 있다.

패키지를 가지고 작업 중이라면 import_module()로 상대적 경로를 임포트할 수도 있다. 하지만 다음과 같이 추가적인 인자를 넣어야 한다.

```
import importlib

# 'from . import b'와 동일
b = importlib.import_module('.b', __package__)
```

토론

import_module()을 사용해서 모듈을 수동으로 사용할 때 발생하는 문제는 대개 모듈을 감싸거나 수정하는 코드를 작성할 때 발생한다. 예를 들어, 모듈을 이름으로 불러오고 로딩한 코드에 패치를 하는 커스텀 임포팅 메커니즘을 구현하는 중이라고 가정해 보자.

오래된 코드에서 내장된 __import__() 함수로 임포트를 수행하는 것을 볼 수 있다. 이 방식도 동작은 하지만, 대개는 importlib.import_module()을 사용하는 것이 더 쉽다.

임포트 처리를 커스터마이즈하는 고급 예제는 레시피 10.11을 참고한다.

10.11 임포트 후크로 원격 머신에서 모듈 불러오기

문제

파이썬의 임포트 구문을 커스터마이즈해서 원격 머신에서 모듈을 불러오도록 하고 싶다.

해결

첫째, 보안상 큰 문제가 있다. 이번 레시피에서 다루는 내용은 추가적인 보안과 인증 레이어에 매우 좋지 않은 접근법이다. 다시 말해서, 이 예제는 파이썬의 import 구문을 더 자세히 이해하기 위한 목적이 주가 된다는 것이다. 만약 이번 레시피를 실행하고 내부 동작을 완벽히 이해한다면 import를 커스터마이즈하기 위한 단단한 기반 지식을 얻고 거의 모든 목적에 자유롭게 사용할 수 있을 것이다. 이 말을 염두에 두고, 계속 진행해 보자.

이번 레시피의 핵심은 import 구문의 기능을 확장하려는 욕구에서 시작한다. 이 목적을 이루기 위한 여러 가지 방법이 있지만, 이해를 위해서 다음과 같은 파이썬 코드 디렉터리를 만드는 데서 시작한다.

```
testcode/
    spam.py
    fib.py
    grok/
        __init__.py
        blah.py
```

파일의 내용은 중요하지 않지만, 파일마다 간단한 명령어와 함수를 넣어서 제대로 임포트되었는지 확인하는 용도로 사용한다.

```python
# spam.py
print("I'm spam")

def hello(name):
    print('Hello %s' % name)

# fib.py
print("I'm fib")

def fib(n):
    if n < 2:
        return 1
    else:
        return fib(n-1) + fib(n-2)

# grok/__init__.py
print("I'm grok.__init__")
```

```
# grok/blah.py
print("I'm grok.blah")
```

이번 목표는 모듈로서 파일에 원격 접근을 허용하려는 것이다. 가장 쉬운 방법은 이것을 웹 서버에 올려 놓는 것이다. *testcode*로 이동하고 다음과 같이 파이썬을 실행한다.

```
bash % cd testcode
bash % python3 -m http.server 15000
Serving HTTP on 0.0.0.0 port 15000 ...
```

별도의 파이썬 인터프리터에서 서버가 실행되도록 둔다. 그리고 urllib로 파일에 원격 접근할 수 있는지 확인한다.

```
>>> from urllib.request import urlopen
>>> u = urlopen('http://localhost:15000/fib.py')
>>> data = u.read().decode('utf-8')
>>> print(data)
# fib.py
print("I'm fib")

def fib(n):
    if n < 2:
        return 1
    else:
        return fib(n-1) + fib(n-2)

>>>
```

서버에서 소스 코드를 불러오는 과정이, 남아 있는 레시피의 기본이 된다. 소스 코드 파일을 urlopen()으로 수동으로 열지 않고 import 구문을 커스터마이즈해서 내부적으로 동작하도록 만들 것이다.

원격 모듈을 불러오기 위한 첫 번째 접근은, 명시적인 로딩 함수를 만드는 것이다.

```
import imp
import urllib.request
import sys

def load_module(url):
    u = urllib.request.urlopen(url)
    source = u.read().decode('utf-8')
    mod = sys.modules.setdefault(url, imp.new_module(url))
    code = compile(source, url, 'exec')
    mod.__file__ = url
    mod.__package__ = ''
    exec(code, mod.__dict__)
    return mod
```

이 함수는 그저 소스 코드를 다운받고, compile()을 사용해 코드 객체로 컴파일하고, 새롭게 생성한 모듈 객체 디렉터리에서 실행한다. 함수를 사용하는 예제를 보자.

```
>>> fib = load_module('http://localhost:15000/fib.py')
I'm fib
>>> fib.fib(10)
89
>>> spam = load_module('http://localhost:15000/spam.py')
I'm spam
>>> spam.hello('Guido')
Hello Guido
>>> fib
<module 'http://localhost:15000/fib.py' from 'http://localhost:15000/fib.py'>
>>> spam
<module 'http://localhost:15000/spam.py' from 'http://localhost:15000/spam.py'>
>>>
```

앞에 나온 것처럼 간단한 모듈에는 "동작"한다. 하지만 일반적인 import 구문에는 연결되지 않았고, 패키지와 같이 더 고급 구조를 지원하려면 추가적인 작업이 필요하다.

더 멋진 방식으로 커스텀 임포터를 생성할 수 있다. 첫 번째 과정은 메타 경로 임포터(meta path importer)로 알려진 것을 생성한다.

```python
# urlimport.py

import sys
import importlib.abc
import imp
from urllib.request import urlopen
from urllib.error import HTTPError, URLError
from html.parser import HTMLParser

# 디버깅
import logging
log = logging.getLogger(__name__)

# 주어진 URL에서 링크 얻기
def _get_links(url):
    class LinkParser(HTMLParser):
        def handle_starttag(self, tag, attrs):
            if tag == 'a':
                attrs = dict(attrs)
                links.add(attrs.get('href').rstrip('/'))

    links = set()
    try:
        log.debug('Getting links from %s' % url)
        u = urlopen(url)
        parser = LinkParser()
        parser.feed(u.read().decode('utf-8'))
```

```python
        except Exception as e:
            log.debug('Could not get links. %s', e)
        log.debug('links: %r', links)
        return links

class UrlMetaFinder(importlib.abc.MetaPathFinder):
    def __init__(self, baseurl):
        self._baseurl = baseurl
        self._links   = { }
        self._loaders = { baseurl : UrlModuleLoader(baseurl) }

    def find_module(self, fullname, path=None):
        log.debug('find_module: fullname=%r, path=%r', fullname, path)
        if path is None:
            baseurl = self._baseurl
        else:
            if not path[0].startswith(self._baseurl):
                return None
            baseurl = path[0]

        parts = fullname.split('.')
        basename = parts[-1]
        log.debug('find_module: baseurl=%r, basename=%r', baseurl, basename)

        # 링크 캐시 확인
        if basename not in self._links:
            self._links[baseurl] = _get_links(baseurl)

        # 패키지인지 확인
        if basename in self._links[baseurl]:
            log.debug('find_module: trying package %r', fullname)
            fullurl = self._baseurl + '/' + basename
            # __init__.py에 접근하는 패키지 불러오기 시도
            loader = UrlPackageLoader(fullurl)
            try:
                loader.load_module(fullname)
                self._links[fullurl] = _get_links(fullurl)
                self._loaders[fullurl] = UrlModuleLoader(fullurl)
                log.debug('find_module: package %r loaded', fullname)
            except ImportError as e:
                log.debug('find_module: package failed. %s', e)
                loader = None
            return loader

        # 일반 모듈
        filename = basename + '.py'
        if filename in self._links[baseurl]:
            log.debug('find_module: module %r found', fullname)
            return self._loaders[baseurl]
        else:
            log.debug('find_module: module %r not found', fullname)
            return None
```

```python
    def invalidate_caches(self):
        log.debug('invalidating link cache')
        self._links.clear()

# URL 모듈 로더
class UrlModuleLoader(importlib.abc.SourceLoader):
    def __init__(self, baseurl):
        self._baseurl = baseurl
        self._source_cache = {}

    def module_repr(self, module):
        return '<urlmodule %r from %r>' % (module.__name__, module.__file__)

    # 필요 메소드
    def load_module(self, fullname):
        code = self.get_code(fullname)
        mod = sys.modules.setdefault(fullname, imp.new_module(fullname))
        mod.__file__ = self.get_filename(fullname)
        mod.__loader__ = self
        mod.__package__ = fullname.rpartition('.')[0]
        exec(code, mod.__dict__)
        return mod

    # 추가적 확장
    def get_code(self, fullname):
        src = self.get_source(fullname)
        return compile(src, self.get_filename(fullname), 'exec')

    def get_data(self, path):
        pass

    def get_filename(self, fullname):
        return self._baseurl + '/' + fullname.split('.')[-1] + '.py'

    def get_source(self, fullname):
        filename = self.get_filename(fullname)
        log.debug('loader: reading %r', filename)
        if filename in self._source_cache:
            log.debug('loader: cached %r', filename)
            return self._source_cache[filename]
        try:
            u = urlopen(filename)
            source = u.read().decode('utf-8')
            log.debug('loader: %r loaded', filename)
            self._source_cache[filename] = source
            return source
        except (HTTPError, URLError) as e:
            log.debug('loader: %r failed. %s', filename, e)
            raise ImportError("Can't load %s" % filename)

    def is_package(self, fullname):
```

```
            return False

# URL 패키지 로더
class UrlPackageLoader(UrlModuleLoader):
    def load_module(self, fullname):
        mod = super().load_module(fullname)
        mod.__path__ = [ self._baseurl ]
        mod.__package__ = fullname

    def get_filename(self, fullname):
        return self._baseurl + '/' + '__init__.py'

    def is_package(self, fullname):
        return True

# 로더 설치/제거를 위한 유틸리티 함수
_installed_meta_cache = { }
def install_meta(address):
    if address not in _installed_meta_cache:
        finder = UrlMetaFinder(address)
        _installed_meta_cache[address] = finder
        sys.meta_path.append(finder)
        log.debug('%r installed on sys.meta_path', finder)

def remove_meta(address):
    if address in _installed_meta_cache:
        finder = _installed_meta_cache.pop(address)
        sys.meta_path.remove(finder)
        log.debug('%r removed from sys.meta_path', finder)
```

앞에 나온 코드를 실행하는 방법을 다음 인터랙티브 세션에서 확인해 보자.

```
>>> # 현재는 임포트에 실패
>>> import fib
Traceback (most recent call last):
  File "<stdin>", line 1, in <module>
ImportError: No module named 'fib'

>>> # 임포터를 불러오고 재시도(동작한다.)
>>> import urlimport
>>> urlimport.install_meta('http://localhost:15000')
>>> import fib
I'm fib
>>> import spam
I'm spam
>>> import grok.blah
I'm grok.__init__
I'm grok.blah
>>> grok.blah.__file__
'http://localhost:15000/grok/blah.py'
>>>
```

이번 해결책은 특별 파인더 객체 UrlMetaFinder를 sys.meta_path의 마지막 엔트리로 설치하고 있다. 모듈을 임포트하면 sys.meta_path의 파인더가 모듈을 찾는 데 사용된다. 이번 예제에서 일반적인 위치에서 모듈을 찾을 수 없을 때 UrlMetaFinder 인스턴스가 마지막 대안이 된다.

제너럴한 구현을 위해 UrlMetaFinder 클래스가 사용자가 명시한 URL을 감싼다. 임포트가 이루어질 때, 모듈 이름을 알고 있는 링크 집합과 비교한다. 일치하는 것을 발견하면 별도의 UrlModuleLoader 클래스가 원격 머신에서 소스 코드를 불러오고 결과 모듈 객체를 생성한다. 링크를 캐싱하는 한 가지 이유는 임포트에 불필요한 HTTP 요청을 피하기 위함이다.

임포트를 커스터마이즈하기 위한 두 번째 접근은 sys.path 변수에 직접 연결되는 후크를 작성하고, 특정 디렉터리 이름 패턴을 인식하는 것이다. 다음 클래스와 지원 함수를 *urlimport.py*에 추가한다.

```
# urlimport.py

# ... 기존 코드를 넣는다 ...


# URL을 위한 경로 찾기 클래스
class UrlPathFinder(importlib.abc.PathEntryFinder):
    def __init__(self, baseurl):
        self._links = None
        self._loader = UrlModuleLoader(baseurl)
        self._baseurl = baseurl

    def find_loader(self, fullname):
        log.debug('find_loader: %r', fullname)
        parts = fullname.split('.')
        basename = parts[-1]
        # 링크 캐시 확인
        if self._links is None:
            self._links = []        # 토론을 본다.
            self._links = _get_links(self._baseurl)

        # 패키지인지 확인
        if basename in self._links:
            log.debug('find_loader: trying package %r', fullname)
            fullurl = self._baseurl + '/' + basename
            # __init__.py에 접근하는 패키지 불러오기 시도
            loader = UrlPackageLoader(fullurl)
            try:
                loader.load_module(fullname)
                log.debug('find_loader: package %r loaded', fullname)
            except ImportError as e:
                log.debug('find_loader: %r is a namespace package', fullname)
```

```
                    loader = None
                return (loader, [fullurl])

            # 일반 모듈
            filename = basename + '.py'
            if filename in self._links:
                log.debug('find_loader: module %r found', fullname)
                return (self._loader, [])
            else:
                log.debug('find_loader: module %r not found', fullname)
                return (None, [])

    def invalidate_caches(self):
        log.debug('invalidating link cache')
        self._links = None

# URL과 같은지 경로 확인
_url_path_cache = {}
def handle_url(path):
    if path.startswith(('http://', 'https://')):
        log.debug('Handle path? %s. [Yes]', path)
        if path in _url_path_cache:
            finder = _url_path_cache[path]
        else:
            finder = UrlPathFinder(path)
            _url_path_cache[path] = finder
        return finder
    else:
        log.debug('Handle path? %s. [No]', path)

def install_path_hook():
    sys.path_hooks.append(handle_url)
    sys.path_importer_cache.clear()
    log.debug('Installing handle_url')

def remove_path_hook():
    sys.path_hooks.remove(handle_url)
    sys.path_importer_cache.clear()
    log.debug('Removing handle_url')
```

이 경로 기반 파인더를 사용하려면 URL을 sys.path에 추가하면 된다.

```
>>> # 초기 임포트는 실패한다.
>>> import fib
Traceback (most recent call last):
  File "<stdin>", line 1, in <module>
ImportError: No module named 'fib'

>>> # 경로 후크 설치
>>> import urlimport
>>> urlimport.install_path_hook()

>>> # 여전히 임포트에 실패한다.
```

```
>>> import fib
Traceback (most recent call last):
  File "<stdin>", line 1, in <module>
ImportError: No module named 'fib'

>>> # sys.path에 엔트리를 추가하고 동작하는지 확인한다.
>>> import sys
>>> sys.path.append('http://localhost:15000')
>>> import fib
I'm fib
>>> import grok.blah
I'm grok.__init__
I'm grok.blah
>>> grok.blah.__file__
'http://localhost:15000/grok/blah.py'
>>>
```

마지막 예제의 핵심은 sys.path_hooks 변수에 추가된 handle_url() 함수에 있다. sys. path의 엔트리에 대한 처리가 이루어질 때 sys.path_hooks에 있는 함수가 실행된다. 만약 이 함수 중 파인더 객체를 반환하는 것이 있으면, 이 파인더를 사용해 sys.path의 엔트리에 대한 모듈 불러오기를 시도한다.

원격으로 임포트한 모듈은 다른 모듈과 동일하게 동작한다.

```
>>> fib
<urlmodule 'fib' from 'http://localhost:15000/fib.py'>
>>> fib.__name__
'fib'
>>> fib.__file__
'http://localhost:15000/fib.py'
>>> import inspect
>>> print(inspect.getsource(fib))
# fib.py
print("I'm fib")

def fib(n):
    if n < 2:
        return 1
    else:
        return fib(n-1) + fib(n-2)

>>>
```

토론

이번 레시피에 대한 토론을 하기 전에, 파이썬의 모듈, 패키지, 임포트 메커니즘은 언어의 모든 내용 중에서 가장 복잡한 개념이라는 점을 기억하자. 심지어 숙련된 파이썬 프로그래 머도 따로 노력하지 않는다면 이해도가 떨어지는 경우가 일반적이다. 읽어 볼 만한 문서가

여럿 있는데, `importlib` 모듈의 온라인 문서와 PEP 302를 참고할 만하다. 이 문서 내용을 여기에서 다시 반복하지는 않을 예정이지만, 몇 가지 중요한 내용을 다룬다.

첫째, 새로운 모듈 객체를 만들고 싶다면 `imp.new_module()` 함수를 사용한다.

```
>>> import imp
>>> m = imp.new_module('spam')
>>> m
<module 'spam'>
>>> m.__name__
'spam'
>>>
```

모듈 객체는 일반적으로 __file__(모듈을 불러온 파일의 이름)과 __package__(있는 경우, 담고 있는 패키지 이름)와 같은 속성을 가지고 있다.

둘째, 모듈은 인터프리터에서 캐시한다. 이 모듈 캐시는 `sys.modules`에서 찾을 수 있다. 이 캐싱으로 인해, 캐싱과 모듈 생성을 하나의 단계로 합치는 것이 일반적이다.

```
>>> import sys
>>> import imp
>>> m = sys.modules.setdefault('spam', imp.new_module('spam'))
>>> m
<module 'spam'>
>>>
```

이렇게 하는 중요한 이유는, 주어진 모듈 이름이 이미 존재하는 경우에는 기존에 생성된 모듈을 받기 위해서이다.

```
>>> import math
>>> m = sys.modules.setdefault('math', imp.new_module('math'))
>>> m
<module 'math' from '/usr/local/lib/python3.3/lib-dynload/math.so'>
>>> m.sin(2)
0.9092974268256817
>>> m.cos(2)
-0.4161468365471424
>>>
```

모듈을 생성하는 것은 간단하므로 이번 레시피의 첫 번째 부분에 나오는 `load_module()`과 같이 간단한 함수를 작성하기는 어렵지 않다. 이 방식의 단점은, 패키지 임포트와 같이 조금 더 복잡한 상황을 처리하기가 어렵다는 점이다. 패키지를 처리하기 위해서는 기본 `import` 구문 기반 로직의 많은 부분을 재구현해야 한다(디렉터리 확인, __init__.py 파일 찾기, 찾은 파일 실행, 경로 설정 등).

이러한 복잡함으로 인해서 커스텀 함수를 정의하기보다는 import 구문을 확장하는 것이 대개는 더 좋다.

import 구문을 확장하기는 어렵지 않지만, 여러 부분을 옮겨야 한다. 최상위 레벨에서 import 동작은 sys.meta_path 리스트에 있는 "메타-경로(meta-path)" 파인더 리스트가 처리한다. 값을 출력해 보면 다음과 같은 내용이 나온다.

```
>>> from pprint import pprint
>>> pprint(sys.meta_path)
[<class '_frozen_importlib.BuiltinImporter'>,
 <class '_frozen_importlib.FrozenImporter'>,
 <class '_frozen_importlib.PathFinder'>]
>>>
```

import fib와 같은 명령어를 실행하면, 올바른 모듈 로더를 찾기 위해 인터프리터가 sys.meta_path의 파인더 객체를 돌며 find_module() 메소드를 실행한다. 이해를 위해서 다음과 같이 클래스를 정의하고 실행해 보자.

```
>>> class Finder:
...     def find_module(self, fullname, path):
...             print('Looking for', fullname, path)
...             return None
...
>>> import sys
>>> sys.meta_path.insert(0, Finder()) # 첫 번째 엔트리 삽입
>>> import math
Looking for math None
>>> import types
Looking for types None
>>> import threading
Looking for threading None
Looking for time None
Looking for traceback None
Looking for linecache None
Looking for tokenize None
Looking for token None
>>>
```

모든 임포트에 대해 find_module() 메소드가 어떻게 실행되는지 주목하자. 이 메소드에서 path 인자의 역할은 패키지 처리이다. 패키지가 임포트되었을 때, 패키지의 __path__ 속성에서 찾을 수 있는 디렉터리의 리스트가 된다. 이는 패키지의 부속 요소를 찾을 때 필요한 경로이다. 예를 들어 xml.etree와 xml.etree.ElementTree의 경로 설정을 보자.

```
>>> import xml.etree.ElementTree
Looking for xml None
Looking for xml.etree ['/usr/local/lib/python3.3/xml']
Looking for xml.etree.ElementTree ['/usr/local/lib/python3.3/xml/etree']
Looking for warnings None
```

```
Looking for contextlib None
Looking for xml.etree.ElementPath ['/usr/local/lib/python3.3/xml/etree']
Looking for _elementtree None
Looking for copy None
Looking for org None
Looking for pyexpat None
Looking for ElementC14N None
>>>
```

sys.meta_path에 파인더를 넣는 것이 아주 중요하다. 리스트 앞에 있는 것을 제거하고 뒤에 붙인 다음 다시 임포트를 시도해 보자.

```
>>> del sys.meta_path[0]
>>> sys.meta_path.append(Finder())
>>> import urllib.request
>>> import datetime
```

이제 아무런 결과가 출력되지 않는데, 임포트가 sys.meta_path의 다른 엔트리에 의해 처리되었기 때문이다. 이 경우에는 존재하지 않는 모듈을 임포트할 때만 화면에 결과가 출력된다.

```
>>> import fib
Looking for fib None
Traceback (most recent call last):
  File "<stdin>", line 1, in <module>
ImportError: No module named 'fib'
>>> import xml.superfast
Looking for xml.superfast ['/usr/local/lib/python3.3/xml']
Traceback (most recent call last):
  File "<stdin>", line 1, in <module>
ImportError: No module named 'xml.superfast'
>>>
```

이번 레시피 UrlMetaFinder 클래스의 핵심은 파인더를 설치해서 알 수 없는 모듈을 잡아 낼 수 있다는 점이다. UrlMetaFinder의 인스턴스는 sys.meta_path 뒤에 추가되어 최후의 수단으로 사용하는 임포터 역할을 한다. 만약 모든 임포트 메커니즘에서 요청한 모듈 이름을 찾을 수 없을 때 바로 이 파인더를 사용한다. 패키지를 처리할 때는 조금 주의를 기울여야 한다. 자세히 말해서, path 인자에 나타난 값은, 파인더에 등록된 URL로 시작하는지 확인해야 한다. 그렇지 않으면 이 서브모듈은 다른 파인더에 종속된 것이고 서브모듈을 무시해야 한다.

추가적인 패키지 처리는 UrlPackageLoader 클래스에서 찾을 수 있다. 이 클래스에서 패키지 이름을 임포트하지 않고 밑줄이 붙은 __init__.py 파일 불러오기를 시도한다. 또한 모듈의 __path__ 속성을 설정한다. 마지막 부분이 아주 중요한데, 패키지 서브모듈을 불러올 때 이 값을 서브시퀀스 find_module()에 전달하기 때문이다.

경로 기반 임포트 후크는 이 아이디어를 확장한 것이지만, 조금 다른 메커니즘에 기반한다. 이미 알고 있듯이, sys.path는 파이썬이 모듈을 찾는 디렉터리 리스트이다.

```
>>> from pprint import pprint
>>> import sys
>>> pprint(sys.path)
['',
 '/usr/local/lib/python33.zip',
 '/usr/local/lib/python3.3',
 '/usr/local/lib/python3.3/plat-darwin',
 '/usr/local/lib/python3.3/lib-dynload',
 '/usr/local/lib/...3.3/site-packages']
>>>
```

sys.path의 모든 엔트리는 파인더 객체에 추가적으로 첨부된다. 이 파인더는 sys.path_importer_cache에서 찾을 수 있다.

```
>>> pprint(sys.path_importer_cache)
{'.': FileFinder('.'),
 '/usr/local/lib/python3.3': FileFinder('/usr/local/lib/python3.3'),
 '/usr/local/lib/python3.3/': FileFinder('/usr/local/lib/python3.3/'),
 '/usr/local/lib/python3.3/collections': FileFinder('...python3.3/collections'),
 '/usr/local/lib/python3.3/encodings': FileFinder('...python3.3/encodings'),
 '/usr/local/lib/python3.3/lib-dynload': FileFinder('...python3.3/lib-dynload'),
 '/usr/local/lib/python3.3/plat-darwin': FileFinder('...python3.3/plat-darwin'),
 '/usr/local/lib/python3.3/site-packages': FileFinder('...python3.3/site-packages'),
 '/usr/local/lib/python33.zip': None}
>>>
```

sys.path_importer_cache는 코드가 로딩되는 모든 디렉터리에 대한 모든 파인더를 기록하기 때문에 sys.path보다 큰 경우가 많다. 여기에는 sys.path에 없는 패키지의 서브디렉터리도 포함된다.

import fib를 실행하려면 sys.path의 디렉터리를 순서대로 확인해야 한다. 모든 디렉터리에 대해 fib 이름이 sys.path_importer_cache의 관련된 파인더에 나타난다. 이는 스스로 파인더를 만들고 캐시에 엔트리를 넣어서 시험해 볼 수도 있다. 다음 코드를 실행해 보자.

```
>>> class Finder:
...     def find_loader(self, name):
...             print('Looking for', name)
...             return (None, [])
...
>>> import sys
>>> # 임포터 캐시에 "debug" 엔트리 추가
>>> sys.path_importer_cache['debug'] = Finder()
>>> # sys.path에 "debug" 디렉터리 추가
>>> sys.path.insert(0, 'debug')
>>> import threading
Looking for threading
Looking for time
Looking for traceback
Looking for linecache
Looking for tokenize
```

```
Looking for token
>>>
```

여기서 새로운 캐시 엔트리를 debug라는 이름으로 설치했고, sys.path의 첫 번째 엔트리로 debug를 설치했다. 모든 서브시퀀스 임포트에 대해 이 파인더가 실행되는 것을 확인할 수 있다. 하지만 (None, [])를 반환하기 때문에 처리는 다음 엔트리로 넘어간다.

sys.path_importer_cache의 구성원은 sys.path_hooks에 저장된 함수 리스트가 제어한다. 캐시를 없애고 새로운 경로 확인 함수를 sys.path_hooks에 추가하는 다음 실험을 해보자.

```
>>> sys.path_importer_cache.clear()
>>> def check_path(path):
...     print('Checking', path)
...     raise ImportError()
...
>>> sys.path_hooks.insert(0, check_path)
>>> import fib
Checked debug
Checking .
Checking /usr/local/lib/python33.zip
Checking /usr/local/lib/python3.3
Checking /usr/local/lib/python3.3/plat-darwin
Checking /usr/local/lib/python3.3/lib-dynload
Checking /Users/beazley/.local/lib/python3.3/site-packages
Checking /usr/local/lib/python3.3/site-packages
Looking for fib
Traceback (most recent call last):
  File "<stdin>", line 1, in <module>
ImportError: No module named 'fib'
>>>
```

앞에 나온 것처럼 check_path() 함수가 sys.path의 모든 엔트리에 대해 실행된다. 하지만 ImportError 예외가 발생했기 때문에 아무런 일도 생기지 않는다(확인은 단순히 sys.path_hooks의 다음 함수로 실행을 진행한다).

sys.path가 어떻게 처리되는지 알고 있으니 이제 파일 이름에서 URL과 같은 패턴을 찾아내는 경로 확인 함수를 스스로 만들고 설치할 수 있다.

```
>>> def check_url(path):
...     if path.startswith('http://'):
...             return Finder()
...     else:
...             raise ImportError()
...
>>> sys.path.append('http://localhost:15000')
>>> sys.path_hooks[0] = check_url
>>> import fib
Looking for fib                    # 파인더 출력!
Traceback (most recent call last):
```

```
    File "<stdin>", line 1, in <module>
ImportError: No module named 'fib'

>>> # sys.path_importer_cache에 Finder가 설치되었다.
>>> sys.path_importer_cache['http://localhost:15000']
<__main__.Finder object at 0x10064c850>
>>>
```

이것이 이번 레시피 마지막 부분의 핵심 메커니즘이다. URL을 찾는 경로 확인 함수를 만들고 sys.path에 설치했다. 이것을 만나면 새로운 UrlPathFinder 인스턴스가 생성되고 sys.path_importer_cache에 설치된다. 이 시점부터 sys.path의 이 부분을 지나는 모든 임포트 구문은 이 커스텀 파인더를 사용한다.

경로 기반 임포터에서 패키지를 처리하는 것은 조금 어렵고, find_loader() 메소드의 반환 값과 관련이 있다. 간단한 모듈의 경우에는 find_loader()가 (loader, None) 튜플을 반환하고, loader는 모듈을 임포트하는 로더 인스턴스가 된다.

일반적인 패키지의 경우에 find_loader()가 (loader, path) 튜플을 반환하고 loader는 패키지를 임포트하는 로더 인스턴스(그리고 *__init__.py*를 실행)이고 path는 패키지의 __path__ 속성을 초기에 구성하는 디렉터리 리스트이다. 예를 들어 기본 URL이 http://localhost:15000이었고 사용자가 import grok을 실행하면 find_loader()가 반환하는 경로는 ['http://localhost:15000/grok']이 된다.

find_loader()는 반드시 네임스페이스 패키지의 가능성에 대해서 확인해야 한다. 네임스페이스 패키지는 유효한 패키지 디렉터리 이름이 존재하는 패키지이지만, *__init__.py* 파일이 없는 것을 의미한다. 이 경우 find_loader()가 반드시 (None, path) 튜플을 반환해야 한다. 이때 path는 디렉터리 리스트로서, *__init__.py* 파일을 정의하는 패키지 __path__ 속성을 구성한다. 이 경우 임포터 메커니즘이 sys.path의 더 많은 디렉터리를 확인하는 방향으로 진행된다. 더 많은 네임스페이스 패키지를 찾으면 모든 결과 경로를 합쳐 하나의 네임스페이스 패키지를 만든다. 네임스페이스 패키지에 대한 더 자세한 내용은 레시피 10.5를 참고한다.

이 해결책에서 명백히 드러나지는 않았지만 패키지 처리에 재귀적 요소가 있다. 모든 패키지는 내부 경로 설정을 가지고 있고, 이는 __path__ 속성에 담겨 있다.

```
>>> import xml.etree.ElementTree
>>> xml.__path__
['/usr/local/lib/python3.3/xml']
>>> xml.etree.__path__
['/usr/local/lib/python3.3/xml/etree']
>>>
```

미리 말했지만, __path__ 설정은 find_loader() 메소드가 반환한 값이 제어한다. 하지만 __path__의 서브시퀀스 처리는 sys.path_hooks의 함수가 처리하기도 한다. 따라서 패키지의 부수적 요소를 불러왔을 때 __path__의 엔트리는 handle_url() 함수가 확인한다. 이로 인해 UrlPathFinder의 새로운 인스턴스가 생성되고 sys.path_importer_cache에 추가된다.

구현을 할 때 어려운 점이 한 가지 남아 있는데, 바로 handle_url() 함수의 동작과 내부적으로 수행하는 _get_links() 함수의 순환과 관련이 있다. 독자가 구현한 파인더가 다른 모듈(예: urllib.request)을 사용한다면, 이 모듈이 파인더를 실행하는 도중에 또 다른 임포트를 시도할 가능성이 있다. 결국 handle_url()과 파인더의 또 다른 부분이 재귀적인 루프에 빠지게 된다. 이 가능성을 처리하려면 생성된 파인더에 대한 캐시를 가지고 있어야 한다(URL당 하나). 이렇게 하면 중복된 파인더를 생성하는 문제를 피할 수 있다. 추가적으로 다음 코드는 파인더가 초기 링크를 처리하는 도중에 다른 임포트 요청에 응답하지 않도록 보장해 준다.

```
# 링크 캐시 확인
if self._links is None:
    self._links = []        # 토론 참고
    self._links = _get_links(self._baseurl)
```

다른 구현을 할 때 반드시 이 확인을 해야 하는 것은 아니지만, URL이 관련된 이번 예제의 경우에는 이 코드가 필요하다.

마지막으로, 양쪽 파인더에 있는 invalidate_caches() 메소드는 소스 코드가 변할 때 내부 캐시를 소거하는 유틸리티 메소드이다. 이 메소드는 사용자가 importlib.invalidate_caches()를 호출할 때 실행된다. 이 메소드는 새롭게 추가한 파일에 대한 접근을 하려 하는 등 URL 임포터가 링크 리스트를 다시 읽기를 원하는 경우에 호출한다.

sys.meta_path 수정 또는 경로 후크 사용, 이 두 가지 방식을 비교하기 위해 전체적인 모습을 보는 것이 도움이 된다. sys.meta_path를 사용해 설치한 임포터는 원하는 모든 방식으로 모듈을 처리할 수 있다. 예를 들어, 데이터베이스에서 모듈을 불러오거나 일반적인 모듈/패키지 처리와는 완전히 다른 방식으로 임포트할 수도 있다. 이런 자유로움이 있기 때문에 더 많은 관리가 필요하다. UrlMetaFinder를 구현할 때 링크 캐싱, 로더 등 세세한 부분을 직접 관리했던 이유가 이 때문이다. 반면 경로 기반 후크는 sys.path 처리에 조금 더 집중하는 모습이다. sys.path와의 연관성으로 인해 이렇게 불러온 모듈은 프로그래머들이 주로 사용했던 일반적인 모듈, 패키지와 비슷한 기능을 가지는 경우가 많다.

자, 아직까지 독자들의 머리가 터져버리지 않았다면, 이제 이번 레시피를 이해하고 실험해 보기 위한 핵심이 되는 로깅 호출을 추가해 보자. 다음과 같이 로깅을 활성화하고 실험해 볼 수 있다.

```
>>> import logging
>>> logging.basicConfig(level=logging.DEBUG)
>>> import urlimport
>>> urlimport.install_path_hook()
DEBUG:urlimport:Installing handle_url
>>> import fib
DEBUG:urlimport:Handle path? /usr/local/lib/python33.zip. [No]
Traceback (most recent call last):
  File "<stdin>", line 1, in <module>
ImportError: No module named 'fib'
>>> import sys
>>> sys.path.append('http://localhost:15000')
>>> import fib
DEBUG:urlimport:Handle path? http://localhost:15000. [Yes]
DEBUG:urlimport:Getting links from http://localhost:15000
DEBUG:urlimport:links: {'spam.py', 'fib.py', 'grok'}
DEBUG:urlimport:find_loader: 'fib'
DEBUG:urlimport:find_loader: module 'fib' found
DEBUG:urlimport:loader: reading 'http://localhost:15000/fib.py'
DEBUG:urlimport:loader: 'http://localhost:15000/fib.py' loaded
I'm fib
>>>
```

마지막으로, 오늘 밤 PEP 302와 importlib 문서를 출력해서 베개 밑에 넣어 두고 잠이 들면 다음날 머리가 맑아지는 기분을 느끼게 될 것이다.

10.12 임포트 시 모듈 패치

문제

기존 모듈의 함수에 데코레이터를 적용하거나 패치하고 싶다. 하지만 이 모듈이 실제로 임포트되고 사용되었을 때로만 한정하고 싶다.

해결

이 문제의 핵심은 모듈을 불러오는 시점에 응답하고 특정 동작을 수행하는 것이다. 아마 모듈을 불러오는 시점을 알리는 콜백 함수를 실행하고 싶을 것이다.

이 문제는 레시피 10.11에 나왔던 임포트 후크와 동일한 방식으로 해결할 수 있다.

```
# postimport.py

import importlib
import sys
from collections import defaultdict

_post_import_hooks = defaultdict(list)

class PostImportFinder:
    def __init__(self):
        self._skip = set()

    def find_module(self, fullname, path=None):
        if fullname in self._skip:
            return None
        self._skip.add(fullname)
        return PostImportLoader(self)

class PostImportLoader:
    def __init__(self, finder):
        self._finder = finder

    def load_module(self, fullname):
        importlib.import_module(fullname)
        module = sys.modules[fullname]
        for func in _post_import_hooks[fullname]:
            func(module)
        self._finder._skip.remove(fullname)
        return module

def when_imported(fullname):
    def decorate(func):
        if fullname in sys.modules:
            func(sys.modules[fullname])
        else:
            _post_import_hooks[fullname].append(func)
        return func
    return decorate

sys.meta_path.insert(0, PostImportFinder())
```

이 코드를 사용하려면, when_imported() 데코레이터를 사용한다.

```
>>> from postimport import when_imported
>>> @when_imported('threading')
... def warn_threads(mod):
...     print('Threads? Are you crazy?')
...
>>>
>>> import threading
Threads? Are you crazy?
>>>
```

더 실용적인 예제를 위해서 기존 정의에 데코레이터를 적용할 수도 있다.

```
from functools import wraps
from postimport import when_imported

def logged(func):
    @wraps(func)
    def wrapper(*args, **kwargs):
        print('Calling', func.__name__, args, kwargs)
        return func(*args, **kwargs)
    return wrapper

# 예제
@when_imported('math')
def add_logging(mod):
    mod.cos = logged(mod.cos)
    mod.sin = logged(mod.sin)
```

토론

이번 레시피는 레시피 10.11에서 다룬 임포트 후크과 관련이 있다.

첫째, @when_imported 데코레이터의 역할은 임포트할 때 실행할 처리 함수를 등록하는 것이다. 데코레이터는 이미 불러온 모듈이 없는지 sys.modules를 확인한다. 불러온 것이 있다면 바로 이 핸들러가 호출된다. 그렇지 않으면 핸들러를 _post_import_hooks 딕셔너리의 리스트에 추가한다. _post_import_hooks의 목적은 각 모듈에 등록된 핸들러 객체를 수집하는 것이다. 원칙적으로 주어진 모듈에 하나 이상의 핸들러를 등록할 수 있다.

모듈을 임포트한 후에 _post_import_hooks에 미뤄둔 동작을 수행하려면 sys.meta_path에 PostImportFinder 클래스를 첫 번째 아이템으로 설치한다. 레시피 10.11의 내용을 돌이켜 보면 sys.meta_path에 모듈을 찾기 위한 파인더 객체 리스트가 담겨 있다. PostImportFinder를 첫 번째 아이템으로 설치하면 모든 모듈 임포트를 수집한다.

하지만 이번 레시피에서 PostImportFinder의 역할은 모듈을 불러오는 것이 아니라 임포트가 종료되었을 때 특정 동작을 실행하는 것이다. 이렇게 하려면 실제 임포트가 sys.meta_path의 다른 파인더에 델리게이트(delegate) 되어야 한다. 직접 이렇게 하려고 시도하지 말고, PostImportLoader 클래스의 imp.import_module() 함수를 재귀적으로 호출한다. 무한 루프에 빠지는 것을 방지하기 위해서 PostImportFinder는 현재 불러오는 과정에 있는 모든 모듈의 정보를 가지고 있다. 모듈 이름이 이 세트 안에 들어 있으면 단순히 무시해 버린다. 바로 이것이 임포트 요청을 sys.meta_path의 다른 파인더로 전달하게 만든다.

imp.import_module()로 모듈을 불러온 후에 _post_import_hooks에 등록되어 있는 모든 핸들러를 호출하며 새롭게 불러온 모듈을 인자로 전달한다. 여기부터는 핸들러가 모듈에 원하는 모든 작업을 할 수 있다.

이번 레시피에서 사용한 방식의 주요 기능은, 모듈을 언제 어떻게 불러왔는지와 상관 없이 실행을 멈추지 않고 모듈을 패치할 수 있다는 점이다. 간단히 @when_imported()로 데코레이트한 핸들러 함수를 작성하면 그 이후에는 마법처럼 자동으로 잘 동작한다.

이번 레시피에 나온 기능을 사용할 때 한 가지 주의할 점은 imp.reload()를 사용해 명시적으로 다시 불러온 모듈에는 동작하지 않는다는 점이다. 즉, 이미 불러온 모듈을 다시 불러오면 포스트 임포트 핸들러 함수가 또 다시 호출되지 않는다(reload()를 실제 애플리케이션에 사용하지 말아야 하는 또 다른 이유이다). 반면 sys.modules에서 모듈을 삭제하고 다시 임포트하면 핸들러가 잘 호출된다.

포스트 임포트 후크에 대한 더 많은 정보는 PEP 369에 나온다. 책을 집필하고 있는 현재 이 PEP는 현재 importlib 모듈 구현과 맞지 않아서 제공되지 않지만, 앞에 나온 예제를 참고하면 쉽게 구현할 수 있을 것이다.

10.13 개인적인 목적으로 패키지 설치

문제

서드파티 패키지를 설치해야 하는데 시스템 파이썬에 패키지를 설치할 권한이 없다. 혹은 시스템 상 모든 사용자가 아니라 개인적인 목적으로 패키지를 설치하고 싶다.

해결

파이썬은 사용자 전용 설치 디렉터리를 제공하고 일반적으로 *~/.local/lib/python3.3/site-packages*에 위치하고 있다. 이 디렉터리에 패키지를 설치하려면 설치 명령어에 --user 옵션을 붙인다.

```
python3 setup.py install --user
```

혹은

```
pip install --user packagename
```

사용자 *site-packages* 디렉터리는 보통 sys.path의 시스템 *site-packages*보다 먼저 나타난다. 따라서 이 기술로 설치한 패키지는 시스템에 설치되어 있는 패키지보다 우선 순위를 갖는다(distribute나 pip와 같이 서드파티 패키지 매니저의 동작성에 따라 달라지기도 한다).

토론

보통 패키지는 */usr/local/lib/python3.3/site-packages*에 위치하는 시스템 상의 *site-packages* 디렉터리에 설치된다. 하지만, 이렇게 하려면 관리자 권한이 필요하고 sudo 명령어를 사용해야 한다. 이 명령어를 실행하기 위한 권한이 있다고 해도 sudo를 사용한 설치가 검증되지 않아서 망설임이 생길 수 있다.

이럴 때 사용자 전용 디렉터리에 패키지를 설치하면 설치를 제어할 수 있어 효율적이다.

혹은 가상 환경을 만들어 설치할 수도 있는데, 이 내용은 다음 레시피에서 다룬다.

10.14 새로운 파이썬 환경 생성

문제

새로운 파이썬 환경을 만들어 모듈과 패키지를 설치하고 싶다. 하지만 파이썬 복사본을 새롭게 설치하거나 시스템의 파이썬 설치 환경에 영향을 주고 싶지 않다.

해결

pyvenv 명령어로 "가상" 환경을 만들 수 있다. 이 명령어는 파이썬 인터프리터와 동일한 디렉터리나 Windows의 *Scripts* 디렉터리에 설치되어 있다.

```
bash % pyvenv Spam
bash %
```

pyvenv에 제공하는 이름은 생성할 디렉터리의 이름이다. 생성을 마치면 *Spam* 디렉터리가 다음과 같은 모습을 한다.

```
bash % cd Spam
bash % ls
bin             include             lib             pyvenv.cfg
bash %
```

bin 디렉터리에 사용 가능한 파이썬 인터프리터가 들어 있다.

```
bash % Spam/bin/python3
Python 3.3.0 (default, Oct 6 2012, 15:45:22)
[GCC 4.2.1 (Apple Inc. build 5666) (dot 3)] on darwin
Type "help", "copyright", "credits" or "license" for more information.
>>> from pprint import pprint
>>> import sys
>>> pprint(sys.path)
['',
```

```
              '/usr/local/lib/python33.zip',
              '/usr/local/lib/python3.3',
              '/usr/local/lib/python3.3/plat-darwin',
              '/usr/local/lib/python3.3/lib-dynload',
              '/Users/beazley/Spam/lib/python3.3/site-packages']
        >>>
```

이 인터프리터의 주요 기능은 *site-packages* 디렉터리가 새롭게 생성된 환경에 설정된다는 점이다. 이제 서드파티 패키지를 설치하기로 결정하면 시스템 상의 *site-packages* 디렉터리가 아니라 바로 이곳에 설치된다.

토론

가상 환경 생성은 대개 서드파티 패키지 설치, 관리에 사용한다. 앞선 예제에도 나오지만 sys.path 변수에 일반 시스템 파이썬의 디렉터리가 담겨 있지만 *site-packages* 디렉터리는 새로운 디렉터리로 바뀌어 있다.

가상 환경을 만든 후에 다음 단계는 대개 distribute나 pip와 같은 패키지 매니저를 설치하는 것이다. 이런 도구와 서브시퀀스 패키지를 설치할 때, 가상 환경에 속해 있는 인터프리터를 사용하도록 주의하기만 하면 된다. 이렇게 하면 패키지를 새롭게 생성한 *site-packages* 디렉터리에 설치한다.

가상 환경이 파이썬 설치의 복사본처럼 보이지만, 실제로는 몇 개의 파일과 심볼릭 링크로만 구성되어 있다. 모든 표준 라이브러리 파일과 인터프리터 실행 파일은 파이썬 원본에서 가져온다. 따라서 이런 환경을 만드는 것은 어렵지 않고 컴퓨터의 자원도 거의 차지하지 않는다.

기본적으로 가상 환경에는 아무런 서드파티 애드온이 설치되어 있지 않고 완전히 깔끔한 상태이다. 이미 설치되어 있는 패키지를 여기에 포함시키고 싶으면 환경을 생성할 때 --system-site-packages 옵션을 사용한다.

```
        bash % pyvenv --system-site-packages Spam
        bash %
```

pyvenv와 가상 환경에 대한 더 많은 정보는 PEP 405에 나와 있다.

10.15 패키지 배포

문제

유용한 라이브러리를 만들었고 이제 다른 사람들에게 배포하고 싶다.

해결

코드를 배포할 예정이면, 우선 유일한 이름을 붙이고 디렉터리 구조를 정리해야 한다. 예를 들어 일반적인 라이브러리 패키지는 다음과 같은 모습을 한다.

```
projectname/
    README.txt
    Doc/
        documentation.txt
    projectname/
        __init__.py
        foo.py
        bar.py
        utils/
            __init__.py
            spam.py
            grok.py
        examples/
            helloworld.py
            ...
```

배포할 수 있는 패키지를 만들려면 우선 *setup.py* 파일을 다음과 같이 작성한다.

```
# setup.py
from distutils.core import setup

setup(name='projectname',
      version='1.0',
      author='Your Name',
      author_email='you@youraddress.com',
      url='http://www.you.com/projectname',
      packages=['projectname', 'projectname.utils'],
)
```

다음으로, 패키지에 넣을 소스가 아닌 파일을 담고 있는 *MANIFEST.in* 파일을 만든다.

```
# MANIFEST.in
include *.txt
recursive-include examples *
recursive-include Doc *
```

*setup.py*와 *MANIFEST.in* 파일을 패키지 최상단 디렉터리에 넣도록 주의한다. 여기까지 마치고 나면 다음과 같은 명령어로 소스를 배포할 수 있다.

```
% bash python3 setup.py sdist
```

이렇게 하면 플랫폼에 따라 *projectname-1.0.zip*이나 *projectname-1.0.tar.gz*와 같은 파일을 만든다. 성공적으로 생성한 파일은 파이썬 패키지 인덱스(Python Package Index)에 업로드하거나 다른 사람에게 줄 수 있다.

토론

순정 파이썬 코드의 경우 *setup.py* 파일 작성은 어렵지 않다. 한 가지 귀찮은 것이 패키지 소스 코드를 구성하는 모든 디렉터리를 일일이 나열해야 한다는 것인데, 최상단 디렉터리만 넣고 패키지를 이루는 나머지 부분을 잊는 실수가 종종 발생한다. 이 때문에 *setup.py*의 packages 스펙에 packages=['projectname', 'projectname.utils']와 같은 리스트를 넣는다.

파이썬 프로그래머라면 대부분 알고 있겠지만, setuptools, distribute 등 많은 서드파티 패키지 옵션이 존재한다. 이중 일부는 표준 라이브러리의 distutils 라이브러리를 대체한다. 하지만 이런 패키지에 의존한다면 필요한 패키지 매니저를 가지고 있지 않은 사용자는 우리가 만든 라이브러리를 설치할 수 없다는 점을 주의해야 한다. 따라서 가능하다면 가장 단순한 방식을 사용하는 것이 좋다. 표준 파이썬 3만 가지고 설치할 수 있도록 코드를 유지해야 한다. 추가 기능은 패키지가 있는 경우에만 옵션으로 지원하도록 한다.

C 확장 기능이 관련된 패키징과 배포는 조금 더 복잡하다. C 확장에 관련된 내용은 15장에서 조금 더 자세히 다룬다. 구체적으로 레시피 15.2를 참고한다.

## CHAPTER 11

네트워크와 웹 프로그래밍

이번 장은 네트워크와 분산 애플리케이션에 파이썬을 사용하는 주제를 다룬다. 크게 파이썬을 사용해서 기존 서버에 접속하는 클라이언트를 만드는 방법과, 파이썬으로 서버로 동작하는 네트워크 서비스를 구현하는 분야로 나누어 설명한다. 또한 인터프리터와 통신하고 협업하는 예제도 제공한다.

11.1 클라이언트로 HTTP 서비스와 통신

문제

클라이언트로서 HTTP를 통해 여러 서비스에 접속해야 한다. 예를 들어 REST 기반 API로 통신하거나 데이터를 받아야 한다.

해결

간단한 문제는 `urllib.request` 모듈을 사용하면 쉽게 해결할 수 있다. 예를 들어 원격 서비스에 대한 간단한 HTTP GET 요청은 다음과 같이 한다.

```python
from urllib import request, parse

# 접속할 URL
url = 'http://httpbin.org/get'

# (있다면) 쿼리 파라미터 딕셔너리
parms = {
    'name1' : 'value1',
    'name2' : 'value2'
}

# 쿼리 문자열 인코드
querystring = parse.urlencode(parms)
```

```
# GET 요청 후 응답 읽기
u = request.urlopen(url+'?' + querystring)
resp = u.read()
```

POST 메소드로 쿼리 파라미터를 보내야 한다면, 인코딩한 후 urlopen()에 옵션 매개변수로 넣는다.

```
from urllib import request, parse

# 접속할 URL
url = 'http://httpbin.org/post'

# (있다면) 쿼리 파라미터 딕셔너리
parms = {
    'name1' : 'value1',
    'name2' : 'value2'
}

# 쿼리 문자열 인코드
querystring = parse.urlencode(parms)

# POST 요청 후 응답 읽기
u = request.urlopen(url, querystring.encode('ascii'))
resp = u.read()
```

사용자-에이전트 필드(user-agent field)를 수정하는 등 내보내는 요청에 커스텀 HTTP 헤더를 제공해야 한다면, 그 값을 담은 딕셔너리를 만들고 Request 인스턴스를 만든 후 urlopen()에 전달한다.

```
from urllib import request, parse
...

# 추가적인 헤더
headers = {
    'User-agent' : 'none/ofyourbusiness',
    'Spam' : 'Eggs'
}

req = request.Request(url, querystring.encode('ascii'), headers=headers)

# 요청 후 응답 읽기
u = request.urlopen(req)
resp = u.read()
```

앞에 나온 예제보다 더 복잡한 통신을 해야 한다면 requests 라이브러리 사용을 고려해 보자. 예를 들어 앞에 나온 것과 동일한 requests 코드를 보자.

```
import requests

# 접속할 URL
url = 'http://httpbin.org/post'
```

```
# (있다면) 쿼리 파라미터 딕셔너리
parms = {
    'name1' : 'value1',
    'name2' : 'value2'
}

# 추가적인 헤더
headers = {
    'User-agent' : 'none/ofyourbusiness',
    'Spam' : 'Eggs'
}

resp = requests.post(url, data=parms, headers=headers)

# 요청이 반환한 텍스트 디코드
text = resp.text
```

requests 기능 중, 요청에 대한 응답을 어떻게 반환하는지를 주목해야 한다. 앞에 나온 것처럼 rest.text 속성에, 요청을 Unicode 디코딩한 텍스트가 들어 있다. 하지만 resp.content에 접근하면 로우(raw) 바이너리를 받는다. 반면에 resp.json에 접근하면 JSON으로 해석된 응답을 얻을 수 있다.

requests로 HEAD 요청을 만들고 응답으로부터 헤더 데이터를 추출하는 예제를 보자.

```
import requests

resp = requests.head('http://www.python.org/index.html')

status = resp.status_code
last_modified = resp.headers['last-modified']
content_type = resp.headers['content-type']
content_length = resp.headers['content-length']
```

다음은 기본 인증을 사용해서 파이썬 패키지 인덱스(Python Package index)에 로그인하는 requests 예제이다.

```
import requests

resp = requests.get('http://pypi.python.org/pypi?:action=login',
                    auth=('user','password'))
```

다음은 한 요청의 HTTP 쿠키를 다음으로 넘기는 requests 예제이다.

```
import requests

# 첫 번째 요청
resp1 = requests.get(url)
...
```

```
# 첫 번째 요청으로부터 쿠키를 받은 두 번째 요청
resp2 = requests.get(url, cookies=resp1.cookies)
```

마지막으로, requests로 데이터를 업로드하는 예제를 보자.

```
import requests
url = 'http://httpbin.org/post'
files = { 'file': ('data.csv', open('data.csv', 'rb')) }

r = requests.post(url, files=files)
```

토론

아주 간단한 HTTP 클라이언트 코드는 대부분 urllib 모듈만으로 충분히 만들 수 있다. 하지만 단순한 GET이나 POST 요청 외에 다른 작업을 하려면 이 기능만으로는 부족하다. 이럴 때 requests와 같이 손쉽게 사용할 수 있는 서드파티 모듈이 있다.

예를 들어 requests 대신 표준 라이브러리만으로 구현하려고 하면 http.client 모듈을 사용해서 하위 레벨 코드를 직접 구현해야 한다. HEAD 요청을 하는 다음 코드를 보자.

```
from http.client import HTTPConnection
from urllib import parse

c = HTTPConnection('www.python.org', 80)
c.request('HEAD', '/index.html')
resp = c.getresponse()

print('Status', resp.status)
for name, value in resp.getheaders():
    print(name, value)
```

프록시, 인증, 쿠키 등과 관련 있는 코드를 작성할 때 urllib를 사용하면 코드의 길이도 길어지고 보기에도 좋지 않다. 예를 들어 파이썬 패키지 인덱스에 인증하는 코드를 urllib로 만들어 보자.

```
import urllib.request

auth = urllib.request.HTTPBasicAuthHandler()
auth.add_password('pypi','http://pypi.python.org','username','password')
opener = urllib.request.build_opener(auth)

r = urllib.request.Request('http://pypi.python.org/pypi?:action=login')
u = opener.open(r)
resp = u.read()

# 여기부터 오프너를 사용해서 더 많은 페이지에 접속할 수 있다.
...
```

솔직히 말해서 이 모든 작업은 requests를 사용하면 간단히 해결된다.

개발 도중에 HTTP 클라이언트 코드를 테스팅하기란 꽤나 귀찮다. 쿠키, 인증, 헤더, 인코딩 등 신경 써야 할 부분이 너무 많기 때문이다. 이때 httpbin 서비스 사용을 고려해 보자. 이 사이트는 요청을 받아서 JSON 응답으로 정보를 돌려보낸다.

```
>>> import requests
>>> r = requests.get('http://httpbin.org/get?name=Dave&n=37',
...      headers = { 'User-agent': 'goaway/1.0' })
>>> resp = r.json
>>> resp['headers']
{'User-Agent': 'goaway/1.0', 'Content-Length': '', 'Content-Type': '',
'Accept-Encoding': 'gzip, deflate, compress', 'Connection':
'keep-alive', 'Host': 'httpbin.org', 'Accept': '*/*'}
>>> resp['args']
{'name': 'Dave', 'n': '37'}
>>>
```

httpbin.org 사이트를 함께 사용하는 것이 실제 사이트에 실험하는 것보다 더 효율적이다. 예를 들어 실제 인터넷 사이트에서 로그인에 세 번 이상 실패하면 접속 자체를 막아 버리는 문제가 발생하기도 한다(HTTP 인증 클라이언트를 연습하면서 은행 계좌에 접속하는 어리석은 행동은 하지 말자).

여기서 다루지는 않았지만, requests는 OAuth와 같이 고급 HTTP−client 프로토콜을 더 많이 제공한다. requests 문서에 더 좋은 예제가 많이 나와 있으니 참고하도록 하자(사실 이 책의 제한적인 지면에서 설명한 내용보다 훨씬 좋은 내용들이 많이 있다).

11.2 TCP 서버 만들기

문제

TCP 인터넷 프로토콜로 클라이언트와 통신하는 서버를 구현하고 싶다.

해결

간단히 TCP 서버를 만들기 위해서 socketserver 라이브러리를 사용한다. 다음 코드는 에코 서버 예제이다.

```
from socketserver import BaseRequestHandler, TCPServer

class EchoHandler(BaseRequestHandler):
    def handle(self):
        print('Got connection from', self.client_address)
        while True:
```

```
                    msg = self.request.recv(8192)
                    if not msg:
                        break
                    self.request.send(msg)

        if __name__ == '__main__':
            serv = TCPServer(('', 20000), EchoHandler)
            serv.serve_forever()
```

이 코드에서, 클라이언트 연결을 관리하는 handle()이 있는, 특별한 핸들러 클래스를 정의한다. request 속성은 기반 클라이언트 소켓이고 client_address는 클라이언트 주소가 담고 있다.

서버를 테스트하기 위해서, 별도의 파이썬 프로세스에서 실행하고 여기에 연결을 한다.

```
>>> from socket import socket, AF_INET, SOCK_STREAM
>>> s = socket(AF_INET, SOCK_STREAM)
>>> s.connect(('localhost', 20000))
>>> s.send(b'Hello')
5
>>> s.recv(8192)
b'Hello'
>>>
```

보통은 조금 다른 핸들러를 정의하는 것이 더 쉽다. 기반 소켓에 파일 같은 인터페이스를 넣는데 베이스 클래스 StreamRequestHandler를 사용하는 예제를 보자.

```
from socketserver import StreamRequestHandler, TCPServer

class EchoHandler(StreamRequestHandler):
    def handle(self):
        print('Got connection from', self.client_address)
        # 읽기 위한 파일 같은 객체 self.rfile
        for line in self.rfile:
            # 쓰기 위한 파일 같은 객체 self.wfile
            self.wfile.write(line)

if __name__ == '__main__':
    serv = TCPServer(('', 20000), EchoHandler)
    serv.serve_forever()
```

토론

socketserver를 사용하면 상대적으로 쉽게 단순한 TCP 서버를 만들 수 있다. 하지만, 기본적으로 서버는 단일 스레드를 사용하고 한 번에 클라이언트 하나만 다룬다는 점을 기억해야 한다. 만약 클라이언트를 다중으로 관리하려면 ForkingTCPServer나 ThreadingTCPServer 객체를 인스턴스화해야 한다.

```
from socketserver import ThreadingTCPServer
...
```

```
    if __name__ == '__main__':
        serv = ThreadingTCPServer(('', 20000), EchoHandler)
        serv.serve_forever()
```

포킹과 스레드 서버를 사용할 때 클라이언트 하나마다 새로운 프로세스나 스레드를 만들어
야 한다는 것이 이슈가 된다. 클라이언트 접속의 한계가 없다는 점을 알아차린 해커가 엄청
난 수의 접속을 시도해서 서버를 마비시키려고 할지도 모른다.

이 점이 우려된다면 워커 스레드나 프로세스를 미리 할당한 풀을 만들면 된다. 스레드가 아
닌 서버 인스턴스를 만들고, serve_forever() 메소드를 다중 스레드 풀에서 실행한다.

```
    ...
    if __name__ == '__main__':
        from threading import Thread
        NWORKERS = 16
        serv = TCPServer(('', 20000), EchoHandler)
        for n in range(NWORKERS):
            t = Thread(target=serv.serve_forever)
            t.daemon = True
            t.start()
        serv.serve_forever()
```

일반적으로 TCPServer는 인스턴스화할 때 기반 소켓을 묶고 활성화한다. 하지만 옵션을
설정해서 소켓을 조절하려면 어떻게 해야 할까? 이때는 bind_and_activate=False를 사
용한다.

```
    if __name__ == '__main__':
        serv = TCPServer(('', 20000), EchoHandler, bind_and_activate=False)
        # 소켓 옵션 설정
        serv.socket.setsockopt(socket.SOL_SOCKET, socket.SO_REUSEADDR, True)
        # 바인드, 활성화
        serv.server_bind()
        serv.server_activate()
        serv.serve_forever()
```

이 소켓 옵션은 서버가 이미 사용한 포트 번호에 다시 묶이도록 하는 매우 일반적인 세팅을
보여준다. 너무나 자주 사용하는 것이어서 TCPServer의 클래스 변수에서도 설정할 수 있다.

```
    ...
    if __name__ == '__main__':
        TCPServer.allow_reuse_address = True
        serv = TCPServer(('', 20000), EchoHandler)
        serv.serve_forever()
```

앞에 나온 해결책에 베이스 클래스 BaseRequestHandler와 StreamRequestHandler를 사
용했다. 사실 StreamRequestHandler 클래스는 좀 더 유연하고, 추가적인 클래스 변수 명
시를 통해 여러 기능을 활성화할 수 있다.

```python
import socket

class EchoHandler(StreamRequestHandler):
    # 옵션 설정 (기본 값)
    timeout = 5                              # 모든 소켓 동작 타임아웃
    rbufsize = -1                            # 읽기 버퍼 크기
    wbufsize = 0                             # 쓰기 버퍼 크기
    disable_nagle_algorithm = False    # Sets TCP_NODELAY socket option
    def handle(self):
        print('Got connection from', self.client_address)
        try:
            for line in self.rfile:
                # 쓰기 위한 파일 같은 객체 self.wfile
                self.wfile.write(line)
        except socket.timeout:
            print('Timed out!')
```

마지막으로, 파이썬의 상위 레벨 네트워크 모듈 대부분(예: HTTP, XML-RPC 등)은 socketserver 기능을 사용하고 있다. 따라서 socket 라이브러리를 직접 사용해서 서버를 만드는 것이 어렵지 않다. Sockets을 사용해서 직접 서버 프로그래밍을 해보자.

```python
from socket import socket, AF_INET, SOCK_STREAM

def echo_handler(address, client_sock):
    print('Got connection from {}'.format(address))
    while True:
        msg = client_sock.recv(8192)
        if not msg:
            break
        client_sock.sendall(msg)
    client_sock.close()

def echo_server(address, backlog=5):
    sock = socket(AF_INET, SOCK_STREAM)
    sock.bind(address)
    sock.listen(backlog)
    while True:
        client_sock, client_addr = sock.accept()
        echo_handler(client_addr, client_sock)

if __name__ == '__main__':
    echo_server(('', 20000))
```

11.3 UDP 서버 생성

문제

UDP 인터넷 프로토콜로 클라이언트와 통신하는 서버를 구현하고 싶다.

해결

TCP와 마찬가지로, UDP 서버도 socketserver 라이브러리로 쉽게 만들 수 있다. 다음은 간단한 타임 서버 예제이다.

```python
from socketserver import BaseRequestHandler, UDPServer
import time

class TimeHandler(BaseRequestHandler):
    def handle(self):
        print('Got connection from', self.client_address)
        # 클라이언트 소켓과 메시지 얻기
        msg, sock = self.request
        resp = time.ctime()
        sock.sendto(resp.encode('ascii'), self.client_address)

if __name__ == '__main__':
    serv = UDPServer(('', 20000), TimeHandler)
    serv.serve_forever()
```

이번에도 클라이언트 연결을 위해 특별 핸들러 클래스를 정의하는 handle() 메소드를 구현한다. request 속성은 들어오는 데이터그램과 서버용 소켓 객체를 담고 있는 튜플이다. client_address에는 클라이언트 주소가 있다.

서버를 테스트하기 위해서 별도의 파이썬 프로세스를 열고 메시지를 보낸다.

```python
>>> from socket import socket, AF_INET, SOCK_DGRAM
>>> s = socket(AF_INET, SOCK_DGRAM)
>>> s.sendto(b'', ('localhost', 20000))
0
>>> s.recvfrom(8192)
(b'Wed Aug 15 20:35:08 2012', ('127.0.0.1', 20000))
>>>
```

토론

일반적인 UDP 서버는 메시지와 함께 클라이언트 주소를 받는다. 서버에서 응답하려면 메시지를 클라이언트에게 돌려보낸다. 데이터그램을 전송하기 위해서는 소켓의 sendto()와 recvfrom() 메소드를 사용해야 한다. 전통적인 send()와 recv() 메소드도 동작하기는 하지만 UDP 통신에는 앞에 나온 메소드를 더 일반적으로 사용한다.

유지되는 연결이 없기 때문에 TCP 서버보다 UDP 서버를 구현하기가 더 쉽다. 하지만 UDP는 신뢰성이 조금 떨어지는 편이다(연결이 없기 때문에 메시지가 없어지기도 한다). 따라서 사라진 메시지를 어떻게 처리할지는 우리에게 달려 있다. 그 내용까지 이 책에서 다 다룰 수는 없지만, 시퀀스 숫자, 재전송, 타임아웃 등을 사용해서 안정성을 높일 수 있다. UDP는 전송의 안정성이 엄격하지 않은 상황에서 사용한다. 멀티미디어 스트리밍이나 게임과 같이 시간을 되돌려 잃어버린 패킷을 복구할 수 없는 프로그램이 한계가 된다(패킷을 복구하지 않고 무시한 채 진행한다).

UDPServer 클래스는 단일 스레드이기 때문에 동시에 요청을 하나만 보낼 수 있다. 실제로 TCP보다 UDP에서는 문제가 되지 않는 편이지만, 동시 처리를 위해서는 ForkingUDPServer나 ThreadingUDPServer를 사용해야 한다.

```python
from socketserver import ThreadingUDPServer
...
if __name__ == '__main__':
    serv = ThreadingUDPServer(('',20000), TimeHandler)
    serv.serve_forever()
```

UDP 서버 역시 소켓을 사용해서 직접 만들기가 어렵지는 않다.

```python
from socket import socket, AF_INET, SOCK_DGRAM
import time

def time_server(address):
    sock = socket(AF_INET, SOCK_DGRAM)
    sock.bind(address)
    while True:
        msg, addr = sock.recvfrom(8192)
        print('Got message from', addr)
        resp = time.ctime()
        sock.sendto(resp.encode('ascii'), addr)

if __name__ == '__main__':
    time_server(('', 20000))
```

11.4 CIDR 주소로 IP 주소 생성

문제

"123.45.67.89/27"과 같은 CIDR 네트워크 주소를 가지고 있다. 여기서 표현하는 IP 주소를 모두 생성하고 싶다(예: "123.45.67.64", "123.45.67.65", …, "123.45.67.95").

해결

앞에 나온 문제는 ipaddress 모듈을 사용하면 쉽게 해결된다.

```
>>> import ipaddress
>>> net = ipaddress.ip_network('123.45.67.64/27')
>>> net
IPv4Network('123.45.67.64/27')
>>> for a in net:
...     print(a)
...
123.45.67.64
123.45.67.65
123.45.67.66
123.45.67.67
123.45.67.68
...
123.45.67.95
>>>

>>> net6 = ipaddress.ip_network('12:3456:78:90ab:cd:ef01:23:30/125')
>>> net6
IPv6Network('12:3456:78:90ab:cd:ef01:23:30/125')
>>> for a in net6:
...     print(a)
...
12:3456:78:90ab:cd:ef01:23:30
12:3456:78:90ab:cd:ef01:23:31
12:3456:78:90ab:cd:ef01:23:32
12:3456:78:90ab:cd:ef01:23:33
12:3456:78:90ab:cd:ef01:23:34
12:3456:78:90ab:cd:ef01:23:35
12:3456:78:90ab:cd:ef01:23:36
12:3456:78:90ab:cd:ef01:23:37
>>>
```

네트워크 객체는 배열처럼 인덱스로도 접근이 가능하다.

```
>>> net.num_addresses
32
>>> net[0]
```

```
IPv4Address('123.45.67.64')
>>> net[1]
IPv4Address('123.45.67.65')
>>> net[-1]
IPv4Address('123.45.67.95')
>>> net[-2]
IPv4Address('123.45.67.94')
>>>
```

또한 네트워크 멤버십과 같은 동작도 수행할 수 있다.

```
>>> a = ipaddress.ip_address('123.45.67.69')
>>> a in net
True
>>> b = ipaddress.ip_address('123.45.67.123')
>>> b in net
False
>>>
```

IP 주소와 네트워크 주소는 IP 인터페이스로 함께 나타낼 수 있다.

```
>>> inet = ipaddress.ip_interface('123.45.67.73/27')
>>> inet.network
IPv4Network('123.45.67.64/27')
>>> inet.ip
IPv4Address('123.45.67.73')
>>>
```

토론

ipaddress 모듈은 IP 주소, 네트워크, 인터페이스를 표현하기 위한 클래스를 가지고 있다.
이는 네트워크 주소를 다루는(파싱, 출력, 검증 등) 코드를 작성할 때 매우 유용하다.

ipaddress 모듈과 socket 라이브러리와 같이 다른 네트워크 관련 모듈과의 통신은 매우
제약적이라는 점을 기억하자. 실제로 주소 문자열에 IPv4Address 인스턴스를 사용할 수
없다. 그보다는 str()를 사용해서 명시적으로 변환하는 것이 먼저여야 한다.

```
>>> a = ipaddress.ip_address('127.0.0.1')
>>> from socket import socket, AF_INET, SOCK_STREAM
>>> s = socket(AF_INET, SOCK_STREAM)
>>> s.connect((a, 8080))
Traceback (most recent call last):
  File "<stdin>", line 1, in <module>
TypeError: Can't convert 'IPv4Address' object to str implicitly
>>> s.connect((str(a), 8080))
>>>
```

"An Introduction to the ipaddress Module" 문서에 더 고급 정보가 많으니 참고하도록
하자.

11.5 간단한 REST 기반 인터페이스 생성

문제

간단한 REST 기반 인터페이스를 사용해서 프로그램을 원격으로 제어하고 싶다. 하지만 이 작업을 위해 웹 프로그래밍 프레임워크를 설치할 정도의 여유는 없다.

해결

쉽게 REST 기반 인터페이스를 만드는 방법 중 하나는 WSGI 표준에 기반한 작은 라이브러리를 생성하는 것이다(PEP 3333 참고).

```
# resty.py

import cgi

def notfound_404(environ, start_response):
    start_response('404 Not Found', [ ('Content-type', 'text/plain') ])
    return [b'Not Found']

class PathDispatcher:
    def __init__(self):
        self.pathmap = { }

    def __call__(self, environ, start_response):
        path = environ['PATH_INFO']
        params = cgi.FieldStorage(environ['wsgi.input'],
                                  environ=environ)
        method = environ['REQUEST_METHOD'].lower()
        environ['params'] = { key: params.getvalue(key) for key in params }
        handler = self.pathmap.get((method,path), notfound_404)
        return handler(environ, start_response)

    def register(self, method, path, function):
        self.pathmap[method.lower(), path] = function
        return function
```

이 디스패처(dispatcher)를 사용하기 위해서 다음과 같은 핸들러를 작성해야 한다.

```
import time

_hello_resp = '''\
<html>
  <head>
     <title>Hello {name}</title>
  </head>
  <body>
     <h1>Hello {name}!</h1>
  </body>
```

```python
    </html>'''

    def hello_world(environ, start_response):
        start_response('200 OK', [ ('Content-type','text/html')])
        params = environ['params']
        resp = _hello_resp.format(name=params.get('name'))
        yield resp.encode('utf-8')

_localtime_resp = '''\
<?xml version="1.0"?>
<time>
  <year>{t.tm_year}</year>
  <month>{t.tm_mon}</month>
  <day>{t.tm_mday}</day>
  <hour>{t.tm_hour}</hour>
  <minute>{t.tm_min}</minute>
  <second>{t.tm_sec}</second>
</time>'''

    def localtime(environ, start_response):
        start_response('200 OK', [ ('Content-type', 'application/xml') ])
        resp = _localtime_resp.format(t=time.localtime())
        yield resp.encode('utf-8')

if __name__ == '__main__':
    from resty import PathDispatcher
    from wsgiref.simple_server import make_server

    # 디스패처를 생성하고 함수 등록
    dispatcher = PathDispatcher()
    dispatcher.register('GET', '/hello', hello_world)
    dispatcher.register('GET', '/localtime', localtime)

    # 기본 서버 실행
    httpd = make_server('', 8080, dispatcher)
    print('Serving on port 8080...')
    httpd.serve_forever()
```

서버를 시험하기 위해서 브라우저나 urllib로 통신해 볼 수 있다.

```
>>> u = urlopen('http://localhost:8080/hello?name=Guido')
>>> print(u.read().decode('utf-8'))
<html>
  <head>
    <title>Hello Guido</title>
  </head>
  <body>
    <h1>Hello Guido!</h1>
  </body>
</html>
>>> u = urlopen('http://localhost:8080/localtime')
>>> print(u.read().decode('utf-8'))
<?xml version="1.0"?>
```

```
<time>
   <year>2012</year>
   <month>11</month>
   <day>24</day>
   <hour>14</hour>
   <minute>49</minute>
   <second>17</second>
</time>
>>>
```

토론

REST 기반 인터페이스에서는 일반적으로 HTTP 요청에 응답하는 프로그램을 작성한다. 하지만 완전한 웹 사이트와는 달리 단순히 데이터만 푸시(push)하는 경우가 많다. 그리고 이 데이터는 XML, JSON, CSV와 같은 표준 포맷으로 인코딩될 것이다. 단순해 보이지만 이렇게 API를 제공하는 것이 여러 프로그램에서 유용하게 사용된다.

예를 들어 모니터링이나 진단용으로 오랫동안 실행하는 프로그램에서 REST API를 사용하기도 한다. 또한 빅 데이터 애플리케이션에서도 REST로 시스템에 쿼리를 보내고 데이터를 받기도 한다. 심지어 로봇, 센서, 공장, 전구 등 하드웨어 제어에도 REST를 사용할 수 있다. 그리고 REST API는 Javascript, Android, iOS 등 클라이언트 프로그래밍 환경에서도 잘 지원한다. 따라서 이 인터페이스가 있다면 더 복잡한 애플리케이션과 통신하는 코드를 작성하기가 한결 수월하다.

간단한 REST 인터페이스를 구현하기 위해서 파이썬 WSGI 표준에 기반한 코드를 작성하면 편리하다. WSGI는 표준 라이브러리와 대부분의 서드파티 프레임워크에서 지원한다. 따라서 이것을 사용하면 작성한 코드의 유연성이 많이 높아진다.

WSGI에서는, 다음과 같은 호출 규칙을 따르는 호출 가능 객체 형태로 애플리케이션을 구현한다.

```
import cgi

def wsgi_app(environ, start_response):
    ...
```

environ 인자는 Apache와 같은 여러 웹 서비스가 제공하는 CGI 인터페이스 형태의 값을 담은 딕셔너리이다(Internet RFC 3875 참고). 서로 다른 필드를 얻으려면 다음과 같은 코드를 작성한다.

```
def wsgi_app(environ, start_response):
    method = environ['REQUEST_METHOD']
    path = environ['PATH_INFO']
    # 쿼리 파라미터 파싱
    params = cgi.FieldStorage(environ['wsgi.input'], environ=environ)
    ...
```

일반적인 값 몇 가지가 여기에 나왔다. environ['REQUEST_METHOD']는 요청의 타입 (GET, POST, HEAD 등)이고, environ['PATH_INFO']는 요청 중인 경로나 자원이다. cgi. FieldStorage() 호출은 요청으로부터 쿼리 파라미터를 구하고 추후 사용을 위해 딕셔너리 같은 객체에 넣는다.

start_response는 응답을 시작하기 위해 반드시 호출해야 하는 함수이다. 첫 번째 인자는 결과 HTTP 상태이고, 두 번째는 (name, value) 튜플의 리스트로 응답의 HTTP 헤더를 구성한다.

```python
def wsgi_app(environ, start_response):
    ...
    start_response('200 OK', [('Content-type', 'text/plain')])
```

데이터를 반환하기 위해서, WSGI 애플리케이션은 반드시 바이트 문자열 시퀀스를 반환해야 한다. 다음과 같은 코드를 사용한다.

```python
def wsgi_app(environ, start_response):
    ...
    start_response('200 OK', [('Content-type', 'text/plain')])
    resp = []
    resp.append(b'Hello World\n')
    resp.append(b'Goodbye!\n')
    return resp
```

또한 yield를 사용해도 된다.

```python
def wsgi_app(environ, start_response):
    ...
    start_response('200 OK', [('Content-type', 'text/plain')])
    yield b'Hello World\n'
    yield b'Goodbye!\n'
```

결과 값에 반드시 바이트 문자열을 사용해야 한다. 만약 응답이 텍스트로 구성되어 있으면, 먼저 바이트로 인코딩해야 한다. 물론 반환되는 값이 반드시 텍스트이어야 할 필요는 없다. 단순히 이미지를 생성하는 애플리케이션 함수를 만들 수도 있다.

앞에 나온 것처럼 WSGI 애플리케이션은 대개 함수로 정의되지만, 알맞은 __call__() 메소드가 구현되어 있다면 인스턴스를 사용해도 된다.

```python
class WSGIApplication:
    def __init__(self):
        ...
    def __call__(self, environ, start_response)
        ...
```

이 기술은 이번 레시피에서 PathDispatcher 클래스를 생성할 때 사용했다. 이 디스패처는 (method, path) 페어를 핸들러 함수에 매핑하는 딕셔너리 관리, 이 외에 다른 동작은 하지 않는다. 요청이 도착하면 이 메소드와 경로를 추출하고 핸들러로 보내는 데 사용한다. 그리고, 모든 쿼리 변수는 파싱하고 environ['params']로 저장되어 있는 딕셔너리에 들어간다(이 마지막 단계는 매우 일반적인 것으로, 디스패처 내부에 넣고 중복 코드를 피하는 것이 좋다).

이 디스패처를 사용하기 위해서, 인스턴스를 만들고 여러 가지 WSGI 스타일 애플리케이션 함수를 함께 등록한다. 이 함수는 start_response() 함수와 바이트 문자열로 결과 출력 규칙만 따른다면 아주 쉽게 만들 수 있다.

이런 함수를 만들 때 문자열 템플릿 사용에 주의해야 한다. 아무도 print() 함수, XML, 서식화 동작이 복잡하게 뒤엉켜 있는 코드를 쓰고 싶지 않을 것이다. 앞에 나온 코드에서는 내부적으로 삼중 인용 부호로 된 문자열 템플릿을 정의하고 사용했다. 이렇게 하면 이후에 출력할 내용을 서식화할 때 편리하다(사용하는 모든 코드를 수정하지 않고 단순히 템플릿만 고치면 된다).

마지막으로 WSGI를 사용할 때 이 구현이 특정 웹 서버에 특화되어 있지 않다는 점이 중요하다. 사실, 표준은 서버와 프레임워크에 중립적이므로 작성한 애플리케이션을 어떠한 서버에도 사용할 수 있다. 이번 레시피에서는 테스팅을 위해 다음 코드를 사용했다.

```python
if __name__ == '__main__':
    from wsgiref.simple_server import make_server

    # 디스패처를 생성하고 함수 등록
    dispatcher = PathDispatcher()
    ...

    # 기본 서버 실행
    httpd = make_server('', 8080, dispatcher)
    print('Serving on port 8080...')
    httpd.serve_forever()
```

이렇게 하면 앞에서 구현해 본 내용이 잘 동작하는지 확인하는 간단한 서버를 생성한다. 이제 이 코드를 실제 서버에 사용할 수 있도록 규모를 키울 준비가 되었다.

WSGI는 의도적으로 최소화되어 있다. 따라서 인증, 쿠키, 리다이렉션 등과 같은 고급 기술을 지원하지는 않는다. 이런 것을 직접 구현하기가 어렵지 않지만, 조금 더 많은 지원을 원한다면 WebOb, Paste와 같은 서드파티 라이브러리 사용을 고려해 보자.

11.6 XML-RPC로 간단한 원격 프로시저 호출 구현

문제

원격 머신에서 실행 중인 파이썬 프로그램의 함수나 메소드를 호출하고 싶다.

해결

아마도 간단한 원격 프로시저 호출 메커니즘을 구현하는 가장 쉬운 방법은 XML-RPC를
사용하는 것이다. 키-값을 저장하는 간단한 서버 구현 예제를 보자.

```python
from xmlrpc.server import SimpleXMLRPCServer

class KeyValueServer:
    _rpc_methods_ = ['get', 'set', 'delete', 'exists', 'keys']
    def __init__(self, address):
        self._data = {}
        self._serv = SimpleXMLRPCServer(address, allow_none=True)
        for name in self._rpc_methods_:
            self._serv.register_function(getattr(self, name))

    def get(self, name):
        return self._data[name]

    def set(self, name, value):
        self._data[name] = value

    def delete(self, name):
        del self._data[name]

    def exists(self, name):
        return name in self._data

    def keys(self):
        return list(self._data)

    def serve_forever(self):
        self._serv.serve_forever()

# 예제
if __name__ == '__main__':
    kvserv = KeyValueServer(('', 15000))
    kvserv.serve_forever()
```

이제 클라이언트로부터 원격으로 서버에 접속하는 방법을 보자.

```python
>>> from xmlrpc.client import ServerProxy
>>> s = ServerProxy('http://localhost:15000', allow_none=True)
```

```
>>> s.set('foo', 'bar')
>>> s.set('spam', [1, 2, 3])
>>> s.keys()
['spam', 'foo']
>>> s.get('foo')
'bar'
>>> s.get('spam')
[1, 2, 3]
>>> s.delete('spam')
>>> s.exists('spam')
False
>>>
```

토론

XML-RPC를 사용하면 원격 프로시저 호출 서비스를 매우 쉽게 만들 수 있다. 단순히 서버 인스턴스를 만들고, register_function() 메소드로 함수를 등록한 후, serve_forever() 메소드로 실행하면 된다. 이번 레시피는 모든 동작을 하나의 클래스에 구현했지만, 꼭 이렇게 할 필요는 없다. 예를 들어 다음과 같이 서버를 생성할 수 있다.

```python
from xmlrpc.server import SimpleXMLRPCServer
def add(x,y):
    return x+y

serv = SimpleXMLRPCServer(('', 15000))
serv.register_function(add)
serv.serve_forever()
```

XML-RPC를 통해 노출되는 함수는 문자열, 숫자, 리스트, 딕셔너리와 같은 특정 데이터에만 동작한다. 그 외의 데이터를 사용하려면 조금 연구를 해야 한다. 예를 들어 XML-RPC로 인스턴스를 전달하면, 오직 이 인스턴스 딕셔너리만 처리된다.

```python
>>> class Point:
...     def __init__(self, x, y):
...             self.x = x
...             self.y = y
...
>>> p = Point(2, 3)
>>> s.set('foo', p)
>>> s.get('foo')
{'x': 2, 'y': 3}
>>>
```

마찬가지로 바이너리 데이터를 처리하는 방법도 예상과 조금 다르다.

```python
>>> s.set('foo', b'Hello World')
>>> s.get('foo')
<xmlrpc.client.Binary object at 0x10131d410>
```

```
>>> _.data
b'Hello World'
>>>
```

XML-RPC 서비스를 공용 API로 공개하지 않는 것이 일반적인 규칙이다. 이 서비스는 몇 몇 머신과 관련된 간단한 분산 프로그램에 더 어울린다.

XML-RPC는 실행 속도가 느리다는 단점이 있다. SimpleXMLRPCServer는 단일 스레드로 구현되어 있고 규모가 큰 애플리케이션에는 어울리지 않는다. 다만 레시피 11.2에 나온 것 처럼 다중 스레드에서 실행할 수는 있다. 또한 XML-RPC는 모든 데이터를 XML로 직렬화 하기 때문에 다른 방식보다는 태생적으로 느릴 수밖에 없다. 하지만 여러 프로그래밍 언어 에서 이 인코딩을 인식할 수 있다는 장점도 있다. 파이썬이 아닌 다른 언어로 만든 클라이 언트에서도 우리가 만든 서비스에 쉽게 접속할 수 있다.

이런 제약에도 불구하고 빠르고 지저분한 원격 프로시저 호출 시스템을 만들 계획이라면 XML-RPC를 알아둘 만하다. 대개의 경우 간단한 방법으로도 충분하다.

11.7 인터프리터 간 통신

문제

파이썬 인터프리터 인스턴스를 여러 개 실행 중이다(여러 컴퓨터가 관련 되어 있을 확률도 있다). 이때 메시지를 사용해서 데이터를 교환하고 싶다.

해결

multiprocessing.connection 모듈을 사용하면 손쉽게 인터프리터 간 통신을 할 수 있 다. 다음은 간단한 에코 서버 예제이다.

```python
from multiprocessing.connection import Listener
import traceback

def echo_client(conn):
    try:
        while True:
            msg = conn.recv()
            conn.send(msg)
    except EOFError:
        print('Connection closed')

def echo_server(address, authkey):
    serv = Listener(address, authkey=authkey)
    while True:
        try:
            client = serv.accept()
```

```
                echo_client(client)
        except Exception:
                traceback.print_exc()

    echo_server(('', 25000), authkey=b'peekaboo')
```

다음은 서버에 접속해서 메시지를 보내는 클라이언트 예제이다.

```
>>> from multiprocessing.connection import Client
>>> c = Client(('localhost', 25000), authkey=b'peekaboo')
>>> c.send('hello')
>>> c.recv()
'hello'
>>> c.send(42)
>>> c.recv()
42
>>> c.send([1, 2, 3, 4, 5])
>>> c.recv()
[1, 2, 3, 4, 5]
>>>
```

하위 레벨 소켓과는 다르게, 메시지 전체 내용이 유지된다(send()로 전송한 객체는 recv()에서 전체 내용을 받는다). 또한 객체는 pickle로 직렬화된다. 따라서 pickle에 사용할 수 있는 모든 객체를 이 연결을 통해 전송할 수 있다.

토론

ZeroMQ, Celery 등 메시지 패싱 형식 구현과 관련 있는 패키지와 라이브러리가 많다. 하위 레벨 소켓 상단에 메시지 레이어를 구현할 수도 있지만, 가끔은 단순한 솔루션이 필요할 때가 있다. 바로 이럴 때 multiprocessing.connection 라이브러리를 사용한다. 이 라이브러리를 사용하면 어렵지 않게 인터프리터를 연결하고 메시지를 주고받을 수 있다.

만약 동일한 컴퓨터에서 인터프리터가 실행된다면 UNIX 도메인 소켓이나 Windows 네임드 파이프를 사용해도 된다. UNIX 도메인 소켓에서 연결을 만들기 위해서는 주소 파일 이름을 다음과 같이 변경한다.

```
    s = Listener('/tmp/myconn', authkey=b'peekaboo')
```

Windows 네임드 파이프로 연결하는 방법은 다음과 같다.

```
    s = Listener(r'\\.\pipe\myconn', authkey=b'peekaboo')
```

일반적으로 공개적인 서비스에 multiprocessing을 사용하지 않는다. Client()와 Listener()의 authkey 파라미터로 엔드 포인트 인증을 돕는다. 만약 잘못된 키를 사용하면 예외가 발생한다. 또한 이 모듈은 짧은 연결 여러 개보다는 오랫동안 실행하는 연결에 더 잘 어울린다. 예를 들어 부팅할 때 두 인터프리터가 하나의 연결을 생성하고 내내 연결이 유지되는 경우가 이에 속한다.

만약 연결에 대해 좀 더 세세한 제어가 필요하다면 multiprocessing을 사용하지 않는다. 예를 들어 타임아웃, 멈추지 않는 입출력 등을 지원하려면 소켓 상단에 이런 기능을 구현하거나 다른 라이브러리를 사용하는 것이 더 좋다.

11.8 원격 프로시저 호출 구현

문제

소켓, 멀티프로세싱 연결, ZeroMQ와 같은 메시지 패싱 레이어(message passing layer) 상단에 간단한 원격 프로시저 호출(remote procedure call, RPC)를 구현하고 싶다.

해결

함수 요청, 매개변수, 반환 값을 pickle로 인코딩하고, 이 바이트 문자열을 인터프리터끼리 전달하도록 하면 RPC를 쉽게 구현할 수 있다. 서버에 넣을 수 있는 간단한 RPC 핸들러 예제를 보자.

```
# rpcserver.py

import pickle
class RPCHandler:
    def __init__(self):
        self._functions = { }

    def register_function(self, func):
        self._functions[func.__name__] = func

    def handle_connection(self, connection):
        try:
            while True:
                # 메시지 받기
                func_name, args, kwargs = pickle.loads(connection.recv())
                # RPC 실행, 응답 전송
                try:
                    r = self._functions[func_name](*args,**kwargs)
                    connection.send(pickle.dumps(r))
                except Exception as e:
                    connection.send(pickle.dumps(e))
        except EOFError:
            pass
```

이 핸들러를 사용하려면 메시지 서버에 추가해야 한다. 선택지가 많은데, multiprocessing 라이브러리가 간단하므로 이것을 사용하겠다. 다음은 RPC 서버 예제이다.

```
from multiprocessing.connection import Listener
```

```
from threading import Thread

def rpc_server(handler, address, authkey):
    sock = Listener(address, authkey=authkey)
    while True:
        client = sock.accept()
        t = Thread(target=handler.handle_connection, args=(client,))
        t.daemon = True
        t.start()

# 원격 함수
def add(x, y):
    return x + y

def sub(x, y):
    return x - y

# 핸들러에 등록
handler = RPCHandler()
handler.register_function(add)
handler.register_function(sub)

# 서버 실행
rpc_server(handler, ('localhost', 17000), authkey=b'peekaboo')
```

원격 클라이언트에서 이 서버에 접속하려면, 요청을 전달하기 위한 RPC 프록시 클래스를 만든다.

```
import pickle

class RPCProxy:
    def __init__(self, connection):
        self._connection = connection
    def __getattr__(self, name):
        def do_rpc(*args, **kwargs):
            self._connection.send(pickle.dumps((name, args, kwargs)))
            result = pickle.loads(self._connection.recv())
            if isinstance(result, Exception):
                raise result
            return result
        return do_rpc
```

프록시를 사용하려면, 서버에 연결을 감싼다.

```
>>> from multiprocessing.connection import Client
>>> c = Client(('localhost', 17000), authkey=b'peekaboo')
>>> proxy = RPCProxy(c)
>>> proxy.add(2, 3)
5
>>> proxy.sub(2, 3)
-1
>>> proxy.sub([1, 2], 4)
```

```
Traceback (most recent call last):
  File "<stdin>", line 1, in <module>
  File "rpcserver.py", line 37, in do_rpc
    raise result
TypeError: unsupported operand type(s) for -: 'list' and 'int'
>>>
```

많은 메시지 레이어(예를 들어 multiprocessing)들이 데이터를 직렬화하는 데 이미 pickle을 사용하고 있다. 이런 경우에는 pickle.dumps()와 pickle.loads() 호출을 제거해도 괜찮다.

토론

RPCHandler와 RPCProxy 클래스는 상대적으로 단순하다. 클라이언트가 foo(1,2,z=3)과 같은 원격 함수를 호출하려고 하면, 프록시 클래스가 함수 이름과 인자를 담고 있는 튜플 ('foo', (1, 2), {'z': 3})을 생성한다. 이 튜플은 피클된 후 전송한다. 이는 RPCProxy 메소드의 __getattr__()가 반환한 do_rpc() 클로저에서 실행한다. 이 서버는 메시지를 받은 후 언피클하고 등록된 함수인지 확인하고, 주어진 인자와 함께 실행한다. 그 결과(혹은 예외)는 피클한 후에 다시 돌려보낸다.

앞에서 설명했지만 이 예제는 통신을 위해 multiprocessing에 의존한다. 하지만, 이 방식을 다른 메시징 시스템에 동작하도록 만들 수도 있었다. 예를 들어 ZeroMQ로 RPC를 구현하고 싶다면 연결 객체를 알맞은 ZeroMQ 소켓 객체로 교체하기만 하면 된다.

pickle을 사용하기 때문에, 보안에 신경을 써야 한다(왜냐하면 똑똑한 해커라면 언피클하는 동안 실행되는 임의의 함수 생성 메시지를 만들 수 있기 때문이다). 실제로, 신뢰할 수 없거나 인증 받지 않은 클라이언트로부터의 RPC를 절대로 허용하면 안 된다. 뿐만 아니라 인터넷의 모든 컴퓨터로부터의 접속을 허용하지 말아야 한다. RPC는 내부적으로, 방화벽 안에서만 사용하도록 하자.

pickle 대신에, JSON, XML과 같이 또 다른 데이터 인코딩을 직렬화에 사용할 수도 있다. 예를 들어, 이번 레시피는 pickle.loads()와 pickle.dumps()를 json.loads()와 json.dumps()로 바꾸면 쉽게 JSON 인코딩으로 변환할 수 있다.

```python
# jsonrpcserver.py
import json

class RPCHandler:
    def __init__(self):
        self._functions = { }

    def register_function(self, func):
        self._functions[func.__name__] = func
```

```
    def handle_connection(self, connection):
        try:
            while True:
                # 메시지 받기
                func_name, args, kwargs = json.loads(connection.recv())
                # RPC 실행, 응답 전송
                try:
                    r = self._functions[func_name](*args,**kwargs)
                    connection.send(json.dumps(r))
                except Exception as e:
                    connection.send(json.dumps(str(e)))
        except EOFError:
            pass

# jsonrpcclient.py
import json

class RPCProxy:
    def __init__(self, connection):
        self._connection = connection
    def __getattr__(self, name):
        def do_rpc(*args, **kwargs):
            self._connection.send(json.dumps((name, args, kwargs)))
            result = json.loads(self._connection.recv())
            return result
        return do_rpc
```

RPC를 구현할 때 어떻게 예외를 처리할지가 쉽지 않은 문제이다. 메소드에서 예외가 발생한다 해도 적어도 서버가 죽는 상황은 방지해야 한다. 하지만 어떻게 예외를 클라이언트에게 보고할지는 조금 생각해 볼 문제이다. pickle을 사용하고 있다면 예외 인스턴스를 직렬화하고 클라이언트에서 다시 발생하도록 할 수 있다. 다른 프로토콜을 사용 중이면 다른 방식을 생각해 내야 한다. 적어도 예외 문자열을 응답으로 보내고 싶을 것이다. 바로 JSON 예제에서 이 방법을 사용했다.

RPC 구현의 다른 예를 보려면 레시피 11.6의 XML-RPC에 사용한 SimpleXMLRPCServer와 ServerProxy 클래스를 참고한다.

11.9 간단히 클라이언트 인증

문제

분산 시스템에서 서버에 접속한 클라이언트를 인증해야 하는데, SSL과 같은 복잡한 기술은 필요 없다.

해결

hmac 모듈로 연결 핸드셰이크(connection handshake)를 구현하면 간단하지만 효과적인 인증을 수행할 수 있다.

```
import hmac
import os

def client_authenticate(connection, secret_key):
    '''
    원격 서비스에 클라이언트 인증
    connection은 네트워크 연결을 의미한다.
    secret_key는 클라이언트/서버만 알고 있는 키
    '''
    message = connection.recv(32)
    hash = hmac.new(secret_key, message)
    digest = hash.digest()
    connection.send(digest)

def server_authenticate(connection, secret_key):
    '''
    클라이언트 인증 요청
    '''
    message = os.urandom(32)
    connection.send(message)
    hash = hmac.new(secret_key, message)
    digest = hash.digest()
    response = connection.recv(len(digest))
    return hmac.compare_digest(digest,response)
```

동작 원리는, 연결이 이루어질 때 서버가 클라이언트에 랜덤 바이트(앞의 예제에서는 os.urandom()) 메시지를 전달하는 것이다. 클라이언트와 서버는 랜덤 데이터를 hmac과 둘만 알고 있는 키로 암호를 해석한다. 그 후 클라이언트가 서버에 계산한 결과를 돌려보내고, 서버는 그 값을 비교해서 이 연결을 허용할지 여부를 결정한다.

계산한 결과를 비교할 때는 hmac.compare_digest() 함수를 사용해야 한다. 이 함수는 시간 분석 공격(timing-analysis-based attack)을 피하도록 작성되었고 일반적인 비교 연산 (==) 대신 사용해야 한다.

이 함수를 사용하려면 기존 네트워크나 메시징 코드에 끼워 넣는다. 예를 들어 소켓에 사용하기 위한 서버 코드 예제는 다음과 같다.

```
from socket import socket, AF_INET, SOCK_STREAM

secret_key = b'peekaboo'
def echo_handler(client_sock):
    if not server_authenticate(client_sock, secret_key):
        client_sock.close()
        return
    while True:
```

```
            msg = client_sock.recv(8192)
            if not msg:
                break
            client_sock.sendall(msg)

    def echo_server(address):
        s = socket(AF_INET, SOCK_STREAM)
        s.bind(address)
        s.listen(5)
        while True:
            c,a = s.accept()
            echo_handler(c)

    echo_server(('', 18000))
```

클라이언트에는 다음과 같이 사용한다.

```
    from socket import socket, AF_INET, SOCK_STREAM

    secret_key = b'peekaboo'

    s = socket(AF_INET, SOCK_STREAM)
    s.connect(('localhost', 18000))
    client_authenticate(s, secret_key)
    s.send(b'Hello World')
    resp = s.recv(1024)
    ...
```

토론

hmac 인증은 일반적으로 내부 메시징 시스템과 프로세스 간 통신에 사용한다. 예를 들어 여러 머신에 분포되어 있는 프로세스 간 통신 관련 시스템을 만들고 있다면 앞에 나온 방식을 사용할 때 반드시 허용된 프로세스끼리만 통신하도록 주의해야 한다. 사실 HMAC 기반 인증은 multiprocessing 라이브러리가 서브프로세스와 통신할 때 내부적으로 사용한다.

연결을 인증하는 것이 암호화와 동일하지 않다는 점을 기억해야 한다. 이미 연결 상태가 인증된 후에 이루어지는 통신은 암호화되지 않으며 누구라도 빼낼 수 있다(물론 서버와 클라이언트만 알고 있는 비밀 키는 절대로 전송하지 않는다).

hmac이 사용하는 인증 알고리즘은 MD5, SHA-1과 같은 암호 해싱 함수에 기반한다. 자세한 내용은 IETF RFC 2104를 참고한다.

11.10 네트워크 서비스에 SSL 추가

문제

서버와 클라이언트가 SSL로 인증하고 데이터를 암호화하는 네트워크 서비스를 구현하고 싶다.

해결

ssl 모듈을 사용해서 하위 레벨 소켓 연결에 SSL을 추가한다. 특히 ssl.wrap_socket() 함수는 기존 소켓을 받아 SSL 레이어로 감싼다. 다음 코드는 연결을 시도하는 클라이언트를 인증하는 간단한 에코 서버 예제이다.

```
from socket import socket, AF_INET, SOCK_STREAM
import ssl

KEYFILE = 'server_key.pem'    # 서버의 비밀 키
CERTFILE = 'server_cert.pem' # 서버 인증서 (클라이언트에게 보낸다.)

def echo_client(s):
    while True:
        data = s.recv(8192)
        if data == b'':
            break
        s.send(data)
    s.close()
    print('Connection closed')

def echo_server(address):
    s = socket(AF_INET, SOCK_STREAM)
    s.bind(address)
    s.listen(1)

    # 클라이언트 인증을 요구하는 SSL 레이어로 감싼다.
    s_ssl = ssl.wrap_socket(s,
                            keyfile=KEYFILE,
                            certfile=CERTFILE,
                            server_side=True
                            )
    # 연결 기다림
    while True:
        try:
            c,a = s_ssl.accept()
            print('Got connection', c, a)
            echo_client(c)
        except Exception as e:
            print('{}: {}'.format(e.__class__.__name__, e))

echo_server(('', 20000))
```

다음은 클라이언트로 서버에 연결하는 방법을 보여주는 인터랙티브 세션 예제이다. 클라이언트는 서버에게 인증서와 검증을 요청한다.

```
>>> from socket import socket, AF_INET, SOCK_STREAM
>>> import ssl
>>> s = socket(AF_INET, SOCK_STREAM)
>>> s_ssl = ssl.wrap_socket(s,
...                          cert_reqs=ssl.CERT_REQUIRED,
...                          ca_certs = 'server_cert.pem')
>>> s_ssl.connect(('localhost', 20000))
>>> s_ssl.send(b'Hello World?')
12
>>> s_ssl.recv(8192)
b'Hello World?'
>>>
```

이렇게 하위 레벨 소켓으로 구현한 프로그램은 기존에 만들어 놓은 표준 라이브러리 네트워크 서비스에 동작하지 않는다는 문제가 있다. 예를 들어 대개의 서버 코드(HTTP, XML-RPC 등)는 실제로 socketserver 라이브러리에 기반하고 있다. 클라이언트 코드는 더 상위 레벨에 구현되었다. 기존 서비스에 SSL을 추가할 수도 있지만, 조금 다른 접근법이 필요하다. 우선 서버는, 믹스인(mixin) 클래스를 사용해서 SSL을 추가할 수 있다.

```
import ssl

class SSLMixin:
    '''
    socketserver 모듈에 기반한 기존 서버에 SSL을 추가하는 믹스인 클래스
    '''
    def __init__(self, *args,
                 keyfile=None, certfile=None, ca_certs=None,
                 cert_reqs=ssl.NONE,
                 **kwargs):
        self._keyfile = keyfile
        self._certfile = certfile
        self._ca_certs = ca_certs
        self._cert_reqs = cert_reqs
        super().__init__(*args, **kwargs)

    def get_request(self):
        client, addr = super().get_request()
        client_ssl = ssl.wrap_socket(client,
                                     keyfile = self._keyfile,
                                     certfile = self._certfile,
                                     ca_certs = self._ca_certs,
                                     cert_reqs = self._cert_reqs,
                                     server_side = True)
        return client_ssl, addr
```

이 믹스인 클래스를 사용하기 위해서, 다른 서버 클래스와 혼용할 수 있다. 예를 들어 다음 코드는 SSL 동작을 하는 XML-RPC 서버를 정의한다.

```
# XML-RPC server with SSL

from xmlrpc.server import SimpleXMLRPCServer

class SSLSimpleXMLRPCServer(SSLMixin, SimpleXMLRPCServer):
    pass
```

다음은 레시피 11.6에 나왔던 XML-RPC 서버 코드로, SSL을 사용하도록 조금 수정했다.

```
import ssl
from xmlrpc.server import SimpleXMLRPCServer
from sslmixin import SSLMixin

class SSLSimpleXMLRPCServer(SSLMixin, SimpleXMLRPCServer):
    pass

class KeyValueServer:
    _rpc_methods_ = ['get', 'set', 'delete', 'exists', 'keys']
    def __init__(self, *args, **kwargs):
        self._data = {}
        self._serv = SSLSimpleXMLRPCServer(*args, allow_none=True, **kwargs)
        for name in self._rpc_methods_:
            self._serv.register_function(getattr(self, name))

    def get(self, name):
        return self._data[name]

    def set(self, name, value):
        self._data[name] = value

    def delete(self, name):
        del self._data[name]

    def exists(self, name):
        return name in self._data

    def keys(self):
        return list(self._data)

    def serve_forever(self):
        self._serv.serve_forever()

if __name__ == '__main__':
    KEYFILE='server_key.pem'       # 서버의 비밀 키
    CERTFILE='server_cert.pem'     # 서버 인증서
    kvserv = KeyValueServer(('', 15000),
                            keyfile=KEYFILE,
                            certfile=CERTFILE),
    kvserv.serve_forever()
```

이 서버를 사용하려면 일반적인 `xmlrpc.client` 모듈을 사용해서 연결한다. URL에 `https:`만 명시하면 된다.

```
>>> from xmlrpc.client import ServerProxy
>>> s = ServerProxy('https://localhost:15000', allow_none=True)
>>> s.set('foo','bar')
>>> s.set('spam', [1, 2, 3])
>>> s.keys()
['spam', 'foo']
>>> s.get('foo')
'bar'
>>> s.get('spam')
[1, 2, 3]
>>> s.delete('spam')
>>> s.exists('spam')
False
>>>
```

SSL 클라이언트에서 서버 인증서를 검증거나 클라이언트 인증서를 서버에 보내는 등 추가적인 단계를 수행하기는 조금 복잡하다. 안타깝게도 이를 구현하기 위한 표준화된 방법은 아직 없는 것 같다. 서버 인증서를 검증하는 안전한 XML–RPC 연결을 만드는 예제를 보자.

```python
from xmlrpc.client import SafeTransport, ServerProxy
import ssl

class VerifyCertSafeTransport(SafeTransport):
    def __init__(self, cafile, certfile=None, keyfile=None):
        SafeTransport.__init__(self)
        self._ssl_context = ssl.SSLContext(ssl.PROTOCOL_TLSv1)
        self._ssl_context.load_verify_locations(cafile)
        if cert:
            self._ssl_context.load_cert_chain(certfile, keyfile)
        self._ssl_context.verify_mode = ssl.CERT_REQUIRED

    def make_connection(self, host):
        # 전달된 딕셔너리의 아이템은 http.client.HTTPSConnection() 생성자에
        # 키워드로서 매개변수로 전달된다.
        # context 인자는 ssl.SSLContext 인스턴스가 SSL 환경 설정 정보를 담아서
        # 전달되도록 한다.
        s = super().make_connection((host, {'context': self._ssl_context}))

        return s

# 클라이언트 프록시 생성
s = ServerProxy('https://localhost:15000',
                transport=VerifyCertSafeTransport('server_cert.pem'),
                allow_none=True)
```

앞에 나온 대로, 서버는 클라이언트에 인증서를 보내고 클라이언트에서 검증을 한다. 이 검증은 양방향으로 이루어질 수 있다. 만약 서버가 클라이언트를 검증하려고 한다면 서버 생성을 다음과 같이 수정한다.

```
if __name__ == '__main__':
    KEYFILE='server_key.pem'    # 서버의 비밀 키
    CERTFILE='server_cert.pem'  # 서버 인증서
    CA_CERTS='client_cert.pem'  # 허용한 클라이언트의 인증서

    kvserv = KeyValueServer(('', 15000),
                            keyfile=KEYFILE,
                            certfile=CERTFILE,
                            ca_certs=CA_CERTS,
                            cert_reqs=ssl.CERT_REQUIRED,
                            )
    kvserv.serve_forever()
```

XML-RPC 클라이언트가 인증서를 보내도록 하려면 ServerProxy 초기화를 다음과 같이 수정한다.

```
# 클라이언트 프록시 생성
s = ServerProxy('https://localhost:15000',
                transport=VerifyCertSafeTransport('server_cert.pem',
                                                  'client_cert.pem',
                                                  'client_key.pem'),
                allow_none=True)
```

토론

이번 레시피를 실행하려면 시스템 환경 설정 기술과 SSL에 대한 이해가 필요하다. 아마도 키, 인증 등에 대한 초기 설정이 가장 어려울 것이다.

SSL 연결의 각 종단점(endpoint)은 일반적으로 비밀 키(private key)와 인증 파일을 가지고 있다. 인증 파일에는 공개 키(public key)가 있고 각 연결의 원격 피어(peer)에 존재한다. 공개 서버의 인증서는 일반적으로 Verisign, Equifax 등(대체로 돈이 드는 서비스)의 인증 기관에서 관리한다. 서버 인증서를 검증하기 위해서 클라이언트는 믿을 수 있는 인증 기관의 인증서를 파일로 관리한다. 예를 들어 웹 브라우저는 HTTPS 연결을 사용한 웹 서버의 인증서를 검증하기 위해 믿을 수 있는 주요 인증 기관의 인증서를 가지고 있다.

이번 레시피에 사용할 목적으로 셀프 인증서라고 불리는 것을 만들어도 된다.

```
bash % openssl req -new -x509 -days 365 -nodes -out server_cert.pem \
        -keyout server_key.pem
Generating a 1024 bit RSA private key
.......................................++++++
...++++++
```

```
writing new private key to 'server_key.pem'
-----
You are about to be asked to enter information that will be incorporated
into your certificate request.
What you are about to enter is what is called a Distinguished Name or a DN.
There are quite a few fields but you can leave some blank
For some fields there will be a default value,
If you enter '.', the field will be left blank.
-----
Country Name (2 letter code) [AU]:US
State or Province Name (full name) [Some-State]:Illinois
Locality Name (eg, city) []:Chicago
Organization Name (eg, company) [Internet Widgits Pty Ltd]:Dabeaz, LLC
Organizational Unit Name (eg, section) []:
Common Name (eg, YOUR name) []:localhost
Email Address []:
bash %
```

인증서를 만들 때 여러 필드의 값은 종종 임의로 채운다. 하지만 "Common Name" 필드는 서버의 DNS 호스트네임을 주로 넣는다. 자기 컴퓨터에서 테스팅 목적으로 사용하려면 "localhost"를 입력한다. 그 외에는 서버를 실행할 곳의 도메인 이름을 넣는다.

이렇게 설정하면 비밀 키를 담은 *server_key.pem* 파일이 생긴다.

```
-----BEGIN RSA PRIVATE KEY-----
MIICXQIBAAKBgQCZrCNLoEyAKF+f9UNcFaz5Osa6jf7qkbUl8si5xQrY3ZYC7juu
nL1dZLn/VbEFIITaUOgvBtPv1qUWTJGwga62VSGloFEOODIx3g2Nh4sRf+rySsx2
L4442nx0z4O5vJQ7k6eRNHAZUUnCL50+YvjyLyt7ryLSjSuKhCcJsbZgPwIDAQAB
AoGAB5evrr7eyL416OtM5rHTeATlaLY3UBOe5Z8XN8Z6gLiB/ucSX9AysviVD/6F
3oD6z2aL8jbeJc1vHqjt0dC2dwwm32vVl8mRdyoAsQpWmiqXrkvP4Bsl04VpBeHw
Qt8xNSW9SFhceL3LEvw9M8i9MV39viih1ILyH8OuHdvJyFECQQDLEjl2d2ppxND9
PoLqVFAirDfX2JnLTdWbc+M11a9Jdn3hKF8TcxfEnFVs5Gav1MusicY5KBOylYPb
YbTvqKc7AkEAwbnRBO2VYEZsJZp2XOIZqP9ovWokkpYx+PE4+c6MySDgaMcigL7v
WDIHJG1CHudDO9GbqENasDzyb2HAIW4CzQJBAKDdkv+xoW6gJx42Auc2WzTcUHCA
eXR/+BLpPrhKykzbvOQ8YvS5W764SUO1u1LWs3G+wnRMvrRvlMCZKgggBjkCQQCG
Jewto2+a+WkOKQXrNNScCDE5aPTmZQc5waCYq4UmCZQcOjkUOiN3ST1U5iuxRqfb
V/yX6fwOqh+fLWtkOs/JAkA+okMSxZwqRtfgOFGBfwQ8/iKrnizeanTQ3L6scFXI
CHZXdJ3XQ6qUmNxNn7iJ7S/LDawo1QfWkCfD9FYoxBlg
-----END RSA PRIVATE KEY-----
```

*server_cert.pem*의 서버 인증서는 다음과 같은 모습을 한다.

```
-----BEGIN CERTIFICATE-----
MIIC+DCCAmGgAwIBAgIJAPMd+vi45js3MA0GCSqGSIb3DQEBBQUAMFwxCzAJBgNV
BAYTAlVTMREwDwYDVQQIEwhJbGxpbm9pczEQMA4GA1UEBxMHQ2hpY2FnbzEUMBIG
A1UEChMLRGFiZWF6LCBMTEMxEjAQBgNVBAMTCWxvY2FsaG9zdDAeFw0xMzAxMTEx
ODQyMjdaFw0xNDAxMTExODQyMjdaMFwxCzAJBgNVBAYTAlVTMREwDwYDVQQIEwhJ
bGxpbm9pczEQMA4GA1UEBxMHQ2hpY2FnbzEUMBIGA1UEChMLRGFiZWF6LCBMTEMx
EjAQBgNVBAMTCWxvY2FsaG9zdDCBnzANBgkqhkiG9w0BAQEFAAOBjQAwgYkCgYEA
mawjS6BMgChfn/VDXBWs+TrGuo3+6pG1JfLIucUK2N2WAu47rpy9XWS5/1WxBSCE
```

```
2lDoLwbT79alFkyRsIGutlUhtaBRNDgyMd4NjYeLEX/q8krMdi+OONp8dM+DubyU
O5OnkTRwGVFJwi+dPmL48i8re68i0oOrioQnCbG2YD8CAwEAAaOBwTCBvjAdBgNV
HQ4EFgQUrtoLHHgXiDZTr26NMmgKJLJLFtIwgY4GA1UdIwSBhjCBg4AUrtoLHHgX
iDZTr26NMmgKJLJLFtKhYKReMFwxCzAJBgNVBAYTAlVTMREwDwYDVQQIEwhJbGxp
bm9pczEQMA4GA1UEBxMHQ2hpY2FnbzEUMBIGA1UEChMLRGFiZWF6LCBMTEMxEjAQ
BgNVBAMTCWxvY2FsaG9zdIIJAPMd+vi45js3MAwGA1UdEwQFMAMBAf8wDQYJKoZI
hvcNAQEFBQADgYEAFci+dqvMG4xF8UTnbGVvZJPIzJDRee6Nbt6AHQo9pOdAIMAu
WsGCplSOaDNdKKzl+b2UT2Zp3AIW4Qd51bouSNnR4M/gnr9ZD1ZctFd3jS+C5XRp
D3vvcW5lAnCCC8OP6rXy7d7hTeFu5EYKtRGXNvVNd/06NALGDflrrOwxF3Y=
-----END CERTIFICATE-----
```

서버 관련 코드에서 비밀 키와 인증서 파일은 여러 SSL 관련 래핑 함수에 전달된다. 인증서는 클라이언트에 보내는 것이고 비밀 키는 서버에 남겨 두고 보호해야 한다.

클라이언트 관련 코드에서는, 서버 인증서를 검증하기 위해서 유효한 인증 기관의 특별 파일을 가지고 있어야 한다. 그런 파일이 없다면 적어도 서버의 인증서를 클라이언트에 복사해 놓고 인증에 사용해야 한다. 연결이 이루어지는 동안 서버가 인증서를 보내 오는데, 미리 저장해 놓은 인증서로 유효 여부를 판단해야 한다.

서버도 클라이언트의 유효 여부를 선택할 수 있다. 이렇게 하려면 클라이언트가 비밀 키와 인증서 키를 소유해야 한다. 서버에서도 신뢰할 수 있는 인증 기관의 파일을 가지고 클라이언트 인증서를 검증한다.

실제로 네트워크 서비스에 SSL 지원을 추가할 예정이라면, 이번 레시피에서 제공한 정보가 충분하지는 않다. 여기서는 그저 초기 설정법만 다루고 있으니 더 고급 기술은 파이썬 온라인 문서를 참고하도록 한다. 제대로 동작하는 네트워크 서비스를 구현하려면 매우 많은 시간을 투자해서 공부해야 한다.

11.11 프로세스 간 소켓 파일 디스크립터 전달

문제

실행 중인 파이썬 인터프리터가 여럿 있고, 파일 디스크립터를 서로 전달하도록 만들고 싶다. 예를 들어 연결을 받는 서버 프로세스가 하나 있고, 실제로 클라이언트를 관리하는 작업은 다른 프로세스에서 하고 싶다.

해결

프로세스 간 파일 디스크립터를 전달하려면 우선 프로세스끼리 연결해야 한다. Unix 머신에서는 Unix 도메인 소켓을 사용하고, Windows에서는 네임드 파이프를 사용하면 된다. 하지만 이런 세세한 구현을 직접 하는 것보다는 multiprocessing 모듈로 연결하는 것이 더 쉽다.

연결이 이루어지고 나면 multiprocessing.reduction의 send_handle()과 recv_handle()
함수로 파일 디스크립터를 전달한다.

다음 예제를 보자.

```
import multiprocessing
from multiprocessing.reduction import recv_handle, send_handle
import socket

def worker(in_p, out_p):
    out_p.close()
    while True:
        fd = recv_handle(in_p)
        print('CHILD: GOT FD', fd)
        with socket.socket(socket.AF_INET, socket.SOCK_STREAM, fileno=fd) as s:
            while True:
                msg = s.recv(1024)
                if not msg:
                    break
                print('CHILD: RECV {!r}'.format(msg))
                s.send(msg)

def server(address, in_p, out_p, worker_pid):
    in_p.close()
    s = socket.socket(socket.AF_INET, socket.SOCK_STREAM)
    s.setsockopt(socket.SOL_SOCKET, socket.SO_REUSEADDR, True)
    s.bind(address)
    s.listen(1)
    while True:
        client, addr = s.accept()
        print('SERVER: Got connection from', addr)
        send_handle(out_p, client.fileno(), worker_pid)
        client.close()

if __name__ == '__main__':
    c1, c2 = multiprocessing.Pipe()
    worker_p = multiprocessing.Process(target=worker, args=(c1,c2))
    worker_p.start()

    server_p = multiprocessing.Process(target=server,
                args=(('', 15000), c1, c2, worker_p.pid))
    server_p.start()

    c1.close()
    c2.close()
```

앞에 나온 예제에서 두 프로세스를 만들고 멀티프로세싱 Pipe 객체로 연결했다. 서버 프
로세스는 소켓을 열고 클라이언트의 연결을 기다린다. 워크 프로세스는 파이프에서 recv_
handle()로 파일 디스크립터만을 받는다. 서버가 연결을 받으면 결과 소켓 파일 디스크립터

를 send_handle()로 워커에게 보낸다. 워커는 소켓을 받고 연결이 끊어질 때까지 데이터를 돌려보낸다.

만약 실행 중인 서버에 Telnet이나 이와 유사한 도구로 연결한 경우에는 다음과 같은 결과가 출력된다.

```
bash % python3 passfd.py
SERVER: Got connection from ('127.0.0.1', 55543)
CHILD: GOT FD 7
CHILD: RECV b'Hello\r\n'
CHILD: RECV b'World\r\n'
```

이 예제에서 가장 중요한 부분은 서버에서 연결한 클라이언트 소켓이 실제로는 다른 프로세스에서 처리된다는 점이다. 서버는 그저 전달하고, 닫은 후 다음 연결을 기다린다.

토론

많은 프로그래머들은 프로세스 간 파일 디스크립터를 전달하는 것 자체가 불가능하다고 생각한다. 하지만 이 기술은 확장 가능한 시스템을 만들 때 유용한 도구로 사용할 수 있다. 예를 들어 멀티코어 머신의 경우, 파이썬 인터프리터의 인스턴스를 여러 개 가지고 파일 디스크립터 전달을 통해 인터프리터마다 처리하는 클라이언트의 균형을 더 잘 조절할 수 있다.

앞에 나온 send_handle()과 recv_handle() 함수는 오직 멀티프로세싱 연결에만 사용할 수 있다. 파이프를 사용하지 않고, 레시피 11.7에 나온 것처럼 인터프리터를 연결할 수 있고, UNIX 도메인 소켓이나 Windows 파이프를 사용하면 잘 동작한다. 예를 들어, 서버와 워커를 완전히 다른 프로그램으로 만들고 개별적으로 실행할 수 있다. 다음은 서버 구현 예제이다.

```python
# servermp.py
from multiprocessing.connection import Listener
from multiprocessing.reduction import send_handle
import socket

def server(work_address, port):
    # 워커가 연결하길 기다린다.
    work_serv = Listener(work_address, authkey=b'peekaboo')
    worker = work_serv.accept()
    worker_pid = worker.recv()

    # 이제 TCP/IP 서버를 실행하고 클라이언트를 워커에게 보낸다.
    s = socket.socket(socket.AF_INET, socket.SOCK_STREAM)
    s.setsockopt(socket.SOL_SOCKET, socket.SO_REUSEADDR, True)
    s.bind(('', port))
    s.listen(1)
    while True:
        client, addr = s.accept()
        print('SERVER: Got connection from', addr)
```

```
        send_handle(worker, client.fileno(), worker_pid)
        client.close()

if __name__ == '__main__':
    import sys
    if len(sys.argv) != 3:
        print('Usage: server.py server_address port', file=sys.stderr)
        raise SystemExit(1)

    server(sys.argv[1], int(sys.argv[2]))
```

이 서버를 실행하기 위해서 python3 servermp.py /tmp/servconn 15000과 같은 명령어를 입력한다. 다음은 클라이언트 코드 예제이다.

```
# workermp.py

from multiprocessing.connection import Client
from multiprocessing.reduction import recv_handle
import os
from socket import socket, AF_INET, SOCK_STREAM

def worker(server_address):
    serv = Client(server_address, authkey=b'peekaboo')
    serv.send(os.getpid())
    while True:
        fd = recv_handle(serv)
        print('WORKER: GOT FD', fd)
        with socket(AF_INET, SOCK_STREAM, fileno=fd) as client:
            while True:
                msg = client.recv(1024)
                if not msg:
                    break
                print('WORKER: RECV {!r}'.format(msg))
                client.send(msg)

if __name__ == '__main__':
    import sys
    if len(sys.argv) != 2:
        print('Usage: worker.py server_address', file=sys.stderr)
        raise SystemExit(1)

    worker(sys.argv[1])
```

워커를 실행하려면 python3 workermp.py /tmp/servconn을 입력한다. 실행 결과는 Pipe()를 사용했던 예제와 완전히 동일해야 한다.

내부적으로 파일 디스크립터 전달은 UNIX 도메인 소켓 생성과 sendmsg() 메소드와 관련이 있다. 이 기술이 많이 알려지지 않았기 때문에, 소켓으로 디스크립터를 전달하는 또 다른 서버 구현 예제를 제시한다.

```
# server.py
import socket
```

```
import struct

def send_fd(sock, fd):
    '''
    Send a single file descriptor.
    '''
    sock.sendmsg([b'x'],
                 [(socket.SOL_SOCKET, socket.SCM_RIGHTS, struct.pack('i', fd))])
    ack = sock.recv(2)
    assert ack == b'OK'

def server(work_address, port):
    # 워커가 연결하길 기다린다.
    work_serv = socket.socket(socket.AF_UNIX, socket.SOCK_STREAM)
    work_serv.bind(work_address)
    work_serv.listen(1)
    worker, addr = work_serv.accept()

    # 이제 TCP/IP 서버를 실행하고 클라이언트를 워커에게 보낸다.
    s = socket.socket(socket.AF_INET, socket.SOCK_STREAM)
    s.setsockopt(socket.SOL_SOCKET, socket.SO_REUSEADDR, True)
    s.bind(('',port))
    s.listen(1)
    while True:
        client, addr = s.accept()
        print('SERVER: Got connection from', addr)
        send_fd(worker, client.fileno())
        client.close()

if __name__ == '__main__':
    import sys
    if len(sys.argv) != 3:
        print('Usage: server.py server_address port', file=sys.stderr)
        raise SystemExit(1)

    server(sys.argv[1], int(sys.argv[2]))
```

다음은 소켓을 사용하는 워커 구현 예제이다.

```
# worker.py
import socket
import struct

def recv_fd(sock):
    '''
    파일 디스크립터 하나 받기
    '''
    msg, ancdata, flags, addr = sock.recvmsg(1,
                                    socket.CMSG_LEN(struct.calcsize('i')))

    cmsg_level, cmsg_type, cmsg_data = ancdata[0]
    assert cmsg_level == socket.SOL_SOCKET and cmsg_type == socket.SCM_RIGHTS
    sock.sendall(b'OK')
```

```
        return struct.unpack('i', cmsg_data)[0]

def worker(server_address):
    serv = socket.socket(socket.AF_UNIX, socket.SOCK_STREAM)
    serv.connect(server_address)
    while True:
        fd = recv_fd(serv)
        print('WORKER: GOT FD', fd)
        with socket.socket(socket.AF_INET, socket.SOCK_STREAM, fileno=fd) as client:
            while True:
                msg = client.recv(1024)
                if not msg:
                    break
                print('WORKER: RECV {!r}'.format(msg))
                client.send(msg)

if __name__ == '__main__':
    import sys
    if len(sys.argv) != 2:
        print('Usage: worker.py server_address', file=sys.stderr)
        raise SystemExit(1)

    worker(sys.argv[1])
```

프로그램에서 파일 디스크립터 전달 기술을 사용할 예정이라면 W. 리차드 스티븐스(W. Richard Stevens)가 쓴 *Unix Network Programming*과 같은 좀 더 고급 문서를 읽어 보는 것이 좋다. Windows에서 파일 디스크립터를 전달하는 것은 Unix에서 사용하는 기술과는 다르다(이는 다루지 않았다). 이 플랫폼의 경우에는 `multiprocessing.reduction` 코드를 연구해 보면 동작성을 이해하는 데 도움이 될 것이다.

11.12 이벤트 기반 입출력 이해

문제

"이벤트 기반(event-driven)" 또는 "비동기(asynchronous)" 입출력에 기반한 패키지에 대해 들어 보았지만, 이것이 정확하게 무엇이고 어떻게 동작하는지 그리고 프로그램에서 어떻게 사용해야 할지 잘 모르겠다.

해결

우선 기초적으로, 이벤트 기반 입출력이란 기본 입출력(예: 읽기, 쓰기)을 받고 프로그램에서 반드시 처리해야 하는 이벤트로 변환하는 기술을 의미한다. 예를 들어 소켓에서 데이터를 받으면 콜백 메소드나 함수에서 처리할 수 있는 "받음(receive)" 이벤트로 바꾼다. 우선은, 일련의 기본 이벤트 핸들러 메소드를 구현하는 베이스 클래스로부터 이벤트 기반 프레임워크를 시작해 보자.

```
class EventHandler:
    def fileno(self):
        'Return the associated file descriptor'
        raise NotImplemented('must implement')

    def wants_to_receive(self):
        'Return True if receiving is allowed'
        return False

    def handle_receive(self):
        'Perform the receive operation'
        pass

    def wants_to_send(self):
        'Return True if sending is requested'
        return False

    def handle_send(self):
        'Send outgoing data'
        pass
```

이 클래스의 인스턴스는 다음과 같이 이벤트 루프(event loop)에 넣는다.

```
import select

def event_loop(handlers):
    while True:
        wants_recv = [h for h in handlers if h.wants_to_receive()]
        wants_send = [h for h in handlers if h.wants_to_send()]
        can_recv, can_send, _ = select.select(wants_recv, wants_send, [])
        for h in can_recv:
            h.handle_receive()
        for h in can_send:
            h.handle_send()
```

이벤트 루프의 핵심은 select() 호출인데, 이벤트 루프는 동작을 위한 파일 디스크립터를 수집한다. select()를 호출하기 전에, 이벤트 루프가 보내고 받을 때 어떤 것을 사용할지 찾기 위해서 모든 핸들러에 쿼리를 한다. 그리고 결과 리스트를 select()에게 제공한다. 결과적으로, select()는 보내거나 받을 준비가 되어 있는 객체의 리스트를 반환한다. 일치하는 handle_receive()나 handle_send() 메소드가 호출된다.

애플리케이션을 작성하기 위해서 EventHandler 클래스의 특정 인스턴스가 생성된다. 다음은 UDP 기반 네트워크 서비스를 나타내는 두 개의 단순한 핸들러 예제이다.

```
import socket
import time

class UDPServer(EventHandler):
    def __init__(self, address):
        self.sock = socket.socket(socket.AF_INET, socket.SOCK_DGRAM)
        self.sock.bind(address)
```

```
        def fileno(self):
            return self.sock.fileno()

        def wants_to_receive(self):
            return True

    class UDPTimeServer(UDPServer):
        def handle_receive(self):
            msg, addr = self.sock.recvfrom(1)
            self.sock.sendto(time.ctime().encode('ascii'), addr)

    class UDPEchoServer(UDPServer):
        def handle_receive(self):
            msg, addr = self.sock.recvfrom(8192)
            self.sock.sendto(msg, addr)

    if __name__ == '__main__':
        handlers = [ UDPTimeServer(('',14000)), UDPEchoServer(('',15000))    ]
        event_loop(handlers)
```

이 코드를 시험하기 위해서 또 다른 파이썬 인터프리터에 연결해 보자.

```
>>> from socket import *
>>> s = socket(AF_INET, SOCK_DGRAM)
>>> s.sendto(b'',('localhost',14000))
0
>>> s.recvfrom(128)
(b'Tue Sep 18 14:29:23 2012', ('127.0.0.1', 14000))
>>> s.sendto(b'Hello',('localhost',15000))
5
>>> s.recvfrom(128)
(b'Hello', ('127.0.0.1', 15000))
>>>
```

모든 클라이언트에 새로운 핸들러 객체를 인스턴스화해야 하기 때문에 TCP 서버를 구현하기는 조금 더 복잡하다. 다음은 TCP 에코 클라이언트 예제이다.

```
    class TCPServer(EventHandler):
        def __init__(self, address, client_handler, handler_list):
            self.sock = socket.socket(socket.AF_INET, socket.SOCK_STREAM)
            self.sock.setsockopt(socket.SOL_SOCKET, socket.SO_REUSEADDR, True)
            self.sock.bind(address)
            self.sock.listen(1)
            self.client_handler = client_handler
            self.handler_list = handler_list

        def fileno(self):
            return self.sock.fileno()

        def wants_to_receive(self):
            return True
```

```python
        def handle_receive(self):
            client, addr = self.sock.accept()
            # 이벤트 루프 핸들러 리스트에 클라이언트를 추가
            self.handler_list.append(self.client_handler(client, self.handler_list))

    class TCPClient(EventHandler):
        def __init__(self, sock, handler_list):
            self.sock = sock
            self.handler_list = handler_list
            self.outgoing = bytearray()

        def fileno(self):
            return self.sock.fileno()

        def close(self):
            self.sock.close()
            # 자기 자신을 이벤트 루프 핸들러 리스트에서 제거
            self.handler_list.remove(self)

        def wants_to_send(self):
            return True if self.outgoing else False

        def handle_send(self):
            nsent = self.sock.send(self.outgoing)
            self.outgoing = self.outgoing[nsent:]

    class TCPEchoClient(TCPClient):
        def wants_to_receive(self):
            return True

        def handle_receive(self):
            data = self.sock.recv(8192)
            if not data:
                self.close()
            else:
                self.outgoing.extend(data)

    if __name__ == '__main__':
        handlers = []
        handlers.append(TCPServer(('',16000), TCPEchoClient, handlers))
        event_loop(handlers)
```

TCP 예제의 핵심은 핸들러 리스트에서 클라이언트를 추가, 제거하는 것이다. 연결이 생성될 때마다, 클라이언트 용 새로운 핸들러가 생성되고 리스트에 추가된다. 연결이 종료되면 클라이언트는 리스트에서 자기 자신을 제거해야 한다.

이 프로그램을 실행하고 Telnet이나 이것과 유사한 도구로 연결을 시도하면, 보낸 데이터를 돌려 받는 것을 확인할 수 있다. 그리고 다중 클라이언트도 잘 처리한다.

토론

사실상 모든 이벤트 기반 프레임워크는 앞에 나온 예제와 유사하게 동작한다. 실제 구현한 세부 내용과 소프트웨어 구조는 많이 다르겠지만, 핵심을 살펴보면 루프를 돌며 소켓의 동작을 확인하고 응답을 수행하는 곳이 있다.

이벤트 기반 입출력을 사용하면 스레드나 프로세스 없이도 아주 많은 연결을 처리할 수 있다는 장점이 있다. 따라서 select() 호출(혹은 동등한 것)로 수백 혹은 수천 개의 소켓을 모니터링하며 발생하는 이벤트에 응답할 수 있다. 이벤트는 한 번에 하나씩 처리하기 때문에 동시성을 구현할 필요는 없다.

이벤트 기반 입출력은 어떠한 동시성과도 관련이 없다는 단점이 있다. 만약 어떤 이벤트 핸들러 메소드라도 실행을 멈추거나 계산에 너무 많은 시간을 허비하면, 프로그램의 모든 동작이 멈춘다는 문제가 있다. 또한 이벤트 기반 스타일과 관련이 없는 라이브러리 함수를 호출한다는 문제점도 있다. 이벤트 루프 진행을 막는 라이브러리 호출의 위험성이 항상 존재한다는 점을 기억하자.

진행이 멈추거나 한 가지 계산을 오래 수행하는 등의 문제는 별도의 스레드나 프로세스 사용으로 해결할 수 있다. 하지만 이벤트 루프에 스레드나 프로세스를 함께 사용하기가 쉽지만은 않다. 다음은 concurrent.futures 모듈로 이를 구현한 예제이다.

```python
from concurrent.futures import ThreadPoolExecutor
import os

class ThreadPoolHandler(EventHandler):
    def __init__(self, nworkers):
        if os.name == 'posix':
            self.signal_done_sock, self.done_sock = socket.socketpair()
        else:
            server = socket.socket(socket.AF_INET, socket.SOCK_STREAM)
            server.bind(('127.0.0.1', 0))
            server.listen(1)
            self.signal_done_sock = socket.socket(socket.AF_INET,
                                                  socket.SOCK_STREAM)
            self.signal_done_sock.connect(server.getsockname())
            self.done_sock, _ = server.accept()
            server.close()

        self.pending = []
        self.pool = ThreadPoolExecutor(nworkers)

    def fileno(self):
        return self.done_sock.fileno()

    # 스레드 사용을 완료했을 때 실행하는 콜백
    def _complete(self, callback, r):
```

```
        self.pending.append((callback, r.result()))
        self.signal_done_sock.send(b'x')

    # 스레드 풀의 함수 실행
    def run(self, func, args=(), kwargs={},*,callback):
        r = self.pool.submit(func, *args, **kwargs)
        r.add_done_callback(lambda r: self._complete(callback, r))

    def wants_to_receive(self):
        return True

    # 마친 동작의 콜백 실행
    def handle_receive(self):
        # 미뤄 둔 모든 콜백 함수 실행
        for callback, result in self.pending:
            callback(result)
            self.done_sock.recv(1)
        self.pending = []
```

이 코드에서 run() 메소드로 실행할 동작과, 동작을 마쳤을 때 호출할 콜백을 풀에 제출했다. 실제 동작은 ThreadPoolExecutor 인스턴스에 제출된다. 하지만, 실행 결과와 이벤트 루프에 관련된 아주 곤란한 문제가 하나 있다. 이렇게 하려면 소켓의 페어를 내부적으로 생성하고 신호를 보내기 위한 방법으로 사용해야 한다. 스레드 풀에서 동작을 마쳤을 때, 클래스의 _complete() 메소드를 호출한다. 이 메소드는 이 중 하나의 소켓에 데이터 바이트를 쓰기 전에, 실행을 미뤄 둔 콜백과 결과를 큐에 넣는다. fileno() 메소드는 또 다른 소켓을 반환하기 위해 프로그래밍했다. 따라서 이 바이트를 썼을 때, 이벤트 루프에 어떤 일이 발생했다고 알린다. handle_receive() 메소드를 호출했을 때, 기존 동작에 제출된 모든 콜백 함수를 호출한다. 솔직히 지금 설명한 내용을 한 번에 이해하기는 무척 어려우니 잘 모르겠다고 낙담하지 말자.

다음은 계산 시간이 긴 동작에 스레드 풀을 사용하는 예제이다.

```
    # 효율이 매우 떨어지는 피보나치 구현
    def fib(n):
        if n < 2:
            return 1
        else:
            return fib(n - 1) + fib(n - 2)

class UDPFibServer(UDPServer):
    def handle_receive(self):
        msg, addr = self.sock.recvfrom(128)
        n = int(msg)
        pool.run(fib, (n,), callback=lambda r: self.respond(r, addr))

    def respond(self, result, addr):
        self.sock.sendto(str(result).encode('ascii'), addr)
```

```
if __name__ == '__main__':
    pool = ThreadPoolHandler(16)
    handlers = [ pool, UDPFibServer(('',16000))]
    event_loop(handlers)
```

이 서버를 실험하려면, 실행한 후 다른 파이썬 프로그램과 몇 가지 실험을 해 본다.

```
from socket import *
sock = socket(AF_INET, SOCK_DGRAM)
for x in range(40):
    sock.sendto(str(x).encode('ascii'), ('localhost', 16000))
    resp = sock.recvfrom(8192)
    print(resp[0])
```

이 프로그램을 여러 창에서 실행해도 막힘없이 잘 동작해야 한다. 다만 창의 수가 너무 많아지면 실행 속도가 느려지기는 한다.

이 레시피를 다 읽고 나면 관련 코드를 활용할 수 있을까? 아마도 그렇지 않을 것이다. 더욱 체계적으로 개발된 프레임워크를 보면서 좀 더 연구를 해야 한다. 하지만 앞에 나온 기본 개념만 잘 이해하고 있다면 그러한 프레임워크가 어떻게 동작하는지 핵심 기술을 이해하는 데는 무리가 없다. 콜백 기반 프로그래밍 대신, 이벤트 기반 코드는 때로 코루틴(coroutine)을 사용하기도 한다. 레시피 12.12를 참고한다.

11.13 큰 배열 보내고 받기

문제

네트워크 연결을 통해 연속된 데이터의 커다란 배열을 보내거나 받아서 최대한 데이터 복사를 줄이고 싶다.

해결

다음 함수는 메모리뷰(memoryview)를 사용해서 커다란 배열을 보내거나 받는다.

```
# zerocopy.py

def send_from(arr, dest):
    view = memoryview(arr).cast('B')
    while len(view):
        nsent = dest.send(view)
        view = view[nsent:]

def recv_into(arr, source):
    view = memoryview(arr).cast('B')
    while len(view):
        nrecv = source.recv_into(view)
        view = view[nrecv:]
```

프로그램을 테스팅하려면, 우선 소켓으로 연결된 서버와 클라이언트 프로그램을 만든다.

서버:

```
>>> from socket import *
>>> s = socket(AF_INET, SOCK_STREAM)
>>> s.bind(('', 25000))
>>> s.listen(1)
>>> c,a = s.accept()
>>>
```

클라이언트 (별도 인터프리터에서):

```
>>> from socket import *
>>> c = socket(AF_INET, SOCK_STREAM)
>>> c.connect(('localhost', 25000))
>>>
```

이번 레시피의 핵심은 네트워크를 통해 커다란 배열을 쪼개서 전송하는 기능이다. 이번 경우에 배열은 array 모듈이나 numpy로 생성할 수 있다.

```
# 서버
>>> import numpy
>>> a = numpy.arange(0.0, 50000000.0)
>>> send_from(a, c)
>>>


# 클라이언트
>>> import numpy
>>> a = numpy.zeros(shape=50000000, dtype=float)
>>> a[0:10]
array([ 0., 0., 0., 0., 0., 0., 0., 0., 0., 0.])
>>> recv_into(a, c)
>>> a[0:10]
array([ 0., 1., 2., 3., 4., 5., 6., 7., 8., 9.])
>>>
```

토론

데이터 집중 분산 컴퓨팅(data-intensive distributed computing)과 병렬 프로그래밍 애플리케이션에서, 매우 큰 데이터를 보내거나 받는 프로그램을 일반적으로 작성하지는 않는다. 하지만 꼭 이렇게 해야겠다면, 데이터의 크기를 하위 레벨 네트워크 함수에서 사용하기 위한 로우(raw) 바이트로 줄여야 한다. 또한 대개의 네트워크 관련 함수는 커다란 데이터 블럭을 한번에 전송할 능력이 없기 때문에 데이터를 여러 조각으로 잘라야 하는 경우도 있다.

한 가지 방법은 데이터를 직렬화하는 것이다(바이트 문자열로 변환하는 등). 하지만 결국 데이터의 복사본을 만들게 되는 것이 일반적이다. 데이터를 잘개 쪼개는 방식을 사용한다 해도 여전히 수많은 복사본을 만들게 된다.

이 레시피는 메모리뷰라는 트릭을 사용해서 이 문제를 해결했다. 메모리뷰는 근본적으로 기존 배열의 오버레이이다. 또한 메모리뷰는 다른 타입으로 캐스팅해서 데이터를 다른 방식으로 해석할 수도 있다. 다음 구문의 목적이 바로 이것이다.

```
view = memoryview(arr).cast('B')
```

arr 배열을 받고 언사인드 바이트 메모리뷰로 캐스팅을 했다.

이 형태로 변환하면 뷰를 sock.send() 또는 send.recv_into() 등 소켓 관련 함수에 전달할 수 있다. 내부적으로는 이런 메소드는 메모리 영역에 직접적으로 동작할 수 있다. 예를 들어 sock.send()는 복사본 없이 메모리에서 바로 데이터를 전송할 수 있다. send.recv_into()는 데이터를 받을 때 메모리뷰를 입력 버퍼로 사용한다.

이제 소켓 함수는 부분 데이터에만 사용할 수 있다는 점이 어려움으로 남아 있다. 일반적으로 이는 여러 send()와 recv_into() 호출로 전체 배열을 전송한다. 하지만 걱정할 필요는 없다. 모든 동작을 마치고 나면 뷰는 전송했거나 받은 숫자의 조각으로 나누어져 새로운 뷰를 생성한다. 이 새로운 뷰 역시 메모리 오버레이이다. 따라서 아무런 복사본도 생성되지 않는다.

여기서 데이터를 받는 쪽에서 얼마나 큰 데이터가 전송될지 미리 알아야 한다는 이슈가 있다. 그래야만 배열을 미리 할당해 놓거나 수신한 데이터를 검증할 수 있기 때문이다. 이 부분이 문제가 된다면, 송신부에서 항상 데이터 크기를 먼저 보내고 뒤이어 배열 데이터를 보내는 식으로 해결한다.

CHAPTER 12
병렬 처리

파이썬은 스레드 프로그래밍, 서브프로세스 실행, 제너레이터 함수를 사용한 트릭 등 여러 가지 병렬 프로그래밍 방식을 지원한다. 이번 장에서는 이런 병렬 프로그래밍 내용을 다루며, 일반적인 스레드 프로그래밍 기법과 병렬 처리 방식도 배운다.

숙련된 프로그래머라면, 병렬 프로그래밍에 수많은 위험이 있다는 것을 잘 알고 있다. 따라서 이번 장의 레시피들은 좀 더 신뢰성 높고 디버깅 가능한 코드에 초점을 맞춘다.

12.1 스레드 시작과 정지

문제

코드를 병렬적으로 실행하기 위해서 스레드를 만들거나 없애고 싶다.

해결

threading 라이브러리는 파이썬의 호출 가능한 것을 스스로 스레드에서 실행하도록 한다. Thread 인스턴스를 만들고 실행하고 싶은 것을 넣으면 된다.

```python
# 개별 스레드에서 실행할 코드
import time
def countdown(n):
    while n > 0:
        print('T-minus', n)
        n -= 1
        time.sleep(5)

# 스레드 생성과 실행
from threading import Thread
t = Thread(target=countdown, args=(10,))
t.start()
```

스레드 인스턴스를 만들어도 start() 메소드를 호출할 때까지 실행하지는 않는다(이 메소드가 매개변수로 제공한 타겟 함수를 실행한다).

스레드는 그들의 시스템 레벨 스레드(예: POSIX 스레드, Windows 스레드)로 실행되며 호스트 운영 체제에서 관리한다. 한 번 시작하고 나면 스레드는 타겟 함수가 반환할 때까지 독립적으로 실행된다. 실행 중인지 여부를 확인하기 위해서 스레드 인스턴스에 쿼리해 볼 수 있다.

```
if t.is_alive():
    print('Still running')
else:
    print('Completed')
```

스레드에 조인(join)하도록 요청을 보낼 수도 있으며, 종료할 때까지 기다린다.

```
t.join()
```

인터프리터는 스레드가 종료될 때까지 실행 상태로 남는다. 오랫동안 실행되는 스레드나 백그라운드에서 영원히 실행하는 스레드는 데몬으로 만드는 것을 고려해 보자.

```
t = Thread(target=countdown, args=(10,), daemon=True)
t.start()
```

데몬 스레드는 조인할 수 없다. 하지만 메인 스레드가 종료될 때 자동으로 사라진다는 특징이 있다.

앞에 나온 두 가진 동작 외에 스레드를 가지고 할 수 있는 일이 많지 않다. 예를 들어 스레드를 종료하도록 지시하거나, 스레드에 신호를 보내거나 스케줄링하는 등 상위 레벨 동작이 불가능하다. 이런 기능이 필요하다면 독자 스스로 만들어 써야 한다.

스레드를 종료하고 싶다면, 스레드가 선택한 지점에서 폴(poll) 하도록 프로그래밍해야 한다. 예를 들어 다음과 같은 클래스에 스레드를 넣을 수 있다.

```
class CountdownTask:
    def __init__(self):
        self._running = True

    def terminate(self):
        self._running = False

    def run(self, n):
        while self._running and n > 0:
            print('T-minus', n)
            n -= 1
            time.sleep(5)
c = CountdownTask()
t = Thread(target=c.run, args=(10,))
t.start()
...
```

```
c.terminate()  # 종료 지시
t.join()        # 실제 종료까지 기다림(필요한 경우)
```

스레드 종료에 대한 폴링은 입출력과 같은 실행이 멈추는 작업과 관련 있는 경우에 매우 복잡해진다. 예를 들어 스레드가 입출력 동작에 영원히 멈춰 있는 경우에는 종료 여부를 확인하기 위해 반환될 수가 없다. 이 이슈를 해결하기 위해서 스레드에 조심스럽게 타임아웃 루프를 넣어야 한다.

```
class IOTask:
    def terminate(self):
        self._running = False

    def run(self, sock):
        # sock은 소켓이다.
        sock.settimeout(5)          # 타임아웃 시간 설정
        while self._running:
            # 실행이 멈추는 입출력을 타임아웃과 함께 수행
            try:
                data = sock.recv(8192)
                break
            except socket.timeout:
                continue
            # 계속된 처리
            ...
        # 종료
        return
```

토론

전역 인터프리터 락(global interpreter lock, GIL)으로 인해, 파이썬은 인터프리터에서 동시에 하나의 스레드만 실행할 수 있다. 이로 인해 파이썬 스레드는 여러 CPU에 병렬적으로 동작하는 복잡한 작업에는 사용하지 않는 것이 좋다. 이보다는 입출력 처리와 실행이 멈추는 작업(입출력 기다리기, 데이터베이스 결과 기다리기 등)을 수행하는 코드에서 병렬적 실행을 처리하는 것이 더 알맞다.

Thread 클래스를 상속 받아 스레드를 정의할 때가 있다. 다음 예를 보자.

```
from threading import Thread

class CountdownThread(Thread):
    def __init__(self, n):
        super().__init__()
        self.n = 0
    def run(self):
        while self.n > 0:
            print('T-minus', self.n)
            self.n -=
            time.sleep(5)
```

```
c = CountdownThread(5)
c.start()
```

이렇게 해도 동작하기는 하지만, 코드와 threading 라이브러리 사이에 불필요한 의존성이 생긴다. 즉, 앞에 나온 기술을 사용하면 threading에 대한 아무런 의존성이 없지만, Threading 클래스를 상속 받으면 스레드 콘텍스트의 결과 코드만 사용할 수 있다. 이런 의존성에서 자유로워지면 다른 콘텍스트에서도 좀 더 유용하게 사용할 수 있다. 예를 들어, 다음과 같이 multiprocessing 모듈을 사용해서 작성한 코드를 별도의 프로세스에서 실행할 수도 있다.

```
import multiprocessing
c = CountdownTask(5)
p = multiprocessing.Process(target=c.run)
p.start()
...
```

다시 한 번 말하지만, 이 코드는 CountdownTask 클래스가 실제 병렬성(스레드, 프로세스 등)에 중립적으로 구현되어 있어야만 동작한다.

12.2 스레드가 시작했는지 판단하기

문제

스레드를 만들었는데, 실제로 실행을 시작했는지 확인하고 싶다.

해결

스레드의 핵심 기능은 독립적, 비결정적으로 실행된다는 것이다. 따라서 프로그램의 다른 스레드가 특정 스레드가 특정 지점에 도달했는지 알아야 하는 경우에 복잡한 동기화 문제가 생기기도 한다. 이 문제를 해결하려면 threading 라이브러리의 Event 객체를 사용한다.

Event 인스턴스는 스레드가 어떤 일이 발생할 때까지 기다리도록 하는 "붙어 있는" 플래그와 유사하다. 우선 이 이벤트는 0으로 설정한다. 만약 이벤트를 설정하지 않고 스레드가 이벤트를 기다리는 중이라면 설정할 때까지 실행을 멈춘다(sleep 상태). 이벤트를 설정하는 스레드는 기다리고 있는 모든 스레드를 깨운다. 스레드에서 이미 설정된 이벤트를 기다리고 있다면, 단순히 이를 무시하고 실행을 계속한다.

다음은 Event를 사용해 스레드를 시작하는 코드 샘플이다.

```
from threading import Thread, Event
import time
```

```
# 독립된 스레드에서 실행할 코드
def countdown(n, started_evt):
    print('countdown starting')
    started_evt.set()
    while n > 0:
        print('T-minus', n)
        n -= 1
        time.sleep(5)

# 시작을 호출하는 데 사용할 이벤트 객체를 생성
started_evt = Event()

# 스레드를 실행하고 시작 이벤트에 전달
print('Launching countdown')
t = Thread(target=countdown, args=(10,started_evt))
t.start()

# 스레드가 시작하기를 기다림
started_evt.wait()
print('countdown is running')
```

이 코드를 실행하면 항상 "countdown starting" 메시지 이후에 "countdown is running" 메시지가 출력된다. 이는 메인 스레드가 시작 메시지를 출력하는 countdown() 함수를 기다리도록 하는 이벤트 때문에 나타난 현상이다.

토론

Event 객체는 일회성 이벤트에 어울린다. 즉, 우리는 이벤트를 만들고, 스레드는 이벤트가 설정되기를 기다리고, 설정을 마치고 나면 Event를 버린다. 물론 clear() 메소드로 이벤트를 제거할 수도 있지만, 안전하게 이벤트를 제거하고 다시 설정되기를 기다리는 것은 쉽지 않으며, 이벤트 분실, 데드락 등의 문제가 발생하는 원인이 된다(실제로, 이벤트를 설정한 후에 제거하라는 요청이, 해제된 스레드가 다시 이벤트를 기다리기 시작하기 전에 수행되리라고 보장할 수 없다).

만약 스레드가 이벤트를 지속적으로 발생시킬 예정이라면 Condition 객체 사용을 고려해보자. 예를 들어 다음 코드는 다른 스레드의 타이머가 만료되지 않았는지 지속적으로 확인하는 예제이다.

```
import threading
import time

class PeriodicTimer:
    def __init__(self, interval):
        self._interval = interval
        self._flag = 0
        self._cv = threading.Condition()

    def start(self):
```

```
        t = threading.Thread(target=self.run)
        t.daemon = True
        t.start()

    def run(self):
        '''
        타이머를 실행하고 구간마다 기다리는 스레드에게 알림
        '''
        while True:
            time.sleep(self._interval)
            with self._cv:
                self._flag ^= 1
                self._cv.notify_all()

    def wait_for_tick(self):
        '''
        타이머의 다음 틱을 기다림
        '''
        with self._cv:
            last_flag = self._flag
            while last_flag == self._flag:
                self._cv.wait()

# 타이머 사용 예제
ptimer = PeriodicTimer(5)
ptimer.start()

# 타이머에 싱크하는 두 스레드
def countdown(nticks):
    while nticks > 0:
        ptimer.wait_for_tick()
        print('T-minus', nticks)
        nticks -= 1

def countup(last):
    n = 0
    while n < last:
        ptimer.wait_for_tick()
        print('Counting', n)
        n += 1

threading.Thread(target=countdown, args=(10,)).start()
threading.Thread(target=countup, args=(5,)).start()
```

Event 객체의 핵심 기능은 기다리고 있는 모든 스레드를 깨운다는 점이다. 만약 기다리는 스레드 중 하나만 깨우는 프로그램을 만들고 싶다면 Semaphore나 Condition 객체를 사용하는 것이 더 좋다.

```
# 워커 스레드
def worker(n, sema):
    # 호출을 기다림
```

```
    sema.acquire()
    # 메시지 출력
    print('Working', n)

# 스레드 생성
sema = threading.Semaphore(0)
nworkers = 10
for n in range(nworkers):
    t = threading.Thread(target=worker, args=(n, sema,))
    t.start()
```

앞에 나온 코드를 실행하면 스레드 풀이 시작되지만, 모두 세마포어(semaphore)를 획득하려고 진행이 막혀 있어서 아무 일도 일어나지 않는다. 세마포어가 해제될 때마다 하나의 워커만 깨어나서 실행된다.

```
>>> sema.release()
Working 0
>>> sema.release()
Working 1
>>>
```

스레드 간 동기화가 관련된 복잡한 코드를 작성하다 보면 머리가 터지도록 아플 것이다. 이보다는 큐나 액터(actor)를 사용해서 스레드끼리 통신하도록 만들어 주는 것이 조금 더 상식적인 접근법이다. 큐는 바로 다음 레시피에, 액터는 레시피 12.10에서 자세히 설명한다.

12.3 스레드 간 통신

문제
프로그램에서 다중 스레드를 사용하는 중이고, 스레드끼리 안전하게 통신하거나 데이터를 주고받게 만들고 싶다.

해결
아마도 한 스레드에서 다른 스레드로 데이터를 보내는 가장 안전한 방법은 queue 라이브러리의 Queue를 사용하는 것이다. 데이터를 전송하기 위해서는, 스레드에서 공유하는 Queue 인스턴스를 만들면 된다. 그리고 스레드에서 put()이나 get()으로 큐에 아이템을 넣거나 빼는 식으로 데이터를 주고받는다.

```
from queue import Queue
from threading import Thread

# 데이터를 생성하는 스레드
def producer(out_q):
    while True:
        # 데이터 생성
        ...
        out_q.put(data)
```

```
        # 데이터를 소비하는 스레드
        def consumer(in_q):
            while True:
                    # 데이터 얻기
                    data = in_q.get()
                    # 데이터 처리
                    ...

        # 공유 큐를 만들고 양쪽 스레드 실행
        q = Queue()
        t1 = Thread(target=consumer, args=(q,))
        t2 = Thread(target=producer, args=(q,))
        t1.start()
        t2.start()
```

Queue 인스턴스는 이미 필수적인 락킹(locking) 기능을 가지고 있으므로, 스레드에서 안전하게 사용 가능하다.

큐를 사용하면 생성하는 측과 소비하는 측의 종료를 처리하기가 조금 어렵다. 일반적으로는 특별한 센티넬(sentinel) 값에 기대어 문제를 해결하는데, 이 값을 큐에 넣고 소비하는 쪽을 종료한다.

```
        from queue import Queue
        from threading import Thread

        # 종료 신호를 보내는 객체
        _sentinel = object()

        # 데이터를 생성하는 스레드
        def producer(out_q):
            while running:
                    # 데이터 생성
                    ...
                    out_q.put(data)

            # 큐에 센티넬을 넣어서 종료를 가리킨다.
            out_q.put(_sentinel)

        # 데이터를 소비하는 스레드
        def consumer(in_q):
            while True:
                    # 데이터 얻기
                    data = in_q.get()

                    # 종료 확인
                    if data is _sentinel:
                        in_q.put(_sentinel)
                        break

                    # 데이터 처리
                    ...
```

이 예제에서 소비하는 쪽이 특별 센티넬 값을 받으면 그 즉시 큐에 다시 돌려 놓는다. 이렇게 하면 큐를 공유하고 있는 다른 소비 스레드에게 센티넬을 전파해서 모두 종료할 수 있도록 한다.

큐가 가장 일반적인 스레드 통신 기법이지만, 독자 스스로 락, 동기화 기능이 있는 자료 구조를 만들어 사용할 수도 있다. 자료 구조를 조건 변수로 감싸 주는 방법이 일반적이다. 예를 들어 레시피 1.5에 나왔던 우선 큐를 스레드에 안전하게 사용하는 코드를 보자.

```python
import heapq
import threading

class PriorityQueue:
    def __init__(self):
        self._queue = []
        self._count = 0
        self._cv = threading.Condition()
    def put(self, item, priority):
        with self._cv:
            heapq.heappush(self._queue, (-priority, self._count, item))
            self._count += 1
            self._cv.notify()

    def get(self):
        with self._cv:
            while len(self._queue) == 0:
                self._cv.wait()
            return heapq.heappop(self._queue)[-1]
```

큐로 구현한 스레드 통신은 단방향이고 비결정적 처리이다. 보통 받는 스레드에서 언제 메시지를 받았고 처리했는지 알 수 있는 방법이 없다. 하지만 이번 예제의 task_done()과 join() 메소드에 나온 것처럼 Queue 객체는 기본적인 종료 기능을 제공한다.

```python
from queue import Queue
from threading import Thread

# 데이터를 생성하는 스레드
def producer(out_q):
    while running:
        # 데이터 생성
        ...
        out_q.put(data)

# 데이터를 소비하는 스레드
def consumer(in_q):
    while True:
        # 데이터 얻기
        data = in_q.get()
```

```
            # 데이터 처리
            ...
            # 종료 알림
            in_q.task_done()

# 공유 큐를 만들고 양쪽 스레드 실행
q = Queue()
t1 = Thread(target=consumer, args=(q,))
t2 = Thread(target=producer, args=(q,))
t1.start()
t2.start()

# 생성된 모든 아이템을 소비할 때까지 기다림
q.join()
```

만약 소비 스레드가 특정 아이템을 처리하는 즉시 스레드에서 이를 알아차려야 한다면, 전
송한 데이터에 Event 객체를 묶고 생성 스레드에서 모니터링하도록 하면 된다.

```
from queue import Queue
from threading import Thread, Event

# 데이터를 생성하는 스레드
def producer(out_q):
    while running:
        # 데이터 생성
        ...
        # (data, event) 페어를 만들고 소비자 측에 전달
        evt = Event()
        out_q.put((data, evt))
        ...
        # 소비자가 아이템을 처리할 때까지 기다림
        evt.wait()

# 데이터를 소비하는 스레드
def consumer(in_q):
    while True:
        # 데이터 얻기
        data, evt = in_q.get()
        # 데이터 처리
        ...
        # 종료 알림
        evt.set()
```

토론

간단한 큐에 기반한 스레드 프로그래밍은 높은 신뢰성을 유지하는 좋은 방법이다. 만약 프
로그램 전체를 스레드에 안전한 큐로 잘게 쪼개어 사용하면, 락이나 하위 레벨 동기화와 같
은 기술을 사용할 필요가 없다. 또한 큐로 통신을 하면 추후에 다른 메시지 기반 통신 패턴

으로 확장하기도 용이하다. 예를 들어, 프로그램을 여러 프로세스나 분산 시스템으로 나눌 때 기반의 큐 구조를 수정할 필요가 없다.

스레드 큐를 사용하면, 큐에 아이템을 넣을 때 복사본이 생기지 않는다는 점에 주의해야 한다. 따라서, 스레드 간 통신을 할 때는 실제로 객체 참조를 주고받는다. 공유 상태가 걱정이 된다면, 수정 불가능한 데이터(정수, 문자열, 튜플 등)를 전달하거나 큐 아이템의 깊은 복사(deep copy)를 만들어야 할 것이다.

```python
from queue import Queue
from threading import Thread
import copy

# 데이터를 생성하는 스레드
def producer(out_q):
    while True:
        # 데이터 생성
        ...
        out_q.put(copy.deepcopy(data))

# 데이터를 소비하는 스레드
def consumer(in_q):
    while True:
        # 데이터 얻기
        data = in_q.get()
        # 데이터 처리
        ...
```

Queue 객체는 특정 콘텍스트에 유용한 몇 가지 기능을 제공한다. 만약 크기를 명시하여 Queue(N)을 생성하면 put()이 생성자를 막기 전에 큐에 넣을 수 있는 아이템의 개수에 제한을 건다. 이 기능은 생성하는 쪽과 소비하는 쪽 사이에 속력의 차이가 있을 때 유용하다. 예를 들어 생성자가 아이템을 만들어 내는 속도가 소비하는 속도보다 훨씬 빠른 경우 이 기능을 사용한다. 반면에, 큐가 꽉 찼을 때 아이템 추가를 막으면, 프로그램에 걸쳐 의도하지 않은 폭포 효과(cascading effect)가 생겨서 데드락 등을 야기할 수 있다. 대개 스레드 간 "흐름 제어(flow control)" 문제는 보기보다 해결하기 훨씬 어렵다. 큐 크기로 인한 문제를 고치게 된다면, 디자인이 잘못되었다거나 다른 규모의 문제가 발생할 수 있다는 신호로 이해해야 한다.

get()과 put() 메소드는 논블록킹(nonblocking)과 타임아웃(timeout)을 지원한다.

```python
import queue
q = queue.Queue()

try:
    data = q.get(block=False)
except queue.Empty:
    ...
```

```
    try:
        q.put(item, block=False)
    except queue.Full:
        ...

    try:
        data = q.get(timeout=5.0)
    except queue.Empty:
        ...
```

이 두 옵션을 사용하면 특정 큐 동작으로 인해 프로그램이 영원히 멈춰 버리는 문제를 피할 수 있다. 예를 들어 논블록킹 put()은 크기가 고정된 큐에 사용해서 큐가 꽉 찼을 때 서로 다른 처리를 하는 코드를 구현할 수 있다. 다음은 로그 메시지를 남기고 무시하는 예제이다.

```
    def producer(q):
        ...
        try:
            q.put(item, block=False)
        except queue.Full:
            log.warning('queued item %r discarded!', item)
```

타임아웃은 소비 스레드가 주기적으로 q.get()과 같은 동작을 포기해서 종료 플래그와 같은 값을 확인할 때 유용하다(레시피 12.1 참고).

```
    _running = True

    def consumer(q):
        while _running:
            try:
                item = q.get(timeout=5.0)
                # 아이템 처리
                ...
            except queue.Empty:
                pass
```

마지막으로, 큐의 현재 크기와 상태를 알려주는 유틸리티 메소드 q.qsize(), q.full(), q.empty()가 있다. 하지만 모두 멀티 스레드 환경에서 안전하지 않다. 예를 들어 q.empty()를 호출한 순간 다른 스레드에서 큐에 아이템을 추가한 경우에도 이 메소드는 큐가 비었다고 반환할 수도 있다. 솔직히 말해서 이 유틸리티 메소드를 사용하지 말고 독자 스스로 코드를 만들어 사용하기를 추천한다.

12.4 임계 영역 락

문제

프로그램이 스레드를 사용하고 코드의 임계 영역(critical section)을 락해서 레이스 컨디션
(race condition) 상황을 피하고 싶다.

해결

수정 가능한 객체를 다중 스레드 환경에서 안전하게 사용하려면 threading 라이브러리의
Lock 객체를 사용한다.

```python
import threading

class SharedCounter:
    '''
    다중 스레드에서 공유 가능한 카운터 객체
    '''
    def __init__(self, initial_value = 0):
        self._value = initial_value
        self._value_lock = threading.Lock()

    def incr(self,delta=1):
        '''
        락과 함께 카운터 증가
        '''
        with self._value_lock:
            self._value += delta

    def decr(self,delta=1):
        '''
        락과 함께 카운터 감소
        '''
        with self._value_lock:
            self._value -= delta
```

Lock은 with와 함께 사용하면 상호 배제(mutual exclusion)를 보장해 준다. 즉, 한 번에 하
나의 스레드만 with 구문에 있는 블록을 실행할 수 있다는 말이다. with는 의도한 실행 시
간 동안 락을 취득하고, 블록을 벗어날 때 락을 해제한다.

토론

Thread 스케줄링은 태생적으로 비결정적(nondeterministic)이다. 이로 인해서 스레드 프로
그램에서 락 사용에 실패하면 데이터가 임의로 훼손되고 "레이스 컨디션(race condition)"
으로 알려진 이상한 동작을 한다. 이 문제를 피하려면, 다중 스레드가 수정 가능한 상태를
공유할 때 언제나 락을 사용해야 한다.

오래된 파이썬 코드는, 명시적으로 락을 취득하고 해제하는 것이 일반적이었다. 예를 들어 다음은 마지막 예제를 수정한 것이다.

```python
import threading

class SharedCounter:
    '''
    다중 스레드에서 공유 가능한 카운터 객체
    '''
    def __init__(self, initial_value = 0):
        self._value = initial_value
        self._value_lock = threading.Lock()

    def incr(self,delta=1):
        '''
        락과 함께 카운터 증가
        '''
        self._value_lock.acquire()
        self._value += delta
        self._value_lock.release()

    def decr(self,delta=1):
        '''
        락과 함께 카운터 감소
        '''
        self._value_lock.acquire()
        self._value -= delta
        self._value_lock.release()
```

with 구문은 에러 발생을 줄이는 좀 더 고급 구현으로서, 프로그래머가 release() 메소드 호출을 깜빡하거나, 락을 소지하는 동안 프로그램에서 예외가 발생할 확률이 있을 때 사용한다(with를 사용하면 이런 상황에서도 언제나 락을 해제한다).

데드락을 피하기 위해서 프로그램은 한 번에 하나의 락을 취득하도록 만들어야 한다. 이렇게 할 수 없다면 레시피 12.5를 참고해서 좀 더 고급 데드락 회피 기술을 사용하도록 한다.

threading 라이브러리는, RLock과 Semaphore 객체와 같은 다른 동기화 기술도 제공한다. 경험에 따르면, 이런 기술은 간단한 락에는 사용하지 말아야 한다. RLock이나 재진입 락 객체는 동일한 스레드에서 여러 번 취득할 수 있는 락이다. 주로 코드 기반 락킹이나 "모니터(monitor)"로 알려진 구조 기반 동기화에 사용한다. 이런 종류의 락킹의 경우, 락을 소지하는 동안 오직 하나의 스레드에서 전체 함수나 클래스 메소드 사용을 허용한다. 예를 들어 다음과 같이 SharedCounter 클래스를 구현할 수 있다.

```
import threading

class SharedCounter:
    '''
    다중 스레드에서 공유 가능한 카운터 객체
    '''
    _lock = threading.RLock()
    def __init__(self, initial_value = 0):
        self._value = initial_value

    def incr(self,delta=1):
        '''
        락과 함께 카운터 증가
        '''
        with SharedCounter._lock:
            self._value += delta

    def decr(self,delta=1):
        '''
        락과 함께 카운터 감소
        '''
        with SharedCounter._lock:
            self.incr(-delta)
```

앞에 나온 코드에는 모든 인스턴스가 공유하는 클래스 레벨 락이 하나만 있다. 락이 인스턴스에 할당되는 공유 상태에 묶이지 않고, 락이 클래스 메소드를 동기화한다. 정확히 말해서이 락은 하나의 스레드만 클래스 메소드를 사용하도록 허용하는 것이다. 하지만 표준 락과는 다르게, 이미 락을 가지고 있는 메소드가 락을 사용하는 다른 메소드를 호출할 수 있다 (예: decr() 메소드 참고).

이 구현법을 사용하면 카운터 인스턴스가 얼마나 생성되느냐에 상관 없이 오직 하나의 락만생성된다. 따라서 카운터가 아주 많은 상황에서 메모리 효율이 좋다. 하지만 스레드를 많이 사용하고 카운터 갱신이 잦은 프로그램에서 락을 취득하기 위한 경쟁이 심하다는 단점도 있다.

Semaphore 객체는 공유 카운터에 기반한 동기화 기술이다. 만약 카운터가 0이 아니면 with구문이 카운트를 감소시키고 스레드 진행을 허용한다. 카운터는 with 블록 종료와 함께 증가한다. 카운터가 0이면 다른 스레드에서 카운터를 증가시킬 때까지 진행을 멈춘다. 세마포어를 표준 Lock과 동일하게 사용할 수도 있지만 조금 더 복잡한 구현 때문에 실행 속도도떨어지는 편이다. 따라서 단순한 락보다는 스레드나 스로틀링(throttling) 간 신호를 보내는애플리케이션에 더 적합하다. 예를 들어 코드의 특정 부분에 병행 실행 수를 제한하려고 할때 세마포어를 사용하면 좋다.

```
from threading import Semaphore
import urllib.request
```

```
# 최대 다섯 개의 스레드만 한 번에 실행 가능하다.
_fetch_url_sema = Semaphore(5)

def fetch_url(url):
    with _fetch_url_sema:
        return urllib.request.urlopen(url)
```

스레드 동기화에 대한 기반 이론에 대해 관심이 많다면 운영 체제 교과서를 참고하도록 한다.

12.5 락킹으로 데드락 피하기

문제

다중 스레드 프로그램을 작성하는 중인데 스레드가 하나 이상의 락을 취득해야 하고 데드
락을 피해야 한다.

해결

다중 스레드 프로그램에서 데드락은 스레드가 동시에 여러 가지 락을 취득하려 할 때 일반
적으로 발생한다. 예를 들어 한 스레드가 첫 번째 락을 취득했지만 두 번째 락 취득을 막는
다면, 이 스레드로 인해 다른 스레드의 진행을 막고 프로그램이 멈출 우려가 있다.

데드락을 피하기 위해서 모든 락에 유일한 숫자를 부여하고, 오름차순으로 락을 취득하도
록 강제하는 방법이 있다. 이 방식은 콘텍스트 매니저를 사용하면 굉장히 쉽게 구현할 수
있다.

```
import threading
from contextlib import contextmanager

# 이미 취득한 락에 대한 정보를 저장하기 위한 스레드-로컬 상태(thread-local state)
_local = threading.local()

@contextmanager
def acquire(*locks):
    # 객체 식별자로 락 정렬
    locks = sorted(locks, key=lambda x: id(x))

    # 이미 취득한 락의 락 순서가 깨지지 않도록 주의
    acquired = getattr(_local,'acquired',[])
    if acquired and max(id(lock) for lock in acquired) >= id(locks[0]):
        raise RuntimeError('Lock Order Violation')

    # 모든 락 취득
    acquired.extend(locks)
    _local.acquired = acquired
```

```
    try:
        for lock in locks:
            lock.acquire()
        yield
    finally:
        # 취득한 반대 순서로 락 해제
        for lock in reversed(locks):
            lock.release()
        del acquired[-len(locks):]
```

이 콘텍스트 매니저를 사용하려면, 평소대로 락 객체를 할당하지만, 하나 혹은 그 이상을
사용하려 할 때마다 acquire() 함수를 사용해야 한다.

```
import threading
x_lock = threading.Lock()
y_lock = threading.Lock()

def thread_1():
    while True:
        with acquire(x_lock, y_lock):
            print('Thread-1')

def thread_2():
    while True:
        with acquire(y_lock, x_lock):
            print('Thread-2')

t1 = threading.Thread(target=thread_1)
t1.daemon = True
t1.start()

t2 = threading.Thread(target=thread_2)
t2.daemon = True
t2.start()
```

이 프로그램을 실행하면, 각 함수에서 락 취득 순서가 서로 다르게 진행되지만 아무런 데드
락 없이 프로그램이 잘 동작한다.

이번 레시피의 핵심은 객체 식별자로 락을 정렬하는 첫 번째 구문에 있다. 락을 정렬하면,
사용자가 acquire()에 제공하는 방식과 상관 없이 항상 같은 순서로 취득하게 된다.

이 방식은 스레드 로컬(thread-local) 저장소를 사용해서 여러 acquire() 동작이 중첩되
는 미묘한 문제를 방지한다. 예를 들어 다음과 같이 코드를 작성했다고 가정해 보자.

```
import threading
x_lock = threading.Lock()
y_lock = threading.Lock()

def thread_1():
```

```
        while True:
            with acquire(x_lock):
                with acquire(y_lock):
                    print('Thread-1')

    def thread_2():
        while True:
            with acquire(y_lock):
                with acquire(x_lock):
                    print('Thread-2')

    t1 = threading.Thread(target=thread_1)
    t1.daemon = True
    t1.start()

    t2 = threading.Thread(target=thread_2)
    t2.daemon = True
    t2.start()
```

이 프로그램을 실행하면 한 스레드가 다음 예외를 발생하면서 죽는다.

```
    Exception in thread Thread-1:
    Traceback (most recent call last):
      File "/usr/local/lib/python3.3/threading.py", line 639, in _bootstrap_inner
        self.run()
      File "/usr/local/lib/python3.3/threading.py", line 596, in run
        self._target(*self._args, **self._kwargs)
      File "deadlock.py", line 49, in thread_1
        with acquire(y_lock):
      File "/usr/local/lib/python3.3/contextlib.py", line 48, in __enter__
        return next(self.gen)
      File "deadlock.py", line 15, in acquire
        raise RuntimeError("Lock Order Violation")
    RuntimeError: Lock Order Violation
    >>>
```

이 크래시는 모든 스레드가 이미 취득한 락을 기억하기 때문에 발생한다. acquire() 함수는 미리 취득한 락을 확인하고, 기존 락이 새롭게 취득하려는 객체 ID보다 작은 값을 갖도록 강제한다.

토론

데드락은 스레드 프로그래밍에 있어서 아주 유명한 이슈이다(운영 체제 교과서의 단골 주제이기도 하다). 경험에 따르면 프로그램에서 스레드가 하나의 락만을 취득하도록 하면 데드락이 발생하지 않는다. 하지만 한 번에 락을 여러 개 소유하도록 한다면 주의가 필요하다.

데드락을 발견하고 수정하는 것은 몇 가지 해결책만 가지고 쉽게 해결하기가 매우 어렵다. 예를 들어, 감시 타이머가 한 가지 해결책이 될 수 있다. 감시 타이머는 스레드가 실행되는 동안에 주기적으로 타이머를 재설정한다. 만약 프로그램에 데드락이 발생하면 감시 타이머가 재설정되지 못하고 만료된다. 이때 프로그램이 데드락을 감지하고 이 스레드를 죽이면 프로그램은 재시작한다.

락킹은 프로그램이 아예 데드락 상태에 빠지지 않도록 방지하는 것으로 데드락 회피와는 다른 전략으로 보아야 한다. 락을 언제나 오름차순으로 취득하도록 강제하는 이 해결책은 데드락을 방지한다고 수학적으로 증명된 것으로, 독자 스스로 증명해 보도록 하자(요지는 락을 순수히 오름차순으로 취득하면 데드락이 발생할 수 있는 상황인 순환 종속에 빠지지 않기 때문이다).

마지막으로 소위 "식사하는 철학자 문제(dining philosopher's problem)"로 불리는 전통적인 데드락 문제를 보자. 철학자 다섯 명이 원형 테이블에 둘러 앉아 밥을 먹고 있고 그릇과 젓가락이 다섯 개씩 있다. 이때 철학자는 스레드를 나타내고 젓가락은 락을 대표한다. 밥을 먹기 위해서 철학자는 젓가락 두 개가 필요한데, 모든 철학자가 자기 왼쪽에 있는 젓가락을 집으려 하면 아무도 밥을 먹을 수 없는 상황에 빠져 굶어 죽게 된다. 정말 섬뜩하다.

앞에 나온 코드를 사용해서 이 문제를 해결하는 데드락 회피 구현을 해 보자.

```python
import threading

# 철학자 스레드
def philosopher(left, right):
    while True:
        with acquire(left,right):
            print(threading.currentThread(), 'eating')

# 젓가락 (락으로 표현됨)
NSTICKS = 5
chopsticks = [threading.Lock() for n in range(NSTICKS)]

# 모든 철학자 생성
for n in range(NSTICKS):
    t = threading.Thread(target=philosopher,
                        args=(chopsticks[n],chopsticks[(n+1) % NSTICKS]))
    t.start()
```

마지막으로, 데드락을 피하기 위해서 모든 락 취득은 acquire() 함수를 사용해야 한다. 일부 코드에서 락을 다른 형태로 취득하기로 했다면 데드락 회피 알고리즘은 동작하지 않는다.

12.6 특정 스레드 용 상태 저장

문제

다른 스레드에는 보이지 않고 현재 실행 중인 스레드에만 사용할 상태를 저장하고 싶다.

해결

다중 스레드 프로그램에서 현재 실행 중인 스레드에만 사용할 데이터를 저장해야 할 상황이 있다. 이렇게 하려면 threading.local()을 사용해서 스레드-로컬(thread-local) 저장소 객체를 만들어야 한다. 여기에 저장하고 읽는 속성은 오직 실행 중인 스레드에만 보인다.

스레드-로컬 저장소 예제로 레시피 8.3에 나왔던 콘텍스트 매니저 클래스 LazyConnection을 고려해 보자. 다음은 다중 스레드에서도 잘 동작하는 예제이다.

```
from socket import socket, AF_INET, SOCK_STREAM
import threading

class LazyConnection:
    def __init__(self, address, family=AF_INET, type=SOCK_STREAM):
        self.address = address
        self.family = AF_INET
        self.type = SOCK_STREAM
        self.local = threading.local()

    def __enter__(self):
        if hasattr(self.local, 'sock'):
            raise RuntimeError('Already connected')
        self.local.sock = socket(self.family, self.type)
        self.local.sock.connect(self.address)
        return self.local.sock

    def __exit__(self, exc_ty, exc_val, tb):
        self.local.sock.close()
        del self.local.sock
```

앞에 나온 코드에서 self.local 속성 사용에 주목하자. 이 속성은 threading.local()의 인스턴스로 초기화된 것이다. 그러면 다른 메소드는 self.local.sock에 저장된 소켓을 수정한다. 이렇게만 해도 다중 스레드에서 안전하게 LazyConnection 인스턴스를 사용할 수 있다.

```
from functools import partial
def test(conn):
    with conn as s:
        s.send(b'GET /index.html HTTP/1.0\r\n')
        s.send(b'Host: www.python.org\r\n')
```

```
            s.send(b'\r\n')
            resp = b''.join(iter(partial(s.recv, 8192), b''))

    print('Got {} bytes'.format(len(resp)))

if __name__ == '__main__':
    conn = LazyConnection(('www.python.org', 80))

    t1 = threading.Thread(target=test, args=(conn,))
    t2 = threading.Thread(target=test, args=(conn,))
    t1.start()
    t2.start()
    t1.join()
    t2.join()
```

앞에 나온 예제가 동작하는 이유는 모든 스레드가 실제로 자신만의 소켓 연결(`self.local.sock`)을 생성했기 때문이다. 따라서 다른 스레드가 소켓 작업을 해도 서로를 간섭하지 않는다.

토론

특정 스레드에 사용하는 상태를 만들고 그것을 수정하는 프로그램이 많지는 않다. 하지만 파일이나 소켓과 같이 한 객체를 여러 스레드에서 수정하고 사용하는 경우에 이 기술이 유용하다. 단순히 소켓 객체 하나를 모두가 공유하도록 만들면, 모든 스레드들이 동시에 읽기, 쓰기를 시도하면서 혼란을 피할 수가 없다. 스레드-로컬 저장소를 이용하면 이런 자원을 특정 스레드에만 보이게 하고 사용해서 자연스럽게 문제가 해결된다.

이번 레시피에서 `threading.local()`로 LazyConnection 클래스가 스레드 하나당 연결을 받을 수 있도록 했다(전체 프로세스에서 하나의 연결만 허용하는 방식에서 확장). 미묘하지만 흥미로운 차이다.

내부적으로 `threading.local()` 인스턴스는 각 스레드 용으로 별도의 인스턴스 딕셔너리를 가지고 있다. 값을 얻고, 설정하고 삭제하는 일반적인 인스턴스 작업은 이 딕셔너리를 수정한다. 스레드에서 별도의 딕셔너리를 사용하기 때문에 데이터를 분리할 수 있다.

12.7 스레드 풀 생성

문제

워크 스레드 풀을 만들어 클라이언트를 처리하거나 기타 동작을 하고 싶다.

해결

concurrent.futures 라이브러리에 ThreadPoolExecutor 클래스로 이 문제를 해결한다.
다음은 스레드 풀로 클라이언트를 처리하는 간단한 TCP 서버 예제이다.

```python
from socket import AF_INET, SOCK_STREAM, socket
from concurrent.futures import ThreadPoolExecutor

def echo_client(sock, client_addr):
    '''
    클라이언트 연결 처리
    '''
    print('Got connection from', client_addr)
    while True:
        msg = sock.recv(65536)
        if not msg:
            break
        sock.sendall(msg)
    print('Client closed connection')
    sock.close()

def echo_server(addr):
    pool = ThreadPoolExecutor(128)
    sock = socket(AF_INET, SOCK_STREAM)
    sock.bind(addr)
    sock.listen(5)
    while True:
        client_sock, client_addr = sock.accept()
        pool.submit(echo_client, client_sock, client_addr)

echo_server(('',15000))
```

스레드 풀을 스스로 만들고 싶다면 Queue를 사용하면 간단하다. 직접 스레드 풀을 구현한
조금 다른 예제를 보자.

```python
from socket import socket, AF_INET, SOCK_STREAM
from threading import Thread
from queue import Queue

def echo_client(q):
    '''
    클라이언트 연결 처리
    '''
    sock, client_addr = q.get()
    print('Got connection from', client_addr)
    while True:
        msg = sock.recv(65536)
        if not msg:
            break
        sock.sendall(msg)
    print('Client closed connection')
```

```
        sock.close()

    def echo_server(addr, nworkers):
        # 클라이언트 워크 실행
        q = Queue()
        for n in range(nworkers):
            t = Thread(target=echo_client, args=(q,))
            t.daemon = True
            t.start()

        # 서버 실행
        sock = socket(AF_INET, SOCK_STREAM)
        sock.bind(addr)
        sock.listen(5)
        while True:
            client_sock, client_addr = sock.accept()
            q.put((client_sock, client_addr))

    echo_server(('',15000), 128)
```

스레드 풀을 직접 구현하지 않고 ThreadPoolExecutor를 사용하면 호출한 함수에서 그 결과를 더 쉽게 받을 수 있다는 장점이 있다. 예를 들어 다음과 같은 코드를 작성할 수 있다.

```
    from concurrent.futures import ThreadPoolExecutor
    import urllib.request

    def fetch_url(url):
        u = urllib.request.urlopen(url)
        data = u.read()
        return data

    pool = ThreadPoolExecutor(10)
    # 풀에 작업 제출
    a = pool.submit(fetch_url, 'http://www.python.org')
    b = pool.submit(fetch_url, 'http://www.pypy.org')

    # 결과 돌려받기
    x = a.result()
    y = b.result()
```

예제에 나온 결과 객체는, 워크 스레드에서 데이터를 돌려받기 위한 모든 작업과 블록을 처리한다. 특히 a.result()는 일치하는 함수가 풀에 의해 실행되고 값을 반환할 때까지 실행을 멈춘다.

토론

일반적으로 스레드 개수가 제한 없이 늘어나는 프로그램을 작성하면 안 된다. 예를 들어 다음 서버 예제를 보자.

```
    from threading import Thread
    from socket import socket, AF_INET, SOCK_STREAM
```

```
def echo_client(sock, client_addr):
    '''
    클라이언트 연결 처리
    '''
    print('Got connection from', client_addr)
    while True:
        msg = sock.recv(65536)
        if not msg:
            break
        sock.sendall(msg)
    print('Client closed connection')
    sock.close()

def echo_server(addr, nworkers):
    # 서버 실행
    sock = socket(AF_INET, SOCK_STREAM)
    sock.bind(addr)
    sock.listen(5)
    while True:
        client_sock, client_addr = sock.accept()
        t = Thread(target=echo_client, args=(client_sock, client_addr))
        t.daemon = True
        t.start()

echo_server(('',15000))
```

이렇게 해도 동작은 하지만, 프로그램에서 끊임없이 스레드를 만들어 자원을 고갈시키고 크래시를 유발하는 공격을 피할 수 없다(따라서 "악의적인" 스레드 사용으로 불린다). 미리 초기화한 스레드 풀을 사용하면, 지원할 병렬성에 제한을 걸 수 있다.

많은 스레드를 만드는 데서 오는 부작용을 우려할지도 모르겠다. 하지만, 현대적 시스템이 라면 스레드를 수천 단위로 생성해도 아무런 문제가 발생하지 않는다. 또한 수천 개의 스레드가 단순히 작업을 기다리는 상황에서는 그다지 많은 자원을 소비하지 않고 성능 저하도 발생하지 않는다(잠든 스레드는 기다리는 것 외에 아무런 동작도 하지 않는다). 물론 모든 스레드가 동시에 깨어나 작업을 시작하면 CPU에 부하가 걸릴 것이고 이는 좀 다른 이야기이다(특히 전역 인터프리터 락(GIL)에서 그렇다). 일반적으로 스레드 풀은 입출력 처리에 사용하는 것이 좋다.

거대한 스레드 풀을 만들 때 메모리 사용이 우려될 것이다. 예를 들어 OS X에서 스레드를 2000개 만들면 파이썬 프로세스에서 9 GB 이상의 가상 메모리를 사용한다고 보고한다. 하지만 이는 무언가 잘못된 접근법이다. 스레드를 만들 때 운영 체제는 실제 실행 스택에 사용할 가상 메모리 영역을 확보한다(대개 8 MB). 이 중 실제 메모리에 매핑되는 부분은 소량이다. 좀 더 자세히 들여다 보면 파이썬 프로세스가 그보다는 훨씬 적은 실제 메모리를 사용한다(예: 스레드 2000개가 사용하는 실제 메모리는 9 GB가 아니라 70 MB이다). 가상 메모리 크기가 우려된다면 threading.stack_size() 함수로 조절할 수 있다.

```
import threading
threading.stack_size(65536)
```

앞에 나온 코드를 추가하고 다시 한 번 스레드를 2000개 생성해 보면 파이썬 프로세스는 가상 메모리를 210 MB만 사용한다(실제 메모리 사용은 동일하다). 스레드 스택 크기는 최소 32,768 바이트가 되어야 하고, 시스템 메모리 페이지 크기의 배수로 제한되는 것이 일반적이다(4096, 8192 등).

12.8 간단한 병렬 프로그램 수행

문제

CPU 자원이 많이 필요한 작업을 수행하는 프로그램이 있는데, 다중 CPU를 사용하여 실행 속도를 높이고 싶다.

해결

concurrent.futures 라이브러리에 ProcessPoolExecutor 클래스를 사용하면 따로 떨어져 실행 중인 파이썬 인터프리터 인스턴스에서 작업을 할 수 있다. 하지만, 이 클래스를 사용하기에 앞서 매우 복잡한 계산이 필요하다. 다음 예제는 간단하지만 현실적인 예제이다.

Apache 웹 서버 로그를 gzip으로 압축한 딕셔너리가 있다고 가정해 보자.

```
logs/
   20120701.log.gz
   20120702.log.gz
   20120703.log.gz
   20120704.log.gz
   20120705.log.gz
   20120706.log.gz
   ...
```

그리고 로그 파일에는 다음과 같은 줄이 포함되어 있다.

```
124.115.6.12 - - [10/Jul/2012:00:18:50 -0500] "GET /robots.txt ..." 200 71
210.212.209.67 - - [10/Jul/2012:00:18:51 -0500] "GET /ply/ ..." 200 11875
210.212.209.67 - - [10/Jul/2012:00:18:51 -0500] "GET /favicon.ico ..." 404 369
61.135.216.105 - - [10/Jul/2012:00:20:04 -0500] "GET /blog/atom.xml ..." 304 -
...
```

이제 이 데이터를 가지고 *robots.txt* 파일에 접근한 모든 호스트를 식별하는 스크립트를 만들어 보자.

```
# findrobots.py

import gzip
import io
import glob

def find_robots(filename):
    '''
    단일 로그 파일의 robots.txt가 접근한 모든 호스트를 찾는다.
    '''
    robots = set()
    with gzip.open(filename) as f:
        for line in io.TextIOWrapper(f,encoding='ascii'):
            fields = line.split()
            if fields[6] == '/robots.txt':
                robots.add(fields[0])
    return robots

def find_all_robots(logdir):
    '''
    전체 파일 시퀀스와 모든 호스트를 찾는다.
    '''
    files = glob.glob(logdir+'/*.log.gz')
    all_robots = set()
    for robots in map(find_robots, files):
        all_robots.update(robots)
    return all_robots

if __name__ == '__main__':
    robots = find_all_robots('logs')
    for ipaddr in robots:
        print(ipaddr)
```

앞에 나온 프로그램은 일반적으로 사용하는 맵-리듀스(map-reduce) 스타일로 작성했다. find_robots() 함수는 모든 파일 이름에 매핑되고, 결과는 하나로 합쳐진다(all_robots 은 find_all_robots() 함수에서 설정한다).

이제 이 프로그램을 수정해서 CPU를 여러 개 사용하도록 해보자. 사실, map()을 간단히 concurrent.futures 라이브러리의 프로세스 풀에서 동작하는 것으로 바꾸기만 하면 된다. 예제는 다음과 같다.

```
# findrobots.py

import gzip
import io
import glob
from concurrent import futures

def find_robots(filename):
    '''
```

```
        단일 로그 파일의 robots.txt가 접근한 모든 호스트를 찾는다.
        '''
        robots = set()
        with gzip.open(filename) as f:
            for line in io.TextIOWrapper(f,encoding='ascii'):
                fields = line.split()
                if fields[6] == '/robots.txt':
                    robots.add(fields[0])
        return robots

    def find_all_robots(logdir):
        '''
        전체 파일 시퀀스와 모든 호스트를 찾는다.
        '''
        files = glob.glob(logdir+'/*.log.gz')
        all_robots = set()
        with futures.ProcessPoolExecutor() as pool:
            for robots in pool.map(find_robots, files):
                all_robots.update(robots)
        return all_robots

    if __name__ == '__main__':
        robots = find_all_robots('logs')
        for ipaddr in robots:
            print(ipaddr)
```

이 코드를 쿼드 코어 머신에서 실행하면 동일한 결과를 3.5배 빠르게 수행한다. 실제 실행 속도는 실험하는 컴퓨터의 CPU 개수에 따라 달라진다.

토론

ProcessPoolExecutor는 일반적으로 다음과 같이 사용한다.

```
from concurrent.futures import ProcessPoolExecutor

with ProcessPoolExecutor() as pool:
    ...
    do work in parallel using pool
    ...
```

내부적으로 ProcessPoolExecutor는 독립적인 파이썬 인터프리터를 N개 실행한다(N은 시스템에서 발견된 CPU 개수). ProcessPoolExecutor(N)에 매개변수를 지정하면 N을 바꿀 수 있다. 이 풀은 with 블록의 마지막 구문을 실행할 때까지 동작하고 프로세스 풀을 종료한다. 하지만 프로그램은 제출한 모든 작업을 처리할 때까지 기다린다.

풀에 등록할 작업은 함수 형태로 정의해야 한다. 제출할 때는 두 가지 메소드를 사용할 수 있다. 리스트 컴프리헨션이나 map() 동작을 병렬화하려 한다면 pool.map()을 사용한다.

```python
# 많은 작업을 하는 함수
def work(x):
    ...
    return result

# 병렬화하지 않은 코드
results = map(work, data)

# 병렬화 구현
with ProcessPoolExecutor() as pool:
    results = pool.map(work, data)
```

혹은 `pool.submit()` 메소드로 작업 하나를 수동으로 등록할 수 있다.

```python
# 임의의 함수
def work(x):
    ...
    return result

with ProcessPoolExecutor() as pool:
    ...
    # 풀에 작업을 등록하는 예제
    future_result = pool.submit(work, arg)

    # 결과 얻기(종료될 때까지 실행을 멈춘다.)
    r = future_result.result()
    ...
```

만약 작업을 수동으로 등록하면 결과는 Future의 인스턴스가 된다. 실제 결과를 얻으려면 `result()` 메소드를 호출한다. 이 메소드는 결과를 계산하고 풀에 의해 변환될 때까지 실행을 멈춘다.

실행을 멈추지 않고, 작업이 끝났을 때 콜백 함수를 실행하도록 할 수도 있다.

```python
def when_done(r):
    print('Got:', r.result())

with ProcessPoolExecutor() as pool:
    future_result = pool.submit(work, arg)
    future_result.add_done_callback(when_done)
```

사용자가 제공한 콜백 함수는 실제 결과를 담은 Future 인스턴스를 받아야 한다(`result()` 메소드 호출).

프로세스 풀이 사용하기는 어렵지 않지만, 큰 프로그램을 디자인할 때는 순서에 상관 없이 다음 내용에 주의해야 한다.

- 이 병렬화 기술은 독립적으로 잘게 나눌 수 있는 작업에만 잘 동작한다.

- 작업은 간단한 함수 형태로 등록해야 한다. 인스턴스 메소드, 클로저 등 다른 구조의 병렬 실행은 지원하지 않는다.

- 함수 인자와 반환 값은 pickle에 적합한 것이어야 한다. 작업은 별도의 인터프리터에서 인터프로세스 통신으로 이루어진다. 따라서 인터프리터 간 데이터 교환은 직렬화된다.

- 작업용 함수에는 영구 상태나 부작용이 포함되어 있으면 안 된다. 로깅과 같은 단순한 예외에도 자식 프로세스가 한 번 생성되고 나면 동작을 제어할 수 없다. 따라서 프로그램 신뢰성을 높이기 위해서 최대한 단순한 모습을 유지하며 환경을 변경하지 않는 순수 함수만 사용하는 것이 좋다.

- 프로세스 풀은 Unix의 시스템 호출 fork()로 생성된다. 이 호출은 파이썬 인터프리터의 복사본을 만들고 포크하는 순간 프로그램 상태를 포함시킨다. 윈도우에서는 인터프리터의 독립적 복사본이 상태를 복제하지 않는다. 실제 포킹 프로세스는 최초의 pool.map()이나 pool.submit() 메소드를 호출할 때까지 발생하지 않는다.

- 프로세스 풀과 스레드를 사용하는 프로그램을 합칠 때는 매우 주의해야 한다. 실제로 스레드를 생성하기 전에 프로세스 풀을 만들고 실행해야 한다(예: 프로그램이 시작할 때 메인 스레드에서 풀을 생성).

12.9 GIL 다루기(그리고 더 이상 걱정하지 않기)

문제

전역 인터프리터 락(Global Interpreter Lock, GIL)에 대해 들어 보았고, 멀티스레드 프로그램에서 실행 속도에 악영향을 주지 않을까 걱정이 된다.

해결

파이썬이 스레드 프로그래밍을 완벽히 지원하지는 않지만, 인터프리터의 C 구현 부분을 병렬 프로그래밍에 사용하는 것은 스레드에 안전하지 않다. 사실 인터프리터는 동시에 파이썬 스레드를 하나만 실행할 수 있도록 허용하는 소위 GIL에 의해 보호를 받는다. 우리는 멀티 스레드 파이썬 프로그램이 실제로는 다중 CPU를 완벽히 활용하지 못한다는 점에 주목해야 한다(스레드를 하나 이상 사용하는 복잡한 계산을 하는 애플리케이션도 오직 단일 CPU에서 실행된다).

GIL의 대안을 논의하기 전에, GIL은 CPU를 많이 사용하는 프로그램에만 영향이 있다는 점을 우선적으로 강조하겠다. 만약 프로그램이 하는 일이 네트워크 통신과 같이 대부분 입출력과 관련이 있다면, 스레드가 주로 하는 일이 계산이 아니라 기다리는 일이므로 스레드를 사용하는 것이 좋다. 사실 이 경우에는 아무런 걱정 없이 파이썬 스레드를 수천 개 만들어도 된다. 현대 운영 체제는 이렇게 많은 스레드를 만든다 해도 아무 문제가 없으므로 이에 대해서는 걱정하지 않아도 괜찮다.

하지만 CPU 자원을 많이 사용하는 프로그램이라면, 계산의 성능에 대해서 심도 있게 고민해 보아야 한다. 예를 들어, 단순히 내부 알고리즘을 하나 개선하는 것이 비효율적인 알고리즘을 사용한 프로그램을 스레드로 쪼개는 것보다 훨씬 성능이 좋을 수 있다. 또한 파이썬이 인터프리터에서 실행된다는 점을 고려해서, 속도에 영향을 주는 코드를 C 확장 모듈로 옮겨도 엄청난 성능 향상을 기대할 수 있다. 배열 데이터와 관련 있는 계산을 할 때 NumPy와 같은 확장 기능을 사용해도 매우 효율적이다. 마지막으로, JIT 컴파일러와 같은 최적화 기능을 탑재한 PyPy와 같은 구현도 연구해 보아야 한다(안타깝게도 이 책을 집필 중인 현재 파이썬 3에서 지원하지 않는다).

그리고 스레드를 오직 성능 향상 목적으로만 사용하지 않는다는 점도 중요하다. CPU 계산이 많은 프로그램은 그래픽 유저 인터페이스, 네트워크 연결 등의 서비스를 제공하기 위한 목적으로 스레드를 사용하기도 한다. 이 경우 GIL이 실제로 문제가 될 수 있는데, CPU 계산이 많은 코드에서 스레드를 너무 오래 실행해서 관련 없는 스레드에 원하지 않는 속도 저하 현상이 발생할 수 있기 때문이다. 사실 잘못 작성한 C 확장은 계산이 더 빨라졌다고 해도 이 문제를 더 악화시킬 수 있다.

이 모든 사항을 고려해서, GIL의 제약을 피하는 일반적인 전략을 두 가지 소개한다. 첫째는 전체적으로 파이썬만 사용하는 방법으로, multiprocessing 모듈로 프로세스 풀을 만들고 코-프로세서(co-processor)처럼 사용한다. 예를 들어 다음과 같은 스레드 코드가 있다고 가정해 보자.

```python
# CPU 계산을 많이 수행하는 함수
def some_work(args):
    ...
    return result

# 위 함수를 호출하는 스레드
def some_thread():
    while True:
        ...
        r = some_work(args)
        ...
```

다음은 풀을 사용하도록 수정한 코드이다.

```python
# 프로세스 풀 (초기화는 다음 코드 참고)
pool = None
```

```
# CPU 계산을 많이 수행하는 함수
def some_work(args):
    ...
    return result

# 위 함수를 호출하는 스레드
def some_thread():
    while True:
        ...
        r = pool.apply(some_work, (args))
        ...

# 풀 초기화
if __name__ == '__main__':
    import multiprocessing
    pool = multiprocessing.Pool()
```

이 예제는 교묘한 트릭으로 GIL 제약을 피해 간다. 스레드가 CPU를 많이 사용하는 작업을 할 때면, 이 작업을 풀에게 넘긴다. 그러면 풀은 이 작업을 다른 프로세스에서 실행 중인 별도의 파이썬 인터프리터에게 전가한다. 스레드가 결과를 기다리는 동안 GIL을 해제한다. 게다가 계산 작업이 별도의 인터프리터에서 이루어지기 때문에 GIL의 제한에 묶이지도 않는다. 멀티코어 시스템에서 이 기술을 사용하면 모든 CPU를 잘 활용할 수 있다.

두 번째 전략은 C 확장 프로그래밍에 집중하는 방식이다. 계산이 많은 작업을 C로 이동시키고, C 코드가 작업하는 동안 GIL을 해제한다. C 코드에 다음과 같이 특별 매크로를 삽입하면 된다.

```
#include "Python.h"
...

PyObject *pyfunc(PyObject *self, PyObject *args) {
    ...
    Py_BEGIN_ALLOW_THREADS
    // Threaded C code
    ...
    Py_END_ALLOW_THREADS
    ...
}
```

ctypes 라이브러리나 Cython과 같이 C에 접근하기 위한 다른 도구를 사용한다면, 아무런 작업을 하지 않아도 된다. 예를 들어 ctypes는 C를 호출하는 동안 기본적으로 GIL을 해제한다.

토론

스레드에서 속도 관련 문제가 발생하면 무조건 GIL만 탓하는 프로그래머들이 많다. 하지만 앞에서 설명한 것처럼 이런 프로그래머들은 근시안적이고 능력이 없다고 봐야 한다. 그리고 실제 멀티스레드 네트워크 프로그램에서 GIL과 전혀 관련이 없는 곳에서 알 수 없는 락이 생길 때가 있다(DNS 검색 등). 결론부터 말하자면 이런 락이 GIL 때문에 생기는 것인지 아니면 다른 원인이 있는지 스스로 연구해야 한다. 다시 한 번 강조하지만 GIL은 대개 입출력이 아니라 CPU 연산이 많은 곳에서 발생한다.

대안으로 프로세스 풀을 사용할 계획이라면, 여기에는 데이터 직렬화와 다른 파이썬 인터프리터와의 통신이 포함됨을 알고 있어야 한다. 작업은 def로 정의한 파이썬 함수여야 하고(람다, 클로저, 호출 가능 인스턴스 등은 불가능), 함수 인자와 반환 값은 반드시 pickle과 호환되어야 한다. 또한 수행하려는 작업의 크기가 충분히 커야만 통신에 따르는 부가적인 오버헤드를 상쇄할 수 있다.

그리고 스레드와 프로세스 풀을 함께 사용하기가 매우 어렵다는 측면도 고려해야 한다. 두 기능을 함께 사용하려 한다면, 스레드를 생성하기 전 프로그램 시작 시점에 싱글톤으로 프로세스 풀을 만드는 것이 가장 좋다. 그러면 스레드가 모든 작업 과정 동안 동일한 프로세스 풀을 사용한다.

C 확장의 경우, 가장 중요한 것은 파이썬 인터프리터 프로세스에서 분리시켜야 한다는 점이다. 즉, 파이썬의 작업을 C로 이전하려 한다면 C 코드가 파이썬과는 독립적으로 동작해야 한다. 다시 말해서 파이썬 자료 구조를 사용하지 않고 파이썬의 C API를 호출하지 말아야 한다는 의미이다. 그리고 C 확장을 사용한 곳에서 충분한 작업을 하도록 만들어야 한다. 단지 단순한 호출 몇 번 하는데 C 확장을 사용하기보다는 수백만 번의 계산을 하는 편이 좋다는 의미이다.

설명할 필요도 없겠지만, GIL을 피해 가는 이 해결책이 모든 문제를 해결하지는 못한다. 예를 들어 특정 애플리케이션의 경우 프로세스를 여러 개로 나누면 잘 동작하지 않고, 코드의 일부를 C로 작성하고 싶지도 않을 것이다. 이런 애플리케이션은 스스로 해결책을 만들어야 한다(다중 프로세스에서 공유 메모리 영역에 접근, 동일 프로세스에서 다중 인터프리터 실행 등). 혹은 PyPy와 같은 인터프리터 구현을 고려해 보는 것도 좋다.

레시피 15.7과 15.10에 C 확장에서 GIL을 해제하기 위한 정보가 나온다.

12.10 액터 작업 정의

문제

소위 "액터 모델(actor model)"에서 "액터(actor)"와 유사한 동작성의 작업을 정의하고 싶다.

해결

"액터 모델"은 분산 컴퓨팅에서 가장 오래되고 단순한 병렬 처리 접근법 중 하나이다. 사실 단순함이 이 방식의 매력이다. 단순히 말해서 하나의 액터는 받은 메시지에 기반해 병렬적으로 실행하는 작업이다. 이런 메시지에 응답하기 위해 다른 액터에 메시지를 보내기도 한다. 액터 간 통신은 단방향성을 띄고 비동기식이다. 따라서 메시지를 보낸 쪽은 메시지가 정확히 언제 도착했는지, 응답을 받는지, 메시지가 처리되었는지 알지 못한다.

액터는 스레드와 큐를 사용하면 간단히 정의할 수 있다.

```python
from queue import Queue
from threading import Thread, Event

# 종료에 사용하는 센티넬
class ActorExit(Exception):
    pass

class Actor:
    def __init__(self):
        self._mailbox = Queue()

    def send(self, msg):
        '''
        액터에 메시지 전송
        '''
        self._mailbox.put(msg)

    def recv(self):
        '''
        메시지 수신
        '''
        msg = self._mailbox.get()
        if msg is ActorExit:
            raise ActorExit()
        return msg

    def close(self):
        '''
        액터를 닫고, 종료
        '''
        self.send(ActorExit)

    def start(self):
        '''
        병렬 실행 시작
        '''
        self._terminated = Event()
        t = Thread(target=self._bootstrap)
```

```
            t.daemon = True
            t.start()

        def _bootstrap(self):
            try:
                self.run()
            except ActorExit:
                pass
            finally:
                self._terminated.set()

        def join(self):
            self._terminated.wait()

        def run(self):
            '''
            사용자가 구현한 메소드 실행
            '''
            while True:
                msg = self.recv()

# 샘플 액터 작업
class PrintActor(Actor):
    def run(self):
        while True:
            msg = self.recv()
            print('Got:', msg)

# 사용 예
p = PrintActor()
p.start()
p.send('Hello')
p.send('World')
p.close()
p.join()
```

앞의 예제에서 Actor 인스턴스는 send() 메소드로 메시지를 보내는 것이다. 내부적으로 메시지를 큐에 올리고 받은 메시지를 처리하는 내부 스레드에 전달한다. close() 메소드는 특별 센티넬 값(ActorExit)을 큐에 올려서 액터를 종료시키도록 프로그램되었다. 사용자는 Actor를 상속 받아서 새로운 액터를 정의하고 run() 메소드를 재정의해서 원하는 처리를 하도록 한다. ActorExit 예외는 사용자가 정의한 코드가 종료 요청을 캐치하고 적절히 처리하도록 할 때 사용한다(이 예외는 get() 메소드에 의해 발생하고 전파된다).

병렬 처리와 비동기 메시지의 필요성을 한발 양보할 수 있다면, 제너레이터를 사용해서 최소한의 액터 같은 객체를 정의할 수 있다.

```
def print_actor():
    while True:
```

```
            try:
                msg = yield          # 메시지 받기
                print('Got:', msg)
            except GeneratorExit:
                print('Actor terminating')

    # 사용 예
    p = print_actor()
    next(p)          # yield하기 위한 진행(받을 준비가 됨)
    p.send('Hello')
    p.send('World')
    p.close()
```

토론

액터는 그 단순함이 매력이라고 할 수 있다.실제로 액터의 핵심이 되는 작업은 send() 하나
뿐이다. 그리고 액터-기반 시스템에서 "메시지"의 일반적인 개념은 여러 가지로 확장할 수
있다. 예를 들어 태그한 메시지를 튜플 형태로 전달하고 액터는 이에 따라 여러 가지 동작을
할 수 있다.

```
    class TaggedActor(Actor):
        def run(self):
            while True:
                tag, *payload = self.recv()
                getattr(self,'do_'+tag)(*payload)

        # 메시지 태그에 따른 메소드
        def do_A(self, x):
            print('Running A', x)

        def do_B(self, x, y):
            print('Running B', x, y)

    # 예제
    a = TaggedActor()
    a.start()
    a.send(('A', 1))       # do_A(1) 실행
    a.send(('B', 2, 3))    # do_B(2,3) 실행
```

다른 예제로, 또 다른 액터는 워커에서 임의의 함수를 실행하고 그 결과를 Result 객체에
담아 돌려보낸다.

```
    from threading import Event
    class Result:
        def __init__(self):
            self._evt = Event()
            self._result = None

        def set_result(self, value):
```

```
            self._result = value
            self._evt.set()

    def result(self):
        self._evt.wait()
        return self._result

class Worker(Actor):
    def submit(self, func, *args, **kwargs):
        r = Result()
        self.send((func, args, kwargs, r))
        return r

    def run(self):
        while True:
            func, args, kwargs, r = self.recv()
            r.set_result(func(*args, **kwargs))

# 사용 예제
worker = Worker()
worker.start()
r = worker.submit(pow, 2, 3)
print(r.result())
```

마지막으로, 작업 메시지를 "보낸다(sending)"는 개념은 다중 프로세서나 방대한 분산 시스템으로 확장할 수 있다. 예를 들어 액터-같은 객체의 send() 메소드를 소켓 연결 상태나 메시지 인프라(AMQP, ZMQ 등)를 통해 데이터를 전송하도록 프로그램할 수 있다.

12.11 메시지 출판/구독 구현

문제

스레드 통신에 기반한 프로그램이 있고, 메시지를 출판하거나 구독하도록 구현하고 싶다.

해결

메시지 출판/구독을 구현하려면 모든 메시지의 중개인으로 동작하는 별도의 "교환(exchange)" 혹은 "입구(gateway)" 객체가 필요하다. 즉, 하나의 작업에서 다른 작업으로 직접 메시지를 보내지 않고, 메시지를 교환하도록 보내고, 다른 곳으로 배달되는 식이다. 아주 간단한 교환 예제를 보자.

```
from collections import defaultdict

class Exchange:
    def __init__(self):
        self._subscribers = set()
```

```
    def attach(self, task):
        self._subscribers.add(task)

    def detach(self, task):
        self._subscribers.remove(task)

    def send(self, msg):
        for subscriber in self._subscribers:
            subscriber.send(msg)

# 생성된 모든 교환의 딕셔너리
_exchanges = defaultdict(Exchange)

# Exchange 인스턴스와 주어진 이름을 반환
def get_exchange(name):
    return _exchanges[name]
```

사실 교환이란 객체가 서로를 구독하면서 메시지 첨부, 분리, 전송을 위한 메소드를 제공하는 것 이상의 개념은 아니다. 모든 교환은 이름으로 식별하고 get_exchange() 함수가 주어진 이름과 함께 Exchange 인스턴스를 반환한다.

다음은 교환을 사용하는 간단한 예제이다.

```
# 작업 예제. send() 메소드가 있는 객체

class Task:
    ...
    def send(self, msg):
        ...

task_a = Task()
task_b = Task()

# 교환을 얻는 예제
exc = get_exchange('name')

# 작업을 구독하는 예제
exc.attach(task_a)
exc.attach(task_b)

# 메시지를 전송하는 예제
exc.send('msg1')
exc.send('msg2')

# 구독을 해제하는 예제
exc.detach(task_a)
exc.detach(task_b)
```

이번에 다룬 테마는 여러 가지로 변형할 수 있지만 기본적인 아이디어는 동일하다. 메시지를 교환에 보내고, 그 교환은 메시지를 구독 중인 것에게 전송한다.

토론

서로 메시지를 전송하는 스레드(큐를 통해서)나 작업을 구현하는 개념은 인기 있고 구현하기도 쉽다. 하지만 메시지 출판/구독 모델은 간과하고 넘어가는 경우가 많다.

첫째, 교환 사용은 복잡한 스레드 통신 설정을 단순화할 수 있다. 다중 프로세스 모듈 간에 스레드를 이어 주려고 노력하지 않고 교환에 연결해 주기만 하면 된다. 어찌 보면 `logging` 라이브러리가 동작하는 방식과 비슷하기도 하다. 실제로 교환을 사용하면 프로그램에서 여러 작업을 분리할 때 편리하다.

둘째, 메시지를 여러 구독자에게 보내는 능력은 새로운 통신 패턴을 가능하게 한다. 예를 들어, 여분의 작업, 브로드캐스팅, 전개 등의 시스템을 구현할 수 있다. 또한 일반적인 구독자로서 교환에 첨부되는 디버깅이나 진단 도구를 만들 수도 있다. 예를 들어, 송신 메시지를 표시하는 간단한 진단 클래스를 보자.

```python
class DisplayMessages:
    def __init__(self):
        self.count = 0
    def send(self, msg):
        self.count += 1
        print('msg[{}]: {!r}'.format(self.count, msg))

exc = get_exchange('name')
d = DisplayMessages()
exc.attach(d)
```

마지막으로, 이 구현에서 고려해야 할 한 가지 측면으로 여러 가지 작업 같은(task-like) 객체에 동작한다는 것이 있다. 예를 들어, 액터(레시피 12.10 참고), 코루틴, 네트워크 연결, `send()` 메소드를 올바르게 구현한 모든 것이 메시지 수신자가 될 수 있다.

교환을 사용할 때는 구독자를 올바르게 연결하거나 끊어야 한다는 점을 조심해야 한다. 자원을 올바르게 관리하기 위해서 모든 구독자는 반드시 연결을 끊어야 한다. 이런 목표로 다음과 유사한 프로그래밍 모델을 사용한다.

```python
exc = get_exchange('name')
exc.attach(some_task)
try:
    ...
finally:
    exc.detach(some_task)
```

어떻게 보면 파일, 락 등 객체를 사용하는 것과 비슷하다. 경험에 따르면 마지막에 detach() 단계를 건너뛰는 경우가 많다. 이를 단순화하기 위해서 콘텍스트 관리 프로토콜을 고려해 보아도 좋다. 예를 들어 다음과 같이 교환에 subscribe() 메소드를 추가한다.

```python
from contextlib import contextmanager
from collections import defaultdict

class Exchange:
    def __init__(self):
        self._subscribers = set()

    def attach(self, task):
        self._subscribers.add(task)

    def detach(self, task):
        self._subscribers.remove(task)

    @contextmanager
    def subscribe(self, *tasks):
        for task in tasks:
            self.attach(task)
        try:
            yield
        finally:
            for task in tasks:
                self.detach(task)

    def send(self, msg):
        for subscriber in self._subscribers:
            subscriber.send(msg)

# 생성된 모든 교환의 딕셔너리
_exchanges = defaultdict(Exchange)

# Exchange 인스턴스와 주어진 이름을 반환
def get_exchange(name):
    return _exchanges[name]

# subscribe() 메소드를 사용하는 예제
exc = get_exchange('name')
with exc.subscribe(task_a, task_b):
    ...
    exc.send('msg1')
    exc.send('msg2')
    ...

# task_a와 task_b 연결이 여기서 끊어진다.
```

마지막으로, 교환 아이디어를 확장할 수 있는 수많은 가능성이 있다는 점이 중요하다. 예를 들어, 메시지 채널의 전체 컬렉션을 구현하거나 교환 이름에 패턴 매칭 규칙을 적용할 수 있다. 또한 분산 컴퓨팅 애플리케이션에 확장할 수도 있다(물리적으로 떨어져 있는 머신에 작업을 보내는 등).

12.12 스레드의 대안으로 제너레이터 사용

문제

시스템 스레드 대신 제너레이터(코루틴)를 사용해서 병렬 처리를 구현하고 싶다. 사용자 레벨 스레딩(user-level threading)이나 그린 스레딩(green threading)이라 불리는 방식이다.

해결

제너레이터를 사용해서 병렬 처리를 직접 구현하려면, 제너레이터 함수와 yield 구문에 대해 자세한 기반 지식이 있어야 한다. 특히 yield가 제너레이터의 실행을 지연시킨다는 점이 핵심이다. 실행을 지연시킴으로써, 제너레이터를 일종의 "작업"으로 취급하는 스케줄러를 작성하고 일종의 작업 스위칭을 사용해서 실행할 수 있다.

이 아이디어의 이해를 돕기 위해 yield를 사용하는 제너레이터 함수 두 개를 예로 든다.

```python
# 간단한 제너레이터 함수 두 가지
def countdown(n):
    while n > 0:
        print('T-minus', n)
        yield
        n -= 1
    print('Blastoff!')

def countup(n):
    x = 0
    while x < n:
        print('Counting up', x)
        yield
        x += 1
```

yield를 스스로 사용하고 있는 이 함수들이 우습게 보일지도 모르겠다. 하지만, 간단한 작업 스케줄러를 구현하는 다음 코드를 고려해 보자.

```python
from collections import deque

class TaskScheduler:
    def __init__(self):
        self._task_queue = deque()

    def new_task(self, task):
        '''
        새롭게 시작한 작업을 스케줄러에 등록
```

```
        '''
        self._task_queue.append(task)

    def run(self):
        '''
        작업이 없을 때까지 실행
        '''
        while self._task_queue:
            task = self._task_queue.popleft()
            try:
                # 다음 yield 구문까지 작업을 실행
                next(task)
                self._task_queue.append(task)
            except StopIteration:
                # 제너레이터가 더 이상 실행 중이지 않다.
                pass

# 사용 예제
sched = TaskScheduler()
sched.new_task(countdown(10))
sched.new_task(countdown(5))
sched.new_task(countup(15))
sched.run()
```

이 코드에서, TaskScheduler 클래스는 제너레이터를 순환하며 실행한다(모두 yield 구문을 만날 때까지 실행한다). 다음은 실행 샘플이다.

```
T-minus 10
T-minus 5
Counting up 0
T-minus 9
T-minus 4
Counting up 1
T-minus 8
T-minus 3
Counting up 2
T-minus 7
T-minus 2
...
```

이 시점에서, "운영 체제"의 아주 작은 핵심부를 구현했다. 제너레이터 함수는 작업이 되고, yield 구문은 이 작업이 어떻게 지연되어야 할지에 대한 신호이다. 스케줄러는 단순히 실행할 것이 없을 때까지 작업을 순환한다.

실제로 앞에 나온 것 같이 단순한 것에 병렬 처리를 구현하기 위해 제너레이터를 사용하지는 않을 것이다. 그 대신 액터(레시피 12.10 참고)나 네트워크 서버를 구현할 때 스레드를 사용하지 않고 제너레이터를 사용할 수 있다.

다음 코드는 스레드 대신 제너레이터를 사용해서 액터를 구현한 예제이다.

```python
from collections import deque

class ActorScheduler:
    def __init__(self):
        self._actors = { }          # 이름을 액터에 매핑
        self._msg_queue = deque()    # 메시지 큐

    def new_actor(self, name, actor):
        '''
        새롭게 시작한 액터를 스케줄러에 등록하고 이름을 짓는다.
        '''
        self._msg_queue.append((actor,None))
        self._actors[name] = actor

    def send(self, name, msg):
        '''
        이름 있는 액터에 메시지 전송
        '''
        actor = self._actors.get(name)
        if actor:
            self._msg_queue.append((actor,msg))

    def run(self):
        '''
        지연 중인 메시지가 있으면 실행
        '''
        while self._msg_queue:
            actor, msg = self._msg_queue.popleft()
            try:
                actor.send(msg)
            except StopIteration:
                pass

# 사용 예제
if __name__ == '__main__':
    def printer():
        while True:
            msg = yield
            print('Got:', msg)

    def counter(sched):
        while True:
            # 현재 카운트 받기
            n = yield
            if n == 0:
                break
            # 프린터 작업에 전송
            sched.send('printer', n)
            # 다음 카운트를 카운터 작업에 전송(재귀적)
```

```
            sched.send('counter', n-1)

    sched = ActorScheduler()
    # 초기 액터 생성
    sched.new_actor('printer', printer())
    sched.new_actor('counter', counter(sched))

    # 시작하기 위해 초기 메시지를 카운터에 전송
    sched.send('counter', 10000)
    sched.run()
```

이 코드가 잘 이해되지 않을 수도 있는데, 핵심은 지연 중인 메시지이다. 근본적으로 스케 줄러는 배달할 메시지가 있을 때만 실행된다. 중요한 기능은 counter 제너레이터가 자기 자신에게 메시지를 보내고 파이썬의 재귀 제약에 걸리지 않는 재귀 사이클에 빠진다.

다음은 제너레이터로 병렬 네트워크 애플리케이션을 구현한 고급 예제이다.

```
    from collections import deque
    from select import select

    # 이 클래스는 스케줄러에서 일반적인 yield 이벤트를 표시한다.
    class YieldEvent:
        def handle_yield(self, sched, task):
            pass
        def handle_resume(self, sched, task):
            pass

    # 작업 스케줄러
    class Scheduler:
        def __init__(self):
            self._numtasks = 0          # 작업 개수
            self._ready = deque()       # 실행 준비가 된 작업
            self._read_waiting = {}     # 읽기 대기 중인 작업
            self._write_waiting = {}    # 쓰기 대기 중인 작업

        # 입출력 이벤트를 폴링하고 기다리기 동작을 재시작한다.
        def _iopoll(self):
            rset,wset,eset = select(self._read_waiting,
                                    self._write_waiting,[])
            for r in rset:
                evt, task = self._read_waiting.pop(r)
                evt.handle_resume(self, task)
            for w in wset:
                evt, task = self._write_waiting.pop(w)
                evt.handle_resume(self, task)

        def new(self,task):
            '''
            새롭게 시작한 작업을 스케줄러에 등록
            '''
```

```python
            self._ready.append((task, None))
            self._numtasks += 1

        def add_ready(self, task, msg=None):
            '''
            이미 시작한 작업을 기다림 큐에 넣는다.
            msg는 다시 시작할 때 작업에 보내는 것이다.
            '''
            self._ready.append((task, msg))

        # 읽기 세트에 작업 추가
        def _read_wait(self, fileno, evt, task):
            self._read_waiting[fileno] = (evt, task)

        # 쓰기 세트에 작업 추가
        def _write_wait(self, fileno, evt, task):
            self._write_waiting[fileno] = (evt, task)

        def run(self):
            '''
            작업이 없을 때까지 작업 스케줄러 실행
            '''
            while self._numtasks:
                if not self._ready:
                    self._iopoll()
                task, msg = self._ready.popleft()
                try:
                    # 다음 yield에 코루틴 실행
                    r = task.send(msg)
                    if isinstance(r, YieldEvent):
                        r.handle_yield(self, task)
                    else:
                        raise RuntimeError('unrecognized yield event')
                except StopIteration:
                    self._numtasks -= 1

# 코루틴 기반 소켓 입출력 구현 예제
class ReadSocket(YieldEvent):
    def __init__(self, sock, nbytes):
        self.sock = sock
        self.nbytes = nbytes
    def handle_yield(self, sched, task):
        sched._read_wait(self.sock.fileno(), self, task)
    def handle_resume(self, sched, task):
        data = self.sock.recv(self.nbytes)
        sched.add_ready(task, data)

class WriteSocket(YieldEvent):
    def __init__(self, sock, data):
        self.sock = sock
        self.data = data
    def handle_yield(self, sched, task):
```

```
                sched._write_wait(self.sock.fileno(), self, task)
        def handle_resume(self, sched, task):
            nsent = self.sock.send(self.data)
            sched.add_ready(task, nsent)

    class AcceptSocket(YieldEvent):
        def __init__(self, sock):
            self.sock = sock
        def handle_yield(self, sched, task):
            sched._read_wait(self.sock.fileno(), self, task)
        def handle_resume(self, sched, task):
            r = self.sock.accept()
            sched.add_ready(task, r)

# yield와 함께 사용하기 위해 소켓 객체를 감싸는 래퍼(wrapper)
class Socket(object):
    def __init__(self, sock):
        self._sock = sock
    def recv(self, maxbytes):
        return ReadSocket(self._sock, maxbytes)
    def send(self, data):
        return WriteSocket(self._sock, data)
    def accept(self):
        return AcceptSocket(self._sock)
    def __getattr__(self, name):
        return getattr(self._sock, name)

if __name__ == '__main__':
    from socket import socket, AF_INET, SOCK_STREAM
    import time

    # 제너레이터 관련 함수 예제
    # 이 함수는 yield from readline(sock)과 함께 호출해야 한다.
    def readline(sock):
        chars = []
        while True:
            c = yield sock.recv(1)
            if not c:
                break
            chars.append(c)
            if c == b'\n':
                break
        return b''.join(chars)

    # 제너레이터를 사용한 에코 서버
    class EchoServer:
        def __init__(self,addr,sched):
            self.sched = sched
            sched.new(self.server_loop(addr))

        def server_loop(self,addr):
            s = Socket(socket(AF_INET,SOCK_STREAM))
```

```
            s.bind(addr)
            s.listen(5)
            while True:
                c,a = yield s.accept()
                print('Got connection from ', a)
                self.sched.new(self.client_handler(Socket(c)))

        def client_handler(self,client):
            while True:
                line = yield from readline(client)
                if not line:
                    break
                line = b'GOT:' + line
                while line:
                    nsent = yield client.send(line)
                    line = line[nsent:]
            client.close()
            print('Client closed')

    sched = Scheduler()
    EchoServer(('',16000),sched)
    sched.run()
```

이 코드는 상당히 이해하기 어려울 것이다. 하지만, 근본적으로 작은 운영 체제를 구현하고
있다. 실행할 준비가 되어 있는 작업을 위한 큐가 있고, 입출력을 위해 잠들어 있는 작업용
대기 영역이 있다. 많은 스케줄러는 기다림 큐와 입출력 대기 영역 간에 작업을 이동시킨다.

토론

제너레이터 기반 병렬 처리 프레임워크를 만들 때는 좀 더 일반적인 yield 형태로 작업을
하게 된다.

```
def some_generator():
    ...
    result = yield data
    ...
```

yield를 이렇게 사용하는 함수는 좀 더 일반적으로 "코루틴(coroutine)"이라고 부른다. 스
케줄러에서 yield는 순환문 안에서 다음과 같이 처리한다.

```
f = some_generator()

# 아직 아무것도 계산하지 않았기 때문에 초기 값은 None
result = None
while True:
    try:
        data = f.send(result)
        result = ... do some calculation ...
    except StopIteration:
        break
```

result 관련 로직이 조금 난해하기는 하다. 하지만 send()에 전달하는 값은 yield 구문이 깨어났을 때 반환될 것을 정의한다. 따라서 기존에 yield한 데이터에 대한 응답을 반환할 것이라면, 다음 send() 동작에 반환된다. 만약 제너레이터 함수가 방금 시작했다면 단순히 None 값을 전달해서 첫 번째 yield 구문으로 넘어가도록 한다.

값을 전송하는 것 외에, 제너레이터에 close() 메소드를 실행할 수도 있다. 이 메소드는 yield 구문에 GeneratorExit 예외를 발생시켜서 실행을 멈춘다. 원한다면 제너레이터에서 이 예외를 캐치하고 알맞은 처리를 할 수 있다. 또한 제너레이터의 throw() 메소드를 사용해서 yield 구문에서 임의의 실행을 발생시킬 수도 있다. 실행 중인 제너레이터와 에러를 통신하기 위해서 작업 스케줄러를 사용할 수 있다.

마지막 예제에서, 다른 제너레이터에서 호출하기 위한 서브루틴이나 프로시저 용의 코루틴을 구현하기 위해서 사용한 yield from 구문을 사용했다. 본질적으로 새로운 함수로의 투명한 전송을 제어한다. 일반적인 제너레이터와는 다르게, yield from으로 호출하는 함수는 yield from 구문의 결과가 될 수 있는 값만 반환할 수 있다. yield from에 대한 더 많은 정보는 PEP 380을 참고한다.

마지막으로, 제너레이터 프로그래밍을 할 때 주요 제약이 있다는 점을 기억해야 한다. 실제로 스레드가 제공하는 아무런 이득도 얻을 수 없다. 예를 들어, CPU에 묶여 있거나 입출력을 막는 코드를 실행할 때 이 작업을 마칠 때까지 작업 스케줄러 전체의 실행이 멈춘다. 이러한 단점을 피하려면 독립적으로 실행되는 스레드나 프로세스로 작업을 델리게이트하는 방법밖에 없다. 또 다른 제약으로 대개의 파이썬 라이브러리는 제너레이터 기반 스레딩에 잘 동작하도록 작성되지 않았다는 점이 있다. 이 방식을 따르면 표준 라이브러리 함수를 직접 사용하지 못하고 스스로 작성해야 하는 문제가 자주 발생한다.

이번 레시피에서 사용한 기술과 코루틴에 대한 기반 지식으로 PEP 342와 "A Curious Course on Coroutines and Concurrency"를 참고하도록 한다.

PEP 3156도 코루틴 관련 현대적 비동기 입출력에 대한 내용을 다룬다. 실제로 하위 레벨 코루틴 스케줄러를 직접 작성할 확률은 매우 희박하다. 하지만, 코루틴 관련 아이디어는 gevent, greenlet, Stackless Python 등 여러 인기 있는 라이브러리의 근간이 된다.

12.13 다중 스레드 큐 폴링

문제

스레드 큐가 있고, 들어 오는 아이템에 대해서 마치 네트워크 연결에 폴링하듯 사용하고 싶다.

해결

폴링 문제를 해결할 때 잘 알려지지 않은 트릭인 숨겨진 루프백 네트워크 연결(hidden loopback network connection)을 사용한다. 폴링하고 싶은 모든 큐에 대해(혹은 객체), 연결된 소켓 페어를 생성하는 것이 핵심 아이디어이다. 그 후에 하나의 소켓에서 데이터의 유무를 호출하도록 한다. 다른 소켓은 select()나 유사 함수에 이를 전달해서 도착한 데이터를 폴링하도록 한다. 이 아이디어를 구현한 코드를 보자.

```python
import queue
import socket
import os

class PollableQueue(queue.Queue):
    def __init__(self):
        super().__init__()
        # 연결된 소켓 페어 생성
        if os.name == 'posix':
            self._putsocket, self._getsocket = socket.socketpair()
        else:
            # POSIX가 아닌 시스템에 대한 호환
            server = socket.socket(socket.AF_INET, socket.SOCK_STREAM)
            server.bind(('127.0.0.1', 0))
            server.listen(1)
            self._putsocket = socket.socket(socket.AF_INET, socket.SOCK_STREAM)
            self._putsocket.connect(server.getsockname())
            self._getsocket, _ = server.accept()
            server.close()

    def fileno(self):
        return self._getsocket.fileno()

    def put(self, item):
        super().put(item)
        self._putsocket.send(b'x')

    def get(self):
        self._getsocket.recv(1)
        return super().get()
```

이 코드에서 내부적으로 연결된 소켓 페어를 가지고 있는 새로운 Queue 인스턴스를 정의했다. Unix 머신의 socketpair() 함수로 이런 소켓을 쉽게 만들 수 있다. Windows의 경우에는, 앞에 나온 것과 유사한 코드를 사용해서 속여야 한다(조금 이상해 보이지만, 서버 소켓이 생성되고 바로 클라이언트가 여기에 연결된다). 일반적인 get()과 put() 메소드를 재정의해서 이 소켓에 입출력을 하도록 한다. put() 메소드는 큐에 데이터를 넣고, 하나의 소켓에 데이터의 바이트 하나를 쓴다. get() 메소드는 큐에서 아이템을 제거할 때 다른 소켓에서 데이터의 바이트 하나를 읽는다.

fileno() 메소드는 select()와 같은 함수를 사용해서 큐를 폴링할 수 있도록 한다. 사실이 함수는 get() 함수가 사용하는 내부 소켓 파일 디스크립터를 노출하는 일을 한다.

다음은 들어 오는 아이템에 대한 다중 큐를 모니터링하는 소비자 정의 코드 샘플이다.

```python
import select
import threading

def consumer(queues):
    '''
    다중 큐에서 동시에 데이터를 읽는 소비자
    '''
    while True:
        can_read, _, _ = select.select(queues,[],[])
        for r in can_read:
            item = r.get()
            print('Got:', item)

q1 = PollableQueue()
q2 = PollableQueue()
q3 = PollableQueue()
t = threading.Thread(target=consumer, args=([q1,q2,q3],))
t.daemon = True
t.start()

# 큐에 데이터 넣기
q1.put(1)
q2.put(10)
q3.put('hello')
q2.put(15)
...
```

이 코드를 실행하면, 위치한 큐가 어느 것이든 상관 없이 소비자가 모든 아이템을 받는 것을 확인할 수 있다.

토론

큐처럼 파일 같지 않은 객체를 폴링할 때의 문제는 생각보다 훨씬 복잡하다. 예를 들어, 앞에 나온 소켓 기술을 사용하지 않으면 큐를 순환하고 타이머를 사용하는 코드를 작성하는 것밖에는 방법이 없다.

```python
import time
def consumer(queues):
    while True:
        for q in queues:
            if not q.empty():
                item = q.get()
                print('Got:', item)
            # CPU 100% 사용을 방지하기 위한 짧은 sleep
            time.sleep(0.01)
```

이 코드가 동작하는 경우도 있지만, 이는 어설픈 코드이고 이상한 성능 문제가 발생하기도 한다. 예를 들어 큐에 새로운 데이터를 넣었을 때 10 밀리초 동안 탐지하지 못한다(현대 프로세서에서 10 밀리초는 굉장히 긴 시간이다).

네트워크 소켓과 같은 다른 객체를 폴링하는 것과 섞이는 경우에 더 심각한 문제가 발생한다. 예를 들어 큐와 소켓을 동시에 폴링하려고 하면 다음과 같은 코드를 사용해야 한다.

```python
import select

def event_loop(sockets, queues):
    while True:
        # 타임아웃을 가지고 폴링
        can_read, _, _ = select.select(sockets, [], [], 0.01)
        for r in can_read:
            handle_read(r)
        for q in queues:
            if not q.empty():
                item = q.get()
                print('Got:', item)
```

앞에 나온 코드는 단순히 큐를 소켓과 함께 동일한 상태로 놓아서 많은 문제를 해결한다. 양쪽의 동작을 폴링하는 데 하나의 select() 호출을 사용할 수 있다. 그리고 타임아웃이나 기타 시간 기반 확인을 꼭 사용해야 하는 것은 아니다. 게다가 데이터가 큐에 추가되면 소비자는 거의 동시에 통지를 받는다. 입출력으로 인해 아주 약간의 지연이 생기지만, 코딩을 단순화하고 더 빠른 응답을 위해서는 나쁘지 않다.

12.14 Unix에서 데몬 프로세스 실행

문제

Unix나 유사 시스템에서 데몬 프로세스(daemon process)로 실행하는 프로그램을 작성하고 싶다.

해결

올바른 데몬 프로세스를 생성하려면 정확한 시스템 호출 순서가 필요하고 세세한 부분을 조심스럽게 다루어야 한다. 다음 코드는 실행한 후에 쉽게 멈출 수 있는 데몬 프로세스를 정의하는 방법을 보여준다.

```python
#!/usr/bin/env python3
# daemon.py

import os
import sys
import atexit
import signal

def daemonize(pidfile, *, stdin='/dev/null',
                          stdout='/dev/null',
                          stderr='/dev/null'):

    if os.path.exists(pidfile):
        raise RuntimeError('Already running')

    # 최초 포크(부모로부터 분리)
    try:
        if os.fork() > 0:
            raise SystemExit(0)    # Parent exit
    except OSError as e:
        raise RuntimeError('fork #1 failed.')

    os.chdir('/')
    os.umask(0)
    os.setsid()
    # 두 번째 포크(세션 리더십 포기)
    try:
        if os.fork() > 0:
            raise SystemExit(0)
    except OSError as e:
        raise RuntimeError('fork #2 failed.')

    # 입출력 버퍼 플러시
    sys.stdout.flush()
    sys.stderr.flush()

    # stdin, stdout, stderr의 파일 디스크립터 치환
```

```
            with open(stdin, 'rb', 0) as f:
                os.dup2(f.fileno(), sys.stdin.fileno())
            with open(stdout, 'ab', 0) as f:
                os.dup2(f.fileno(), sys.stdout.fileno())
            with open(stderr, 'ab', 0) as f:
                os.dup2(f.fileno(), sys.stderr.fileno())

            # PID 파일 쓰기
            with open(pidfile,'w') as f:
                print(os.getpid(),file=f)

            # 종료/호출 시 PID 파일이 제거되도록 정리
            atexit.register(lambda: os.remove(pidfile))

            # 종료에 대한 호출 핸들러 (필요함)
            def sigterm_handler(signo, frame):
                raise SystemExit(1)

            signal.signal(signal.SIGTERM, sigterm_handler)

    def main():
        import time
        sys.stdout.write('Daemon started with pid {}\n'.format(os.getpid()))
        while True:
            sys.stdout.write('Daemon Alive! {}\n'.format(time.ctime()))
            time.sleep(10)

    if __name__ == '__main__':
        PIDFILE = '/tmp/daemon.pid'

        if len(sys.argv) != 2:
            print('Usage: {} [start|stop]'.format(sys.argv[0]), file=sys.stderr)
            raise SystemExit(1)

        if sys.argv[1] == 'start':
            try:
                daemonize(PIDFILE,
                          stdout='/tmp/daemon.log',
                          stderr='/tmp/dameon.log')
            except RuntimeError as e:
                print(e, file=sys.stderr)
                raise SystemExit(1)

            main()

        elif sys.argv[1] == 'stop':
            if os.path.exists(PIDFILE):
                with open(PIDFILE) as f:
                    os.kill(int(f.read()), signal.SIGTERM)
            else:
                print('Not running', file=sys.stderr)
                raise SystemExit(1)
```

```
    else:
        print('Unknown command {!r}'.format(sys.argv[1]), file=sys.stderr)
        raise SystemExit(1)
```

데몬을 실행하려면 사용자가 다음과 같이 명령어를 입력해야 한다.

```
bash % daemon.py start
bash % cat /tmp/daemon.pid
2882
bash % tail -f /tmp/daemon.log
Daemon started with pid 2882
Daemon Alive! Fri Oct 12 13:45:37 2012
Daemon Alive! Fri Oct 12 13:45:47 2012
...
```

데몬 프로세스는 백그라운드에서 영원히 실행되므로 명령어를 그 즉시 반환된다. 하지만, 앞에 나온 것처럼 관련된 pid 파일과 로그를 볼 수 있다. 데몬을 종료하려면 다음과 같이 한다.

```
bash % daemon.py stop
bash %
```

토론

이번 레시피는 프로그램을 시작할 때 호출해서 데몬을 실행시키는 함수 daemonize()를 정의한다. daemonize()의 시그니처는 키워드로만 넣을 수 있는 인자를 사용해서 옵션 인자를 사용했을 때 그 의미를 더욱 분명히 한다. 이렇게 함으로써 사용자가 다음과 같이 호출하도록 강제한다.

```
daemonize('daemon.pid',
          stdin='/dev/null',
          stdout='/tmp/daemon.log',
          stderr='/tmp/daemon.log')
```

다음과 같이 알아볼 수 없는 호출 형식을 피할 수 있다.

```
# 불가능. 반드시 키워드로만 가능한 인자를 사용해야 한다.
daemonize('daemon.pid',
          '/dev/null', '/tmp/daemon.log','/tmp/daemon.log')
```

데몬을 생성하는 이 단계는 꽤 복잡하지만, 일반적인 아이디어는 다음과 같다. 첫째, 데몬은 부모 프로세스로부터 분리되어야 한다. 바로 이것이 첫 번째 os.fork()와 부모에 의한 즉각적인 종료의 목적이다.

자식 프로세스를 잃고 나서 os.setsid()를 호출하면 완전히 새로운 프로세스를 생성하고 자식을 리더로 설정한다. 이렇게 하면 자식을 새로운 프로세스 그룹의 리더로 설정하고 제어 터미널이 없음을 보장한다. 이해하기 조금 어려울 텐데, 쉽게 말해서 데몬을 터미널에서 올바르게 떼어내고 신호와 같은 것이 이런 작업을 방해하지 않도록 보장해야 한다는 의미이다.

os.chdir()와 os.umask(0)을 호출하면 현재 작업 디렉터리와 파일 모드 마스크를 재설정한다. 디렉터리를 변경하면 데몬을 실행한 디렉터리에서 더 이상 동작하지 못하도록 하므로 좋은 발상이다.

os.fork()를 두 번째로 호출하는 이유는 더더욱 이해하기 힘들 것이다. 이 과정은 데몬 프로세스가 새로운 제어 터미널을 취득하지 못하도록 하고 더 높은 고립을 제공한다(본질적으로, 데몬이 세션 리더십을 포기하고 따라서 제어 터미널을 열 권한이 없다). 이 단계를 생략할 수 있지만, 일반적으로 생략하지 않는 것을 권장한다.

데몬 프로세스를 제거하고 나면 사용자가 명시한 파일을 가리키도록 표준 입출력 스트림을 다시 초기화한다. 이 부분은 실제로 꽤 복잡하다. 표준 입출력 스트림과 연관된 파일 객체에 대한 참조는 인터프리터의 여러 장소에서 발견된다(sys.stdout, sys.__stdout__ 등). 간단히 sys.stdout을 닫고 재할당한다고 해도 제대로 동작하지 않는다. 왜냐하면 sys.stdout 사용을 모두 고쳤는지 그 여부를 알 수 있는 방법이 없기 때문이다. 대신 별도의 파일 객체를 열고, os.dup2() 호출을 사용해서 sys.stdout이 현재 사용하고 있는 파일 디스크립터를 치환한다. 이 일이 일어날 때, sys.stdout의 원본 파일이 닫히고 새로운 것이 대체한다. 표준 입출력 스트림에 이미 적용되어 있는 모든 파일 인코딩과 텍스트 핸들링에 변함이 없음을 기억하도록 하자.

데몬 프로세스를 연습하는 일반적인 방법은 다른 프로그램에서 추후에 사용하기 위해 데몬의 프로세스 ID를 파일에 적어 두는 것이다. daemonize() 함수의 마지막 부분이 이 파일을 쓰지만, 프로그램이 종료될 때 파일을 없애는 역할도 한다. atexit.register() 함수는 파이썬 인터프리터가 종료될 때 실행하기 위한 함수를 등록한다. 올바른 종료를 위해서 SIGTERM의 신호 핸들러도 정의해야 한다. 이 신호 핸들러는 SystemExit()를 발생시키는 것 이외의 일은 하지 않는다. 이 과정이 불필요해 보일지도 모르겠지만, 이렇게 하지 않으면 종료 신호가 atexit.register()로 등록한 소거 동작 없이 인터프리터를 종료시켜 버린다. 데몬을 죽여 버리는 예제 코드는 프로그램 마지막의 stop 명령어 처리 부분에서 찾을 수 있다.

데몬 프로세스 작성에 대한 더 많은 정보는 W. 리차드 스티븐스(W. Richard Stevens)와 스테픈 A. 라고(Stephen A. Rago)가 쓴 *Advanced Programming in the UNIX Environment*, 2nd Edition에 잘 나와 있다. 이 책은 C 프로그래밍에 초점을 맞추고 있지만, 필요한 모든 POSIX 함수는 표준 라이브러리에서 제공하므로 파이썬에서 쉽게 채용할 수 있다.

## CHAPTER 13

유틸리티 스크립트와 시스템 관리

많은 사람들은 셸 스크립트를 대체하려고 파이썬을 사용하고, 파일 관리, 시스템 환경 설정 등을 자동화한다. 이번 장의 주요 목적은 스크립트를 작성할 때 마주치는 일반적인 작업에 관련된 기능을 다루는 것이다. 예를 들어, 커맨드 라인 옵션 파싱, 파일 시스템의 파일 다루기, 시스템 환경 설정 데이타 얻기 등이다. 참고로 파일과 디렉터리에 대한 일반적인 내용은 5장에서도 설명했다.

13.1 리다이렉션, 파이프, 입력 파일을 통한 스크립트 입력 받기

문제

작성한 스크립트에서 사용자가 가장 편리한 방식으로 입력을 받도록 하고 싶다. 여기에는 명령어에서 스크립트로의 파이프 출력, 파일에서 스크립트로의 리다이렉트, 파일 이름이나 파일 이름 리스트 등을 커맨드 라인에서 스크립트로 전달하는 것이 포함되어야 한다.

해결

파이썬의 내장 fileinput 모듈을 사용하면 쉽게 이 문제를 해결할 수 있다. 다음과 같은 스크립트가 있다고 가정해 보자.

```python
#!/usr/bin/env python3
import fileinput

with fileinput.input() as f_input:
    for line in f_input:
        print(line, end='')
```

그러면 이제 앞에서 언급했던 모든 방식으로 스크립트에 입력을 넣을 수 있다. 이 스크립트를 *filein.py*로 저장하고 실행 가능하게 만들었다면, 다음과 같이 입력하면 의도한 결과가 나온다.

```
$ ls | ./filein.py          # stdout에 디렉터리 리스트 출력
$ ./filein.py /etc/passwd   # /etc/passwd를 stdout에 읽기
$ ./filein.py < /etc/passwd # /etc/passwd를 stdout에 읽기
```

토론

`fileinput.input()` 함수는 `FileInput` 클래스의 인스턴스를 생성하고 반환한다. 여기에는 유용한 헬퍼 메소드 몇 가지가 있고 이를 콘텍스트 매니저로 사용할 수 있다. 따라서 여러 파일로부터 결과물을 출력해야 하는 스크립트를 작성했다면, 다음과 같이 파일 이름과 줄 번호를 출력에 넣을 수 있다.

```
>>> import fileinput
>>> with fileinput.input('/etc/passwd') as f:
>>>     for line in f:
...         print(f.filename(), f.lineno(), line, end='')
...
/etc/passwd 1 ##
/etc/passwd 2 # User Database
/etc/passwd 3 #
```

<이하 생략>

콘텍스트 매니저로 사용하면 파일을 더 이상 사용하지 않을 때 자동으로 닫아 준다. 그리고 `FileInput` 헬퍼 메소드의 힘을 빌려서 몇 가지 추가적인 정보를 출력으로부터 얻었다.

13.2 에러 메시지와 함께 프로그램 종료

문제

표준 에러에 메시지를 출력하고 0이 아닌 상태 코드를 반환하며 프로그램을 종료하도록 하고 싶다.

해결

이렇게 프로그램을 종료하려면 `SystemExit` 예외를 발생시키면 되지만, 이때 에러 메시지를 인자로 넣어야 한다.

```
raise SystemExit('It failed!')
```

앞에 나온 코드를 실행하면 `sys.stderr`에 메시지를 출력하고 상태 코드 1을 반환하며 프로그램이 종료한다.

토론

이번 레시피의 규모는 작지만 스크립트를 작성할 때 발생하는 일반적인 문제를 해결해 본다. 프로그램을 올바르게 종료하기 위해서 다음과 같은 코드를 작성하면 된다.

```python
import sys
sys.stderr.write('It failed!\n')
raise SystemExit(1)
```

import나 sys.stderr에 쓰기와 관련하여 추가적인 작업이 전혀 필요 없으며, 단순히 System Exit()에 메시지를 넣기만 하면 된다.

13.3 커맨드 라인 옵션 파싱

문제

커맨드 라인에 주어진 옵션을 파싱하는 프로그램을 작성하고 싶다(sys.argv에 담겨 있다).

해결

커맨드 라인 옵션을 파싱하려면 argparse 모듈을 사용한다. 핵심 기능을 설명하기 위해 간단한 예제를 보자.

```python
# search.py
'''
하나 혹은 그 이상의 텍스트 패턴에 대한 파일을 찾기 위한 가상의 커맨드 라인 도구
'''
import argparse
parser = argparse.ArgumentParser(description='Search some files')

parser.add_argument(dest='filenames',metavar='filename', nargs='*')

parser.add_argument('-p', '--pat',metavar='pattern', required=True,
                    dest='patterns', action='append',
                    help='text pattern to search for')

parser.add_argument('-v', dest='verbose', action='store_true',
                    help='verbose mode')

parser.add_argument('-o', dest='outfile', action='store',
                    help='output file')

parser.add_argument('--speed', dest='speed', action='store',
                    choices={'slow','fast'}, default='slow',
                    help='search speed')

args = parser.parse_args()
```

```
    # 수집한 인자를 출력
    print(args.filenames)
    print(args.patterns)
    print(args.verbose)
    print(args.outfile)
    print(args.speed)
```

이 프로그램은 다음과 같이 사용하는 커맨드 라인 파서를 정의한다.

```
bash % python3 search.py -h
usage: search.py [-h] [-p pattern] [-v] [-o OUTFILE] [--speed {slow,fast}]
                 [filename [filename ...]]

Search some files

positional arguments:
  filename

optional arguments:
  -h, --help            show this help message and exit
  -p pattern, --pat pattern
                        text pattern to search for
  -v                    verbose mode
  -o OUTFILE            output file
  --speed {slow,fast}   search speed
```

다음 세션은 프로그램에서 데이터가 어떻게 나타나는지 보여준다. print() 문의 결과를 잘 살펴보자.

```
bash % python3 search.py foo.txt bar.txt
usage: search.py [-h] -p pattern [-v] [-o OUTFILE] [--speed {fast,slow}]
                 [filename [filename ...]]
search.py: error: the following arguments are required: -p/--pat

bash % python3 search.py -v -p spam --pat=eggs foo.txt bar.txt
filenames = ['foo.txt', 'bar.txt']
patterns  = ['spam', 'eggs']
verbose   = True
outfile   = None
speed     = slow

bash % python3 search.py -v -p spam --pat=eggs foo.txt bar.txt -o results
filenames = ['foo.txt', 'bar.txt']
patterns  = ['spam', 'eggs']
verbose   = True
outfile   = results
speed     = slow

bash % python3 search.py -v -p spam --pat=eggs foo.txt bar.txt -o results \
          --speed=fast
filenames = ['foo.txt', 'bar.txt']
```

```
patterns  = ['spam', 'eggs']
verbose   = True
outfile   = results
speed     = fast
```

옵션에 대한 추가적인 처리는 프로그램에 달려 있다. print() 함수를 조금 더 흥미로운 내용으로 바꿔 보자.

토론

argparse 모듈은 표준 라이브러리에서 가장 큰 모듈 중 하나인데, 상당히 많은 설정 옵션을 가지고 있다. 이번 레시피는 이 중 핵심이 되는 몇 가지를 설명한다.

옵션을 파싱하기 위해서, 우선 ArgumentParser 인스턴스를 만들고 add_argument() 메소드로 지원하려는 옵션에 대한 선언을 추가한다. add_argument() 호출을 할 때마다, dest 인자에 파싱의 결과가 위치할 속성의 이름을 명시한다. metavar 인자는 도움말 메시지를 생성할 때 사용한다. action은 인자 관련 처리를 명시할 때 사용하고, store에는 값을 저장, append는 여러 인자 값을 하나의 리스트에 수집할 때 사용한다.

다음 인자는 추가적인 커맨드 라인 인자를 리스트에 수집한다. 다음 예제는 파일 이름의 리스트를 만드는 데 사용했다.

```
parser.add_argument(dest='filenames',metavar='filename', nargs='*')
```

다음 인자는 인자가 제공되었는지 여부에 따라 Boolean 플래그를 설정한다.

```
parser.add_argument('-v', dest='verbose', action='store_true',
                    help='verbose mode')
```

다음 인자는 하나의 값을 받아서 문자열로 저장한다.

```
parser.add_argument('-o', dest='outfile', action='store',
                    help='output file')
```

다음 인자는 하나의 인자를 여러 번 반복할 수 있도록 하고, 모든 값을 하나의 리스트에 추가한다. required 플래그는 이 인자가 최소 한 번은 나타나야 함을 의미한다. -p와 --pat을 둘 다 사용했으므로 이 중 하나를 골라서 사용할 수 있다.

```
parser.add_argument('-p', '--pat',metavar='pattern', required=True,
                    dest='patterns', action='append',
                    help='text pattern to search for')
```

마지막으로, 다음 인자는 값을 받고 그 값이 가능한지 여부를 후보들 사이에서 확인한다.

```
parser.add_argument('--speed', dest='speed', action='store',
                    choices={'slow','fast'}, default='slow',
                    help='search speed')
```

옵션을 명시한 후에는 parser.parse() 메소드를 실행한다. 이렇게 하면 sys.argv 값을 처리하고 결과를 담은 인스턴스를 반환한다. 각 인자에 대한 결과는 add_argument()에서 dest 파라미터에 넣은 이름의 속성에 위치한다.

커맨드 라인 옵션을 파싱하는 방법이 몇 가지 더 존재한다. 예를 들어 sys.argv를 스스로 처리하거나 getopt 모듈(유사한 이름의 C 라이브러리를 따라 모델된 것)을 사용한다. 하지만 이 방식을 사용하면 결국 argparse가 이미 제공하는 기능을 직접 코딩하게 될 것이다. 그리고 optparse 라이브러리로 옵션을 파싱하는 코드를 본 적이 있을 것이다. optparse는 argparse와 매우 유사하지만, 더 현대적인 argparse를 권장한다.

13.4 암호 입력 받기

문제

암호 입력을 받는 스크립트를 작성했다. 하지만 스크립트에 암호를 하드코딩하지 않고 사용자가 암호를 직접 입력하도록 하고 싶다.

해결

이 문제를 해결하려면 파이썬의 getpass 모듈을 사용한다. 이 모듈을 사용하면 사용자의 터미널 화면에 암호를 표시하지 않고 안전하게 입력을 받을 수 있다.

```
import getpass

user = getpass.getuser()
passwd = getpass.getpass()

if svc_login(user, passwd):    # svc_login()은 직접 작성한다.
    print('Yay!')
else:
    print('Boo!')
```

이 코드에서 svc_login() 함수에서 입력 받은 암호를 처리해야 하므로 이 부분은 직접 작성하도록 한다. 물론 내용은 애플리케이션마다 달라진다.

토론

앞의 예제에서 getpass.getuser()가 사용자로부터 이름을 직접 입력 받지는 않는다. 그 대신 사용자의 환경 설정에 따라 현재 사용자의 로그인 이름을 사용하거나, 그 정보가 없으면 로컬 시스템의 암호 데이터베이스에 있는 내용을 사용한다(pwd 모듈을 지원하는 플랫폼에서).

만약 사용자 이름을 직접 입력 받고 싶다면 내장 함수인 input을 사용한다.

```
user = input('Enter your username: ')
```

특정 시스템에서는 getpass() 메소드를 사용해도 화면 상에 입력 중인 내용을 그대로 출력하기도 한다. 이 경우 파이썬은 이런 문제가 있다고 미리 경고한다(암호가 화면에 표시될 것이라고 경고한다).

13.5 터미널 크기 구하기

문제

프로그램의 출력을 조절하기 위해 터미널 크기를 알아내야 한다.

해결

os.get_terminal_size() 함수를 사용한다.

```
>>> import os
>>> sz = os.get_terminal_size()
>>> sz
os.terminal_size(columns=80, lines=24)
>>> sz.columns
80
>>> sz.lines
24
>>>
```

토론

환경 변수를 읽어 오기, ioctl()과 TTY 관련 하위 레벨 시스템 호출하기 등 터미널 크기를 구하는 방법이 많이 있다. 하지만 앞에 설명한 간단한 함수가 있는데 이런 복잡한 방법을 사용할 이유가 전혀 없다.

13.6 외부 명령을 실행하고 결과 얻기

문제

외부 명령을 실행하고 결과를 파이썬 문자열로 얻고 싶다.

해결

`subprocess.check_output()` 함수를 사용한다.

```
import subprocess
out_bytes = subprocess.check_output(['netstat','-a'])
```

이 코드는 명시한 명령을 실행하고 결과를 바이트 문자열로 반환한다. 결과 바이트를 텍스트로 해석하려면 추가적인 디코딩 단계가 필요하다.

```
out_text = out_bytes.decode('utf-8')
```

실행한 명령이 0이 아닌 종료 코드를 반환했다면 예외가 발생했다는 의미이다. 다음은 예외를 캐치하고 종료 코드로부터 결과를 얻는 예제이다.

```
try:
    out_bytes = subprocess.check_output(['cmd','arg1','arg2'])
except subprocess.CalledProcessError as e:
    out_bytes = e.output        # 에러 이전에 생성된 결과
    code      = e.returncode     # 반환 코드
```

기본적으로 `check_output()`은 표준 출력에만 결과를 반환한다. 표준 출력과 에러를 모두 원한다면 `stderr` 인자를 사용해야 한다.

```
out_bytes = subprocess.check_output(['cmd','arg1','arg2'],
                                    stderr=subprocess.STDOUT)
```

명령을 실행할 때 타임아웃이 필요하다면 `timeout` 인자를 사용한다.

```
try:
    out_bytes = subprocess.check_output(['cmd','arg1','arg2'], timeout=5)
except subprocess.TimeoutExpired as e:
    ...
```

일반적으로 명령은 셸(sh, bash 등)의 도움 없이 실행된다. 그 대신 문자열 리스트를 `os.execve()`와 같은 하위 레벨 시스템 명령에 제공한다. 셸에서 명령을 해석하게 하려면 간단한 문자열로 제공하고 `shell=True` 인자를 추가한다. 이런 기능은 파이프, 입출력 리다이렉션 등 복잡한 셸 커맨드를 파이썬에서 실행하려고 할 때 유용하다.

```
out_bytes = subprocess.check_output('grep python | wc > out', shell=True)
```

셸 내부 명령을 실행할 때 넣는 인자를 사용자 입력에서 가져오면 잠재적으로 보안상 문제가 있다는 점을 기억하자. 이런 경우 셸 커맨드의 인자를 따옴표로 묶을 때 `shlex.quote()` 함수를 사용한다.

토론

`check_output()` 함수는 외부 명령을 실행하고 결과를 얻기에 가장 쉬운 방법이다. 하지

만, 서브프로세스와 입력 보내기 등 좀 더 복잡한 통신을 해야 한다면 다른 방식을 사용해야 한다. 이럴 때는 subprocess.Popen 클래스를 직접 사용한다.

```python
import subprocess

# 전송할 텍스트
text = b'''
hello world
this is a test
goodbye
'''

# 파이프와 함께 명령 실행
p = subprocess.Popen(['wc'],
          stdout = subprocess.PIPE,
          stdin = subprocess.PIPE)

# 데이터를 전송하고 결과 얻기
stdout, stderr = p.communicate(text)

# 텍스트로 해석하기 위한 디코딩
out = stdout.decode('utf-8')
err = stderr.decode('utf-8')
```

올바른 TTY와 상호작용하는 외부 명령어와 통신할 때 subprocess 모듈은 어울리지 않는다. 예를 들어, 사용자가 암호를 입력하는 작업을 자동화하기 위해서 사용할 수 없다(예 ssh 세션). 이 경우에는 인기 있는 "expect" 도구에 기반한 서드파티 모듈을 사용해야 한다 (pexpect 혹은 유사한 것).

13.7 파일과 디렉터리 복사와 이동

문제
셸 명령어를 사용하지 않고 파일, 디렉터리를 복사하거나 이동하고 싶다.

해결
shutil 모듈에 파일, 디렉터리를 손쉽게 복사할 수 있는 함수가 있다. 사용법은 매우 간단하다.

```python
import shutil

# src를 dst에 복사(cp src dst)
shutil.copy(src, dst)

# 파일을 복사, 메타데이터는 보존(cp -p src dst)
shutil.copy2(src, dst)
```

```
# 디렉터리 트리 복사(cp -R src dst)
shutil.copytree(src, dst)

# src를 dst로 이동(mv src dst)
shutil.move(src, dst)
```

이 함수에 대한 인자는 모두 문자열로 파일이나 디렉터리 이름을 가리킨다. 실제로 하는 일은 주석에 나온 내용을 참고한다.

기본적으로 이 명령어 뒤에는 심볼릭 링크가 따라온다. 예를 들어 소스 파일이 심볼릭 링크이면 목적 파일은 그 링크가 가리키는 파일의 복사본이 된다. 심볼릭 링크를 복사하고 싶다면 다음과 같이 follow_symlinks 키워드 매개변수를 추가한다.

```
shutil.copy2(src, dst, follow_symlinks=False)
```

복사한 디렉터리에 심볼릭 링크를 보존하고 싶다면 다음과 같이 한다.

```
shutil.copytree(src, dst, symlinks=True)
```

copytree()는 복사하는 동안 특정 파일과 디렉터리를 무시하는 기능을 제공한다. 이렇게 하려면 디렉터리와 파일 이름을 입력으로 받고 무시한 이름을 결과로 반환하는 ignore 함수를 추가해야 한다.

```
def ignore_pyc_files(dirname, filenames):
    return [name in filenames if name.endswith('.pyc')]

shutil.copytree(src, dst, ignore=ignore_pyc_files)
```

파일 이름을 패턴으로 무시하는 방식이 일반적이기 때문에, ignore_patterns()라는 함수가 이미 구현되어 있다.

```
shutil.copytree(src, dst, ignore=shutil.ignore_patterns('*~','*.pyc'))
```

토론

shutil로 파일과 디렉터리를 복사하기는 어렵지 않다. 하지만 한 가지 주의할 점은, 파일의 메타데이터를 보존하는 함수는 copy2()와 같은 함수 외에는 없다는 점이다. 접근 시간, 생성 시간, 권한 등 기본적인 정보는 항상 보존되지만, 소유자, ACL, 자원 포크 등 추가적인 메타데이터는 운영 체제와 사용자의 접근 권한에 따라 보존 여부가 달라진다. 그리고 shutil.copytree()와 같은 함수로 시스템 백업을 수행하고 싶지는 않을 것이다.

파일 이름으로 작업을 할 때는 os.path에 있는 함수를 사용해서 이식성을 극대화하도록 하자(Unix와 Windows에서 동시 작업하는 경우 특히 그렇다).

```
>>> filename = '/Users/guido/programs/spam.py'
>>> import os.path
>>> os.path.basename(filename)
'spam.py'
>>> os.path.dirname(filename)
'/Users/guido/programs'
>>> os.path.split(filename)
('/Users/guido/programs', 'spam.py')
>>> os.path.join('/new/dir', os.path.basename(filename))
'/new/dir/spam.py'
>>> os.path.expanduser('~/guido/programs/spam.py')
'/Users/guido/programs/spam.py'
>>>
```

copytree()로 디렉터리를 복사할 때 에러를 처리하기가 조금 어렵다. 예를 들어, 복사를
하는 동안 함수가 잘못된 심볼릭 링크나 권한이 없어 접근할 수 없는 파일을 발견하는 경우
가 있다. 이런 문제를 처리하려면 발견한 모든 에러를 리스트에 수집해 놓고, 작업이 끝났
을 때 한 번 발생하는 예외로 그룹을 지어야 한다.

```
try:
    shutil.copytree(src, dst)
except shutil.Error as e:
    for src, dst, msg in e.args[0]:
        # src는 소스 이름
        # dst는 목적지 이름
        # msg는 예외의 에러 메시지
        print(dst, src, msg)
```

만약 ignore_dangling_symlinks=True를 추가하면 copytree는 잘못된(dangling) 심링
크를 무시한다.

사실 이번 레시피에서 살펴본 함수는 일반적으로 많이 사용하지는 않는다. 하지만 shutil
에는 데이터 복사와 관련된 더 많은 동작이 제공된다. 관심이 있다면 파이썬 온라인 문서를
참고하도록 한다.

13.8 압축 파일 생성과 해제

문제

일반적인 포맷(*.tar*, *.tgz*, *.zip* 등)으로 압축 파일을 생성하거나 풀고 싶다.

해결

이 문제는 shutil에 두 함수 make_archive()와 unpack_archive()로 해결한다.

```
>>> import shutil
>>> shutil.unpack_archive('Python-3.3.0.tgz')
>>> shutil.make_archive('py33','zip','Python-3.3.0')
'/Users/beazley/Downloads/py33.zip'
>>>
```

make_archive()의 두 번째 인자는 원하는 포맷이다. 지원하는 압축 포맷을 보려면 get_archive_formats()을 사용한다.

```
>>> shutil.get_archive_formats()
[('bztar', "bzip2'ed tar-file"), ('gztar', "gzip'ed tar-file"),
 ('tar', 'uncompressed tar file'), ('zip', 'ZIP file')]
>>>
```

토론

파이썬은 더 많은 압축 포맷의 세세한 부분을 다루는 라이브러리 모듈도 제공한다 (tarfile, zipfile, gzip, bz2 등). 하지만 단순히 압축하거나 해제하는 것이 목표라면 이렇게 하위 레벨로 내려갈 이유가 없다. 단순히 shutil이 제공하는 상위 레벨 함수를 사용하도록 하자.

이 함수에는 로깅, 연습(dryrun), 파일 권한 등을 조절할 수 있는 추가적인 옵션이 많이 있다. 자세한 정보는 shutil 라이브러리 문서를 참고한다.

13.9 이름으로 파일 찾기

문제

파일 이름을 바꾸는 스크립트나 로그 유틸리티와 같이 파일을 찾는 스크립트를 작성 중이다. 하지만 셸 유틸리티를 호출하지 않고 파이썬 스크립트 내부에서 해결하고 싶다. 혹은 셸에서는 불가능한 특별한 동작을 수행하고 싶다.

해결

파일을 찾으려면 os.walk() 함수에 최상단 디렉터리를 넣는다. 다음은 특정 파일 이름을 찾고 그 결과의 전체 경로를 출력하는 예제이다.

```
#!/usr/bin/env python3.3
import os

def findfile(start, name):
    for relpath, dirs, files in os.walk(start):
        if name in files:
            full_path = os.path.join(start, relpath, name)
```

```
                print(os.path.normpath(os.path.abspath(full_path)))

    if __name__ == '__main__':
        findfile(sys.argv[1], sys.argv[2])
```

이 스크립트를 *findfile.py*로 저장하고 커맨드 라인에서 실행한다. 시작 지점과 위치 인자는 다음과 같이 넣는다.

```
bash % ./findfile.py . myfile.txt
```

토론

os.walk() 메소드는 디렉터리를 순환하며 각 디렉터리마다 튜플을 반환한다. 튜플에는 현재 보고 있는 디렉터리의 상대 경로, 디렉터리에 들어 있는 모든 디렉터리 이름 리스트, 디렉터리에 들어 있는 모든 파일 이름 리스트 정보가 담겨 있다.

각 튜플마다 files 리스트에 파일이 있는지 확인한다. 확인한 경우 os.path.join()으로 경로를 붙인다. *./.foo//bar*와 같이 이상한 이름을 피하기 위해서 추가적으로 두 가지 함수를 사용한다. 첫 번째 함수는 os.path.abspath()로, 상대적으로 표현되었을 수 있는 경로를 받아 절대 경로로 바꾼다. 두 번째는 os.path.normpath()로, 경로를 노멀화하고 슬래시가 두 개 나오는 문제와 현재 디렉터리를 여러 번 참조하는 문제 등을 해결한다.

이 스크립트가 UNIX 플랫폼의 find 유틸리티 기능에 비해서 꽤 간단하지만, 여러 플랫폼에서 사용할 수 있다는 장점이 있다. 게다가 큰 노력 없이 더 많은 기능을 추가할 수 있다. 이해를 돕기 위해서 최근에 수정한 모든 파일을 출력하는 예제를 보자.

```
#!/usr/bin/env python3.3

import os
import time

def modified_within(top, seconds):
    now = time.time()
    for path, dirs, files in os.walk(top):
        for name in files:
            fullpath = os.path.join(path, name)
            if os.path.exists(fullpath):
                mtime = os.path.getmtime(fullpath)
                if mtime > (now - seconds):
                    print(fullpath)

if __name__ == '__main__':
    import sys
    if len(sys.argv) != 3:
        print('Usage: {} dir seconds'.format(sys.argv[0]))
        raise SystemExit(1)
```

```
modified_within(sys.argv[1], float(sys.argv[2]))
```

os, os.path, glob 등 유사 모듈을 사용하면 이보다 훨씬 복잡한 작업도 어렵지 않게 수행할 수 있다. 관련 레시피를 보려면 레시피 5.11, 5.13을 참고한다.

13.10 환경 설정 파일 읽기

문제

.ini 포맷으로 기록된 환경 설정 파일을 읽고 싶다.

해결

이 문제를 해결하기 위해서 configparser 모듈을 사용한다. 예를 들어 다음과 같은 설정 파일이 있다고 가정해 보자.

```
; config.ini
; Sample configuration file

[installation]
library=%(prefix)s/lib
include=%(prefix)s/include
bin=%(prefix)s/bin
prefix=/usr/local

# Setting related to debug configuration
[debug]
log_errors=true
show_warnings=False

[server]
port: 8080
nworkers: 32
pid-file=/tmp/spam.pid
root=/www/root
signature:
    =================================
    Brought to you by the Python Cookbook
    =================================
```

다음은 이 파일을 읽고 값을 얻는 예제이다.

```
>>> from configparser import ConfigParser
>>> cfg = ConfigParser()
>>> cfg.read('config.ini')
['config.ini']
>>> cfg.sections()
['installation', 'debug', 'server']
```

```
>>> cfg.get('installation','library')
'/usr/local/lib'
>>> cfg.getboolean('debug','log_errors')
True
>>> cfg.getint('server','port')
8080
>>> cfg.getint('server','nworkers')
32
>>> print(cfg.get('server','signature'))

================================
Brought to you by the Python Cookbook
================================
>>>
```

원한다면 내용을 수정하고 cfg.write() 메소드로 파일에 쓸 수도 있다.

```
>>> cfg.set('server','port','9000')
>>> cfg.set('debug','log_errors','False')
>>> import sys
>>> cfg.write(sys.stdout)
[installation]
library = %(prefix)s/lib
include = %(prefix)s/include
bin = %(prefix)s/bin
prefix = /usr/local

[debug]
log_errors = False
show_warnings = False

[server]
port = 9000
nworkers = 32
pid-file = /tmp/spam.pid
root = /www/root
signature =
        ================================
        Brought to you by the Python Cookbook
        ================================
>>>
```

토론

설정 파일은 프로그램에 사용할 설정 데이터를 사람이 읽기 편하게 표시하는 포맷이다.
모든 설정 파일에서, 값은 서로 다른 섹션으로 그룹 짓는다(예: 앞의 예제에서는 "installa
tion", "debug", "server"). 모든 섹션은 여러 변수에 대해서 값을 명시한다.

환경 설정 파일과 동일 목적의 파이썬 소스 파일에는 분명한 차이점이 있다. 첫째, 구문이 훨씬 관대하고 "엉성하다". 예를 들어 다음 두 할당은 동일한 의미이다.

```
prefix=/usr/local
prefix: /usr/local
```

또한 설정 파일에서 사용한 이름은 대소문자를 구분하지 않는다.

```
>>> cfg.get('installation','PREFIX')
'/usr/local'
>>> cfg.get('installation','prefix')
'/usr/local'
>>>
```

값을 파싱할 때 getboolean()과 같은 메소드는 말이 되는 모든 값을 찾는다. 예를 들어 다음은 모두 동일하다.

```
log_errors = true
log_errors = TRUE
log_errors = Yes
log_errors = 1
```

아마도 설정 파일과 파이썬 코드에서 가장 크게 차이가 나는 부분은, 스크립트와는 다르게 설정 파일은 위에서 아래로 실행하지 않는다는 점이다. 그 대신 설정 파일은 우선 파일 전체를 읽어 들인다. 변수에 치환이 있으면 사후에 이루어진다. 예를 들어, prefix 변수에 할당한 줄이 사용한 줄 뒤에 나왔지만 문제가 되지 않는다.

```
[installation]
library=%(prefix)s/lib
include=%(prefix)s/include
bin=%(prefix)s/bin
prefix=/usr/local
```

흔히 간과하고 넘어가는 ConfigParser의 기능으로 여러 설정 파일을 합쳐서 하나로 만드는 것이 있다. 예를 들어 한 사용자가 다음과 같은 환경 설정 파일을 만들었다고 가정해 보자.

```
; ~/.config.ini
[installation]
prefix=/Users/beazley/test

[debug]
log_errors=False
```

이 파일은 별도로 읽어 들이고 기존 설정과 하나로 합칠 수 있다.

```
>>> # 기존에 읽은 환경 설정
>>> cfg.get('installation', 'prefix')
'/usr/local'
```

```
>>> # 사용자가 지정한 환경 설정과 합치기
>>> import os
>>> cfg.read(os.path.expanduser('~/.config.ini'))
['/Users/beazley/.config.ini']
>>> cfg.get('installation', 'prefix')
'/Users/beazley/test'
>>> cfg.get('installation', 'library')
'/Users/beazley/test/lib'
>>> cfg.getboolean('debug', 'log_errors')
False
>>>
```

prefix 변수를 오버라이드한 것이 다른 library 설정 등 관련 변수에 어떤 영향을 주는지 주목해 보자. 이 작업은 변수 보간(interpolation)이 최후에 수행되기 때문에 가능하다. 다음 실험을 통해서 확인해 볼 수도 있다.

```
>>> cfg.get('installation','library')
'/Users/beazley/test/lib'
>>> cfg.set('installation','prefix','/tmp/dir')
>>> cfg.get('installation','library')
'/tmp/dir/lib'
>>>
```

마지막으로, 다른 프로그램에서(예: Windows 애플리케이션) 사용하는 .ini 파일의 모든 기능을 파이썬이 지원하지 않을 수도 있다는 점이 중요하다. configparser 문서를 참고하여 지원하는 기능과 구문의 정보를 얻도록 한다.

13.11 간단한 스크립트에 로그 추가

문제

로그 파일에 진단 정보를 작성하는 스크립트와 간단한 프로그램을 작성하고 싶다.

해결

간단한 프로그램에 로그를 추가하는 가장 쉬운 방법은 logging 모듈을 사용하는 것이다.

```
import logging

def main():
    # 로그 시스템 환경 설정
    logging.basicConfig(
        filename='app.log',
        level=logging.ERROR
    )

    # 변수 (작업을 따르는 호출을 하기 위해서)
    hostname = 'www.python.org'
```

```
            item = 'spam'
            filename = 'data.csv'
            mode = 'r'

            # 예제 로그 호출 (프로그램에 삽입)
            logging.critical('Host %s unknown', hostname)
            logging.error("Couldn't find %r", item)
            logging.warning('Feature is deprecated')
            logging.info('Opening file %r, mode=%r', filename, mode)
            logging.debug('Got here')

        if __name__ == '__main__':
            main()
```

로그 호출 다섯 가지(critical(), error(), warning(), info(), debug())는 앞에 나올수록 그 심각성이 높다. basicConfig()의 level 인자는 필터이다. 이 설정보다 낮은 레벨을 소유한 메시지는 모두 무시한다.

각 로그 동작에 대한 인자는 메시지 문자열이 단독으로 오거나 추가적인 인자가 붙는다. 마지막 로그 메시지를 만들 때 제공 받은 인자로 메시지 문자열을 서식화하기 위해 % 연산자를 사용한다.

이 프로그램을 실행하면 *app.log* 파일의 내용은 다음과 같다.

```
        CRITICAL:root:Host www.python.org unknown
        ERROR:root:Could not find 'spam'
```

결과를 수정하거나 결과의 레벨을 변경하려면 basicConfig() 호출의 파라미터를 바꾸면 된다.

```
    logging.basicConfig(
        filename='app.log',
        level=logging.WARNING,
        format='%(levelname)s:%(asctime)s:%(message)s')
```

결과적으로 실행 결과는 다음과 같다.

```
        CRITICAL:2012-11-20 12:27:13,595:Host www.python.org unknown
        ERROR:2012-11-20 12:27:13,595:Could not find 'spam'
        WARNING:2012-11-20 12:27:13,595:Feature is deprecated
```

앞에서 설명한 대로 로그 환경 설정은 프로그램에 직접 하드코딩한다. 만약 이 내용을 설정 파일에 넣고 싶으면 basicConfig() 호출을 다음과 같이 수정한다.

```
    import logging
    import logging.config

    def main():
        # 로그 시스템 환경 설정
        logging.config.fileConfig('logconfig.ini')
        ...
```

이제 다음과 같이 환경 설정 파일 *logconfig.ini*을 만든다.

```
[loggers]
keys=root

[handlers]
keys=defaultHandler

[formatters]
keys=defaultFormatter

[logger_root]
level=INFO
handlers=defaultHandler
qualname=root

[handler_defaultHandler]
class=FileHandler
formatter=defaultFormatter
args=('app.log', 'a')

[formatter_defaultFormatter]
format=%(levelname)s:%(name)s:%(message)s
```

이 설정을 변경하려면 간단히 *logconfig.ini* 파일을 원하는 대로 수정하면 된다.

토론

logging 모듈에는 설정 가능한 옵션이 수백만 가지는 있지만, 우선 그 내용은 무시하고 앞에 나온 예제만으로도 간단한 프로그램과 스크립트에는 충분하다. 로그 호출을 하기 전에 basicConfig()를 실행하는 것만 잊지 않으면 프로그램에서 로그를 올바르게 생성할 것이다.

로그 메시지를 파일이 아닌 표준 에러에 출력하고 싶다면 basicConfig()에 파일 이름 정보를 넣지 않는다.

```
logging.basicConfig(level=logging.INFO)
```

basicConfig()의 한 가지 미묘한 점은 프로그램에서 이 호출을 단 한 번만 할 수 있다는 점이다. logging 모듈의 설정을 변경하고 싶다면 루트 로거(root logger)를 획득하고 직접 변경해야 한다.

```
logging.getLogger().level = logging.DEBUG
```

앞에서도 말했지만 이번 레시피에서 다룬 내용은 logging 모듈의 극히 일부분에 불과하다. 이 모듈로 처리할 수 있는 고급 기능이 매우 많으니 이에 대한 내용은 "Logging Cookbook"을 참고하도록 한다.

13.12 라이브러리에 로그 추가

문제

라이브러리에 로그 기능을 추가하고 싶다. 하지만 로그를 사용하지 않는 프로그램과 간섭이 발생하지 않도록 하고 싶다.

해결

로그 기능이 필요한 라이브러리에는, 로그 객체를 생성하고 다음과 같이 초기 설정을 한다.

```python
# somelib.py

import logging
log = logging.getLogger(__name__)
log.addHandler(logging.NullHandler())

# 예제 함수 (테스팅)
def func():
    log.critical('A Critical Error!')
    log.debug('A debug message')
```

이 설정대로 실행하면 기본적으로 아무런 로그도 발생하지 않는다.

```python
>>> import somelib
>>> somelib.func()
>>>
```

하지만, 로그 시스템 환경을 설정하고 나면 로그 메시지가 나타나기 시작한다.

```python
>>> import logging
>>> logging.basicConfig()
>>> somelib.func()
CRITICAL:somelib:A Critical Error!
>>>
```

토론

라이브러리에 로그를 사용할 때, 이것을 사용하는 환경에 대한 정보가 없어서 특별한 문제가 발생한다. 일반적으로는, 스스로 로그 환경을 설정하거나 기존 로그 환경 설정에 대한 가정을 하는 라이브러리 코드는 절대로 작성하지 말아야 한다. 따라서 적절한 고립을 제공하기 위해 매우 주의할 필요가 있다.

getLogger(__name__)을 호출하면 호출하는 모듈과 동일한 이름을 가진 로거 모듈을 생성한다. 모든 모듈은 유일하기 때문에, 이렇게 하면 다른 로거와는 분리된 별도의 로거를 생성한다.

`log.addHandler(logging.NullHandler())`는 방금 생성한 로거 객체에 빈 핸들러(null handler)를 붙인다. 이 빈 핸들러는 기본적으로 모든 로그 메시지를 무시한다. 따라서 만약 라이브러리를 사용하고 로그에 대한 설정을 하지 않는다면 아무런 메시지나 경고가 나타나지 않는다.

이번 레시피의 미묘한 기능 중 하나로 개별 라이브러리의 로그를 다른 로그 설정과 상관 없이 독립적으로 설정할 수 있다는 점이 있다. 예를 들어 다음 코드를 보자.

```
>>> import logging
>>> logging.basicConfig(level=logging.ERROR)
>>> import somelib
>>> somelib.func()
CRITICAL:somelib:A Critical Error!

>>> # 'somelib'의 로깅 레벨 변경
>>> logging.getLogger('somelib').level=logging.DEBUG
>>> somelib.func()
CRITICAL:somelib:A Critical Error!
DEBUG:somelib:A debug message
>>>
```

여기서 루트 로거는 ERROR 레벨이나 그 이상일 때만 메시지를 출력하도록 설정했다. 하지만 somelib의 로거는 별도로 환경 설정을 하고 디버깅 메시지를 출력하도록 했다. 이 설정은 전역 설정보다 우선 순위를 가진다.

단일 모듈의 설정을 바꿀 수 있다는 점은 디버깅 도구에 아주 유용하다. 전역 로그 설정을 바꿀 필요가 없기 때문이다. 간단히 더 많은 정보가 필요한 모듈의 레벨만 바꿔 주면 된다.

"Logging HOWTO"에 `logging` 모듈에 대한 더 많은 정보와 유용한 팁이 있으니 참고한다.

13.13 스톱워치 타이머 만들기

문제

여러 가지 목적으로 시간을 기록하고 싶다.

해결

`time` 모듈은 타이밍과 관련된 많은 함수를 제공한다. 하지만 스톱워치 기능을 흉내 내려면 이 위에 상위 레벨 인터페이스를 두는 것이 좋다.

```
import time

class Timer:
    def __init__(self, func=time.perf_counter):
        self.elapsed = 0.0
        self._func = func
        self._start = None

    def start(self):
        if self._start is not None:
            raise RuntimeError('Already started')
        self._start = self._func()

    def stop(self):
        if self._start is None:
            raise RuntimeError('Not started')
        end = self._func()
        self.elapsed += end - self._start
        self._start = None

    def reset(self):
        self.elapsed = 0.0

    @property
    def running(self):
        return self._start is not None

    def __enter__(self):
        self.start()
        return self

    ef __exit__(self, *args):
        self.stop()
```

이 클래스는 시작, 정지, 재설정 기능이 있는 타이머를 정의한다. 그리고 elapsed 속성에 경과한 시간을 기록한다. 사용법은 다음 예제를 참고한다.

```
def countdown(n):
    while n > 0:
        n -= 1

# 사용법 1: 명시적인 시작/정지
t = Timer()
t.start()
countdown(1000000)
t.stop()
print(t.elapsed)

# 사용법 2: 콘텍스트 매니저로 사용
with t:
    countdown(1000000)
```

```
print(t.elapsed)

with Timer() as t2:
    countdown(1000000)
print(t2.elapsed)
```

토론

이번 레시피는 시간 측정과 경과 시간 추적을 위한 매우 유용한 클래스를 제공한다. 또한 with 문과 콘텍스트 관리 프로토콜을 지원하는 방법을 보여주는 좋은 예제이기도 하다.

시간 측정기를 만들 때 내부적으로 어떤 시간 함수를 사용할지 고려해야 한다. 일반적으로, 운영 체제에 따라서 time.time()이나 time.clock() 등의 시간 측정 함수의 정확도가 달라진다. 이와 대조적으로 time.perf_counter() 함수는 시스템에서 측정 가능한 가장 정교한 타이머를 사용한다.

앞에 나온 대로 Timer 클래스가 측정한 시간은 벽시계 시간(wall-clock time)을 사용했고 잠들어 있을 때의 시간도 포함했다. 하지만 오직 처리할 때 걸린 CPU 시간만 필요하다면 time.process_time()을 사용해야 한다.

```
t = Timer(time.process_time)
with t:
    countdown(1000000)
print(t.elapsed)
```

time.perf_counter()와 time.process_time() 모두 아주 작은 단위의 "시간"을 반환한다. 하지만 실제 시간 값은 실질적인 의미를 가지지 못한다. 결과를 좀 더 이해하기 쉽도록 함수를 두 번 호출하고 시간 차이를 계산해야 한다.

타이밍과 프로파일링에 대한 더 많은 예제는 레시피 14.13을 참고한다.

13.14 메모리와 CPU 사용에 제한 걸기

문제

Unix 시스템에서 실행 중인 프로그램이 사용하는 메모리나 CPU에 제한을 걸고 싶다.

해결

앞에 나온 문제는 resource 모듈로 해결 가능하다. 예를 들어 CPU 시간에 제한을 걸기 위해서는 다음과 같이 한다.

```
import signal
import resource
import os

def time_exceeded(signo, frame):
    print("Time's up!")
    raise SystemExit(1)

def set_max_runtime(seconds):
    # 신호 핸들러를 설치하고 제한을 설정한다.
    soft, hard = resource.getrlimit(resource.RLIMIT_CPU)
    resource.setrlimit(resource.RLIMIT_CPU, (seconds, hard))
    signal.signal(signal.SIGXCPU, time_exceeded)

if __name__ == '__main__':
    set_max_runtime(15)
    while True:
        pass
```

이 코드를 실행하면 시간이 만료될 때 SIGXCPU 호출이 생성된다. 그러면 프로그램이 적절한 해제 과정 후 종료한다.

메모리 사용을 제한하려면 사용하는 전체 주소 공간에 제한을 설정한다.

```
import resource

def limit_memory(maxsize):
    soft, hard = resource.getrlimit(resource.RLIMIT_AS)
    resource.setrlimit(resource.RLIMIT_AS, (maxsize, hard))
```

프로그램에서 더 이상 사용할 메모리가 없으면 MemoryError 예외가 생성된다.

토론

이번 레시피에서 setrlimit() 함수로 특정 자원에 소프트 제한과 하드 제한을 설정했다. 소프트 제한(soft limit)은 운영 체제가 일반적으로 제한하거나 신호를 통해 처리를 알리는 값이다. 하드 제한(hard limit)은 소프트 제한이 사용한 값의 한계치를 나타낸다. 대개 이 값은 시스템 관리자가 설정한 시스템 관련 파라미터가 제어한다. 하드 제한을 낮출 수는 있지만 절대로 사용자 프로세스에 의해서 발생하지 않는다(프로세스가 스스로 낮춘다고 해도).

추가적으로 setrlimit() 함수는 자식 프로세스의 개수, 열 수 있는 파일의 개수 등 유사한 시스템 자원의 제한도 설정할 수 있다. 더 자세한 내용은 resource 모듈의 문서를 참고한다.

이번 레시피의 예제는 Unix 시스템에서만 동작하고, 몇몇 시스템은 Unix 기반이어도 동작하지 않을 수 있다. 예를 들어 필자가 시험해 보니 Linux에서는 동작했지만 OS X에서는 동작하지 않았다.

13.15 웹 브라우저 실행

문제

스크립트에서 브라우저를 실행하고 명시한 URL로 이동하도록 하고 싶다.

해결

플랫폼에 독립적으로 웹 브라우저를 실행하려면 webbrowser 모듈을 사용하면 된다.

```
>>> import webbrowser
>>> webbrowser.open('http://www.python.org')
True
>>>
```

이렇게 하면 기본 브라우저를 사용해서 요청한 페이지를 연다. 페이지를 열 때 조금 더 자세한 제어를 하고 싶다면 다음에 나오는 함수 중 하나를 사용한다.

```
>>> # 새 창에서 페이지 열기
>>> webbrowser.open_new('http://www.python.org')
True
>>>
```

```
>>> # 새 탭에서 페이지 열기
>>> webbrowser.open_new_tab('http://www.python.org')
True
>>>
```

앞의 코드를 실행하면 새 창이나 탭에서 브라우저를 연다(브라우저에서 지원해야 한다).

특정 브라우저를 지정해서 페이지를 열고 싶으면 webbrowser.get() 함수로 원하는 브라우저를 지정한다.

```
>>> c = webbrowser.get('firefox')
>>> c.open('http://www.python.org')
True
>>> c.open_new_tab('http://docs.python.org')
True
>>>
```

지원하는 브라우저의 전체 리스트를 보려면 파이썬 문서를 참고한다.

토론

스크립트에서 브라우저를 실행하는 기능은 많은 작업에 유용하게 응용이 가능하다. 예를 들어, 서버에 어떤 작업을 수행한 후 바로 브라우저를 실행해서 그 작업을 검증할 수 있다. 혹은 HTML 페이지 형태로 결과를 출력하는 프로그램을 작성했다면 바로 브라우저를 실행하고 결과를 보고 싶을 것이다. 두 가지 상황 모두 webbrowser 모듈로 쉽게 해결할 수 있다.

## CHAPTER 14

테스팅, 디버깅, 예외

테스팅은 아주 신난다. 하지만 디버깅은 골치가 아프다. 파이썬을 실행하기 전에 코드를 분석할 컴파일러가 없기 때문에, 테스팅은 개발 과정에 있어 매우 중요한 부분을 차지한다. 이번 장의 목표는 테스팅, 디버깅, 예외 처리에서 일반적으로 발생하는 문제에 대한 토론이다. 그렇다고 테스트 기반 개발이나 unittest 모듈에 대해서 처음부터 친절하게 설명하지 않기 때문에 어느 정도 테스팅에 대한 개념은 있어야 한다.

14.1 stdout으로 보낸 결과물 테스팅

문제

표준 출력(sys.stdout)으로 결과를 보내는 프로그램이 있다. 즉, 거의 모든 경우 화면에 텍스트를 출력한다는 의미이다. 이때, 올바른 입력이 주어졌을 때 올바른 결과가 나오는지 코드를 검증하고 싶다.

해결

unittest.mock 모듈의 patch() 함수를 사용하면 테스팅 용도로 sys.stdout을 흉내 내고 다시 제자리에 돌려놓을 수 있다. 지저분한 임시 변수나 테스트 케이스끼리 발생하는 상태 문제는 걱정하지 않아도 된다.

mymodule 모듈의 다음 함수를 예로 보자.

```
# mymodule.py

def urlprint(protocol, host, domain):
    url = '{}://{}.{}'.format(protocol, host, domain)
    print(url)
```

기본적으로 print 함수는 실행 결과를 sys.stdout으로 보낸다. 이 결과물이 실제로 목적지에 도착하는지 시험하려면 대리 객체를 만들고 검증 코드를 추가한다. unittest.mock 모듈의 patch() 메소드를 사용하면, 테스트가 끝나는 즉시 원래 상태로 되돌려 놓기 때문에 실행 중인 테스트의 콘텍스트 내부 객체를 치환하기 편리하다. mymodule의 테스트 코드는 다음과 같다.

```python
from io import StringIO
from unittest import TestCase
from unittest.mock import patch
import mymodule

class TestURLPrint(TestCase):
    def test_url_gets_to_stdout(self):
        protocol = 'http'
        host = 'www'
        domain = 'example.com'
        expected_url = '{}://{}.{}\n'.format(protocol, host, domain)

        with patch('sys.stdout', new=StringIO()) as fake_out:
            mymodule.urlprint(protocol, host, domain)
            self.assertEqual(fake_out.getvalue(), expected_url)
```

토론

urlprint() 함수는 세 개의 인자를 받고, 각 인자에 더미 값을 넣는 것으로 테스트를 시작한다. expected_url 변수에는 예상하는 결과 값을 문자열로 넣는다.

테스트를 실행하기 위해서 unittest.mock.patch() 함수를 콘텍스트 매니저로 사용해서 sys.stdout 값을 StringIO 객체로 치환했다. fake_out 변수는 이 과정에서 생성된 목업 객체이다. 이 객체는 with 구문에서 여러 가지 확인 용도로 사용할 수 있다. with 구문이 종료되면 patch가 테스팅 전 상태로 모든 것을 돌려놓는다.

어떤 C 확장 기능은 sys.stdout을 무시하고 표준 출력에 직접 쓰기도 한다. 이번 레시피는 이런 상황에는 도움이 되지 않지만, 순수한 파이썬 코드에서는 잘 동작한다(이런 C 확장의 입출력을 캡처하려면, 임시 파일을 열고 파일 디스크립터가 표준 출력을 임시로 그 파일로 돌리는 트릭을 사용하면 된다).

입출력 내용을 문자열과 StringIO 객체에 캡처하는 방법에 대한 더 많은 정보는 레시피 5.6에 나온다.

14.2 유닛 테스트에서 객체 패치

문제

유닛 테스트를 작성 중인데, 선택한 객체에 패치를 적용해서 유닛 테스트에서 어떻게 사용하는지 확인하고 싶다(예: 특정 파라미터와 함께 호출되었는지, 선택한 속성에 접근했는지 등).

해결

이 문제를 해결하는데 unittest.mock.patch() 함수가 도움이 된다. 그렇게 일반적이지는 않지만, patch()는 홀로 사용할 수도 있고 데코레이터, 콘텍스트 매니저로도 사용 가능하다. 예를 들어 다음은 데코레이터로 사용하는 코드이다.

```python
from unittest.mock import patch
import example

@patch('example.func')
def test1(x, mock_func):
    example.func(x)        # 패치한 example.func 사용
    mock_func.assert_called_with(x)
```

콘텍스트 매니저로 사용하는 예제는 다음과 같다.

```python
with patch('example.func') as mock_func:
    example.func(x)        # 패치한 example.func 사용
    mock_func.assert_called_with(x)
```

마지막으로, 다음은 수동으로 패치하기이다.

```python
p = patch('example.func')
mock_func = p.start()
example.func(x)
mock_func.assert_called_with(x)
p.stop()
```

필요하다면 여러 가지 객체를 패치하기 위해서 데코레이터와 콘텍스트 매니저를 스택할 수 있다.

```python
@patch('example.func1')
@patch('example.func2')
@patch('example.func3')
def test1(mock1, mock2, mock3):
    ...

def test2():
    with patch('example.patch1') as mock1, \
         patch('example.patch2') as mock2, \
         patch('example.patch3') as mock3:
    ...
```

토론

patch()는 기존 객체와 완전한 이름을 받아서 새로운 값으로 치환한다. 그리고 데코레이트한 함수나 콘텍스트 매니저가 완료되면 원본 값을 복원한다. 기본적으로, 값은 MagicMock 인스턴스로 치환된다.

```
>>> x = 42
>>> with patch('__main__.x'):
...     print(x)
...
<MagicMock name='x' id='4314230032'>
>>> x
42
>>>
```

하지만, patch()의 두 번째 인자를 사용하면 원하는 것으로 값을 치환할 수 있다.

```
>>> x
42
>>> with patch('__main__.x', 'patched_value'):
...     print(x)
...
patched_value
>>> x
42
>>>
```

MagicMock 인스턴스는 일반적으로 호출 가능한 것이나 인스턴스를 흉내 내기 위한 값을 치환할 때 사용한다. 이 인스턴스는 사용 과정을 기록하고 어설트(assert)를 할 수 있다.

```
>>> from unittest.mock import MagicMock
>>> m = MagicMock(return_value = 10)
>>> m(1, 2, debug=True)
10
>>> m.assert_called_with(1, 2, debug=True)
>>> m.assert_called_with(1, 2)
Traceback (most recent call last):
  File "<stdin>", line 1, in <module>
  File ".../unittest/mock.py", line 726, in assert_called_with
    raise AssertionError(msg)
AssertionError: Expected call: mock(1, 2)
Actual call: mock(1, 2, debug=True)
>>>

>>> m.upper.return_value = 'HELLO'
>>> m.upper('hello')
'HELLO'
>>> assert m.upper.called
```

```
>>> m.split.return_value = ['hello', 'world']
>>> m.split('hello world')
['hello', 'world']
>>> m.split.assert_called_with('hello world')
>>>

>>> m['blah']
<MagicMock name='mock.__getitem__()' id='4314412048'>
>>> m.__getitem__.called
True
>>> m.__getitem__.assert_called_with('blah')
>>>
```

일반적으로 이런 작업은 유닛 테스트에서 수행한다. 예를 들어 다음과 같은 함수가 있다고 가정해 보자.

```python
# example.py
from urllib.request import urlopen
import csv

def dowprices():
    u = urlopen('http://finance.yahoo.com/d/quotes.csv?s=@^DJI&f=sl1')
    lines = (line.decode('utf-8') for line in u)
    rows = (row for row in csv.reader(lines) if len(row) == 2)
    prices = { name:float(price) for name, price in rows }
    return prices
```

이 함수는 urlopen()을 사용해서 웹에서 데이터를 읽고 파싱했다. 하지만 유닛 테스트를 하려면 좀 더 예측 가능한 데이터세트에 넘기는 것이 좋다. 다음은 patch를 사용하는 예제이다.

```python
import unittest
from unittest.mock import patch
import io
import example

sample_data = io.BytesIO(b'''\
"IBM",91.1\r
"AA",13.25\r
"MSFT",27.72\r
\r
''')

class Tests(unittest.TestCase):
    @patch('example.urlopen', return_value=sample_data)
    def test_dowprices(self, mock_urlopen):
        p = example.dowprices()
        self.assertTrue(mock_urlopen.called)
        self.assertEqual(p,
                         {'IBM': 91.1,
                          'AA': 13.25,
                          'MSFT' : 27.72})
```

```
if __name__ == '__main__':
    unittest.main()
```

이 예제에서 example 모듈의 urlopen() 함수는 샘플 데이터를 담은 BytesIO()를 반환하는 목업 객체로 치환됐다.

이 테스트에서 미묘하지만 중요한 것이 하나 있는데, 바로 urllib.request.urlopen 대신 example.urlopen을 사용했다는 것이다. 패치를 만들 때, 코드를 테스팅할 때 사용한 이름을 사용해야 한다. 예제 코드가 from urllib.request import urlopen을 사용하기 때문에 dowprices() 함수가 사용하는 urlopen() 함수는 example에 위치한다.

이번 레시피에서는 unittest.mock 모듈의 극히 일부의 내용만을 설명했다. 공식 문서를 통해 좀 더 고급 기능을 익히도록 하자.

14.3 유닛 테스트에서 예외 조건 시험하기

문제

예외가 발생했을 때도 잘 동작하는 유닛 테스트를 작성하고 싶다.

해결

assertRaises() 메소드가 이 문제를 해결한다. 예를 들어, ValueError 예외가 발생하는 함수를 테스팅한다면 다음과 같은 코드를 사용한다.

```
import unittest

# 이해를 돕기 위한 간단한 함수
def parse_int(s):
    return int(s)

class TestConversion(unittest.TestCase):
    def test_bad_int(self):
        self.assertRaises(ValueError, parse_int, 'N/A')
```

예외의 값을 테스팅해야 한다면 조금 다른 방법을 사용한다.

```
import errno

class TestIO(unittest.TestCase):
    def test_file_not_found(self):
        try:
            f = open('/file/not/found')
        except IOError as e:
            self.assertEqual(e.errno, errno.ENOENT)
```

```
        else:
            self.fail('IOError not raised')
```

토론

assertRaises() 메소드는 예외 여부를 테스팅할 때 매우 유용하다. 일반적으로 저지르기 쉬운 실수로 예외를 직접 처리하는 테스트를 작성하는 것이 있다.

```
class TestConversion(unittest.TestCase):
    def test_bad_int(self):
        try:
            r = parse_int('N/A')
        except ValueError as e:
            self.assertEqual(type(e), ValueError)
```

이런 방식은 아무런 예외도 발생하지 않는 상황처럼 간과하기 쉬운 경우를 쉽게 잊는다는 문제가 있다. 이런 경우는 추가적인 확인 코드로 해결한다.

```
class TestConversion(unittest.TestCase):
    def test_bad_int(self):
        try:
            r = parse_int('N/A')
        except ValueError as e:
            self.assertEqual(type(e), ValueError)
        else:
            self.fail('ValueError not raised')
```

assertRaises() 메소드는 이런 세세한 내용을 자동으로 처리해 주므로, 이것을 사용하도록 하자.

assertRaises()에 한 가지 제약 사항이 있다. 바로 생성된 예외 객체의 값을 테스팅하는 방법을 제공하지 않는다는 점이다. 이 부분은 앞에 나온 대로 직접 확인해야 한다. 두 가지 극단적인 상황 사이에서 assertRaisesRegex() 메소드 사용을 고려할 수 있다. 이 메소드는 예외에 대한 테스팅과 함께 예외의 문자열에 대한 정규 표현식 매칭을 함께 제공한다.

```
class TestConversion(unittest.TestCase):
    def test_bad_int(self):
        self.assertRaisesRegex(ValueError, 'invalid literal .*',
                                            parse_int, 'N/A')
```

assertRaises()와 assertRaisesRegex()의 잘 알려지지 않은 기능이 한 가지 있다. 바로 이 메소드를 콘텍스트 매니저로 사용할 수 있다는 점이다.

```
class TestConversion(unittest.TestCase):
    def test_bad_int(self):
        with self.assertRaisesRegex(ValueError, 'invalid literal .*'):
            r = parse_int('N/A')
```

이런 형태는 테스팅이 단순한 호출 가능 객체가 아닌 여러 단계(예: 설정)가 포함된 경우 유용하게 사용할 수 있다.

14.4 파일에 테스트 결과 기록

문제

유닛 테스트 결과를 화면에 출력하지 않고 파일에 기록하고 싶다.

해결

유닛 테스트를 할 때 다음과 같이 짧은 코드를 테스트 파일 밑에 넣는 방식을 일반적으로 사용한다.

```
import unittest

class MyTest(unittest.TestCase):
    ...

if __name__ == '__main__':
    unittest.main()
```

이렇게 하면 테스트 파일을 실행할 수 있고, 테스트 결과를 표준 출력에 기록한다. 이 출력을 리다이렉트하려면 main() 호출을 다음과 같이 조금 수정해야 한다.

```
import sys
def main(out=sys.stderr, verbosity=2):
    loader = unittest.TestLoader()
    suite = loader.loadTestsFromModule(sys.modules[__name__])
    unittest.TextTestRunner(out,verbosity=verbosity).run(suite)

if __name__ == '__main__':
    with open('testing.out', 'w') as f:
        main(f)
```

토론

이번 장의 흥미로운 점은 테스트 결과를 파일에 리다이렉트하는 작업 자체가 아니라, 이렇게 함으로써 unittest 모듈의 내부 동작을 외부로 노출한다는 점이다.

기본적으로 unittest 모듈은 우선적으로 테스트 세트를 조립하는 것부터 시작한다. 이 테스트 세트는 우리가 정의한 테스팅 메소드로 구성되어 있다. 조립을 마치고 나면 이 세트가 가지고 있는 테스트를 실행한다.

유닛 테스팅의 두 부분은 서로 분리된다. 테스트 세트를 조립할 때 앞에 나온 예제의 unittest.TestLoader 인스턴스를 사용했다. 이 인스턴스가 정의한 여러 메소드 중 하나인 loadTestsFromModule()을 사용해서 테스트를 모았다. 이 경우 TestCase 클래스의 모듈을 스캔하고 그 중 테스트 메소드를 추출한다. 좀 더 정제된 방식을 원한다면 loadTestsFromTestCase() 메소드를 사용해서 TestCase로부터 상속 받은 개별 클래스의 테스트 메소드를 불러올 수 있다(앞에 나오지는 않았다).

TextTestRunner 클래스는 테스트 러너 클래스(test runner class)의 예제이다. 이 클래스의 주요 목적은 테스트 세트에 포함되어 있는 테스트를 실행하는 것이다. 이 클래스는 unittest.main() 함수에 있는 테스트 러너와 동일하다. 하지만 우리는 여기에 좀 더 자세한 결과 파일 포함 등 하위 레벨 설정을 한다.

이번 레시피에 나온 코드의 양이 많지는 않았지만, unittest 프레임워크를 잘 활용하기 위한 기초로는 충분하다. 테스트 세트를 어떻게 조립할지 커스터마이즈하기 위해서, TestLoader 클래스를 사용해서 여러 작업을 수행한다. 어떻게 테스트를 실행할 것인지 커스터마이즈하기 위해서, 커스텀 테스트 러너 클래스를 만들고 TextTestRunner 기능을 흉내 낼 수 있다. 이 두 가지 주제는 모두 이 책의 범위를 넘어선다. 하지만, unittest 모듈의 문서에 내부 프로토콜의 확장 기능까지 잘 설명되어 있으니 참고하도록 하자.

14.5 테스트 실패 예측과 건너뜀

문제

유닛 테스트 내부에 실패할 것이라 예상되는 테스트를 선택하거나 건너뛰고 싶다.

해결

unittest 모듈에는 선택한 테스트 모듈에 적용해서 그 처리를 제어할 수 있는 데코레이터가 있다.

```
import unittest
import os
import platform

class Tests(unittest.TestCase):
    def test_0(self):
        self.assertTrue(True)

    @unittest.skip('skipped test')
    def test_1(self):
        self.fail('should have failed!')

    @unittest.skipIf(os.name=='posix', 'Not supported on Unix')
    def test_2(self):
        import winreg
```

```
@unittest.skipUnless(platform.system() == 'Darwin', 'Mac specific test')
def test_3(self):
    self.assertTrue(True)

@unittest.expectedFailure
def test_4(self):
    self.assertEqual(2+2, 5)

if __name__ == '__main__':
    unittest.main()
```

이 코드를 Mac에서 실행하면 다음과 같은 결과가 나온다.

```
bash % python3 testsample.py -v
test_0 (__main__.Tests) ... ok
test_1 (__main__.Tests) ... skipped 'skipped test'
test_2 (__main__.Tests) ... skipped 'Not supported on Unix'
test_3 (__main__.Tests) ... ok
test_4 (__main__.Tests) ... expected failure

----------------------------------------------------------------------
Ran 5 tests in 0.002s

OK (skipped=2, expected failures=1)
```

토론

절대로 실행하고 싶지 않은 테스트는 skip() 데코레이터를 사용해서 건너뛸 수 있다. skipIf()와 skipUnless()는 특정 플랫폼이나 파이썬 버전 등의 조건을 만족할 때만 적용할 때 유용하다. @expectedFailure 데코레이터는 실패할 것을 이미 알고 있지만, 테스트 프레임워크가 자세한 정보를 보고하지 않도록 할 때 사용한다.

메소드를 건너뛰는 데코레이터는 테스팅 클래스 전체에 적용할 수도 있다.

```
@unittest.skipUnless(platform.system() == 'Darwin', 'Mac specific tests')
class DarwinTests(unittest.TestCase):
    ...
```

14.6 다중 예외 처리

문제

여러 가지 에러를 처리하는 코드를 작성 중이다. 잠재적인 모든 예외를 처리해야 하는데, 중복 코드를 생성하지 않고 코드를 간략하게 유지하고 싶다.

해결

서로 다른 예외를 하나의 코드 블록에서 처리하려면 다음과 같이 튜플에 묶어서 사용한다.

```
try:
    client_obj.get_url(url)
except (URLError, ValueError, SocketTimeout):
    client_obj.remove_url(url)
```

이 예제에서 리스팅한 예외가 하나라도 발생하면 remove_url() 메소드를 호출한다. 하지만 하나의 예외를 별도로 처리해야 한다면 어떻게 할까? 이때는 간단히 except 항목을 하나 추가하면 된다.

```
try:
    client_obj.get_url(url)
except (URLError, ValueError):
    client_obj.remove_url(url)
except SocketTimeout:
    client_obj.handle_url_timeout(url)
```

상속 계층에서 하나로 묶여 있는 예외도 많이 있다. 이런 예외의 경우에는 베이스 클래스를 명시하면 그 아래 있는 모든 예외를 한 번에 처리할 수 있다. 예를 들어 다음과 같은 코드는

```
try:
    f = open(filename)
except (FileNotFoundError, PermissionError):
    ...
```

다음과 같이 줄일 수 있다.

```
try:
    f = open(filename)
except OSError:
    ...
```

이 코드는 FileNotFoundError와 PermissionError 예외가 공통적으로 OSError를 상속받기 때문에 잘 동작한다.

토론

다중 예외 처리 자체와는 관련이 없지만 예외를 처리할 때 as 키워드를 사용할 수 있다는 점을 기억하도록 하자.

```
try:
    f = open(filename)
except OSError as e:
    if e.errno == errno.ENOENT:
        logger.error('File not found')
    elif e.errno == errno.EACCES:
        logger.error('Permission denied')
```

```
    else:
        logger.error('Unexpected error: %d', e.errno)
```

이 예제에서 변수 e는 발생한 예외인 OSError의 인스턴스를 담고 있다. 이 변수는 추가적인 상태 코드 등 더 많은 정보를 얻어야 하는 경우에 유용하게 사용할 수 있다.

except는 코드의 순서대로 확인하고 첫 번째로 발견한 것을 실행한다는 점을 주의해야 한다. 유난 떠는 소리처럼 들릴지도 모르지만, 다음과 같이 여러 가지 except 항목에 동시에 매칭하는 상황을 쉽게 만들 수 있다.

```
>>> f = open('missing')
Traceback (most recent call last):
  File "<stdin>", line 1, in <module>
FileNotFoundError: [Errno 2] No such file or directory: 'missing'
>>> try:
...     f = open('missing')
... except OSError:
...     print('It failed')
... except FileNotFoundError:
...     print('File not found')
...
It failed
>>>
```

이 코드에서 분명 없는 파일을 열려고 했지만, FileNotFoundError 예외 대신 OSError가 발생하고 "It failed"라는 텍스트가 출력됐다. OSError가 더 일반적인 예외이고 코드의 앞에 나왔기 때문이다.

한 가지 디버깅 팁을 알려주겠다. 특정 예외의 클래스 계층이 어떻게 구성되어 있는지 잘 모를 때 __mro__ 속성을 조사해 보면 간단히 확인할 수 있다.

```
>>> FileNotFoundError.__mro__
(<class 'FileNotFoundError'>, <class 'OSError'>, <class 'Exception'>,
 <class 'BaseException'>, <class 'object'>)
>>>
```

BaseException 이하에 있는 모든 예외를 except 구문에 사용할 수 있다.

14.7 모든 예외 캐치

문제

모든 예외를 캐치하는 코드를 작성하고 싶다.

해결

모든 예외를 캐치하려면 Exception에 대한 예외 핸들러를 작성한다.

```
try:
    ...
except Exception as e:
    ...
    log('Reason:', e)              # 중요!
```

이 코드는 SystemExit, KeyboardInterrupt, GeneratorExit을 제외한 모든 예외를 캐치한다. 이 예외까지 포함하려면 Exception을 BaseException으로 변경한다.

토론

모든 예외를 한 번에 캐치하는 코드는 어떤 예외가 발생할지 기억하지 못하는 프로그래머들이 대안으로 사용하기도 한다. 하지만 조금만 부주의하면 디버깅하기 무척이나 복잡한 코드가 되어 버릴 수 있다.

따라서 모든 예외를 한 번에 캐치하기로 마음먹었다면 예외가 발생한 이유를 반드시 기록해야 한다(예: 로그 파일, 화면에 에러 메시지 출력 등). 이렇게 하지 않으면 언젠가 머리가 터져 버릴 것 같은 상황이 반드시 찾아온다.

```
def parse_int(s):
    try:
        n = int(v)
    except Exception:
        print("Couldn't parse")
```

이 함수를 실행하면 다음과 같이 동작한다.

```
>>> parse_int('n/a')
Couldn't parse
>>> parse_int('42')
Couldn't parse
>>>
```

왜 이 코드가 동작하지 않는지 이해하기 어려울 것이다. 그렇다면 다음과 같이 코드를 작성했다면 어땠을까?

```
def parse_int(s):
    try:
        n = int(v)
    except Exception as e:
        print("Couldn't parse")
        print('Reason:', e)
```

이렇게 하면 실행 결과가 다음과 같다. 프로그램 과정에서 저지른 실수를 알아차리기 훨씬 쉽다.

```
>>> parse_int('42')
Couldn't parse
Reason: global name 'v' is not defined
>>>
```

앞에서 열거한 사항을 고려해 보면, 예외는 최대한 자세히 처리하는 것이 좋다. 하지만 한 번에 모든 예외를 꼭 캐치해야 한다면 반드시 부가적인 정보를 기록해서 추후에 헷갈리지 않도록 하자.

14.8 커스텀 예외 생성

문제

하위 레벨 예외를 우리가 만든 예외로 감싸서 애플리케이션 콘텍스트에 조금 더 의미있게 사용하고 싶다.

해결

새로운 예외를 만들기는 어렵지 않다. Exception을 상속 받은 클래스를 하나 정의하기만 하면 된다(혹은 기존 예외를 상속 받는 것도 가능하다). 예를 들어 네트워크 프로그래밍 관련 코드를 작성 중이라면 다음과 같은 커스텀 예외를 정의할 수 있다.

```python
class NetworkError(Exception):
    pass

class HostnameError(NetworkError):
    pass

class TimeoutError(NetworkError):
    pass

class ProtocolError(NetworkError):
    pass
```

그러면 사용자는 다음과 같이 일반적인 방식으로 예외를 사용한다.

```python
try:
    msg = s.recv()
except TimeoutError as e:
    ...
except ProtocolError as e:
    ...
```

토론

거의 대부분의 경우에 커스텀 예외 클래스는 Exception 클래스를 직접 상속하거나, Exception을 상속 받아서 만든 예외를 상속 받아야 한다. 모든 예외는 BaseException 클래스를 상속하고 있지만, 새로운 예외를 만들 때 여기서 바로 상속 받으면 안 된다. BaseException은 KeyboardInterrupt나 SystemExit와 같이 애플리케이션을 종료시키는 시스템 예외 용도이기 때문이다. 따라서 이런 예외를 캐치하는 것은 우리의 의도와는 조금 다르다. 이 규칙을 따랐다면, BaseException을 상속 받은 커스텀 예외는 캐치되지 않고 애플리케이션을 종료하도록 신호를 보낸다!

애플리케이션에 커스텀 예외를 가지고 앞에 나온 것처럼 사용하면 애플리케이션 코드의 가독성을 높이고 사용자가 더 쉽게 이해할 수 있도록 도와준다. 커스텀 예외를 사용할 때, 상속을 통해 어떻게 그룹으로 묶을 것인지 고민해 보아야 한다. 복잡한 애플리케이션에서는 여러 예외를 베이스 클래스로 묶는 것이 더 타당한 방식이다. 이렇게 하면 사용자는 다음과 같이 세부적인 예외를 캐치할 수 있고,

```
try:
    s.send(msg)
except ProtocolError:
    ...
```

다음처럼 더 넓은 범위의 예외를 한 번에 처리할 수도 있다.

```
try:
    s.send(msg)
except NetworkError:
    ...
```

__init__() 메소드를 오버라이드하는 새로운 예외를 정의한다면, 반드시 전달 받은 모든 인자로 Exception.__init__()을 호출하도록 한다.

```
class CustomError(Exception):
    def __init__(self, message, status):
        super().__init__(message, status)
        self.message = message
        self.status = status
```

조금 이상해 보일 수도 있지만, 기본적으로 Exception은 전달 받은 모든 인자를 받아서 .args 속성에 튜플로 저장해 놓는다. 많은 수의 라이브러리와 파이썬의 일부 기능은 모든 예외가 .args 속성을 가질 것이라고 기대하기 때문에, 이 단계를 건너뛴다면 새롭게 만든 예외가 특정 콘텍스트에서 제대로 동작하지 않을 우려가 있다. .args 활용법을 보기 위해서 다음과 같이 인터랙티브 세션에 RuntimeError를 사용한 예를 살펴보자. 그리고 여기서 어떻게 raise 구문에 인자를 여러 개 사용했는지에 주목하도록 한다.

```
>>> try:
...     raise RuntimeError('It failed')
... except RuntimeError as e:
...     print(e.args)
...
('It failed',)
>>> try:
...     raise RuntimeError('It failed', 42, 'spam')
... except RuntimeError as e:
```

```
...        print(e.args)
...
('It failed', 42, 'spam')
>>>
```

예외를 스스로 만드는 방법에 대해서 더 많은 정보가 필요하다면 파이썬 문서를 참고하자.

14.9 다른 예외에 대한 응답으로 예외 발생

문제

다른 예외를 캐치한 응답으로 또 다른 예외를 발생시키고 싶다. 하지만 두 예외에 대한 정보를 트레이스백(traceback)에 포함시켜야 한다.

해결

예외를 연결하려면 raise 구문 하나만 사용하지 않고 raise from을 사용한다. 이렇게 하면 두 에러의 정보를 모두 얻을 수 있다.

```
>>> def example():
...     try:
...             int('N/A')
...     except ValueError as e:
...             raise RuntimeError('A parsing error occurred') from e...
>>>
example()
Traceback (most recent call last):
  File "<stdin>", line 3, in example
ValueError: invalid literal for int() with base 10: 'N/A'

The above exception was the direct cause of the following exception:

Traceback (most recent call last):
  File "<stdin>", line 1, in <module>
  File "<stdin>", line 5, in example
RuntimeError: A parsing error occurred
>>>
```

트레이스백에 나오듯이 두 예외가 모두 캡처되었다. 이런 예외를 캐치하기 위해서는 일반적인 except 구문을 사용하면 된다. 하지만 예외의 __cause__ 속성을 보면 연결된 예외 정보를 알 수 있다.

```
try:
    example()
except RuntimeError as e:
    print("It didn't work:", e)
```

```
    if e.__cause__:
        print('Cause:', e.__cause__)
```

엮여 있는 예외의 내부 형태는 다른 예제가 except 블록에서 발생했을 때 일어난다.

```
>>> def example2():
...     try:
...             int('N/A')
...     except ValueError as e:
...             print("Couldn't parse:", err)
...
>>>
>>> example2()
Traceback (most recent call last):
  File "<stdin>", line 3, in example2
ValueError: invalid literal for int() with base 10: 'N/A'

During handling of the above exception, another exception occurred:

Traceback (most recent call last):
  File "<stdin>", line 1, in <module>
  File "<stdin>", line 5, in example2
NameError: global name 'err' is not defined
>>>
```

이 예제에서 두 예외의 정보를 모두 얻지만, 해석은 약간 다르다. 이 경우 파싱 에러에 대한 응답이 아닌 프로그래밍 실수로 NameError 예외가 발생했다. 이때 예외의 __cause__ 속성이 설정되지 않고 이전 예외에 __context__ 속성이 설정된다.

연쇄적으로 발생하는 예외를 원하지 않으면 raise from None을 사용한다.

```
>>> def example3():
...     try:
...             int('N/A')
...     except ValueError:
...             raise RuntimeError('A parsing error occurred') from None...
>>>
example3()
Traceback (most recent call last):
  File "<stdin>", line 1, in <module>
  File "<stdin>", line 5, in example3
RuntimeError: A parsing error occurred
>>>
```

토론

코드를 디자인할 때, except 블록 내부에서 raise 구문을 사용할 때 주의를 기울여야 한다. 대개의 경우 raise 구문을 raise from으로 바꾸는 것이 옳다. 즉, 다음과 같이 코드를 작성하도록 하자.

```
try:
    ...
except SomeException as e:
    raise DifferentException() from e
```

이런 코드를 작성하는 이유는 예외를 명시적으로 묶어 주기 위함이다. 즉, Different Exception 예외는 SomeException에 대한 응답으로 발생했음을 분명히 하는 것이다. 이런 관계는 결과 트레이스백에 정확하게 나타난다.

다음과 같은 스타일로 코드를 작성하면 연쇄적인 예외를 발생시킬 수 있지만, 연쇄적인 예외가 의도적인지 혹은 알 수 없는 프로그래밍 에러에 의한 것인지는 알 수가 없다.

```
try:
    ...
except SomeException:
    raise DifferentException()
```

raise from을 사용하면 두 번째 예외를 발생시켰다는 것이 명확해진다.

마지막 예외에 나온 것처럼 예외 정보를 억제하려는 시도를 하지 말자. 예외 정보를 줄이면 좀 더 간결한 트레이스백이 생기기는 하지만, 결과적으로 디버깅에 유용한 정보도 사라진다. 주어진 상황이 모두 동일하다면 최대한 많은 정보를 담는 것이 더 좋다.

14.10 마지막 예외 다시 발생

문제

except 블록에서 예외를 캐치했다. 하지만 이 예외를 다시 발생시키고 싶다.

해결

단순히 raise 구문만 따로 사용한다.

```
>>> def example():
...     try:
...             int('N/A')
...     except ValueError:
...             print("Didn't work")
...             raise
...
```

```
>>> example()
Didn't work
Traceback (most recent call last):
  File "<stdin>", line 1, in <module>
  File "<stdin>", line 3, in example
ValueError: invalid literal for int() with base 10: 'N/A'
>>>
```

토론

이 문제는 일반적으로 예외에 대한 응답으로 어떤 동작을(예: 로그, 해제 등) 해야 하지만, 그 작업을 마친 후에, 예외를 다시 발생시켜야 할 때 발생한다. 모든 예외를 처리하는 핸들러에서 일반적으로 다음과 같은 코드를 사용한다.

```
try:
    ...
except Exception as e:
    # 예외 정보 처리
    ...

    # 예외 전파
    raise
```

14.11 경고 메시지 생성

문제

프로그램에서 경고 메시지를 표시하고 싶다(더 이상 지원하지 않는 기능이나 사용 시 문제점 등).

해결

프로그램에서 경고 메시지를 생성하려면 warnings.warn() 함수를 사용한다.

```
import warnings

def func(x, y, logfile=None, debug=False):
    if logfile is not None:
        warnings.warn('logfile argument deprecated', DeprecationWarning)
    ...
```

warn()에는 경고 메시지와 경고 클래스를 함께 인자로 전달한다. 일반적으로 사용하는 클래스는 UserWarning, DeprecationWarning, SyntaxWarning, RuntimeWarning, ResourceWarning, FutureWarning 등이다.

경고 처리는 인터프리터를 어떻게 실행했는지와 환경 설정에 따라 달라진다. 예를 들어 파이썬을 실행할 때 -W all 옵션을 사용했다면 다음과 같은 결과가 나온다.

```
bash % python3 -W all example.py
example.py:5: DeprecationWarning: logfile argument is deprecated
  warnings.warn('logfile argument is deprecated', DeprecationWarning)
```

일반적으로 경고 메시지를 표준 에러에 출력한다. 경고를 예외로 바꾸고 싶으면 -W error 옵션을 사용한다.

```
bash % python3 -W error example.py
Traceback (most recent call last):
  File "example.py", line 10, in <module>
    func(2, 3, logfile='log.txt')
  File "example.py", line 5, in func
    warnings.warn('logfile argument is deprecated', DeprecationWarning)
DeprecationWarning: logfile argument is deprecated
bash %
```

토론

경고 메시지 생성하기는 소프트웨어를 유지하고 예외를 발생시키지도 않는, 사소한 문제를 사용자에게 전달할 때 유용한 기술이다. 예를 들어 라이브러리나 프레임워크의 동작을 변경할 예정이라면, 기존 기능을 제공하는 동안 앞으로 바뀔 내용을 경고 메시지로 표시할 수 있다. 그리고 사용자가 코드를 잘못 사용하고 있는 경우에도 경고할 수 있다.

내장된 라이브러리에서 경고 메시지를 사용하는 예제를 보자. 다음은 파일을 닫지 않고 제거할 때 발생하는 경고 메시지이다.

```
>>> import warnings
>>> warnings.simplefilter('always')
>>> f = open('/etc/passwd')
>>> del f
__main__:1: ResourceWarning: unclosed file <_io.TextIOWrapper name='/etc/passwd'
 mode='r' encoding='UTF-8'>
>>>
```

기본적으로 모든 경고 메시지가 나타나지는 않는다. 파이썬에 -W 옵션으로 경고 메시지 출력을 제어할 수 있다. -W all은 모든 경고 메시지를 출력하고, -W ignore는 모든 경고 메시지를 무시, -W error는 모든 경고를 예외로 바꾼다. 혹은 warnings.simplefilter() 함수로 결과 출력을 제어할 수도 있다. always 인자는 모든 경고 메시지가 나타나도록 하며 ignore는 모든 경고를 무시, error는 모든 경고를 예외로 바꾼다.

간단한 경우에 앞에 나온 내용만으로 경고 메시지를 다루는 데 부족함이 없다. warnings 모듈에 경고 메시지를 걸러 내거나 처리하는 고급 기능이 더 많이 있다. 자세한 내용은 파이썬 문서를 참고한다.

14.12 프로그램 크래시 디버깅

문제

프로그램에 문제가 생겨서 간단한 방법으로 디버깅하고 싶다.

해결

예외를 발생시키며 프로그램이 크래시했다면, python3 -i someprogram.py 형식으로 프로그램을 실행해서 좀 더 많은 정보를 얻을 수 있다. -i 옵션을 붙이면 프로그램이 종료하는 즉시 인터랙티브 셸을 시작한다. 거기서부터 환경을 조사할 수 있다. 예를 들어 다음과 같은 코드가 있다고 가정해 보자.

```
# sample.py

def func(n):
    return n + 10

func('Hello')
```

python3 -i로 실행하면 다음과 같은 결과가 나온다.

```
bash % python3 -i sample.py
Traceback (most recent call last):
  File "sample.py", line 6, in <module>
    func('Hello')
  File "sample.py", line 4, in func
    return n + 10
TypeError: Can't convert 'int' object to str implicitly
>>> func(10)
20
>>>
```

그래도 어디서 잘못된 것인지 확실히 모르겠다면, 크래시 이후 파이썬 디버거(debugger)를 실행해야 한다.

```
>>> import pdb
>>> pdb.pm()
> sample.py(4)func()
-> return n + 10
(Pdb) w
  sample.py(6)<module>()
-> func('Hello')
> sample.py(4)func()
-> return n + 10
(Pdb) print n
'Hello'
(Pdb) q
>>>
```

작성한 코드가 어떤 환경 속에 깊숙이 묻혀 있어서 인터랙티브 셸을 얻기가 어렵다면(예를 들어 서버 내부), 스스로 에러를 캐치하고 트레이스백을 생성하도록 할 수 있다.

```python
import traceback
import sys

try:
    func(arg)
except:
    print('**** AN ERROR OCCURRED ****')
    traceback.print_exc(file=sys.stderr)
```

프로그램이 크래시하지는 않지만, 예상한 답이 아닌 이상한 값을 생성한다면 여기 저기 print() 호출을 추가해서 살펴볼 수 있다. 하지만 이 방식을 사용할 것이라면 관련된 흥미로운 기술이 몇 가지 있다. 첫째로, traceback.print_stack() 함수는 실행한 지점으로부터 프로그램 스택트레이스를 생성한다.

```python
>>> def sample(n):
...     if n > 0:
...             sample(n-1)
...     else:
...             traceback.print_stack(file=sys.stderr)
...
>>> sample(5)
  File "<stdin>", line 1, in <module>
  File "<stdin>", line 3, in sample
  File "<stdin>", line 3, in sample
  File "<stdin>", line 3, in sample
  File "<stdin>", line 3, in sample
  File "<stdin>", line 3, in sample
  File "<stdin>", line 5, in sample
>>>
```

혹은 pdb.set_trace()를 사용하면 프로그램의 어디서나 디버거를 실행할 수 있다.

```python
import pdb

def func(arg):
    ...
    pdb.set_trace()
    ...
```

이 기술은 거대한 프로그램의 실행 흐름이나 함수의 인자와 같이 내부를 살펴볼 때 유용하다. 예를 들어 디버거를 시작하고 나면 print로 변수의 값을 보거나, w와 같은 명령어로 스택 트레이스백을 얻을 수 있다.

토론

필요 이상으로 디버깅을 복잡하게 만들 필요가 없다. 간단한 에러는 프로그램 트레이스백을 읽기만 해도 해결 가능한 경우가 많다(예: 실제 에러는 대개 트레이스백 마지막 줄에 있다). 개발 중에는 코드 중간 중간에 print() 함수를 삽입하는 것만으로도 많은 정보를 얻을 수 있다(단, 개발을 마친 후에 잊지 말고 제거해야 한다).

디버거는 일반적으로 프로그램이 크래시했을 때 함수 내부의 변수 내용을 보는 용도로 사용한다. 크래시가 발생한 후에 디버거를 시작하는 방법은 유용한 기술이다.

pdb.set_trace() 구문을 넣으면 내부의 흐름이 어떻게 돌아가는지 정확하게 알지 못하는 매우 복잡한 프로그램을 디버깅할 때 유용하다. 근본적으로, 프로그램은 set_trace() 호출이 나올 때까지 실행되고, 호출하는 순간 즉시 디버거로 돌입한다. 거기서부터 디버깅을 시작하면 된다.

파이썬 개발에 IDE를 사용한다면, IDE가 pdb를 사용해서 자체적으로 디버깅 인터페이스를 제공하는 것이 일반적이다. 자세한 정보는 사용 중인 IDE의 매뉴얼을 참고한다.

14.13 프로파일링과 타이밍

문제

프로그램에서 시간을 많이 소비하는 곳이 어디인지 찾고 그 시간을 측정하고 싶다.

해결

프로그램의 전체 실행 시간을 측정하고 싶다면 Unix의 time 명령어만으로도 충분하다.

```
bash % time python3 someprogram.py
real 0m13.937s
user 0m12.162s
sys  0m0.098s
bash %
```

하지만 프로그램이 어떤 일을 하고 있는지 세세한 정보가 필요하다면 cProfile 모듈을 사용해야 한다.

```
bash % python3 -m cProfile someprogram.py
         859647 function calls in 16.016 CPU seconds

    Ordered by: standard name


    ncalls  tottime  percall  cumtime  percall filename:lineno(function)
    263169    0.080    0.000    0.080    0.000 someprogram.py:16(frange)
       513    0.001    0.000    0.002    0.000 someprogram.py:30(generate_mandel)
    262656    0.194    0.000   15.295    0.000 someprogram.py:32(<genexpr>)
         1    0.036    0.036   16.077   16.077 someprogram.py:4(<module>)
    262144   15.021    0.000   15.021    0.000 someprogram.py:4(in_mandelbrot)
         1    0.000    0.000    0.000    0.000 os.py:746(urandom)
         1    0.000    0.000    0.000    0.000 png.py:1056(_readable)
         1    0.000    0.000    0.000    0.000 png.py:1073(Reader)
         1    0.227    0.227    0.438    0.438 png.py:163(<module>)
       512    0.010    0.000    0.010    0.000 png.py:200(group)
...
bash %
```

하지만 일반적인 코드를 프로파일링할 때는 이렇게 극단적인 두 방식 사이에 무언가가 필요하다. 예를 들어 코드의 수행 시간 대부분을 차지하는 몇 가지 함수를 이미 알고 있는 경우가 있다. 이럴 때는 짧은 데코레이터를 유용하게 사용할 수 있다.

```
# timethis.py

import time
from functools import wraps

def timethis(func):
    @wraps(func)
    def wrapper(*args, **kwargs):
        start = time.perf_counter()
        r = func(*args, **kwargs)
        end = time.perf_counter()
        print('{}.{} : {}'.format(func.__module__, func.__name__, end - start))
        return r
    return wrapper
```

이 데코레이터를 사용하는 방법은 간단하다. 시간을 측정하고 싶은 함수 정의 앞에 추가하기만 하면 된다.

```
>>> @timethis
... def countdown(n):
...     while n > 0:
...         n -= 1
...
>>> countdown(10000000)
__main__.countdown : 0.803001880645752
>>>
```

구문의 블록 시간을 측정하려면 콘텍스트 매니저를 정의한다.

```
from contextlib import contextmanager

@contextmanager
def timeblock(label):
    start = time.perf_counter()
    try:
        yield
    finally:
        end = time.perf_counter()
        print('{} : {}'.format(label, end - start))
```

다음은 이 콘텍스트 매니저가 동작하는 예제이다.

```
>>> with timeblock('counting'):
...         n = 10000000
...         while n > 0:
...                 n -= 1
...
counting : 1.5551159381866455
>>>
```

특정 코드 조각의 성능을 측정할 때는 timeit 모듈이 유용하다.

```
>>> from timeit import timeit
>>> timeit('math.sqrt(2)', 'import math')
0.1432319980012835
>>> timeit('sqrt(2)', 'from math import sqrt')
0.10836604500218527
>>>
```

timeit은 첫 번째 인자로 명시된 코드를 백만 번 실행하고 그 시간을 측정한다. 두 번째 인
자는 테스트를 실행하기 위해 필요한 환경을 설정하는 문자열이다. 실행하는 횟수를 조절
하고 싶으면 다음과 같이 number 인자를 추가한다.

```
>>> timeit('math.sqrt(2)', 'import math', number=10000000)
1.434852126003534
>>> timeit('sqrt(2)', 'from math import sqrt', number=10000000)
1.0270336690009572
>>>
```

토론

성능을 측정할 때, 결과 값은 항상 근사치라는 점을 유념해야 한다. 앞에 나온 예제에서는
time.perf_counter() 함수로 좀 더 정확한 시간을 측정했다. 하지만 이 역시 벽시계 시간
(wall-clock time)을 측정하는 것이고, 컴퓨터의 부하와 같이 다른 요소에 영향을 받을 수
있다.

벽시계 시간이 아닌 프로세스 시간에 관심이 있다면 time.process_time()을 사용한다.

```
from functools import wraps
def timethis(func):
    @wraps(func)
    def wrapper(*args, **kwargs):
        start = time.process_time()
        r = func(*args, **kwargs)
        end = time.process_time()
        print('{}.{} : {}'.format(func.__module__, func.__name__, end - start))
        return r
    return wrapper
```

마지막으로, 자세한 타이밍 분석을 해야 한다면 time, timeit 등 관련 모듈의 문서를 잘 읽어서 플랫폼의 차이점 등을 잘 이해하도록 한다.

스톱워치 타이머 클래스를 만들어 보았던 레시피 13.13도 참고하도록 한다.

14.14 프로그램 실행 속도 향상

문제

프로그램 실행 속도가 너무 느리다. 이때 C 확장이나 just-in-time(JIT) 컴파일러와 같은 극단적인 해결책의 도움 없이 속도를 향상시키고 싶다.

해결

최적화의 첫 번째 규칙은 "하지 않는 것"이고, 두 번째 규칙은 "중요하지 않은 것을 최적화하지 마라"이다. 이 목적을 달성하려면 우선 레시피 14.13에 나왔던 방법으로 코드를 프로파일링해야 한다.

대개 프로그램의 실행 시간 대부분을 차지하는 곳은 내부 데이터 처리 루프 등 몇 군데로 압축된다. 이 위치를 알아냈다면, 다음에 나오는 기술을 사용해서 프로그램 실행 속도를 향상시켜 보자.

함수 사용

많은 프로그래머들은 파이썬을 단순한 스크립트 작성에 사용한다. 스크립트를 작성할 때는 아주 간단한 구조로 코드를 쓰는 경우가 많다.

```
# somescript.py

import sys
import csv

with open(sys.argv[1]) as f:
    for row in csv.reader(f):

        # 작업 수행
        ...
```

이와 같이 전역 영역에 정의된 코드는 함수에 정의한 코드보다 실행 속도가 느리다는 사실을 아는 사람이 많지 않다. 속도 차이는 지역과 전역변수의 구현에서 비롯된다(지역 관련 변수의 실행 속도가 더 빠르다). 따라서 프로그램 실행 속도를 향상시키려면 간단히 스크립트 구문을 함수 안에 넣으면 된다.

```
# somescript.py
import sys
import csv

def main(filename):
    with open(filename) as f:
        for row in csv.reader(f):
            # Some kind of processing
            ...

main(sys.argv[1])
```

속도 차이는 수행하는 작업에 따라 크게 다르지만, 경험에 따르면 15~30% 정도의 향상이 놀라울 정도는 아니다.

속성 접근의 선택적 삭제

점(.) 연산자로 속성에 접근하는 작업에는 대가가 따른다. 코드 내부적으로는 __getattribute__()와 __getattr__() 같은 특별 메소드를 호출하는데, 결국 딕셔너리 검색으로 이어지는 경우가 많다.

속성 사용은 from module import name 형식의 임포트와 선택적인 바운드 메소드 사용으로 피해 갈 수 있다. 이해를 돕기 위해 다음과 같은 코드가 있다고 가정해 보자.

```
import math

def compute_roots(nums):
    result = []
    for n in nums:
        result.append(math.sqrt(n))
    return result

# 테스트
nums = range(1000000)
for n in range(100):
    r = compute_roots(nums)
```

필자의 컴퓨터에서 테스트해 보았을 때, 이 프로그램을 실행하는 데 대략 40초 가량이 걸렸다. 이제 compute_roots() 함수를 다음처럼 수정해 보자.

```
from math import sqrt

def compute_roots(nums):
```

```
        result = []
        result_append = result.append
        for n in nums:
            result_append(sqrt(n))
        return result
```

이렇게 하면 실행 시간은 29초로 줄어든다. 앞에 나왔던 첫 번째 코드와 다른 점은 속성에 대한 접근을 제거한 것뿐이다. math.sqrt()를 사용하지 않고 바로 sqrt()를 호출했다. result. append() 메소드도 지역변수 result_append에 넣고 루프 내부에서 이를 사용했다.

하지만 이런 차이는 순환문처럼 아주 많이 실행하는 코드에서만 의미가 있다. 따라서 이 최적화는 조심스럽게 선택한 장소에만 사용하도록 한다.

변수의 지역성 이해

앞에서 설명한 대로 지역변수는 전역변수보다 실행 속도가 빠르다. 빈번하게 접근하는 이름의 경우 최대한 지역에 가깝게 만들어서 속도 향상을 도모할 수 있다. 예를 들어 앞에 나왔던 compute_roots() 함수를 다음처럼 수정해 보자.

```
import math

def compute_roots(nums):
    sqrt = math.sqrt
    result = []
    result_append = result.append
    for n in nums:
        result_append(sqrt(n))
    return result
```

이 버전에서 sqrt를 math 모듈에서 가져와 지역변수에 넣었다. 이 코드를 실행해 보면 이제 25초로 시간이 다시 줄어들었다(29초에서 4초 향상). 이는 sqrt를 전역 레벨에서 찾지 않고 지역 레벨에서 찾는 것이 더 빠르기 때문에 일어난 현상이다.

클래스에서 작업할 때 지역 인자도 적용된다. 일반적으로 self.name과 같이 값을 찾는 것이 지역변수에 접근하는 것보다 느리다. 순환문 내부에서 자주 접근하는 속성을 지역변수에 넣으면 실행 속도가 빨라진다.

```
# 느림
class SomeClass:
    ...
    def method(self):
        for x in s:
            op(self.value)

# 빠름
class SomeClass:
```

```
    ...
    def method(self):
        value = self.value
        for x in s:
            op(value)
```

불필요한 추상화 피하기

데코레이터나 프로퍼티, 디스크립터 등 코드를 추가적인 처리 레이어로 감쌀 때마다 실행 속도가 느려진다. 예를 들어 다음 클래스를 보자.

```
class A:
    def __init__(self, x, y):
        self.x = x
        self.y = y
    @property
    def y(self):
        return self._y
    @y.setter
    def y(self, value):
        self._y = value
```

이제 간단한 시간 측정을 해 본다.

```
>>> from timeit import timeit
>>> a = A(1,2)
>>> timeit('a.x', 'from __main__ import a')
0.07817923510447145
>>> timeit('a.y', 'from __main__ import a')
0.35766440676525235
>>>
```

보는 것처럼 프로퍼티 y 접근은 단순히 x에 접근하는 것보다 4.5배 이상 느리다. 이런 차이점이 문제가 된다면 y 정의에 사용한 프로퍼티가 정말로 필요한 것인지 진지하게 고민해 보아야 한다. 만약 필요 없다고 판단한다면 프로퍼티를 제거하고 단순히 속성을 사용하는 방법을 채택한다. 다른 프로그램 언어에서 게터/세터 함수를 사용하는 것이 일반적이라고 해서 파이썬에서 이 방식을 꼭 따라야 할 의무는 없다.

내장 컨테이너 사용

문자열, 튜플, 리스트, 세트, 딕셔너리 등 내장된 데이터 타입은 모두 C로 구현되어 있고 따라서 실행 속도가 상대적으로 빠르다. 만약 이런 것 대신에 스스로 자료 구조를 만들고 싶다면(예: 링크드 리스트, 밸런스 트리 등), 내장된 자료 구조의 속도를 따라잡기는 거의 불가능하다. 따라서 괜히 고생하지 말고 이미 제공되고 있는 것을 사용하도록 하자.

불필요한 자료 구조 생성이나 복사 피하기

프로그래머들은 종종 불필요한 자료 구조를 만들기도 한다. 예를 들어 다음 코드를 보자.

```
values = [x for x in sequence]
squares = [x*x for x in values]
```

아마도 여러 값을 리스트에 넣고 그 값으로 리스트 컴프리헨션과 같은 작업을 하려는 의도일 것이다. 하지만 첫 번째 나오는 리스트는 전혀 필요가 없다. 앞에 나온 코드는 다음과 같이 개선할 수 있다.

```
squares = [x*x for x in sequence]
```

이와 관련해서, 파이썬의 값 공유에 대해 편집증적인 반응을 보이는 프로그래머가 작성한 코드를 주의하도록 한다. copy.deepcopy()와 같은 함수를 남용했다면, 이 코드를 작성한 사람은 파이썬의 메모리 모델을 믿지 못하거나 잘 이해하지 못했을 확률이 크다. 그런 코드에서는, 여러 복사본을 제거해도 안전할 것이다.

토론

최적화를 하기 전에, 우선적으로 사용하고 있는 알고리즘에 대한 연구를 하는 것이 좋다. O(n**2) 알고리즘을 사용한 코드를 아무리 최적화한다고 해도 O(n log n) 알고리즘을 사용한 코드보다 실행 속도가 훨씬 느릴 것이다.

여전히 최적화를 해야 한다고 생각하면, 우선 큰 그림부터 그려 보도록 하자. 일반적으로 프로그램의 모든 부분에 최적화를 적용하면 코드를 읽기도 어렵고 이해하기도 어렵게 만든다. 그보다는 내부 순환문과 같이 병목 현상이 발생하는 곳에 집중하는 것이 좋다.

세세한 최적화 결과를 해설할 때는 주의해야 한다. 예를 들어 딕셔너리를 생성하는 다음 두 코드를 살펴보자.

```
a = {
    'name' : 'AAPL',
    'shares' : 100,
    'price' : 534.22
}

b = dict(name='AAPL', shares=100, price=534.22)
```

두 번째(b) 방식의 코드가 더 간결하다(키 이름을 따옴표로 묶을 필요가 없다). 하지만 두 코드를 놓고 성능을 비교해 보면, dict()를 사용한 것이 세 배 정도 느리다! 그렇다면 이제 dict()를 사용한 모든 부분을 찾아서 첫 번째(a) 방식으로 모두 변환하는 것이 좋을까? 영리한 프로그래머라면 이 부분을 수정하지 않고 그냥 둘 것이다. 그보다는 내부 순환문과 같이 실행 속도에 직접적으로 영향을 주는 곳을 찾아 최적화하는 것이 좋다. 그 이외의 장소에 대해서는 이 속도 차이가 거의 아무런 차이도 만들지 못한다.

만약 작성 중인 프로그램의 성능이 이번 레시피에서 다룬 최적화로는 어림없을 만큼 중요하다면, just-in-time(JIT) 컴파일 기술에 기반한 도구 사용을 고려하도록 하자. 예를 들어

PyPy 프로젝트는 파이썬 인터프리터의 대안 구현으로, 프로그램 실행을 분석하고 빈번히 실행되는 부분에 대해서 네이티브 코드를 생성한다. 이 기술을 사용하면 파이썬 프로그램의 실행 속도가 비약적으로 증가하고, 때로는 C로 작성한 프로그램 속도에 근접하거나 심지어 더 빨라지기도 한다. 하지만 안타깝게도 이 책을 집필하고 있는 현재 PyPy는 파이썬 3를 완벽히 지원하지 않는다. Numba는 다이내믹 컴파일러로서 데코레이터로 최적화하고 싶은 파이썬 함수에 주석을 단다. 이런 함수는 LLVM을 사용해서 네이티브 코드로 컴파일된다. 이 역시 엄청난 성능 향상을 가져오지만, PyPy와 마찬가지로 파이썬3 지원에 대해서는 아직 미비한 점이 있다.

마지막으로 존 아우스터하우트(John Ousterhout)의 "완벽한 성능 향상은 동작하지 않는 것을 동작 상태로 변이하는 것이다"라는 말을 기억하자. 꼭 필요하지 않다면 최적화에 대해서 걱정하지 않아도 좋다. 프로그램이 올바르게 동작하도록 만드는 것이 빠르게 실행하도록 만드는 것보다 훨씬 중요하다(적어도 초기에는).

## CHAPTER 15

C 확장

이번 장에서는 파이썬에서 C 코드에 접근하는 문제를 다룬다. 파이썬의 라이브러리 중 C로 작성된 것이 많고, 파이썬이 외부 라이브러리와 통신하도록 하기 위해 C에 접근하는 것은 중요하다. 그리고 C 확장 코드를 파이썬 2에서 3로 포팅(porting)하는 문제는 아마도 파이썬을 다룰 때 가장 많이 공부해야 하는 분야일 것이다.

파이썬이 확장 C 프로그래밍 API를 제공하기는 하지만, C를 다루는 방법은 사실 아주 많다. 여기서는 가능한 모든 도구와 기술을 설명하며 시간을 낭비하지 않고, 짧은 C 코드와 함께 어떻게 동작하는지 설명을 첨부할 예정이다. 궁극적으로는 숙련된 프로그래머가 각자 용도로 확장해서 사용할 수 있는 템플릿을 제공하려고 한다.

다음은 거의 모든 레시피에 동작하는 C 코드이다.

```c
/* sample.c */_method
#include <math.h>

/* 최대 공약수 계산 */
int gcd(int x, int y) {
    int g = y;
    while (x > 0) {
        g = x;
        x = y % x;
        y = g;
    }
    return g;
}

/* (x0, y0)이 맨들브로트 집합(Mandelbrot set)인지 확인한다. */
int in_mandel(double x0, double y0, int n) {
  double x=0,y=0,xtemp;
  while (n > 0) {
    xtemp = x*x - y*y + x0;
    y = 2*x*y + y0;
```

```
      x = xtemp;
      n -= 1;
      if (x*x + y*y > 4) return 0;
    }
    return 1;
  }

  /* 두 수를 나눔 */
  int divide(int a, int b, int *remainder) {
    int quot = a / b;
    *remainder = a % b;
    return quot;
  }

  /* 배열 속 값의 평균 */
  double avg(double *a, int n) {
    int i;
    double total = 0.0;
    for (i = 0; i < n; i++) {
      total += a[i];
    }
    return total / n;
  }

  /* C 자료 구조 */
  typedef struct Point {
      double x,y;
  } Point;

  /* C 자료 구조 관련 함수 */
  double distance(Point *p1, Point *p2) {
      return hypot(p1->x - p2->x, p1->y - p2->y);
  }
```

이 코드에는 C 프로그래밍의 여러 기술이 담겨 있다. 우선 gcd()와 is_mandel()과 같은 간단한 함수가 있다. divide() 함수는 여러 가지 값을 포인터를 통해 반환하는 C 함수의 예제이다. avg() 함수는 C 배열에서 데이터 감소를 수행한다. Point와 distance() 함수는 C 구조체와 관련이 있다.

앞에 나온 코드는 *sample.c*에 담겨 있고, 정의는 *sample.h*에 있다. 이 파일은 libsample로 컴파일되어 다른 C 코드에 링크할 수 있도록 했다. 컴파일과 링크 과정은 시스템에 따라 다르지만, 여기서 중요한 내용은 아니다. 독자가 C 코드를 다루고 있으므로 이런 방법은 이미 알고 있다고 가정한다.

15.1 ctypes로 C 코드 접근

문제

공유 라이브러리나 DLL로 컴파일된 작은 C 함수가 여러 개 있다. 이런 함수를 추가적인 C 코드나 서드파티 확장 도구 없이 순수 파이썬만으로 호출하고 싶다.

해결

C 코드가 관련된 작은 문제는 파이썬 표준 라이브러리의 ctypes 모듈을 사용하면 간단히 해결할 수 있다. ctypes를 사용하기 위해서 우선 C 코드가 파이썬 인터프리터에 사용할 수 있는 공유 라이브러리로 컴파일되었는지 확인해야 한다(예: 동일한 구조, 단어 크기, 컴파일러 등). 이번 레시피의 목적을 위해서 공유 라이브러리 libsample.so가 생성되었고 앞에서 소개한 코드 이외에 아무것도 담겨 있지 않다고 가정하자. 그리고 *libsample.so* 파일은 *sample.py* 파일과 동일한 디렉터리에 위치하고 있다.

결과 라이브러리에 접근하려면, 라이브러리를 감싸는 파이썬 모듈을 만들어야 한다.

```python
# sample.py
import ctypes
import os

# 동일한 디렉터리에서 이 파일과 동일한 .so 파일을 찾는다.
_file = 'libsample.so'
_path = os.path.join(*(os.path.split(__file__)[:-1] + (_file,)))
_mod = ctypes.cdll.LoadLibrary(_path)

# int gcd(int, int)
gcd = _mod.gcd
gcd.argtypes = (ctypes.c_int, ctypes.c_int)
gcd.restype = ctypes.c_int

# int in_mandel(double, double, int)
in_mandel = _mod.in_mandel
in_mandel.argtypes = (ctypes.c_double, ctypes.c_double, ctypes.c_int)
in_mandel.restype = ctypes.c_int

# int divide(int, int, int *)
_divide = _mod.divide
_divide.argtypes = (ctypes.c_int, ctypes.c_int, ctypes.POINTER(ctypes.c_int))
_divide.restype = ctypes.c_int

def divide(x, y):
    rem = ctypes.c_int()
    quot = _divide(x, y, rem)
```

```
        return quot,rem.value

# void avg(double *, int n)
# 특별 타입 'double *' 속성을 정의한다.
class DoubleArrayType:
    def from_param(self, param):
        typename = type(param).__name__
        if hasattr(self, 'from_' + typename):
            return getattr(self, 'from_' + typename)(param)
        elif isinstance(param, ctypes.Array):
            return param
        else:
            raise TypeError("Can't convert %s" % typename)

    # array.array 객체로부터 캐스팅
    def from_array(self, param):
        if param.typecode != 'd':
            raise TypeError('must be an array of doubles')
        ptr, _ = param.buffer_info()
        return ctypes.cast(ptr, ctypes.POINTER(ctypes.c_double))

    # 리스트/튜플로부터 캐스팅
    def from_list(self, param):
        val = ((ctypes.c_double)*len(param))(*param)
        return val

    from_tuple = from_list

    # numpy 배열로부터 캐스팅
    def from_ndarray(self, param):
        return param.ctypes.data_as(ctypes.POINTER(ctypes.c_double))

DoubleArray = DoubleArrayType()
_avg = _mod.avg
_avg.argtypes = (DoubleArray, ctypes.c_int)
_avg.restype = ctypes.c_double

def avg(values):
    return _avg(values, len(values))

# Point 구조체 { }
class Point(ctypes.Structure):
    _fields_ = [('x', ctypes.c_double),
                ('y', ctypes.c_double)]

# double distance(Point *, Point *)
distance = _mod.distance
distance.argtypes = (ctypes.POINTER(Point), ctypes.POINTER(Point))
distance.restype = ctypes.c_double
```

여기까지 잘 따라했다면 이 모듈을 로딩하고 C 함수를 사용할 수 있다.

```
>>> import sample
>>> sample.gcd(35,42)
7
>>> sample.in_mandel(0,0,500)
1
>>> sample.in_mandel(2.0,1.0,500)
0
>>> sample.divide(42,8)
(5, 2)
>>> sample.avg([1,2,3])
2.0
>>> p1 = sample.Point(1,2)
>>> p2 = sample.Point(4,5)
>>> sample.distance(p1,p2)
4.242640687119285
>>>
```

토론

이번 레시피의 몇 가지 부분에서 토론이 필요하다. 우선 C와 파이썬 코드를 함께 묶는 방법에 대해서 얘기해 보자. ctypes를 사용해서 스스로 컴파일한 C 코드에 접근한다면, 공유 라이브러리가 sample.py 모듈과 동일한 위치에 있어야 한다. 한 가지 방법으로 결과 .so 파일을 파이썬 코드 지원 목적으로 동일한 디렉터리에 넣을 수 있다. 이번 레시피 초반부를 보면 *sample.py* 파일이 __file__ 변수를 보고 설치된 곳이 어딘지 알아차리고 *libsample.so* 파일이 동일한 디렉터리에 위치하고 있다고 경로를 생성했던 것을 확인할 수 있다.

C 라이브러리를 다른 곳에 설치하려 한다면 경로를 제대로 수정해야 한다. 만약 C 라이브러리를 표준 라이브러리처럼 설치했다면 ctypes.util.find_library() 함수로 사용한다.

```
>>> from ctypes.util import find_library
>>> find_library('m')
'/usr/lib/libm.dylib'
>>> find_library('pthread')
'/usr/lib/libpthread.dylib'
>>> find_library('sample')
'/usr/local/lib/libsample.so'
>>>
```

다시 한 번 강조하지만, ctypes는 라이브러리를 찾을 수 없다면 제대로 동작하지 않는다. 따라서 어떻게 설치할지에 대해서 어느 정도 고민을 해야 한다.

C 라이브러리가 설치된 곳을 알았다면 ctypes.cdll.LoadLibrary()로 불러온다. 다음 코드가 바로 이 작업을 하고 있고, _path는 공유 라이브러리의 경로를 가리킨다.

```
_mod = ctypes.cdll.LoadLibrary(_path)
```

라이브러리를 불러온 후에는, 특정 심볼을 추출하고 타입 시그니처를 넣는 구문을 작성해야 한다. 다음 코드에서 이 작업을 한다.

```
# int in_mandel(double, double, int)
in_mandel = _mod.in_mandel
in_mandel.argtypes = (ctypes.c_double, ctypes.c_double, ctypes.c_int)
in_mandel.restype = ctypes.c_int
```

이 코드에서 .argtypes 속성은 함수의 입력 인자를 담은 튜플이고, .restype은 반환 타입이다. ctypes는 C 데이터 타입을 표현하는 여러 가지 타입 객체를 정의한다(c_double, c_int, c_short, c_float 등). 파이썬이 올바른 종류의 인자를 전달하고 데이터를 잘 변환하기 위해서 타입 시그니처를 첨부하는 것은 매우 중요하다(이 과정을 잊으면 코드가 동작하지도 않고 인터프리터 프로세스 전체가 크래시할 가능성도 있다).

ctypes를 사용할 때 C 코드가 파이썬에는 없는 문법을 사용할지도 모른다는 잠재적인 문제가 있다. divide() 함수가 좋은 예인데, 이 함수는 인자를 통해서 값을 반환한다. C에서는 이 기술이 흔하지만, 파이썬에서는 어떻게 해야할지 분명하지 않다. 예를 들어 다음과 같이 코드를 작성할 수 없다.

```
>>> divide = _mod.divide
>>> divide.argtypes = (ctypes.c_int, ctypes.c_int, ctypes.POINTER(ctypes.c_int))
>>> x = 0
>>> divide(10, 3, x)
Traceback (most recent call last):
  File "<stdin>", line 1, in <module>
ctypes.ArgumentError: argument 3: <class 'TypeError'>: expected LP_c_int
instance instead of int
>>>
```

이 코드가 동작한다고 해도, 파이썬의 정수형 불변성을 해치기 때문에 전체 인터프리터를 블랙홀에 빠뜨리는 재앙이 생길지도 모른다. 포인터가 관련된 인자는 이에 대응하는 ctypes 객체를 만들고 다음과 같이 전달해야 한다.

```
>>> x = ctypes.c_int()
>>> divide(10, 3, x)
3
>>> x.value
1
>>>
```

ctypes.c_int를 만들고 포인터 객체처럼 전달했다. 일반적인 파이썬 정수형과는 다르게 c_int 객체는 수정할 수 있다. 그리고 .value 속성을 사용해서 원하는 대로 값을 변경하거나 얻어 온다.

C 호출 규칙이 파이썬과 다를 때는, 일반적으로 작은 래퍼(wrapper) 함수를 만든다. 앞의 예제에서는 divide() 함수가 튜플을 사용해서 결과 값 두 개를 반환하도록 했다.

```
# int divide(int, int, int *)
_divide = _mod.divide
_divide.argtypes = (ctypes.c_int, ctypes.c_int, ctypes.POINTER(ctypes.c_int))
_divide.restype = ctypes.c_int

def divide(x, y):
    rem = ctypes.c_int()
    quot = _divide(x,y,rem)
    return quot, rem.value
```

avg() 함수에 새로운 도전 과제가 있다. C 코드 내부적으로 배열을 나타내는 포인터와 길이 값을 받는다. 하지만 파이썬 측면에서는 다음 질문을 반드시 고려해 보아야 한다. 배열이 무엇인가? 리스트인가 튜플인가? array 모듈로 만든 배열인가? numpy 배열인가? 전부 다 사용했는가? 실제로 파이썬 "배열"에는 여러 가지 형태가 있고 여러 가지 가능성을 모두 지원하고 싶을 것이다.

DoubleArrayType 클래스가 이런 상황에 처리하는 방법을 보여준다. 이 클래스는 from_param() 메소드 하나를 정의했다. 이 메소드의 역할은 파라미터 하나를 받고 일치하는 ctypes 객체로 범위를 좁혀준다(예제에서는 ctypes.c_double에 대한 포인터). from_param()에서 원하는 것을 모두 할 수 있다. 예제 코드에서 파라미터의 타입 이름을 추출하고 좀 더 특화된 메소드로 보내는 데 사용했다. 예를 들어 리스트를 전달했다면, 타입 이름 list와 from_list()가 호출된다.

리스트와 튜플의 경우 from_list() 메소드가 ctypes 배열 객체로의 변환을 수행한다. 조금 이상하게 보이겠지만, 다음은 리스트를 ctypes 배열로 변환하는 예제이다.

```
>>> nums = [1, 2, 3]
>>> a = (ctypes.c_double * len(nums))(*nums)
>>> a
<__main__.c_double_Array_3 object at 0x10069cd40>
>>> a[0]
1.0
>>> a[1]
2.0
>>> a[2]
3.0
>>>
```

array 객체의 경우, from_array() 메소드가 내부 메모리 포인터를 가져오고 ctypes 포인터 객체로 캐스팅한다.

```
>>> import array
>>> a = array.array('d',[1,2,3])
>>> a
array('d', [1.0, 2.0, 3.0])
>>> ptr_ = a.buffer_info()
>>> ptr
4298687200
>>> ctypes.cast(ptr, ctypes.POINTER(ctypes.c_double))
<__main__.LP_c_double object at 0x10069cd40>
>>>
```

from_ndarray()는 numpy 배열을 변환할 때 사용한다.

DoubleArrayType 클래스를 정의하고 avg()의 타입 시그니처로 사용하면, 이 함수는 여러 가지 배열 같은 입력을 받을 수 있다.

```
>>> import sample
>>> sample.avg([1,2,3])
2.0
>>> sample.avg((1,2,3))
2.0
>>> import array
>>> sample.avg(array.array('d',[1,2,3]))
2.0
>>> import numpy
>>> sample.avg(numpy.array([1.0,2.0,3.0]))
2.0
>>>
```

이번 레시피의 마지막 부분은 간단한 C 구조체를 다루는 방법을 보여준다. 구조체의 경우에는, 올바른 필드와 타입을 가지고 있는 클래스를 정의한다.

```
class Point(ctypes.Structure):
    _fields_ = [('x', ctypes.c_double),
                ('y', ctypes.c_double)]
```

정의를 마쳤다면 이 클래스를 타입 시그니처와 구조체를 다루고 인스턴스화해야 하는 코드에 사용할 수 있다.

```
>>> p1 = sample.Point(1,2)
>>> p2 = sample.Point(4,5)
>>> p1.x
1.0
>>> p1.y
2.0
>>> sample.distance(p1,p2)
4.242640687119285
>>>
```

몇 가지 사족을 붙이겠다. ctypes는 파이썬에서 몇 가지 C 함수에 접근하려고 할 때 유용한 라이브러리지만, 커다란 라이브러리에 접근하는 경우에는 Swig(레시피 15.9)나 Cython(레시피 15.10) 등 다른 방식을 사용하는 것이 좋다.

커다란 라이브러리에 사용할 때 생기는 중요한 문제는 ctypes가 전체적으로 자동화되어 있지 않아서 타입 시그니처를 작성하는 데 많은 시간이 소요된다는 점이다. 라이브러리의 복잡함 정도에 따라서 작은 래퍼(wrapper) 함수와 지원 클래스를 매우 많이 작성해야 할지도 모른다. 또한 메모리 관리나 에러 처리 등 C 인터페이스의 세세한 부분까지 모두 이해하고 있지 않다면, 세그멘테이션 오류(segmentation fault), 잘못된 접근(access violation) 등의 에러와 함께 파이썬을 크래시하게 만들 확률이 매우 크다.

ctypes 대신 CFFI도 고려해 보자. CFFI가 제공하는 기능은 거의 동일하지만, C 구문을 사용하고 좀 더 고급 C 코드를 지원한다. 이 책을 집필 중인 현재 CFFI는 꽤나 생소한 프로젝트이지만, 점차 발전하고 있다. CFFI를 파이썬 표준 라이브러리에 포함시키려는 논의도 이루어지고 있으니 계속해서 관심을 기울이도록 한다.

15.2 간단한 C 확장 모듈 작성

문제

파이썬의 확장 API만을 사용해서 간단한 C 확장 모듈을 직접 작성하고 싶다.

해결

간단한 C 코드인 경우, 직접 확장 모듈을 만들기는 아주 쉽다. 우선적으로 C 코드에 올바른 헤더 파일이 있는지 확인한다.

```
/* sample.h */

#include <math.h>

extern int gcd(int, int);
extern int in_mandel(double x0, double y0, int n);
extern int divide(int a, int b, int *remainder);
extern double avg(double *a, int n);

typedef struct Point {
    double x,y;
} Point;

extern double distance(Point *p1, Point *p2);
```

대개 이 헤더는 별도로 컴파일한 라이브러리와 일치한다. 이 가정을 기억하고, 확장 함수 작성의 기본을 보여주는 샘플 확장 모듈 코드를 살펴보자.

```c
#include "Python.h"
#include "sample.h"

/* int gcd(int, int) */
static PyObject *py_gcd(PyObject *self, PyObject *args) {
  int x, y, result;

  if (!PyArg_ParseTuple(args,"ii", &x, &y)) {
    return NULL;
  }
  result = gcd(x,y);
  return Py_BuildValue("i", result);
}

/* int in_mandel(double, double, int) */
static PyObject *py_in_mandel(PyObject *self, PyObject *args) {
  double x0, y0;
  int n;
  int result;

  if (!PyArg_ParseTuple(args, "ddi", &x0, &y0, &n)) {
    return NULL;
  }
  result = in_mandel(x0,y0,n);
  return Py_BuildValue("i", result);
}

/* int divide(int, int, int *) */
static PyObject *py_divide(PyObject *self, PyObject *args) {
  int a, b, quotient, remainder;
  if (!PyArg_ParseTuple(args, "ii", &a, &b)) {
    return NULL;
  }
  quotient = divide(a,b, &remainder);
  return Py_BuildValue("(ii)", quotient, remainder);
}

/* 모듈 메소드 테이블 */
static PyMethodDef SampleMethods[] = {
  {"gcd", py_gcd, METH_VARARGS, "Greatest common divisor"},
  {"in_mandel", py_in_mandel, METH_VARARGS, "Mandelbrot test"},
  {"divide", py_divide, METH_VARARGS, "Integer division"},
  { NULL, NULL, 0, NULL}
};

/* 모듈 구조체 */
static struct PyModuleDef samplemodule = {
  PyModuleDef_HEAD_INIT,
```

```
    "sample",            /* 모듈 이름 */
    "A sample module",   /* 독스트링(doc string), NULL일 수도 있다. */
    -1,                  /* per-interpreter 상태 크기 혹은 -1 */
SampleMethods            /* 메소드 테이블 */
};

/* 모듈 초기화 함수 */
PyMODINIT_FUNC
PyInit_sample(void) {
    return PyModule_Create(&samplemodule);
}
```

확장 모듈을 만들기 위해서 다음과 같이 *setup.py* 파일을 만든다.

```
# setup.py
from distutils.core import setup, Extension

setup(name='sample',
      ext_modules=[
          Extension('sample',
                    ['pysample.c'],
                    include_dirs = ['/some/dir'],
                    define_macros = [('FOO','1')],
                    undef_macros = ['BAR'],
                    library_dirs = ['/usr/local/lib'],
                    libraries = ['sample']
                    )
          ]
)
```

이제 라이브러리를 빌드하기 위해서 python3 buildlib.py build_ext -- inplace를 입력한다.

```
bash % python3 setup.py build_ext --inplace
running build_ext
building 'sample' extension
gcc -fno-strict-aliasing -DNDEBUG -g -fwrapv -O3 -Wall -Wstrict-prototypes
 -I/usr/local/include/python3.3m -c pysample.c
 -o build/temp.macosx-10.6-x86_64-3.3/pysample.o
gcc -bundle -undefined dynamic_lookup
build/temp.macosx-10.6-x86_64-3.3/pysample.o \
 -L/usr/local/lib -lsample -o sample.so
bash %
```

앞에 나온 대로, 공유 라이브러리 sample.so가 생성된다. 컴파일을 마치면 모듈처럼 임포트할 수 있다.

```
>>> import sample
>>> sample.gcd(35, 42)
7
>>> sample.in_mandel(0, 0, 500)
```

```
1
>>> sample.in_mandel(2.0, 1.0, 500)
0
>>> sample.divide(42, 8)
(5, 2)
>>>
```

Windows에서 이 단계를 따라하면 모듈을 올바르게 빌드하기 위해서 환경을 설정하는 데에만 꽤 많은 시간을 허비할지도 모른다. 파이썬의 바이너리 배포는 일반적으로 Microsoft Visual Studio를 통해서 이루어진다. 확장을 동작하게 만들려면 동일하거나 호환되는 도구로 컴파일해야 한다. 자세한 내용은 파이썬 문서를 참고한다.

토론

확장 모듈을 직접 작성하기 전에 파이썬 문서 중 "파이썬 인터프리터 확장과 임베딩"을 반드시 읽어 봐야 한다. 파이썬의 C 확장 API는 너무나 거대해서 여기에서 모든 내용을 다룰수 없다. 하지만 그 중 가장 중요한 내용 몇 가지만 소개한다.

첫째로, 확장 모듈에서 작성 중인 함수는 모두 다음과 같이 프로토타입을 사용해야 한다.

```
static PyObject *py_func(PyObject *self, PyObject *args) {
    ...
}
```

PyObject는 특정 파이썬 객체를 나타내는 C 데이터 타입이다. 아주 상위 레벨에서, 확장 함수는 파이썬 객체의 튜플(PyObject *args 형태)을 받고 새로운 파이썬 객체를 반환하는 C 함수이다. 함수의 self 속성은 간단한 확장 함수에서는 사용하지 않지만, C로 새로운 클래스나 객체 타입을 정의하고 싶을 때 제 역할을 한다(예: 확장 함수가 클래스의 메소드라면 self에 그 인스턴스가 담겨 있다).

PyArg_ParseTuple() 함수는 파이썬에서 C 표현식으로 값을 변환할 때 사용했다. 입력으로 필요 값을 가리키는 포맷 문자열(정수형 "i", 더블형 "d" 등)과 변환한 결과를 C 변수에 저장할 주소를 받는다. PyArg_ParseTuple()은 함수 매개변수의 숫자와 타입에 대한 여러 가지 확인을 수행한다. 만약 포맷 문자열과 일치하지 않는 부분이 있으면 예외가 발생하고 NULL을 반환한다. 확인을 마치고 NULL을 반환함으로써, 호출하는 코드에서 올바른 예외를 발생시킬 수 있다.

Py_BuildValue() 함수는 C 데이터 타입에서 파이썬 객체를 생성할 때 사용했다. 또한 원하는 타입을 가리키는 포맷 코드를 받는다. Py_BuildValue()의 한 가지 기능으로 튜플이

나 딕셔너리처럼 좀 더 복잡한 객체를 만들 수 있다는 점이 있다. py_divide() 코드에서
튜플을 반환하는 방법을 소개했다. 물론 다음과 같이 더 많은 형태로 사용 가능하다.

```
return Py_BuildValue("i", 34);        // 정수형 반환
return Py_BuildValue("d", 3.4);       // 더블형 반환
return Py_BuildValue("s", "Hello");   // Null로 끝나는 UTF-8 문자열
return Py_BuildValue("(ii)", 3, 4);   // 튜플 (3, 4)
```

확장 모듈 하단에서 SampleMethods 테이블과 같이 함수 테이블이 나온다. 이 테이블에는
C 함수, 파이썬에서 사용하는 이름, 독 스트링 등이 리스팅되어 있다. 이 테이블은 모듈을
초기화할 때 사용하므로 모든 모듈은 이런 테이블을 명시해야 한다.

마지막 함수 PyInit_sample()은 모듈을 처음 임포트할 때 실행하는 모듈 초기화 함수이
다. 이 함수는 주로 모듈 객체를 인터프리터에 등록하는 일을 한다.

마지막으로, C 함수로 파이썬을 확장하는 방법은 여기 설명한 것보다 훨씬 많다는 점을 기
억하자(사실 C API에는 함수가 500개 이상 포함되어 있다). 이번 레시피는 단지 시작점 정
도로 여겨야 한다. 더 깊이 공부하고 싶다면 PyArg_ParseTuple()과 Py_BuildValue() 함
수의 문서를 읽고, 서서히 지식을 확장해 나가도록 한다.

15.3 배열에 동작하는 확장 함수 작성

문제

array 모듈이나 NumPy와 같은 라이브러리로 만든, 데이터 배열에 동작하는 C 확장 함수를
특정 라이브러리에만 국한하지 않고 일반적으로 사용 가능하도록 만들고 싶다.

해결

앞에 설명한 대로 배열을 받고 처리하려면 Buffer 프로토콜을 사용하는 코드를 작성해야 한
다. 다음은 배열 데이터를 받고 avg(double *buf, int len) 함수를 호출하는 C 확장 함
수 예제이다.

```
/* double avg(double *, int) 호출 */
static PyObject *py_avg(PyObject *self, PyObject *args) {
  PyObject *bufobj;
  Py_buffer view;
  double result;
  /* 전달 받은 파이썬 객체 얻기 */
  if (!PyArg_ParseTuple(args, "O", &bufobj)) {
    return NULL;
  }
```

```
      /* 여기서 버퍼 정보를 얻는다. */
      if (PyObject_GetBuffer(bufobj, &view,
          PyBUF_ANY_CONTIGUOUS | PyBUF_FORMAT) == -1) {
        return NULL;
      }

      if (view.ndim != 1) {
        PyErr_SetString(PyExc_TypeError, "Expected a 1-dimensional array");
        PyBuffer_Release(&view);
        return NULL;
      }

      /* 배열 속 아이템 확인 */
      if (strcmp(view.format,"d") != 0) {
        PyErr_SetString(PyExc_TypeError, "Expected an array of doubles");
        PyBuffer_Release(&view);
        return NULL;
      }

      /* 로우 버퍼와 크기를 C 함수에 전달 */
      result = avg(view.buf, view.shape[0]);

      /* 버퍼와 작업을 마쳤음을 알린다. */
      PyBuffer_Release(&view);
      return Py_BuildValue("d", result);
    }
```

다음은 이 확장 함수가 동작하는 예제이다.

```
>>> import array
>>> avg(array.array('d',[1,2,3]))
2.0
>>> import numpy
>>> avg(numpy.array([1.0,2.0,3.0]))
2.0
>>> avg([1,2,3])
Traceback (most recent call last):
  File "<stdin>", line 1, in <module>
TypeError: 'list' does not support the buffer interface
>>> avg(b'Hello')
Traceback (most recent call last):
  File "<stdin>", line 1, in <module>
TypeError: Expected an array of doubles
>>> a = numpy.array([[1.,2.,3.],[4.,5.,6.]])
>>> avg(a[:,2])
Traceback (most recent call last):
  File "<stdin>", line 1, in <module>
ValueError: ndarray is not contiguous
>>> sample.avg(a)
Traceback (most recent call last):
  File "<stdin>", line 1, in <module>
TypeError: Expected a 1-dimensional array
>>> sample.avg(a[0])
```

```
2.0
>>>
```

토론

배열 객체를 C 함수에 전달하기는 아마도 확장 함수로 하는 가장 일반적인 작업 중 하나일 것이다. 이미지 처리, 과학 계산 등 많은 파이썬 애플리케이션이 높은 성능의 배열 처리에 기반해서 작성되어 있다. 배열을 받고 처리하는 코드를 사용하면 이런 애플리케이션과 상호작용할 수 있는 코드를 만들 수 있다.

이 코드의 핵심은 PyBuffer_GetBuffer() 함수이다. 임의의 파이썬 객체를 가지고 이 함수는 내부 메모리 표현식 정보를 얻으려고 시도한다. 일반적인 파이썬 객체처럼 불가능한 경우에는 예외를 발생시키고 −1을 반환한다. PyBuffer_GetBuffer()에 전달한 특별 플래그로부터 요청하는 메모리 버퍼 종류의 힌트를 얻을 수 있다. 예를 들어 PyBUF_ANY_CONTIGUOUS는 메모리의 연속되는 영역이 필요함을 명시한다.

배열, 바이트 문자열 등 유사한 객체의 경우에는 Py_buffer 구조체가 내부 메모리 정보로 채워진다. 여기에는 메모리에 대한 포인터, 크기, 아이템 크기, 포맷 등 자세한 내용이 포함된다. 다음은 이 구조체의 정의이다.

```
typedef struct bufferinfo {
    void *buf;                 /* 버퍼 메모리 포인터 */
    PyObject *obj;             /* 소유자 파이썬 객체 */
    Py_ssize_t len;            /* 전체 크기(byte) */
    Py_ssize_t itemsize;       /* 아이템 하나의 크기(byte) */
    int readonly;              /* 읽기 전용 플래그 */
    int ndim;                  /* 차원 수 */
    char *format;              /* 아이템 하나의 구조체 코드 */
    Py_ssize_t *shape;         /* 차원 배열 */
    Py_ssize_t *strides;       /* strides 배열 */
    Py_ssize_t *suboffsets;    /* suboffsets 배열 */
} Py_buffer;
```

이번 레시피에서 더블형의 연속된 배열을 받는 것에 대해서 고려했다. 아이템이 더블형인지 확인하려면 format 속성에 "d"가 들어 있는지 확인한다. 이는 struct 모듈이 바이너리 값을 인코딩할 때 사용하는 것과 동일한 코드이다. 일반적으로 format은 struct 모듈에 호환하는 모든 포맷 문자열이 될 수 있고, C 구조체를 포함한 경우에는 여러 가지 아이템을 포함할 수 있다.

내부 메모리 버퍼 정보를 검증한 후에, 일반적인 C 배열처럼 사용하는 C 함수에 전달한다. 현실적인 목적으로, 어떤 종류의 배열인지 혹은 어떤 라이브러리에서 생성했는지는 고려하지 않는다. 바로 이로 인해 이 함수가 array 모듈, numpy 등에서 생성한 배열에 모두 동작할 수 있다.

마지막 결과를 반환하기 전에, PyBuffer_Release()로 내부 버퍼 뷰를 해제해야 한다. 객체의 참조 카운트를 올바르게 관리하기 위해서 이 단계가 필요하다.

다시 강조하지만, 이번 레시피에서 다루는 내용은 배열을 다루는 코드의 극히 일부에 불과하다. 배열을 다루다 보면 다차원 데이터, 간격이 있는 데이터, 서로 다른 데이터 타입 등 복잡한 문제에 봉착하게 된다. 더 자세한 내용은 공식 문서를 참고하며 스스로 연구해 보자.

배열 처리에 관련된 확장 모듈을 많이 작성해야 한다면 레시피 15.11에 나오는 Cython 사용을 고려해 보자.

15.4 C 확장 모듈에서 불투명한 포인터 관리

문제

C 자료 구조에 대한 포인터를 관리하는 확장 모듈이 있는데, 내부 구조에 대한 자세한 내용을 파이썬에 노출시키고 싶지 않다.

해결

불투명한(opaque) 자료 구조는 캡슐 객체에 감싸면 쉽게 처리할 수 있다. 샘플 코드에서 사용했던 다음 C 코드를 보자.

```
typedef struct Point {
    double x,y;
} Point;

extern double distance(Point *p1, Point *p2);
```

다음은 캡슐을 사용해서 Point 구조체와 distance() 함수를 감싸는 확장 코드 예제이다.

```
/* point 파괴자 */
static void del_Point(PyObject *obj) {
  free(PyCapsule_GetPointer(obj,"Point"));
}

/* 유틸리티 함수 */
static Point *PyPoint_AsPoint(PyObject *obj) {
  return (Point *) PyCapsule_GetPointer(obj, "Point");
}

static PyObject *PyPoint_FromPoint(Point *p, int must_free) {
  return PyCapsule_New(p, "Point", must_free ? del_Point : NULL);
}

/* 새로운 Point 객체 생성 */
static PyObject *py_Point(PyObject *self, PyObject *args) {
```

```
    Point *p;
    double x,y;
    if (!PyArg_ParseTuple(args,"dd",&x,&y)) {
      return NULL;
    }
    p = (Point *) malloc(sizeof(Point));
    p->x = x;
    p->y = y;
    return PyPoint_FromPoint(p, 1);
  }

  static PyObject *py_distance(PyObject *self, PyObject *args) {
    Point *p1, *p2;
    PyObject *py_p1, *py_p2;
    double result;

    if (!PyArg_ParseTuple(args,"OO",&py_p1, &py_p2)) {
      return NULL;
    }
    if (!(p1 = PyPoint_AsPoint(py_p1))) {
      return NULL;
    }
    if (!(p2 = PyPoint_AsPoint(py_p2))) {
      return NULL;
    }
    result = distance(p1,p2);
    return Py_BuildValue("d", result);
  }
```

다음은 파이썬에서 이 함수를 사용하는 예제이다.

```
>>> import sample
>>> p1 = sample.Point(2,3)
>>> p2 = sample.Point(4,5)
>>> p1
<capsule object "Point" at 0x1004ea330>
>>> p2
<capsule object "Point" at 0x1005d1db0>
>>> sample.distance(p1,p2)
2.8284271247461903
>>>
```

토론

캡슐은 타입이 있는 C 포인터와 유사하다. 내부적으로 일반 포인터와 식별 이름을 가지고 있고, PyCapsule_New() 함수로 간단히 생성할 수 있다. 그리고 파괴자 함수를 캡슐에 추가해서 캡슐 객체를 가비지 컬렉팅을 할 때 내부 메모리를 해제할 수 있다.

캡슐 내부의 포인터를 얻으려면 PyCapsule_GetPointer() 함수에 이름을 명시하면 된다. 만약 제시한 이름이 캡슐과 매치하지 않거나 다른 에러가 발생하면, 예외를 발생하며 NULL을 반환한다.

이번 레시피에서 캡슐 객체에서 Point 인스턴스를 생성하거나 인스턴스를 풀기 위해 유틸리티 함수(PyPoint_FromPoint()와 PyPoint_AsPoint())를 작성했다. 모든 확장 함수에서 우리는 직접 캡슐을 다루지 않고 이 함수를 사용한다. 이 디자인을 채용하면 추후에 Point 객체를 감싼 방식이 변해도 쉽게 적용할 수 있다. 예를 들어 나중에 캡슐 대신 다른 것을 사용하기로 결정했다면 다른 곳은 그대로 두고 이 유틸리티 함수만 수정하면 된다.

캡슐을 사용할 때 가비지 컬렉션과 메모리 관리에 주의해야 한다. PyPoint_FromPoint() 함수는 must_free 인자를 받아서 캡슐이 사라질 때 내부의 Point * 구조체를 수집해야 하는지 가리킨다. 특정 C 코드를 가지고 작업할 때 권한 문제를 처리하기 애매한 상황이 있다 (예: Point 구조체를 별도로 관리하는 거대한 자료 구조에 넣을 수 있다). 단독으로 가비지 컬렉트 결정을 내리지 않고 이 추가적인 인자로 프로그래머에게 제어 권한을 돌려준다. 그리고 PyCapsule_SetDestructor() 함수를 사용하면 기존 캡슐과 관련 있는 파괴자를 변경할 수 있다는 점도 기억하자.

구조체가 관련된 C 코드를 다룰 때 캡슐을 사용하는 것이 괜찮은 해결책이 된다. 예를 들어 구조체 내부를 노출하거나 완전한 확장 타입으로 변환하기에 관심이 없을 때도 있다. 캡슐을 사용하면 가벼운 래퍼를 감싸고 다른 확장 함수와 손쉽게 주고받을 수 있다.

15.5 확장 모듈에서 C API 정의, 내보내기

문제

내부적으로 유용한 함수를 많이 정의하는 C 확장 모듈이 있다. 이 함수를 공용 C API로 내보내서 다른 확장 모듈에서 사용하고 싶은데, 링크하는 방법을 잘 모르겠다. 그리고 C 컴파일러/링커로 이런 작업을 하는 것이 너무 복잡해 보인다(혹은 불가능하다고 생각한다).

해결

이번 레시피는 레시피 15.4에 나왔던 Point 객체를 처리하는 코드에 초점을 맞춘다. 잠시 기억을 되살려 보면 앞에 나왔던 C 코드에는 다음과 같은 유틸리티 함수가 있었다.

```
/* point 파괴자 */
static void del_Point(PyObject *obj) {
```

```
    free(PyCapsule_GetPointer(obj,"Point"));
}

/* 유틸리티 함수 */
static Point *PyPoint_AsPoint(PyObject *obj) {
  return (Point *) PyCapsule_GetPointer(obj, "Point");
}

static PyObject *PyPoint_FromPoint(Point *p, int must_free) {
  return PyCapsule_New(p, "Point", must_free ? del_Point : NULL);
}
```

여기서 문제는 어떻게 PyPoint_AsPoint()와 PyPoint_FromPoint() 함수를 API로 내보내서 다른 확장 모듈에서 사용하거나 링크하도록 하느냐이다(예: 다른 확장 모듈에서도 Point 객체를 감싸고 싶을지도 모른다).

이 문제를 해결하려면 새로운 확장 "sample"에 사용할 헤더 파일 *pysample.h*를 만들고 다음 코드를 넣는다.

```
/* pysample.h */
#include "Python.h"
#include "sample.h"
#ifdef __cplusplus
extern "C" {
#endif

/* Public API Table */
typedef struct {
  Point *(*aspoint)(PyObject *);
  PyObject *(*frompoint)(Point *, int);
} _PointAPIMethods;

#ifndef PYSAMPLE_MODULE
/* 외부 모듈의 메소드 레이블 */
static _PointAPIMethods *_point_api = 0;

/* 샘플에서 API 테이블 임포트 */
static int import_sample(void) {
  _point_api = (_PointAPIMethods *) PyCapsule_Import("sample._point_api",0);
  return (_point_api != NULL) ? 1 : 0;
}

/* Macros to implement the programming interface */
#define PyPoint_AsPoint(obj) (_point_api->aspoint)(obj)
#define PyPoint_FromPoint(obj) (_point_api->frompoint)(obj)
#endif

#ifdef __cplusplus
}
#endif
```

여기서 가장 중요한 기능은 함수 포인터의 테이블 _PointAPIMethods이다. 이 테이블은 내보내는 모듈에서 초기화되고, 불러오는 모듈에서 찾을 수 있다.

원본 확장 모듈을 수정해서 테이블을 만들고 다음과 같이 내보낸다.

```c
/* pysample.c */

#include "Python.h"
#define PYSAMPLE_MODULE
#include "pysample.h"

...
/* point 파괴자 */
static void del_Point(PyObject *obj) {
  printf("Deleting point\n");
  free(PyCapsule_GetPointer(obj,"Point"));
}

/* 유틸리티 함수 */
static Point *PyPoint_AsPoint(PyObject *obj) {
  return (Point *) PyCapsule_GetPointer(obj, "Point");
}

static PyObject *PyPoint_FromPoint(Point *p, int free) {
  return PyCapsule_New(p, "Point", free ? del_Point : NULL);
}

static _PointAPIMethods _point_api = {
  PyPoint_AsPoint,
  PyPoint_FromPoint
};
...

/* 모듈 초기화 함수 */
PyMODINIT_FUNC
PyInit_sample(void) {
  PyObject *m;
  PyObject *py_point_api;

  m = PyModule_Create(&samplemodule);
  if (m == NULL)
    return NULL;

  /* Point C API 함수 추가 */
  py_point_api = PyCapsule_New((void *) &_point_api, "sample._point_api", NULL);
  if (py_point_api) {
    PyModule_AddObject(m, "_point_api", py_point_api);
  }
  return m;
}
```

마지막으로, 다음은 이 API 함수를 불러오고 사용하는 새로운 확장 모듈 예제이다.

```c
/* ptexample.c */

/* 다른 모듈과 관련 있는 헤더 인클루드 */
#include "pysample.h"

/* 내보낸 API를 사용하는 확장 함수 */
static PyObject *print_point(PyObject *self, PyObject *args) {
  PyObject *obj;
  Point *p;
  if (!PyArg_ParseTuple(args,"O", &obj)) {
    return NULL;
  }

  /* 노트: 다른 모듈에 정의되어 있다. */
  p = PyPoint_AsPoint(obj);
  if (!p) {
    return NULL;
  }
  printf("%f %f\n", p->x, p->y);
  return Py_BuildValue("");
}

static PyMethodDef PtExampleMethods[] = {
  {"print_point", print_point, METH_VARARGS, "output a point"},
  { NULL, NULL, 0, NULL}
};

static struct PyModuleDef ptexamplemodule = {
  PyModuleDef_HEAD_INIT,
  "ptexample",              /* 모듈 이름 */
  "A module that imports an API", /* 독 스트링(NULL일 수 있다.)*/
  -1,                       /* 인터프리터 상태 당 크기 혹은 -1 */
  PtExampleMethods          /* 메소드 테이블 */
};

/* 모듈 초기화 함수 */
PyMODINIT_FUNC
PyInit_ptexample(void) {
  PyObject *m;

  m = PyModule_Create(&ptexamplemodule);
  if (m == NULL)
    return NULL;

  /* 샘플을 임포트하고 API 함수 불러오기 */
  if (!import_sample()) {
    return NULL;
  }
```

```
        return m;
    }
```

새로운 모듈을 컴파일할 때, 다른 라이브러리나 다른 모듈의 코드를 링크할 필요가 없다. 예를 들어 다음과 같이 간단한 *setup.py* 파일로 충분하다.

```python
# setup.py
from distutils.core import setup, Extension

setup(name='ptexample',
      ext_modules=[
          Extension('ptexample',
                    ['ptexample.c'],
                    include_dirs = [], # pysample.h 디렉터리가 필요할 수 있음
                    )
          ]
      )
```

실수 없이 작성했다면 새로운 확장 함수가 다른 모듈에서 정의한 C API 함수와 완벽하게 동작하는 것을 확인할 수 있다.

```
>>> import sample
>>> p1 = sample.Point(2,3)
>>> p1
<capsule object "Point *" at 0x1004ea330>
>>> import ptexample
>>> ptexample.print_point(p1)
2.000000 3.000000
>>>
```

토론

이번 레시피는 캡슐 객체에 원하는 모든 것에 대한 포인터를 담을 수 있다는 사실에 기반하고 있다. 이런 경우, 정의하는 모듈이 함수 포인터의 구조체를 만들고, 이를 가리키는 캡슐을 생성하고 이 캡슐을 모듈 레벨 속성(예: sample._point_api)에 저장한다.

그리고, 임포트할 때 이 속성을 가지고 내부 포인터를 추출하도록 다른 모듈을 만들 수 있다. 사실 파이썬은 이 모든 단계를 처리하는 유틸리티 함수 PyCapsule_Import()를 제공한다. 단순히 속성의 이름(예: sample._point_api)을 넣으면, 이 함수가 자동으로 캡슐을 찾고 포인터를 추출한다.

다른 모듈에서 내보낸(exported) 함수를 평범하게 보이게 하는 몇 가지 C 프로그래밍 기술이 있다. *pysample.h* 파일에서 _point_api 포인터를 사용해서 내보낸 모듈에서 초기화한 메소드 테이블을 가리키도록 했다. 그리고 관련 함수 import_sample()로 필요한 캡슐을 임포트하고 이 포인터를 초기화했다. 이 함수는 반드시 다른 함수를 사용하기 전에 호출해야 한다. 보통은 모듈을 초기화하는 도중에 호출한다. 마지막으로 메소드 테이블을 통해

API 함수를 투명하게 연결하기 위해서 C 전처리기(preprocessor) 매크로를 정의했다. 사용자는 원본 함수 이름만 사용하지만, 이 매크로를 통한 추가적인 우회(indirection)에 대해서는 알지 못한다.

마지막으로, 모듈을 연결할 때 이 기술을 사용해야 하는 중요한 이유가 한 가지 더 있다. 실제로 사용하기 더 쉽고 모듈을 좀 더 깔끔하게 연결해 주기 때문이다. 이 레시피에 나온 기술을 사용하고 싶지 않다면, 공유 라이브러리와 다이내믹 로더의 고급 기능을 사용해서 서로 연결할 수 있다. 예를 들어 공통 API 함수를 공유 라이브러리에 놓고 모든 확장 모듈이 이 공유 라이브러리에 연결하도록 한다. 맞다. 이렇게 해도 동작은 한다. 하지만 시스템의 규모가 커지면 걷잡을 수 없이 지저분해진다. 본질적으로 이 레시피는 파이썬의 기본 임포트 메커니즘과 약간의 캡슐 호출만으로 마법처럼 모듈을 연결한다. 모듈을 컴파일할 때는 공유 라이브러리는 걱정하지 말고 헤더 파일만 주의하면 된다.

확장 모듈에 C API를 제공하는 것과 관련된 정보는 파이썬 문서에 더 자세히 나온다.

15.6 C에서 파이썬 호출

문제

C에서 파이썬을 호출하고 그 결과를 C로 반환하고 싶다. 예를 들어, 콜백으로 파이썬 함수를 사용하는 C 코드를 작성 중이라고 가정해 보자.

해결

C에서 파이썬 호출하기는 대개 간단하지만, 몇 가지 미묘한 부분이 있다. 다음 C 코드는 이 문제를 안전하게 해결하는 방법을 보여준다.

```
#include <Python.h>

/* 파이썬 인터프리터에서 func(x,y)를 실행한다.
   함수 인자와 반환 값은 반드시 파이썬 float여야 한다. */

double call_func(PyObject *func, double x, double y) {
  PyObject *args;
  PyObject *kwargs;
  PyObject *result = 0;
  double retval;

  /* GIL을 소유하고 있는지 확인한다. */
  PyGILState_STATE state = PyGILState_Ensure();
  /* func가 올바른 호출 객체인지 검증한다. */
  if (!PyCallable_Check(func)) {
```

```
      fprintf(stderr,"call_func: expected a callable\n");
      goto fail;
    }
    /* 함수 인자 빌드 */
    args = Py_BuildValue("(dd)", x, y);
    kwargs = NULL;

    /* 함수 호출 */
    result = PyObject_Call(func, args, kwargs);
    Py_DECREF(args);
    Py_XDECREF(kwargs);

    /* 파이썬 예외가 있는지 확인 */
    if (PyErr_Occurred()) {
      PyErr_Print();
      goto fail;
    }

    /* 결과 값이 float인지 검증 */
    if (!PyFloat_Check(result)) {
      fprintf(stderr,"call_func: callable didn't return a float\n");
      goto fail;
    }

    /* 반환 값 생성 */
    retval = PyFloat_AsDouble(result);
    Py_DECREF(result);

    /* 기존 GIL 상태를 복구하고 반환 */
    PyGILState_Release(state);
    return retval;

fail:
    Py_XDECREF(result);
    PyGILState_Release(state);
    abort();    // 좀 더 올바른 것으로 바꾼다.
}
```

이 함수를 사용하려면, 이미 존재하는 파이썬 호출체에 대한 참조가 있어야 한다. 호출 가능 객체를 확장 모듈에 전달하도록 하거나 모듈에서 심볼을 추출하는 C 코드를 작성하는 등 참조를 얻는 방법은 많다.

다음은 임베디드 파이썬 인터프리터에서 함수를 호출하는 방법을 보여주는 간단한 예제이다.

```
#include <Python.h>

/* 앞에 나온 것과 동일한 call_func() 정의 */
...
```

```c
/* 모듈에서 심볼 불러오기 */
PyObject *import_name(const char *modname, const char *symbol) {
  PyObject *u_name, *module;
  u_name = PyUnicode_FromString(modname);
  module = PyImport_Import(u_name);
  Py_DECREF(u_name);
  return PyObject_GetAttrString(module, symbol);
}

/* 간단한 임베드 예제 */
int main() {
  PyObject *pow_func;
  double x;

  Py_Initialize();
  /* math.pow 함수에 대한 참조 얻기 */
  pow_func = import_name("math","pow");

  /* call_func() 코드를 사용해서 호출하기 */
  for (x = 0.0; x < 10.0; x += 0.1) {
    printf("%0.2f %0.2f\n", x, call_func(pow_func,x,2.0));
  }
  /* 완료 */
  Py_DECREF(pow_func);
  Py_Finalize();
  return 0;
}
```

마지막 예제를 빌드하려면 C를 컴파일하고 파이썬 인터프리터에 링크해야 한다. 다음은 이 목적을 위한 Makefile 예제이다(물론 독자 컴퓨터에 맞춰서 스스로 수정해야 한다).

```
all::
        cc -g embed.c -I/usr/local/include/python3.3m \
          -L/usr/local/lib/python3.3/config-3.3m -lpython3.3m
```

이제 컴파일하고 실행하면 다음과 유사한 결과가 출력된다.

```
0.00   0.00
0.10   0.01
0.20   0.04
0.30   0.09
0.40   0.16
...
```

다음은 테스팅 목적으로 호출 가능 객체와 함수 인자를 받아서 call_func()에 넘기는 조금 다른 확장 함수 예제이다.

```c
/* C-Python 콜백을 테스트하기 위한 확장 함수 */
PyObject *py_call_func(PyObject *self, PyObject *args) {
  PyObject *func;
```

```
    double x, y, result;
    if (!PyArg_ParseTuple(args,"Odd", &func,&x,&y)) {
      return NULL;
    }
    result = call_func(func, x, y);
    return Py_BuildValue("d", result);
  }
```

이 확장 함수를 사용하면 다음과 같이 테스트할 수 있다.

```
>>> import sample
>>> def add(x,y):
...     return x+y
...
>>> sample.call_func(add,3,4)
7.0
>>>
```

토론

C에서 파이썬을 호출한다면, C가 일반적인 책임을 진다는 점을 꼭 기억해야 한다. 즉, 매개변수 생성, 파이썬 함수 호출, 예외 확인, 타입 확인, 반환 값 추출 등 모든 것을 C가 책임진다.

우선 호출할 파이썬 객체를 가지고 있어야 한다. 함수나 클래스, 메소드, 내장 메소드 등 __call__()을 구현하고 있는 모든 것이 후보가 될 수 있다. 호출 가능한지 검증하고 싶다면 다음 코드와 같이 PyCallable_Check()를 사용한다.

```
double call_func(PyObject *func, double x, double y) {
  ...
  /* func가 올바른지 검증 */
  if (!PyCallable_Check(func)) {
    fprintf(stderr,"call_func: expected a callable\n");
    goto fail;
  }
  ...
```

덧붙이자면, C에서 에러 처리는 아주 조심스럽게 다루어야 한다. 일단 파이썬 예외를 바로 발생시킬 수는 없다. 그보다는 C 코드가 이해할 수 있도록 에러를 처리해야 한다. 앞에 나온 코드에서는 goto를 사용해서 제어권을 에러 처리 블록으로 넘기고 abort()를 호출했다. 그러면 프로그램이 모두 죽어 버리지만, 실제 코드에서는 이렇게 하지 않고 원하는 다른 처리를 하면 된다(상태 코드를 반환하는 등). 여기서는 C에 모든 권한이 있고, 단순히 예외를 발생시키는 방식을 사용할 수 없다는 점을 기억해야 한다. 에러 처리는 어떻게든 프로그램에 구현해야 한다.

함수를 호출하기는 상대적으로 간단한데, PyObject_Call()을 사용하고 호출 가능 객체, 인자를 담은 튜플, 추가적인 키워드 인자의 딕셔너리를 넣는다. 인자 튜플이나 딕셔너리는 다음과 같이 `Py_BuildValue()`로 만든다.

```
double call_func(PyObject *func, double x, double y) {
  PyObject *args;
  PyObject *kwargs;

  ...
  /* 인자 빌드 */
  args = Py_BuildValue("(dd)", x, y);
  kwargs = NULL;

  /* 함수 호출 */
  result = PyObject_Call(func, args, kwargs);
  Py_DECREF(args);
  Py_XDECREF(kwargs);
  ...
```

키워드 인자가 없으면 NULL을 전달한다. 함수 호출을 하고 나면 `Py_DECREF()`나 `Py_XDECREF()`로 인자를 정리한다. 두 번째 함수에는 NULL 포인터를 전달할 수 있는데(무시한다), 키워드 인자가 없는 경우도 있기 때문이다.

파이썬 함수 호출을 마친 후에는 예외가 있었는지 여부를 확인해야 한다. 이때 `PyErr_Occurred()` 함수를 사용한다. 예외에 어떻게 대응해야 할지 결정하기는 꽤 어렵다. C에서 작업하고 있기 때문에 파이썬이 가지고 있는 예외 대응 체계가 없다. 따라서 에러 상태 코드를 설정하고, 에러를 기록하는 등 적당한 처리를 해야 한다. 앞의 예제에서는 단순히 `abort()`를 호출하는 방법을 택했다(뿐만 아니라 숙련된 C 프로그래머라면 갑작스런 크래시를 고마워할 것이다).

```
  ...
  /* 파이썬 예외가 있는지 확인 */
  if (PyErr_Occurred()) {
    PyErr_Print();
    goto fail;
  }
  ...
fail:
  PyGILState_Release(state);
  abort();
```

파이썬 함수를 호출하고 받은 반환 값에서 정보를 얻을 때는 일반적으로 타입 확인, 값 추출 등의 기술을 사용한다. 아마도 파이썬 콘크리트 객체 레이어(Python concrete objects layer)의 함수를 사용하게 된다. 앞의 예제에서는 코드에서 `PyFloat_Check()`와 `PyFloat_AsDouble()`을 사용해서 파이썬 float 값을 추출하고 확인했다.

C에서 파이썬을 호출할 때 생기는 미묘한 점을 마지막으로 한 가지 더 설명하겠다. 바로 파이썬의 전역 인터프리터 락(GIL) 관리이다. C에서 파이썬에 접근할 때 언제나 GIL을 올바르게 얻거나 해제하는지 확인해야 한다. 그렇게 하지 않으면 인터프리터 데이터가 망가지거나 크래시된다. PyGILState_Ensure()와 PyGILState_Release()를 호출해서 올바르게 완료되었는지 확인한다.

```c
double call_func(PyObject *func, double x, double y) {
    ...
    double retval;

    /* GIL을 소유하고 있는지 확인한다. */
    PyGILState_STATE state = PyGILState_Ensure();
    ...
    /* 파이썬 C API 함수를 사용하는 코드 */
    ...
    /* 기존 GIL 상태를 복원하고 반환 */
    PyGILState_Release(state);
    return retval;

fail:
    PyGILState_Release(state);
    abort();
}
```

값을 반환할 때 PyGILState_Ensure()는 언제나 호출하는 스레드가 파이썬 인터프리터에 독점적 접근 권한을 가지고 있는지 확인한다. 이 값은 C 코드가 인터프리터에서 모르는 다른 스레드에서 실행 중이라고 해도 참 값이 된다. 바로 이때 C 코드는 원하는 파이썬 C-API 함수를 자유롭게 호출할 수 있다. 성공적으로 작업을 마치면 PyGILState_Release()를 사용해서 인터프리터를 원래 상태로 복원한다.

PyGILState_Ensure() 호출을 하면 언제나 PyGILState_Release() 호출이 뒤따라야 한다는 점이 매우 중요하다. 에러가 발생했다 해도 예외가 아니다. 앞에 나온 예제 코드에서 goto를 사용한 것이 아주 잘못된 디자인이라고 생각할지도 모르겠다. 하지만 우리는 단순히 제어권을 종료 블록으로 옮기는데 goto를 사용한 것뿐이다. 파이썬의 finally: 블록에서 동일한 목적으로 사용하는 fail: 뒤의 코드를 생각해 보자.

여기 설명한 대로 GIL 관리, 예외 확인, 에러 확인 등 모든 규칙을 잘 따르는 C 코드를 작성했다면, 이제 멀티스레딩과 같이 고급 프로그래밍 기술을 사용하는 복잡한 C 프로그램에서도 안전하게 파이썬 인터프리터를 호출할 수 있다.

15.7 C 확장에서 GIL 해제

문제

파이썬 인터프리터의 다른 스레드에서 병렬적으로 실행하고 싶은 C 확장 코드가 있다. 이렇게 하려면 전역 인터프리터 락(GIL)을 해제하고 다시 얻어야 한다.

해결

C 확장 코드에서 GIL은 다음 코드에 나오는 매크로를 삽입해서 해제하고 다시 얻을 수 있다.

```
#include "Python.h"
...

PyObject *pyfunc(PyObject *self, PyObject *args) {
    ...
    Py_BEGIN_ALLOW_THREADS
    // Threaded C code. Must not use Python API functions
    ...
    Py_END_ALLOW_THREADS
    ...
    return result;
}
```

토론

GIL은 아무런 파이썬 C API 함수도 C에서 실행되지 않는다고 보장해야만 안전하게 해제할 수 있다. GIL을 해제하는 일반적인 예제로 C 배열에서 복잡한 계산을 하는 코드(예: numpy와 같은 확장)나 실행을 멈추는 입출력을 수행하는 것(예: 파일 디스크립터를 읽거나 쓰기)이 있다.

GIL을 해제하는 동안, 다른 파이썬 스레드를 인터프리터에서 실행하도록 허용한다. Py_END_ALLOW_THREADS 매크로는 인터프리터에서 호출하는 스레드가 GIL을 다시 얻을 때까지 실행을 멈춘다.

15.8 C와 파이썬에서 스레드 믹싱

문제

C, 파이썬, 스레드 등을 섞어서 사용하는 프로그램이 있는데, 어떤 스레드는 C에서 생성해서 파이썬 인터프리터에서 제어할 수 없다. 그리고 특정 스레드는 파이썬 C API의 함수를 사용한다.

해결

C, 파이썬, 스레드를 믹스하려면 파이썬의 전역 인터프리터 락을 올바르게 초기화하고 관리해야 한다. 이를 위해 다음 코드를 C 코드 어딘가에 넣고 스레드를 생성하기 전에 호출한다.

```
#include <Python.h>

...
if (!PyEval_ThreadsInitialized()) {
  PyEval_InitThreads();
}
...
```

파이썬 객체나 파이썬 C API가 관련된 모든 코드가 올바르게 GIL을 얻고 해제하도록 주의한다. 이 작업은 PyGILState_Ensure()와 PyGILState_Release()로 한다.

```
...
/* GIL을 소유하고 있는지 확인 */
PyGILState_STATE state = PyGILState_Ensure();

/* 인터프리터의 함수 사용 */
...
/* 기존 GIL 상태를 복원하고 반환 */
PyGILState_Release(state);
...
```

PyGILState_Ensure()를 호출했다면 반드시 PyGILState_Release()도 호출해야 한다.

토론

C와 파이썬을 사용하는 고급 애플리케이션에서 여러 가지 일을 한 번에 수행하는 상황이 자주 발생한다. 이때는 C 코드, 파이썬 코드, C 스레드, 파이썬 스레드 등을 사용한다. 인터프리터를 올바르게 초기화하고 인터프리터가 관련된 C 코드가 올바르게 GIL을 관리한다면 별다른 문제는 발생하지 않는다.

PyGILState_Ensure() 호출을 한다고 해서 인터프리터를 즉시 획득하거나 인터럽트하지 않는다는 점을 주의하자. 다른 코드가 실행 중이면, 이 함수는 그 코드가 GIL을 해제할 때까지 실행을 멈춘다. 내부적으로 인터프리터는 주기적인 스레드 스위칭을 수행하므로, 다른 스레드가 실행 중이라고 해도 호출자가 결국에는 실행된다(처음에는 조금 기다려야 할지도 모른다).

15.9 Swig로 C 코드 감싸기

문제

기존 C 코드를 C 확장 모듈로 접근하고 싶다. 이때 Swig 래퍼 제너레이터를 사용하려고
한다.

해결

Swig는 C 헤더 파일을 파싱하고 자동으로 확장 코드를 생성한다. 그러므로 Swig를 사용하
려면 우선 C 헤더 파일이 있어야 한다. 예를 들어 다음은 샘플 코드 용 헤더 파일이다.

```
/* sample.h */

#include <math.h>
extern int gcd(int, int);
extern int in_mandel(double x0, double y0, int n);
extern int divide(int a, int b, int *remainder);
extern double avg(double *a, int n);

typedef struct Point {
    double x,y;
} Point;

extern double distance(Point *p1, Point *p2);
```

헤더 파일을 준비했으면 이제 Swig "인터페이스" 파일을 작성해야 한다. 이 파일은 .i 확장
자를 붙이고 다음과 유사한 모습을 보인다.

```
// sample.i - Swig interface
%module sample
%{
#include "sample.h"
%}

/* 커스터마이즈 */
%extend Point {
    /* Point 객체 생성자 */
    Point(double x, double y) {
        Point *p = (Point *) malloc(sizeof(Point));
        p->x = x;
        p->y = y;
        return p;
    };
};

/* *remainder를 출력 인자로 매핑 */
%include typemaps.i
%apply int *OUTPUT { int * remainder };
```

```
/* 인자 패턴(double *a, int n)을 배열에 매핑 */
%typemap(in) (double *a, int n)(Py_buffer view) {
  view.obj = NULL;
  if (PyObject_GetBuffer($input, &view, PyBUF_ANY_CONTIGUOUS | PyBUF_FORMAT) == -1) {
    SWIG_fail;
  }
  if (strcmp(view.format,"d") != 0) {
    PyErr_SetString(PyExc_TypeError, "Expected an array of doubles");
    SWIG_fail;
  }
  $1 = (double *) view.buf;
  $2 = view.len / sizeof(double);
}

%typemap(freearg) (double *a, int n) {
  if (view$argnum.obj) {
    PyBuffer_Release(&view$argnum);
  }
}

/* 확장 모듈에 포함할 C 선언 */

extern int gcd(int, int);
extern int in_mandel(double x0, double y0, int n);
extern int divide(int a, int b, int *remainder);
extern double avg(double *a, int n);

typedef struct Point {
    double x,y;
} Point;

extern double distance(Point *p1, Point *p2);
```

인터페이스 파일을 작성했다면 Swig를 커맨드 라인 도구로 호출할 수 있다.

```
bash % swig -python -py3 sample.i
bash %
```

swig를 실행하면 *sample_wrap.c* 파일과 *sample.py* 파일 두 개가 생긴다. 두 번째 파일이 사용자가 임포트하는 파일이다. *sample_wrap.c* 파일은 _sample이라 불리는 모듈을 지원하기 위해서 컴파일해야 한다. 이런 과정은 일반적인 확장 모듈과 동일한 기술을 사용해서 진행한다. 예를 들어, 다음과 같이 *setup.py* 파일을 만든다.

```
# setup.py
from distutils.core import setup, Extension

setup(name='sample',
      py_modules=['sample.py'],
      ext_modules=[
        Extension('_sample',
                  ['sample_wrap.c'],
                  include_dirs = [],
                  define_macros = [],
```

```
                    undef_macros = [],
                    library_dirs = [],
                    libraries = ['sample']
                    )
          ]
    )
```

컴파일하고 테스트하기 위해서 *setup.py* 파일을 python3로 실행한다.

```
bash % python3 setup.py build_ext --inplace
running build_ext
building '_sample' extension
gcc -fno-strict-aliasing -DNDEBUG -g -fwrapv -O3 -Wall -Wstrict-prototypes
-I/usr/local/include/python3.3m -c sample_wrap.c
 -o build/temp.macosx-10.6-x86_64-3.3/sample_wrap.o
sample_wrap.c: In function 'SWIG_InitializeModule':
sample_wrap.c:3589: warning: statement with no effect
gcc -bundle -undefined dynamic_lookup build/temp.macosx-10.6-x86_64-3.3/sample.o
 build/temp.macosx-10.6-x86_64-3.3/sample_wrap.o -o _sample.so -lsample
bash %
```

여기까지 진행을 마치면 결과 C 확장 모듈을 어렵지 않게 사용할 수 있다.

```
>>> import sample
>>> sample.gcd(42,8)
2
>>> sample.divide(42,8)
[5, 2]
>>> p1 = sample.Point(2,3)
>>> p2 = sample.Point(4,5)
>>> sample.distance(p1,p2)
2.8284271247461903
>>> p1.x
2.0
>>> p1.y
3.0
>>> import array
>>> a = array.array('d',[1,2,3])
>>> sample.avg(a)
2.0
>>>
```

토론

Swig는 확장 모듈을 만드는 가장 오래된 도구 중 하나로, 파이썬 1.4 시절부터 존재했다. 하지만 최신 버전은 파이썬 3도 지원한다. Swig를 주로 사용하는 사용자는 파이썬을 상위 레벨 제어 언어로 사용해서 접근하려는 거대한 C 코드를 가지고 있는 사람들이다. 예를 들어, 수천 개의 함수와 여러 종류의 자료 구조가 있는 C 코드를 파이썬에서 접근하려는 경우가 이에 속한다. Swig는 래퍼 생성 과정을 대부분 자동화해 준다.

모든 Swig 인터페이스는 다음과 같은 서두로 시작한다.

```
%module sample
%{
#include "sample.h"
%}
```

이 코드는 확장 모듈의 이름과 모든 것을 컴파일하기 위해 포함해야 하는 C 헤더 파일을 선언한다(%{와 %}로 감싼 코드는 결과 코드에 직접 붙여넣기 때문에 컴파일에 필요한 모든 파일과 정의를 여기에 넣어야 한다).

Swig 인터페이스 하단에는 확장에 포함할 C 선언을 나열한다. 대개 헤더 파일에서 복사해 오는 경우가 많다. 우리 예제에서는 다음과 같이 헤더 파일에서 직접 붙여 넣었다.

```
%module sample
%{
#include "sample.h"
%}
...
extern int gcd(int, int);
extern int in_mandel(double x0, double y0, int n);
extern int divide(int a, int b, int *remainder);
extern double avg(double *a, int n);

typedef struct Point {
    double x,y;
} Point;

extern double distance(Point *p1, Point *p2);
```

이런 선언은 파이썬 모듈에 포함하고 싶은 것이 무엇인지 Swig에게 알려주는 역할을 한다. 선언의 리스트를 수정하거나 적절하게 고치는 일은 꽤 일반적이다. 예를 들어, 특정 선언을 넣고 싶지 않으면 선언 리스트에서 제거하면 된다.

Swig를 사용할 때 C 코드에 적용 가능한 커스터마이징이 많다는 점이 가장 어렵다. 사실 이 내용은 너무 복잡하고 방대하기 때문에 여기서 모두 다루지는 않는다. 하지만 레시피에서 사용한 몇 가지 커스터마이징을 소개한다.

첫째로, %extend 명령어로 메소드를 기존 구조체와 클래스 정의에 붙일 수 있도록 했다. 예제 코드에서 이 기능으로 Point 구조체에 생성자 메소드를 추가했다. 이 커스터마이징으로 인해서 다음과 같이 구조체를 사용할 수 있다.

```
>>> p1 = sample.Point(2,3)
>>>
```

이렇게 하지 않으면 Point 객체를 생성할 때 다음과 같이 훨씬 지저분한 코드를 써야 한다.

```
>>> # Usage if %extend Point is omitted
>>> p1 = sample.Point()
>>> p1.x = 2.0
>>> p1.y = 3
```

두 번째 커스터마이징은 typemaps.i 라이브러리를 포함시키고 %apply 명령어로 Swig에게 인자 시그니처 int *remainder를 결과 값으로 사용하도록 한 것과 관련 있다. 사실 이것은 패턴 매칭 규칙이다. 이를 따르는 모든 선언에서 int *remainder를 발견할 때마다 출력으로 처리한다. 이 커스터마이징으로 인해 divide() 함수가 두 가지 값을 반환할 수 있었다.

```
>>> sample.divide(42,8)
[5, 2]
>>>
```

%typemap 명령이 관련된 마지막 커스터마이징은 여기 설명한 것 중에 가장 고급 기능이다. typemap은 입력의 특정 인자 패턴에 적용되는 규칙이다. 이번 레시피에서 typemap은 인자 패턴 (double *a, int n)에 매칭하도록 작성했다. typemap 내부는 C 코드로, Swig에게 파이썬 객체를 관련 C 인자로 변환하는 방법을 알려준다. 이 코드는 파이썬의 버퍼 프로토콜로 작성해서 더블형 배열처럼 보이는 모든 입력 인자에 매칭하도록 했다(예: NumPy 배열, array 모듈로 생성한 배열 등). 레시피 15.3을 참고한다.

typemap 코드에서, $1과 $2 등은 typemap 패턴의 C 인자 값으로 변환된 변수를 가리킨다 (예: $1은 double *a, $2는 int n에 매핑된다). $input은 입력 인자로 주어진 PyObject * 인자를 참조한다. $argnum은 인자 수를 가리킨다.

typemap을 사용하고 이해하기는 Swig 프로그래밍에서 골칫거리가 되곤 한다. 코드 자체도 암호처럼 보이지만 파이썬 C API와 이를 사용하는 Swig 인터페이스의 세부 내용을 이해하기는 정말 어렵다. Swig 문서에 더 많은 예제와 자세한 정보가 많이 나와 있으니 이를 참고하도록 한다.

그렇지만 확장 모듈로 노출해야 하는 C 코드가 많이 있다면 Swig만큼 강력한 도구를 또 찾기가 힘들다. Swig는 기본적으로 C 선언을 처리하는 컴파일러라는 점이 핵심이지만, 강력한 패턴 매칭과 커스터마이징 요소를 가지고 특정 선언과 타입을 처리하도록 수정할 수도 있다. 더 많은 정보는 Swig 웹 사이트, 그 중에서도 파이썬을 다루고 있는 문서를 참고하도록 하자.

15.10 C 코드를 Cython으로 감싸기

문제

Cython을 사용해서 파이썬 확장 모듈이 기존의 C 라이브러리를 감싸도록 하고 싶다.

해결

Cython으로 확장 모듈을 만들 때는 여러 래퍼 함수를 작성하기 때문에 직접 확장 모듈을 작성하는 것과 유사해 보인다. 하지만 앞에 나온 레시피와는 다르게 이 작업을 C로 하지 않아도 된다. 앞으로 사용할 코드는 훨씬 파이썬에 가깝다.

우선, 이번 장 도입부에 나왔던 샘플 코드를 C 라이브러리 libsample로 컴파일했다고 가정한다. *csample.pxd* 파일을 만드는 데서 시작한다.

```
# csample.pxd
#
# C 확장 함수와 구조체 선언

cdef extern from "sample.h":
    int gcd(int, int)
    bint in_mandel(double, double, int)
    int divide(int, int, int *)
    double avg(double *, int) nogil

    ctypedef struct Point:
        double x
        double y

    double distance(Point *, Point *)
```

이 파일은 Cython에서 C 헤더 파일과 동일한 용도로 사용한다. 초기 선언 cdef extern from "sample.h"는 필요한 C 파일을 선언한다. 그 뒤에 나오는 선언은 헤더에서 가져 왔다. 이 파일의 이름은 *sample.pxd*가 아니라 *csample.pxd*이다. 꽤 중요하니 실수하지 말자.

다음으로 *sample.pyx*라는 파일을 만든다. 이 파일은 파이썬 인터프리터와 내부 *csample.pxd* 파일에 선언한 C 코드를 연결하는 다리 역할을 하는 래퍼를 정의한다.

```
# sample.pyx

# 하위 레벨 C 선언 임포트
cimport csample

# 파이썬과 C stdlib에서 몇 가지 기능을 임포트
from cpython.pycapsule cimport *
```

```
from libc.stdlib cimport malloc, free

# 래퍼
def gcd(unsigned int x, unsigned int y):
    return csample.gcd(x, y)

def in_mandel(x, y, unsigned int n):
    return csample.in_mandel(x, y, n)

def divide(x, y):
    cdef int rem
    quot = csample.divide(x, y, &rem)
    return quot, rem

def avg(double[:] a):
    cdef:
        int sz
        double result

    sz = a.size
    with nogil:
        result = csample.avg(<double *> &a[0], sz)
    return result

# Point 객체를 처리하는 파괴자
cdef del_Point(object obj):
    pt = <csample.Point *> PyCapsule_GetPointer(obj,"Point")
    free(<void *> pt)

# Point 객체를 생성하고 캡슐로 반환
def Point(double x,double y):
    cdef csample.Point *p
    p = <csample.Point *> malloc(sizeof(csample.Point))
    if p == NULL:
        raise MemoryError("No memory to make a Point")
    p.x = x
    p.y = y
    return PyCapsule_New(<void *>p,"Point",<PyCapsule_Destructor>del_Point)

def distance(p1, p2):
    pt1 = <csample.Point *> PyCapsule_GetPointer(p1,"Point")
    pt2 = <csample.Point *> PyCapsule_GetPointer(p2,"Point")
    return csample.distance(pt1,pt2)
```

이 파일의 자세한 내용은 토론 부분에서 설명한다. 마지막으로, 확장 모듈을 빌드하기 위해서 *setup.py* 파일을 만든다.

```
from distutils.core import setup
from distutils.extension import Extension
from Cython.Distutils import build_ext

ext_modules = [
    Extension('sample',
```

```
                    ['sample.pyx'],
                    libraries=['sample'],
                    library_dirs=['.'])]
    setup(
      name = 'Sample extension module',
      cmdclass = {'build_ext': build_ext},
      ext_modules = ext_modules
    )
```

결과 모듈을 시험해 보기 위해서 다음과 같이 빌드한다.

```
bash % python3 setup.py build_ext --inplace
running build_ext
cythoning sample.pyx to sample.c
building 'sample' extension
gcc -fno-strict-aliasing -DNDEBUG -g -fwrapv -O3 -Wall -Wstrict-prototypes
 -I/usr/local/include/python3.3m -c sample.c
 -o build/temp.macosx-10.6-x86_64-3.3/sample.o
gcc -bundle -undefined dynamic_lookup build/temp.macosx-10.6-x86_64-3.3/sample.o
  -L. -lsample -o sample.so
bash %
```

잘 동작한다면 확장 모듈 sample.so가 생기고 다음과 같이 사용할 수 있다.

```
>>> import sample
>>> sample.gcd(42,10)
2
>>> sample.in_mandel(1,1,400)
False
>>> sample.in_mandel(0,0,400)
True
>>> sample.divide(42,10)
(4, 2)
>>> import array
>>> a = array.array('d',[1,2,3])
>>> sample.avg(a)
2.0
>>> p1 = sample.Point(2,3)
>>> p2 = sample.Point(4,5)
>>> p1
<capsule object "Point" at 0x1005d1e70>
>>> p2
<capsule object "Point" at 0x1005d1ea0>
>>> sample.distance(p1,p2)
2.8284271247461903
>>>
```

토론

이번 레시피에는 배열 처리, 불투명한 포인터 래핑, GIL 해제 등 기존 레시피에 나왔던 고급 기능을 다수 사용한다. 여기서도 자세히 설명하겠지만, 기억이 잘 나지 않는다면 앞에 나온 내용을 복습하도록 한다.

상위 레벨에서 Cython을 사용하는 것은 C를 모델링한 것이다. *.pxd* 파일에는 C 정의가 담겨 있고(*.h*파일과 유사), *.pyx* 파일에는 구현이 있다(*.c* 파일과 유사). cimport 구문은 Cython이 *.pxd* 파일에서 정의를 임포트할 때 사용했다. 이는 일반 파이썬 모듈을 불러오는 파이썬 import 구문과는 다르다.

.pxd 파일에 정의가 있지만, 자동으로 확장 코드를 생성하는 목적으로는 사용하지 않는다. 따라서 여전히 간단한 래퍼 함수를 스스로 만들어야 한다. 예를 들어, *csample.pxd* 파일이 int gcd(int, int)를 함수로 선언하고 있지만, *sample.pyx* 파일에 래퍼를 작성해야 사용할 수 있다.

```
cimport csample

def gcd(unsigned int x, unsigned int y):
    return csample.gcd(x,y)
```

간단한 함수라면 필요한 작업이 많지는 않다. Cython이 인자와 반환 값을 올바르게 변환하는 래퍼 코드를 자동으로 생성하기 때문이다. 인자에 첨부된 C 데이터 타입은 옵션이다. 하지만 이것을 추가하면 에러 확인을 할 수 있다는 장점이 있다. 예를 들어 누군가 음수 값으로 함수를 호출하면 다음과 같은 예외가 발생한다.

```
>>> sample.gcd(-10,2)
Traceback (most recent call last):
  File "<stdin>", line 1, in <module>
  File "sample.pyx", line 7, in sample.gcd (sample.c:1284)
    def gcd(unsigned int x,unsigned int y):
OverflowError: can't convert negative value to unsigned int
>>>
```

래퍼에 더 많은 확인 코드를 넣고 싶으면 래퍼 코드를 더 추가하면 된다.

```
def gcd(unsigned int x, unsigned int y):
    if x <= 0:
        raise ValueError("x must be > 0")
    if y <= 0:
        raise ValueError("y must be > 0")
    return csample.gcd(x,y)
```

csample.pxd 파일의 in_mandel() 선언은 흥미롭지만 미묘한 정의를 포함하고 있다. 이 파일에서, 이 함수는 int가 아닌 bint를 반환하도록 선언했다. 이렇게 했기 때문에 이 함수는 단순한 정수형이 아닌 올바른 Boolean 값을 생성할 수 있다. 따라서 반환 값 0은 False로,

1은 True로 매핑된다.

Cython 래퍼에서, 모든 파이썬 객체에서 사용하기 위해서 C 데이터 타입을 추가적으로 선언할 수 있다. divide()에 이 예제와 포인터 인자를 처리하는 방법이 나온다.

```
def divide(x,y):
    cdef int rem
    quot = csample.divide(x,y,&rem)
    return quot, rem
```

여기서 rem 변수는 명시적으로 C int 변수로 선언되었다. 내부의 divide() 함수로 전달될 때 &rem은 마치 C에서처럼 포인터가 된다.

avg() 함수 코드는 Cython의 고급 기능 몇 가지를 사용했다. 우선 def avg(double[:] a) 선언은 avg()가 double 값의 일차원 메모리뷰를 받는다고 선언한다. 여기서 놀라운 점은 결과 함수가 numpy 라이브러리로 생성한 배열 등 호환하는 모든 배열 객체를 받는다는 점이다.

```
>>> import array
>>> a = array.array('d',[1,2,3])
>>> import numpy
>>> b = numpy.array([1., 2., 3.])
>>> import sample
>>> sample.avg(a)
2.0
>>> sample.avg(b)
2.0
>>>
```

래퍼에서, a.size와 &a[0]은 배열 아이템 개수와 내부 포인터를 가리킨다. <double *> &a[0]은 포인터를 다른 타입으로 캐스팅하는 방식이다. 이런 코드는 C avg()가 올바른 타입의 포인터를 받도록 하기 위해서 필요하다. 다음 레시피에 Cython 메모리뷰 사용법에 대한 더 고급 정보가 나오니 참고한다.

일반 배열 사용뿐 아니라 avg() 예제는 전역 인터프리터 락을 다루는 방법도 보여주었다. with nogil:은 GIL 없이 실행하는 코드 블록을 의미한다. 이 블록에서 일반적인 파이썬 객체를 사용할 수 없고, cdef로 선언한 함수나 객체만 사용 가능하다. 추가적으로 확장 함수를 GIL 없이 실행하려면 명시적으로 선언해야 한다. 따라서 *csample.pxd* 파일에서 avg()는 double avg(double *, int) nogil로 선언했다.

Point 구조체를 처리하기가 무척 어려울 것이다. 앞에 나온 코드에서, Point 객체는 캡슐 객체를 사용해서 불투명한 포인터로 다루었다(레시피 15.4 참고). 하지만 이렇게 하려면 내부 Cython 코드가 조금 복잡해진다. 우선 함수의 정의를 C 라이브러리와 파이썬 C API에서 가져 오기 위해 다음과 같이 임포트를 한다.

```
from cpython.pycapsule cimport *
from libc.stdlib cimport malloc, free
```

del_Point()와 Point() 함수는 이 기능을 사용해서 Point * 포인터를 감싸는 캡슐 객체를 만든다. cdef del_Point() 선언은 del_Point()를 Cython에서만 접근 가능한 함수로 선언한다(파이썬에서 사용할 수 없음). 따라서 이 함수는 외부에는 보이지 않고 캡슐이 할당한 메모리를 청소하는 콜백 함수로 사용한다. PyCapsule_New(), PyCapsule_GetPointer()와 같은 파이썬 C API에서의 함수 호출도 동일한 방식으로 사용했다.

distance() 함수는 Point()가 생성한 캡슐 객체에서 포인터를 추출하기 위해 작성했다. 여기서 한 가지 주목할 만한 점은 우리가 스스로 예외 처리를 하지 않아도 된다는 점이다. 만약 문제가 있는 객체를 전달하면 PyCapsule_GetPointer()가 예외를 발생시키지만 Cython은 이미 이를 인지하고 distance() 함수 외부로 이 사실을 전파한다.

이 구현에서 이것이 완전히 불투명하다는 점이 Point 구조체 처리의 단점이다. 내부적으로 구조체의 속성에 접근하거나 내용을 볼 수 없다. 다음 코드와 같이 확장 타입을 정의하는 래핑 방식도 있다.

```
# sample.pyx

cimport csample
from libc.stdlib cimport malloc, free
...

cdef class Point:
    cdef csample.Point *_c_point
    def __cinit__(self, double x, double y):
        self._c_point = <csample.Point *> malloc(sizeof(csample.Point))
        self._c_point.x = x
        self._c_point.y = y

    def __dealloc__(self):
        free(self._c_point)

    property x:
        def __get__(self):
            return self._c_point.x
        def __set__(self, value):
            self._c_point.x = value

    property y:
        def __get__(self):
            return self._c_point.y
        def __set__(self, value):
            self._c_point.y = value
```

```
def distance(Point p1, Point p2):
    return csample.distance(p1._c_point, p2._c_point)
```

여기서, `cdef class Point`는 Point를 확장 타입으로 선언한다. 클래스 변수 `cdef csample.Point *_c_point`는 내부 Point 구조체에 대한 포인터를 담은 인스턴스 변수를 C로 선언한다. `__cinit__()`과 `__dealloc__()` 메소드는 `malloc()`과 `free()` 호출을 사용해서 내부 C 구조체를 생성하거나 파괴한다. `property x`와 `property y` 선언은 코드에서 구조체 속성을 얻거나 설정할 수 있도록 한다. `distance()`의 래퍼도 Point 확장 타입을 인자로 받을 수 있도록 수정했지만, 내부적으로 포인터를 C 함수에 전달한다.

여기까지 수정을 마치고 나면 Point 객체를 다루는 코드가 좀 더 자연스럽게 보인다.

```
>>> import sample
>>> p1 = sample.Point(2,3)
>>> p2 = sample.Point(4,5)
>>> p1
<sample.Point object at 0x100447288>
>>> p2
<sample.Point object at 0x1004472a0>
>>> p1.x
2.0
>>> p1.y
3.0
>>> sample.distance(p1,p2)
2.8284271247461903
>>>
```

이번 레시피는 Cython의 핵심 기능을 많이 보여주고 있으므로, 이제 더 복잡한 래핑을 스스로 만들 수 있을 것이다. 하지만 여기서 더 나아가기 전에 반드시 공식 문서를 읽어 보도록 하자.

다음에 나오는 몇 가지 레시피는 추가적인 Cython 기능을 설명한다.

15.11 Cython으로 성능 좋은 배열 연산 구현

문제

NumPy와 같은 라이브러리의 배열에 매우 빠르게 실행하는 배열 처리를 구현하고 싶다. Cython 등의 도구가 있다고 들어 보았지만, 정확히 어떻게 사용하는지 잘 모른다.

해결

double 형 일차원 배열 값을 처리하는 Cython 함수가 있다고 가정해 보자.

```
# sample.pyx (Cython)

cimport cython

@cython.boundscheck(False)
@cython.wraparound(False)
cpdef clip(double[:] a, double min, double max, double[:] out):
    '''
    min과 max 범위의 값만 남기고 out에 기록한다.
    '''
    if min > max:
        raise ValueError("min must be <= max")
    if a.shape[0] != out.shape[0]:
        raise ValueError("input and output arrays must be the same size")
    for i in range(a.shape[0]):
        if a[i] < min:
            out[i] = min
        elif a[i] > max:
            out[i] = max
        else:
            out[i] = a[i]
```

확장 모듈을 컴파일하고 빌드하기 위해서 *setup.py* 파일을 준비한다(python3 setup.py build_ext --inplace로 빌드한다).

```
from distutils.core import setup
from distutils.extension import Extension
from Cython.Distutils import build_ext

ext_modules = [
    Extension('sample',
              ['sample.pyx'])
]

setup(
  name = 'Sample app',
  cmdclass = {'build_ext': build_ext},
  ext_modules = ext_modules
)
```

결과 함수는 배열을 제대로 처리하고, 여러 종류의 배열 객체와도 호환한다.

```
>>> # array 모듈 예제
>>> import sample
>>> import array
>>> a = array.array('d',[1,-3,4,7,2,0])
>>> a
```

```
array('d', [1.0, -3.0, 4.0, 7.0, 2.0, 0.0])
>>> sample.clip(a,1,4,a)
>>> a
array('d', [1.0, 1.0, 4.0, 4.0, 2.0, 1.0])

>>> # numpy 예제
>>> import numpy
>>> b = numpy.random.uniform(-10,10,size=1000000)
>>> b
array([-9.55546017, 7.45599334, 0.69248932, ..., 0.69583148,
       -3.86290931, 2.37266888])
>>> c = numpy.zeros_like(b)
>>> c
array([ 0., 0., 0., ..., 0., 0., 0.])
>>> sample.clip(b,-5,5,c)
>>> c
array([-5.        ,    5.        , 0.69248932, ..., 0.69583148,
       -3.86290931,  2.37266888])
>>> min(c)
-5.0
>>> max(c)
5.0
>>>
```

그리고 결과 코드는 꽤 빠르다. 다음은 이 구현과 numpy에 있는 clip() 함수의 성능을 비교해 본 결과이다.

```
>>> timeit('numpy.clip(b,-5,5,c)','from __main__ import b,c,numpy',number=1000)
8.093049556000551
>>> timeit('sample.clip(b,-5,5,c)','from __main__ import b,c,sample',
...           number=1000)
3.760528204000366
>>>
```

우리가 만든 코드가 조금 더 빠르다. NumPy 버전의 핵심 코드가 C로 작성되어 있다는 점을 고려해 볼 때 흥미로운 결과이다.

토론

이번 레시피는 Cython 타입 메모리뷰를 사용해서 배열 처리 코드를 아주 단순하게 만들었다. cpdef clip() 선언은 clip()을 C-레벨과 파이썬-레벨이 모두 되도록 선언했다. 이렇게 하면 외부 Cython 함수에서 호출할 수 있어서 더 효율적이다(예: clip()을 다른 Cython 함수에서 호출하고 싶다).

타입 파라미터 double[:] a와 double[:] out은 이 파라미터가 double 형의 일차원 배열이라고 선언한다. 입력 인자로서, 이 파라미터는 메모리뷰 인터페이스를 올바르게 구현한 모든 배열 객체에 접근할 수 있다(PEP 3118 참고). 여기에는 NumPy 배열, 내장된 array 라이브러리 배열 등이 포함된다.

결과로 배열을 생성하는 코드를 작성할 때는, 앞에 나온 것처럼 출력 파라미터를 표시하는 규칙을 따라야 한다. 이렇게 하면 결과 배열을 생성하는 책임을 호출자에게 넘기고, 어떤 배열을 처리해야 할지 세세한 내용을 반드시 알아야 하는 부담에서 자유로워진다(단순히 배열이 이미 있고 크기가 잘못되지 않았는지와 같은 기본적인 확인만 하면 된다고 가정한다). NumPy와 같은 라이브러리에서는 numpy.zeros()나 numpy.zeros_like()와 같은 함수로 결과 배열을 생성하기가 상대적으로 간단하다. 초기화되지 않은 배열을 만들고 싶으면 numpy.empty()나 numpy.empty_like()를 사용한다. 이렇게 하면 결과 값을 배열에 덮어쓸 때 조금 더 빠르다.

함수를 구현할 때 인덱싱과 배열 탐색으로 손쉽게 배열을 처리할 수 있다(예: a[i], out[i] 등). Cython이 효율적인 코드를 만들어 내는 과정을 책임진다.

clip() 앞에 나온 데코레이터 두 가지는 성능 향상을 위해 추가한 것이다. @cython.bounds check(False)는 배열 경계 확인을 하지 않도록 설정하는데, 인덱스가 범위를 벗어나지 않을 것이라고 이미 알고 있는 경우에 사용할 수 있다. @cython.wraparound(False)는 배열 끝을 감싸서(파이썬 리스트처럼) 배열 인덱스에 음수가 들어오는지 확인하는 과정을 생략한다. 이 데코레이터를 추가하면 코드의 실행 속도가 꽤 빨라진다(앞에 나온 예제의 경우 2.5배 빨라진다).

배열 작업을 할 때 내부적으로 사용하는 알고리즘을 잘 선택하면 엄청난 속도 향상을 가져온다. 예를 들어 clip() 함수에 조건 표현식을 추가해 보자.

```
@cython.boundscheck(False)
@cython.wraparound(False)
cpdef clip(double[:] a, double min, double max, double[:] out):
    if min > max:
        raise ValueError("min must be <= max")
    if a.shape[0] != out.shape[0]:
        raise ValueError("input and output arrays must be the same size")
    for i in range(a.shape[0]):
        out[i] = (a[i] if a[i] < max else max) if a[i] > min else min
```

이 코드를 테스팅해 보면 실행 속도가 50% 빨라진다(timeit()으로 실험했을 때 기존 3.76초에서 2.44초로 빨라짐).

이제 이 코드를 어떻게 하면 직접 작성한 C 코드에 사용할 수 있을까. 예를 들어 다음과 같은 C 함수를 만들고 앞에 나온 기술을 사용하는 확장 모듈을 직접 만들 수 있다.

```
void clip(double *a, int n, double min, double max, double *out) {
  double x;
  for (; n >= 0; n--, a++, out++) {
    x = *a;
```

```
            *out = x > max ? max : (x < min ? min : x);
        }
    }
```

이 확장 코드에는 나오지 않지만, 실험을 마친 후에 직접 작성한 C 확장이 Cython으로 생성한 것보다 10% 느리다는 것을 확인했다. 결과적으로 Cython이 우리 예상보다 훨씬 빠르다는 것을 알 수 있다.

앞에 나온 코드를 여러 가지 모습으로 확장할 수 있다. 특정 배열 처리의 경우, GIL을 해제해서 여러 스레드에서 병렬적으로 실행하도록 해보자. 우선 코드에 with nogil: 구문을 추가해야 한다.

```
@cython.boundscheck(False)
@cython.wraparound(False)
cpdef clip(double[:] a, double min, double max, double[:] out):
    if min > max:
        raise ValueError("min must be <= max")
    if a.shape[0] != out.shape[0]:
        raise ValueError("input and output arrays must be the same size")
    with nogil:
        for i in range(a.shape[0]):
            out[i] = (a[i] if a[i] < max else max) if a[i] > min else min
```

이차원 배열에 동작하도록 코드를 수정하려면 다음과 같이 한다.

```
@cython.boundscheck(False)
@cython.wraparound(False)
cpdef clip2d(double[:,:] a, double min, double max, double[:,:] out):
    if min > max:
        raise ValueError("min must be <= max")
    for n in range(a.ndim):
        if a.shape[n] != out.shape[n]:
            raise TypeError("a and out have different shapes")
    for i in range(a.shape[0]):
        for j in range(a.shape[1]):
            if a[i,j] < min:
                out[i,j] = min
            elif a[i,j] > max:
                out[i,j] = max
            else:
                out[i,j] = a[i,j]
```

독자들이 앞에 나온 예제 코드가 특정 배열 라이브러리(예: NumPy)에만 사용할 수 있다는 오해를 하지 않기를 바란다. 따라서 예제 코드의 유연성이 아주 좋은 편이다. 하지만 배열 처리가 다차원으로 올라서거나, 오프셋, 스트라이드(stride)가 들어가기 시작하면 처리하는 과정이 엄청나게 복잡해진다. 이런 주제는 이 레시피의 범위를 벗어나므로 모두 설명하지는 않지만, PEP 3118에 유용한 정보가 많이 나오니 참고한다. 그리고 Cython 문서 중 "typed memoryviews"도 꼭 읽어 보는 것이 좋다.

15.12 함수 포인터를 호출 가능하도록 만들기

문제

컴파일한 함수의 메모리 주소를 알고 있는데, 이것을 파이썬에서 호출 가능하도록 바꾸어 확장 함수로 사용하고 싶다.

해결

ctypes 모듈로 임의의 메모리 주소를 감싸는 파이썬 호출 가능 객체를 만들 수 있다. 다음 예제는 C 함수의 하위 레벨 주소를 얻고 호출 가능한 객체로 바꾸는 방법을 보여준다.

```
>>> import ctypes
>>> lib = ctypes.cdll.LoadLibrary(None)
>>> # C math 라이브러리의 sin()의 주소를 구한다.
>>> addr = ctypes.cast(lib.sin, ctypes.c_void_p).value
>>> addr
140735505915760

>>> # 주소를 호출 가능한 함수로 바꾼다.
>>> functype = ctypes.CFUNCTYPE(ctypes.c_double, ctypes.c_double)
>>> func = functype(addr)
>>> func
<CFunctionType object at 0x1006816d0>

>>> # 결과 함수를 호출한다.
>>> func(2)
0.9092974268256817
>>> func(0)
0.0
>>>
```

토론

호출 가능 객체를 만들기 위해서 우선 CFUNCTYPE 인스턴스를 만들어야 한다. CFUNCTYPE() 함수의 첫 번째 인자는 반환 타입이다. 뒤에 오는 인자는 인자들의 타입이다. 함수 타입을 정의하고 나면 정수형 메모리 주소를 감싸서 호출 가능 객체를 만든다. 결과 객체는 ctypes 에서 접근하는 일반적인 함수처럼 사용한다.

이번 레시피는 기존에 나온 것보다 조금 복잡해 보일 텐데, JIT 컴파일과 같이 고급 코드 생성 기술을 사용하는 프로그램이나 라이브러리에서는 꽤 일반적으로 사용한다(LLVM과 같은 라이브러리 등).

예를 들어, 다음 예제는 llvmpy 확장을 사용해서 작은 어셈블리 함수를 만들고, 이에 대한 함수 포인터를 얻고, 호출 가능한 파이썬 객체로 변환한다.

```
>>> from llvm.core import Module, Function, Type, Builder
>>> mod = Module.new('example')
>>> f = Function.new(mod,Type.function(Type.double(), \
                     [Type.double(), Type.double()], False), 'foo')
>>> block = f.append_basic_block('entry')
>>> builder = Builder.new(block)
>>> x2 = builder.fmul(f.args[0],f.args[0])
>>> y2 = builder.fmul(f.args[1],f.args[1])
>>> r = builder.fadd(x2,y2)
>>> builder.ret(r)
<llvm.core.Instruction object at 0x10078e990>
>>> from llvm.ee import ExecutionEngine
>>> engine = ExecutionEngine.new(mod)
>>> ptr = engine.get_pointer_to_function(f)
>>> ptr
4325863440
>>> foo = ctypes.CFUNCTYPE(ctypes.c_double, ctypes.c_double, ctypes.c_double)(ptr)

>>> # 결과 함수 호출
>>> foo(2,3)
13.0
>>> foo(4,5)
41.0
>>> foo(1,2)
5.0
>>>
```

여기 나온 예제를 연습하다가 작은 실수라도 저지르면 파이썬 인터프리터가 끔찍한 모습으로 죽어 버린다. 지금 다루는 것은 파이썬 함수가 아니라 머신 레벨의 메모리 주소와 네이티브 머신 코드라는 점을 기억해야 한다.

15.13 C 라이브러리에 NULL로 끝나는 문자열 전달

문제

NULL로 끝나는 문자열을 C 라이브러리에 전달하는 확장 모듈을 만들고 있다. 하지만 파이썬 Unicode 문자열 구현을 어떻게 해야 할지 정확히 모르겠다.

해결

NULL로 끝나는 문자열을 char *로 선언해서 사용하는 C 라이브러리 함수가 많다. 이해를 돕기 위해 다음 C 함수를 보자.

```
void print_chars(char *s) {
    while (*s) {
        printf("%2x ", (unsigned char) *s);
```

```
        s++;
    }
    printf("\n");
}
```

이 함수는 디버깅하기 쉽도록 개별 문자를 hex 표현식으로 화면에 출력한다.

```
print_chars("Hello");    // 출력: 48 65 6c 6c 6f
```

이런 C 함수를 파이썬에서 호출하기 위한 방법이 몇 가지 있다. 첫째, PyArg_ParseTuple()
에 "y"를 사용해서 바이트에만 동작하도록 제한할 수 있다.

```
static PyObject *py_print_chars(PyObject *self, PyObject *args) {
    char *s;

    if (!PyArg_ParseTuple(args, "y", &s)) {
        return NULL;
    }
    print_chars(s);
    Py_RETURN_NONE;
}
```

결과 함수는 다음과 같이 동작한다. 바이트와 NULL 바이트가 어떻게 동작하는지, Unicode
문자열이 어떻게 거부당하는지 잘 살펴보자.

```
>>> print_chars(b'Hello World')
48 65 6c 6c 6f 20 57 6f 72 6c 64
>>> print_chars(b'Hello\x00World')
Traceback (most recent call last):
  File "<stdin>", line 1, in <module>
TypeError: must be bytes without null bytes, not bytes
>>> print_chars('Hello World')
Traceback (most recent call last):
  File "<stdin>", line 1, in <module>
TypeError: 'str' does not support the buffer interface
>>>
```

Unicode 문자열을 전달하고 싶다면 PyArg_ParseTuple()에 포맷 코드 "s"를 전달한다.

```
static PyObject *py_print_chars(PyObject *self, PyObject *args) {
    char *s;

    if (!PyArg_ParseTuple(args, "s", &s)) {
        return NULL;
    }
    print_chars(s);
    Py_RETURN_NONE;
}
```

이렇게 하면 모든 문자열을 NULL로 끝나는 UTF-8 인코딩 형식으로 자동 변환한다.

```
>>> print_chars('Hello World')
48 65 6c 6c 6f 20 57 6f 72 6c 64
>>> print_chars('Spicy Jalape\u00f1o') # 노트: UTF-8 인코딩
53 70 69 63 79 20 4a 61 6c 61 70 65 c3 b1 6f
>>> print_chars('Hello\x00World')
Traceback (most recent call last):
  File "<stdin>", line 1, in <module>
TypeError: must be str without null characters, not str
>>> print_chars(b'Hello World')
Traceback (most recent call last):
  File "<stdin>", line 1, in <module>
TypeError: must be str, not bytes
>>>
```

PyArg_ParseTuple()을 사용할 수 없고 PyObject *를 직접 다루어야 하는 상황이라면, 다음 샘플 코드로 알맞은 char * 참조를 확인하고 추출한다(바이트와 문자열 객체 모두 가능).

```
/* 파이썬 객체 */
PyObject *obj;

/* 바이트에서 변환 */
{
    char *s;
    s = PyBytes_AsString(o);
    if (!s) {
        return NULL;    /* TypeError가 이미 발생했다. */
    }
    print_chars(s);
}

/* 문자열에서 UTF-8 바이트로 변환 */
{
    PyObject *bytes;
    char *s;
    if (!PyUnicode_Check(obj)) {
        PyErr_SetString(PyExc_TypeError, "Expected string");
        return NULL;
    }
    bytes = PyUnicode_AsUTF8String(obj);
    s = PyBytes_AsString(bytes);
    print_chars(s);
    Py_DECREF(bytes);
}
```

앞에 나온 두 변환은 모두 데이터가 NULL로 끝난다고 보장하지만, 문자열에 NULL이 끼어 있는 경우는 확인하지 않는다. 따라서 이 부분이 중요하다면 스스로 처리해야 한다.

토론

파이썬은 NULL로 종료하는 문자열에 대한 요구를 하지 않으므로 가능하다면 NULL로 끝나는 문자열에 의존하는 코드를 작성하지 않는 것이 더 좋다. 거의 모든 경우 문자열 처리는 포인터와 크기만 가지고 하는 것이 낫다. 하지만 다른 대안이 없는 C 레거시(legacy) 코드를 가지고 작업해야 하는 불운한 상황은 언제라도 생길 수 있다.

PyArg_ParseTuple()에 "s" 포맷 코드를 사용하는 것이 사용에는 편리하지만, 숨어 있는 메모리 오버헤드 문제가 있음을 간과하기 쉽다. 이 규칙을 사용하는 코드를 작성할 때 UTF-8 문자열이 생성되고 원본 문자열 객체에 영구적으로 첨부된다. 원본 문자열에 ASCII가 아닌 문자가 들어 있으면 문자열의 크기가 가비지 컬렉트 전까지 증가한다.

```
>>> import sys
>>> s = 'Spicy Jalape\u00f1o'
>>> sys.getsizeof(s)
87
>>> print_chars(s)      # 문자열 전달
53 70 69 63 79 20 4a 61 6c 61 70 65 c3 b1 6f
>>> sys.getsizeof(s)    # 크기 증가 확인
103
>>>
```

메모리 증가가 걱정된다면 다음과 같이 PyUnicode_AsUTF8String()을 사용하도록 C 확장 코드를 수정해야 한다.

```
static PyObject *py_print_chars(PyObject *self, PyObject *args) {
  PyObject *o, *bytes;
  char *s;

  if (!PyArg_ParseTuple(args, "U", &o)) {
    return NULL;
  }
  bytes = PyUnicode_AsUTF8String(o);
  s = PyBytes_AsString(bytes);
  print_chars(s);
  Py_DECREF(bytes);
  Py_RETURN_NONE;
}
```

이렇게 수정하면 필요한 경우 UTF-8 인코딩 문자열이 생성되지만, 사용 후에는 사라진다. 수정 후 실행 결과는 다음과 같다.

```
>>> import sys
>>> s = 'Spicy Jalape\u00f1o'
>>> sys.getsizeof(s)
87
>>> print_chars(s)
53 70 69 63 79 20 4a 61 6c 61 70 65 c3 b1 6f
>>> sys.getsizeof(s)
87
>>>
```

NULL로 끝나는 문자열을 ctypes로 감싼 함수에 전달할 때, ctypes는 바이트만 전달하도록 허용하고 NULL 바이트를 확인하지 않는다는 점에 주의한다.

```
>>> import ctypes
>>> lib = ctypes.cdll.LoadLibrary("./libsample.so")
>>> print_chars = lib.print_chars
>>> print_chars.argtypes = (ctypes.c_char_p,)
>>> print_chars(b'Hello World')
48 65 6c 6c 6f 20 57 6f 72 6c 64
>>> print_chars(b'Hello\x00World')
48 65 6c 6c 6f
>>> print_chars('Hello World')
Traceback (most recent call last):
  File "<stdin>", line 1, in <module>
ctypes.ArgumentError: argument 1: <class 'TypeError'>: wrong type
>>>
```

만약 바이트 대신 문자열을 전달하고 싶다면 수동으로 UTF-8로 인코딩해야 한다.

```
>>> print_chars('Hello World'.encode('utf-8'))
48 65 6c 6c 6f 20 57 6f 72 6c 64
>>>
```

다른 확장 도구(예: Swig, Cython)에서 문자열을 C 코드로 전달하기로 결정했다면 먼저 관련 내용을 주의 깊게 공부하도록 한다.

15.14 C 라이브러리에 Unicode 문자열 전달

문제

파이썬 문자열을 C 라이브러리 함수에 전달하는 확장 모듈을 만들고 있다. 하지만 이 함수는 Unicode를 올바르게 처리하지 못할 가능성이 있다.

해결

여기서 고려해야 할 이슈가 꽤 많은데, 그 중 중요한 것은 C 라이브러리가 파이썬의 Unicode 표현식을 이해하지 못한다는 점이다. 따라서 파이썬 문자열을 C 라이브러리가 쉽게 이해할 수 있도록 변환하는 과정이 선행되어야 한다.

이해를 돕기 위해 문자열 데이터를 처리하고 디버깅과 실험 목적으로 결과를 만드는 C 함수 두 개를 제시한다. 첫 번째 함수는 char *, int 형식으로 제공한 바이트를 사용하고 두 번째 함수는 wchar_t *, int 형식을 사용한다.

```
void print_chars(char *s, int len) {
    int n = 0;
```

```
    while (n < len) {
      printf("%2x ", (unsigned char) s[n]);
      n++;
    }
    printf("\n");
  }

  void print_wchars(wchar_t *s, int len) {
    int n = 0;
    while (n < len) {
      printf("%x ", s[n]);
      n++;
    }
    printf("\n");
  }
```

바이트 지향 함수 print_chars()는, 파이썬 문자열을 UTF-8과 같은 인코딩으로 변환해서 사용한다.

```
  static PyObject *py_print_chars(PyObject *self, PyObject *args) {
    char *s;
    Py_ssize_t len;

    if (!PyArg_ParseTuple(args, "s#", &s, &len)) {
      return NULL;
    }
    print_chars(s, len);
    Py_RETURN_NONE;
  }
```

네이티브 wchar_t 타입에 동작하는 라이브러리 함수에 대해서는 다음과 같은 확장 코드를 작성한다.

```
  static PyObject *py_print_wchars(PyObject *self, PyObject *args) {
    wchar_t *s;
    Py_ssize_t len;

    if (!PyArg_ParseTuple(args, "u#", &s, &len)) {
      return NULL;
    }
    print_wchars(s,len);
    Py_RETURN_NONE;
  }
```

다음은 이 함수를 실행한 인터랙티브 세션 예제이다.

```
  >>> s = 'Spicy Jalape\u00f1o'
  >>> print_chars(s)
  53 70 69 63 79 20 4a 61 6c 61 70 65 c3 b1 6f
  >>> print_wchars(s)
  53 70 69 63 79 20 4a 61 6c 61 70 65 f1 6f
  >>>
```

바이트 지향 함수 print_chars()가 어떻게 UTF-8 인코딩 데이터를 받았는지, print_wchars()가 Unicode 코드 포인트 값을 받았는지 조심스럽게 살펴보자.

토론

이번 레시피를 고려하기 전에, 접근하려고 하는 C 라이브러리에 대해서 먼저 연구해야 한다. 많은 C 라이브러리는 문자열 대신 바이트를 전달하는 것을 자연스럽게 여긴다. 변환이 필요하다면 다음 코드를 사용한다.

```
static PyObject *py_print_chars(PyObject *self, PyObject *args) {
  char *s;
  Py_ssize_t len;

  /* accepts bytes, bytearray, or other byte-like object */
  if (!PyArg_ParseTuple(args, "y#", &s, &len)) {
    return NULL;
  }
  print_chars(s, len);
  Py_RETURN_NONE;
}
```

그래도 여전히 문자열을 전달하기로 결정했으면 파이썬 3가 조절 가능한 문자열 표현식을 사용하기 때문에 char *나 wchar_t * 같은 표준 타입으로 직접 C 라이브러리에 매핑하기 어렵다는 점을 인지해야 한다(PEP 393 참고). 따라서 문자열 데이터를 C에 전달하기 전에는 대부분 변환 과정이 필요하다. PyArg_ParseTuple()에 s#과 u# 코드를 사용하면 안전하게 이 변환을 수행한다.

한 가지 잠재적인 문제점은, 이 변환을 할 때 원본 문자열 객체의 크기를 영구적으로 증가시킨다는 점이다. 변환을 할 때마다 추후 사용을 위해 변환한 데이터의 복사본을 원본 문자열 객체에 보관하기 때문이다. 실험을 통해 확인해 보자.

```
>>> import sys
>>> s = 'Spicy Jalape\u00f1o'
>>> sys.getsizeof(s)
87
>>> print_chars(s)
53 70 69 63 79 20 4a 61 6c 61 70 65 c3 b1 6f
>>> sys.getsizeof(s)
103
>>> print_wchars(s)
53 70 69 63 79 20 4a 61 6c 61 70 65 f1 6f
>>> sys.getsizeof(s)
163
>>>
```

크기가 작은 문자열 데이터라면 문제가 되지 않지만, 확장 모듈에서 거대한 문자열을 다룬다면 이런 오버헤드를 피해야 한다. 다음은 이런 메모리 문제를 피하는 첫 번째 확장 함수의 대안 구현이다.

```
static PyObject *py_print_chars(PyObject *self, PyObject *args) {
  PyObject *obj, *bytes;
  char *s;
  Py_ssize_t   len;

  if (!PyArg_ParseTuple(args, "U", &obj)) {
    return NULL;
  }
  bytes = PyUnicode_AsUTF8String(obj);
  PyBytes_AsStringAndSize(bytes, &s, &len);
  print_chars(s, len);
  Py_DECREF(bytes);
  Py_RETURN_NONE;
}
```

wchar_t를 처리할 때 생기는 메모리 오버헤드를 피하기는 더 어렵다. 파이썬이 내부적으로 문자열을 저장할 때는 가장 효율적인 표현식을 채택한다. 예를 들어 ASCII만 가지고 있는 문자열을 저장할 때는 바이트 배열을 사용하고, U+0000에서 U+FFFF 범위의 문자열을 저장할 때는 2바이트 표현식을 사용한다. 데이터를 표현하는 정해진 방식이 없기 때문에 내부 배열을 단순히 wchar_t *로 캐스팅하고 동작하기를 기대할 수는 없는 노릇이다. 그보다는 wchar_t 배열을 생성하고 여기에 텍스트 복사를 해야 한다. PyArg_ParseTuple()에 포맷 코드 "u#"을 사용하면 가장 효율적으로 이 과정을 처리한다(결과 값을 문자열 객체에 붙인다).

장기적인 메모리 오버헤드를 피하고 싶다면 Unicode 데이터를 임시 배열에 복사하고 C 라이브러리 함수에 전달한 후에 배열 할당을 해제하는 수밖에 없다. 구현 예를 보자.

```
static PyObject *py_print_wchars(PyObject *self, PyObject *args) {
  PyObject *obj;
  wchar_t *s;
  Py_ssize_t len;

  if (!PyArg_ParseTuple(args, "U", &obj)) {
    return NULL;
  }
  if ((s = PyUnicode_AsWideCharString(obj, &len)) == NULL) {
    return NULL;
  }
  print_wchars(s, len);
  PyMem_Free(s);
  Py_RETURN_NONE;
}
```

이 구현에서 PyUnicode_AsWideCharString()은 wchar_t 문자의 임시 버퍼를 만들고 데이터를 복사해 넣는다. 이 버퍼는 C로 전달되고 그 후 해제한다. 이 책을 집필 중인 현재 이와 관련해서 잠재적인 버그가 하나 있는데, 자세한 내용은 파이썬 이슈 페이지에 설명되어 있다.

어찌된 이유인지 C 라이브러리에서 UTF-8이 아닌 다른 바이트 인코딩을 사용한다면, 다음과 같은 확장 코드를 사용해서 파이썬에서 강제적인 변환을 해야 한다.

```
static PyObject *py_print_chars(PyObject *self, PyObject *args) {
  char *s = 0;
  int   len;
  if (!PyArg_ParseTuple(args, "es#", "encoding-name", &s, &len)) {
    return NULL;
  }
  print_chars(s, len);
  PyMem_Free(s);
  Py_RETURN_NONE;
}
```

마지막으로, Unicode 문자열의 캐릭터를 직접 다루려면 다음과 같이 하위 레벨 접근을 해야 한다.

```
static PyObject *py_print_wchars(PyObject *self, PyObject *args) {
  PyObject *obj;
  int n, len;
  int kind;
  void *data;

  if (!PyArg_ParseTuple(args, "U", &obj)) {
    return NULL;
  }
  if (PyUnicode_READY(obj) < 0) {
    return NULL;
  }

  len = PyUnicode_GET_LENGTH(obj);
  kind = PyUnicode_KIND(obj);
  data = PyUnicode_DATA(obj);

  for (n = 0; n < len; n++) {
    Py_UCS4 ch = PyUnicode_READ(kind, data, n);
    printf("%x ", ch);
  }
  printf("\n");
  Py_RETURN_NONE;
}
```

이 코드에서 Unicode의 변수-너비(variable-width) 저장을 하는데 PyUnicode_KIND()와 PyUnicode_DATA() 매크로를 사용했다(PEP 393 참고). kind 변수는 내부 저장소(8비트, 16비트, 32비트)에 대한 정보를 인코딩하고, data는 버퍼를 가리킨다. 캐릭터를 얻기 위해서 PyUnicode_READ() 매크로에 이 값을 전달할 때를 제외하면 현실적으로 이 변수를 사용할 일은 없다.

노파심에 몇 가지 덧붙인다. 파이썬에서 C로 Unicode 문자열을 전달할 때는 가능하다면 최대한 간단하게 만드는 것이 좋다. UTF-8이나 와이드 캐릭터와 같은 선택지가 있다면 UTF-8을 고르자. UTF-8 지원이 훨씬 일반적이고 문제가 발생할 확률이 적으며 인터프리터에서도 더 잘 지원한다. 마지막으로, Unicode 처리에 대한 온라인 문서를 반드시 읽어보도록 한다.

15.15 C 문자열의 파이썬 변환

문제

C 문자열을 파이썬 바이트나 문자열 객체로 변환하고 싶다.

해결

char *, int로 표현한 C 문자열에 대해서, 로우 문자열(raw string)로 표현할지 Unicode 문자열로 표현할지 결정해야 한다. 바이트 객체는 다음과 같이 Py_BuildValue()를 사용해서 만들 수 있다.

```
char *s;      /* C 문자열 데이터에 대한 포인터 */
int  len;     /* 데이터 길이 */

/* 바이트 객체 만들기 */
PyObject *obj = Py_BuildValue("y#", s, len);
```

Unicode 문자열을 만들고 싶고 s가 가리키는 데이터가 UTF-8로 인코딩되어 있다는 것을 안다면 다음과 같이 한다.

```
PyObject *obj = Py_BuildValue("s#", s, len);
```

만약 s가 다른 것으로 인코딩되어 있다면 다음과 같이 PyUnicode_Decode()로 문자열을 만든다.

```
PyObject *obj = PyUnicode_Decode(s, len, "encoding", "errors");

/* 예제 /*
obj = PyUnicode_Decode(s, len, "latin-1", "strict");
obj = PyUnicode_Decode(s, len, "ascii", "ignore");
```

wchar_t *, len으로 표현한 와이드 문자열이 있다면 몇 가지 옵션이 있다. 첫째, 다음과 같이 Py_BuildValue()를 사용할 수 있다.

```
wchar_t *w;    /* 와이드 캐릭터 문자열 */
int len;       /* 길이 */

PyObject *obj = Py_BuildValue("u#", w, len);
```

혹은 PyUnicode_FromWideChar()를 사용해도 된다.

```
    PyObject *obj = PyUnicode_FromWideChar(w, len);
```

와이드 캐릭터 문자열은, 캐릭터 데이터를 해석하지 않고 로우 Unicode 코드 포인트를 가지고 있다고 가정하고 직접 파이썬 데이터로 변환한다.

토론

C에서 파이썬으로 문자열 변환하기는 몇 가지 입출력 규칙을 따른다. 즉, C 데이터는 코덱에 따라서 명시적으로 문자열로 디코딩해야 한다. 일반적으로 사용하는 인코딩에는 ASCII, Latin-1, UTF-8 등이 있다. 어떤 인코딩을 사용했는지, 데이터가 바이너리인지 정확히 알수 없다면 바이트로 인코딩하는 것이 최선이다.

객체를 만들 때, 파이썬은 프로그래머가 제공한 문자열 데이터를 항상 복사한다. 필요하다면 C 문자열을 직접 해제해야 한다. 또한 신뢰성을 높이기 위해서는 NULL로 끝나는 데이터에 의존하지 말고 포인터와 크기 정보를 가지고 문자열을 생성해야 한다.

15.16 알 수 없는 인코딩의 C 문자열 다루기

문제

C와 파이썬 간에 문자열 변환 작업을 하고 있는데, C 인코딩이 무엇인지 정확히 알 수 없다. 예를 들어, C 데이터는 UTF-8이 되어야 하지만, 엄격하게 강제하지는 않는다. 이상이 있는 데이터를 처리할 때 파이썬이 크래시하거나 문자열 데이터를 망가뜨리지 않도록 코드를 작성하고 싶다.

해결

다음은 이 문제를 나타낸 C 데이터와 함수 예제이다.

```
/* 알 수 없는 문자열 데이터 (잘못된 UTF-8) */
const char *sdata = "Spicy Jalape\xc3\xb1o\xae";
int slen = 16;

/* 캐릭터 데이터 출력 */
void print_chars(char *s, int len) {
  int n = 0;
  while (n < len) {
    printf("%2x ", (unsigned char) s[n]);
    n++;
  }
  printf("\n");
}
```

이 코드에서 문자열 sdata에는 UTF-8과 망가진 데이터가 함께 들어 있다. 그렇지만 사용자가 print_chars(sdata, slen)을 C에서 호출하면 아무 문제 없이 실행된다.

이제 이 sdata의 내용을 파이썬 문자열로 변환하는 상황을 가정해 보자. 그리고 추후에 이 문자열을 print_chars() 함수에 전달해야 한다. 다음은 인코딩 문제가 있지만 원본 데이터를 완벽히 보존하는 예제 코드이다.

```c
/* C 문자열을 파이썬에 반환 */
static PyObject *py_retstr(PyObject *self, PyObject *args) {
  if (!PyArg_ParseTuple(args, "")) {
    return NULL;
  }
  return PyUnicode_Decode(sdata, slen, "utf-8", "surrogateescape");
}

/* print_char() 함수에 대한 래퍼 */
static PyObject *py_print_chars(PyObject *self, PyObject *args) {
  PyObject *obj, *bytes;
  char *s = 0;
  Py_ssize_t   len;

  if (!PyArg_ParseTuple(args, "U", &obj)) {
    return NULL;
  }

  if ((bytes = PyUnicode_AsEncodedString(obj,"utf-8","surrogateescape"))
       == NULL) {
    return NULL;
  }
  PyBytes_AsStringAndSize(bytes, &s, &len);
  print_chars(s, len);
  Py_DECREF(bytes);
  Py_RETURN_NONE;
}
```

이 함수를 파이썬에서 실행하면 다음과 같은 결과가 나온다.

```
>>> s = retstr()
>>> s
'Spicy Jalapeño\udcae'
>>> print_chars(s)
53 70 69 63 79 20 4a 61 6c 61 70 65 c3 b1 6f ae
>>>
```

자세히 살펴보면, 문자열에서 문제가 있었던 부분이 에러 없이 파이썬 문자열로 변환되었고, 다시 원본 C 문자열과 동일한 인코딩으로 변환되어 C에게 전달된 것을 알 수 있다.

토론

이번 레시피에서 다루는 내용은 미묘하지만 확장 모듈에서 잠재적으로 문제가 발생할 수 있는 문자열 처리를 설명했다. 즉, 확장 모듈의 C 문자열이 파이썬이 기대한 대로 엄격한 Unicode 인코딩/디코딩 규칙을 따르지 않을 수 있다. 따라서 문제가 있는 C 데이터가 파이썬에게 전달될 우려가 있다. 좋은 예로 파일 이름과 같이 하위 레벨 파일 시스템 호출과 관련된 C 문자열을 들 수 있다. 예를 들어, 시스템 호출이 망가진 문자열을 인터프리터에게 반환해서 디코딩할 수 없다면 무슨 일이 발생할까?

일반적으로 Unicode 에러는 strict, ignore, replace 등 에러 정책을 명시해 놓고 처리한다. 하지만, 이런 정책은 원본 문자열을 훼손한다는 단점을 가지고 있다. 예를 들어 이런 정책을 가지고 예제의 문제가 있는 데이터를 디코딩하면 다음과 같은 결과가 생긴다.

```
>>> raw = b'Spicy Jalape\xc3\xb1o\xae'
>>> raw.decode('utf-8','ignore')
'Spicy Jalapeño'
>>> raw.decode('utf-8','replace')
'Spicy Jalapeño?'
>>>
```

surrogateescape 에러 처리 정책은 디코딩할 수 없는 부분을 모두 대리품으로 바꿔 버린다(\udcXX. XX는 로우 바이트 값).

```
>>> raw.decode('utf-8','surrogateescape')
'Spicy Jalapeño\udcae'
>>>
```

\udcae와 같이 고립된 하위 캐릭터는 유효한 Unicode에서 절대로 나타나지 않는다. 따라서 이 문자열은 기술적으로 잘못된 표현식이다. 사실 이 데이터를 화면에 출력하는 함수에 전달하면 다음과 같은 인코딩 에러가 발생한다.

```
>>> s = raw.decode('utf-8', 'surrogateescape')
>>> print(s)
Traceback (most recent call last):
  File "<stdin>", line 1, in <module>
UnicodeEncodeError: 'utf-8' codec can't encode character '\udcae'
in position 14: surrogates not allowed
>>>
```

하지만, 이 정책을 쓰는 주요 목적은 C에서 파이썬으로 문자열을 전달하고, 데이터 손실 없이 다시 C로 돌려주기 위함이다. 문자열을 surrogateescape 정책으로 다시 인코딩하면 원본 바이트로 되돌아간다.

```
>>> s
'Spicy Jalapeño\udcae'
```

```
>>> s.encode('utf-8','surrogateescape')
b'Spicy Jalape\xc3\xb1o\xae'
>>>
```

일반적으로 이 정책은 가능하다면 사용하지 않는 것이 좋다. 코드가 올바른 인코딩을 사용한다면 신뢰성도 많이 향상된다. 하지만, 데이터 인코딩을 직접 제어할 수 없는 상황이 있고, 다른 함수에서 사용해야 하기 때문에 문제가 있는 부분을 단순히 무시하거나 치환해 버릴 수는 없다. 이런 문제가 발생했을 때 앞에 나온 방식을 사용한다.

마지막으로, 파일 이름이나 환경 변수, 커맨드 라인 옵션과 관련 있는 많은 파이썬 시스템 기반 함수가 바로 surrogate 인코딩을 사용한다. 예를 들어 디코딩 불가능한 파일 이름이 들어 있는 디렉터리에 os.listdir()를 사용하면 surrogate로 이스케이핑한 문자열을 반환한다. 관련 레시피 5.15를 참고하도록 한다.

PEP 383에 이번 레시피에서 다룬 문제와 surrogateescape 에러 처리와 관련된 정보가 더 많이 나온다.

15.17 C 확장 모듈에 파일 이름 전달

문제

C 라이브러리 함수에 파일 이름을 전달해야 하는데, 파일 이름이 시스템이 원하는 것으로 인코딩되어 있는지 확인해야 한다.

해결

파일 이름을 받는 확장 함수를 작성하려면 다음과 같은 코드를 사용한다.

```
static PyObject *py_get_filename(PyObject *self, PyObject *args) {
  PyObject *bytes;
  char *filename;
  Py_ssize_t len;
  if (!PyArg_ParseTuple(args,"O&", PyUnicode_FSConverter, &bytes)) {
    return NULL;
  }
  PyBytes_AsStringAndSize(bytes, &filename, &len);
  /* 파일 이름 사용 */
  ...

  /* 제거와 반환 */
  Py_DECREF(bytes)
  Py_RETURN_NONE;
}
```

파일 이름으로 변환하고 싶은 PyObject *를 이미 가지고 있다면 다음과 같은 코드를 사용한다.

```
PyObject *obj;     /* 파일 이름이 있는 객체 */
PyObject *bytes;
char *filename;
Py_ssize_t len;

bytes = PyUnicode_EncodeFSDefault(obj);
PyBytes_AsStringAndSize(bytes, &filename, &len);
/* 파일 이름 사용 */
...

/* 제거 */
Py_DECREF(bytes);
```

파일 이름을 파이썬에게 다시 반환하려면 다음과 같이 한다.

```
/* 파일 이름을 다시 파이썬 객체로 변환 */

char *filename;        /* Already set */
int   filename_len;    /* Already set */

PyObject *obj = PyUnicode_DecodeFSDefaultAndSize(filename, filename_len);
```

토론

파일 이름을 휴대성 있게 다루기는 꽤 어려우므로 단순히 파이썬에게 맡기는 것이 최선
이다. 이 레시피에 나온 확장 코드를 사용한다면, 파이썬에서 파일 이름을 처리하는 방식
과 동일하게 파일 이름을 다룬다. 여기에는 바이트의 인코딩/디코딩, 잘못된 문자 다루기,
surrogate 이스케이핑 등이 포함된다.

15.18 C 확장에 파일 전달

문제

파이썬에서 불러온 파일 객체가 있는데, 이를 C 확장 코드에 전달해서 사용하고 싶다.

해결

파일을 정수형 파일 디스크립터로 변환하려면 PyFile_FromFd()를 사용한다.

```
PyObject *fobj;       /* 파일 객체(이미 취득했다.) */
int fd = PyObject_AsFileDescriptor(fobj);
if (fd < 0) {
    return NULL;
}
```

결과 파일 디스크립터는 fobj에 fileno() 메소드를 호출해서 얻을 수 있다. 따라서 이런 방
식으로 디스크립터를 노출하는 모든 객체에 이 방식을 사용할 수 있다(예: 파일, 소켓 등).

디스크립터를 얻은 후에는, 파일을 가지고 작업하는 여러 가지 하위 레벨 C 함수에 전달할 수 있다.

정수형 파일 디스크립터를 다시 파이썬 객체로 변환하려면 PyFile_FromFd()를 사용한다.

```
int fd;       /* 기존 파일 디스크립터(이미 열려 있다.) */
PyObject *fobj = PyFile_FromFd(fd, "filename","r",-1,NULL,NULL,NULL,1);
```

PyFile_FromFd()에 전달한 인자는 open() 함수에 있는 것을 반영한다. NULL 값은 단순히 encoding, errors, newline 인자에 기본 값을 사용하라는 의미이다.

토론

파일 객체를 파이썬에서 C로 전달할 때 고려해야 할 사항이 몇 가지 있다. 첫째, 파이썬은 입출력 버퍼링을 io 모듈을 통해 스스로 수행한다. 파일 디스크립터를 C에 전달하기 전에, 먼저 관련 파일 객체에 대한 입출력 버퍼를 청소해야 한다. 그렇게 하지 않으면 파일 스트림에서 데이터의 순서가 잘못 표시된다.

둘째, 파일의 소유권과 파일 닫기의 책임을 주의해서 정해야 한다. 파일 디스크립터를 C에 전달한다고 했지만 파이썬에서 여전히 사용한다면 C에서 실수로 이 파일을 닫지 않도록 해야 한다. 또한 만약 파일 디스크립터를 파이썬 파일 객체로 변환했다면 누가 이 파일을 닫을지 명확히 해야 한다. PyFile_FromFd()의 마지막 인자를 1로 설정하면 파이썬이 이 파일을 닫아야 함을 의미한다.

만약 fdopen()과 같은 파일을 사용하는 C 표준 라이브러리 입출력 라이브러리의 FILE * 객체와 같이 다른 파일 객체를 사용해야 한다면, 많은 주의가 필요하다. 이런 객체를 사용하면 완전히 다른 입출력 버퍼링 레이어가 입출력 스택에 두 개 생성된다(하나는 파이썬의 io 모듈로부터, 나머지는 C stdio로부터). C의 fclose()와 같은 함수는 파이썬에서 계속 사용해야 하는 파일을 실수로 닫아 버릴 수 있다. 만약 선택할 수 있다면, 확장 코드에서는 <stdio.h>가 제공하는 상위 레벨 추상형을 사용하지 말고 하위 레벨 정수형 파일 디스크립터를 사용해야 한다.

15.19 C에서 파일 같은 객체 읽기

문제

파이썬의 파일 같은 객체(예: 일반 파일, StringIO 객체 등)의 데이터를 소비하는 C 확장 코드를 작성하고 싶다.

해결

파일 같은 객체의 데이터를 소비하려면 반복적으로 read() 메소드를 호출하고 결과 데이터를 적절히 디코딩해야 한다.

다음은 파일 같은 객체의 모든 데이터를 소비하고 표준 출력에 출력하는 C 확장 함수 샘플이다.

```c
#define CHUNK_SIZE 8192

/* "파일 같은" 객체를 소비하고 바이트를 stdout에 쓴다. */
static PyObject *py_consume_file(PyObject *self, PyObject *args) {
  PyObject *obj;
  PyObject *read_meth;
  PyObject *result = NULL;
  PyObject *read_args;

    if (!PyArg_ParseTuple(args,"O", &obj)) {
    return NULL;
  }

  /* 전달한 객체의 읽기 메소드를 얻는다. */
  if ((read_meth = PyObject_GetAttrString(obj, "read")) == NULL) {
    return NULL;
  }

  /* read()의 인자 리스트를 만든다. */
  read_args = Py_BuildValue("(i)", CHUNK_SIZE);
  while (1) {
    PyObject *data;
    PyObject *enc_data;
    char *buf;
    Py_ssize_t len;

    /* read() 호출 */
    if ((data = PyObject_Call(read_meth, read_args, NULL)) == NULL) {
      goto final;
    }

    /* EOF 확인 */
    if (PySequence_Length(data) == 0) {
      Py_DECREF(data);
      break;
    }

    /* Unicode를 바이트로 인코딩 */
    if ((enc_data=PyUnicode_AsEncodedString(data,"utf-8","strict"))==NULL) {
      Py_DECREF(data);
      goto final;
    }

    /* 내부 버퍼 데이터 추출 */
```

```
        PyBytes_AsStringAndSize(enc_data, &buf, &len);

        /* stdout에 쓰기(좀 더 유용한 것으로 바꾼다.) */
        write(1, buf, len);

        /* 정리 */
        Py_DECREF(enc_data);
        Py_DECREF(data);
    }
    result = Py_BuildValue("");

  final:
    /* 정리 */
    Py_DECREF(read_meth);
    Py_DECREF(read_args);
    return result;
}
```

이 코드를 테스팅하기 위해서, StringIO 인스턴스와 같이 파일 같은 객체를 만들고 이를 전달한다.

```
>>> import io
>>> f = io.StringIO('Hello\nWorld\n')
>>> import sample
>>> sample.consume_file(f)
Hello
World
>>>
```

토론

일반적인 시스템 파일과는 다르게, 파일 같은 객체는 하위 레벨 파일 디스크립터를 소유하지 않는다. 따라서 C 라이브러리 함수에서 접근할 방법이 없다. 그 대신, 파이썬의 C API로 파일 같은 객체를 파이썬에서 했던 것처럼 다룰 수 있다.

앞에 나온 예제 코드에서 read() 메소드를 전달 받은 객체에서 얻었다. 인자 리스트를 만들고 PyObject_Call()에 반복적으로 전달해서 메소드를 호출한다. 파일끝(EOF)을 감지하기 위해서, PySequence_Length()로 반환한 결과에 길이가 0인 것이 있는지 확인했다.

모든 입출력 작업을 위해서, 내부 인코딩과 바이트, Unicode의 차이를 주의해야 한다. 이번 레시피는 텍스트 모드의 파일을 읽고, 결과 텍스트를 바이트로 디코딩해서 C에서 사용하는 방법을 보여주었다. 만약 바이너리 모드 파일을 읽고 싶다면 다음과 같이 코드를 조금만 수정하면 된다.

```
    ...
    /* read() 호출 */
    if ((data = PyObject_Call(read_meth, read_args, NULL)) == NULL) {
      goto final;
    }
```

```
/* EOF 확인 */
if (PySequence_Length(data) == 0) {
  Py_DECREF(data);
  break;
}
if (!PyBytes_Check(data)) {
  Py_DECREF(data);
  PyErr_SetString(PyExc_IOError, "File must be in binary mode");
  goto final;
}

/* 내부 버퍼 데이터 추출 */
PyBytes_AsStringAndSize(data, &buf, &len);
...
```

이번 레시피에서 가장 어려운 부분은 올바른 메모리 관리이다. PyObject * 변수를 사용할 때 참조 카운트를 주의해서 다루어야 하며 더 이상 사용하지 않을 때 적절히 정리해야 한다. 앞에서는 이 목적으로 Py_DECREF()를 여러 번 호출했다.

이 레시피는 일반적인 목적으로 작성했기 때문에 쓰기와 같이 다른 파일 작업에도 사용할 수 있다. 예를 들어 데이터를 쓰기 위해서는 파일 같은 객체의 write() 메소드를 얻고 데이터를 적절한 파이썬 객체(바이트나 Unicode)로 변환한 후 파일에 기록하는 메소드를 호출하면 된다.

마지막으로, 파일 같은 객체가 다른 메소드를 제공하기는 하지만(예: readline(), read_into()), 앞에 나온 대로 read()와 write() 메소드를 사용하는 것이 가장 좋다. C 확장 모듈을 작성할 때는 언제나 가장 단순한 것을 사용하는 습관을 들이도록 한다.

15.20 C에서 순환 객체 소비

문제

C 확장 코드에서 리스트, 튜플, 파일, 제너레이터와 같이 순환 가능한 객체를 소비하도록 하고 싶다.

해결

다음은 순환 객체의 아이템을 소비하는 C 확장 함수 샘플이다.

```
static PyObject *py_consume_iterable(PyObject *self, PyObject *args) {
  PyObject *obj;
  PyObject *iter;
  PyObject *item;

  if (!PyArg_ParseTuple(args, "O", &obj)) {
```

```
      return NULL;
    }
    if ((iter = PyObject_GetIter(obj)) == NULL) {
      return NULL;
    }
    while ((item = PyIter_Next(iter)) != NULL) {
      /* 아이템 사용 */
      ...
      Py_DECREF(item);
    }
    Py_DECREF(iter);
    return Py_BuildValue("");
  }
```

토론

앞에 나온 예제 코드는 파이썬 코드를 흉내 낸 것이다. PyObject_GetIter() 호출은 이터 레이터를 얻기 위해 iter()를 호출하는 것과 동일하다. PyIter_Next() 함수는 이터레이 터의 다음 메소드를 호출하고 다음 아이템을 반환하거나, 아이템이 없는 경우 NULL을 반환한다. 이번에도 메모리 관리에 주의를 기울여야 한다. 소비한 아이템과 이터레이터 객체 에 Py_DECREF()를 호출해서 메모리 누수 문제를 방지하도록 하자.

15.21 세그멘테이션 오류 진단

문제

인터프리터가 세그멘테이션 오류(segmentation fault), 버스 에러(bus error), 잘못된 접근 (access violation) 등의 에러와 함께 크래시된다. 이때 오류가 발생하는 곳이 어딘지 보여주 는 파이썬 트레이스백을 얻고 싶다.

해결

이 문제를 해결하기 위해 faulthandler 모듈을 사용한다. 우선 다음 코드를 프로그램에 삽 입한다.

```
import faulthandler
faulthandler.enable()
```

이제 파이썬을 실행할 때 -Xfaulthandler 옵션을 붙인다.

```
bash % python3 -Xfaulthandler program.py
```

마지막으로, 환경 변수 PYTHONFAULTHANDLER를 설정한다.

faulthandler를 활성화하면 C 확장 모듈에서 발생한 심각한 에러가 파이썬 트레이스백에 기록된다.

```
      Fatal Python error: Segmentation fault
```

```
Current thread 0x00007fff71106cc0:
  File "example.py", line 6 in foo
  File "example.py", line 10 in bar
  File "example.py", line 14 in spam
  File "example.py", line 19 in <module>
Segmentation fault
```

이렇게 해도 C 코드의 어느 위치에서 에러가 발생했는지 알 수 없지만, 적어도 어떻게 이런 에러가 발생했는지는 파이썬에서 알 수 있다.

토론

faulthandler는 에러가 발생한 시점의 파이썬 코드의 스택 트레이스백을 보여준다. 그리고 적어도 호출한 최상단 확장 함수가 무엇인지 말해준다. pdb나 다른 파이썬 디버거를 사용한다면 파이썬 코드의 흐름을 조사하고 에러가 발생한 곳까지 갈 수 있다.

faulthandler는 C에서 발생한 에러에 대해서 아무것도 알려주지 않는다. 이 경우에는 gdb와 같은 전통적인 C 디버거를 사용해야 한다. 하지만, faulthandler 트레이스백의 정보만으로도 어디에 주목해야 할지 아이디어를 얻을 수 있다.

그리고 C의 특정 에러는 쉽게 복구할 수 없다는 점을 주목하자. 예를 들어, C 확장 모듈이 스택이나 프로그램 힙을 훼손시키면 faulthandler를 실행할 수 없고 아무것도 출력하지 못하는(쓰레기 값만 기록될 수 있다) 상황이 발생하기도 한다. 이때는 자신의 운을 탓하는 수밖에 없다.

참고 자료

파이썬을 공부할 수 있는 많은 책과 온라인 자료가 있다. 하지만 이 책이 마음에 들었다면, 파이썬 3에 집중하는 것이 좋다. 하지만 아직 발표되고 많은 시간이 지나지 않아서 자료를 찾는 데 어려움을 겪을 수도 있다.

여기서는 파이썬 3 프로그래밍과 이 책에 나온 레시피를 이해하는 데 실제로 도움이 될 만한 링크와 책을 제공한다. 여기 나온 자료가 최신이 아닐 수 있으니 새로운 제목이 나오지는 않았는지, 최신판이 출판되지 않았는지 지속적으로 확인해 보아야 한다.

온라인 자료

http://docs.python.org

언어와 모듈의 세세한 내용을 찾을 때 파이썬 공식 온라인 문서는 훌륭한 자료가 된다. 단지 기존 버전이 아니라 파이썬 3 문서를 찾는 데만 주의를 기울이자.

http://www.python.org/dev/peps

파이썬 개선 제안(Python Enhancement Proposals, PEP)은 파이썬 언어에 새로운 기능을 추가하려고 할 때나 세부적인 구현 내용을 이해할 때 많은 도움이 된다. 이 언어의 더 고급 기능에 대해 이해하는 데 특히 좋다. 이 책을 집필하고 있는 현재, 실제로 PEP가 공식 문서보다 더 유용하다고 생각한다.

http://pyvideo.org

지난 PyCon 컨퍼런스에 나왔던 비디오 프리젠테이션과 튜토리얼을 모아 놓은 사이트이다. 현대 파이썬 개발을 이해하는 데 귀중한 자료가 된다. 많은 비디오에 파이썬 핵심 개발자가 나와서 파이썬 3에 추가된 기능을 설명한다.

http://code.activestate.com/recipes/langs/python

ActiveState Python 레시피 사이트는 특정한 프로그램 문제 수천 가지를 해결하기 위한 자료를 제공한다. 이 책을 집필하고 있는 현재, 파이썬 3와 관련된 레시피가 대략 300개 정도 제공되고 있다. 이 중 많은 레시피는 이 책에서 다룬 내용을 확장하거나 더 세부적으로 다루고 있다. 마찬가지로 좋은 자료이니 참고하도록 한다.

http://stackoverflow.com/questions/tagged/python

스택 오버플로우(Stack Overflow)에는 현재 175,000가지의 파이썬 관련 질문이 등록되어 있다(파이썬 3 관련으로는 거의 5000개의 질문이 있다). 질문과 답변의 질에는 차이가 있지만, 참고할 만한 좋은 자료가 많다.

파이썬을 배우기 위한 책

다음 책은 파이썬에 대한 입문서로 파이썬 3에 초점을 맞추고 있다.

- *Learning Python*, 4th Edition, by Mark Lutz, O'Reilly & Associates (2009).
- *The Quick Python Book*, 2nd Edition, by Vernon Ceder, Manning (2010).
- *Python Programming for the Absolute Beginner*, 3rd Edition, by Michael Dawson, Course Technology PTR (2010).
- *Beginning Python*: *From Novice to Professional*, 2nd Edition, by Magnus Lie Hetland, Apress (2008).
- *Programming in Python 3*, 2nd Edition, by Mark Summerfield, Addison-Wesley(2010).

고급 서적

다음 책은 좀 더 고급 기술과 파이썬 3에 대해서 다룬다.

- *Programming Python*, 4th Edition, by Mark Lutz, O'Reilly & Associates (2010).
- *Python Essential Reference*, 4th Edition, by David Beazley, Addison-Wesley (2009).
- *Core Python Applications Programming*, 3rd Edition, by Wesley Chun, Prentice Hall(2012).
- *The Python Standard Library by Example*, by Doug Hellmann, Addison-Wesley(2011).
- *Python 3 Object Oriented Programming*, by Dusty Phillips, Packt Publishing (2010).
- *Porting to Python 3*, by Lennart Regebro, CreateSpace (2011), *http://python3porting. com*.

찾아보기

Python
Cookbook ③판

인 쇄	2014년 1월 17일 초판 1쇄
발 행	2014년 2월 5일 초판 1쇄
저 자	데이비드 비즐리, 브라이언 K. 존스
역 자	정승원
발 행 인	채희만
출판기획	안성일
영 업	김우연
편집진행	우지연
관 리	최은정
북디자인	가인커뮤니케이션(070-8861-0525)
발 행 처	**INFINITY**BOOKS
주 소	경기도 고양시 일산동구 하늘마을로 158 대방트리플라온 C동 209호
대표전화	02)302-8441
팩 스	02)6085-0777
Homepage	www.infinitybooks.co.kr
E-mail	helloworld@infinitybooks.co.kr
I S B N	978-89-92649-68-1
등록번호	제 396-2006-26호
판매정가	**38,000원**

이 도서의 국립중앙도서관 출판시도서목록(CIP)은 서지정보유통지원시스템 홈페이지(http://seoji.nl.go.kr)와 국가자료공동목록시스템(http://nl.go.kr/kolisnet)에서 이용하실 수 있습니다. (CIP제어번호: CIP2014001970)